문명 이야기

윌 듀런트

김운한·권영교 옮김

그리스 문명
2-1

THE STORY OF CIVILIZATION VOL II.: THE LIFE OF GREECE
by Will Durant

Copyright © 1939 by Will Durant
Copyright renewed © 1966 by Will Durant
All rights reserved.

Korean Language Translation Copyright © 2011 by Minumsa

Korean edition is published by arrangement with the original publisher,
Simon & Schuster, Inc. through KCC.

이 책의 한국어판 저작권은 KCC를 통해 Simon & Schuster, Inc.와 독점 계약한 (주)민음사 에 있습니다.
저작권법에 의해 한국 내에서 보호를 받는 저작물이므로 무단 전재와 무단 복제를 금합니다.

THE STORY OF CIVILIZATION

문명 이야기

월 듀런트
WILL DURANT

김운한·권영교 옮김

The Life of Greece

Ⅱ-Ⅰ

그리스 문명 2-1

민음사

THE LIFE OF GREECE

들어가는 글

이 책은 상고 시대 크레타와 트로이에서부터 로마의 그리스 정복에 이르기까지 그리스 문명의 기원과 성장, 성숙과 쇠퇴의 과정을 살펴보고 기록하려는 데 그 목적이 있다. 나는 흥망성쇠라는 복잡하고 객관적인 리듬에서만이 아니라, 그 활기찬 요소들, 즉 그 땅에서 인간의 삶이 구현되고 산업 및 교역이 형성된 방식, 군주정과 귀족정, 민주정, 참주정 그리고 혁명에 대한 실험, 생활 방식과 도덕, 종교 의식과 신앙, 교육, 성과 가족에 대한 규제, 가정과 신전, 시장과 극장과 체육시설들, 시와 희곡, 회화, 조각, 건축 그리고 음악, 과학과 발명, 미신과 철학 등 이 모든 요소들의 풍요로운 다양성 가운데서 이 복합적인 문화를 관찰하며 느끼고 싶다. 또한 이들 요소를 이론적이고 학자연하는 고립된 틀 안에서가 아니라, 수백 개의 기관과 수억 개의 세포로 구성되고 하나의 몸과 영혼으로 이루어진 거대한 하나의 문화 유기체가 동시에 움직이며 생생하게 상호 작용하도록 하는 가운데 보고 느끼기를 원한다.

  기계류를 제외하고, 학교와 체육관, 산술, 기하학, 역사학, 수사학, 물리학, 생물학, 해부학, 위생학, 치료법, 화장품, 시, 음악, 비극, 희극, 철학, 신학, 불가지론, 회의론, 금욕주의, 쾌락주의, 윤리학, 정치학, 이상주의, 박애주의, 견유주의, 독재주의, 금권주의, 민주주의 등 우리 시대 세속 문화 가운데 그리스에서 유래하지 않은 것은 거의 없다. 이들 모든 용어는 그리스어이며, 그 문화 형태가 자체적으로 발생한 경우는 거의 없지만 많은 경우 그리스인의 원기 왕성한 에너지를 통해 좋든 나쁘든 최초로 원숙한 경지에 이르렀다. 오늘날 우리를 괴롭히는 모든 문제들, 즉 남벌과 토지 부식, 여성 해방과 산아 제한, 도덕과 음악과 정치에 있어서의 기득권층의 보수주의와 소외 계층의 실험주의, 정치 부패와 도덕적 타락, 종교와 과학의 갈등, 도덕성의 초월적 권위 약화, 계급과 국가와 대륙 간의 전쟁, 경제적으로 부유한 자에 대한 빈자들의 혁명과 정치적으로 강한 빈자에 대한 부자들의 반혁명, 민주주의와 독재주의, 개인주의와 공산주의, 동방과 서방 간의 다툼 등 이 모든 것들이 마치 우리를 교훈하기 위한 것인 양 고대 그리스의 화려하고 거친 삶을 뒤흔들었다. 그리스 문명의 모든 요소가 우리 시대 우리의 모습을 비춰 준다.

  이 책에서는 이들 문화 요소의 상호 작용을 통해서만이 아니라 거대한 5막극으로 구성된 흥망성쇠 가운데서 그리스의 생활을 살펴보게 될 것이다. 크레타와 최근에 모습을 드러낸 그 문명에서 이야기가 시작될 텐데, 그 이유는 이주해 온 아카이아인과 침공한 도리스인을 문명화된 그리스인으로 서서히 변화시킨 미케네와 티린스의 선사 시대 문화가 유래한 곳이 아시아일 뿐 아니라 분명 이곳 크레타였기 때문이다. 잠시 동안 호메로스 서사시의 급한 물살을 타고 우리에게 전해진 전사와 연인들, 해적과 음유 시인들의 강건한 남자 세계가 펼쳐질 것이다. 그다음 리쿠르고스와 솔론의 영도 아래 부상하는 스파르타와 아테네의 모습을 살펴보고, 모든 에게 해 제도와 서아시아 및 흑해 연안, 아프리카와 이탈리아, 시칠리아와 프랑스와 스페인 연안을 따라 퍼져 간 풍요로운 그리스 식민 도시를 추적할 것이다. 우리는 민주주의가 마라톤 벌판에서 생존을 위해 싸우고 그 승리에 고무되며 페리클레스의 지도 아래 조직되어, 역사상 가장 풍요로운 문화를 꽃피우는 모습도 볼 것이다. 인간 정신이 미신에서 스스로를 해방하고 신과학을 창조하며 의학을 합리적으로 정립하고 역사에서 신화를 벗겨 내며, 시와 희곡, 철학, 수사학, 역사, 예술 등에서 전례 없는 전성기를 구가하는 장관을 목도할 것이다. 펠로폰네소스 전쟁에서 황금 시대가 자멸하는 모습 또한 우울한 심정으로 바라볼 것이다. 치명적인 패배를 당한 아테네가 혼란스러운 와중에 당당히 일어서고, 쇠퇴하는 중에도 플라톤과 아리스토텔레스, 아펠레스와 프락시텔레스, 필리포스와 데모스테네스, 디오게네스와 알렉산드로스 등의 천재로 인해 찬란히 빛나는 모습도 보게 될 것이다. 그다음 알렉산드로스 대왕의 장군들의 행적 가운데서, 작은 반도에 비해 그 힘이 너무나 강해 비좁은 울타리를 박차고 나가 아시아와 아프리카와 이탈리아로 다시 뻗어 나가고, 신비적인 동방에 육체와 정신에 대한 숭배를 가르치고, 프톨레마이오스 왕조 치하의 알렉산드리아에 이집트의 영화를 소생시키고, 로도스를 교역과 예술로 풍요롭게 하며, 알렉산드리아의 유클리드와 시라쿠사의 아르키메데스를 통해 기하학을 발진시키고, 제논과 에피쿠로스를 통해 역사상 가장 오랫동안 생명력을 유지할 철학을 정립하고, 「멜로스의 아프로디테」와 「라오콘」, 「사모트라케의 승리」 그리고 「페르가몬의 제단」을 새겨 세상에 내놓고, 정직하고 조화롭고 평화롭게 정치하려 애쓰다가 끝내 실패하고, 내전과 계급 투쟁의 혼란 속으로 더욱 깊이 함몰하고, 토질과 힘과 정신이 고갈되며, 동방의 전제주의와 정적주의, 신비주의에 굴복하고, 마침내는 죽어 가던 그리스가 자신의 과학과 철학, 문학, 예술을 우리 근대 세계의 생생한 문화적 기초로서 유럽에 전해 주는 통로가 된 정복자 로마를 반기게 되는 그리스 문명을 보게 될 것이다.

감사의 말씀

이 책이 완성될 때까지 매 순간 학구적인 도움을 아끼지 않은 월러스 브록웨이(Wallace Brockway)에게 감사드린다. 자료를 세심하게 분류해 준 매리 카우프만(Mary Kaufman)과 에델 듀런트(Ethel Durant), 루이스 듀런트(Louis Durant), 원고를 능숙하게 정리해 준 리자이나 샌즈(Regina Sands), 그리고 끈기 있고 차분하게 격려해 준 아내에게 감사드린다.

그리스 희곡 번역본을 인용하도록 허락해 준 길버트 머레이 경(Sir Gilbert Murray)과 옥스퍼드 대학 출판부에 크게 은혜를 입었다. 이들 번역본으로 인해 영문학이 크게 풍요로워졌다.

탁월한 『옥스퍼드 그리스 시집』(번역본)을 인용할 수 있도록 허락해 준 옥스퍼드 대학 출판부에 다시 한 번 은혜를 입었음에 감사드린다.

윌 듀런트

이 책을 읽는 방법

1. 다소 전문적이거나 난해한 내용은 글자 크기를 줄여 놓았는데 건너뛰고 읽어도 무방하다. 이런 형식으로 들여쓰기를 한 것은 인용문이다.
2. 본문의 위 첨자 숫자는 권말의 주석 번호를 가리킨다.
3. 연대표에서 중요하지 않은 연대나 사소한 사건은 가능한 한 제외했다. 모든 연대는 달리 언급되지 않거나 분명하지 않으면 기원전을 가리킨다.
4. 영어의 어법에 따르지 않는 그리스어를 발음할 경우에는 a는 '아'로, e는 '에'로, i는 '이'로, o는 '오'로, u는 '우'로, y는 프랑스어의 u와 독일어의 ü와 같은 발음으로, ai와 ei는 '아이'로, ou는 '장모음 우'로, c와 ch는 'ㅋ'으로, g는 'ㄱ'으로, z는 'ㅈ'으로 발음한다.

차례

들어가는 글   5

에게 해의 서곡: 기원전 3500~1000년

1장 크레타 섬
1. 지중해   63
2. 크레타의 재발견   66
3. 문명의 재건   70
  사람들   71
  사회   73
  종교   77
  문화   79
4. 크노소스의 몰락   87

2장 아가멤논 이전 시대
1. 슐리만   93
2. 왕들의 궁전에서   98
3. 미케네 문명   102
4. 트로이   106

3장 영웅 시대
1. 아카이아인   111
2. 영웅 전설   113
3. 호메로스 문명   121
  노동   121
  윤리   125

성   129
예술   131
국가   133
4. 트로이 공격   135
5. 귀향   141
6. 도리스인의 정복   145

그리스의 부상: 기원전 1000~480년

4장 스파르타
1. 그리스의 환경   151
2. 아르고스   156
3. 라코니아   160
  스파르타의 팽창   160
  스파르타의 황금기   162
  리쿠르고스   166
  라케다이몬인의 정체(政體)   168
  스파르타의 규범   171
  스파르타에 대한 평가   177
4. 잊힌 국가들   179
5. 코린토스   181
6. 메가라   185
7. 아이기나와 에피다우로스   190

5장 아테네

1. 헤시오도스의 보이오티아   193
2. 델포이   202
3. 소규모 국가들   204
4. 아티카   207
   - 아테네의 배경   207
   - 과두정하의 아테네   209
   - 솔론의 혁명   213
   - 페이시스트라토스의 참주정   222
   - 민주정의 수립   226

6장 대이주

1. 원인과 경로   233
2. 이오니아의 키클라데스 제도   236
3. 도리스인의 범람   241
4. 이오니아의 열두 도시   243
   - 밀레토스와 그리스 철학의 탄생   243
   - 사모스의 폴리크라테스   252
   - 에페소스의 헤라클레이토스   254
   - 테오스의 아나크레온   261
   - 키오스, 스미르나, 포카이아   263
5. 레스보스의 사포   265
6. 북쪽의 제국   272

7장 서방의 그리스인들

1. 시바리스인들   277
2. 크로토나의 피타고라스   280
3. 엘레아의 크세노파네스   287
4. 이탈리아에서 스페인으로   289
5. 시칠리아   291
6. 아프리카의 그리스인들   296

8장 그리스의 신들

1. 다신교의 원천   299
2. 신들의 목록   302
   - 군소 신들   302
   - 올림포스의 신들   307
3. 비의(秘儀)   318
4. 숭배   323
5. 미신   327
6. 신탁   330
7. 제전   332
8. 종교와 도덕   334

9장 초기 그리스의 공통 문화

1. 국가의 개인주의   337
2. 문자   339
3. 문학   343
4. 경기   348
5. 예술   356
   - 화병   358
   - 조각   361
   - 건축   365
   - 음악과 춤   369
   - 연극의 시작   375

6. 회고　378

10장 자유를 위한 투쟁

1. 마라톤　381
2. 아리스티데스와 테미스토클레스　384
3. 크세르크세스　386
4. 살라미스　389

황금 시대: 기원전 480~399년

11장 페리클레스와 민주주의 실험

1. 아테네의 부상　397
2. 페리클레스　401
3. 아테네 민주주의　409
　심의　409
　법률　414
　사법　416
　행정　421

12장 아테네의 노동과 부

1. 토지와 식량　427
2. 산업　430
3. 교역과 재정　434
4. 자유민과 노예　439
5. 계급 투쟁　444

13장 아테네인의 도덕과 풍습

1. 유년기　453
2. 교육　455
3. 외모　459
4. 도덕　462
5. 기질　466
6. 혼전 교제　469
7. 그리스인의 우정　473
8. 사랑과 결혼　475
9. 여성　479
10. 가정　482
11. 노년　486

14장 페리클레스 시대의 그리스 예술

1. 삶의 장식　489
2. 회화의 부상　493
3. 조각의 대가들　497
　방식　497
　학교　501
　페이디아스　505
4. 건축가들　509
　건축의 발전　509
　아테네의 재건　512
　파르테논 신전　516

주　523

연대표　547

히기아이아, 건강의 여신
아테네 박물관 2-2권의 228쪽 참조

컵 나르는 자
미노스 궁전 출토. 헤라클레온 박물관
2-1권의 86쪽 참조

뱀의 여신
보스턴 박물관 2-1권의 83쪽 참조

프레스코 벽화와 미노스의 옥좌
헤라클레온 박물관 2-1권의 83쪽 참조

바피오의 컵
아테네 박물관 2-1권의 104쪽 참조

아가멤논의 가면
아테네 박물관 2-1권의 104쪽 참조

전사, 아이기나의 아파이아 신전
뮌헨 박물관 2-1권의 190쪽 참조

에피다우로스 극장 2-1권의 192쪽 참조

포세이돈 신전 2-1권의 209쪽 참조

크라테르 화병, 아테나와 헤라클레스
루브르 박물관 2-1권의 360쪽 참조

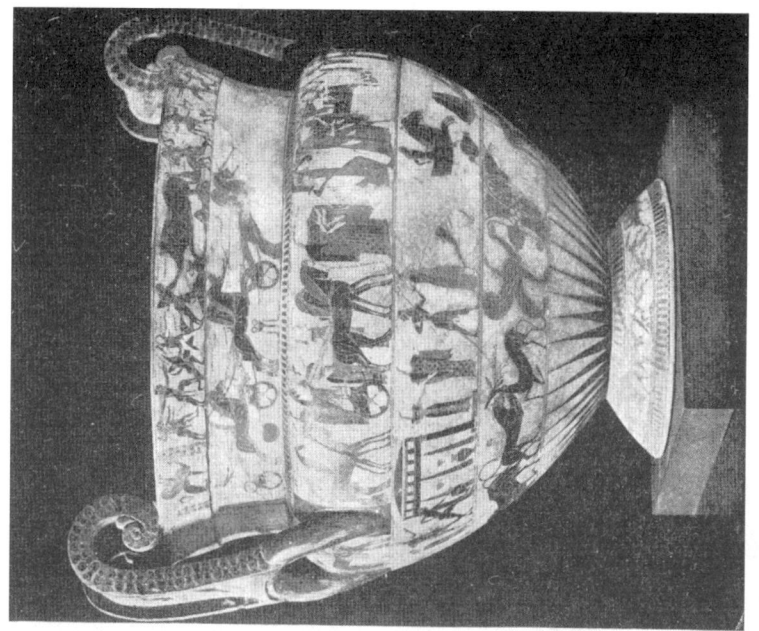

프랑소와 화병
고고학 박물관, 피렌체 2-1권의 360쪽 참조

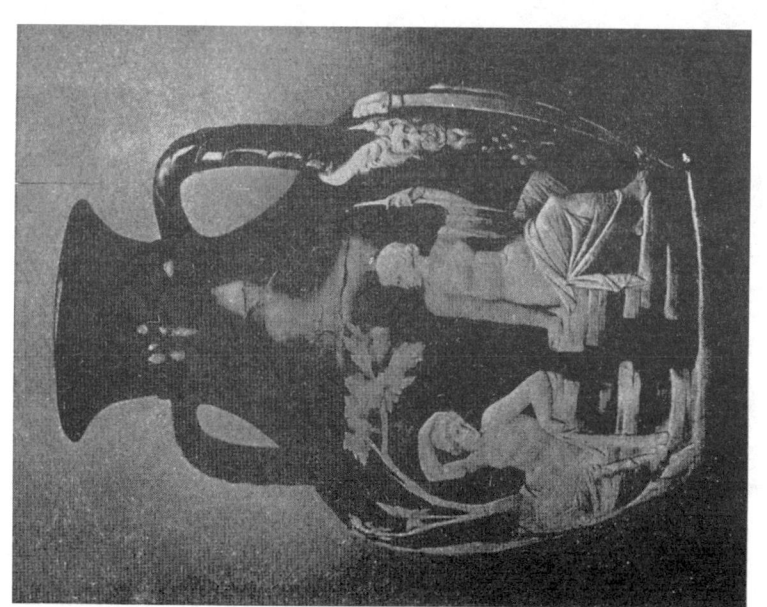

포틀랜드 화병
영국 박물관 2-2권의 388쪽 참조

처녀 입상 코레
아크로폴리스 박물관, 아테네 2-1권의 363쪽 참조

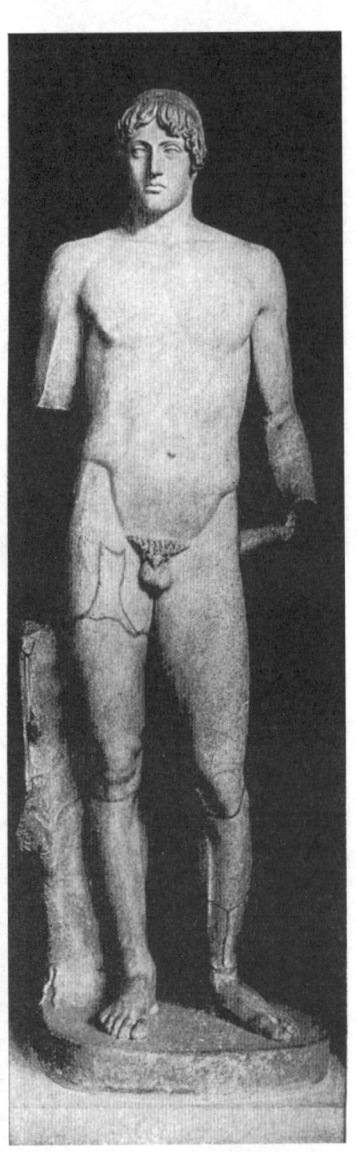

슈아절 고피에르 아폴론
아크로폴리스 박물관, 아테네 2-1권의 363쪽 참조

에피쿠로스
메트로폴리탄 박물관, 뉴욕 2-2권의 427쪽 참조

페리클레스
영국 박물관 2-1권의 401쪽 참조

오르페우스, 에우리디케, 헤르메스
나폴리 박물관 2-1권의 497쪽 참조

아프로디테의 탄생
루도비시 대좌(臺座)에서. 테르메 미술관, 로마 2-1권의 498쪽 참조

루도비시 대좌, 오른쪽 하부
테르메 미술관, 로마 2-1권의 498쪽 참조

루도비시 대좌, 왼쪽 하부
테르메 미술관, 로마 2-1권의 498쪽 참조

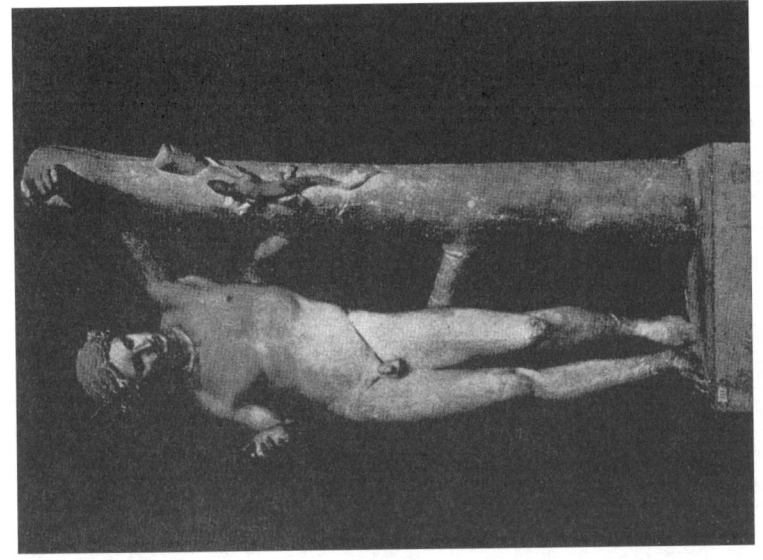

아폴론 사우록토노스
로마 복제품, 프락시텔레스 이후(?)
루브르 박물관 2-2권의 224쪽 참조

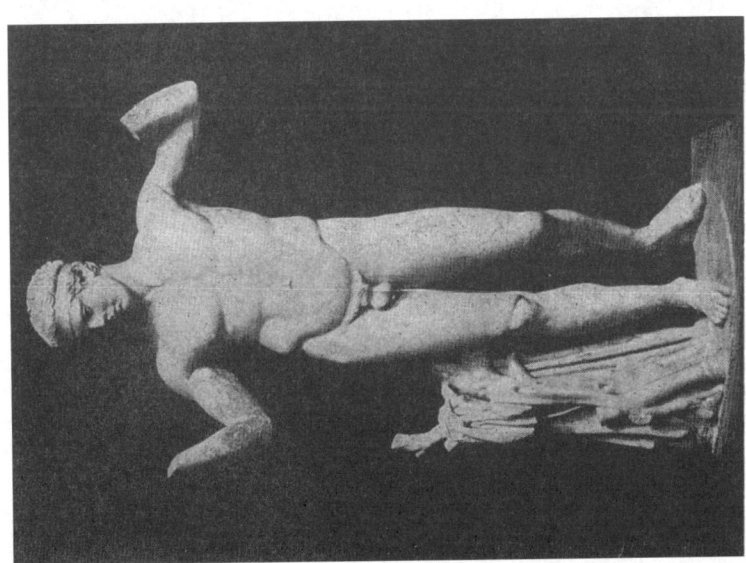

디아두메노스
로마 복제품, 폴리클레이토스 이후(?)
아테네 박물관 2-1권의 502쪽 참조

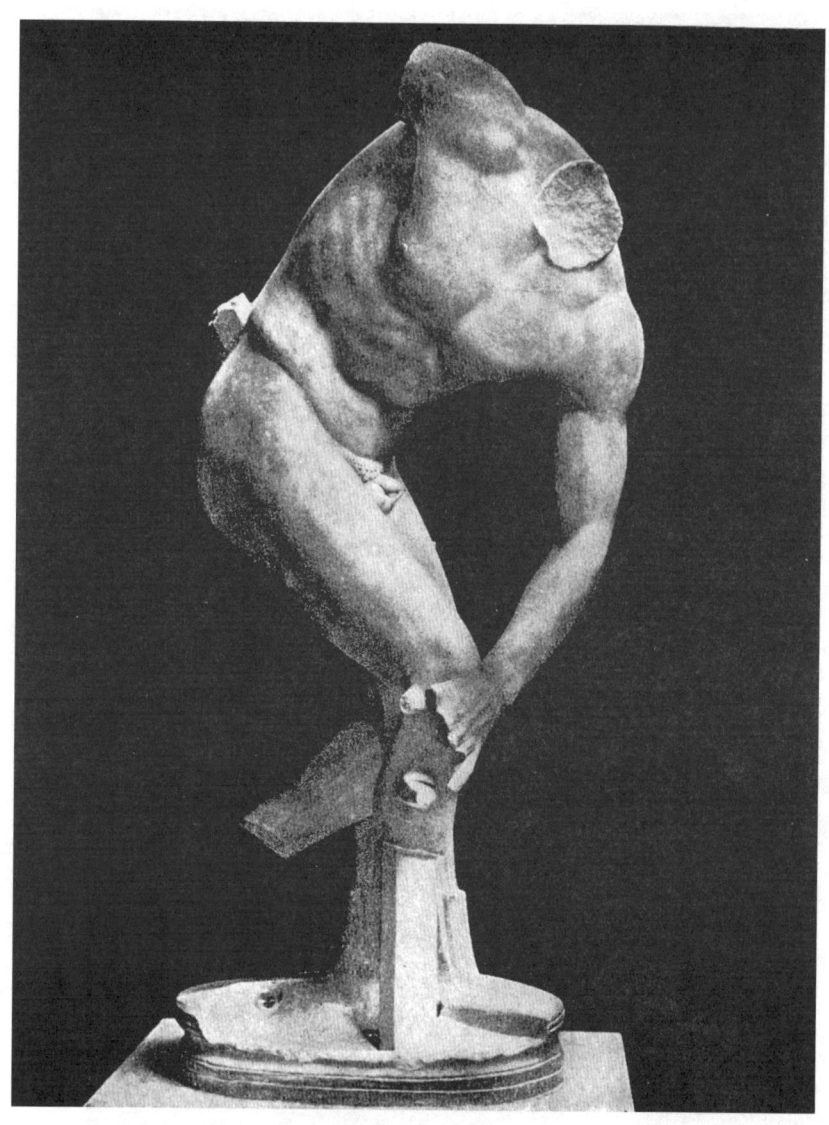

원반던지기 선수
로마 복제품, 미론 이후(?)
테르메 미술관, 로마 2-1권의 503쪽 참조

꿈꾸는 아테나
작자 미상의 돌을새김, 기원전 5세기경으로 추정
아크로폴리스 박물관, 아테네 2-1권의 497쪽 참조

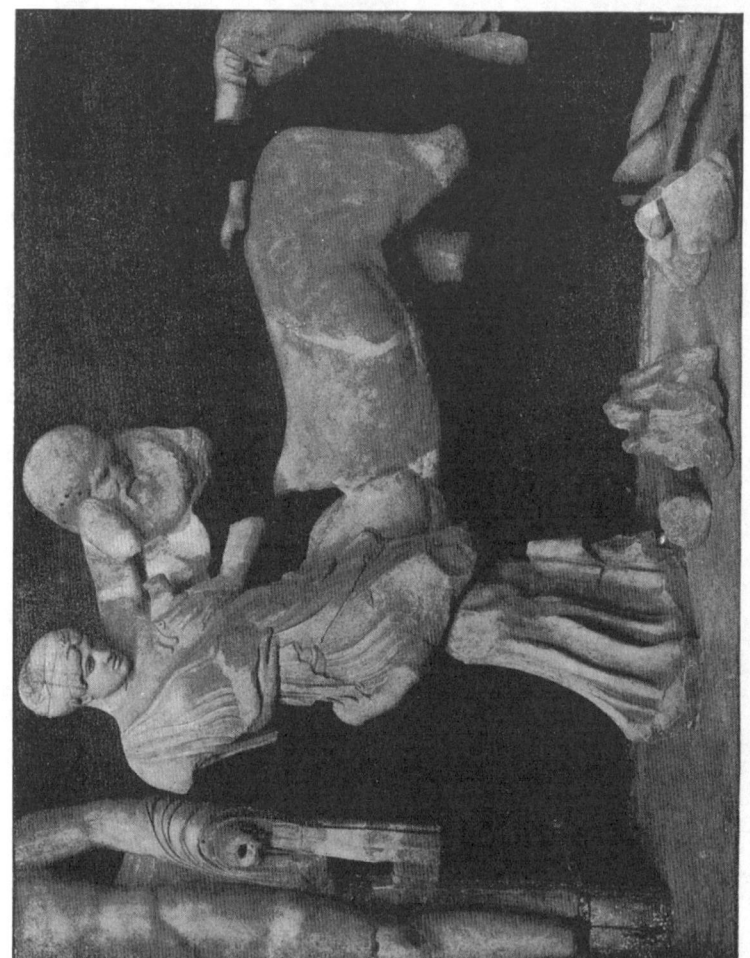

라피테스 신부의 납치
제우스 신전 서쪽 박공벽에서
올림피아 박물관 2-1면의 511쪽 참조

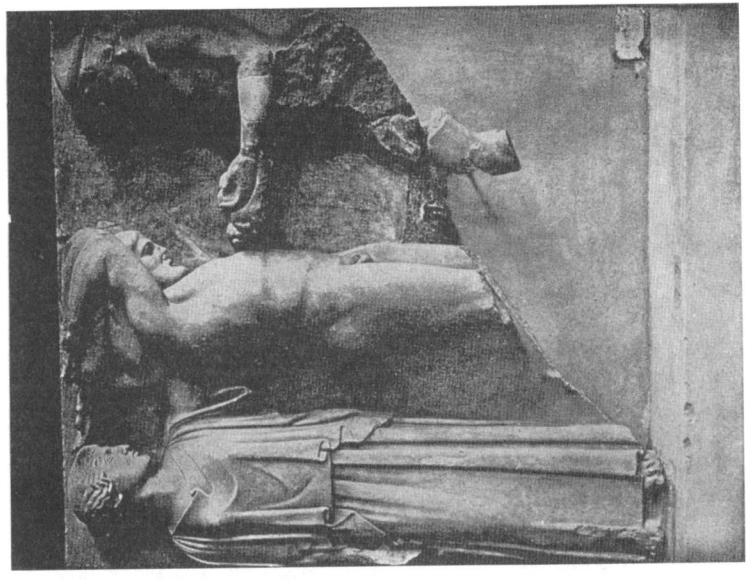

헤라클레스와 아틀라스
제우스 신전의 벽면에서
올림피아 박물관 2-1권의 511쪽 참조

다마시스트라테의 석주
아테네 박물관 2-1권의 497쪽 참조

샌들을 매는 니케
니케 아프테로스 신전에서
아크로폴리스 박물관, 아테네 2-1권의 514쪽 참조

프로필라이아와 니케 아프테로스 신전 2-1권의 515쪽 참조

델포이의 마부
델포이 박물관 2-1권의 362쪽 참조

에렉테이온의 여인상
영국 박물관 2-1권의 516쪽 참조

파르테논 신전 2-1권의 516쪽 참조

여신들과 이리스
파르테논 신전의 동쪽 박공벽
영국 박물관 2-1권의 518쪽 참조

케크롭스와 딸
파르테논 신전의 서쪽 박공벽
영국 박물관 2-1권의 519쪽 참조

기뻐들
파르테논 신전의 서쪽 소벽
영국 박물관 2-1권의 519쪽 참조

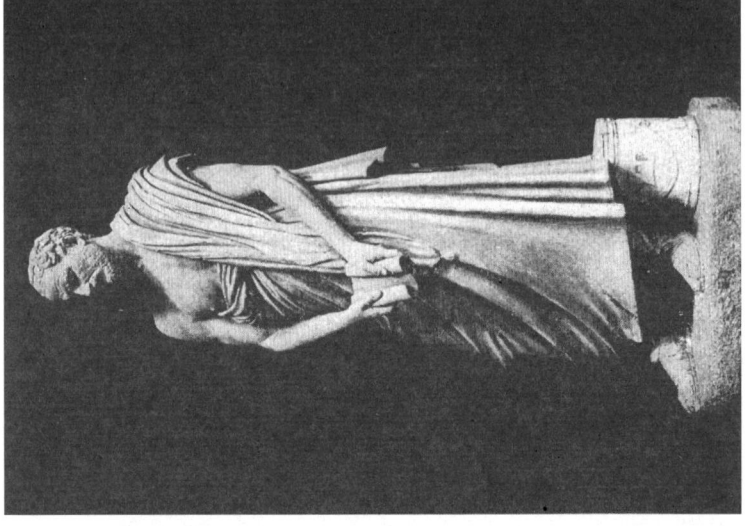

데모스테네스
바티칸 박물관, 로마 2-2권의 199쪽 참조

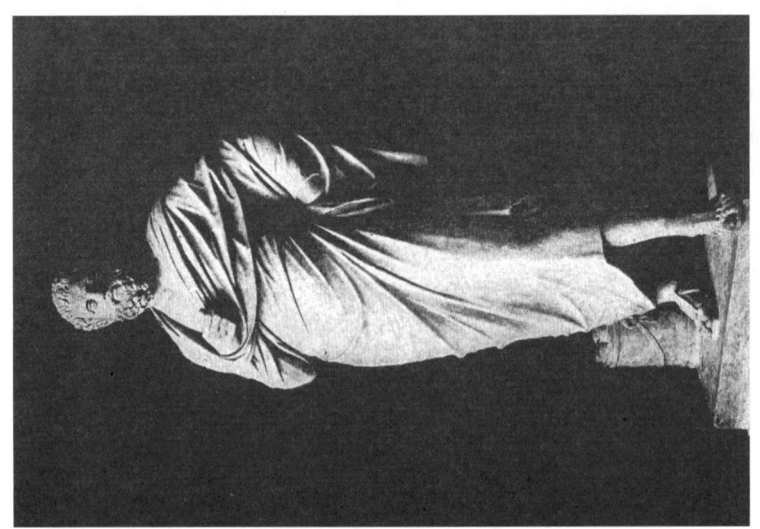

소포클레스
라테란 박물관, 로마 2-2권의 83쪽 참조

타나그라의 작은 조각상
메트로폴리탄 박물관, 뉴욕 2-2권의 219쪽 참조

할리카르나소스의 마우솔로스 영묘(靈廟)
재건축, 아들러(Adler) 이후 2-2권의 221쪽 참조

할리카르나소스의 마우솔로스 영묘에서 나온 돌을새김
영국 박물관 2-2권의 222쪽 참조

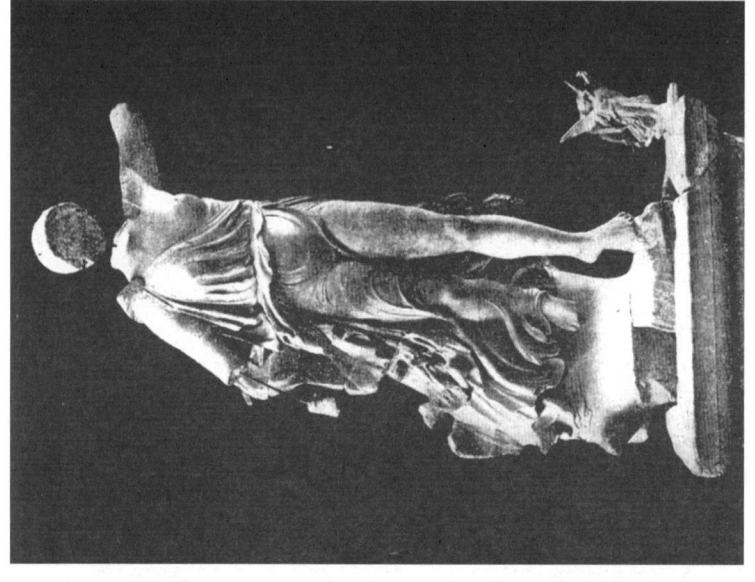

파이오니오스의 니케
올림피아 박물관 2-1권의 505쪽 참조

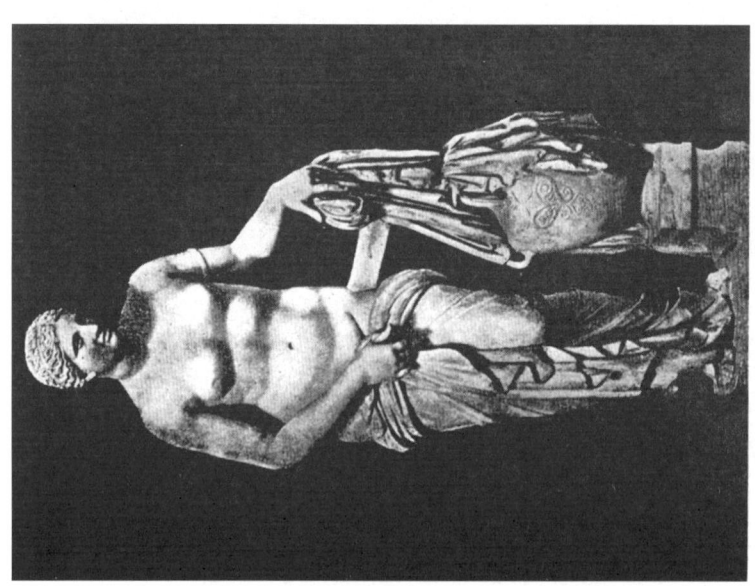

크니도스의 아프로디테
바티칸 박물관, 로마 2-2권의 223쪽 참조

프락시텔레스의 헤르메스
올림피아 박물관 2-2권의 224쪽 참조

폴리클레이토스의 도리포로스
아폴로니우스의 재연
나폴리 박물관 2-1권의 503쪽 참조

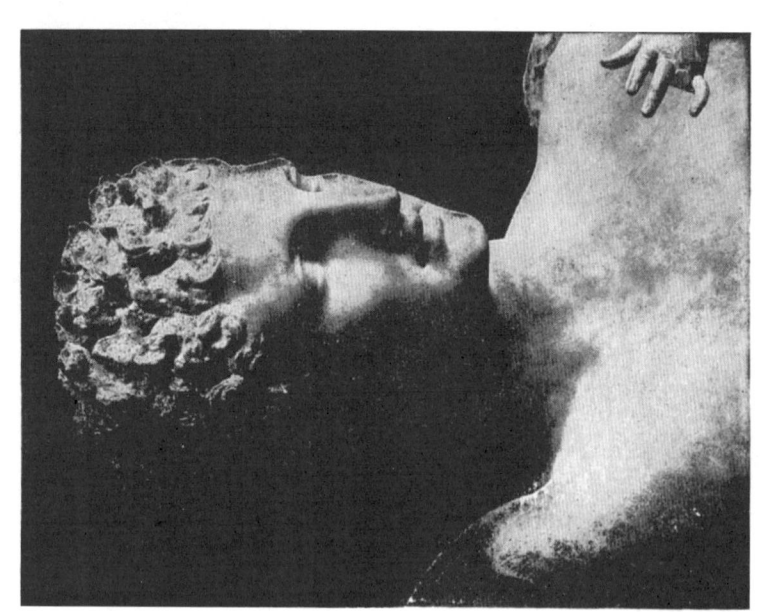

프락시텔레스의 헤르메스 두상
올림피아 박물관 2-2권의 224쪽 참조

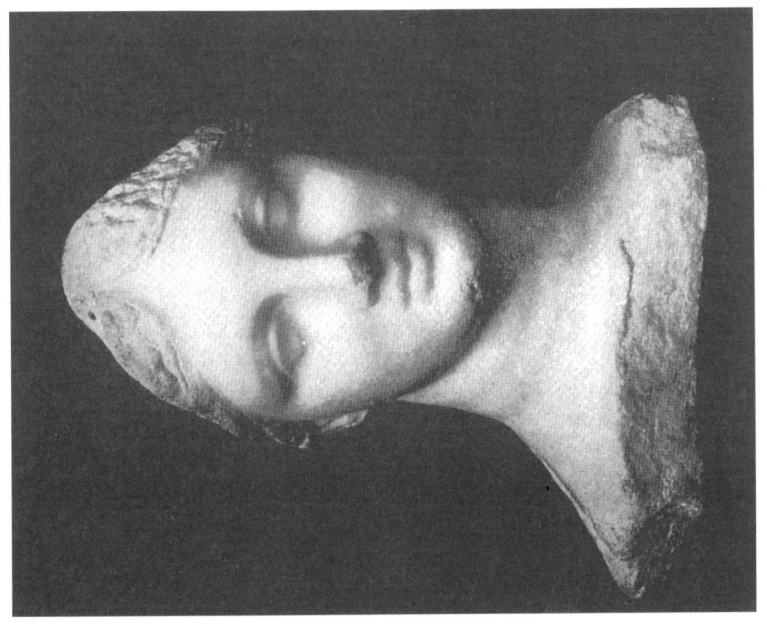

소녀의 두상, 키오스
보스턴 박물관 2-2권의 228쪽 참조

멜레아그로스의 두상
로마 복제품, 스코파스 이후(?)
빌라메디치, 로마 2-2권의 226쪽 참조

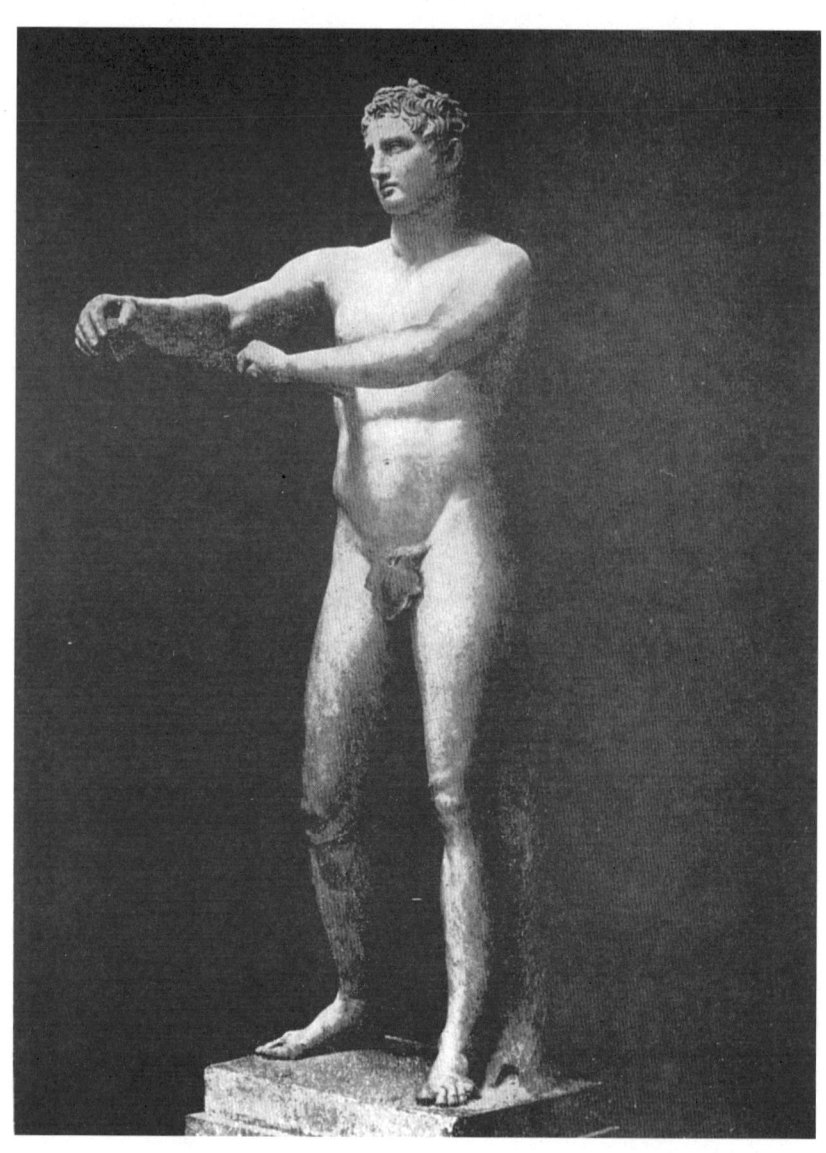

아폭시오메노스
로마 복제품, 리시포스 이후(?)
바티칸 박물관, 로마 2-2권의 427쪽 참조

니오베의 딸
밀라노

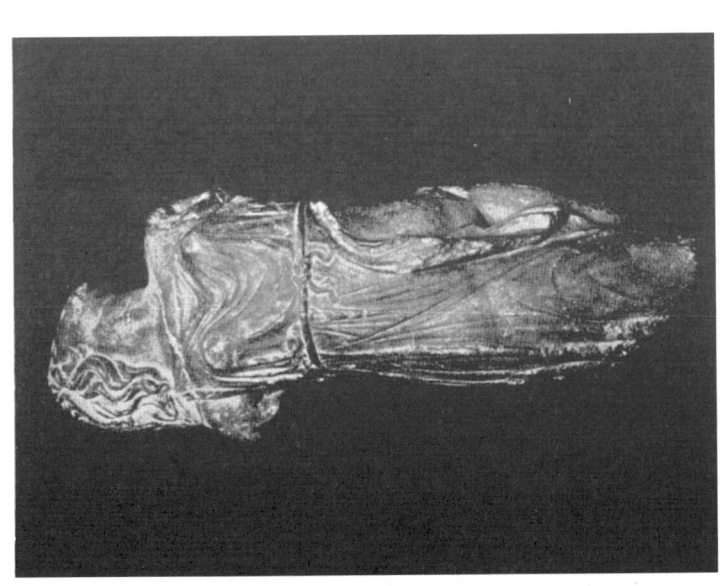

걱노하는 여사제
로마 복제품, 스코파스 이후(?)
드레스덴 알베르티눔(Dresden Albertinum) 2-2권의 226쪽 참조

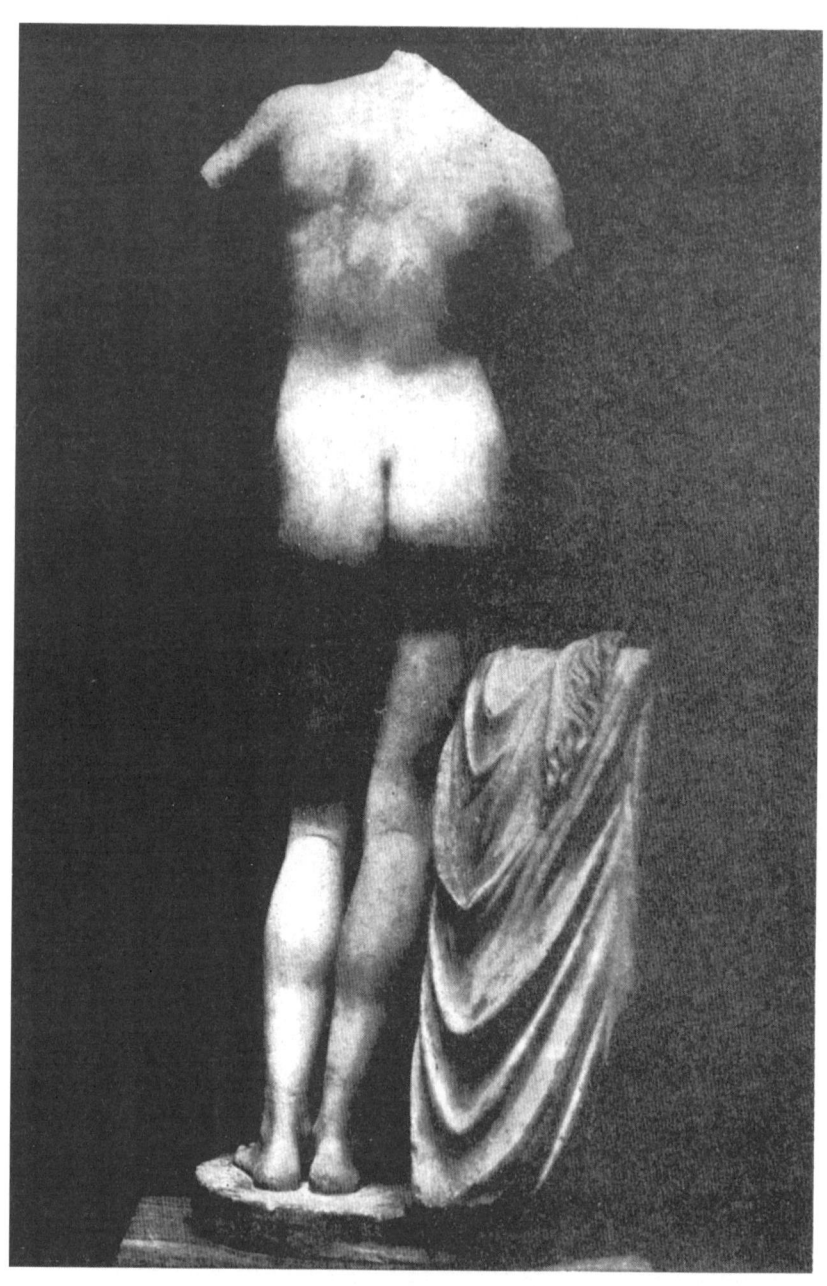

키레네의 아프로디테
테르메 미술관, 로마

크니도스의 데메테르
영국 박물관 2-2권의 228쪽 참조

페르가몬의 제우스 제단
재건축, 베를린 박물관 2-2권의 390쪽 참조

페르가몬의 제우스 제단의 소벽
베를린 박물관 2-2권의 398쪽 참조

이소스 전투. 폼페이에서 발견된 모자이크
나폴리 박물관 2-2편의 393쪽 참조

라오콘
바티칸 박물관, 로마 2-2권의 396쪽 참조

파르네세 황소
나폴리 박물관 2-2권의 397쪽 참조

알렉산드로스의 석관
콘스탄티노플 박물관 2-2권의 397쪽 참조

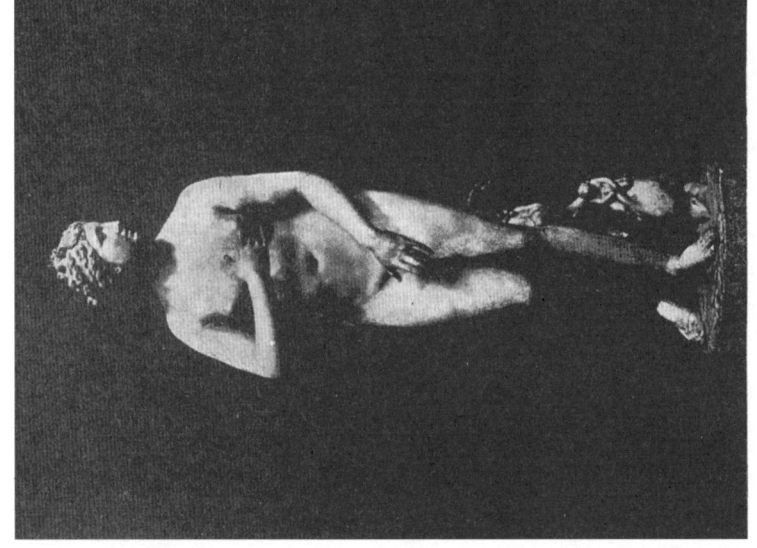

메디치의 비너스
우피찌 미술관, 피렌체 2-2권의 399쪽 참조

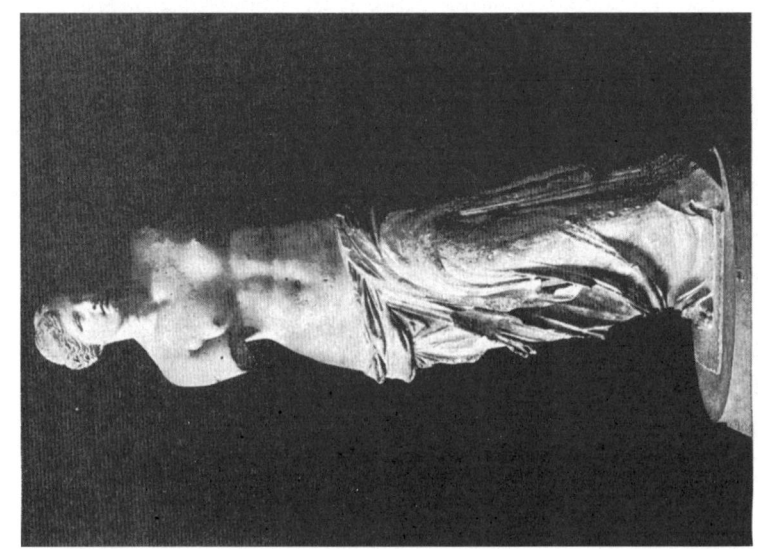

멜로스의 아프로디테
루브르 박물관 2-2권의 398쪽 참조

사모트라케의 승리
루브르 박물관 2-2권의 399쪽 참조

헬레니즘 시대의 초상(肖像) 두상
나폴리 박물관

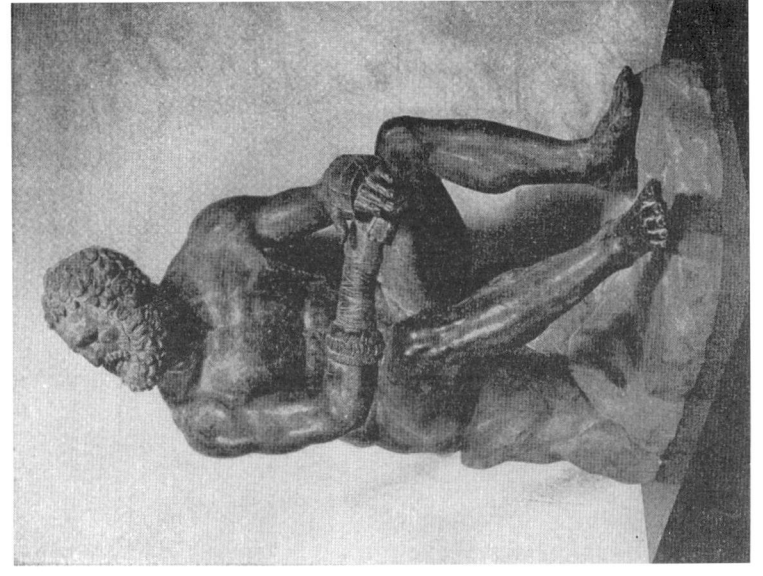

직업 선수
테르메 미술관, 로마

늙은 시장 여인
메트로폴리탄 박물관, 뉴욕 2-2권의 401쪽 참조

에게 해의 서곡

기원전 3500~1000년

THE LIFE OF GREECE

1장　　　　　　　　　　　　　　크레타 섬

1. 지중해

대서양과 지브롤터 해협을 뒤로하고 모든 바다 중에서 가장 아름다운 바다에 발을 딛는 순간, 고대 그리스인의 역사 무대가 우리 눈앞에 펼쳐진다. "마치 연못 주변에 모이는 개구리들처럼 우리는 이 바다 연안에 정착했다."라고 플라톤은 말했다.[1] 그리스인들은 기원전 그 오랜 옛날부터 이렇게 멀리 떨어진 해안에까지 위험하고 야만인들에 둘러싸인 식민지를 건설했다. 스페인의 헤메로스코피움과 암푸리아스, 프랑스의 마르세유와 니스, 이탈리아 남부와 시칠리아 거의 전 지역이 이에 해당한다. 또한 그리스의 식민지 개척자들은 북아프리카의 키레네와 나일 강 삼각주의 나우크라티스에도 도시를 세워 번성시켰다. 그들은 불굴의 진취적 기상으로 오늘날과 마찬가지로 에게 해의 섬들과 소아시아 연안을 휘젓고 다녔다. 다르다넬스 해협과 마르모라 해, 흑해 지역을 따라 원거리 교역을 위한 마을과 도시를 세웠다. 정작 그리스 본토는 고대 그리스 세계의 일부에 지나지 않았다.

역사적으로 첫 번째 문명이 이집트와 메소포타미아, 인도의 강 유역을 따라 성장하고, 세 번째 문명이 대서양에서 번성했으며 네 번째 문명이 태평양 연안에서 등장한 반면, 두 번째 문명이 이곳 지중해에서 형성된 까닭은 무엇일까? 지중해 물결이 넘실대는 이 지역의 온화한 기후 때문이었을까? 오늘날처럼[2] 당시도 겨울비가 대지를 적시고 적당한 온도의 서리가 사람들을 자극하였다. 또한 거의 일 년 내내 쾌청하면서도 따사로워 사람들은 마음껏 야외 생활을 즐길 수 있었다. 그러나 지중해 연안과 섬 지역 지표면은 갠지스 강이나 인더스 강, 티그리스 강, 유프라테스 강, 나일 강 등의 충적토 계곡처럼 비옥하지 않았다. 여름철 가뭄은 너무 일찍 시작되거나 너무 오래 지속되었다. 암석층이 회색 대지 얇은 박토 아래 구석구석 숨어 있었다. 온대성 북부 지역과 열대성 남부 지역이 이 역사적인 지역보다 더 비옥했으며, 인내심 많은 농부들도 토질 향상에 지쳐 농작물 경작을 포기하고 올리브와 포도를 재배했다. 뿐만 아니라 어느 때라도 수많은 단층들 중 일부를 따라 지진이 발밑 땅을 갈라 두려움과 발작적인 경외감으로 내몰 수 있었다. 기후는 그리스에 문명을 일으킨 요인이 아니었다. 다른 어느 문명에서도 마찬가지였을 것이다.

사람들을 에게 해로 모이게 한 것은 바로 섬들이었다. 에게 해의 섬들은 너무나 아름다웠다. 수심에 찬 선원조차 그늘진 언덕들이 다채로운 색깔로 비치는 바닷물에서 신전처럼 일어나는 광경에 감동하지 않을 수 없었을 것이다. 오늘날 지구상에서 이보다 더 아름다운 광경은 찾아보기 힘들다. 에게 해를 항해하다 보면 이 연안과 섬 지역에 거주하는 사람들이 왜 자신의 목숨보다 이곳에 더 애정을 가지게 되었는지, 그리고 소크라테스가 그랬던 것처럼 왜 추방당하는 것을 죽음보다 더 잔인한 형벌로 생각했는지 수긍이 가기 시작한다. 더욱이 앞에 언급한 선원은 이 보석 같은 섬들이 양 사방에 흩뿌려져 있을 뿐 아니라, 얼마나 촘촘히 산재해 있는지 동서남북 어디로 나아가든 육지에서 60킬로미터 이상 떨어지지 않는다는 사실에 기뻐했을 것이다. 그리고 이 섬들은 본토의 산맥들처럼 한때 연결되었던 지역이 끊임없이 침범하는 바닷물[3]에 서서히 잠기고 남은 산봉우리였다. 몇몇 반가운 봉우리가 언제나 바라보는 이의 시야를 반기고 안내할 나침반이 아직 없던 당시 선박들의 등대 역할을 했다. 또한 풍향과 조류가 조화롭게 어우러져 선원을 무사히 목적지에 다다르게 해 주었다. 강력한 중앙 해류가 흑해에서 에게 해로 흘러 들어왔고, 반대 해류가 연안을 따라 북쪽으로 흘렀다. 또한 여름철이면 계절풍이 북동쪽에서 규칙적으로 불어 곡물, 생선, 모피 등을 실은 선박이 흑해*를 출발해 남부의 항구로 회항하도록 도와주었다. 지중해에서 안개가 발생하는 일은 거의 드물었고, 끊임없이 비치는 햇살로 연안의 바람 또한 변화무쌍하여, 봄부터 가을까지 거의 모든 항구에서 배들이 아침나절 미풍을 받으며 나가 저녁 미풍을 안고 되돌아왔다.

욕심 많은 페니키아인들과 바다와 육지를 넘나드는 그리스인들은 이처럼 좋은 조건의 바다 환경 속에서 항해술과 항해학을 발달시켰다. 그들은 그때까지 지중해를 항해하던 어떤 배보다 크고 빠르며 다루기 편리한 선박을 만들었다. 해적과 불확실하고 위험한 상황이 존재했음에도, 키프로스, 시돈, 티레 등을 통하거나 에게 해와 흑해를 통해 유럽 및 아프리카에서 아시아로 가는 해로는 길고 고되며 위험한 육로보다 점차 비용이 더 저렴해졌는데, 당시 이집트와 근동 지역을 대상으로 한 교역은 대부분 육로를 통하고 있었다. 이제 교역은 새로운 경로를 택하고 인구가 새로 늘었으며 새로운 부가 창출되었다. 이집트에 이어 메소포타미아와 페르시아가 차례로 활기를 잃은 반면, 페니키아는 아프리카 연안과 시칠리아, 스페인에 도시들의 제국을 건설했고, 그리스는 마치 물기를 머금은 장미꽃처럼 활짝 피어났다.

---

* 그리스인들은 지중해를 호 폰토스(Ho Pontos), 통로 또는 도로라고 불렀으며, 흑해는 완곡하게 호 폰토스 에욱세이노스(Ho Pontos Euxeinos), 즉 손님에게 관대한 바다라고 불렀는데, 아마도 흑해가 남쪽에서 오는 배들을 역풍과 역류로 환영해 주었기 때문일 것이다. 흑해에 물을 공급하는 넓은 강들과 그 물의 증발을 억제하는 잦은 안개의 출현으로 흑해는 지중해보다 수위가 높았고, 이로 인해 협소한 보스포루스 해협(소가 건너는 여울)과 헬레스폰토스 해협을 거쳐 에게 해로 쇄도하는 강력한 조류가 형성되었다. 마르모라 해는 프로폰티스(Propontis), 즉 앞바다였다.

2. 크레타의 재발견

"검붉은 바다 한가운데 아름답고 풍요로운 땅 크레타가 있으며, 이 섬에는 헤아릴 수 없이 많은 인구와 아흔 개의 도시가 있다."[4] 호메로스가 이 시구를 읊었던 기원전 9세기 무렵,* 시인은 그렇지 않았을지라도, 그리스는 당시에도 그 부가 엄청났을 그 섬이 한때 훨씬 더 부유했다는 사실, 막강한 함대를 거느리고 에게 해 대부분과 그리스 본토 일부를 지배했다는 사실, 그리고 트로이가 함락되기 천여 년 전에 역사상 가장 예술적인 문명 중 하나를 꽃피웠다는 사실을 거의 모르고 있었다. 호메로스가 황금 시대를 말하면서 무질서한 자기 시대보다 더 문명화되고 그 삶이 더 세련되었다고 회상한 시대는 시인이 우리에게 그러하듯 시인에게 있어 그토록 오랜 옛날이었을 바로 이 에게 문명이었을 것이다.

현대 고고학의 중요 업적 중 하나는 바로 그 잃어버린 문명을 재발견한 것이다. 여기 키클라데스 제도의 가장 큰 섬보다 스무 배나 더 크고, 기후는 쾌적했으며, 한때 울창한 밀림이었던 언덕과 들판에서 다양한 산물이 나고, 페니키아와 이탈리아, 이집트와 그리스의 중간 지점에 위치해 교역이든 전쟁이든 전략적 요충지 역할을 했던 한 섬이 있었다. 아리스토텔레스는 이 지정학적 이점이 얼마나 탁월했으며 따라서 어떻게 "미노스 왕이 에게 해 제국을 건설할 수 있었는지"[5] 지적했다. 하지만 고전 작가들이 모두 사실로 받아들인 미노스 왕 이야기를 현대 학자들은 단지 전설에 지나지 않는다며 인정하지 않았고, 60여 년 전까지도 일반적으로 그로트(Grote)의 견해에 따라 에게 해 문명이 도리스인의 침공이나 올림피아 제전에서 시작되었다고 가정하는 것이 관례였다. 그 후 1878년 미노스 칼로카이리노스(Minos Kalokairinos)라는 걸맞은 이름을 가진 한 크레타 상인이 칸디아** 남쪽 언덕에서 몇 점의 낯선 유물들을 발굴했다. 미케

---

* 이 책의 모든 연대는 달리 표기하거나 분명히 서기라고 명기하지 않는 한 기원전을 의미한다.
** 오늘날의 수도로 현재 헤라클레온으로 공식 개칭되었다.

네와 트로이를 발굴한 슐리만(Schliemann)이 1886년 현장을 방문해 그 아래에 고대 크노소스 유적이 묻혀 있음을 확신한다고 공표하고 즉시 발굴을 위해 땅 주인과 협상에 들어갔다. 그러나 땅 주인은 실랑이를 하면서 속이려 했고, 고고학자가 되기 전 상인이었던 슐리만은 화가 나 협상을 포기하고 역사에 또 하나의 문명을 추가할 수 있는 황금 같은 기회를 놓쳐 버렸다. 그는 몇 년 후 사망했다.[6]

1893년 영국인 고고학자 아서 에번스(Arthur Evans) 박사가 아테네에서 한 그리스 여인으로부터 미백색 돌 몇 개를 구입했는데, 그녀는 그것을 부적처럼 지니고 있었다. 그는 돌 위에 새겨진 상형 문자의 내용이 궁금했지만 어떤 학자도 해독하지 못했다. 그 돌의 출처가 크레타임을 확인한 그는 그리로 건너가 섬을 돌아다니며 고대 크레타 기록이라 믿어지는 유물들을 수집했다. 1895년 그는 슐리만과 아테네 소재 프랑스 고고학 연구소가 크노소스라고 확인한 지역의 일부를, 그리고 1900년에는 나머지 지역을 매입하고, 그해 봄 150명의 인력을 동원해 9주에 걸쳐 열심히 발굴한 끝에 마침내 현대 고고학상 가장 위대한 성과인 미노스 궁전을 발굴해 냈다. 고대부터 지금까지 알려진 어떤 유물도 이 복합 구조물의 방대함에 비견될 수 없었다. 이 구조물은 외관상 모든 면에서 끝없는 라비린토스 미로와 일치했는데, 그 미로는 미노스 왕과 다이달로스, 데세우스, 아리아드네 그리고 미노타우로스가 등장하는 옛 그리스 이야기로 너무도 유명하다. 마치 에번스의 직감을 확인해 주듯, 이곳과 다른 여러 유적에서 수천 점의 인장과 점토판이 발견되었고 거기에는 그를 발굴에 나서게 했던 것과 똑같은 문자가 새겨져 있었다. 크노소스 궁전을 파괴했던 화재는 이들 점토판을 보존시키는 역할을 했고, 이들 점토판에 적힌 미해독 형상이나 문자들은 아직도 에게 문명의 초기 역사를 감추고 있다.*

이제 수많은 나라의 학자들이 속속 크레타로 몰려들었다. 에번스가 크노소

---

* 에번스는 수년에 걸쳐 크노소스에서 눈부신 업적을 수행했고, 그 발견 덕분에 기사 작위를 받았으며, 1936년에는 「미노스 궁전(The Palace of Minos)」이라는 제목의 기념비적인 네 권짜리 보고서를 완성했다.

스에서 작업하는 동안, 결연한 의지의 이탈리아인들, 알브에르(Halbherr), 페르니에(Pernier), 사비뇨니(Savignoni), 파리베니(Paribeni) 등이 하기아 트리아다에서 크레타 시대의 생활 모습들을 보여 주는 그림이 있는 석관을 발굴했고, 파이스토스에서는 크노소스 왕들의 궁전에 비해서만 규모가 떨어지는 왕궁을 발굴했다. 한편 두 명의 미국인 시거(Seager)와 호스(Mrs. Hawes)가 바실리키와 모클로스, 구르니아에서 일련의 발굴에 성공했고, 영국인들 호가스(Hogarth), 보즌켓(Bosanquet), 도킨스(Dawkins), 마이어스(Myres) 등이 팔라이카스트로와 프시크로, 자크로를 탐사했으며, 이제 크레타인 자신들이 흥미를 느껴 크산토디디스와 하드지다키스가 아르칼로코리, 틸리소스, 쿠마사, 카마이지 등지의 고대 주거지와 동굴, 무덤을 직접 발굴했다. 정치인들이 전쟁을 준비하고 있던 바로 그 세대에 유럽 절반 국가의 학자들이 과학이라는 기치 아래 단결했던 것이다.

    궁전과 그림, 조각, 인장, 화병, 귀금속, 서판, 돌을새김 등 이들 모든 유물은 어떤 식으로 분류되어야 하나? 그리고 과거 어느 시기에 해당되는가? 불확실하긴 했지만 연구가 계속되고 관련 지식이 증가하면서 보강 증거도 늘어나, 에번스는 지층의 깊이나 도자기 양식의 점진적인 변화, 연대가 대략적으로 밝혀진 지역이나 매장지에서 발굴된 유사 물품과 크레타의 발견물들이 형태나 모티프에 있어 일치하는지 여부 등에 따라 유물의 연대를 추정했다. 크노소스를 끈덕지게 파내려 가던 그는 지표면 10여 미터 아래에서 미지의 암석층을 발견했다. 발굴 지역 아래쪽 절반이 신석기 시대의 특징적 유물들로 채워져 있었다. 단순한 선형 무늬를 가진 초기 형태의 수제 도기와 방적용 가락바퀴(방추차(紡錘車)), 엉덩이가 큰 여신이 그려진 동석(凍石)과 점토, 돌을 연마해서 만든 도구와 무기 등이 발견되었지만, 구리나 청동으로 제작된 것은 하나도 없었다.* 도

---

* 크노소스에서 발견된 최초의 청동기 층은 인접 문화 유적과 연관시켜볼 때, 지금으로부터 약 5300년 전인 기원전 3400년 정도로 추정되고, 크노소스의 신석기 층이 지표에서 암석층에 이르는 전체 발굴 깊이 가운데 약 55퍼센트를 차지하므로, 에번스는 크레타의 신석기 시대가 금속이 출현하기 전 대략 기원전 8000~3400년 사이에 최소 4500년 동안 지속되었으리라 추산한다. 물론 이처럼 지층의 깊이에 따라 시간을 계산하는 것은 문제의 소지가 많다. 매장 정도는 시대에 따라 다를 수 있다. 기원전 14세기부터 크노소스가 도심으로서의 기능을 잃었기 때문에 그

기류를 분류하고 유물들을 고대 메소포타미아와 이집트의 것들과 연관시킴으로써, 에번스는 크레타의 신석기 후기 및 선사 시대 문화를 세 시대, 즉 초기 미노스, 중기 미노스, 후기 미노스 시대로 구분했으며 각 시대를 다시 세 시기로 구분했다.*

최초 또는 최하층에서 발굴된 구리를 통해 새로운 문명이 신석기 시대 단계에서 서서히 일어났음을 고고학적으로 알 수 있다. 초기 미노스 시대가 끝날 무렵 크레타인이 구리와 주석을 혼합하는 방법을 알게 되면서 청동기 시대가 시작된다. 중기 미노스 I 시대에는 최초의 궁전들이 출현한다. 크노소스와 파이스토스, 말리아의 왕들은 자신들을 위해 무수한 방과 넓은 창고, 전문화된 공방, 제단과 신전, 거대한 배수 시설이 구비된 화려한 거주지를 건축함으로써 오만한 서양인들조차 눈이 휘둥그레지게 만든다. 도기는 다채롭고 화려하며 벽은 매력적인 프레스코화로 생기를 발하고 이전 시대의 상형 문자에서 진보한 형태의 선형 문자(線形文字)가 등장한다. 다음 중기 미노스 II 시대가 끝나면서 어떤 미지의 재난이 지층 내에 냉소적인 기록을 남긴다. 크노소스 궁전이 마치 지각 변동이 있었거나 파이스토스로부터 공격을 받은 것처럼 쓰러져 있는데, 파이스토스 궁전은 당시 잠시 재난을 면한 것처럼 보인다. 그러나 잠시 후 비슷한 파괴 활동이 파이스토스와 모클로스, 구르니아, 필라이카스트로 및 심의 나른 많은 도시를 덮쳤다. 도기는 재로 덮이고 창고의 큰 항아리는 잔해로 가득 차 있다. 중기 미노스 III 시대는 상대적으로 정체를 보인 시대로, 이 시기 지중해 동남부 세계는 힉소스의 이집트 정복으로 오랫동안 무질서한 상태가 지속된다.[8]

후기 미노스 시대에 모든 것이 다시 시작한다. 모든 지각의 대격변을 인내한 인간은 새로운 희망을 품고 용기를 내어 다시 한 번 건축에 나섰다. 새롭고 더욱 세련된 궁전이 크노소스와 파이스토스, 틸리소스, 하기아 트리아다, 구르니

로 인한 매장 정도의 둔화가 참작되었다.[7] 크레타에서 구석기 시대 유물은 발견되지 않았다.

*이들 시대의 대략적 기간은 이 책 맨 뒤의 연대표 참조.

아에 세워진다. 이들 왕궁의 5층 높이 규모의 웅장함과 화려한 장식은 그리스인들이 페리클레스 시대에 가서야 맛보게 될 정도의 부를 암시해 준다. 궁전 안마당에 극장이 들어서고, 남녀가 동물과 사투를 벌여 로마의 검투사를 연상시키는 장관이 귀한 신분의 사람들을 즐겁게 하고, 이들 귀족은 근엄한 표정으로 말없이 긴장해 있지만 발굴된 건물 벽면의 밝은 프레스코 속에서 여전히 생생하게 살아있다. 욕망이 확장되고 취향이 정교해지고 문예가 번성한다. 수천 개 산업이 부자들에게 안락함과 진미를 제공하는 자비를 베풀어 가난한 자가 번영을 누릴 수 있도록 한다. 왕의 대저택은 드나드는 물품의 목록을 기록하는 서기들과 조각상과 그림, 도기, 돋을새김 등을 만드는 예술가들, 회의를 주재하거나 항소를 듣고 정교하게 세공된 인장을 찍은 문서를 발송하느라 정신없는 고관들로 소란스럽다. 한편 꿀벌처럼 가는 허리의 왕녀와 보석으로 치장한 귀부인들이 어깨를 드러낸 채 매력을 발산하며 청동과 황금 그릇으로 온갖 진미가 차려진 왕실 연회에 모여든다. 기원전 16세기와 15세기는 에게 문명의 전성기이자 크레타 고전 문명의 황금 시대다.

3. 문명의 재건

크레타의 흩어진 뼛조각들에 퀴비에(Cuvier)(프랑스의 동물학자(1769~1832년)로서 비교해부학과 고생물학의 창시자 - 옮긴이) 방식을 적용해 유적에 매장되었던 문화를 복원하려고 할 경우, 우리는 상상력을 동원하여 인위적으로는 움직이지만 이미 오래전에 죽어 딱딱하게 굳어 버린 단편적인 사료들 간에 생동적인 연속성을 불어넣어야 하는 위험한 역사 방영물을 다루고 있음을 명심해야 한다. 크레타의 비밀스러운 점토판은 그들의 샹폴리옹(Champollion)을 만날 때까지 은밀하게 비밀을 간직한 채 남아 있을 것이다.

1. 사람들

자신들의 예술 작품 속에 스스로를 묘사하고 있는 바와 같이, 크레타인들은 그들의 종교적 상징으로 유명한 양날 도끼와 기묘하게 닮았다. 남성과 여성의 몸통은 모두 초현대적이며 병적일 정도로 허리가 가늘다. 거의 모든 크레타인들은 작은 키에 왜소하지만 유연한 체격과 우아한 몸놀림을 보이며 발랄하고 날렵하다. 그들의 피부는 나면서부터 희다. 그늘진 곳을 찾는 여인들은 얼굴색이 희멀겋고 통상적으로 창백한 편이다. 하지만 태양 아래서 부를 추구한 남자들은 그을리고 혈색이 좋아서 그리스인들은 이들을 (페니키아인들처럼) 포이니케스(Phoinikes), 즉 붉은 사람 또는 붉은 피부라고 불렀을 것이다. 이들의 얼굴은 넓적하기보다는 긴 편이고, 이목구비는 날카롭고 세련되었으며, 머리칼과 눈은 오늘날의 이탈리아인들처럼 검은빛을 발한다. 크레타인들은 "지중해 인종"에서 갈라져 나온 것이 분명하다.* 여자들뿐 아니라 남자들도 머리나 목 부분 머리카락을 부분적으로 곱슬곱슬하게 처리하고 눈썹 부근은 부분적으로 고리처럼 구부렸으며 일부 머리카락은 땋아서 어깨나 가슴 위로 떨어뜨렸다. 여자들이 고불고불한 머리카락에 리본을 한 반면, 남자들은 얼굴을 깨끗하게 보이려고 다양한 면도칼로 면도하고 심지어 부장품으로 무덤에까지 갖고 갔다.[9]

의상 역시 외모만큼이나 기묘하다. 남자들은 (대부분 모자를 쓰지 않았다.) 터번이나 큼직한 베레모를 쓰고, 여자들은 20세기 초 스타일의 화려한 모자를 쓰고 있다. 발은 보통 맨발이지만 상류층은 흰색 가죽 신발을 발에 묶고 여자들 중에는 신발 가장자리를 우아하게 수놓고 가죽 끈에 색을 입힌 구슬을 다는 경우도 있다. 보통 남자들은 허리 위로 다른 것은 아무것도 걸치지 않은 채 짧은 스커트를 입거나 천을 허리에 두르며 가끔 점잔을 부리려고 샅 주머니를 찬다.

---

* 오늘날의 인류학은 신석기 후기 유럽인들을 세 가지 유형으로 나누며 이들은 각각 북유럽과 중유럽, 남유럽에 주로 분포한다. (1) 북유럽(Nordic)인—긴 얼굴에 키가 크고 피부와 눈, 머리칼이 아름답다. (2) 알프스(Alpine)인—넓적한 얼굴에 중간 정도 키, 눈은 회색인 경우가 많고 머리칼은 갈색을 띤다. (3) 지중해(Mediterranean)인—긴 얼굴에 키가 작고 피부가 검다. 어떤 민족도 이들 인종 중 한 가지 유형에만 속하지는 않는다.

일꾼의 스커트는 옆 부분이 터져 있을 수 있다. 고관의 옷이나 예복의 경우, 성별에 상관없이 땅에 끌리는 스커트를 입는다. 남자들은 때때로 속바지를 입고 겨울에는 모직이나 가죽으로 된 긴 외투를 입는다. 복장은 중간 부분을 끈으로 단단히 묶었는데, 이는 여자들뿐 아니라 남자들도 역삼각형의 늘씬한 몸매를 과시하기 위해서다.[10] 이후 시기 여자들은 이 부분에서 마치 남자들과 경쟁이라도 하듯 빳빳한 코르셋을 입는데, 이를 통해 스커트가 엉덩이 주위로 편안하게 모이고 가슴이 태양을 향해 드러난 채 받쳐진다. 여인들이 가슴을 가리지 않거나 내비치는 속옷을 걸치는 것이 크레타에서는 흔한 일이다.[11] 아무도 이를 나무라지 않는 것 같다. 보디스는 가슴 아래를 레이스로 장식하고 자연스러운 원을 그리며 열리고 목 부분을 메디치 칼라로 처리해 은폐의 매력을 살린다. 소매는 짧고 가끔 끝을 부풀리는 경우도 있었다. 주름과 화사한 빛깔로 꾸며진 스커트는 엉덩이 부분에서부터 넓게 퍼지고, 금속 살이나 가로 방향의 테로 보강된 듯하다. 크레타 여자 의상의 매무새와 디자인에는 따뜻한 색상들이 조화를 이루고 우아한 선과 세련된 취향이 엿보이는데, 이는 크레타가 예술과 기교에 있어 이미 역사가 오래된 풍요롭고 화려한 문명이었음을 암시해 준다. 이런 점에 있어 크레타인들은 그리스인들에게 아무런 영향도 끼치지 못했고, 현대의 대도시들에서만 자신의 스타일이 개가를 올리게 한다. 성실한 고고학자들조차 눈부신 가슴과 아름다운 목, 육감적인 입술, 건방진 콧대, 호소력 있고 도발적인 매력을 지닌 한 크레타 숙녀의 초상화에 '라 파리지엔느(La Parisienne)'라는 이름을 붙일 정도였다. 그녀는 오늘날 우리 앞에 소벽(小壁)의 일부가 되어 오만하게 앉아 있는데, 그 벽화에서는 고위 명사들이 지금 우리에게는 전혀 보이지 않는 어떤 장관을 응시하고 있다.[12]

크레타 남성들은 여성들이 삶에 가져다주는 기품과 모험에 감사했음이 분명하다. 그들은 여성들의 사랑스러움을 드높이는 값비싼 수단들을 제공했던 것이다. 유적은 수많은 종류의 보석류로 가득하다. 구리와 금으로 된 머리핀, 황금으로 동물이나 꽃을 만들고 수정이나 석영으로 머리 부분을 장식한 핀들,

머리칼과 어울리도록 맞비침 세공을 한 고리나 나선형 모양의 금장식, 귀금속으로 장식된 머리띠나 리본, 귀에 매다는 고리나 장식물, 가슴에 다는 브로치나 구슬 또는 목걸이, 팔에 걸친 밴드와 팔찌, 은이나 동석, 마노, 홍옥수, 자수정, 금으로 만든 반지 등. 남자들도 몸에다 보석을 걸쳤다. 가난한 남자들은 흔한 보석으로 목걸이나 팔찌를 만들어 찼고, 여유가 있으면 전투나 사냥 장면이 조각된 화려한 반지를 과시했다. 저 유명한 「잔 올리는 사람」은 자신의 이두박근에 귀금속으로 장식된 넓은 띠를 두르고 손목에는 마노로 상감 세공된 장식 고리를 찼다. 크레타인의 삶 곳곳에 허영심 가득하고 기품을 한껏 뽐내려는 열정, 곧 아름다움에 대한 갈망이 표현되어 있다.

모든 인간을 의미하는 'man'이라는 말은 가부장 시대의 편견을 드러내며, 모계 중심 사회라 할 수 있는 고대 크레타에는 어울리지 않는 용어다. 미노스 여성들은 어떤 동양적인 격리도, 자신을 가두는 휘장이나 하렘도 참지 못한다. 이들이 집이나 가정의 특정 구역에 제한되었다는 증거가 없다. 이들 또한 분명히 오늘날 여성들처럼 집에서 일한다. 옷과 바구니를 만들고 곡식을 갈며 빵을 굽는다. 하지만 이들은 또한 들이나 도기 제조소에서 남자들과 함께 일하고, 군중 속에서 남자들과 스스럼없이 어울리며, 극장이나 경기장의 앞자리에 앉고, 고귀한 숙녀가 숭배에 염승이 난 듯 크레타 사회를 휘몰아친다. 그리고 국가가 신을 창조할 때면 그 형상이 남성보다는 여성인 경우가 많다. 진지한 학자들은 이들 마음속에 있는 모성 상에 은밀하게 매료되어 그 유적에 경의를 표하고 그녀의 지배에 놀라워한다.[13]

2. 사회

우리는 크레타를 애초에 추장을 중심으로 독자적으로 마을을 이루고 살며, 남자들의 방식대로 끊임없이 영토 전쟁을 벌이는 질투심 많은 씨족들이 산지(山地)에 의해 서로 나뉜 형태로 상상한다. 그 후 강한 지도자가 등장해 몇몇 씨족을 하나의 왕국으로 통일하고, 크노소스와 파이스토스, 틸리소스 또는 다른 도시에 요새 겸 왕궁을 건설한다. 전쟁은 빈도가 줄고 보다 광범해지며 살인이 더욱 효과적으로 자행된다. 마침내 도시들은 섬 전체 패권을 다투고 크노소스가 승리한다. 승자는 초기의 페리클레스처럼 해군을 조직하고 에게 해를 지배하며 해적을 진압하고 공물을 거두고 왕궁을 세우고 예술을 후원한다.[14] 약탈 없이 문명을 시작하기란 노예 없이 그 문명을 유지하는 것만큼이나 어렵다.*

왕의 권력은 유적이 말해 주는 것처럼 무력과 종교, 법에 기초한다. 왕은 복종을 보다 용이하게 하려는 목적으로 신을 이용한다. 제사장들은 왕이 벨카노스의 자손이며 그가 포고하는 법은 이 신에게서 받은 것이라 설명한다. 왕이 유능하거나 관대하면 제사장들은 신의 권위로 매 9년마다 다시 왕에게 기름을 붓는다. 로마와 프랑스를 예견하는 듯, 왕은 권력의 상징으로 (양날) 도끼와 붓꽃 모양의 문장을 채택한다. 그는 (점토판 내용이 암시하는 것처럼) 국가 통치를 위해 장관과 관료, 서기를 임명한다. 현물로 세금을 거두고, 곡식과 기름, 포도주 등 거둔 세입을 거대한 항아리에 보관하며, 이 금고에서 꺼낸 현물로 신하들에게 보수를 지불한다. 왕궁 옥좌나 별궁 재판석에서 그는 임명한 재판관이 해결하지 못한 소송 사건을 직접 판결한다. 판사로서의 위대한 명성 때문에, 호메로스의 확신에 의하면 그는 죽은 후 하데스에서 사자(死者)들이 어김없이 대면해야 하는 재판관이 된다.[16] 그는 미노스로 알려져 있지만 정확한 이름은 알 수 없다. 이 명칭은 '파라오(Pharaoh)'나 '카이사르(Caesar)' 같은 칭호일 것이고, 수많은 왕들이 이 명칭에 들어 있을 것이다.

전성기에 이 문명은 놀랄 만큼 도시적이었다. 『일리아드』에는 크레타의 "아흔 개 도시들"이 언급되어 있으며, 이들을 정복한 그리스인들은 그들의 엄청난 인구에 놀라움을 금치 못했다. 오늘날에도 지금은 황폐해져 미로가 되어 버렸지만 당시에는 깔끔하게 포장되고 수로가 잘 정비된 거리와 교차로들, 소심하

---

* 신중하고 정확한 성격의 투키디데스는 다음과 같이 말한다. "전승에 의하면 해군을 최초로 창설한 이는 미노스다. 그는 오늘날 그리스 해로 불리는 지역의 지배자가 되었고 키클라데스 제도를 다스렸다. …… 그는 이 바다의 해적 진압에 모든 노력을 기울였는데, 이는 자기 수입 확보를 위한 필수 조치였다."[15]

고 수다스러운 사람들로 꽉 들어찬 거래 또는 행정 중심지 주변에 운집해 있는 수많은 가게와 집들을 대하는 학자들은 경외감에 사로잡힌다. 대단한 것은 비단 크노소스만이 아니다. 크노소스는 그 왕궁들이 얼마나 웅장한지 이를 두고 상상하면 그들의 부의 원천이자 수혜지가 틀림없었을 이 도시를 우리는 과장하지 않을 수 없다. 섬을 가로질러 남쪽 해안에는 파이스토스가 있는데, 호메로스는 이 항구에서 "어두운 색깔의 뱃머리를 한 선박들이 바람과 파도를 타고 이집트로 향한다."라고 말한다.[17] 미노스 시대 크레타의 남행 상인은 길게 우회하는 위험한 바다를 피해 육로로 운송해 온 북부 상인들의 물품을 가득 싣고 이곳에서 쏟아져 나간다. 파이스토스는 크레타의 피라이오스가 되었고 예술보다 상업이 우선되었다. 파이스토스 왕의 궁전은 웅장한 건축물로 14미터 넓이의 층계가 펼쳐져 있고, 홀과 궁정은 크노소스의 규모와 비견되며, 중앙의 뜰은 930제곱미터 규모로 네모꼴로 포장되어 있고, 접견실은 280제곱미터나 되어 북부 도시에 있는 거대한 양날 도끼 홀보다 훨씬 더 크다.

북서쪽으로 3킬로미터가량 가면 하기아 트리아다가 있고, (고고학적 상상력으로 그렇게 부를 수 있다면) 이곳 "별궁"에서 파이스토스의 왕이 피서를 한다. 미노스 시대 이 섬 동쪽 끝 지역에는 자크로나 모클로스 같은 항구들, 프라이소스나 프세이라 같은 마을들, 팔라이카스트로 같은 거주 지역, 구르니아 같은 제조업 중심지 등 작은 도시들이 많았다. 팔라이카스트로의 중심가는 포장이 잘되어 있고 배수 시설이 잘 갖추어져 있으며 널찍한 집들이 늘어서 있다. 이들 가운데 한 집은 현재 남아 있는 층에 스물세 개나 되는 방을 갖추고 있다. 구르니아에는 석고로 포장된 거리와 회반죽 하지 않은 돌로 지은 집, 지금까지 유적으로 남아 있는 풀무가 갖추어진 대장간, 연장들이 구비된 목공소, 금속 가공과 신발 제조, 화병 제조, 정유, 직조 등으로 분주한 작은 공장들이 늘어서 있다. 이곳을 발굴하고 청동 제단과 항아리, 도기, 솥, 램프, 칼, 회반죽, 광택제, 고리, 핀, 단도, 검 등을 수습하는 오늘날의 인부들은 이토록 다양한 제품과 장비들에 감탄하면서 이곳을 "기계의 도시"라고 부른다.[18] 우리가 상상하는 작은 거리들은 비좁고, 따가운 햇볕을 피하기 위해 동방 아열대 기후 지역 스타일로 만들어진 그저 그런 골목길이다. 또한 목재나 벽돌, 돌로 지어진 직사각형 집들도 대부분 단층 구조다. 그러나 크노소스에서 발굴된 중기 미노스 시대 명판에는 곳곳에 작은 침실 다락방과 탑을 갖춘 2층, 3층, 심지어 5층짜리 집들이 소개되어 있다. 이 상상 속 집들의 위층에는 알 수 없는 재질의 붉은색 판유리가 끼워진 창문들이 있다. 재질이 분명 사이프러스 나무였을 기둥에 달린 양 문은 그늘진 안뜰을 향해 1층 방에서 여닫게 되어 있다. 층계는 위층과 지붕으로 이어져 있고, 몹시 더운 밤 크레타인들은 이곳에서 잠을 청한다. 실내에서 저녁을 보낼 경우 방을 기름등으로 밝히게 되는데, 등의 재질은 수입에 따라 점토나 동석, 석고, 대리석, 청동 등으로 차이가 난다.[19]

당시 사람들이 즐긴 게임 중 한두 가지 정도를 알 수 있다. 집에서는 일종의 체스를 즐긴다. 크노소스 궁전 유적에서 상아로 테를 두르고 은과 금으로 칸을 만들고 귀금속과 보석으로 꾸며진 일흔두 개의 데이지 꽃으로 가장자리를 장식한 멋진 게임 판이 발견되었다. 들판에서는 반야생 고양이와 날렵한 순종 사냥개를 이끌고 호방하고 열정적으로 사냥을 즐긴다. 도시에서는 권투 선수를 후원한다. 화병과 돋을새김들에 다양한 권투 경기 모습이 표현되어 있다. 경량급 선수들은 맨손과 발차기로 스파링을 하고, 중량급 선수들은 깃털이 꽂힌 헬멧을 쓰고 서로를 남자답게 강타하며, 헤비급 선수들은 헬멧과 뺨 보호대, 속을 채운 긴 장갑을 착용하고 한 명이 기진해 쓰러지고 다른 한 명이 그를 밟고 승리의 영광을 과시할 때까지 싸운다.[20]

그러나 크레타에서 가장 큰 즐거움은 축제일에 원형 극장을 가득 메운 군중을 헤치고 들어가 남녀들이 맹렬하게 돌진하는 황소들을 상대로 사투를 벌이는 장면을 보는 일이다. 이 활기찬 경기 장면이 몇 번이나 되풀이해서 묘사되어 있다. 황소가 웅덩이의 물을 핥아 먹을 때 용감한 사냥꾼이 목 위에 뛰어 올라타 황소를 잡고, 곡예사의 성가신 속임수에 황소가 길들여질 때까지 전문 조련사가 그 머리를 비틀고 있고, 날래고 민첩한 경연자가 경기장에서 황소와 맞서 뿔을 잡고 공중으로 뛰어올라 등 위에서 공중제비를 넘고, 먼저 착지한 다음 우아함을 더하기 위해 등장한 여자 동료의 팔을 잡는다.[21] 미노스 시대 크레타에서도 이는 이미 역사가 오랜 예술이어서, 카파도키아에서 발굴된 기원전 2400년경으로 추정되는 원통형 진흙 토기에 황소와의 격투 경기가 이들 프레스코 벽화처럼 활기차고 위험한 모습으로 표현되어 있다.[22] 오늘날도 여전히 인기 있는 이 피에 대한 욕망과 용기를 상징하는 게임이 문명만큼이나 오래되었다는 사실을 깨달으면서 지나치게 단순화시키기를 좋아하는 우리의 지성조차 인간의 모순된 복잡성을 잠시 동안 얼핏 포착하게 된다.

3. 종교

크레타인은 야만적이기도 하지만 확실히 종교적이어서 물신 숭배와 미신, 이상주의와 경외심이 철저하게 인간적으로 혼합된 모습을 보여 준다. 산과 동굴, 돌, 숫자 3, 나무와 기둥, 태양과 달, 염소와 뱀, 비둘기와 황소를 숭배하고, 어떤 것도 이런 신학에서 거의 벗어나지 못한다. 공기가 친절하거나 흉악한 영들로 가득하다고 생각하고, 나무 요정과 물의 요정 같은 목가적이고 영묘한 존재들을 그리스에 물려준다. 남근 상징을 직접 숭배하진 않지만, 황소와 뱀의 생식적인 활기를 경외감을 품고 숭배한다.[23] 사망률이 높으므로 다산에 헌신적인 경의를 표하고, 인간적인 신이라는 개념에 이르면 풍만한 유방과 멋진 옆구리를 지니고 파충류가 팔과 가슴 주위를 기어오르거나 머리칼과 얽히고 거만하게 고개를 쳐드는 모신(母神)을 그린다. 이 여신을 통해 인간의 가장 큰 적인 죽음이 여성의 신비스러운 힘, 재생에 의해 극복된다는 자연의 기본적인 사실을 발견하고, 이 힘과 신성을 동일시한다. 모신은 인간뿐 아니라 식물과 동물 등 모든 생명의 근원을 의미한다. 여신의 형상을 동물과 식물로 둘러싼다면, 그 이유는 이것들이 여신의 창조적 다산성을 통해 존재하고 따라서 이 여신의 상징이자 발산물 역할을 하기 때문이다. 이따금 여신은 두 팔에 어떤 산속 동굴에서 낳은 신의 아기 벨카노스를 안은 모습으로 나타난다.[24] 이 옛 형상 속에서 이시스와 호루스, 이슈타르와 탐무즈, 키벨레와 아티스, 아프로디테와 아도니스를 발견하고, 지중해 세계에 존재한 선사 문화의 통일성과 종교적 사상 및 상징의 연속성을 느끼게 된다.

그리스인들이 벨카노스라고 부르는 크레타인의 제우스는 크레타인의 정서상 그의 어머니 아래에 위치한다. 그러나 그의 중요성이 점차 올라간다. 그는 풍요를 가져다주는 비와 탈레스의 철학에서처럼 이 종교에서도 만물의 기초가 되는 물이 인격화된 존재다. 그는 죽지만 그의 무덤은 유크타스 산 위에 대대로 모습을 나타내고, 그의 장엄한 옆얼굴은 상상력이 풍부한 여행자에게 여전히 목격되며, 그는 되살아나는 식물을 상징해 무덤에서 떠오르고, 쿠레테스 제사장들은 춤과 쟁그랑거리는 방패로 그의 영광스러운 부활을 축하한다.[25] 가끔 그는 풍요의 신으로서 성스러운 황소로 현현한다고 생각된다. 그가 크레타 신화에서 미노스의 아내 파시파에와 짝을 이루고 그녀에게서 괴물 같은 미노스 황소, 미노타우로스를 낳는 것도 바로 황소의 모습을 통해서다.

크레타인들은 기도와 제사, 상징과 의식을 갖춘 화려한 예식으로 이 신들을 달랜다. 예식은 대개 여제사장들이 주관하고 가끔 국가 관리에 의해 집행된다. 악마를 쫓기 위해 향을 피우고, 무심한 신을 깨우기 위해 소라를 불며, 플루트와 리라를 연주하고, 합창으로 경배의 찬가를 노래한다. 과수원과 들판의 식물이 잘 자라기를 기원하면서 엄숙한 의식에서 나무와 식물에 물을 주거나, 여제사장들이 옷을 벗고 미친 듯이 나무를 흔들어 익은 열매들을 떨어뜨리거나, 축제 행렬을 하는 여인들이 과일과 꽃을 가마에 모신 여신에게 바친다. 분명 어떤 신전도 없지만, 왕궁 정원이나 신성한 숲이나 동굴, 산꼭대기에 제단을 세운다. 이 성소를 제주와 제물, 잡다한 우상들, 아마도 거룩한 황소를 나타내는 듯한 "신성한 뿔들"이 놓인 탁자들로 꾸민다. 크레타인에게는 거룩한 표징이 많이 있는데, 이 표징들과 그에 상응하는 신들을 함께 섬긴 것 같다. 우선 전사로서의 여신을 상징하는 듯한 방패가 있다. 다음은 그리스 및 로마 양식 또는 만(卍) 자 모양의 십자가로, 황소의 이마나 여신의 넓적다리, 도장, 왕궁의 대리석 등에 새겨진다. 무엇보다 중요한 표징은 흘리는 피로 그 가치가 더욱 풍요로워지는 제사 도구이자 신이 항상 가지고 다니는 거룩한 무기이고 번개로 하늘을 가르는 뇌신(雷神) 제우스의

표징이기도 한 양날 도끼다.[26]

마지막으로 크레타인은 사자(死者)에게 조심스러운 배려와 경배를 바친다. 그는 사자를 진흙으로 만든 관이나 커다란 항아리에 매장하는데, 매장하지 않으면 돌아올 수도 있기 때문이다. 땅속에서 부족함이 없도록 적당한 양의 식량과 화장실 용구, 이들을 영원히 보살피고 돌봐 줄 여자 점토 인형을 함께 묻는다. 가끔 회의적이고 계산적인 경제 논리로 점토 동물 모양을 진짜 음식물 대신 무덤에 넣는다. 매장 대상이 왕이나 귀족, 부유한 상인일 경우에는 그가 생전에 소유했던 귀한 그릇이나 보석 일부를 함께 묻는다. 감동적인 동정심을 통해, 그는 훌륭한 경기자에게는 체스를, 음악가에게는 점토 관현악단을, 바다를 사랑한 이에게는 배를 함께 묻는다. 정기적으로 무덤을 찾아 사자가 기운을 유지하도록 음식으로 제사를 드린다. 제우스 벨카노스의 아들이자 정의의 신인 라다만토스가 비밀스러운 낙원, 곧 복락의 섬에서 성결한 영혼을 영접하고, 이 지상에서는 교묘히 빠져나가 버린 행복과 평화를 그곳에서 사자에게 허락하기를 소망한다.

4. 문화

그레티인과 관련해 가장 다루기 어려운 부분이 언어다. 도리스인 침공 이후 크레타인은 그리스 알파벳을 사용하지만, 어법상으로는 일반적으로 그리스어로 알려진 언어와 완전히 다르고, 음운상으로는 이집트어, 키프로스어, 히타이트어, 근동 지역의 아나톨리아 방언군과 더 유사하다. 초기 시대에는 상형 문자만 사용된다. 기원전 1800년경에 상형 문자가 90여 개의 음절 부호로 구성된 선형 문자로 단축되기 시작한다. 2세기 후에 다른 문자가 고안되는데, 그 문자는 페니키아 알파벳과 유사한 면이 있다. 페니키아인들은 이집트인과 셈족 그리고 크레타인들로부터 문자를 한데 모은 후 지중해 전역에 퍼뜨리고, 결국 이 문자들이 서구 문명의 겸손하면서도 어디에나 존재하는 도구가 된다. 평범한 크레타인조차 마치 추밀 고문관처럼 스쳐 가는 시흥(詩興)을 하기아 트리아다의 벽에 남긴다. 파이스토스에서 일종의 선사 시대 서체가 확인된다. 중기 미노스 Ⅲ 지층에서 발굴된 큰 원반의 상형 문자는 점토에 각각의 상형 문자를 하나씩 도장으로 눌러 찍은 형태인데, 어리둥절하게 만드는 것은 이 문자들이 분명 크레타의 것이 아니라 다른 지역의 것이라는 점이다. 이 원반은 동방에서 유입된 듯하다.[27]

언젠가 크레타인이 점토판에 남긴 기록이 해독되면 그 과학적 업적이 밝혀질 것이다. 항해자로 명성을 날렸고, 전승을 통해 고대 미노스 달력을 도리스인의 크레타에 전수한 것 등으로 볼 때 크레타인은 천문학을 알고 있었다. 이집트인들은 크레타인에게서 특정 의학 처방을 배웠다는 사실을 인정한다. 또한 그리스인들은 그 이름이 암시하는 것처럼 향기로운 약초 민트(mintha)와 다북쑥(apsinthon), 식사량을 줄이지 않고도 비만을 치료할 수 있다는 영묘한 약(daukos) 등을 크레타인에게서 들여온다.[28] 그러나 추측과 역사를 혼동해서는 안 되겠다.

크레타인의 문학이 오늘날 여전히 봉인된 책이라 해도, 최소한 그들의 극장 유적을 살펴볼 수는 있다. 기원전 2000년경 파이스토스에 열 줄의 석조 좌석이 지어지는데, 깃발 꽂힌 마당을 내려다보며 벽을 따라가면 그 길이가 24미터 정도 된다. 크노소스에도 10미터 길이로 열여덟 줄, 그 직각 방향으로 6미터에서 15미터 길이로 여섯 줄 되는 석조 좌석이 지어진다. 400~500명 정도 수용이 가능한 이들 궁정 극장은 지금까지 알려진 최고(最古) 공연장으로 디오니소스 극장보다도 1500년이나 앞선다. 이들 무대에서 무엇이 상연되었는지는 알 길이 없다. 프레스코 벽화에 어떤 광경을 지켜보는 관객이 묘사되어 있지만, 그들이 보고 있는 것이 무엇인지는 알 수 없다. 춤과 음악이 어우러진 무엇이었을 것이다. 크노소스에서 출토된 한 그림에 신사들에게 둘러싸인 한 무리 귀족 여인들이 올리브 숲에서 무희들이 야하게 페티코트를 차려입고 춤추는 모습을 구경하는 장면이 나온다. 다른 그림에는 머리칼을 휘날리며 팔을 뻗친 형상을 한 춤추는 여인이 그려져 있다. 또 다른 그림들에는 전원의 민속춤, 우상이나 신성한 나무 앞에서 미친 듯이 춤추는 제사장들과 여제사장들, 그리고 경배자들의 모습이 등장한다. 호메로스는 "한때 드넓은 크노소스에 다이달로스가 아름다운 머리칼을 한 아리아드네를 위해 지은 무도장이 있었는데, 거기서 젊은이들과 매혹적인 처녀들이 손을 맞잡고 춤추며 …… 고결한 시인이 리라에 맞춰 시를 읊는다."라고 묘사한다.[29] 일곱 현의 리라는 테르판드로스의 발명품이라고 그리스인들이 말하지만, 테르판드로스가 태어나기 1000여 년 전에 이미 하기아 트리아다의 석관에 등장한다. 여기에는 2개의 파이프와 8개의 구멍이 있어 14개 음을 낼 수 있는 이중 플루트도 등장한다. 어떤 보석에는 한 여인이 커다란 소라로 만든 트럼펫을 부는 장면이 새겨져 있고, 어떤 화병에는 무용수가 박자를 맞추는 데 쓰는 타악기가 그려져 있다.

크레타인의 춤과 경기에 생동감을 돋우는 그 팔팔하고 활기찬 매력은 예술 작품에도 동일한 활력을 준다. 크레타인은 건축물 외에는 웅장하거나 숭고한 어떤 작품도 남기지 않았지만, 사무라이 시대의 일본인들처럼 보다 사소하고 친숙한 기술을 정교하게 다듬고 일상품을 꾸미고 작은 것에 대해 끈질기게 완벽을 추구하는 데서 즐거움을 찾는다. 모든 귀족 문명에서처럼, 작품의 형식과 주제에 있어 관습을 받아들이고 지나치게 새로운 것을 경계하며 절제미와 풍취의 한계 내에서도 자유로울 수 있는 법을 배운다. 도기와 보석 연마, 세공, 돋을새김 등에 뛰어난 기량을 보여, 이들 정밀 기술로 온갖 도전과 발전의 기회를 잡는다. 집에서 금은을 가공해 여기에 희귀한 돌을 끼워 넣고 다양한 보석들을 다룬다. 공식 서명이나 상표, 상업 시식용으로 만들어진 도장에 크레타의 일상과 풍경이 아주 섬세하게 새겨져 있는데, 이것들만으로도 크레타 문명을 그려볼 수 있다. 청동을 두드려 대야와 주전자, 단도, 검 등을 만든 후 여기에 꽃과 동물 문양을 장식하고 금은과 상아, 희귀한 돌을 상감 세공한다. 구르니아에서 3000년에 걸친 도굴을 견디고 마감 기술이 뛰어난 은제 컵이 발견되었다. 뿐만 아니라 사람이나 동물 모양 머리 위로 뿔 모양의 주둥이가 달린 술잔들이 오늘날에도 생명의 숨결을 호흡하는 듯 자태를 뽐내며 도처에 남아 있다.

크레타인은 도공으로서도 모든 형식을 시도했고, 거의 모든 면에서 탁월한 경지에 이른다. 그들은 화병과 접시, 컵, 술잔, 램프, 항아리, 동물과 신의 모양을 만들었다. 우선 초기 미노스 시대에는 신석기 시대부터 계승된 방식에 따라 손으로 직접 그릇 모양을 내고 갈색이나 검정색 유약을 바른 후 불에 구워 색상이 자연스럽게 얼룩덜룩해지도록 한다. 중기 미노스 시대에는 바퀴 이용법을 알아 그 기술이 절정에 이른다. 자기의 단단함과 섬세함에 광택이 더해진다. 검정색과 갈색, 흰색과 붉은색, 주황색과 노란색, 진홍색과 주홍색을 흩뿌려 섞어서 새로운 색조를 만들어 낸다. 자신에 찬 장인 정신으로 진흙을 아주 조밀하게 빚은 후, 그릇을 지극히 얇게 만들고 그 위에 풍부한 상상력이 빚어낸 모든 주제를 담아 그 가장 완벽한 작품(이다 산(山) 중턱 카마레스 동굴에서 발견된 우아하고 밝은 색상의 "달걀 껍질" 그릇들)을 구현해 낸다. 기원전 2100년부터 1950년까지가 크레타 도기의 절정기다. 자신의 이름을 작품에 남겨 이 상표는 지중해 전역에서 발견된다. 후기 미노스 시대에는 채색 도자기 기술이 절정에 달해, 밝은 빛깔 반죽으로 장식용 액자, 청록색 화병, 여러 색깔의 여신들, 돋을새김 등을 표현한다. 특히 바다를 주제로 한 돋을새김은 얼마나 사실적이었는지 에번스가 에나멜로 그려진 게를 화석으로 오해할 정도였다.[30] 이제 예술가는 자연과 사랑에 빠져 그릇 표면에 가장 활기찬 동물과 화려한 어류, 섬세한 꽃들과 우아한 식물을 표현하는 즐거움에 탐닉한다. 여전히 현존하는 걸작품 권투 선수들의 화병과 추수꾼들의 화병이 창작된 것은 바로 후기 미노스 I 시대다. 권투 선수들의 화병에서는 투박하지만 권투 경기의 모든 장면과 자세가 표현되고, 황소를 뛰어넘는 사람의 생활 장면이 추가된다. 추수꾼들의 화병에서는 농부가 추수 축제 중에 행진하며 노래하는 듯한 모습이 애정 어린 성실함으로 그려진다. 이후 크레타 도기의 위대한 전통은 세월과 함께 약해지고 예술도 쇠퇴한다. 절제미와 풍취가 잊혀지고, 장식이 화병에 괴이하며 불규칙적이고 과도하게 표현되고, 느리지만 끈기 있게 실천하는 용기가 허물어지고, 자유의 탈을 쓴 나태한 경솔함이 카마레스 시대의 기교와 마감을 대신한다. 이는 역사가 오래고 예술혼이 다함으로 맞게 되는 불가피한 종말로서 용인될 수 있는 유의 쇠퇴다. 크레타 자기 예술은 천 년간 상쾌한 잠에 빠져 있다가 아티카 화병으로 완벽하게 부활한다.

크레타에서 조각은 부차적인 예술이어서 얕은 돋을새김과 다이달로스 이야기를 제외하고는 작은 조각상 수준에서 벗어나지 못한다. 이들 작은 조각상 대부분은 기계적으로 제작된 듯 정형화된 조잡성을 보여 준다. 어떤 작품은 상아로 만들어진 운동선수가 공중을 뛰어내리는 기쁨에 찬 장면을 표현했고, 또 어떤 작품은 수세기의 풍상을 겪으며 몸체를 다 잃고 잘생긴 얼굴만 남은 것도 있다. 이들 중 가장 뛰어난 작품은 해부학적 정확성과 행동의 생생함에 있어 미론 시대 이전 그리스의 어떤 작품보다 훌륭하다. 가장 기묘한 작품은 보스턴 박물관에 소장되어 있는「뱀의 여신」인데, 상아와 금으로 된 견고한 조각상으로 반은 여자고 반은 뱀인 모습을 하고 있다. 마침내 크레타 예술가는 이 작품에서 인간 형상을 어느 정도 충분히 성공적으로 다루게 된다. 그러나 더 큰 규모를 시도할 때면, 대부분 동물 묘사로 되돌아오고, 기법에 있어서도 헤라클레온 박물관에 있는 황소 머리처럼 채색 돋을새김으로 제한한다. 야성적인 눈과 거센 콧김, 헐떡이는 입과 떨리는 혀로 표현된 이 놀라운 유물은 그리스가 결코 능가할 수 없는 힘을 보여 주고 있다.

고대 크레타의 어떤 예술 작품도 회화만큼 매력적이지 못하다. 조각은 시시하고 도기는 단편적으로만 전해지며 건축은 폐허가 되었지만, 어느 예술 분야보다 쉽게 훼손되고 무심한 세월의 제물이 되기 십상인 회화가 그토록 오랜 세월 동안 식별 가능하고 감탄을 사아내는 걸작품을 남겨 내조직으로 어떤 원작도 현재 남아 있지 않은 고진 그리스의 명성을 완전히 벗어난다. 크레타에서 왕궁을 쓰러뜨린 지진과 전쟁은 여기저기에 프레스코 벽화들을 흩어 놓았다. 이들 가운데를 지나다 보면 우리는 4000년의 허물을 벗고 미노스 왕들의 방을 장식했던 이들과 만나게 된다. 기원전 2500년으로 거슬러 올라가 보면, 그들이 석회로 벽을 칠하고 젖은 표면 위에 프레스코 기법으로 그림을 그리는 모습이 상상된다. 붓을 얼마나 재빨리 놀리는지 표면이 채 마르기도 전에 색상들이 벽토 속으로 스며든다. 왕궁의 어두운 홀 내부에 광활한 들판의 찬란한 아름다움을 옮겨다 놓고, 백합과 튤립, 수선화, 향기로운 마저럼을 꽃피운다. 이들 그림을 보면 그 누구든 다시는 자연이 루소(Rousseau)에 의해 발견되었다고 생각하지 못할 것이다. 헤라클레온 박물관에 있는 「사프란 꺾는 사람」은 중기 미노스 시대에 화가가 그를 그릴 때처럼 크로커스를 꺾으려 하는 것 같다. 그의 허리는 어색하게 가늘고 몸체는 다리에 비해 지나치게 긴 듯하지만, 그의 머리는 완벽한 모습을 하고 있고 색상은 부드럽고 따뜻하며 꽃들은 4000년이 지난 지금까지도 여전히 싱싱한 모습이다. 하기아 트리아다에서 화가는 나선형 소용돌이 장식과 종교 의식에 몰입한 누비아인 비슷한 인물들로 석관의 분위기를 밝힌다. 더 뛰어난 것은, 벽면 하나를 흔들리는 잎사귀들로 장식한 다음 그 중간에 야무지고 긴장된 자세의 고양이가 햇볕을 쬐며 깃털을 부리로 다듬고 있는 새 위로 몸을 숨긴 채 뛰어드는 모습을 어둡지만 생생하게 표현한 부분이다. 후기 미노스 시대에 크레타 화가는 발전의 정점에 선다. 모든 벽이 그의 손길을 기다리고 부자들이 앞다투어 그를 초청한다. 화가는 왕가의 거처뿐 아니라 귀족과 평민의 집도 폼페이의 온갖 사치를 다 동원해 장식한다. 그러나 곧 성공과 지나친 물욕으로 파멸의 수렁에 빠진다. 그는 완벽한 필치로 마무리하기에는 마음이 너무 들떠 있다. 작품을 쏟아 내고, 꽃들을 반복해 단조롭게 묘사하고, 인물도 어처구니없이 표현하고, 단순한 윤곽 묘사로 만족하고, 이제 전성기가 지나 몰락의 나락으로 내려가고 있음을 자각한 예술가의 피로감에 빠진다. 그러나 아마도 이집트를 제외하고 회화가 자연을 이토록 생생하게 묘사한 적은 없을 것이다.

모든 예술이 하나가 되어 크레타 궁전을 건설한다. 정치력과 경제력, 부와 사치, 원숙한 세련미와 취향의 욕구가 건축가, 장인, 조각가, 도공, 금공(金工), 목공, 화가 등을 한자리에 소집해 그 융합된 기술로 궁실과 집무실, 궁정 극장, 경기장이 한데 어울린 복합 건물군을 형성하게 하고 크레타인의 삶의 중심이자 정점이 되게 한다. 이 건물군은 기원전 21세기에 건설된 후 20세기에 파괴된다. 기원전 17세기에 미노스 궁전뿐 아니라 크노소스의 다른 수많은 화려한 건물들과 번영하는 섬의 50여 도시에 걸쳐 건설이 재개된다. 이 시기는 건축사상 가장 위대한 시대 중 하나다.

크노소스 궁전을 건축한 이들에게는 자재와 인력의 제한이 따랐다. 크레타에는 금속이 부족하고 대리석은 전무하다. 따라서 그들은 석회암과 석고로 건물을 짓고, 최하층 위의 모든 기둥과 지붕, 엔타블러처(entablature)(서양 고전 건축에서 기둥 위에 얹혀 있는 수평 부분 – 옮긴이)의 자재로 나무를 활용한다. 석재를 얼마나 날카롭게 절단하는지 회반죽 없이도 짜 맞출 수 있을 정도다. 약 1900제곱미터에 달하는 중앙 뜰 주위에는 3, 4층 규모의 건물이 세워지는데, 층계는 석조로 널찍하게 만들어지고, 수많은 방들, 즉 초소, 작업장, 양조장, 집무실, 하인들의 거처, 대기실, 접견실, 침실, 욕실, 예배실, 지하 감옥, 알현실, 양날 도끼 홀 등이 미로처럼 늘어서고, 극장의 편의 시설 옆에 별궁과 공동묘지가 자리한다. 최하층에는 거대한 사각 석조 기둥을 세우고, 위층에는 이상하게 아래쪽으로 갈수록 가늘어지는 키프로스 원형 기둥을 세워 매끈하고 둥근 기둥머리 위 천장을 지탱하고 측면에 주랑 현관이 그늘지게 늘어서도록 한다. 안쪽에는 석조 의자가 우아하게 장식된 벽을 마주 보고 있는데, 단순하면서도 정교하게 조각되어 있다. 이 의자를 열정적인 발굴자는 미노스의 옥좌라고 부르게 되고, 방문하는 모든 관광객들은 이 자리에 조심스럽게 앉아 한순간 왕이 된 기분에 잠긴다. 이 구불구불하게 늘어져 있는 왕궁이 십중팔구 고대인들이 다이달로스가 지었다고 생각한 그 유명한 미궁(Labyrinth) 또는 양날 도끼 성소(labrys)이며, 이후 모든 형태의 미로에 그 이름이 붙여지게 된다.[31]*

시(詩)보다 배관에 더 관심이 많은 현대인을 즐겁게 해 주려는 듯, 크노소스의 건축자들은 왕궁 내에 고대 어느 곳보다 우수한 배수 설비를 갖춘다. 그들은 언덕에서 흘러내리는 물이나 빗물을 석조 도관에 모으고, 이 물은 기둥을 통해 욕실**과 변소로 보내진다. 배설물은 최신형 테라 코타 파이프로 배출되는데, 이 파이프는 직경 15센티미터, 길이 76센티미터로 침전물을 모으는 장치가 장착되어 있고, 다른 파이프와의 연결을 위해 한쪽 끝 부분이 가늘게 되어 있으

---

* 물론 방들을 만든 사람에 대한 추측은 분분하다. 왕궁에서 발굴된 거의 모든 장식물들은 헤라클레온 박물관이나 다른 곳으로 이전되었고, 현장에 남아 있는 많은 유물은 성의 없이 복원되었다.
** 일부 방의 바닥에서 발견된 사각으로 함몰된 부분이 욕조라는 견해는 더 이상 인정받지 않는다. 아무런 배출구도 없고, 석고로 되어 있어 물에 점차 녹아내리기 때문이다.[32]

며, 연결 부분은 접합제로 고정되어 있다.[33] 계속해서 뜨거운 물을 왕의 거처에 공급하기 위한 설비도 여기에 포함되어 있는 듯하다.[34*]

크노소스의 예술가들은 복잡한 내부에 가장 섬세한 장식을 추가한다. 어떤 방은 화병과 작은 조각상들로 장식되고, 어떤 방은 그림이나 돋을새김, 거대한 돌 항아리나 단지, 상아나 채색 도자기 또는 청동 제품으로 장식된다. 한쪽 벽면은 트리글리프와 둥근 꽃 모양 장식이 무늬가 있는 석회석 소벽으로 에워싸이고, 다른 벽은 대리석을 흉내 내 칠해진 표면 위에 나선 및 만자 무늬 패널화가 그려지며, 또 다른 벽은 인간과 황소의 경기 모습이 아주 생생하고 섬세하게 높은 돋을새김으로 새겨진다. 미노스 화가들은 모든 홀과 방에 활기찬 예술의 영광을 한껏 펼쳐 보인다. 어떤 곳에는 객실에서 잡담을 나누는 푸른 옷의 여인들이 고전적인 외모와 날씬한 팔, 포근한 가슴을 하고 있는 모습이, 어떤 곳에는 연꽃과 백합, 올리브 가지 가득한 들판이, 또 어떤 곳은 가극장의 여인들과 바다에서 헤엄치는 돌고래들이 그려져 있다. 무엇보다 호리호리한 모양의 푸른 병에 값진 화장용 크림을 담아 들고 당당하게 우뚝 서 있는 컵 나르는 자가 두드러져 보인다. 그의 얼굴은 예술뿐 아니라 교육을 통해 다듬어져 있다. 머리칼은 갈색 어깨 위로 탐스럽게 땋았으며, 그의 귀와 목, 팔, 허리는 보석들로 번쩍이고, 값비싼 옷은 우아한 네 잎 무늬 디자인으로 수놓여 있다. 분명 그는 노예가 아니라 왕을 모시는 특권을 가진 귀족 청년이다. 오랫동안 질서와 부, 여가와 풍취에 익숙해진 문명만이 이런 사치품과 장신구를 필요로 하고 만들어 낼 수 있을 것이다.

---

* 모소(Mosso)는 하기아 트리아다의 저택에서 이와 유사한 배수 파이프를 발견했다. "비가 몹시 내린 다음 날, 나는 모든 배수가 완벽하게 작동하는 것을 발견하고 흥미를 느꼈다. 하수구를 통해 물이 흐르는 것이 보였고, 이 하수구는 사람이 똑바로 서서 걸을 수 있을 정도의 크기였다. 4000년이 지난 후에도 작동하는 배수 설비가 달리 어느 곳에 있을까 궁금하다."[35]

4. 크노소스의 몰락

이 찬란한 문화의 기원을 추적하다 보면 아시아와 이집트 사이에서 중심을 잡지 못하게 된다. 어떤 면에서 크레타인들은 언어·인종·종교적으로 소아시아의 인도유럽어족에 가까운 것처럼 보인다. 소아시아에서도 점토판이 문자 기록에 사용되었고, 셰켈이 측량 단위였으며, 카리아에는 제우스 라브란데우스(Zeus Labrandeus), 즉 양날 도끼의 제우스를 섬기는 종교가 있었고, 사람들이 기둥과 황소, 비둘기를 숭배했으며, 프리기아인이 섬긴 위대한 키벨레는 크레타의 모신과 매우 흡사했으며 그리스인들은 이 모신을 레아 키벨레(Rhea Cybele)라 불러 두 신을 동일시했다.[35a] 그럼에도 크레타에 대한 이집트인의 영향력 또한 전 시대에 걸쳐 넘치도록 확인된다. 이 두 문화는 처음부터 얼마나 유사한지 어떤 학자들은 메네스의 혼란 시대에 이집트인들이 크레타로 이주했다고 추정하기도 한다.[36] 모클로스의 석제 화병과 초기 미노스 I 시대의 구리제 무기들이 원(原)왕조 시대 무덤에서 발견된 것과 놀랍도록 유사하고, 양날 도끼는 이집트에서 부적으로 등장하기도 하며, 심지어 "양날 도끼 제사장"까지 있고, 도량형도 값은 아시아식인 반면 형식은 이집트식이다. 또한 이 두 지역의 조각 예술과 채색 도자기, 회화에 사용된 방식이 너무 유사해서 슈펭글러(Spengler)는 크레타 문명을 이집트 문명의 아류에 불과하다고 의미를 축소했다.[37]

문명의 연속성 연구에 있어 슈펭글러를 따라 각 문명의 특성을 무시해서는 안 된다. 크레타의 특성은 분명하다. 고대 어느 민족도 이처럼 섬세하게 세련미를 표현하고 삶과 예술에 있어 집중적으로 우아함을 과시한 적이 없다. 크레타 문화는 인종적 기원에서는 아시아에 가깝고 예술적 측면에서는 많은 부분이 이집트에 가까워, 본질적·전체적 관점에서 볼 때 그 성격이 독특했다고 말할 수 있다. 아마도 크레타는 지중해 동부 전역에 공통적이었던 문명 복합체 내에 속했을지 모른다. 그 안에서 각 민족은 모체로서 광범위하게 퍼져 있던 신석기 문화로부터 유사한 예술과 신앙, 생활 방식을 물려받았을 것이다. 이 공통 문명을 크레타는 초기에 받아들였고 그 성숙에 기여했다. 크레타의 지배로 섬들에 질서가 수립되었고, 크레타의 상인들은 모든 항구를 넘나들었다. 크레타의 세공품과 예술은 키클라데스 제도와 키프로스로 퍼져 가 카리아와 팔레스타인까지 이르렀고,[38] 북쪽으로는 소아시아와 섬들을 거쳐 트로이까지, 서쪽으로는 이탈리아와 시칠리아를 거쳐 스페인까지 이르렀으며,[39] 그리스 본토와 심지어 테살리아까지 관통해 갔고, 미케네와 티린스를 지나 그리스의 세습지로 침투해 갔다. 문명사에 있어서 크레타는 유럽이라는 사슬의 첫 고리였다.

쇠락으로 향하는 수많은 갈림길 중 크레타가 선택한 길이 무엇이었는지는 알 수 없다. 어쩌면 그 모든 길을 선택했는지도 모른다. 한때 유명했던 사이프러스와 삼나무 숲이 모습을 감추었고, 오늘날은 섬의 3분의 2가 황량한 돌밭이 되어 더 이상 겨울비를 흡수하지 못한다.[40] 대부분의 쇠락하는 문화가 그렇듯 크레타도 인구 억제가 너무 지나쳐 인구 재생산이 불가능한 지경에 이르렀을지 모른다. 부와 사치가 증가함에 따라, 물질적 쾌락 추구가 민족의 활력을 고갈시키고 삶의 의지와 방어력을 약화시켰을 수도 있다. 한 국가는 금욕주의와 함께 탄생하고 쾌락주의와 더불어 몰락하기 때문이다. 이크나톤이 죽은 후 이집트가 몰락하여 크레타와 이집트 간의 교역이 파괴됨으로써 미노스 왕들의 부가 감소하였을 가능성도 있다. 크레타는 스스로 지탱할 내적 자원이 없어 번영을 위해서는 상업이 필요했고, 산업 유지를 위해서는 시장이 필요했다. 오늘날의 영국처럼 크레타도 해상권에 지나치게 의존했던 것이다. 내전으로 섬의 남자 수가 감소되고 외부 공격에 맞서 단결하지 못했을 수도 있다. 아니면 지진이 왕궁들을 뒤흔들어 폐허로 만들었거나, 과격한 정변이 일어나 짧은 기간의 공포 정치로 수 세기간 눌렸던 억압을 복수했을지 모른다.

기원전 1450년경, 파이스토스 궁전이 다시 파괴되었고 하기아 트리아다 궁전은 불에 타 버렸으며 틸리소스의 부자들의 집도 사라져 버렸다. 다음 50년간 크노소스는 전성기를 구가하며 에게 해 전역에서 명실상부한 패권을 행사한다. 그 후 기원전 1400년경, 크노소스 궁전마저 화염 속에 사라져 버린다. 불에 타 버린 들보와 기둥들, 검게 그을린 벽들, 대화재의 열기로 세월의 풍상도 아랑곳없이 굳어 버린 점토판 등 유적 전 지역에 걸쳐 에번스는 걷잡을 수 없는 불길의 흔적들을 발견했다. 그렇게 철저히 파괴되고 잔해에 덮여 보호된 방들조차 철저하게 금속들이 사라져, 많은 학자들은 지진보다 침략과 정복이 파괴의 주요인이 아닌가 의심한다.[41]* 어쨌든 재난은 갑자기 들이닥쳐 죽음이 덮칠 무렵에도 예술가와 장인들이 작업장에서 활발하게 일하고 있었다는 흔적이 곳곳에 남아 있다. 거의 같은 시기에 구르니아와 프세이라, 자크로, 팔라이카스트로 역시 무너졌다.

크레타 문명이 하룻밤 새에 사라졌다고 생각하면 안 된다. 왕궁들은 다시 보다 소박한 형태로 세워졌고, 크레타의 작품들이 한두 세대 동안 에게 예술을 계속 지배했다. 기원전 13세기 중반 마침내 구체적인 크레타의 인물이 등장한다. 그는 다름 아닌 미노스 왕으로 그리스의 민간전승이 그토록 많은 놀라운 이야기들로 언급한 장본인이다. 그의 신부들은 그의 씨에서 그렇게 많은 뱀과 전갈이 태어난 데 대해 경악했다. 그러나 그의 아내 파시파에는 어떤 은밀한 계책으로 이런 결과를 면하고,[42] 안전하게 여러 명의 자식들을 그에게 낳아 준다. 이들 가운데 파이드라(테세우스의 아내이자 히폴리토스의 연인)와 아름다운 머리칼의 아리아드네가 있다. 미노스의 범죄로 포세이돈은 파시파에가 성스러운 황소와 미친 듯한 열정에 빠지도록 한다. 다이달로스가 그녀를 불쌍히 여겨 계책을 써 그녀가 끔찍한 괴물 미노타우로스를 임신하게 한다. 미노스는 다이달로스에게 명해 만든 미궁에 이 괴물을 가두고, 정기적으로 인간을 제물로 바쳐 괴물을 달랜다.[43]

다이달로스의 전설은 이런 비극 중에서도 좀 더 유쾌하다. 인간 역사에 있어

---

* 만약 고고학적으로 이 대화재의 발생이 기원전 1250년경으로 추정될 수 있다면, 이 비극을 트로이 함락에 앞선 아카이아인의 에게 해 정복 때의 한 사건으로 해석할 수도 있다.

가장 오만한 서사시 중 하나를 낳기 때문이다. 그리스 전승은 그를 아테네의 레오나르도(Leonardo)로 묘사한다. 그는 조카의 재주를 시샘해 한순간의 격정을 못 이기고 조카를 살해한 후 그리스에서 영원히 추방된다. 그는 미노스의 궁정으로 피신하여 기계 발명품 및 진기한 것들로 미노스 왕을 놀라게 하고 왕의 수석 기술자가 된다. 그는 뛰어난 조각가였으며, 전설에 의하면 딱딱하게 죽은 모습의 조각상을 살아 있는 듯 생기 넘치는 모습으로 만들었다고 한다. 그가 조각한 상이 얼마나 사실적이었던지 받침대에 묶어 두지 않으면 일어서서 걸어갈 것 같았다고 한다.[44] 그러나 다이달로스가 파시파에의 사랑에 공모했다는 사실을 알게 된 미노스는 화가 나 다이달로스와 그 아들 이카루스를 미궁에 감금한다. 다이달로스는 자신과 아들을 위해 날개를 만들어 벽을 뛰어넘어 지중해 위로 날아오른다. 오만한 이카루스는 아버지의 충고를 무시하고 태양에 너무 가까이 날아갔고, 뜨거운 태양 광선이 날개의 밀랍을 녹여 버렸다. 이카루스는 바다로 추락해 실종되고 하나의 교훈과 이야기를 남긴다. 크게 상심한 다이달로스는 시칠리아로 날아가 크레타의 산업과 예술을 전함으로써 그 섬의 문명을 개화시킨다.[45]*

테세우스와 아리아드네의 이야기는 더욱 비극적이다. 젊은 아테네와의 전쟁에서 승리한 미노스는 아테네로부터 9년에 한 번씩 일곱 명의 처녀와 일곱 명의 청년을 공물로 요구해 미노타우로스의 제물이 되게 했다. 이 국가적 치욕을 세 번째 맞이할 때, 잘생긴 테세우스가 일곱 명의 청년 가운데 한 명으로 자원하여 미노타우로스를 죽이고 계속되는 희생에 종지부를 찍기로 결심하고, 그의 아버지 아이게우스 왕도 마지못해 동의한다. 아리아드네는 이 아테네 왕자를 동정하고 사랑에 빠진다. 그녀는 테세우스에게 마법의 검을 주면서 미궁

---

*모든 여행 안내서의 시조 파우사니아스는 대부분 나무로 만들어진 몇 개의 조각상과 아리아드네가 춤추는 모습을 하고 있는 대리석 돋을새김을 다이달로스의 작품이라고 생각했다. 이 작품들은 서기 2세기에는 모두 남아 있었다.[46] 그리스인들은 다이달로스가 실존 인물이라고 생각했으며, 슐리만은 체험적으로 회의주의에 대해서도 회의를 품어야 한다고 경종을 울린다. 한 세대의 학자에 의해 쉽게 거부된 옛 전설이 다음 세대의 각고의 노력에 의해 사실로 입증된다.

을 통과할 때 팔에 감긴 실을 풀며 가라고 간단한 꾀를 알려 준다. 테세우스는 미노타우로스를 죽이고 실을 따라가서 아리아드네와 다시 만나 크레타에서 탈출하면서 그녀를 함께 데리고 간다. 낙소스 섬에서 그는 약속대로 그녀와 결혼하지만, 그녀가 잠든 사이 테세우스와 그 일행은 그녀를 배신하고 배를 타고 멀리 떠난다.[47]*

아리아드네와 미노스와 함께 크레타는 대략 기원전 7세기경 리쿠르고스가 이 섬에 올 때까지 역사 속에서 사라진다. 기원전 14세기와 13세기에 아카이아인들이 그리스를 오랜 기간 침공하면서 이 섬에 왔고, 도리스 정복자들은 기원전 2000년 말경 이 곳에 정착한 것으로 보인다. 많은 크레타인들과 일부 그리스인들의 말에 의하면,[48] 리쿠르고스와 그 정도가 덜하지만 솔론이 자신들의 법의 모범을 여기서 찾았다고 한다. 스파르타처럼 크레타에서도 섬이 도리스인의 지배하에 편입된 후 지배 계층은 적어도 표면적으로는 검소하고 절제하는 생활을 했다. 소년들은 군대에서 양육되었고, 성인 남자들은 공용 식당에서 함께 식사를 했다. 국가는 장로회가 다스렸고 열 명의 코스모이(kosmoi), 즉 명령자가 행정을 담당했는데, 이들은 스파르타의 에포르(ephor), 아테네의 아르콘(archon)에 해당한다.[49] 크레타가 스파르타에 영향을 미쳤는지 아니면 스파르티기 크레타에 영향을 끼쳤는지 말하기는 어렵지만, 두 국가 모두 다수의 적대적인 토착 노예 가운데서 외래 군사 귀족이 불안정한 삶을 산다는 비슷한 처지 덕분에 동일한 결론에 이른 것 같다. 1884년에 크레타의 한 마을 벽에서 발견된 고르티나의 비교적 계몽된 법전은 분명 기원전 5세기 초의 것이다. 보다 초기 형태의 법전이 그리스 입법가들에게 영향을 미쳤을 수 있다. 기원전 6세기 크레타의 탈레타스는 스파르타에서 합창 음악을 가르쳤고, 크레타 조각가 디포이노스와 스킬리스는 아르고스와 시키온의 예술가들을 교육했다. 수많은 경로를 통해 이 옛 문명은 새 문명에 자기 전부를 쏟아부었던 것이다.

---

* 아테네인들은 이 모든 이야기를 실제 역사로 생각했다. 아테네인들은 수 세기 동안 테세우스가 크레타로 타고 갔던 배를 계속 수리하며 소중히 했고, 델로스에서 열리는 아폴론 축제에 매년 사절을 보낼 때 이 신성한 배를 이용했다.

THE LIFE OF GREECE

2장 아가멤논 이전 시대

1. 슐리만

1822년 독일에서 한 아이가 태어난다. 이 아이는 고고학석 발굴 삭업을 세기의 로맨스로 만들게 될 주인공이다. 그의 부친은 고대 역사에 열정을 가지고 있었고, 호메로스의 트로이 함락과 오디세우스의 모험 이야기를 들려주며 아들을 키웠다. "나는 아버지로부터 트로이가 완전히 파괴되어 흔적도 없이 사라졌다는 말을 듣고 너무나 슬펐다."[1] 여덟 살 때 하인리히 슐리만(Heinrich Schliemann)은 이 문제를 진지하게 생각하며 잃어버린 도시의 발견에 자기 인생을 바치겠다고 뜻을 밝히고, 열 살 때 라틴어로 트로이 전쟁에 대한 수필을 써 아버지에게 보여 주었다. 1836년 그는 학습에 큰 발전을 보였던 학교를 그만두고 생계를 위해 식료품상 점원이 된다. 1841년 그는 함부르크를 떠나 남미로 향하는 증기선의 객실 급사가 된다. 12일 동안 항해하던 배가 침몰하고, 선원들은 작은 보트에 의지해 9시간 동안 표류하다가 조류에 밀려 네덜란드 어느 해안에 도착한다. 그 후 슐리만은 연봉 150달러의 사무원이 된다. 그는 이 수입 절반을 책 구입에 썼고, 나머지 절반 금액으로 자신의 꿈을 먹으며 생활했다.[2] 똑똑하고 열정적인 그는 자연스레 성공을 거둬 25세에 이미 3개 대륙을 넘나드는 무역상이 된다. 36세가 되자 그는 이제 충분히 돈을 벌었다고 판단하고 사업에서 은퇴해 모든 시간을 고고학에 투자한다. "사업에 분주한 중에도 나는 결코 트로이와 이를 발굴하기로 한 아버지와의 약속을 잊어 본 적이 없다."[3]

그는 사업상 여행하면서 통상하는 모든 나라의 언어를 익히고 그 언어로 일기를 쓰는 일을 습관으로 삼았다.[4] 이런 식으로 그는 영어와 프랑스어, 네덜란드어, 스페인어, 포르투갈어, 이탈리아어, 러시아어, 스웨덴어, 폴란드어, 아랍어를 익혔다. 이제 그는 그리스로 가서 그리스어를 일상 언어로 공부했고, 곧 고대 그리스어와 현대 그리스어 모두를 독일어처럼 유창하게 읽을 수 있을 정도가 되었다.* 그는 선언했다. 차후 "나는 고전의 대지 외에는 그 어디서도 살지 못할 것이다."[6] 그의 러시아 출신 아내가 러시아를 떠나려하지 않자 그는 그리스 출신 아내를 구한다는 광고를 합당한 조건과 함께 낸 후, 47세의 나이로 접수된 후보들 가운데 19세 처녀를 신부로 택했다. 그는 그녀를 보자마자 우연히도 고대 매매혼 형식을 취하면서 결혼했다. 그녀의 부모는 결혼의 대가로 자기들 생각에 그의 전 재산에 상당하리라 여겨지는 금액을 요구했다. 새 아내가 낳아 준 아이에 대해 그는 마지못해 세례를 허락했지만, 동시에 그는 아이들 머리 위에 『일리아드』 사본을 올려놓고 긴 6보격 시를 낭랑하게 읽음으로써 엄숙

---

* 슐리만은 다음과 같이 말한다. "나는 그리스어 어휘를 빨리 습득하기 위해 현대 그리스어로 번역된 『폴과 비르지니(Paul et Virginie)』를 구해 통독하면서 거기 나오는 모든 단어를 프랑스어 원본과 비교해 공부했다. 이 일을 마칠 때쯤 나는 적어도 이 책에 나오는 그리스어의 절반가량을 알 수 있었다. 이 일을 반복함으로써 나는 여기 나오는 단어들 거의 전부를 알게 되었고, 사전을 찾느라 아까운 시간을 낭비하지 않을 수 있었다. …… 그리스어 문법에 관해 나는 단지 어형 변화와 동사만을 배웠을 뿐이고, 문법을 공부하느라 귀중한 시간을 한 번도 허비하지 않았다. 나는 아이들이 학교에서 8년 이상 지루한 문법으로 고생한 후에도 수백 가지 사소한 실수를 범하면서 고대 그리스어로 글을 쓰는 경우를 많이 봤던 것이다. 나는 학교에서 가르치는 방식이 완전히 틀렸다고 생각했다. …… 나는 일상 언어를 익히듯 고대 그리스어를 익혔다."[5]

히 예식을 치렀다. 그는 아이들을 안드로마케와 아가멤논이라 이름 짓고, 하인들을 텔라몬과 펠롭스라고 불렀으며, 자신의 아테네 집에 벨레로폰이란 이름을 붙였다.[7] 한마디로 그는 호메로스에 미친 사람이었던 것이다.

1870년에 그는 당시 학계의 지배적 견해에 반해 프리아모스의 트로이가 히살리크라 불리는 언덕 밑에 묻혀 있다고 심증을 굳히고 소아시아 북서쪽 구석에 위치한 트로아드로 갔다. 일 년간의 협상 끝에 그는 터키 정부로부터 발굴 허가를 얻어 내고 여든 명의 인부를 고용해 발굴 작업에 착수했다. 남다른 성격에도 불구하고 그를 사랑한 아내는 이른 새벽부터 해 질 때까지 땅을 파는 그를 도왔다. 겨울 내내 불어오는 매서운 삭풍은 눈앞을 구분하지 못할 정도로 먼지를 몰고 왔다. 또한 초라한 오두막 틈새로 새어 들어오는 거센 바람으로 저녁에는 램프조차 켤 수 없을 정도였다. 난롯불이 있었지만 거의 매일 밤 물이 얼어붙었다. "트로이 발견이라는 위업에 대한 열정을 빼고는 우리를 따뜻하게 지켜 줄 수 있는 것이 아무것도 없었다."[8]

아무런 성과 없이 일 년이 지났다. 그때 조심스레 땅을 파내려 가던 한 인부가 큰 구리 그릇을 발견했고, 그 안에서 9000여 점에 이르는 금은 보물이 모습을 드러냈다. 약삭빠른 슐리만은 이 유물을 아내의 숄로 가리고 인부들에게 느닷없이 낮잠을 명했다. 유물을 들고 오두막으로 서둘러 와 문을 잠그고 테이블 위에 보물을 쏟은 후, 그는 애정 어린 목소리로 각 보물을 호메로스가 읊었던 시구와 연결 지으며 아내에게 고대 왕관을 씌우고 유럽에 있는 친구들에게는 자기가 "프리아모스의 보물"을 발견했다고 전갈을 보냈다.[9] 그러나 아무도 그의 말을 믿으려 하지 않았고, 일부 비평가들은 발견했다는 지역에 고의적으로 보물을 놓아 둔 것이라고 그를 비난했다. 이와 동시에 터키 정부는 자기 영토에서 금을 취한 혐의로 그를 고소했다. 하지만 버초(Virchow)와 되르펠트(Dörpfeld), 뷔르누프(Burnouf) 등의 학자들은 이 지역에 직접 와서 슐리만의 보고를 확인하고 그와 함께 작업을 계속했으며, 묻혀 있던 트로이가 연달아 모습을 드러냈다. 이제 문제는 트로이가 정말로 존재했는가가 아니라 발굴된 아홉 군데 트로이 중 어디가 『일리아드』의 일리오스인가 하는 것이었다.

1876년에 슐리만은 아가멤논 역시 실존 인물이었음을 보여 줌으로써 이 서사시의 사실성을 다시 한 번 입증하기로 결심한다. 그는 파우사니아스의 그리스에 관한 고전적 묘사에 의지해,* 펠로폰네소스 동부 미케네에 서른네 개의 갱도를 팠다. 터키 관리들은 그가 트로이에서 발견한 유물의 절반에 대한 권리를 주장하면서 작업을 방해했다. 귀중한 "프리아모스의 보물"을 터키에 그냥 방치하고 싶지 않았던 슐리만은 비밀리에 보물을 베를린 국립 박물관으로 공수하고, 터키 정부에는 자기에게 부과된 벌금의 다섯 배를 지불했다. 그는 미케네에서 발굴 작업을 재개한 후 또다시 노력에 상응한 성과를 거두게 된다. 고용한 인부들이 그에게 해골과 도기, 보석류, 황금 가면 등을 가져오자, 그는 그리스 국왕에게 아트레우스와 아가멤논의 무덤을 발견했다는 전보를 보냈다.[10] 1884년에 그는 티린스로 장소를 옮겨 역시 파우사니아스의 기록을 참조해 호메로스가 묘사한 거대한 궁전과 성벽을 발굴했다.[11]

어느 누구도 고고학에서 이처럼 위대한 일을 해낸 사람은 없었다. 하지만 그는 자신의 성격상 몇 가지 실수도 저질렀다. 그는 열정이 지나쳐 무모하게 서둘렀고 자신의 목표에 곧바로 도달하려는 욕심에 수많은 발굴품을 파괴하고 뒤섞이게 하는 잘못을 범했다. 또한 그의 작업에 영감을 준 서사시들은 자신이 트로이에서 프리아모스의 유물들을 발견했다거나 미케네에서 아가멤논의 무덤을 발견했다고 착각하게 만들었다. 학계는 그의 보고에 의구심을 품었고, 영국·러시아·프랑스 박물관은 그가 발견한 유물들을 진품으로 인정하려 하지 않았다. 그는 강한 자기 확신으로 스스로 위안을 삼고 질병으로 쓰러질 때까지 용감하게 발굴 작업을 계속했다. 그는 임종을 앞두고 그리스도교 신에게 기도를 해야 할지 고전 그리스의 제우스에게 기도해야 할지 머뭇거렸다. "내 가장 사랑하는 아들 아가멤논 슐리만에게! 네가 크세노폰을 끝내고 플루타르코스

---

* 파우사니아스는 서기 160년경에 그리스를 여행하면서 목격한 사실을 『페리에게시스(Periegesis)』라는 작품에 실었다.

를 시작하려 한다니 정말 기쁘구나. …… 아버지 제우스와 아테나 여신에게 네가 항상 건강하고 행복하기를 기원하마."라는 글을 그는 남긴다.[12] 1890년에 그는 기후 풍토적인 어려움과 학계의 적대심, 그가 쉼 없이 꿈꾼 그 열병에 시달리다가 숨을 거둔다.

콜럼버스처럼 그 역시 자신이 원래 찾던 것과 다른 세계를 발견했다. 보석들은 프리아모스와 헤쿠바보다 수 세기 더 오래되었고, 무덤들은 크레타의 미노스 시대만큼 오래된 그리스 본토의 에게 문명 유적이었다. 우연히도 슐리만은 호라티우스의 유명한 "아가멤논 이전에도 용감한 인간들이 수없이 많았다."라는 구절을 입증한 것이다.* 시간이 지나면서 되르펠트와 뮐러(Muller), 춘타스(Tsountas), 스타마티키스(Stamatakis), 발트슈타인(Waldstein), 웨이스(Wace) 등이 펠로폰네소스를 더욱 광범위하게 발굴하고 다른 학자들이 아티카와 섬 지역, 에우보이아와 보이오티아, 포키스와 테살리아를 탐사함에 따라, 그리스의 대지는 결국 선사 문화 유적을 드러내게 된다. 이곳에서도 역시 인간들은 유목 수렵 생활에서 정착 농경 생활로, 석기에서 구리 및 청동으로의 발전과 기록의 편리함 및 교역의 자극에 힘입어 야만 상태에서 문명 시대로 발전해 갔다. 문명은 언제나 생각보다 그 역사가 더 유구하다. 그리고 지금 밟고 있는 땅 곳곳에 일하고 사랑하며 노래를 짓고 아름다운 물건을 만들던 남녀들의 뼈가 묻혀 있지만, 그들의 이름과 존재는 무심한 세월에 의해 사라져 버렸다.

---

* 슐리만의 말년에 되르펠트와 버초는 슐리만이 아가멤논의 유적이 아니라 훨씬 더 이전 시대의 유적을 발견했다는 사실을 확인해 주었다. 크게 상심한 후 슐리만은 그 사실을 너그럽게 받아들였다. 그가 고함쳤다. "뭐라고? 그러니까 이게 아가멤논의 몸통이 아니고 이것들이 그의 부장품이 아니란 말이지? 좋아, 그럼 이 사람을 슐츠(Schulze)라고 부르자." 그 후부터 그들은 항상 그 사람을 "슐츠"라고 불렀다.[13]

2. 왕들의 궁전에서

기원전 1400년경 아르고스 동쪽 8킬로미터, 바다 북쪽 1.6킬로미터 지점 길고 낮은 언덕 위에 티린스의 왕성이 있었다. 오늘날에는 아르고스나 나우플리아에서 조금만 가면 이 유적에 도착하고, 평온한 곡물 및 밀밭 사이로 흔적이 반쯤 사라진 것을 발견할 수 있다. 선사 시대 석조 계단을 올라가면, 여행자는 그리스 전승에 의하면 트로이 전쟁이 있기 2세기 전에 아르고스의 왕자 프로이토스를 위해 지어졌다는 거대한 성벽 앞에 자신이 서 있음을 발견한다.* 이 도시 자체도 역사가 오래되어 고대 기록에 의하면 눈이 백 개나 되는 아르고스의 아들 영웅 티린스에 의해 세상이 처음 태동할 무렵 세워졌다고 한다.[14] 전승에 의하면 프로테우스가 검은 피부의 안드로메다를 왕비로 삼아 티린스를 통치하던 페르세우스에게 이 궁전을 주었다고 한다.

성벽은 높이가 약 8미터에서 15미터에 이르고, 얼마나 두꺼운지 그 안에 몇 군데 넓은 방들이 있으며, 이 방들은 평평한 석판을 수없이 겹쳐 쌓아 둥근 지붕 모양을 하고 있다. 아직도 길이가 2미터, 폭과 깊이가 각각 1미터나 되는 석재가 그 자리에 수없이 널려 있다. 파우사니아스에 의하면 이 가운데 가장 작은 것도 "노새 두 마리가 끌어도 움직이기 어렵다."고 한다.[15] 성벽 안쪽, 수많은 아크로폴리스의 전형이 된 입구 또는 현관 뒤편에 주랑으로 둘러싸여 넓게 포장된 궁정이 있으며, 이 주위에는 크노소스의 경우처럼 120제곱미터 넓이에 유색 시멘트로 포장되어 있고 천장은 난로를 감싸는 네 개의 기둥으로 지지되어 있는 홀을 둘러 많은 방들이 자리하고 있다. 쾌활한 크레타와는 대조적으로 이곳은 그리스 건축의 변함없는 원칙, 곧 여자들의 처소인 규방이 남자들의 방

---

*그리스인들은 자신들의 신화 속에서 지중해의 화산 속 헤파이스토스의 대장간에서 일하던 키클롭스(둥근 눈)라는 외눈박이 티탄 같은 거인들에 의해서만 지어졌을 수 있는 구조물들에 거석(Cyclopean)이라는 명칭을 붙였다. 건축학적으로 이 용어는 회반죽을 하지 않고 쪼개지도 않고 거칠게 절단되었으며, 연결 부분이 진흙과 자갈로 채워진 거대한 석재를 의미했다. 전승에 의하면 프로이토스는 리키아에서 키클롭스라는 유명한 석공을 초빙했다고 한다.

과 분리되는 방식을 따라 지어졌다. 왕의 방과 왕비의 방은 나란히 지어졌지만, 유적을 보면 이 방들은 상호 소통이 불가능하도록 단절되어 있다. 이 궁성에서 슐리만이 발굴한 것은 평면도와 기둥의 기초 부분, 벽 일부뿐이었다. 언덕 아랫부분에는 석조 건물이나 벽돌 건물, 다리의 잔해가 남아 있고, 오래된 도기들의 파편도 발견되었다. 선사 시대 티린스의 도시는 왕궁의 보호를 위해 그 성벽 아래 모여 있는 형태였다. 우리는 이런 봉건적 요새의 안팎을 불안하게 이동하는 모습으로 청동기 시대 그리스인의 생활을 상상할 수 있다.

　기원전 1400년경, 16킬로미터 북쪽 지점에 페르세우스는 (파우사니아스의 말대로라면[16]) 선사 시대 그리스의 최고 중심지 미케네를 건설한 것 같다. 또한 험악한 성 주위에 몇 개 마을로 구성된 도시가 성장하고 있었는데, 이 도시는 역사를 피해 가는 행운을 누린 농부와 상인, 장인, 노예 들로 붐볐다. 600년 후에 호메로스는 미케네를 "잘 건설된 도시로, 널찍한 거리에 금이 넘쳤다."고 묘사했다.[17] 오랜 세월이 흘렀지만 이곳 일부 지역에도 역시 거대한 성벽이 남아 있어 먼 옛날 값싼 노동력과 왕들의 불안한 심기를 확인해 준다. 벽의 한쪽 구석에는 그 유명한 사자 문(Lion Gate)이 있고, 육중한 상인방(上引枋) 돌 위 삼각형 돌에 두 마리 수호 짐승이 이제는 닳고 머리도 없이 침묵한 채 이미 사라져 버린 위엄 위에 비디고 선 모습으로 새겨져 있다. 아크로폴리스에는 왕궁의 유적들이 있다. 티린스와 크노소스에서처럼 여기서도 알현실과 제실(祭室), 창고, 욕실, 접견실이었던 곳들을 더듬어 볼 수 있다. 이곳에도 한때 채색 마루와 기둥이 늘어선 주랑 현관, 프레스코 벽화, 장엄하게 펼쳐진 계단들이 있었던 것이다.

　사자 문 근처, 수직 석판들로 짜인 바퀴 모양 테두리로 둘러싸인 좁은 구역에서 슐리만의 인부들은 열아홉 구의 인골과 유물을 발견했다. 유물이 얼마나 많았던지 갱도 안에서 아트레우스의 아이들이 묻힌 방들을 발견한 이 위대한 아마추어를 그 누구라도 용서할 수 있을 것이다. 이 왕실 무덤들이 "미케네의 유적들에 존재한다."고 파우사니아스가 말하지 않았던가?[18] 여기에는 황금 왕관과 황금 가면을 쓴 남자 해골이 있었고, 머리 부위에 황금 왕관을 쓴 뼈만 남은 여인들이 있었으며, 채색 화병과 청동 냄비, 뿔 모양의 은제 술잔, 호박과 자수정 구슬들, 석고 제품들, 상아, 채색 도자기, 화려하게 장식된 단검과 장검, 크노소스에서 발견된 것과 같은 게임 판, 인장과 반지, 핀과 장식 단추, 컵과 구슬, 팔찌와 흉패, 화장용구 등의 온갖 종류의 금세공품, 심지어 얇은 금판으로 장식된 옷까지 있었다.[19] 이것들은 확실히 왕실의 보석이고 유골들이었다.

아크로폴리스 반대편 언덕 경사지에서 슐리만과 일행은 이들 "갱도" 무덤들과는 전혀 다른 아홉 개의 무덤을 발견했다. 성을 내려오는 길을 지나면, 오른쪽에 잘 절단된 돌들로 만들어진 큰 벽이 늘어선 회랑으로 들어선다. 끝 부분에는 한때 초록색 대리석의 날씬한 원통형 기둥들로 장식된 평범한 정문이 있었는데, 지금은 영국 박물관에 보관되어 있다. 문 위에는 두 개의 돌로 이루어진 단순한 모양의 상인방 돌이 있는데, 그 하나의 길이는 9미터에 이르고 무게는 113톤이나 된다. 문 안에 들어서면 여행자는 15미터 높이에 15제곱미터 넓이의 돔 또는 원형 구조물 아래 있는 자신을 발견한다. 벽들은 아름다운 청동 꽃 장식으로 튼튼하게 만들어진 벽돌들로 지어져 있다. 각 석재 층이 그 아래 층위에 쌓이는 방식으로 하여 최상층이 지붕을 완전히 밀봉하게 되어 있다. 슐리만은 이 기이한 구조물은 아가멤논의 무덤이 분명하고 근처에서 슐리만의 아내가 발견한 좀 더 작은 원형 구조물은 클리타임네스트라의 것이 틀림없다고 여겼다. 미케네의 모든 "벌집형" 무덤들은 속이 텅 빈 채 발견되었다. 마치 도굴꾼들이 이미 수 세기 전에 고고학자들의 손길이 미칠 것을 예상했던 것처럼 말이다.

이 음울한 유적들은 우리에게 샤를마뉴가 그렇듯이 페리클레스에게 있어서도 마찬가지로 오래된 문명의 잔해들이었다. 오늘날 학계는 갱도 무덤들의 연대는 기원전 1600년경으로(이는 아가멤논 시대보다 약 400년 앞선 시기이다.), 벌집형 무덤들은 기원전 1450년경으로 추정한다. 하지만 선사 시대 연표는 정확한 도구가 아니다. 이 문명이 어떻게 시작되었는지, 미케네와 티린스뿐만 아니라 스파르타와 아미클라이, 아이기나, 엘레우시스, 카이로네아, 오르코메노스, 델포이에 도시를 세운 이들이 누구인지 아직 밝혀지지 않고 있다. 대부분의 민족들처럼 이들도 조상의 혈통과 유산에 있어 이미 복합적인 성향을 보인다. 영국이 노르만 정복 이전에 그랬던 것처럼, 그리스는 도리스 침공(기원전 1100년) 이전에 이미 다양한 혈통이 섞여 있었던 것이다. 추정에 의하면 미케네인들은 소아시아의 카리아인과 프리기아인 그리고 크레타의 미노스인과 가깝다.[20] 미케네의 사자상은 메소포타미아에서 발견되는 형상을 하고 있는데, 이 고대의 형상은 아시리아와 프리기아를 거쳐 그리스에 유입된 것 같다.[20a] 그리스 전승에 의하면 미케네인들을 펠라스기족(펠라고스(Pelagos), 즉 바다의 사람들이라는 뜻인 듯하다.)이라 불렀고, 그리스인들이 이들을 아우토크토노이(autochthonoi), 즉 토착민이라 부를 만큼 아주 먼 옛날에 트라키아와 테살리아에서 아티카와 펠로폰네소스로 들어왔다고 생각했다. 헤로도토스 역시 이런 생각을 받아들여 올림포스 신들이 펠라스기족에 뿌리를 두고 있다고 여겼지만, 그는 "펠라스기족의 언어가 어떠했는지 분명히 말할 수 없었다."[21] 하물며 우리 시대는 더욱 알 수 없는 노릇이다.

이들 아우토크토노이조차 신석기 시대부터 경작되었던 이 땅에 나중에서야 도래한 사람들이었다는 것은 분명하다. 토착민이란 없다. 이들 또한 침략낭하기는 마찬가지였다. 미케네 역사 후반기인 기원전 1600년경, 정치적·군사적 지배는 아니지만 크레타 이주민들이나 제품들이 문화적·상업적으로 펠로폰네소스를 정복했다는 흔적이 많이 있다.[22] 티린스와 미케네의 왕궁들은 여인들의 규방을 제외하고는 미노스 양식에 따라 설계되고 장식되었다. 크레타의 화병과 문양들이 아이기나, 칼키스, 테베까지 침투했고, 미케네 여인들과 여신들은 크레타의 매력적인 복식을 하고 있으며, 후기 갱도 무덤들에 나타난 예술 또한 분명 미노스 양식이다.[23] 미케네를 문명의 정점으로까지 끌어올린 것은 바로 고급문화와의 자극적인 접촉이었던 것이다.

2장 아가멤논 이전 시대

3. 미케네 문명

이 문화의 잔재는 크레타 유적이나 호메로스의 시에서처럼 그렇게 구체적으로 묘사하기에는 너무나 단편적이다. 그리스 본토의 생활상은 크레타와 달리 수렵 단계에 좀 더 가깝다. 미케네 유적에서 나온 (생선 뼈와 바다 조개껍질은 물론이고) 사슴과 멧돼지, 염소, 양, 산토끼, 소, 돼지의 뼈들은 크레타인의 날씬한 허리와는 어울리지 않는 엄청난 식욕을 보여 준다. 유적 여기저기에 고대와 현대 양식의 기묘한 동시성이 드러나 있다. 돌에다 은(隱)못 구멍을 뚫는 데 사용되었음이 분명한 속이 빈 청동제 송곳 옆에 흑요석 화살촉이 놓인 모습이 그 한 예다.[24]

산업 면에서 크레타보다 훨씬 뒤졌다. 본토에 구르니아 같은 산업 중심지가 있었다는 증거가 어디에도 없다. 교역은 서서히 성장했다. 바다는 미케네인을 포함한 해적들로 소란스러웠고, 미케네와 티린스 왕들은 크레타 장인들을 시켜 화병과 반지에 자기들의 해적 행위를 자랑스럽게 그려 넣게 했다.[25] 그들은 다른 해적으로부터 자신들을 보호하기 위해 갑작스러운 공격에 대처할 수 있을 만큼 바다에서 떨어져 있고, 배에 즉시 올라탈 수 있을 만큼 바다 가까이 있는 지점에 도시를 건설했다. 아르골릭 만에서 코린토스 지협 사이 길목에 있는 티린스와 미케네는 지정학적으로 상인들로부터 통행세를 거두거나 이따금 해적질을 하기에 안성맞춤의 위치에 있었다. 크레타가 질서 있는 교역으로 부를 축적하는 모습을 보면서, 미케네는 해적질이 그 문명화된 형태인 관세 부과금과 마찬가지로 상업을 제한하고 가난을 확대시킬 뿐이라는 사실을 깨닫게 된다. 미케네는 개혁에 나서 해적질을 교역으로 전환시킨다. 기원전 1400년경, 미케네 교역선단은 크레타의 해상 세력을 무시할 수 있을 만큼 강력해진다. 미케네는 아프리카로 가는 상품들이 크레타 섬을 거치게 하는 대신 이집트로 바로 향하게 했다. 이것이 크레타 성들의 파괴를 가져온 전쟁의 원인 또는 결과였던 것 같다.

이 교역으로 축적된 부가 유적에 나타난 문화를 수반하지는 않았다. 그리스 전승에 의하면 펠라스기족은 페니키아 상인으로부터 알파벳을 배웠다고 한다. 티린스와 테베에서는 몇 개의 항아리가 해독 불가능한 문자가 씌어진 채 발견되었지만, 점토판이나 비문, 문서 들은 발견되지 않았다. 아마도 미케네가 문자를 사용할 수 있게 되었을 때, 크레타인들이 그 마지막 시기에 그랬던 것처럼, 훼손되기 쉬운 재료를 사용했던 것 같다. 그 결과 어떤 자료도 남지 않게 되었다. 예술에 있어 미케네인들은 크레타의 모델을 따랐다. 어찌나 충실하게 따라했던지 고고학계는 미케네인들이 크레타로부터 주요 예술가들을 들여오지 않았을까 추정하기까지 한다. 하지만 크레타 예술이 쇠퇴한 이후에도 회화는 본토에서 활기차게 전성기를 구가했다. 가장자리와 처마의 장식 디자인은 최초의 건축 양식으로 고전 그리스에 침투해 지속된 반면, 현존 프레스코 벽화들은 이동 생활의 예민한 감정을 나타낸다. 「특석의 여인들」은 화려한 귀부인을 묘사한 것으로, 오늘날의 오페라 무도회를 장식하기에도 손색이 없을 정도의 첨단 패션 모자와 의상을 하고 있다. 이들은 공원으로 오후 산책을 나온 「마차를 탄 여인들」의 경직된 표정보다 훨씬 생기가 넘친다. 더욱 뛰어난 작품은 「멧돼지 사냥」으로 티린스에서 출토된 프레스코 벽화다. 멧돼지와 꽃들은 이상할 정도로 형식적이고, 믿을 수 없을 만큼 선명한 분홍색으로 그려진 사냥개들은 주홍색이나 검정색, 푸른색 등의 점이 틀에 박힌 기법으로 찍혀 다소 그 가치가 떨어진다. 또한 고꾸라지는 듯한 동작을 한 멧돼지의 뒷부분에는 하이힐을 신은 어느 처녀가 왕숭 내실에서 벌어시는 듯한 보습으로 작고 흐리게 묘사되어 있다. 그럼에도 불구하고 사냥 장면은 사실적이고, 멧돼지는 절망적인 모습으로 묘사되어 있으며, 사냥개들은 공중을 가르면서 빠르게 추격하고 있고, 모든 사냥감에 대해 극히 감정적이고 잔인한 인간은 흉악한 창을 들고 사냥 준비를 한 채 서 있다.[26] 이런 예들을 통해 미케네인들의 적극적이고 육체적인 생활, 여인들의 자부심 강한 아름다움, 왕궁들의 생생한 장식 등을 짐작해 볼 수 있겠다.

미케네의 최고 예술은 금속 분야에서 이루어졌다. 이 분야에서 그리스 본토는 크레타에 비견될 만했고 독자적인 형식과 장식을 과감하게 사용했다. 아가멤논의 유골을 발견하진 못했지만 슐리만은 그에 못지않은 금은 보물을 발견했다. 여기에는 상당한 양의 갖가지 보석류, 왕에게나 어울릴 만한 장식 단추들, 사냥이나 전쟁, 해적 장면이 생생히 그려진 음각 보석, 뿔과 금으로 된 꽃 장식이 있고 번쩍이는 은으로 만들어진 황소 머리가 포함된다. 이 황소 머리는 언제라도 구슬픈 울음소리가 들릴 듯해서 그럴듯한 설명의 기회를 절대 놓치지 않는 슐리만은 이 울음소리에서 미케네(Mükenai)의 어원을 찾았다.[27] 티린스와 미케네에서 발견된 금속 유물 중 가장 정교한 것은 두 개의 청동제 단검인데, 금은 합금과 광택 나는 금으로 상감 세공되고 오리 떼를 뒤쫓는 살쾡이들과 표범 무리나 전사들을 쫓아가는 사자들이 우아하게 조각되어 있다.[28] 모든 유물 중 가장 독특한 것은 죽은 귀족의 얼굴 위에 놓인 황금 가면이다. 어떤 가면은[29] 고양이 얼굴과 흡사해 슐리만은 그 가면을 아가멤논이 아니라 클리타임네스트라의 것이라 생각했다.

미케네 예술의 진정한 걸작품은 티린스나 미케네에서가 아니라 한때 그 지역 군소 왕들이 북방 왕들의 위엄을 흉내 냈던 스파르타 근처 바피오 무덤에서 출토되었다. 여기에는 다른 보물과 함께 금을 얇게 두드려 만든 컵이 있는데, 단순한 형태이긴 하지만 모든 위대한 예술이 그렇듯 끈질긴 장인 정신이 낳은 작품이다. 그 기법은 미노스 시대의 것과 너무나 유사했으므로 대부분의 학자들은 이들 컵을 크레타의 첼리니(Cellini)로 생각하는 경향이 있다. 하지만 이 가장 완벽한 기념물을 미케네 문화에서 박탈하는 것은 유감스러운 일이다. 작품의 주제인 황소를 유인하고 길들이기는 크레타풍이 맞지만, 미케네의 반지와 인장에 새겨지고 왕궁 벽에 그려진 빈도로 미루어 볼 때, 황소 경기가 크레타 섬에서처럼 본토에서도 인기가 있었다는 사실을 알 수 있다. 어떤 컵에는 황소가 무거운 밧줄 그물에 걸려 입과 콧구멍으로 숨 막히는 고통과 분노를 발산하며 자유를 위해 필사적으로 몸부림치고 그럴수록 더 깊이 얽혀 드는 모습이 표현되어 있고, 다른 쪽에는 또 다른 황소가 두려움에 떨며 뛰어오르고 있으며, 세 번째 황소는 소몰이꾼에게 돌진하다가 용감하게 뿔을 잡는 그에게 붙들린다. 쌍을 이루는 컵에는 잡힌 황소가 끌려가고, 이 컵을 살짝 돌려 보면 황소가 이미 문명의 속박에 적응해 에번스(Evans)가 말하듯이 "사랑의 대화"를 암소와 나누고 있다.[30] 이런 솜씨 좋은 작품이 그리스에서 재등장하기까지는 수 세기가 지나야 했다.

　대부분의 예술과 마찬가지로 미케네인 자신 또한 무덤에서 실체를 드러낸다. 미케네인은 불편한 항아리에 망자를 접어 매장했으며 영웅 시대처럼 화장하지 않았다. 생필품과 귀중품을 무덤 속에 둔 것으로 보아 그들은 분명 내세를 믿었다. 확인된 바로는 그 밖의 다른 미케네 종교에도 크레타로부터의 유래 및 깊은 연관성을 입증하는 증거가 산재한다. 크레타처럼 미케네에서도 양날 도끼와 신성한 기둥, 성스러운 비둘기, 아들인 듯한 젊은 신과 연관된 모신(母神) 숭배가 보이고, 이를 수발드는 신들은 뱀의 모습으로 나타난다. 모신은 그리스에서 온갖 변형된 종교 형태로 그 모습을 남겼다. 크레타의 레아 이후 그리스인들의 "슬픔에 잠긴 성모"인 데메테르가 나타났고, 데메테르를 이어 예수의 성모가 나타났다. 오늘날 미케네 유적 위에서 바라보면 아래쪽 작은 마을에 소박한 그리스도 교회가 보인다. 장려함은 사라졌고 소박함과 위안만 남은 형태다. 문명은 등장했다가 사라지고 이 땅을 정복한 후 먼지가 되어 날아가 버리지만, 신앙은 모든 폐허 가운데 살아 있다.

　크노소스 몰락 이후 미케네는 전에 없이 번성했다. "갱도 무덤 왕조"가 쌓은 부는 미케네와 티린스의 언덕에 웅장한 궁전을 건설했다. 미케네 예술은 고유의 특징을 드러냈고, 에게 해 시장을 장악했다. 이제 본토 왕들의 교역은 동쪽으로는 키프로스와 시리아로, 남쪽으로는 키클라데스 제도를 거쳐 이집트로, 서쪽으로는 이탈리아를 거쳐 스페인으로, 북쪽으로는 보이오티아와 테살리아를 거쳐 다뉴브 강까지 이르렀고, 오직 트로이에서만 저지되었다. 그리스 문명을 흡수하고 퍼뜨렸던 로마처럼, 미케네는 쇠퇴하던 크레타의 문화에 정복되어 이 문화의 미케네적 양상을 지중해 세계 전역에 퍼뜨렸다.

4. 트로이

그리스 본토와 크레타 섬 사이에는 220개의 섬들이 델로스 주변으로 하나의 원을 그리며 에게 해를 수놓고 있다. 때문에 이 섬들을 키클라데스 제도라 부른다. 이 섬들 대부분은 바위투성이인데다 황폐하고 바다에 반쯤 잠긴 위험한 산지로 구성되어 있지만, 대리석과 금속류가 풍부한 일부 섬은 세상이 흘러가는 법칙에 따라 그리스 역사가 시야에 들어오기 오래전에 이미 문명화되어 분주하게 활동했다. 1896년 아테네 영국 연구소는 필라코피의 멜로스 지역을 발굴하다가 각 시대별로 미노스 시대와 놀랍도록 흡사한 도구들과 무기류, 도기들을 발견했다. 또한 다른 섬들에서의 유사한 탐구에서도 크레타의 예술적 탁월함과는 도저히 비교되지 않지만, 시기 및 특징 면에서 일치하는 면을 보이면서 키클라데스 제도의 선사 시대 풍경이 그 모습을 드러냈다. 키클라데스 제도는 면적에 있어 2600제곱킬로미터가 채 못 되고, 고전 시대 그리스처럼 단일 정치권력하에 통일될 수 없음이 입증되었다. 기원전 17세기경 이 작은 섬들은 정치와 예술 면에서, 심지어 일부 지역에서는 언어와 기록 면에서도 크레타의 지배하에 있었다. 그 후 마지막 시대(기원전 1400~1200년)에 크레타로부터의 문화 유입은 감소했고, 섬들은 미케네로부터 도기와 문양을 모방하는 일이 점차 늘어났다.

동쪽으로 스포라데스 제도를 향해 이동하면 로도스 섬에서 또 다른 형태의 보다 단순한 에게 선사 문화가 발견된다. 이 섬의 이름에까지 영향을 미칠 정도로 풍부한 양의 구리는 청동기 전시대(기원전 3400~1200년)에 걸쳐 상당한 부를 키프로스에 가져다 주었다. 하지만 이 지역의 제조품들은* 크레타의 영향이 미치기 전까지는 여전히 조잡하고 볼품이 없었다. 아시아계가 압도적인 이 지역 주민은 미노스의 것과 유사한 음절 문자를 사용했고, 셈계 이슈타르에게서 전해진 것이 분명하고 이후 그리스인들의 아프로디테가 될 여신을 숭배했다.[31] 기원전 1600년 이후 키프로스의 금속 산업은 급속히

---

* 세놀라 장군(General di Cesnola)이 부지런히 수집했고 현재 뉴욕 메트로폴리탄 박물관에 소장되어 있다.

발전했고 왕실 소유 광산은 이집트와 크레타, 그리스로 구리를 수출했다. 엔코미의 주물 공장에서는 유명한 단검을 제작했고, 도공들은 세계적으로 유명한 그릇을 이집트에서 트로이에 이르기까지 수출했다. 울창한 삼림에서 목재가 대규모로 벌목되었고, 키프로스의 사이프러스 나무는 레바논의 삼나무와 경쟁하기 시작했다. 기원전 13세기 미케네 식민지 개척자들은 아프로디테의 성지 파포스와 스토아 철학자 제논의 출생지 키티온, 솔론이 방랑을 그치고 혼란을 법으로 대체했던 키프로스의 살라미스에 식민지를 세워 그리스 도시가 되게 했다.

미케네인들의 교역과 그 영향력은 키프로스에서 시리아와 카리아를 지나 아시아 연안과 섬 지역으로 나아갔고 트로이에까지 이르렀다. 바다에서 약 5킬로미터 떨어진 한 언덕에서 슐리만과 되르펠트는 마치 트로이에 아홉 시대가 있었던 것처럼 각각 이전 시대 유적 위에 포개진 형태의 아홉 개 도시를 발견했다.

(1) 가장 낮은 층에는 기원전 3000년으로 거슬러 올라가는 신석기 시대 마을 유적이 있었다. 여기에는 거친 돌과 진흙으로 회반죽된 벽, 소용돌이형 점토, 일부 가공 처리된 상아, 흑요석 도구들, 수제의 흑색 도기류 조각들이 있었다. (2) 이 층 위에는 두 번째 도시의 유적이 있었다. 슐리만은 이것이 호메로스가 언급했던 트로이라고 믿었다. 이 도시를 감싸는 벽들은 티린스와 미케네의 경우처럼 거석으로 만들어졌다. 이따금 요새도 존재했고 구석에는 거대한 이중문이 있었으며, 이 중 두 개는 비교적 형태가 잘 유지되어 있었다. 일부 가옥은 약 1.2미터 높이로 그 흔적이 남아 있고, 벽들은 석조 기초 위에 벽돌과 나무로 만들어져 있다. 돌림판으로 제작되긴 했지만 여전히 형태가 조잡한 붉은색 도기는 이 도시의 연대를 대략 기원전 2400~1900년경으로 추정케 한다. 도구과 무기류, 보석들의 재질이 석기에서 청동으로 상당수 대체되었다. 그러나 작은 조각상들은 여전히 조잡하고 원시적이다. 두 번째 도시는 화재로 파괴되었음이 분명하다. 대화재의 흔적은 수없이 많았고, 슐리만은 이것이 아가멤논 시대 그리스인들의 작품이라고 생각했다.

(3~5) "불타 버린 도시" 위에는 세 개의 마을 유적이 있는데, 이들은 작고 미미하여 고고학적으로 무시해도 무방하다. (6) 기원전 1600년경 이 역사적 언덕에 또 다른 도시가 세워졌다. 슐리만은 지나치게 서두르다가 이 지층의 유물을 두 번째 지층의 유물과 섞이게 하고, 이 도시를 대수롭지 않은 "리디아인의 정착지"로 가볍게 생각했다.[32] 그러나 슐리만 사망 후 한동안 그의 자금으로 발굴 작업을 계속하던 되르펠트가[33] 두 번째 도시보다 훨씬 규모가 크고 장식 벽돌로 견고하게 지어졌으며, 9미터가량의 벽으로 둘러싸이고 벽에 난 네 개의 문 중 세 개가 아직도 남아 있는 도시를 발견했다. 유적에서는 이전보다 더욱 세련된 솜씨의 단색 화병들, 오르코메노스의 "미니아인" 제품 같은 그릇들, 되르펠트가 미케네에서 수입한 것으로 여겼을 만큼 미케네 발굴품과 흡사한 질그릇 조각들이 발굴되었으며, 따라서 갱도 무덤 왕조(기원전 1400~1200년)와 동시대로 생각되었다. 이들 사유 및 기타 유동적인 사유로 현대 학계는 여섯 번째 도시를 호메로스의 트로이라 생각하고,[34]* 슐리만이 두 번째 도시에서 발견했다고 생각한 6개의 팔찌와 2개의 굽 달린 잔, 2개의 왕관, 머리띠, 60개의 귀고리, 기타 8700개의 물품 등 전부 금으로 만들어진 "프리아모스의 보물"을 이 도시에 속한 것으로 여긴다.[35] 여섯 번째 도시 역시 기원전 1200년 직후 화재로 소실되었음이 분명하다. 전통적으로 그리스 역사가들은 트로이 함락 시기를 기원전 1194~1184년경으로 추정했다.**

그렇다면 트로이인은 누구인가? 한 이집트 파피루스에 기원전 1287년경 카데시 전투에서 히타이트족 동맹국들 중에 다르데누이(Dardenui)인들이 있었다고 하는 언급이 있다. 이들은 호메로스에 의하면 트로이인 중 하나인 다르데노

---

* 신시내티 대학의 트로이 발굴 현장 감독인 칼 블레젠 박사(Dr. Carl Blegen)는 이를 통해 트로이 VI이 기원전 1300년경에 아마도 지진에 의해 파괴되었고, 그 폐허 위에 일곱 번째 도시로 그가 프리아모스의 트로이라고 부르는 도시가 세워졌다고 생각했다. 되르펠트는 이 도시를 트로이 VIb라 부르기를 더 좋아한다.
** (7) 트로이 VII은 소규모로 요새가 없는 정착지였고, 그 위에다 (8) 알렉산드로스 대왕이 기원전 334년 호메로스에게 경의를 표하며 트로이 VIII을 세울 때까지 이 지역을 점유하고 있었다. (9) 기원후로 넘어갈 무렵 로마인들은 새 트로이를 건설했고, 이 도시는 서기 5세기까지 유지되었다.

이(Dardenoi)의 조상이었을 수 있다.³⁶ 아마도 이들 다르다니(Dardani)는 발칸이 기원지이고, 기원전 16세기에 일족인 프리기아인과 함께 헬레스폰토스 해협을 건너 스카만드로스 강 하류 계곡에 정착했을 것이다.³⁷ 그러나 헤로도토스는 트로이인을 테우크로이인과 동일시했고, 스트라본에 의하면 테우크로이인은 아마도 크노소스 몰락 후 트로아드*에 정착한 크레타인들이었다.³⁹ 크레타와 트로아드 모두 호메로스와 테니슨(Tennyson)이 읊었던 "수많은 샘이 흐르는 이다(Ida)", 즉 성스러운 이다 산(山) 부근에 있었다. 아마도 이 지역은 여러 차례에 걸쳐 히타이트 내륙 지역의 정치적·민족적 영향을 받았던 것 같다. 대체로 발굴품들은 미노스 문명과 미케네 문명, 아시아 문명, 다뉴브 문명이 각각 부분적으로 혼재된 문명임을 보여 준다. 호메로스는 트로이인이 그리스와 언어가 같고 동일한 신을 숭배한다고 말하고 있지만, 이후 그리스인들은 트로이를 아시아계 도시로, 트로이 함락을 셈족과 아리아족, 동방과 서방 간의 끝없는 경쟁의 시초로 생각하기를 더 좋아했다.⁴⁰

인종적 복합성보다 더 중요한 사실은 헬레스폰토스와 흑해 주변 풍요로운 땅의 관문 근처에 위치한 트로이의 전략적 위치였다. 역사를 통틀어 이 좁은 통로는 제국들의 전쟁터가 되어 왔다. 트로이 함락은 기원전 1194년에 있었던 갈리폴리의 모험이었다. 트로이의 평야는 적당히 비옥했고 값진 금속들이 동부 지역에 매장되어 있었다. 하지만 이것만으로는 트로이의 부와 그리스인들의 끈질긴 공격을 설명하기에는 충분치 않다. 도시는 헬레스폰토스를 지나기 원하는 배들에 통행세를 부과하기에 알맞은 위치에 있었을 뿐 아니라, 해상 공격도 적절히 대처할 수 있을 정도로 내륙에 위치했다.⁴¹ 트로이에 1000척의 배가 모여든 것은 헬렌의 미모 때문이 아니라 이런 지정학적인 이유 때문이었을 것

---

* '트로이'라는 명칭은 그리스 전승에 의하면 일루스(Ilus)의 아버지 영웅 트로스(Tros)에게까지 거슬러 올라간다.³⁸ 이 때문에 이 도시는 트로아스(Troas), 일리오스(Ilios), 일리온(Ilion), 일리움(Ilium)이라는 다양한 이름으로 불리게 되었다. 트로스는 아마도 전설적인 영웅으로 여기서 한 사회적 또는 정치적 집단의 기원과 명칭이 유래된 듯하다. 예를 들면 다르다니는 자신들이 제우스의 아들인 다르다노스(Dardanus)의 후손이라고 믿거나 그런 체했고, 도리스인은 도로스(Dorus)에게서, 이오니아인들은 이온(Ion)에게서 자신들의 기원을 찾았다.

이다. 보다 그럴듯한 이론에 의하면, 남쪽으로 흐르는 해협의 조류와 바람이 상인들로 하여금 트로이에 화물을 내린 후 육로를 통해 내지로 운송하게 했다. 이런 중계 무역의 대가를 통해 트로이의 부와 권력이 축적되었을 것이다.[42] 어쨌든 유적에서 발견되는 다양한 증거물들이 입증하듯이 이 도시의 무역은 급성장해 갔다. 에게 해 하부 지역으로부터는 구리와 올리브유, 포도주, 도기가 수입되었고, 다뉴브와 트라키아로부터는 도기, 호박, 말, 검 등이, 멀리 떨어진 중국으로부터는 비취 같은 희귀한 물건들이 수입되었다.[43] 이런 수입 물품에 대해 트로이의 수출품은 주로 목재와 은, 금, 야생 나귀 등이었다. 성벽 뒤에 오만하게 자리해 "말을 길들이는 트로이인들"은 트로아드를 지배하면서 육상 및 해상 교역에 대해 세금을 거둬들였다.

　프리아모스와 그의 일가에 대한 『일리아드』의 묘사에서 우리가 상상할 수 있는 모습은 성서의 장엄함과 가부장적인 관대함이다. 왕은 일부다처제를 택했는데, 이는 쾌락 때문이 아니라 자신의 고귀한 혈통을 여유롭게 유지해야 할 왕실의 의무 때문이었다. 그의 아들들은 일부일처제를 유지했고 가식적인 빅토리아 시대인처럼 행동했지만, 물론 알키비아데스만큼 도덕적으로 순결하고 쾌활한 성격의 파리스는 예외였다. 헥토르와 헬레노스, 트로일로스는 동요하는 아가멤논과 믿을 수 없는 오디세우스, 성미 급한 아킬레우스보다 호감이 가고, 안드로마케와 폴릭세나는 헬렌과 이피게니아만큼 매력적이며, 헤쿠바는 클리타임네스트라보다 더 아름답다. 대체로 적들이 바라본 트로이인은 정복자 그리스인보다 더 정직하고 헌신적이며 신사적인 이들로 여겨진다. 정복자들 스스로도 뒷날 이를 깨달았고, 호메로스는 트로이인에 대해 수없이 호의적으로 표현했으며, 사포와 에우리피데스는 자신들의 동정심과 경이로움이 어디에서 비롯되었는지 전혀 의구심을 품지 않았다. 이처럼 기품 있는 트로이인들이 한참 확장 중이고 마침내는 그 수많은 과오에도 불구하고 이곳과 지중해 여타 모든 지역에 그들이 알고 있던 것보다 훨씬 수준 높은 문명을 가져다주게 될 그리스의 앞길을 막아섰다는 것은 유감스러운 일이다.

THE LIFE OF GREECE

3장 영웅 시대

1. 아카이아인

  기원전 1325년경의 보가즈쾨이의 히타이트 점토판 기록에는 아히야바가 히타이트와 비견될 만한 세력의 민족으로 언급되어 있다. 기원전 1221년경의 한 이집트 기록은 아카이와샤를 이집트의 리비아 침공 시 리비아인과 연합한 또 다른 "바다 민족들"로 언급하면서 "배를 채우기 위해 싸우는" 떠돌이 무리로 묘사한다.[1] 호메로스에서는 테살리아 남부에 거주하며 그리스어를 쓰는 민족으로 아카이아인이 구체적으로 소개된다.[2] 그러나 아카이아인이 그리스 부족 가운데 가장 강한 부족이 되었으므로, 호메로스는 종종 트로이의 모든 그리스인들을 가리키는 데 이 명칭을 사용한다. 고전 시대의 그리스 역사가들과 시인들은 펠라스기족처럼 아카이아인들 역시 토착적이며 추적할 수 있는 한 최초의 그리스 원주민이라 여겼다. 또한 그들은 조금의 주저도 없이 호메로스에 묘사된 아카이아 문화가 미케네 문화와 동일하다고 생각했다. 슐리만(Schliemann) 역시 이 생각을 받아들였고, 잠시 동안이나마 학계는 그와 의견을 같이했다.

1901년 유별나게 인습 타파적이었던 영국인 윌리엄 리지웨이 경(Sir William Ridgeway)이[3] 아카이아 문명이 많은 점에서 미케네 문명과 일치하지만 중요 부분에 있어 차이가 있다고 지적하며 이런 안이한 확신을 뒤엎었다. 그의 주장은 다음과 같다. (1) 철은 미케네인들에게 실질적으로 알려져 있지 않았지만, 아카이아인들은 철을 다루는 데 매우 익숙했다. (2) 호메로스에서 망자는 화장되는 반면, 티린스와 미케네에서는 매장된다. 이는 내세에 대한 개념이 상이했음을 보여 준다. (3) 아카이아인의 신들은 올림포스 신들인데 반해, 미케네 문화에서는 이들에 관한 흔적이 전혀 발견되지 않는다. (4) 아카이아인들은 장검과 둥근 방패, 안전핀 브로치를 사용한 반면, 다양한 미케네 유적에서는 그런 형태의 물품이 전혀 나타나지 않는다. (5) 모자와 의상도 상당히 다르다. 리지웨이는 미케네인은 펠라스기족이고 그리스어를 사용했으며, 아카이아인은 금발의 켈트족이거나 중부 유럽인들로 기원전 2000년부터 에피로스와 테살리아를 통해 남하했고, 제우스 신앙을 전하고 기원전 1400년경에 펠로폰네소스를 침략했으며, 그리스어 및 많은 그리스 방식을 채용했고 궁성에 거주했으며, 예속된 펠라스기인을 다스리는 봉건 지배자적 입지를 굳혔다고 결론지었다.

상당히 수정되어야 하지만 이 이론은 아주 시사적이다. 그리스 문학은 아카이아인의 침략에 대해 전혀 언급이 없다. 철 사용이 점차 늘어나고, 매장 형태나 모자 모양에 변화가 생기고, 검이 길어지고, 방패가 둥글어지는 점, 심지어 안전핀에 이르기까지 이구동성으로 의견을 같이하는 전통을 반박하는 것은 현명하지 못할 것이다. 모든 고전 시대 작가들의 생각처럼 아카이아인이 기원전 14세기와 13세기에 자연적인 인구 증가와 더불어 테살리아에서 펠로폰네소스로 영역을 넓혀 펠라스기-미케네인과 피를 섞고 기원전 1250년경에 지배 계층이 되었다는 주장은 보다 신빙성이 있다.[4] 아마도 펠라스기인에게 그리스어를 전한 이들은 바로 아카이아인이었을 것이다. 코린토스와 티린스, 파르나소스, 올림피아 같은 지명에서 크레타 - 펠라스기 - 미케네어의 흔적을 찾아볼 수 있다.5* 아마도 동일한 방식으로 아카이아인은 이전 시대 사람들의 "지하에 사는" 신들 위에다 산과 하늘에 사는 신들을 포개 놓은 것 같다. 하지만 그 밖에 미케네 문화와 호메로스에서 발견되는 아카이아인의 이후 단계 사이를 날카롭게 구별 짓는 단절선은 어디에도 없다. 이 두 생활 방식은 서로 섞여 하나로 융합된 듯하다. 문화의 융합이 서서히 진행되면서 에게 문명은 트로이의 패배와 함께 무대에서 사라지고 그리스 문명이 시작되었다.

2. 영웅 전설

영웅 시대의 전설에는 아카이아인의 기원과 운명이 모두 암시되어 있다. 이들 전설을 무시해서는 안 된다. 피비린내 나는 상상으로 생동감이 더해져 있을지라도, 전설에는 생각보다 더 많은 역사가 담겨 있을 수 있다. 또한 전설은 그리스 시와 희곡, 예술과 너무나 밀접하게 관련되어 있어, 전설을 도외시하고는 이들을 어떻게 이해해야 할지 난감해질 것이다.**

히타이트 비문에 아타리시아스가 기원전 13세기의 아히야바 왕으로 언급되어 있다. 그는 아카이아인의 왕 아트레우스였던 것 같다.6 그리스 전승에 의하

---

* 참깨(sesamon), 사이프러스(kyparissos), 우슬초(hyssopos), 포도주(oinos), 샌들(sandalos), 구리(chalkos), 바다(thalassa), 납(molybdos), 미풍(zephyros), 키(kybernao(steer)), 스펀지(sphongos), 사람들(laos), 내이염(labyrinthos), 합창곡(dithyrambos), 치터(kitharis(zither)), 플루트(syrinx), 찬가(paian) 등의 그리스어에서도 그러하다.

** "페르세우스 …… 헤라클레스 …… 미노스, 테세우스, 이아손 …… 이들과 이 시대 다른 영웅들을 단지 신화적인 창조물로 간주하는 일이 오늘날 상식처럼 되었다. 후대 그리스인들은 자신들의 과거 기록들을 비평하면서 이들이 아르고스와 기타 왕국을 실제로 통치했던 실존 인물이라는 생각을 전혀 의심하지 않았다. 또한 극단적인 회의론이 지배하던 한 시기가 지난 후 수많은 현대 비평가들은 그들의 실존 증거를 가장 만족스럽게 설명해 주는 그리스인들의 견해로 돌아서기 시작했다. …… 전설에 등장하는 영웅들은 그들이 활동했던 역사 무대처럼 실재했다." 『캠브리지 고대사』, II, 478. 중요 전설은 본질상 진실이며, 세부적으로 허구라는 점을 생각해야 한다.

면 제우스는 프리기아 왕인 탄탈로스*를 낳았고, 탄탈로스는 펠롭스를 낳았으며, 펠롭스는 아트레우스를 낳았고, 아트레우스는 아가멤논을 낳았다고 한다. 추방당한 펠롭스는 기원전 1283년경 펠로폰네소스 서쪽의 엘리스로 가서 엘리스 왕 오이노마오스의 딸 히포다메이아와 결혼하기로 작정한다. 올림피아에 있는 제우스 신전 동쪽 박공벽(博栱壁)은 아직도 그들의 연애 이야기를 들려준다. 왕은 자기 딸에게 구혼하는 남자들을 전차 경주로 시험하곤 했다. 구혼자가 이기면 그는 히포다메이아를 차지하겠지만, 질 경우에는 죽음을 당해야 했다. 몇 명의 구혼자가 시도했지만 경주에 져 목숨을 잃었다. 위험을 줄이기 위해 펠롭스는 왕의 마부 미르틸로스를 뇌물로 꾀어 왕의 전차에서 바퀴 고정 핀을 제거하게 하고, 계획이 성공하면 왕국을 나누어 갖기로 약속한다. 경주에서 왕의 전차가 부서졌고 사고로 왕이 목숨을 잃는다. 펠롭스는 히포다메이아와 결혼해 엘리스를 다스렸지만, 미르틸로스에게 약속을 지키는 대신 바다에 던져 죽인다. 미르틸로스는 바다에 빠져 죽으면서 펠롭스와 그 후손에게 불길한 저주를 내린다.

펠롭스의 딸은 페르세우스의 아들이자 아르고스 왕인 스테넬로스와 결혼한다. 왕위는 이들의 아들 에우리테우스에게 계승되고, 에우리테우스가 죽은 후에는 삼촌 아트레우스가 왕이 된다. 아트레우스의 아들들인 아가멤논과 메넬라오스는 라케다이몬 왕 틴다레오스의 딸 클리타임네스트라와 헬렌과 각각 결혼한다. 아트레우스와 틴다레오스가 죽자, 아가멤논과 메넬라오스는 미케네와 스파르타의 각자 수도에서 펠로폰네소스 동부 지역 전체를 통치한다. 펠로폰네소스, 즉 펠롭스의 섬은 그들 조부의 이름을 따서 붙여졌고, 그 후손들은 미르틸로스의 저주를 완전히 잊어버렸다.

---

*탄탈로스는 신들의 비밀을 폭로하며 그들의 신성한 음료와 음식을 훔치고 자기 아들 펠롭스를 요리해 제물로 바쳐 신들을 화나게 했다. 제우스는 펠롭스를 다시 살리고 탄탈로스에게 하데스에서 미칠 듯이 갈증을 느끼도록 하는 벌을 내렸다. 호수 가운데 있으면서 탄탈로스가 물을 마시려 할 때마다 호수 물이 멀어져 갔고, 자기 머리 위 가지에 가득 열린 과일에 손을 뻗칠 때마다 가지도 역시 멀어져 갔다. 위에는 엄청난 바위가 매달려 있어 매 순간 떨어져 부술 것처럼 그를 위협했다.[7]

한편 그 밖의 다른 그리스 지역도 대개 도시를 건설한 영웅들로 붐볐다. 그리스 전승에 의하면 기원전 15세기경 인간의 죄악이 제우스를 격노케 해 세상을 홍수로 쓸어버렸으며, 이 재앙에서 단 한 사람 데우칼리온과 그의 아내 피라만이 방주 또는 상자 안에서 구원을 받았으며 파르나소스 산정에 머무르게 된다. 데우칼리온의 아들 헬렌(Hellen)에게서 모든 그리스 부족이 유래하고, 그들의 통합 명칭 헬레네스(Hellenes)가 등장한다. 헬렌은 아카이오스와 이온의 조부로 이들이 아카이아와 이오니아 부족을 낳고, 오랜 세월의 방랑을 거친 후 각각 펠로폰네소스와 아티카에 자리 잡는다. 이온의 후손 중 하나인 케크롭스는 아테나 여신의 도움으로 (이미 펠라스기인들이 아크로폴리스에 정착한 지역에) 도시를 건설하고 이 도시를 여신의 이름을 따 아테네(Athens)[8]라 부른다. 전승에 의하면 바로 그가 아티카에 문명을 전하고 결혼 제도를 세웠으며, 피의 제사를 폐하고 사람들에게 올림피아 신(무엇보다 제우스와 아테나)을 섬기도록 가르쳤다고 한다.

케크롭스의 후손들은 왕이 되어 아테네를 다스렸다. 네 번째 왕은 에렉테우스로 그를 신으로 받든 이 도시는 이후 그에게 도시에서 가장 아름다운 신전 가운데 하나를 바친다. 그의 손자 테세우스는 기원전 1250년경 아티카의 열두 개 데모스 또는 마을을 하나의 정치 단위로 통합하고, 그 시민들은 어느 곳에 거주하든 아테네인으로 불리도록 한다. 이런 역사적 시노이키스모스(synoikismos), 즉 자치적 공동체 때문에 아테네인들은 테베와 미케네처럼 복수 명칭을 갖게 된 듯하다. 아테네에 질서와 권력을 가져다주고, 자녀를 미노스에게 제물로 바치는 것을 끝내고, 자기 침대에 맞춰 생포한 이의 다리를 마음대로 자르거나 늘였던 노상강도 프로크루스테스를 죽여 백성들의 안전을 지켜 주었던 이는 바로 이 테세우스였다. 테세우스가 죽은 후, 아테네는 그도 신으로 섬겼다. 페리클레스가 다스리던 회의(懷疑)의 시대인 기원전 476년경에야 아테네는 스키로스에서 테세우스의 유골을 가져와 테세우스 신전에 성물로 모셨다.

북쪽 보이오티아에서도 아테네에 필적할 만한 한 도시가 고전 시대 그리스 희곡의 주소재가 될 감동적인 전설을 품고 일어났다. 기원전 14세기 후반 페니키아나 크레타, 이집트의 왕자인 카드모스가 그리스를 동서와 남북으로 교차하는 지역에 테베 시(市)를 건설하고, 정착민들이 아레스 샘물을 이용하지 못하도록 방해하던 용(전염성이 있거나 당시 창궐했던 병균의 고대적 표현이었을 것이다.)을 죽였다. 카드모스는 이 용의 이빨을 땅에 심었고, 여기서 무장한 인간들이 생겨나 (역사 속의 그리스인들처럼) 서로를 공격한 끝에 다섯 명만 살아남았다. 테베 전승은 이들 다섯 명이 왕실의 창건자라고 한다. 테베 정부는 카드메이아라는, 우리 시대에 카드모스 궁전이 발굴된 그 언덕 요새에 세워졌다.* 카드모스 이후, 테베에서는 그의 아들인 폴리도로스가 통치했고, 카드모스의 손자인 라브다코스와 증손자인 라이오스가 뒤를 이었으며, 라이오스의 아들인 오이디푸스는 전 세계 모든 사람이 익히 아는 것처럼 자기 아버지를 살해하고 어머니와 결혼한다. 오이디푸스가 죽자 그의 아들들은 왕실에 늘 있는 왕위 쟁탈전을 벌인다. 에테오클레스가 폴리니케스를 축출하고, 폴리니케스는 아르고스 왕 아드라스토스를 설득해 복위를 시도한다. 아드라스토스는 테베에 맞서는 일곱 (장수)로 유명한 전쟁(기원전 1213년경)과 16년 후 에피고노이, 즉 일곱 장수의 아들들의 전쟁에서 테베를 공격한다. 이번에는 에테오클레스와 폴리니케스 모두 죽고, 테베는 완전히 불타 버린다.

테베 귀족 중에 암피트리온이란 인물이 있었는데, 그의 아내 알크메네는 아주 매력적인 여자였다. 암피트리온이 전쟁에 나간 사이 제우스가 그녀를 찾아왔고, 이렇게 해 헤라클레스가 태어나게 된다.** 이 사건을 불쾌하게 여긴 헤라

---
* 기원전 1400~1200년경에 해당한다. 이 궁전에서는 크레타와 연관이 있는 듯한 미해독 문자 기록들이 단편적으로 발견되었다.
** 디오도로스는 "제우스는 그날 밤을 세 배나 길게 했고, 출산에 소요된 긴 시간으로 장차 태어날 아이의 놀라운 힘을 예감했다."라고 말한다.9

는 요람 속 아기를 죽이려고 뱀 두 마리를 보낸다. 하지만 아이는 두 손에 한 마리씩 뱀을 쥐고 목을 졸라 죽인다. 이렇게 해서 그는 헤라클레스라는 이름을 얻게 되는데, 이는 헤라를 통해 영광을 얻었다는 뜻이다. 음악사상 가장 옛적 인물인 리노스는 청년 헤라클레스에게 연주와 성악을 가르치려 애쓴다. 하지만 헤라클레스는 음악을 좋아하지 않아 리라로 리노스를 쳐 죽인다. 그가 성장했을 때 다루기 힘들고 술을 즐기며 대식가이면서 타고난 거인이었는데, 암피트리온과 테스피오스의 가축을 잡아먹는 사자를 죽이라는 임무를 맡게 된다. 테스피아이 왕인 테스피오스는 헤라클레스에게 자기 집과 쉰 명의 딸을 주고, 헤라클레스는 상황을 남자답게 대처한다.[10] 그는 사자를 죽이고 가죽을 벗겨 옷을 해 입는다. 헤라클레스는 테베 크레온의 딸 메가라와 결혼하고 정착하려 한다. 하지만 헤라가 그에게 광기를 불러일으켜 그가 부지불식간에 자기 자식을 살해하도록 만든다. 그는 델포이의 신탁을 구하고, 티린스로 가서 아르고스 왕 에우리테우스를 12년간 섬기라는 지시를 받는다. 그러면 그는 불멸의 신이 된다는 것이다. 그는 신탁에 따라 에우리테우스를 위해 그 유명한 열두 가지 과업을 수행한다.* 왕에게서 풀려난 헤라클레스는 테베로 돌아간다. 그는 다른 많은 위업을 달성했고, 아르고선(船) 선원들과 합류해 트로이를 격파했으며, 신들이 거인들과의 싸움에서 이기도록 돕고, 프로메테우스를 해방시키고, 알케스티스를 소생시켰으며, 이따금 우연히 친구들을 죽이기도 했다. 그는 죽은 후

---

* 그는 네메아의 가축을 괴롭히는 사자를 죽이고, 레르나를 유린하는 머리가 많이 달린 괴물 히드라를 죽인다. 빨리 달리는 수사슴을 잡아 에우리테우스에게 가져오고, 에우리만토스 산에서 역시 야생 멧돼지를 잡아 에우리테우스에게 가져온다. 어느 날은 알페오스 강과 페네오스 강 물줄기를 바꿔 아우게이아스의 황소 3000마리가 있는 외양간을 청소하고, 엘리스에 오랫동안 머물며 올림피아 제전을 수립한다. 아르카디아의 흉포한 스팀팔로스 새들을 없앤다. 크레타를 황폐하게 하는 미친 황소를 잡아 어깨에 메고 에우리테우스에게 가져온다. 디오메데스의 식인 말들을 붙잡아 길들인다. 아마존 여전사 거의 대부분을 죽인다. 두 개의 마주 보는 갑(岬)으로 지중해 입구에 "헤라클레스의 기둥"을 세운다. 게리온의 황소들을 붙잡아 갈리아를 지나고 알프스를 넘어 이탈리아를 거치고 바다를 건너 에우리테우스에게 가져온다. 헤스페리데스의 사과를 찾고, 잠시 동안 아틀라스를 대신해서 지구를 든다. 하데스로 내려가 테세우스와 아스칼라포스를 고통에서 구한다. 아틀라스의 딸들인 헤스페리데스들은 헤라가 제우스와 결혼했을 때 가이아가 주었던 황금 사과를 지키라는 임무를 부여받았다. 사과는 한 마리의 용이 지키고 있었는데, 이 사과를 먹는 사람은 신과 같은 능력이 주어졌다.

에 영웅이자 신으로 경배를 받았고, 수많은 여자들과 사랑을 나눠 많은 종족이 그를 자기 조상이라 주장했다.*

그의 아들들은 테살리아의 트라키스에 정착했다. 하지만 이들이 자기 아버지에게 부과했던 쓸데없는 일에 대한 복수로 자신을 폐위시키지 않을까 두려워 한 에우리테우스는 트라키스 왕에게 명령해 이들을 그리스에서 추방하게 했다. 헤라클레이다이(Heracleidae)(즉 헤라클레스의 후손들)는 아테네에서 피난처를 찾았고, 에우리테우스가 군대를 보내 이들을 공격했지만 이들은 에우리테우스를 물리치고 그를 죽인다. 아트레우스가 이들에 대항해 또 다른 군대를 거느리고 공격하자, 헤라클레스의 아들 중 하나인 힐로스가 아트레우스의 부하 중 한 명과 일 대 일로 싸울 것을 제안한다. 힐로스가 이기면 헤라클레스의 후손들이 미케네 왕국을 물려받고, 만약 지면 아테네를 떠나 50년 동안 돌아오지 않는다는 조건이었다. 하지만 50년이 지나면 이들의 후손이 다시 미케네를 돌려받는다는 조건도 포함되었다.¹² 힐로스는 지고 말았고 그의 무리는 추방되었다. 50년 후 헤라클레이다이의 새 세대가 돌아왔다. 그리스 전승에 의하면 저항을 받으면서도 펠로폰네소스를 정복하고 영웅 시대를 종식시킨 이들은 도리스인이 아니라 바로 이들이었다.

펠롭스와 그 후손에 대한 이야기가 아카이아인이 소아시아에서 기원했음을 암시한다면, 이들의 운명에 대한 주제는 아르고선 이야기와 마주친다. 그리스의 역사적 전승과 대중적 허구 역할을 한 많은 전설처럼, 이 이야기 또한 모험과 탐험, 전쟁, 사랑, 신비, 죽음 등 온갖 요소가 하나의 구조로 풍요롭게 짜여 있어 아테네 극작가들이 다 해어질 정도로 우려먹은 후에도 헬레니즘 시대 로

---

* 이 놀라운 "문화 영웅"은 태고의 기술자이자 선사 시대의 엠페도클레스였을 것이라고 디오도로스는 생각했다. 그에 관한 전설에 의하면 그는 샘을 정화하고 산을 가르며 강물의 수로를 바꾸고 황무지를 개간하며 숲에서 위험한 짐승들을 제거하고 그리스를 거주 가능한 땅으로 만들었던 것이다.¹¹ 다른 측면에서 헤라클레스는 인간을 대신해 고통을 겪고 죽은 사람들을 소생시키며, 하데스로 내려간 후 다시 천국으로 승천하는 신의 사랑하는 아들이다.

도스의 아폴로니오스에 의해 아주 그럴듯한 서사시로 재구성되었다. 이 이야기는 아가멤논의 비극처럼 인신 제물이라는 거친 소재로 보이오티아의 오르코메노스에서 시작된다. 자신의 땅에 기근이 닥쳤음을 안 아타마스 왕은 자기 아들 프릭소스를 신에게 바치기로 작정한다. 프릭소스는 이 계획을 알아채고 누이 헬레와 함께 황금 털로 된 숫양을 타고 하늘을 날아 오르코메노스를 탈출한다. 하지만 숫양이 불안하게 비틀거려 헬레가 한 해협에 떨어지고, 이 해협은 그녀의 이름을 따 헬레스폰토스라 불리게 된다. 프릭소스는 육지에 도착한 후 흑해 최극단 콜키스로 향한다. 거기서 그는 숫양을 제물로 죽이고, 그 양털을 전쟁의 신 아레스에게 바치기를 주저한다. 콜키스의 왕 아이에테스는 잠자지 않는 용에게 양털을 지키게 한다. 이방인이 양털을 가져가면 왕이 죽게 될 것이라는 신탁이 있었기 때문이다. 보다 안전을 기해 왕은 콜키스에 오는 모든 이방인을 사형에 처한다고 포고했다. 이방인과 그들 방식을 흠모한 왕의 딸 메데아가 콜키스에 들어온 여행자들을 동정해 탈출하도록 돕는다. 그녀의 아버지가 그녀를 감금하라 명했지만, 그녀는 바다 근처 성지로 도주한 후 이아손이 해안을 배회하고 그녀를 발견할 때까지 침울한 가운데 살고 있었다.

약 20년 전쯤(그리스 연대기 학자들은 기원전 1245년경이라고 말했다.), 포세이돈의 아들 펠리아스는 데살리아의 이올고스 왕 아이손의 왕위를 빼앗았다. 아이손의 어린 아들 이아손은 친구들에 의해 숨겨져 숲속에서 엄청난 힘과 용기를 지닌 인물로 성장했다. 어느 날 그는 표범 가죽옷을 입고 두 개의 창으로 무장한 채 장터에 나타나 자신의 왕국을 당장 내어 놓으라고 요구한다. 하지만 그는 힘이 센 만큼이나 단순한 인물이어서, 펠리아스의 설득으로 왕위를 돌려받는 조건으로 어려운 과업, 즉 황금 양털을 되찾아 오는 일을 맡게 된다. 이리하여 이아손은 거대한 배 아르고(빠르다는 뜻)를 건조하고, 이 모험에 그리스에서 가장 용감한 인물들을 불러 모은다. 헤라클레스가 사랑하는 동료 힐라스를 데리고 도착하고, 아킬레우스의 아버지 펠레우스와 테세우스, 멜레아그로스, 오르페우스, 날랜 다리를 가진 처녀 아탈란타가 속속 도착한다. 배가 헬레스폰토스 해협에 들어섰을 때 그들은 트로이의 무력에 짐짓 제지당하고, 헤라클레스는 원정대를 떠나 도시를 약탈하고 트로이 왕 라오메돈과 프리아모스를 제외한 그의 모든 아들을 죽인다.

많은 시련을 거치면서 아르고선 일행은 목적지에 도착하고, 메데아로부터 콜키스에 오는 모든 이방인들을 기다리는 죽음에 대해 듣게 된다. 하지만 이아손은 뜻을 굽히지 않았고, 메데아는 자기를 테살리아로 데려가 죽을 때까지 아내로 삼는다면 그가 양털을 차지하도록 도와주겠다고 한다. 이아손은 그녀에게 그러겠다고 맹세하고 메데아의 도움으로 양털을 손에 넣은 후 그녀와 일행과 함께 배로 다시 도망쳐 온다. 그들 가운데 상당수가 부상을 입었지만, 메데아가 신비한 약초로 그들을 치료한다. 이올코스에 도착한 이아손은 다시 왕국을 요구하고 펠리아스도 시간을 끈다. 그러자 메데아는 마법의 힘으로 펠리아스의 딸들을 속여 펠리아스를 끓는 물에 넣어 죽게 만든다. 메데아의 마법에 놀란 사람들은 메데아와 이아손을 이올코스에서 추방하고, 이아손이 왕좌 근처에 얼씬도 못하게 한다.[13] 나머지 이야기는 에우리피데스가 얘기한 대로다.

에덴 이야기가 지식에 대한 환멸과 사랑의 책임을 암시하듯, 신화는 종종 대중적 지혜를 시적인 모습으로 의인화한다. 전설은 종종 세월이 흘러가면서 새로운 허구를 솟쳐 내는 역사의 편린이다. 역사적인 트로이 함락이 있기 전 세대에 그리스인들은 헬레스폰토스를 통과해 흑해를 식민과 교역의 대상으로 삼으려 한 듯하다. 아르고선 이야기는 어쩌면 상업적 탐험을 극화한 그들의 추억일지도 모른다. 또한 "황금 양털"은 물결에 떠내려가는 황금 입자를 채취하기 위해 소아시아 북부 지역에서 예전부터 사용하던 양모나 모직물을 비유한 것일 수도 있다.[14] 이 무렵부터 그리스인 정착촌이 헬레스폰토스에서 그리 멀지 않은 렘노스 섬에 실제로 세워졌다. 흑해는 그 이름의 뜻과 달리 무정함이 입증되었고, 트로이 요새는 헤라클레스가 찾아간 후에 다시 회복되어 해협에서의 모험들을 좌절시켰다. 그러나 그리스인들은 결코 잊지 않았다. 그들은 1척이 아니라 1000척의 배를 이끌고 다시 찾아올 것이고, 아카이아인들은 일리온 평야에서 그들을 격파하고 헬레스폰토스를 해방할 것이다.

3. 호메로스 문명

아카이아 그리스(기원전 1300~1100년)에 관한 전설을 노래한 시로 어떻게 그들의 삶을 재구성할 수 있을까? 주된 자료는 당연히 호메로스여야 할 것이다. 어쩌면 그는 실존인물이 아닐지도 모르지만, 그의 서사시는 아카이아 시대보다 적어도 3세기 후에 쓰어졌다. 고고학은 트로이와 미케네, 티린스, 크노소스를 비롯해 『일리아드』에 묘사된 기타 도시의 가려졌던 외피를 벗겨 내고, 호메로스의 시 구절에 동시대적으로 소개된 문명과 기이하게 유사한 미케네 문명을 발굴함으로써 고고학자들을 놀라게 했다. 그 결과 오늘날 우리는 호메로스의 매력적인 이야기에 등장하는 중심인물들이 실재했다고 당연시하는 경향이 있다. 한편 시의 내용이 시인이 대상으로 하고 있는 시대보다 시인 자신의 시대는 얼마나 반영하고 있는지 확인할 길이 없다. 결국 호메로스에 나오는 그리스 전승이 호메로스 시대를 어떻게 생각하는지 물을 수 있을 뿐이다, 어쨌든 에게 문화에서 역사적인 그리스 문명으로 활기차게 변화하는 헬라스(Hellas)(그리스의 옛 이름 – 옮긴이)의 모습이 펼쳐질 것이다.

1. 노동

아카이아인(즉 영웅 시대의 그리스인)은 앞서 있었던 미케네인보다는 문명이 뒤졌고, 이후에 출현한 도리스인보다는 진보했다는 인상을 준다. 이들은 무엇보다 신체가 발달했다. 남자들은 키가 크고 힘이 셌으며, 여자들은 놀랍게도 말 그대로 뇌쇄적으로 사랑스러웠다. 이들보다 1000년 후에 살았던 로마인처럼, 아카이아인들은 문예 문화를 나약한 퇴보라 여겨 무시했다. 그들은 마지못해 기록을 했고, 알고 있는 유일한 문학은 전쟁시나 시인들이 노래하는 구전 가요였다. 호메로스를 신뢰할 수 있다면, 자신이 신이라면 모든 남자를 강하게, 그리고 모든 여자를 아름답게 지은 후 스스로 한 남자가 되겠다고 노래한 한 미국 시인의 열망을 제우스가 아카이아 사회에서 실현했다고 보아야 한다. 호메로스 시대의 그리스는 칼리기나이카(kalligynaika),[15] 즉 아름다운 여인이 꿈꾸는 이상향이다. 남자들 또한 잘생겼고, 긴 머리칼과 화려한 수염을 하고 있다. 한 남자가 줄 수 있는 최고의 선물은 자신의 머리칼을 잘라 친구의 장례에 화장 재료로 바치는 것이다.[16] 그러나 벌거벗는 일은 권장되지 않았다. 남녀 모두 네모꼴 의상으로 신체를 덮고 어깨 부분이 버클 핀으로 연결되어 접혀 있으며 옷은 거의 무릎까지 내려온다. 여자들은 베일이나 벨트를 더할 수 있었고, 남자들은 허리에 두르는 옷을 입었으며, 신분이 올라감에 따라 팬츠나 바지로 대체된다. 부유한 이들은 값비싼 옷을 입었다. 프리아모스가 자기 아들 몸값으로 아킬레우스에게 조심스레 가져간 것과 같은 옷처럼 말이다.[17] 남자는 다리를 드러냈고, 여자는 팔을 드러냈다. 남녀 모두 야외에서는 신발이나 샌들을 신었지만 실내에서는 대개 맨발이었다. 남녀 모두 보석으로 치장했고, 여자들과 파리스(Paris)는 몸에 장미 향 오일을 발랐다.[18]

그러면 이들 남녀는 어떤 생활을 했을까? 호메로스는 이들이 토지를 갈고 신선하게 바뀐 검은 대지의 향내를 흡족하게 맡으며, 자신들이 곧게 경작한 밭고랑을 자랑스럽게 바라보고, 밀을 까부르며 들판에 물을 대고 겨울 홍수에 대비해 개울에 둑을 쌓는 모습을 묘사한다.[19] 그는 빠르게 흐르는 급류가 제방을 무너뜨리고 긴 방죽도 급류를 제지하지 못하며 과실이 많이 달린 과수원의 벽조차 갑작스러운 물살을 견디지 못할 때, 수개월에 걸친 노고가 쓸려 내려가는 것을 지켜보는 농부의 절망감을 느끼게 한다.[20] 이들의 땅은 농사를 짓기에는 척박하다. 대부분이 산이나 습지, 숲이 울창한 언덕으로 되어 있기 때문이다. 마을은 야생 동물의 습격을 받고, 사냥은 스포츠 이전에 이미 생활의 일부다. 부자들은 대규모 목축업자로 소, 양, 돼지, 염소, 말 등을 기른다. 에릭토니우스에게는 암말과 망아지가 3000마리나 있다.[21] 가난한 사람들은 생선과 곡식, 이따금 채소를 먹고, 전사들과 부자들은 엄청난 양의 구운 고기를 먹는다. 이들은 고기와 포도주로 아침 식사를 한다. 오디세우스와 그의 돼지치기들은 점심으로 소량의 돼지구이를 먹고, 저녁으로는 5년생 수퇘지의 3분의 1 가량을 먹었다.[22] 이들은 설탕 대신 꿀, 버터 대신 육(肉)지방을 섭취하고, 빵 대신 철판이나 뜨거운 돌에 크고 얇게 구운 곡물 케이크를 먹는다. 이들은 아테네인처럼 몸을 기댄 게 아니라 의자에 앉아, 중앙 테이블이 아니라 벽을 따라 의자 사이에 놓인 작은 테이블에서 식사를 한다. 포크나 스푼, 냅킨 같은 것은 없고, 손님이 사용하는 칼 같은 것만 있다. 식사는 손으로 한다.[23] 가난한 이들이나 아이들도 주음료로 묽은 포도주를 마셨다.

토지는 개인이 아닌 가족이나 친족의 소유다. 가장이 땅을 관리하고 다스리지만 팔지는 못한다.[24] 『일리아드』에서 엄청나게 넓은 지역이 왕의 공유지나 영지(temenos)로 불린다. 사실 이 땅은 공동체에 속하고 이 지역에서는 누구나 자신의 가축을 방목할 수 있다. 『오디세이』에서는 이 공유지가 분할되고 부자들이나 세력가에게 매각되거나 전유된다. 공유지는 근대 영국에서처럼 고대 그리스에서도 분명히 사라진다.[25]

땅은 식물뿐 아니라 광석도 낸다. 그러나 아카이아인은 채광을 싫어해 구리와 주석, 은과 금, 진기한 새 사치품인 철을 수입하는 것으로 만족한다. 볼품없는 철 덩이는 파트로클로스를 기려 열린 경기에서 값진 상으로 제공된다.[26] 아킬레우스는 이 천 덩이로 농업 용구를 많이 제작할 수 있겠다고 말한다. 그러나 무기에 대해서는 전혀 언급이 없다. 당시 무기류는 여전히 청동으로 만들어졌던 것이다.[27] 『오디세이』에는 철 담금질에 대한 묘사가 나오는데,* 이 서사시는 아마도 『일리아드』 이후 시기에 속하는 것 같다.

대장장이와 도공은 각자 자기 작업장에서 일을 하지만, 그 외 호메로스 시대 장인들, 예를 들면 마구 제조인, 석공, 목수, 가구 제작자 등은 주문한 집에 직접 가서 일을 한다. 이들은 시장이나 판매 또는 이윤을 목적으로 일하지 않는다. 장시간 일하긴 하지

---

* "대장장이가 차가운 물에 커다란 도끼나 까뀌를 넣어 담금질할 때면, 쉿 하는 소리가 나는데, 이 소리가 철에다 힘을 불어넣는 것이다."[28]

만, 외적인 경쟁이나 자극 없이 여유롭게 작업한다.²⁹ 가족 내에서 대부분의 필수품을 자급자족하고 가족 모두 손수 노동한다. 가장이나 오디세우스 같은 지역의 왕조차 자신의 침대와 의자, 장화와 마구를 직접 만든다. 후대 그리스인들과 달리, 이들은 자신의 손재주를 자랑스러워한다. 페넬로페와 헬렌, 안드로마케도 자기 하녀들처럼 방적, 직조, 자수 등의 가사 노동에 분주하다. 치장을 하고 트로이 흉벽을 걷는 모습보다 텔레마코스³⁰에게 자기 바느질을 자랑하는 헬렌이 더 사랑스러워 보인다.

장인들은 자유민이며 고전 시대 그리스에서처럼 노예가 결코 아니다. 농민들 역시 비상시에는 왕을 위한 노역에 징집되기도 하지만, 토지에 매인 농노라는 말은 듣지 못했다. 노예들은 수도 많지 않고 신분도 낮지 않다. 대부분 하녀들로 불확실한 단기간 고용 대신 장기간의 조건으로 매매되는 점을 제외하고는 사실상 오늘날의 하인들과 같은 수준이다. 때로 심한 대우를 받기도 하지만 대개는 가족의 일원으로 받아들여지고, 병이 들거나 나이가 들면 보살핌을 받으며, 남자 주인이나 여자 주인과 인간적인 애정 관계로 발전될 수도 있다. 나우시카아는 자기 여자 노예가 개울에서 가족들의 옷을 세탁하는 것을 돕고 같이 공놀이하며 동료처럼 대한다.³¹ 여자 노예가 자기 주인에게 아들을 낳아 주면 그 아이는 대개 자유인이 된다.³² 그러나 누구든 전투나 해적들의 습격으로 포로가 되면 노예가 될 수 있다. 이것은 아카이아인의 삶에 있어 가장 받아들이기 힘든 일이다.

호메로스 시대 사회는 전원적이고 지방적이다. 도시들조차 언덕 꼭대기에 자리한 요새를 등지고 모여 있는 마을에 불과하다. 의사소통은 사자나 전령에 의해, 원거리일 경우는 산꼭대기에 봉화를 밝혀 이루어진다.³³ 육로는 산과 습지에 길이 없고 시내에 교량이 없어 힘이 들고 위험하다. 목수가 바퀴살과 나무 타이어로 된 바퀴 네 개가 달린 수레를 만들었지만, 대부분의 물건은 노새와 사람이 운반한다. 해적과 폭풍우에도 불구하고 해상 교역이 더 편리하다. 천연의 항구들이 수없이 많고, 크레타에서 이집트로 가는 위험한 나흘 길 여행에서만 육지를 볼 수 없다. 선원과 여행자들은 대개 밤이 되면

배를 뭍에 대고 안전한 육지에서 잠을 청한다. 이 시대 페니키아인은 그리스인보다 더 훌륭한 상인이자 선원들이었다. 그리스인들은 교역을 경멸하고 해적질을 선호함으로써 복수한다.

호메로스 시대 그리스인에게는 화폐가 없다. 교환 수단으로는 철이나 청동, 금으로 된 주괴가 사용된다. 수소나 암소가 가치 기준으로 이용된다. 26킬로그램의 금괴를 1달란트(talanton, 중량)라 부른다.[34] 물물 교환도 다수 존재한다. 부는 사람들의 경제 논리가 변하면 언제나 가치가 상실되거나 변경될 수 있는 금속이나 종이보다 물품, 특히 가축에 의해 실질적으로 계산된다. 삶이 늘 그렇듯 호메로스 시대에도 부자와 빈자가 있다. 사회란 평탄하지 않은 길을 덜컹거리며 여행하는 수레 같아서, 수레가 아무리 주의 깊게 만들어지더라도 수레 안의 물건들 중 어떤 것은 바닥으로 가라앉고 어떤 것은 위로 올라온다. 도공은 동일한 토질과 강도, 점도로 모든 그릇을 만들지 않았다. 『일리아드』 제2권에서 벌써 계급 투쟁의 소리가 들린다. 테르시테스가 아가멤논에게 연설조로 공격할 때, 불변하는 주제의 초기 변화가 감지된다.[35]

2. 윤리

호메로스를 읽으면서 그노소스니 미케네보다 더 불법적이고 원시적인 사회를 접하는 듯한 인상을 지울 수 없다. 아카이아 문화는 한 단계 퇴보한 형태로, 찬란한 에게 문명과 도리스인의 정복에 따른 암흑 시대 사이 과도기에 속한다. 호메로스 시대의 생활상은 예술은 빈약하고 행동은 활발했다고 요약할 수 있다. 이 시대는 생각은 깊지 못한 반면 늘 활기차고 신속했다. 이 시대는 너무나 젊고 강인해서 예절이나 철학에 대해서는 그다지 고심하지 않는다. 아마도 격렬한 위기나 혼란스러운 전쟁의 후유증을 앓는 모습을 그리면서 이 시대를 오판하고 있는지도 모르겠다.

이 시대에도 감미로운 특징과 장면들이 많았던 것이 사실이다. 전사들조차 관대하고 자애로웠다. 부모와 자식 간에는 잔잔하면서도 깊은 사랑이 있었다.

오디세우스는 오랫동안 떨어져 있던 가족이 자신을 알아보았을 때 가족의 얼굴과 어깨에 입을 맞추었고, 그들 또한 그에게 다정하게 입 맞추었다.[36] 헬렌과 메넬라오스는 귀족 청년 텔레마코스가 자신들을 위해 그토록 용맹하게 싸운 오디세우스의 아들이라는 사실을 알고 눈물을 흘린다.[37] 아가멤논 역시 얼마나 눈물이 많았던지 호메로스는 그가 흘리는 눈물이 마치 바위 위에 쏟아지는 시냇물 같다고 노래했을 정도다.[38] 비록 어느 정도의 성도착 현상이 아킬레스와 파트로클로스의 거의 신경증적인 애정에 개입하기도 하지만 영웅들 간의 우정 역시 견고하다. 특히 파트로클로스가 죽음을 맞이했을 때 그러했다. 손님에 대한 환대도 후했다. "제우스를 비롯해 모든 사람이 이방인이고 거지"이기 때문이다.[39] 처녀들은 손님들의 발이나 몸을 씻기고 고약을 발라 주며 새 옷을 주기도 한다. 손님이 필요하면 숙식을 제공하고 선물도 한다.[40] "사랑스러운 볼을 한 헬렌"은 텔레마코스의 손에 값비싼 옷을 건네며 말한다. "보세요, 저 역시 당신이 그토록 갈망하던 결혼식에서 당신의 신부가 입을 옷을 헬렌의 손을 기념하며 선물로 드립니다."[41] 이는 전투복 아래 숨겨야 했던 인간적인 다정함과 섬세한 감정을 드러내는 『일리아드』의 한 장면이다.

전쟁조차 경기에 대한 그리스인의 열정을 꺾지 못했다. 아이들과 성인들은 기술을 요하는 어려운 시합에 참가했고, 확실히 공정하고 유쾌하게 치러졌다. 페넬로페의 구혼자들은 체스를 두고 원반이나 창을 던진다. 오디세우스를 맞은 페네키아인들은 고리 던지기와 공과 춤이 교묘히 어우러진 공연을 선보인다.* 죽은 파트로클로스가 아카이아 풍습에 따라 화장되었을 때 경주와 원반던지기, 창던지기, 활쏘기, 레슬링, 전차 경주, 완전 무장한 격투 등의 경기가 치러졌는데, 이는 올림피아 제전의 선례가 되었다. 지배층만 입장할 수 있었다는 점

---

* "이때 알키노오스는 할리아스와 라오다마스에게 춤을 추라고 명령했다. 아무도 감히 그들과 어울리려 하지 않았기 때문이다. 그들은 손에 자줏빛 매끄러운 공을 들고 …… 놀이를 했다. 할리아스가 몸을 오른쪽으로 젖히며 그늘진 군중을 향해 공을 던지자, 라오다마스가 공중으로 높이 뛰어올라 발이 땅에 닿기 전에 우아하게 공을 잡았다. 공 던지기 연습을 충분히 한 후 그들은 공을 서로 주고받기 시작했다. 그러는 내내 그들은 풍요로운 땅 위에서 춤을 추었다."[42]

을 제외하면 모든 것이 훌륭한 정신으로 진행되어 신들만이 속임수를 쓸 수 있었다.[43]

시선을 돌리면 그다지 유쾌하지 않은 장면이 시야에 들어온다. 아킬레우스가 전차 경주 우승자에게 "손재주가 뛰어난 여자"를 상으로 준다. 장례식의 화장 연료로 말과 개, 소, 양, 인간을 바쳐 죽은 페트로클로스를 잘 보살피고 먹이도록 배려한다.[44] 아킬레우스는 화장장 주변을 만신창이가 된 헥토르의 시체를 끌고 다닌 다음에야 프리아모스를 예의 바르게 대했다. 아카이아 남자들에게 인간의 목숨은 하잘것없었다. 그들에게 사람을 죽이는 일은 그리 대단한 일이 아니었다. 한순간의 쾌락으로 살인을 저지르기도 했다. 한 마을이 포위되면 남자들은 죽거나 노예로 팔렸고, 여자들은 매력적인 경우에는 첩이 되고 못생긴 여자들은 노예가 되었다. 해적질은 여전히 훌륭한 직업 중 하나였고, 왕들도 약탈 원정대를 조직해 마을과 도시를 약탈하고 주민들을 노예로 삼았다. 투키디데스도 이렇게 말한다. "사실상 해적질은 초기 그리스인들에게 있어 주요 생계 수단이었다. 이런 직업에 어떤 불명예도 따라다니지 않았다."[45] 오히려 어느 정도 영예가 되었다. 우리 시대에도 강대국이 권위나 정당성을 잃지 않으면서 무력한 이들을 정복하고 예속시킬 수 있듯이 말이다. 오디세우스는 "탐욕스러운 이익을 늘 염두에 두는" 성인이 아니냐는 질문을 빋으면서 모욕을 당했을 때,[46] 트로이에서 귀환할 때 식량이 바닥나자 어떻게 이스마로스를 약탈해 식량을 조달했는지, 아이깁토스 강을 거슬러 올라가 어떻게 "눈부신 평야를 약탈하고 여자들과 아이들을 포로로 삼으며 남자들을 죽였는지" 자랑스럽게 말한다.[47] 어떤 도시도 이런 갑작스럽고 까닭 모를 공격에서 안전하지 못했다.

아카이아인은 이처럼 거리낌 없이 도적질과 살육을 자행할 뿐 아니라 거짓말에도 능란하고 뻔뻔스러웠다. 오디세우스는 하는 말마다 거짓말투성이였고 배신을 밥 먹듯이 했다. 트로이 정찰병 돌론을 붙잡았을 때, 오디세우스와 디오메드는 원하는 정보를 제공하면 목숨을 살려 주겠다고 약속했지만 사실을 털어놓자 돌론을 죽여 버린다.[48] 다른 아카이아인들 역시 불성실함에 있어 오디세우스만큼은 아니었지만, 이는 그러고 싶지 않아서가 아니었다. 그들은 오디세우스를 부러워하고 모범적인 인물로 우러러보기까지 한다. 오디세우스를 묘사하는 시인은 그를 모든 면에 있어 영웅이라 생각한다. 아테나 여신조차 오디세우스의 거짓말을 칭찬하고, 그것이 그를 사랑하게 만드는 특별한 매력 가운데 하나라고 말한다. 여신은 손으로 그를 툭툭 치고 미소 지으며 이렇게 말한다. "신이라도 그대를 이기려면 교활한 망나니가 되어야 할 거야. 영악하고 치밀한 사기꾼 같은 그대는 고향에서도 마음속 깊이 품은 계략과 속임수를 멈추지 않겠지."[49]

정말 고대 세계의 이 영웅적 뮌하우젠(Munchausen)에게 매력이 느껴진다. 그와 그가 속한 이 뻔뻔스럽고 이해하기 어려운 사람들에게서 어떤 호감 가는 특성이 눈에 띈다. 그는 온화한 아버지였고, 자기 왕국에서는 공정한 통치자로 "영토 안의 그 누구에게도 말이나 행동으로 잘못을 범하지 않았다." 그의 돼지치기는 이렇게 말한다. "어딜 가도, 설사 부모 집에 돌아갈지라도 이렇게 친절한 주인을 만나지 못할 겁니다!"[50] 오디세우스의 신과 같은 모습이 부럽다. 그의 신체는 너무나 단련이 잘 되어 있어 50세가 다 되어 가도 어느 페니키아 젊은이보다 더 멀리 원반을 던질 수 있었다. 그의 굳센 마음과 제우스 같은 지혜가 감탄스럽다.[51] 또한 그가 고국에서 피어오르는 연기를 언제 다시 볼 수 있을까 생각하며 절망감에 빠져 죽고 싶어 할 때, 위험과 역경 속에서 소크라테스가 즐겨 인용하던 말, "내 영혼아, 인내해라. 그대는 이보다 더한 상황에서도 견뎌 냈다."[52]라는 말로 자신을 다잡곤 할 때 동정이 간다. 그는 육체와 정신 모두 강철 같은 인물이지만, 또한 철저히 인간적이기 때문에 용서할 수 있는 인물인 것이다.

이 문제의 해법은 전쟁 때의 미덕이 평화 시의 미덕과 다르듯이 아카이아인의 가치 기준이 우리 시대의 것과 다르다는 점이다. 아카이아인은 혼란하고 고달프며 배고픈 세계에 살았고, 이런 세계에서는 모든 사람이 스스로 감시인이 되어 화살과 창을 막을 준비가 되어 있어야 하고, 흘러내리는 피를 보면서도 평정심을 잃지 않아야 한다. 오디세우스는 말한다. "탐욕스러운 배는 누구도 감출 수 없다. …… 전열을 갖춘 배들이 험한 바다에서 적에게 악의를 품을 만반의 준비 태세를 취하는 것은 바로 이 때문이다."[53] 아카이아인은 고향에서도 안전을 거의 느끼지 못해 어떤 이방인도 존중하지 않는다. 모든 괴롭힘은 공정한 게임이다. 최고 덕목은 용맹하고 무자비한 지능이다. 덕(德)은 실은 용기(virtus)이고, 남자다움은 탁월함(arete)으로 전쟁의 신의 특질이다. 훌륭한 인간은 신사적이고 관대하며 신뢰할 수 있고 절제하며 근면하고 정직한 사람이 아니라 단순히 용감하게 잘 싸우는 인간이다. 나쁜 인간은 술고래에다 거짓말을 하고 살인하며 배반하는 사람이 아니라 비겁하고 소심하고 약한 인간인 것이다. 미숙하고 건장한 유럽 세계에 니체(Nietzsche)가 출현하기 훨씬 이전, 트라시마코스가 등장하기 오래전에 니체주의자들이 있었다.

3. 성

아카이아 사회는 여성의 아름다움 및 분노와 격렬한 부성애가 적절히 어우러진 가부장적 전제주의 사회다.* 이론상으로는 아버지가 최고 권위자였고 원하는 대로 첩을 둘 수 있었다.** 손님에게 첩을 제공할 수도 있었고, 산꼭대기에서 자식을 내려 죽일 수도 있었으며, 굶주린 신에게 제물로 바칠 수도 있었다. 이런 아버지의 전권은 반드시 그 사회가 야만적이라는 것을 의미하는 것은 아니고, 아직 국가 조직이 사회 질서를 유지할 만큼 진전되지 못했다는 것을 의미할 뿐이다. 또한 이런 사회에서 가족은 질서 유지를 위해 이후 국가가 없앨 권한을 전유하게 될 그런 권력을 필요로 하는 것이다. 사회 조직이 발전할수록 아버지의 권위와 가족의 통일성은 힘을 잃고 자유와 개인주의가 득세한다. 실상

---

* 보다 초기의 모계적 상황의 자취도 보인다. 아테네 전승에 의하면 케크롭스 이전 시대에는 "아이들이 친아버지가 누군지 몰랐다." 즉 가계(家系)가 모계를 통해 계승된 것이다. 호메로스 시대에조차 그리스 도시들이 특별히 섬긴 신들 중 여신이 상당수 있었다. 아르고스에서는 헤라, 아테네에서는 아테나, 엘레우시스에서는 데메테르와 페르세포네가 어떤 남신에게도 종속되지 않고 숭배되었다.[54]
** 테세우스는 얼마나 아내가 많았던지 한 역사가는 그들의 목록을 작성할 정도였다.[55]

아카이아 남자는 대개 이성적이고 아내의 견해를 참을성 있게 경청하며 자식에게 헌신적이다.

가부장적 틀 안에서 여성의 지위는 페리클레스 시대의 그리스보다 호메로스 시대에 훨씬 높았다. 전설과 서사시에 등장하는 여성은 주도적인 역할을 차지한다. 펠롭스의 히포다메이아에 대한 구혼에서부터 이피게니아의 상냥함과 엘렉트라의 증오심에 이르기까지 여성들의 모습은 참으로 다양했다. 규방이 그녀를 구속하지 않았고 가정도 그랬다. 여성은 남녀를 막론하고 자유롭게 어울렸고, 헬렌이 메넬라오스와 텔레마코스와 그랬듯이 가끔 남자들의 진지한 대화에도 관여했다. 반(反)트로이 국민감정에 불을 붙이려 했을 때, 아카이아의 지도자들이 호소한 명분은 정치적·종교적·인종적 이유가 아니라 바로 여성의 아름다움에 대한 정서였던 것이다. 여성이 없는 호메로스의 영웅은 헌신할 대상을 잃은 촌부에 불과했을 것이다. 여성은 남성에게 예의와 이상주의, 부드러움을 가르쳤다.

결혼은 매매혼 형태를 취해, 구혼자는 대개 황소나 그에 상당하는 물품을 신부의 아버지에게 치렀다. 시인은 "가축을 데려오는 처녀"에 대해 말한다.[56] 매매혼은 상호적이어서 신부의 아버지는 보통 신부에게 상당한 지참금을 준다. 결혼식은 가족적이고 종교적으로 처러지는데, 마음껏 먹고 마시며 춤추고 수다 떨며 즐긴다. "환하게 빛나는 횃불 아래서 그들은 신부를 방에서 도시 가운데로 이끌고 신부의 노래를 큰 소리로 불렀다. 젊은 남자들이 춤에 휩쓸렸고 플루트와 리라 소리가 이들 가운데 높이 울렸다."[57] 삶의 본질은 이처럼 변함이 없는 것이다. 일단 결혼하면 여자는 가정의 안주인이 되고 자녀 수에 따라 존경을 받는다. 가장 진정한 의미에서의 사랑인 서로 간의 깊은 애정과 갈망은 프랑스인들처럼 그리스인에게도 결혼 이전보다 이후에 찾아온다. 진정한 사랑은 두 사람의 육체가 접촉하고 가까워짐으로써가 아니라 가족 내 오랜 기간의 배려와 노력의 결실을 통해 이루어진다. 호메로스 시대의 아내는 남편과 달리 정숙했다. 호메로스에는 세 명의 간부가 등장한다. 클리타임네스트라와 헬렌, 아프로디테가 그들이다. 이들은 신에게는 아니지만 보통의 인간에게는 부정을 저지른다.

이런 배경에서 형성된 호메로스 시대의 가정은(호메로스에서 아무런 역할도 하지 않는 전설상의 범죄 행위는 제외하고) 건전하고 유쾌한 제도로서 훌륭한 어머니와 충성스러운 자녀들이 많이 등장한다. 여성은 단순히 어머니일 뿐 아니라 견실한 일꾼이었다. 곡식을 갈고 양털을 빗으며 실을 잣고 옷감을 짜고 수를 놓는다. 바느질은 거의 하지 않는다. 의복들이 대부분 솔기가 없기 때문이다. 요리는 보통 남자들 몫이다. 이런 노동을 하면서 여자들은 아이를 낳고 기르며 그들의 상처를 치료해 주고 그들 문제를 평화롭게 해결하고 예절과 도덕, 전통을 가르친다. 형식적인 교육은 없고 문자나 철자, 문법, 책도 가르치지 않는다. 이 시대는 남자아이의 이상향인 것이다. 여자아이는 가정 내의 기술을, 남자아이는 사냥과 전쟁 기술을 전수받는다. 남자아이는 고기잡이와 수영, 밭의 경작, 올가미 놓기, 동물 다루기, 활쏘기, 창던지기, 반(半)무법적인 온갖 급박한 상황 속에서 자신을 돌보는 법을 배운다. 장남이 성인이 되면 그는 아버지가 없을 경우 가족을 책임지는 가장이 된다. 그는 결혼하면 신부를 아버지의 집에 데려오고 이로써 세대의 리듬이 새롭게 된다. 세월이 흐르면서 가족 구성원은 변하지만, 영속적인 단위인 가족은 수 세기 동안 존속하며 가정이라는 거친 도가니 속에서 질서와 가풍을 담금질해 만들어 낸다. 이런 가족의 질서와 가풍이 없다면 정부는 존재하지 못할 것이다.

4. 예술

아카이아인은 상인과 신분이 낮은 서기들에게 기록을 맡겼는데, 이 기술은 아마도 미케네 그리스에서 전승된 듯하다. 이들은 잉크보다는 피를, 점토판보다는 육체를 더 좋아했다. 호메로스 전체에 걸쳐 기록에 관한 기술이 단 한 차례만 언급되는데,[58] 그것도 매우 특징적인 상황에서다. 접힌 점토판이 사자(使者)에게 건네지고, 수신인이 그 사자를 죽이라는 지시가 담겨 있었던 것이다. 아카이아인에게 문학을 위한 시간이 있었다면, 이는 전쟁과 약탈로 평화로운 여가가 주어질 때뿐이었다. 왕은 자기 주위에 신하들을 모아 연회를 베풀고, 이때 방랑 시인이 리라를 타며 단순한 시구로 조상 영웅들의 무훈을 노래한다. 이것이 아카이아인에게는 시이자 역사였다. 페이디아스처럼 작품에 자신의 초상을 새기기 원했던 호메로스는 파이아키아인의 왕 알키노오스가 오디세우스를 즐겁게 하기 위해 그런 노래를 얼마나 요구했는지 이야기한다. "거룩한 시인 데모도코스를 불러오라. 다른 누구보다 그에게 천부적인 노래 기술이 있으니. …… 그러자 전령이 훌륭한 시인을 이끌고 가까이 왔다. 예술의 여신이 누구보다 시인을 사랑해서 그에게 선과 악을 모두 부여했다. 비록 그에게서 시력을 앗아 갔지만, 여신은 감미로운 노래라는 선물을 주었던 것이다."[59]

호메로스의 관심을 끈 유일한 예술은 금속을 두드려 성형하는 금속 세공이다. 그는 회화나 조각에 대해서는 아무 말이 없지만, 자신의 모든 영감을 살려 아킬레스의 방패 위에 상감되거나 장식된 장면과 오디세우스의 브로치에 새겨진 돋을새김을 묘사한다. 그는 건축에 대해 간략하지만 분명하게 이야기한다. 호메로스 시대의 일반 주거는 햇볕에 말린 벽돌과 초석으로 이루어진 것이 분명하다. 마루는 보통 흙으로 다졌고, 어질러진 바닥은 흙을 긁어 청소한다. 지붕은 갈대 위에 진흙을 덮고, 빗물이 고이지 않도록 경사져 있다. 문은 하나이거나 이중으로 되어 있으며 빗장과 열쇠가 달려 있을 수도 있다.[60] 형편이 나은 집은 실내 벽이 채색된 치장 벽토로 되어 있고 가장자리나 쇠벽이 장식으로 꾸며져 있으며, 무기와 방패, 태피스트리가 걸려 있다. 부엌이나 굴뚝, 창문이 없다. 중앙 홀에 있는 지붕의 열린 공간으로 난로에서 일어나는 일부 연기가 방출되고, 나머지 연기는 문으로 빠져나가거나 벽에 검댕으로 남겨진다. 부유한 집에는 욕실이 있고 보통은 욕조로 만족한다. 가구는 무거운 나무로 만들어지고, 종종 예술적으로 조각되거나 마감되어 있기도 하다. 이크말리오스는 페넬로페를 위해 상아와 귀금속으로 안락의자 세트를 만들었고, 오디세우스는 자신과 아내를 위해 한 세기만큼이나 견딜 수 있을 정도로 튼튼하고 큰 침대 틀을 만들었다.

페리클레스 시대 건축이 궁전을 무시하고 신전에 치중했다면, 이 시대 건축은 신전 대신 궁전에 모든 힘을 집중했다. "파리스가 트로이에서 가장 뛰어난 건축가들의 도움으로 지은 화려한 집"[61]에 대한 이야기가 전해진다. 청동 벽, 푸른 유리로 장식된 소벽, 금은으로 된 문, 건축이라기보다 차라리 시라고 표현할 수 있는 기타 부분들을 갖춘 알키노오스의 거대한 저택도 그러하다. 미케네의 아가멤논의 별궁에 대해서도 약간, 이타카의 오디세우스의 궁전에 대해서는 상당히 구체적으로 전해진다. 오디세우스의 궁전은 앞마당이 있고 돌로 일부 포장되어 있으며, 말뚝 울타리나 석고 벽으로 둘러싸여 있고 나무들로 꾸며져 있으며, 마구간이 있고, 오디세우스의 애견 아르고스가 한 무더기 변 위에 엎드려 햇볕을 받으며 잠들어 있다.* 커다란 기둥이 서 있는 현관은 집 안으로 이어지고, 여기서 노예나 종종 손님도 잠을 잔다. 내부에는 기둥으로 지지되는 중앙 홀 위에 대기실이 있고, 가끔 지붕의 열린 공간, 처마 도리와 처마 사이 열린 공간, 좁은 채광창 등으로 빛이 들어온다. 밤이면 높은 받침대 위에 타오르는 화로가 흔들리는 불빛으로 주위를 밝힌다. 홀 중앙에는 난로가 있고, 저녁이면 온 가족이 이 성스러운 불길 주위에 모여 온기를 받으며 이웃에 있었던 일과 말썽꾸러기 아이들, 그리고 나라 정세에 대해 얘기를 나눈다.

5. 국가

이 열정적이고 활기찬 아카이아인들은 어떻게 통치되었을까? 평화 시에는 가족에 의해, 위기 시에는 씨족에 의해 다스려졌다. 씨족은 공통의 조상과 족장을 인정하는 개인들로 이루어진 집단(genos, 글자 그대로의 뜻은 속(屬)이다.)이다. 족장의 요새는 도시의 기원이자 중심이었다. 거기서 그의 무력은 관습과 법률로 대체되고, 씨족들이 하나둘 모여들어 친족 공동체뿐 아니라 하나의 정치적인 공동체가 형성된다. 자신의 씨족이나 도시로부터 통일된 행동을 원하면, 족장은 자유민 남자들을 공적인 집회에 소집해 그들이 받아들일 수도 거부할

---

* 아르고스는 20년 동안이나 주인과 떨어져 있다가 주인을 보고는 너무나 기뻐 그만 죽고 만다.

수도 있지만 집단의 핵심 성원만이 변화를 위해 제시할 수 있는 그런 제안을 한다. (봉건 귀족적인 사회에서 유일하게 민주적인 요소인) 이 마을 집회에서 사람들을 휘어잡을 수 있는 기술적인 변사(辯士)들이 중요한 역할을 했다. "꿀보다 더 달콤하게 흘러내리는"[62] 목소리의 네스토르와 "사람들 머리 위에 살포시 내려앉는 눈송이처럼"[63] 지혜롭게 말하는 오디세우스에게서 이미 다른 어느 문명보다 그리스에서 훨씬 높은 수준에 도달하고 결국은 몰락으로 빠뜨리게 될 웅변의 역사가 시작됨을 볼 수 있다.

모든 씨족이 행동을 통일해야 할 때면 족장들은 자신들 중 가장 강한 인물을 왕으로 삼고, 자유민과 노예로 구성된 군대를 이끌고 그를 따른다. 주거와 존경 면에서 왕에 버금가는 족장들은 왕의 동료라 불린다. 이 말은 필리포스의 마케도니아와 알렉산드로스의 진지에서도 다시 등장한다. 이들 불레(boule), 즉 회의에서 귀족들은 완전히 자유롭게 언사를 행사하고, 왕을 동료들 중 일시적인 일인자로 대한다. 공적 집회, 귀족 회의, 왕 등의 제도들로부터 수없이 다양한 형태와 표현 및 어구를 통해 현대 서구 세계의 정체(政體)가 형성된다.

왕의 권력은 아주 제한적이면서 매우 광범위하기도 했다. 우선 왕의 권력은 공간적으로 제약을 받았는데, 이는 그의 왕국이 작기 때문이다. 왕의 권력은 시간적으로도 제약이 있었는데, 그는 귀족 회의나 아카이아인들이 언제든 인정할 수 있는 더 강한 자의 권력에 의해 폐위될 수 있었던 것이다. 그렇지 않을 경우 그의 통치는 세습되고 권한 또한 거의 분명하다. 그는 무엇보다 군대의 사령관으로 자기 군대에 세심하게 관심을 기울인다. 이렇게 하지 않을 경우 잘못 행동하는 것으로 여겨질 수 있다. 그는 군대의 장비와 군량, 훈련 등에 주의하고, 독화살,[64] 창, 투구, 정강이받이, 투창, 흉갑, 방패, 전차 등이 잘 갖추어졌는지 항상 신경을 쓴다. 군대가 그를 방호하는 한 그는 (입법과 행정, 사법 모두를 관장하는) 정부 그 자체다. 그는 국가 종교의 대제사장으로 백성을 위해 제사를 지낸다. 그의 명령은 곧 법이고 그의 결정은 최종적이다. 비록 법이란 말이 아직 없었지만 말이다.[65] 중요 분쟁의 재판을 위해 가끔 그의 영도 아래 귀족 회의가 소집될 수 있다. 그러나 모든 재판의 선례를 남기기라도 하려는 듯, 귀족 회의는 선례를 요구하고 매사를 그에 따라 판단한다. 선례가 법을 지배하는데, 그 이유는 선례가 곧 관습이고 관습은 법의 질투심 많은 형이기 때문이다. 그러나 호메로스 사회에서는 어떤 유형의 재판도 찾아보기 힘들다. 호메로스 사회에는 어떤 공식적인 사법 기관도 없고, 가족이 스스로 방어하고 복수해야 한다. 폭력이 난무하는 사회였다.

자신의 권력을 유지하기 위해 왕은 백성에게 별도 세금을 부과하지 않았다. 이따금 신하들로부터 "선물"을 받을 뿐이다. 그러나 선물에만 의지한다면 가난한 왕이 되고 말 것이다. 그의 주된 수입원은 자기 병사들과 배가 육지와 바다에서 거둬들인 약탈물의 일정 부분이었을 것이다. 아마도 이것이 기원전 13세기 말경에 아카이아인이 이집트와 크레타에서 발견되는 이유일 것이다. 이집트에서는 보잘것없는 해적으로, 크레타에서는 지나가는 정복자들로 말이다. 그때 갑자기 사람들을 굴욕적인 납치 사건으로 불붙게 만들고, 전 부족의 무력을 한데 집합시키고, 1000척의 배, 10만 명의 무장한 군대라는 사상 초유의 대규모 함대를 이끌고 트로이의 평야와 언덕에 위치한 아시아 최선봉에 맞서 자신들의 운명을 시험하는 일이 발생한다.

4. 트로이 공격

트로이 공격은 정말 있었는가? 모든 그리스 역사가와 시인들, 그리스의 거의 모든 신전 기록이나 전설이 그 사실을 당연시했다. 고고학은 파괴된 도시를 크게 부풀려 사람들 눈앞에 내놓았고, 지난 세기까지처럼 오늘날도 트로이 공격에 관한 이야기와 영웅들은 본질상 사실로 받아들여진다.[66] 이집트의 람세스 3세 비문에 기원전 1196년경 "그 섬들이 시끄러웠다."는 기록이 언급되어 있고,[67] 플리니우스는 "트로이가 망한 그 시대"의 람세스에 대해 슬쩍 언급한다.⁶⁸ 위대한 알렉산드리아의 학자 에라토스테네스는 지리학자이자 역사가인 헤카타이오스가 기원전 6세기 말경에 수집한 전승 계보에 근거해 트로이 공격 시기를 기원전 1194년으로 계산했다.

고대 페르시아인과 페니키아인은 그리스인과 견해를 같이해 이 거대한 전쟁과 네 명의 아름다운 여인의 유괴 사건을 결부시켰다. 그들에 의하면 이집트인들은 아르고스에서 이오(Io)를 훔쳐 갔고, 그리스인들은 페니키아에서 에우로파를, 콜키스에서 메데아를 훔쳐 갔다. 저울추가 균형을 잡으려면 파리스가 헬렌을 유괴하는 것은 당연하지 않은가?⁶⁹* 참회할 때의 스테시코로스, 그리고 그 후 헤로도토스와 에우리피데스는 헬렌이 트로이에 가지 않았다고 말한다. 이들에 의하면 헬렌은 이집트로 갔으며 거기서 감금당한 10여 년 동안 메넬라오스가 자신을 찾아오기만을 기다렸다는 것이다. 나아가 헤로도토스는 트로이인들이 한 여자 때문에 10년간 전쟁을 벌였다면 누가 믿겠느냐고 반문했다. 에우리피데스는 트로이 원정을 그리스의 인구 과잉과 그에 따른 팽창욕 때문이라고 생각했다.⁷⁰ 권력 의지라는 가장 혈기 방장한 요인은 이처럼 역사가 유구한 것이다.

그럼에도 불구하고 이 이야기는 평범한 그리스인들이 그런 모험을 쉽게 이해할 수 있도록 하기 위해 활용되었을 수 있다. 남자가 목숨을 바칠 때는 적절한 명분이 있어야 하는 법이다. 전쟁의 외형과 명분이 무엇이었든 그 원인과 핵심은 거의 의심의 여지없이 헬레스폰토스 해협과 흑해 주변의 비옥한 땅의 소유권을 둘러싼 두 세력 집단 간의 권력 다툼이었다. 전 그리스와 전 서아시아가 이를 결정적인 갈등 요인으로 여겼다. 그리스의 작은 국가들이 아가멤논을 도왔고, 소아시아 민족들도 계속 트로이에 지원병을 보냈다. 이는 투쟁의 시작으로, 마라톤과 살라미스, 이소스와 아르벨라, 투르와 그라나다, 레판토와 비엔나에서 재개될 운명이었다.

---

* 두말할 필요 없이 헬렌은 제우스의 딸이다. 제우스는 백조의 모습으로 스파르타 왕 틴다레오스의 아내 레다를 유혹했다.

이 전쟁에 나오는 사건과 그 여파에 대해 그리스의 시인과 극작가들이 들려준 내용만 기술할 수 있을 뿐이다. 이 전쟁은 역사라기보다 하나의 문학 작품이라 할 수 있겠다. 그러나 무엇보다 바로 이 때문에 문명 이야기의 일부가 될 수 있는 것이다. 전쟁은 추하고 『일리아드』는 아름답다는 사실을 안다. (아리스토텔레스를 변화시킨) 예술은 대상에 의미와 형식을 부여함으로써 두려움조차 아름답고 정화된 모습으로 바꿀 수 있다. 『일리아드』의 형식은 완벽하지 않고 그 구성은 느슨하며, 서술은 때로 모순적이거나 모호하고 결론도 없다. 그럼에도 불구하고 부분의 완벽함이 전체적인 무질서를 상쇄하고, 사소한 오류가 있음에도 이 이야기는 문학사상, 어쩌면 역사상 가장 위대한 작품 중 하나로 꼽힌다.

(1)* 시가 시작되는 부분에서 그리스인들은 이미 9년 동안이나 트로이를 공격하고 있다. 그들은 낙담하고 향수병에 걸려 질병으로 죽어 간다. 그들은 질병과 바람 없는 바다 때문에 아울리스에서 지체되었다. 아가멤논은 미풍이 불게 하려고 자기 딸 이피게니아를 제물로 바쳐 클리타임네스트라를 상심케 하고 자신의 비참한 운명을 자초한다. 그리스인들은 연안을 거슬러 올라가며 도처에서 식량과 여자를 보충한다. 아가멤논이 아름다운 크리세이스를 취하고, 아킬레스는 아리따운 브리세이스를 취했다. 아가멤논이 아폴론의 제사장 크리세스의 딸을 범해 아폴론이 그리스인의 승리를 막고 있다고 한 예언자가 선언한다. 왕은 크리세이스를 아버지에게 돌려보내지만, 자신을 위로하고 이야기에 묘미를 더하기 위해 브리세이스로 하여금 아킬레스를 떠나 자신의 막사로 들어오게 한다. 이에 아킬레스는 총회를 소집하고 분노하며 아가멤논을 비난한다. 여기서 처음 등장하는 이런 분노는 『일리아드』에서 이후 계속 되풀이되는 주제가 된다. 그는 자기와 자기 병사들은 더 이상 그리스를 돕지 않을 것이라고 맹세한다.

---

* 표시된 숫자는 『일리아드』의 차례를 의미한다.

(2) 집결한 배와 부족들이 소개되고, (3) 전쟁의 승패를 결정짓기 위해 퉁명스러운 메넬라오스가 파리스와 단독으로 승부를 가리는 장면이 나온다. 양편 군대는 휴전 상태로 자리를 지킨다. 프리아모스와 아가멤논이 함께 신들에게 제사를 드린다. 메넬라오스가 파리스를 이기지만, 아프로디테가 파리스를 안전하게 구출해 아름답게 단장시킨 후 결혼 침상에 앉힌다. 헬렌이 전장에 돌아가지 말라고 말리지만, 파리스는 "사랑을 나누자."라고만 한다. 헬렌은 욕망에 끌려 굴복한다. (4) 아가멤논이 메넬라오스의 승리를 선언하고 전쟁은 확실히 종결된다. 하지만 올림포스 산에서 회의를 소집한 신들은 더 많은 피를 요구한다. 제우스는 평화에 표를 던지지만, 아내 헤라가 그를 질타하자 겁먹고 뒤로 물러서며 자신이 던진 표를 취소한다. 헤라는 만약 제우스가 트로이 파괴에 동의하면 자기도 그가 미케네와 아르고스, 스파르타를 초토화시키도록 돕겠다고 제안한다. 전쟁이 다시 시작된다. 수많은 병사가 화살과 창, 검에 찔려 쓰러지고, "어둠이 눈을 감는다."

(5) 신들이 흥겨운 칼싸움을 벌인다. 무서운 전쟁의 신 아레스가 디오메드의 창에 부상당해 "마치 9000명이 내는 것 같은 비명을 지르며" 도망쳐 와 제우스에게 호소한다. (6) 막간에 트로이의 수장 헥토르가 전투에 앞서 아내 안드로마케와 작별 인사를 나눈다. 아내가 속삭인다. "여보, 당신의 용맹스러운 심장이 곧 당신을 죽게 만들 거예요. 당신은 아이와 저를 전혀 동정하지 않는군요. 전 이제 과부가 되겠죠. 제 아버지와 어머니, 형제가 모두 죽임을 당했지만, 헥토르, 당신은 제게 부모나 마찬가지예요. 뿐만 아니라 당신은 제 남편이기도 해요. 그러니 저를 봐서라도 성에 머물러 주세요." "나도 잘 알고 있소." 그는 대꾸한다. "트로이가 몰락할 것이고, 그럼 내 형제들과 왕도 죽겠지. 정작 슬픈 일은 그들 때문이 아니오. 당신이 아르고스의 노예가 된다고 생각하면 온 몸에서 힘이 다 빠져나가는 것 같소. 하지만 그래도 전쟁을 피할 순 없소."[71] 곧 승리를 거두게 될 그리스인들에 의해 성벽에서 던져져 죽게 될 운명의 어린 아들 아스티아낙스가 흔들리는 깃털에 놀라 비명을 지른다. 영웅은 웃다가도 눈물을 보이며 영문을 모르는 아들을 위해 기도하려고 투구를 벗는다. 이제 그는 전쟁터로 성큼성큼 걸어 나가,

(7) 살라미스 왕 아이아스와 결투를 벌인다. 그들은 용감하게 싸우고, 어둠이 깔리자 칭찬과 선물(피바다 위에서 꽃피는 예의의 꽃)을 교환하면서 헤어진다. (8) 트로이가 승리를 거둔 날이 어두워지자 헥토르는 자신의 전사들에게 휴식을 명한다.

이렇게 헥토르는 열변을 토했고, 트로이인들은 박수 치며 환호했다.
그 다음 그들은 땀을 흘리는 전마(戰馬)의 멍에를 풀어 주고, 병사들은 말을
전차 옆에 묶었다. 그들은 도시에서
서둘러 수소와 먹음직한 양, 포도주를 가져와서 다정하게
나눠 주었다. …… 집에서 가져온 곡물도.
모두 불꽃 주변에 모이자, 들판에서 하늘까지
달콤한 향내가 바람결에 멀리 퍼져 갔다. 전쟁 중에 이들은
밤 동안 희망에 넘쳐 둘러앉아 횃불을 밝혔다.

하늘의 별들이 달 주위에서 놀랍게 빛나고
바람은 잠잠하며, 봉우리와 곶들이
높이 보이고, 늪들이 드러나며, 영광스러운 하늘이
끝없이 펼쳐지고, 무수한 별들이 반짝일 때에도
수고로 지친 목동의 마음을 어루만지면서
검은 양들과 크산토스 강 사이 무수한 횃불들이
일리온 근처에서 말을 길들이는 트로이인들에 의해 밝혀졌다.
전쟁에 지친 말들은 밀과 보리를 씹으며
전차 옆에서 아름다운 왕관을 쓴 새벽이 오기를 기다렸다.[72]

(9) 엘리스와 필로스의 왕 네스토르가 아가멤논에게 브리세이스를 아킬레우스에게 돌려주도록 조언한다. 아가멤논이 수락하고 아킬레우스가 공격에 가담한다면 그리스의 절반을 주겠다고 약속한다. 하지만 아킬레우스는 계속 불쾌해한다. (10) 오디세우

스와 디오메드가 야음을 틈타 트로이군 진영을 습격해 10여 명의 족장을 살해한다. (11) 아가멤논은 용맹스럽게 군대를 이끌고 공격하다가 부상을 입고 퇴각한다. 적에게 포위된 오디세우스는 사자처럼 용맹하게 싸운다. 아이아스와 메넬라오스가 길을 열고 그를 구출한다. (12~13) 그리스인들이 진지 주변에 구축한 성벽에 트로이인들이 접근하자, (14) 헤라가 화가 나서 그리스인들을 구출하기로 결심한다. 기름을 바르고 향을 뿌리며 매혹적인 옷을 입고 아프로디테의 뇌쇄적인 속옷을 입은 헤라가 제우스를 유혹해 동침하는 동안, 포세이돈이 그리스인들을 도와 트로이인들을 몰아낸다. (15) 전세가 요동한다. 트로이인들이 그리스 함선에 접근하고, 시인은 그리스인들이 죽음을 의미하는 퇴각 중에 필사적으로 싸우는 장면을 열정적으로 노래한다.

(16) 아킬레우스가 사랑하는 파트로클로스가 트로이에 맞서 아킬레우스의 군대를 지휘하도록 허락받는다. 하지만 헥토르가 파트로클로스를 죽이고, (17) 시체를 두고 아이아스와 헥토르가 격돌한다. (18) 파트로클로스가 죽었다는 소식을 들은 아킬레우스가 마침내 전투에 임한다. 아킬레우스의 모신 테티스가 대장장이 신인 헤파이스토스를 설득해 아킬레우스에게 새로운 무기와 강력한 방패를 만들어 주게 한다. (19) 아킬레우스는 아가멤논과 화해하고, (20) 아이네이아스와의 교전 끝에 아이네이아스를 죽이려 할 즈음에 포세이돈이, 베르길리우스의 구상을 이루기 위해, 그를 구출한다. (21) 아킬레우스는 수많은 트로이인을 죽이고 긴 족보 이야기와 함께 그들을 하데스로 내려보낸다. 이제 신들이 전투에 개입한다. 아테나는 돌을 던져 아레스를 타도하고 아프로디테가 그를 구하려 애쓴다. 아테나가 아프로디테의 아름다운 가슴에 일격을 가해 때려눕힌다. 헤라는 아르테미스의 귀를 손바닥으로 때린다. 포세이돈과 아폴론은 설전을 벌인다. (22) 헥토르를 제외한 모든 트로이인들이 아킬레우스를 피해 달아난다. 프리아모스와 헤쿠바는 헥토르에게 성벽 뒤에 머물라 충고하지만, 헥토르는 이를 거절한다. 그때 갑자기 아킬레우스가 헥토르에게 진격해 가고 헥토르가 뒤돌아 도망한다. 아킬레우스가 헥토르를 쫓아 트로이 성벽 주위를 세 바퀴 돈 후, 헥토르가 멈추자 죽인다.

(23) 종결부에서 파트로클로스는 화려한 의식으로 화장된다. 아킬레우스는 그를 위해 수많은 가축과 생포된 열두 명의 트로이인들 그리고 자신의 긴 머리칼을 바친다. 그리스인들은 경기를 통해 파트로클로스를 기리고, (24) 아킬레우스는 자기 전차 뒤에 헥토르의 시체를 매달고 화장터 주위를 세 차례 돌며 끌고 다닌다. 프리아모스는 당당하지만 슬픈 모습으로 자기 아들의 유골을 요청한다. 아킬레우스는 마음을 누그러뜨리고 12일간의 휴전을 선언하면서 깨끗이 기름 바른 헥토르의 시체를 트로이의 늙은 왕에게 돌려준다.

5. 귀향

여기서 시인은 이 위대한 시를 갑자기 끝맺는다. 마치 자기 몫을 다했고 나머지는 다른 시인이 할 일이라 생각한 것처럼. 파리스가 어떻게 아킬레우스의 유일한 약점인 발뒤꿈치를 화살로 맞추어 죽였고, 트로이가 어떻게 목마로 인해 종말을 맞았는지는 후대 문학이 전해 준다.

승리자 자신들 또한 그 승리의 희생자여서, 슬픔에 지쳐 꿈에 그리던 고향으로 향했다. 그들 가운데 상당수가 난파되었고, 일부는 낯선 해안에 발이 묶여 아시아와 에게 해, 이탈리아에 그리스 식민지를 세웠다.[73] 헬렌을 죽이겠다고 맹세했던 메넬라오스는 "여자들 가운데 여신과도 같은 존재"가 사랑스러움을 뽐내며 위엄 있게 다가오자 새롭게 사랑에 빠졌고, 기꺼이 스파르타 왕비로 복위시켰다. 미케네에 도착하자 아가멤논은 "고국 땅에 입 맞추며 뜨거운 눈물을 흘렸다."[74] 하지만 그가 오랜 시간 집을 비운 사이, 클리타임네스트라는 그의 사촌 아이기스토스를 남편이자 왕으로 맞았다. 아가멤논이 왕궁에 입성한 후 그들은 그를 살해한다.

더욱 애절한 것은 오디세우스의 귀향이다. 이에 대해서는 또 다른 호메로스였을 시인이 『일리아드』보다는 덜 강렬하고 영웅적이며 보다 부드럽고 유쾌하게 노래했다.*『오디세이』에 의하면 오디세우스는 난파되어 오기기아 섬, 꿈의 나라 타히티에 표착한다. 이곳 여왕이자 여신인 칼립소가 8년 동안 그를 자기 애인으로 삼아 억류하는 동안, 그는 이타카에서 기다리는 자기 아내 페넬로페와 아들 텔레마코스를 내심 그리워한다.

(1) 아테나는 칼립소가 오디세우스를 놓아주도록 제우스를 설득한다. 여신은 텔레마코스에게 날아가 젊은이의 짤막한 이야기를 동정하며 듣는다. 이타카 및 부속 섬의 왕들이 페넬로페에게 접근해 왕위를 노리고 오디세우스의 궁전에서 희희낙락하며 오디세우스의 재산을 축내고 있다는 것이다. (2) 텔레마코스는 구혼자들에게 물러가라 명하지만 비웃음만 당한다. 남몰래 텔레마코스는 바다를 헤매며 아버지를 찾아다닌다. 한편 페넬로페는 남편과 아들 때문에 눈물을 흘리며 짜고 있는 천이 완성되면 그들 중 한 명과 결혼하겠다고 말하면서 구혼자들을 물리친다. 하지만 그녀는 낮 동안 짰던 천을 밤에는 다시 풀어버린다. (3) 텔레마코스는 필로스 왕 네스토르와 (4) 스파르타 왕 메넬라오스를 찾아가지만, 아무도 그의 아버지가 어디 있는지 알지 못한다. 시인은 이제 마음의 안정을 찾고 차분해진 기색이지만 여전히 빼어난 미모를 한 모습으로 헬렌을 묘사한다. 그녀는 오래전에 죄를 용서받았고, 트로이가 멸망할 때 이미 그 도시에서 마음이 떠났노라고 말한다.**

(5) 이제 처음으로 오디세우스가 이야기에 등장한다. 칼립소의 섬 "해변에 앉은 그는 두 눈의 눈물도 말라 버렸고 달콤한 인생도 날아가 버렸으며 애달프게 귀환을 갈망한다. 밤마다 그는 텅 빈 동굴 속 칼립소 곁에서 마지못해 이끌려 잠들지만, 낮이 되면

---

* 이 이야기는 『일리아드』보다 역사성이 떨어지는 것이 거의 확실하다. 아내가 긴 여정 후 돌아온 남편을 몰라본다는 이 전설은 트로이 이야기보다 분명 더 옛적의 이야기로 거의 모든 문학에 등장한다.[75] 오디세우스는 그리스인들의 시누헤(Sinuhe), 신바드(Sinbad), 로빈슨 크루소(Robinson Crusoe) 그리고 에녹 아든(Enoch Arden)이다. 시에 등장하는 지리는 여전히 연구자들의 마음을 애태우며 미스터리로 남아 있다.
** 그리스인들은 그녀가 죽은 후 여신으로 섬겼으며, 그녀를 헐뜯으면 천벌을 받는다고 믿었다. 호메로스가 실명한 것도 헬레이 자기 의지와 무관하게 이집트로 납치된 게 아니라 트로이로 달아났다고 중상하는 듯이 노래했기 때문이라는 말도 있었다.[76]

바위와 해변에 앉아 눈물과 한숨으로 마음을 달래며 요동치는 바다를 바라본다."[77] 하룻밤 더 억류한 후, 칼립소는 오디세우스를 뗏목에 태워 떠나보낸다.

(6) 수많은 역경을 거친 후 오디세우스는 신비의 나라 파이아키아(아마 코르키라, 지금의 코르푸인 듯하다.)에 도착한다. 거기서 그는 왕녀 나우시카아에게 발견되어 아버지 알키노오스 왕에게 안내된다. 공주는 건장한 신체에 강인한 마음을 가진 영웅과 사랑에 빠지고 친구들에게 이렇게 고백한다. "들어 보렴, 어여쁜 아가씨들아. …… 조금 전만 해도 이 남자는 무례해 보였지만, 이제는 넓은 하늘을 다스리는 신처럼 보이는구나. 이런 분이 내 남편이 되어 여기 살면서 즐거워할 수만 있다면 얼마나 좋을까."[78] (7~8) 오디세우스의 너무나 좋은 인상에 끌려 왕은 자기 딸 나우시카아와 맺어 주고 싶어 한다. 그러나 오디세우스는 이를 사양하고 자신의 트로이 귀환 이야기를 들려준다.

(9) (그가 왕에게 말한다.) 그와 일행은 항로를 이탈해 로터스(lotus) 열매 먹는 사람들의 나라에 도착한다. 이들은 그의 부하들에게 꿀처럼 달콤한 로터스 열매를 주어 그들의 고향과 그리움을 잊게 만든다. 오디세우스가 억지로 부하들을 배로 데려온다. 다음 그들은 외눈박이 거인들이 법도 없고 일도 하지 않으며 풍부한 야생 곡물과 과일을 먹고 사는 키클롭스의 나라에 이른다. 외눈박이 거인 폴리페모스에게 잡혀 동굴 속에 갇힌 후 부하 몇 명이 잡아먹혔다. 오디세우스는 포도주로 이 괴물을 잠들게 한 후 그의 눈을 불로 지져 멀게 하고 남은 부하들을 구출한다. (10) 방랑자들은 다시 바다를 헤매고, 라이스트리고네스인의 나라에 도착한다. 그러나 이들 역시 식인종으로 오디세우스의 배만 간신히 탈출에 성공한다. 그와 그의 부하들은 다음으로 아이네아 섬에 이른다. 이곳에서 사랑스럽지만 배신을 일삼는 여신 키르케가 노래로 오디세우스 일행 대부분을 동굴로 유인한 다음 약을 먹여 돼지로 만들어 버린다. 오디세우스가 그녀를 죽이려다가 마음을 바꿔 그녀의 사랑을 받아들인다. 그와 일행은 이제 인간의 모습으로 돌아와 키르케와 함께 일 년 동안 거기 머문다.

(11) 다시 돛을 올린 그들은 영원히 암흑에 싸인 나라에 도착하는데, 이곳이 하데스의 입구임을 알게 된다. 이곳에서 오디세우스는 아가멤논과 아킬레우스, 자기 어머니의 영혼들과 이야기를 나눈다. (12) 여행을 계속하던 이들은 세이렌의 섬을 지나고, 오디세우스와 일행은 매혹적인 노래로 유혹하는 그들을 밀랍으로 귀를 막고 피한다. 스킬라와 카리브디스 해협(메시나?)에서 그의 배가 파선되고 그만 살아남아 칼립소의 섬에서 8년 동안 살게 된다.

(13) 알키노오스는 오디세우스의 이야기에 크게 감동해 부하들에게 그를 이타카로 당장 데려다 주라고 명하지만, 대신 그의 눈을 가려 자기 나라 위치를 알지도 발설하지도 못하게 한다. 이타카에 도착한 방랑자 오디세우스를 아테나 여신이 그의 옛 돼지치기 에우마이오스의 오두막으로 데려간다. 에우마이오스는 (14) 그를 알아보지는 못하지만 크게 환대한다. (15) 텔레마코스가 여신의 인도로 이 오두막에 오자, 오디세우스가 (16) 자신의 정체를 밝히고 두 사람은 "오열한다." 그는 텔레마코스에게 구혼자들을 모두 죽일 계획을 알려 준다. (17~18) 거지로 변장한 오디세우스가 자기 왕궁에 들어간다. 거기서 그는 구혼자들이 자기 돈으로 잔치를 벌이는 모습을 보고, 그들이 낮에는 페넬로페에게 구혼하고 밤이 되면 그의 여종들과 잠을 잔다는 얘기를 듣고 분노한다. (19~20) 그는 구혼자들에게 모욕과 공격을 당하지만 묵묵히 참는다. (21) 그때 구혼자들이 페넬로페의 속임수를 알아채고 그녀에게 천 짜는 일을 끝마치도록 강요한다. 그녀는 벽에 걸린 오디세우스의 큰 활을 다룰 수 있고 나란히 늘어선 열두 개의 도끼 구멍을 관통시킬 수 있는 사람과 결혼하겠다고 말한다. 모두가 시도하지만 다 실패한다. 오디세우스도 기회를 달라 요청하고 거뜬히 성공시킨다. (22) 그러고는 변장을 벗어던지고 격렬히 분노하며 구혼자들에게 화살을 날린다. 그는 텔레마코스와 에우마이오스, 아테나의 도움으로 그들 모두를 죽인다. (23) 그가 바로 오디세우스라는 사실을 페넬로페가 좀처럼 믿으려 하지 않는다. 한 명의 남편을 위해 스무 명의 구혼자를 포기하는 일이 어려웠던가 보다. (24) 그는 구혼자 아들들로부터 공격을 당하지만 무마시키고 왕국을 재건한다.

한편 아르고스에서는 그리스 전설에 있어 가장 큰 비극이 진행 중이었다. 성인이 된 아가멤논의 아들 오레스테스는 냉혹한 누이 엘렉트라에게서 자초지종을 들은 후 어머니와 간부를 살해함으로써 아버지의 복수를 한다. 수년 동안 광기에 휩싸여 방황하던 오레스테스는 아르고스 미케네의 왕이 되고(기원전 1176년경) 이후 스파르타를 복속시킨다.* 그러나 그가 왕위에 오르면서 펠롭스가는 몰락의 길을 걷게 된다. 어쩌면 몰락은 아가멤논과 함께 시작되었을지 모른다. 이 불안정한 기질의 족장은 이미 사분오열 중이던 왕국을 통합하는 수단으로 전쟁을 이용했던 것이다. 하지만 그의 승리는 자멸로 끝나 버렸다. 그의 족장들 중 돌아온 사람은 거의 없었고, 다른 많은 왕국도 백성의 신망을 잃었다. 트로이 공격으로 시작된 시대가 끝날 무렵, 아카이아인의 힘은 바닥났고, 펠롭스 왕가도 너무 많은 피를 흘렸다. 백성들은 보다 분별 있는 왕조를 인내하며 기다렸다.

6. 도리스인의 정복

기원전 1104년경 북쪽으로부터 거침없이 획정 중이던 새 이주 또는 침략의 물결이 그리스를 덮쳤다. 일리리아와 테살리아를 관통하고 나우팍토스의 코린토스 만을 가로지르고 코린토스 지협을 건너, 호전적이며 큰 키에 머리가 둥글고 글자를 모르는 한 민족이 펠로폰네소스로 미끄러지듯 진군하며 쏟아져 들어와 그 땅을 차지하고 미케네 문명을 거의 완전히 파괴했다. 그들의 기원과 이동 경로에 대해서는 추정할 뿐이지만, 그들의 성격과 끼친 영향은 잘 알 수 있

---

* 아서 에번스 경(Sir Arthur Evans)은 보이오티아의 미케네 무덤에서 스핑크스를 공격하는 젊은이와 나이 든 남자와 여자를 죽이는 젊은이를 묘사한 조판(彫版)을 발견했다. 그는 이것들이 오이디푸스와 오레스테스를 표현한 것이라 믿고, 이들 조판이 기원전 1450년경에 해당한다고 추정함으로써 그 시대를 작품을 근거로 추정한 시대보다 200년가량 앞당겼다.[79]

다. 그들은 그때까지도 유목과 수렵 단계에 있었고, 이따금 정착해 땅을 경작하기도 했지만 주요 생활 수단은 목축이었고, 새로운 초원의 필요성 때문에 끊임없이 이동해야 했다. 그들이 유일하게 보유한 것은 전대미문의 막대한 철이었다. 그들은 그리스에 있어 할슈타트* 문화의 사절이었다. 그들의 단단한 철제 무기와 정신은 여전히 청동제 무기를 사용하던 아카이아인과 크레타인을 무자비하게 압도했다. 이들은 지리적으로는 아마 서부와 동부, 엘리스와 메가라로부터 펠로폰네소스의 분산된 작은 왕국들을 쳐 내려와 지배층을 검으로 제압하고 남은 미케네인들을 헤일로타이(helot)(이 시기 침략한 도리스인이 선주민을 예속 농민화한 이후 스파르타가 정복 지역민을 예속 농민화한 것을 가리키는 명칭 - 옮긴이)로 만들었다. 미케네와 티린스는 화염에 휩싸였고, 몇 세기 동안 아르고스는 펠롭스 섬의 중심지가 되었다. 지협에서 침략자들은 위세 당당한 아크로코린토스 산정을 차지하고 주변에 도리스인의 도시 코린토스를 건설했다. 잔존한 아카이아인들은 달아나 일부는 북부 펠로폰네소스의 산지로, 일부는 아티카로, 다른 일부는 바다 건너 아시아의 섬들과 연안으로 흩어졌다. 정복자들은 이들을 뒤쫓아 아티카로 쳐들어갔지만 제지되고, 크레타로 뒤쫓아 가[80] 마침내 크노소스를 괴멸시켰다. 그들은 멜로스와 테라, 코스, 크니도스, 로도스를 포위하고 식민지로 삼았다. 미케네 문명이 가장 번성했던 펠로폰네소스와 크레타 전역에 가장 극심한 파괴가 자행되었다.

    선사 시대 에게 문명에 있어 마지막 재앙이었던 이 사건은 현대 역사가들에 의하면 도리스인의 정복이 되고, 그리스 전승에 따르면 헤라클레스 후예들의 귀환이 된다. 자신들의 승리가 야만인들의 문명 민족 정복이라고 기록되는 것을 탐탁지 않게 여긴 승리자들은 실상은 헤라클레스의 후손들이 펠로폰네소스로 정당하게 들어가려는데 거절당해 영웅적으로 점령한 것이라고 항변했다. 이들 내용 중 얼마만큼이 역사고 얼마만큼이 유혈 정복을 신성에 의지해 합리

---

* 오스트리아의 한 마을로 이곳에서 발굴된 철기 유물로 인해 유럽 최초 철기 시대에 그 이름을 남겼다.

화한 신화인지 알 수 없다. 세계가 태동할 무렵 도리스인들이 그토록 능란하게 거짓말을 했다고 믿기란 다소 어려움이 있다. 논객들은 절대 수긍하지 않겠지만, 어쩌면 두 가지 모두 진실일지 모른다. 정복자들은 헤라클레스의 후손들의 지도 아래 북쪽에서 쳐들어온 도리스인들이 아니었을까?

정복의 형태가 어떠했든 그 결과는 그리스의 발전에 있어 길고도 가혹한 단절이었다. 정치 질서는 수 세기 동안 혼란스러웠고, 모든 사람이 불안해 하며 무기를 소지했다. 폭력이 심화되면서 농업과 육상 및 해상 교역이 붕괴되었다. 전쟁이 끊일 새 없었고, 빈곤이 심화되고 만연해졌다. 삶은 불안하여 가족들은 안전과 평화를 찾아 이 나라 저 나라로 떠돌아다녔다.[81] 헤시오도스는 이 시대를 철기 시대라 칭하며 이전의 보다 세련된 시대에서 퇴보한 사실을 슬퍼했다. 수많은 그리스인들이 "철의 발견은 인간에게 위협이 되었다."고 생각했다.[82] 예술은 쇠퇴했고, 회화는 경시되었으며, 조각은 작은 입상들로 만족했고, 도기는 미케네와 크레타의 생생한 자연주의를 잊어버리고 수 세기간 그리스 도예를 지배한 생기 없는 "기하학 무늬"로 퇴보했다.

하지만 손실만 있었던 것은 아니다. 침략한 도리스인이 복속민들과 피를 섞지 않겠다는 결심, 즉 전 그리스를 피로 물들인 도리스인과 이오니아인 간의 종족적 반감에도 불구하고, 라코니아 외부에서는 급속히 그리고 내부에서는 서서히 새 종족과 옛 종족들 간의 교류가 진행되었다. 또한 아카이아인과 도리스인의 활기찬 유전자가 그리스 남부의 오래되고 쾌활한 종족적 유전자와 합쳐져 강력한 생물학적 자극제로 발전했다. 수 세기에 걸친 교류의 결과로 새롭고 다양한 민족이 탄생하게 되었으며, 이들 피 속에 지중해와 알프스, 북유럽 및 아시아적 요소가 불안정하게 융합된 것이다.

미케네 문화 역시 완전히 파괴된 것은 아니다. 에게 문명 유산의 일부 요소들, 즉 사회 질서와 정부라는 방편, 장인 정신 및 기술적 요소들, 교역 형태와 경로, 신앙 형식과 대상,[83] 도예와 금속 세공 기술, 프레스코 벽화 기법, 장식적 모티프와 건축 양식이 수 세기간의 폭력과 혼란 속에서도 반억압적인 상태로 존속했다. 그리스인들은 크레타의 제도가 스파르타에 계승되었다고 믿었고,[84] 아카이아인의 회의는 보다 민주적인 그리스의 필수 기구로 남았다. 미케네의 메가론은 도리스식 신전[85]의 토대를 제공했던 듯하며, 여기에 도리스인은 자유와 대칭, 힘을 첨가했다. 서서히 부흥하고 있던 예술 전통은 코린토스와 시키온, 아르고스를 초기 르네상스 시대만큼 고양시켰고, 완고한 스파르타조차 한동안 예술과 노래로 웃음 짓게 만들었다. 이 예술 전통은 이 단절된 암흑 시대 전반에 걸쳐 서정시를 풍요롭게 하고, 펠라스기인과 아카이아인, 이오니아인, 미니아인이 에게 해와 아시아로 진출할 때 함께 전파되었으며, 식민 도시들이 문학과 예술에서 모국보다 앞설 수 있도록 도와주었다. 뿐만 아니라 섬 지역과 이오니아에 이르렀을 때, 그들은 에게 문명의 유적을 손쉽게 접할 수 있었다. 대륙보다 혼란이 다소 덜했던 청동기 시대 옛 도시들은 고대의 기교와 광채를 어느 정도 유지하고 있었고, 여기서 아시아적 토양을 발판으로 그리스의 첫 각성이 일어난 것이다.

마침내 크레타, 미케네, 아카이아, 도리스, 동방 등 이 다섯 개 문화의 접촉을 통해 본토에서는 전쟁과 약탈로 더욱 조악해지고 크레타에서는 사치 풍조로 나약해져 가는 등 사멸해 가던 문명이 새로운 활력을 얻었다. 민족과 방식에 있어서의 이런 혼합은 절제된 안정성을 얻는 데 수 세기가 소요되긴 했지만, 그리스의 사상과 삶에 일찍이 없었던 다양성과 유연성, 미묘함을 낳는 데 공헌했다. 그리스 문화는 암울하고 야만적인 바다 한가운데 돌연히 기적적으로 타오른 불꽃이 아니라, 혈통과 전통에 있어 너무나 풍요로운 유산을 물려받고 호전적인 유목민과 강력한 제국들, 고대 문명들에 둘러싸여 도전받고 감화받은 한 민족의 혼란스러우면서도 점진적으로 발전한 창조물이었던 것이다.

그리스의 부상

기원전 1000~480년

THE LIFE OF GREECE

4장   스파르타

1. 그리스의 환경

고선 세계의 지도를 펼쳐 놓고 고대 그리스 주변을 살펴보자. 고대에 있어 그리스 또는 헬라스(Hellas)라는 말은 그리스어를 쓰는 민족들이 점유했던 모든 지역을 가리킨다.

수많은 침략자들이 에피로스의 언덕을 넘고 계곡을 지나 쳐들어온 곳에서 시작한다. 그리스인들의 조상은 오랫동안 여기에 머문 것이 분명하다. 그들은 도도나에 천둥 소리를 내는 하늘의 신 제우스를 위해 성소를 세우고, 기원전 5세기경 여기서 신탁을 받았으며, 큰 냄비가 울리는 소리와 성스러운 떡갈나무의 살랑거리는 나뭇잎 소리에서 신의 음성을 들었던 것이다.[1] 아케론 강이 에피로스 남부를 가로질러 흘렀고, 강을 따라 깊고 어두침침한 계곡이 펼쳐져 그리스 시인들은 이 계곡을 지옥의 입구이거나 지옥 바로 그곳이라고 말했다. 호메로스 시대 언어와 생활 방식에 있어 거의 그리스인이 었던 에피로스인들은 이후 북쪽에서 몰려온 새로운 야만족 물결에 휩쓸려 문명의 대열에서 벗어나고 말았다.

아드리아 해를 북상하면 일리리아가 나오는데, 이곳에 길들지 않은 유목민이 소금을 얻기 위해 가축과 노예를 팔며 드문드문 흩어져 살고 있었다.[2] 이 연안의 에피담노스(로마 제국 시대에는 디라키움, 오늘날은 두라초)에 카이사르가 폼페이우스를 추격해 군대를 상륙시켰다. 아드리아 해를 가로질러 팽창한 그리스인은 원주민을 몰아내고 연안 하부를 차지하고 자신의 문명을 이탈리아에 전한다. (결국 이 원주민이 다시 휩쓸고 들어왔고, 이들 중 알렉산드로스 시대까지도 거의 야만 상태에 있었던 한 부족이 전무후무한 대제국을 이루면서 그들의 모국과 함께 이 지역을 집어삼키게 된다.) 알프스 산맥 너머에는 갈리아인(갈리아는 고대 켈트족이 거주하던 지역으로 지금의 프랑스와 벨기에, 서부 독일, 북부 이탈리아 일부가 이에 해당하며, 갈리아인이란 명칭은 고대 로마인들이 이 지역 사람들을 그렇게 부른 데서 유래함 – 옮긴이)이 퍼져 있었는데, 이들은 그리스 도시 마살리아(마르세유)에 매우 호의적이었다. 지중해의 서쪽 끝에는 스페인이 페니키아인과 카르타고인에 의해 상당히 문명화되고 완전히 개척된 상태에 있었다. 기원전 550년경에 그리스인들은 엠포리온(암푸리아스)에 작은 식민지를 세운다. 아프리카 연안에는 시칠리아를 위협하며 카르타고가 위풍당당하게 버티고 있었다. 전승에 의하면 디도와 페니키아인들이 기원전 813년에 이 도시를 건설했다고 한다. 이 도시는 작은 마을이 아니었다. 인구 70만의 대도시로 우티카와 히포 및 아프리카 300여 개 도시를 지배하고 시칠리아와 사르디니아, 스페인의 비옥한 땅과 광산 그리고 식민지를 통제하며 지중해 서부의 상업을 독점하고 있었던 것이다. 이 막강한 국제도시는 동쪽에서는 페르시아가 주도한 것처럼 서쪽에서 그리스에 동방적 성격의 압박을 주도할 운명이었다.

아프리카 연안을 따라 동쪽으로 더 나아가면 미개한 리비아 내륙 지역을 배경으로 번창한 그리스 도시 키레네가, 그다음에는 이집트가 모습을 드러낸다. 대부분의 그리스인들은 자기 문명의 많은 부분이 이집트에서 유래했다고 믿었다. 그들의 전승에 의하면 카드모스와 다나오스 같은 이들이 이집트에서 건너왔거나 페니키아와 크레타를 거쳐 이집트 문화를 그리스에 전해 주면서 몇몇 그리스 도시를 건설했다고 한다.[3] 사이스 왕조(기원전 663~525년) 치하에서 이집트의 상업과 예술이 부흥했고 나일 강 항구가 처음으로 그리스와 교역하기 시작했다. 탈레스, 피타고라스, 솔론, 플라톤, 데모크리토스 등을 그 대표적인 예로 꼽을 수 있겠는데, 기원전 7세기경부터 이미 수많은 그리스 유명 인사들이 이집트를 찾았고 고색창연한 이집트 문화에 깊이 감명을 받았다. 여기는 야만인이 없었으며, 이곳 사람들은 트로이가 멸망하기 2000년 전에 이미 성숙한 문명과 고도로 발달한 예술을 향유하고 있었던 것이다. 이집트의 한 제사장은 솔론에게 다음과 같이 말했다. "당신들 그리스인은 과거에 대해서는 아무것도 모르면서 말만 많고 자존심만 강하니 유치한 아이에 지나지 않소."[4] 밀레토스의 헤카타이오스가 이집트 제사장들에게 자기 조상이 15대를 거쳐 신에까지 이른다고 자랑하자, 제사장들은 조용히 그를 성소로 데려가 신이 이 땅을 다스린 345세대 동안 직위를 대대로 계승한 대제사장 345명의 조각상을 보여 주었다.[5] 헤로도토스와 플루타르코스 같은 그리스 학자들은 이집트의 이시스와 오시리스 신앙에서 오르페우스교의 사후 심판 교리와 엘레우시스의 데메테르와 페르세포네의 부활 의식이 유래했다고 믿었다.[6] 아마도 이집트에서 밀레토스의 탈레스가 기하학을 배우고 사모스의 로이코스와 테오도로스가 청동 주조 기술을 전수받았으며, 이집트에서 그리스인들이 도기와 직물, 금속 세공, 상아 등을 다루는 신기술을 배웠으며,[7] 아시리아인과 페니키아인, 히타이트인들에게서 뿐 아니라 이집트인들에게서도 그리스 조각가들이 납작한 얼굴과 올라간 눈매, 차가운 표정, 곧은 다리와 경직된 태도 등 자신들의 초기 조상에 표현한 양식을 전수받고,* 미케네 그리스 유적뿐 아니라 사카라와 베니하산의 주랑에서도 그리스 건축가들이 줄무늬 기둥과 도리스 양식을 위한 영감의 일부를 얻었던 것 같다.[8] 또한 초기 그리스가 이집

---

* 영국 박물관에 소장된 밀레토스의 앉아 있는 「카레스(Chares)」나 델포이 박물관에 소장된 폴리메데스의 작품 「클레오비스의 머리(Head of Cleobis)」 참조.

트로부터 겸허하게 배운 것처럼, 그 힘이 고갈되었을 때도 어떤 이의 말처럼 이집트의 품에 안겨 죽음을 맞이했다. 그리스는 알렉산드리아에서 자신의 철학과 의식, 신들을 이집트 및 유대의 것들과 섞었으며, 이는 로마와 그리스도교에서 부활하게 된다.

이집트 다음으로 그리스에 지대한 영향을 미친 나라는 페니키아였다. 티레와 시돈의 진취적 상인들이 문화 전파의 매체가 되어 이집트와 근동의 과학과 기술, 예술, 종교 등으로 지중해 전역을 자극했다. 페니키아인들은 조선 기술에서 그리스인들을 능가해 이들을 가르치고, 보다 발전된 형태의 제련과 직조, 염색 방식을 가르쳤으며,[9] 크레타 및 소아시아와 더불어 이집트와 크레타, 시리아에서 발전한 셈족 계통의 알파벳을 그리스에 전파하는 데 일익을 담당한 것 같다. 보다 동쪽에 위치한 바빌로니아는 도량형 제도,[10] 물시계와 해시계,[11] 오볼(obol)과 미나(mina), 달란트(talent) 등의 화폐 단위,[12] 천문학적 원리와 기구들, 기록 및 계산법, 일 년과 원 및 동심원에 둘러싸인 네 직각이 360등분되고 1도가 60분, 1분이 60초로 분할되는 60진법 체계를 그리스인들에게 전해 주었다. 탈레스가 일식을 예측할 수 있었던 것도 이집트와 바빌로니아의 천문학을 알고 있었기 때문일 것이다.[13] 아마도 헤시오도스의 만물의 기원으로서의 혼돈 개념도 바빌로니아에서 유래했을 것이다. 이슈타르와 탐무즈 이야기 또한 아프로디테와 아도니스, 데메테르와 페르세포네 이야기와 많이 유사하다.

고전 세계를 통일한 상업 복합 단지의 동쪽 끝 부분에 그리스의 숙적이 있었다. 몇 안 되기 하지만 어떤 측면에서는 페르시아 문명이 당대 그리스 문명보다 월등했다. 페르시아 문명은 예리한 지성과 교육을 제외한 거의 모든 면에서 그리스보다 훨씬 세련된 신사적 풍모, 아테네와 스파르타의 어설픈 권력 다툼을 훨씬 능가하는 제국 통치 체계를 지녔으며, 자유를 갈구하는 그리스인의 열정만 부족했다. 이오니아 그리스인들은 동물 조각 기법, 초기 조각의 둔탁함과 밋밋함, 소벽 및 소조 그리고 이따금 아리스티온의 사랑스러운 기념 석주에서처럼 돋을새김 양식에서의 수많은 장식적 모티프 등을 아시리아로부터 전수받았다.[14] 리디아는 이오니아와 밀접한 관계를 유지했고, 그 화려한 수도 사르디스는 메소포타미아와 그리스 연안 도시들 간의 물품과 사상의 중계지 역할을 했다. 교역 확대로 금융업이 필요해져, 기원전 680년경에 리디아 정부는 국가 보증 화폐를 발행하게 된다. 이를 모방한 그리스는 곧 교역상의 이익을 증대시키고, 알파벳 도입만큼이나 절대적으로 중요한 결과를 가져오게 된다. 프리기아의 영향력은 역사가 더 깊고 미묘하다. 프리기아의 모신 키벨레가 그리스 종교에 직간접적으로 침투하고, 프리기아의 흥분을 자아내는 플루트 음악은 대중에게 매우 인기 있었지만 보수적인 그리스인에게는 몹시 거슬리는 "프리기아 양식"이 되었다. 이 광란의 음악은 프리기아로부터 헬레스폰토스를 거쳐 트라키아에 들어와 디오니소스 의식의 일부가 되었다. 포도주 신은 트라키아가 그리스에 전해 준 중요 선물이기도 했지만, 그리스화한 트라키아의 한 도시 압데라가 그리스에 세 명의 철학자, 즉 레우키포스와 데모크리토스, 프로타고라스를 보내 줌으로써 균형을 이루기도 했다. 뮤즈 신앙이 그리스에 전해진 것은 트라키아를 통해서였다. 그리스 음악의 전설적인 창립자 오르페우스, 무사이오스, 타미리스 등은 트라케의 가수이자 시인이었다.

트라키아에서 남쪽으로 이동해 마케도니아에 이르면, 그리스에 대한 문화 관람이 이제 막바지에 이르게 된다. 마케도니아는 그림처럼 아름다운 나라로 한때 광물이 풍부했으며 평야는 곡식과 과일로 넘쳐 있고 산악 지역에서는 장차 그리스를 정복하게 될 강건한 종족이 단련되고 있었다. 거주민들은 산악인과 농민이 혼합된 종족으로 일리리아인과 트라키아인이 주를 이루었다. 아마도 이들은 펠로폰네소스를 정복한 도리스인과 같은 종족이었던 것 같다. 지배 귀족들은 혈통상 그리스인(헤라클레스의 직계 후손)이라 주장했고 그리스 방언으로 말했다. 초기 수도 에데사는 에피로스를 향해 펼쳐진 평원과 에게 해로 뻗은 산맥 사이의 광활한 고원 위에 자리 잡고 있었다. 더 동쪽에는 필리포스와 알렉산드로스가 수도로 삼게 될 펠라가 있다. 또한 바다 근처에는 피드나가 있는데, 여기서 로마인은 정복민 마케도니아를 정복하고 그리스 문명을 서구 세계에 전할 권리를 차지하게 된다.

이것이 당시 그리스의 환경이었다. 이런 환경 중에 이집트, 크레타, 메소포타미아 등의 문명이 기술과 과학 및 예술의 요소들을 그리스에 전해 주었으며, 예술은 역사상 가장 찬란하게 꽃피게 된다. 페르시아와 카르타고 같은 제국들은 그리스의 경제적 도전을 느끼며 자기들 사이에 끼인 그리스를 짓밟을 전쟁에서 서로 간에 손해될 것 없는 연합 세력을 형성한다. 한편 북쪽에서는 호전적인 유목민이 기하급수적으로 인구가 늘고 끊임없이 이동하면서 조만간 험준한 산악 지대 너머로 몰려 내려와, 이전 도리스인이 그랬던 것처럼, 키케로가 야만인의 의상으로 누벼진 그리스 국경이라 부른 곳을 뚫고[15] 자신들은 이해할 수 없는 문명을 파괴하게 된다. 이들 주변 국가 중 어느 한 나라도 그리스인들에게는 삶의 본질과도 같은 것, 즉 존재하고 생각하며 말하고 행할 자유에 대해 관심을 두지 않았다. 페니키아인들 외에는 모든 민족이 독재자의 지배를 받고 미신에 자기 영혼을 맡기면서 살고 있었고, 자유라는 자극과 이성적인 삶을 전혀 접해 보지 못했다. 이 때문에 그리스인들은 이들 모두를 통틀어 바르바로이(barbaroi), 즉 야만인이라고 불렀고, 여기서 야만인은 분별없이 믿고 자유 없이 사는 데 만족하는 인간을 의미했다. 결국 삶의 두 개념, 즉 동방의 신비주의와 서방의 합리주의가 그리스의 육체와 영혼을 놓고 싸우게 된다. 페리클레스의 통치 아래서는 카이사르와 레오 10세, 프리드리히의 통치 때처럼 합리주의가 승리한다. 하지만 신비주의는 언제나 되돌아온다. 광대한 역사의 흐름 속에서 이들 상호 보완적 철학은 번갈아 가며 승리를 거둬 서구 문명의 본원적 전기(傳記)가 된다.

2. 아르고스

이 국가들 가운데 미미한 존재에 불과했던 그리스는 거듭 팽창해 가고, 마침내 그 후손들이 지중해 연안 거의 모든 지역에 거주하게 된다. 바다를 향해 남쪽으로 비쩍 마른 손가락을 뻗친 것은 관심의 대상이 되는 그리스 역사의 일부분에 불과했다. 발전 과정에서 지칠 줄 모르는 그리스인들은 에게 해의 모든 섬과 크레타, 로도스, 키프로스, 이집트, 팔레스타인, 시리아, 메소포타미아, 소아시아, 마르모라 해, 흑해, 북(北)에게 해의 연안과 반도들, 이탈리아, 갈리아, 스페인, 시칠리아, 북아프리카로 퍼져 갔다. 이 모든 지역에서 그들은 서로 독립적이고 각기 개성에 차이가 있으면서도 그리스적인 공통분모를 지닌 그런 도시 국가를 건설했다. 이 도시 국가들은 그리스어를 사용했고, 그리스 신을 섬겼으며, 그리스 문학을 즐기고, 그리스 과학과 철학을 발전시키고, 그리스 귀족 방식으로 민주주의를 실천했다. 그리스인들은 모국에서 이주하면서 그리스를 버려두지 않았다. 그들이 어디를 가든 그 흙까지도 포함해서 고국과 함께 이동했다. 거의 1000년 동안 그들은 지중해를 그리스의 호수이자 세계의 중심으로 삼았다.

고전 문명을 연구하는 역사가의 가장 골치 아픈 과제는 그리스라는 본체에 붙은 수많은 곁가지들을 하나의 패턴과 이야기로 엮어 내는 일이다.* 여기서는 여행이라는 보다 유쾌한 방식으로 이런 시도를 하려 한다. 지도를 들고 경비 대신 상상력을 이용해 그리스 세계 곳곳을 지나며 각 중심지에서 페르시아 전쟁 이전 사람들의 생활 모습, 즉 경제 및 정치 형태, 과학자와 철학자들의 활동, 시가 이룬 업적, 예술의 창조성 등을 살펴보려는 것이다.** 이런 식의 접근법은 많은 약점을 안고 있다. 지리적 연속성은 역사적 연속성과 반드시 일치하지는 않기 때문이다. 이 섬에서 저 섬으로 건너뛰듯 이 세기에서 저 세기로 건너뛸 수도 있다. 또한 호메로스와 헤시오도스에게서 듣기 전에 탈레스와 아낙시만드로스와 얘기를 나눌 수도 있다. 하지만 이오니아의 회의주의라는 배경을 숙지

---

* "관심을 흩트리지 않고 거의 모든 시기의 그리스 역사를 기록하는 일은 말할 수 없이 어려운 일이다. …… 수많은 국가들의 활동과 목표가 종속되거나 연관될 수 있는 일관된 통일성이나 고정된 중심점이 없기 때문이다." 베리(Bury), 『고대 그리스 역사가들』, 22쪽.
** 동일한 장면에 빈번히 재등장하는 것을 피하기 위해, 군소 도시 관련 건축사(史)는 알렉산드로스 사망(기원전 323년) 시기로 넘어갈 것이다.

한 후 불경스러운 『일리아드』를 읽고, 기진맥진한 그의 아버지의 고향 아이올리스 식민지를 먼저 방문한 후 헤시오도스의 퉁명스러운 불평을 듣는 것도 그리 해될 것이 없을 것이다. 그리하여 마침내 아테네에 도착하면, 아테네가 물려받고 마라톤에서 그토록 용감하게 지켜 냈던 이 풍요롭고 다양한 문명에 대해 어느 정도 알게 될 것이다.

승리를 거둔 도리스인이 정부를 세운 아르고스에서부터 시작하면 두드러지게 그리스적인 한 장면 앞에 서게 된다. 그다지 비옥하지 않은 평야, 벽돌과 석회로 지어진 작은 집들이 옹기종기 모인 작은 도시, 아크로폴리스 위에 서 있는 신전, 언덕 경사지에 지어진 야외극장, 여기저기 아담하게 세워진 궁전들, 비좁은 골목과 포장되지 않은 거리들, 멀리서 손짓하는 무정한 바다. 헬라스는 산과 바다로 이루어져 있다. 여기서 장엄한 풍경은 아주 흔한 것이어서, 그리스인들은 이를 통해 감동과 영감을 받긴 하지만 책에 언급하는 일은 좀처럼 없다. 겨울은 습하고 추우며 여름은 덥고 건조하다. 파종은 가을에 이루어지고 추수는 봄에 이루어진다. 이들에게 비는 천국의 축복과 같아서 비의 창조자 제우스가 신 중의 신이다. 강은 짧고 얕으며 겨울에는 급류를 이루고 여름에는 건조하고 매끄러운 자갈들이 열기를 발산한다. 그리스 전역에 걸쳐 아르고스 같은 도시는 100여 개나 되고, 좀 더 작은 도시들은 1000여 개에 이른다. 이들 도시는 경쟁적으로 서로 다투고 그리스적인 호전성과 위험천만한 바다, 길 없는 언덕으로 서로 분리되어 있었다.

아르고스인들은 자신들의 도시가 펠라스기족의 백 개의 눈을 가진 영웅 아르고스(Argus)에 의해 건설되었고, 도시 최초의 번영은 한 무리의 다나아에(Danaae)를 이끌고 와 원주민에게 우물을 파고 들판에 관개하는 법을 가르친 이집트인 다나오스에 의해 이루어졌다고 생각했다. 이들 시조의 이름은 결코 경시되지 않았다. 그리스인들은 미스터리로 끝맺을 수밖에 없는 자신들의 끝없는 퇴락을 신화로 매듭짓기를 좋아했다. 돌아온 헤라클레스의 후손들 중 한 명인 테메노스의 치세하에서 아르고스는 그리스에서 가장 강력한 도시로 성장했고, 티린스와 미케네, 전(全) 아르골리스를 그 세력하에 두었다. 기원전 680년경에 아르고스 정부가 참주들 중 하나에 의해 장악된다. 참주정은 다음 2세기 동안 그리스 대도시의 통치 방식이 된다. 동료 참주들처럼 페이돈 역시 성장하는 상인 계층을 이끌고 일시적인 편의 결혼으로 평민과 동맹을 맺어 지주 귀족과 맞선 듯하다. 아이기나가 에피다우로스와 아테네의 위협을 받았을 때, 페이돈은 구조하러 가서는 자신이 점령해 버렸다. 그는, 아마도 페니키아인을 통해, 바빌로니아의 도량형 제도와 리디아의 국가 보증 화폐 제도를 받아들였다. 그는 아이기나에 조폐국을 세우고, 아이기나의 "거북이들"(이 섬의 상징이 표시된 동전)은 그리스 대륙 최초의 공식 화폐가 되었다.[16]

페이돈의 계몽적 참주정은 번영을 가져왔고, 수많은 예술가들이 아르골리스에 모여들었다. 기원전 6세기 아르고스 음악가들은 헬라스에서 가장 유명했다.[17] 헤르미오네의 라소스는 당대 서정 시인들 중 높은 반열을 점하며 자기 기술을 핀다로스에게 전수했다. 아르고스의 조각 학교는 폴리클레이토스와 그의 규범을 그리스에 전하면서 그 기초를 확립했다. 연극이 아르고스에서 안식처를 찾아 2000석 규모의 극장에서 상연되었다. 건축가들은 매년 처녀성을 새롭게 회복하는 신부로 아르고스인에 의해 특히 숭배받고 사랑받는 헤라를 위해 웅장한 신전을 세웠다.[18] 그러나 군주정의 보응(報應)인 페이돈의 후손들의 퇴보와 스파르타와의 오랜 전쟁으로 아르고스는 약화되고, 마침내 라케다이몬인(라케다이몬(Lacedaemon)은 라코니아(Laconia)의 다른 이름으로 스파르타를 중심으로 해서 좀 더 넓은 지역을 가리킴 – 옮긴이)에게 펠로폰네소스의 패권을 넘겨주게 된다. 오늘날 아르고스는 주변 들판 가운데 한적한 마을이 되어 과거의 영광을 희미하게 회상하면서 그 오랜 역사 속에서도 사라지지 않았음을 자랑스러워한다.

3. 라코니아

아르고스 남쪽, 바다 멀리 파르논 산맥의 봉우리들이 우뚝 솟아 있다. 이 봉우리들도 아름답지만 그 사이로 흐르는 에우로타스 강과 서쪽으로 더 높고 험준하게 뻗어 있고 정상에 하얗게 눈이 덮인 타이게토스 산맥이 우리 눈을 더욱 즐겁게 해 준다. 이런 지진대성(地震帶性) 계곡에 호메로스의 "움푹한 라케다이몬"이 자리해 있으며, 평원은 산으로 둘러싸여 수도 스파르타는 사실상 아무런 장벽도 필요치 않았다. 전성기 (흩어진) 스파르타는 다섯 개 마을로 연합되어 있었으며 인구는 7만여 명에 달했다. 오늘날의 스파르타는 인구 4000명의 작은 마을이 되어, 심지어 아담하게 지어져 있는 박물관에도 한때 그리스를 지배하고 황폐하게 했던 도시의 아무 흔적도 남아 있지 않다.

1. 스파르타의 팽창

이런 천연 요새에서 도리스인들은 펠로폰네소스 남부 지역을 지배하고 노예화했다. 산지(山地)에 단련되고 전쟁에 길들여진 이 긴 머리 북부인들에게 정복이나 노예화 이외의 다른 삶의 대안은 없어 보였다. 전쟁은 그들에게 생업이었으며, 이로써 그들은 자신들로서는 성실한 삶을 나름대로 영위했다. 농업과 평화로운 삶으로 약해진 비(非)도리스인 원주민들은 확실히 주인을 필요로 했다. 스파르타의 왕들은 기원전 1104년부터 이어 온 헤라클레스의 혈통을 계속 주장하면서 우선 라코니아 토착민을 복속시키고 그다음 메세니아를 공격했다. 펠로폰네소스 남서부 구석에 위치한 메세니아는 비교적 평탄하고 비옥했으며, 온순한 부족이 경작하고 있었다. 파우사니아스는 메세니아 왕 아리스토데모스가 어떻게 스파르타인을 물리치기 위해 델포이에서 신탁을 물었으며, 아폴론이 어떻게 신들에게 아리스토데모스의 왕녀를 제물로 바치게 했으며, 아리스토데모스가 어떻게 자신의 딸을 죽게 하고 전쟁에 패했는지 알려 준다.[19] (아마도 그는 자신의 딸에 대해 실수한 듯하다.) 두 세대가 지난 후 용맹한 아리스토메네스가 메세니아인을 이끌고 영웅적인 반란을 일으킨다. 그들의 도시는 9년간 포위 공격을 잘 견뎌 냈지만, 결국 스파르타인의 수중에 떨어지고 만다. 메세니아인들은 매년 수확의 절반을 세금으로 바쳤고, 그들 중 수천 명이 헤일로타이로 전락했다.

리쿠르고스 이전 시기 라코니아 사회 형태는 다른 고대 사회처럼 세 층으로 형성된다. 최상층은 지배 계급인 도리스인들로 대부분 스파르타에 거주하면서 자신들이 지방에 소유한 토지에서 헤일로타이들이 경작하는 생산물로 생활한다. 사회적으로는 지배 계급과 헤일로타이 사이에, 지리적으로는 주변부에 위치한 사람들은 페리오이키(Perioeci, 주변인)로, 라코니아 외곽이나 산지에 자리한 백여 개 마을에 자유민으로 살거나 도시에서 교역이나 제조업에 종사했다. 이들은 과세 및 군역 의무가 있었지만 정치에는 전혀 관여하지 못했고, 지배 계급과 통혼할 수도 없었다. 가장 낮고 많은 수를 차지한 계층은 헤일로타이(helot)로 이 명칭은 스트라본에 의하면 스파르타인들에 의해 최초로 노예화된 헬로스(Helus)라는 도시 이름을 따 붙여졌다.[20] 비(非)도리스인들을 단순히 정복하거나 전쟁 포로를 수입함으로써, 스파르타는 라코니아를 약 22만 4000명의 헤일로타이, 12만 명의 페리오이키, 남녀, 유아 모두 합해 3만 2000명의 시민으로 구성된 사회로 만들었다.[21]*

헤일로타이는 중세 시대 농노가 지녔던 모든 자유를 가졌다. 원하면 결혼할 수 있었고, 앞일을 생각하지 않고 자식을 낳았으며, 자기 방식대로 경작하고, 이웃과 어울려 살고, 정부가 정한 지대를 지주에게 정기적으로 바치는 한 부재지주의 간섭을 전혀 받지 않았다. 토지에 매인 몸이었지만, 그와 토지 모두 매매될 수 없었다. 어떤 경우 그는 도시 가정집 하인이 되기도 했다. 그는 전쟁 시에 주인과 동행해야 했고, 소집되면 국가를 위해 싸워야 했다. 전과가 좋을 경우 자유의 몸이 될 수도 있었다. 보통 그의 경제 상황은 아티카 외부 그리스 지

---

* 물론 이 수치는 약간의 암시적 정보와 많은 가정을 토대로 해 추정한 것이다.

역 농민이나 현대 도시 비숙련 노동자들보다 나쁘지 않았다. 자기 거처와 다양한 일감, 숲과 들판에서의 안식이 있었다. 하지만 그는 계엄령과 비밀경찰의 은밀한 감시에 끊임없이 복종해야 했고, 비밀경찰에 의해 특별한 사유나 재판 없이 언제든 죽임을 당할 수 있었다.[22]

다른 지역에서처럼 라코니아에서도 단순한 사람들이 영리한 사람들에게 공물을 바쳤다. 이는 과거든 앞으로든 변치 않는 관습이다. 대부분의 문명들에서 이런 생필품의 분배는 정상적이고 평화로운 가격 제도에 의해 실시된다. 영리한 사람들은 쉽게 모방하기 어려운 사치품과 서비스로 단순한 사람들의 보다 쉽게 대체할 수 있는 필수품보다 비싸게 값을 치르도록 한다. 하지만 라코니아에서는 격분이 일 정도의 노골적인 방식으로 부가 집중되었고 헤일로타이 간에 화산이 폭발할 것 같은 불만이 쌓여, 거의 매년 국가를 전복시킬 정도의 정변이 발생했다.

2. 스파르타의 황금기

리쿠르고스가 등장하기 이전 스파르타는 여타 도시들과 다름없는 그리스 도시였고, 노래와 예술을 꽃피웠으며, 리쿠르고스 이후에는 전혀 그러지 못했다. 무엇보다 음악이 인기 있었다. 이는 인간 역사에 비견될 만하여, 이전 시대를 거슬러 올라가면 언제나 노래하는 그리스인들이 발견된다. 전쟁이 아주 빈번했던 스파르타에서는 음악도 호전적이어서 도리스풍을 띠고 강력하고 단순했다. 다른 양식은 억제되었으며 도리스 양식에서 벗어날 경우 법으로 처벌받았다. 노래로 난동을 진압했던 테르판드로스조차 에포르(민선 행정 감독관 - 옮긴이)에 의해 처벌받았고, 그의 리라는 아무 소리도 내지 못한 채 벽에 못 박혔다. 그가 자신의 목소리에 맞추려고 감히 리라에 현을 더했기 때문이었다. 그 이후 티모테오스도 테르판드로스의 일곱 개 현을 열한 개로 늘렸는데, 에포르가 함부로 추가된 현을 제거한 후에야 스파르타의 경연 대회에 출전할 수 있었다.[23]

영국이 그랬던 것처럼 스파르타도 위대한 작곡가들을 타지에서 들여왔다. 기원전 670년경 아마도 델포이 신탁에 의해, 테르판드로스가 레스보스에서 초청받아 카르네이아 제전에서 합창 경연 대회를 준비했다. 마찬가지로 기원전 620년경에는 탈레타스가 크레타에서 초청받았다. 곧이어 티르타이오스와 알크만, 폴림네스토스가 도착했다. 이들의 역할은 대부분 애국적인 음악을 작곡하고 합창단을 연습시키는 일이었다. 스파르타인들이 개인적으로 음악을 배우는 일은 드물었다.24 혁명기의 러시아처럼 공동체 정신이 너무나 강해 음악은 집단적 형태를 띠었고, 장엄한 축제에서 단체별로 노래와 춤을 경연했다. 이런 합창은 스파르타인들의 훈련과 단결심 고취에 유효하게 작용했다. 한 목소리로 지휘자를 따라야 했기 때문이다. 히아킨티아 제전에서 아게실라오스 왕은 합창 지휘자가 정해 준 시간과 장소에서 묵묵히 노래를 불렀다. 또한 김노페디아 제전에서는 스파르타의 남녀노소 모든 시민이 춤과 합창곡에 집단적으로 참여했다. 이런 기회를 통해 애국적 정서가 고양되고 분출되었음이 틀림없다.

테르판드로스("사람들을 즐겁게 하는 이"라는 뜻)는 재기 발랄한 시인이자 음악가들 중 한 명으로 사포 이전 세대 위대한 레스보스 시대의 막을 연 인물이다. 전승에 의하면 스콜리아(scolia), 즉 음주(飮酒)의 노래가 그의 작품이고 리라를 4현에서 7현으로 만든 것도 그의 생각이었다고 한다. 하지만 밝혀진 것처럼 7현은 미노스 시대로 거슬러 올라가고, 이 역사에 묻힌 청춘 세계에서 사람들은 포도주의 감미로움을 노래했을 것이다. 확실히 그는 레스보스에서 키타로이도스(kitharoedos), 즉 음악 서정시의 작곡자이자 가수로 이름을 날렸다. 하지만 싸움 중에 사람을 죽여 레스보스에서 추방되었고, 스파르타의 초청을 받아들이는 것이 좋겠다고 생각했다. 스파르타에서 그는 음악을 가르치고 합창단을 연습시키면서 남은 생을 보냈다. 전해지는 바에 의하면 그는 어느 음주 파티에서 생을 마감했다. 그가 노래를 부르는 중에, 아마도 이 시인이 고성 부분에 첨가한 음조 때문인 듯 청중 가운데 한 명이 그에게 무화과를 던졌고, 이 열

매가 그의 입속에 들어가 숨통을 막아 노래의 절정 부분에서 질식해 죽었다는 것이다.[25]

제2차 메세니아 전쟁 때 티르타이오스가 테르판드로스의 역할을 이어받았다. 그는 아마도 라케다이몬이나 아티카에 있는 아피드나 출신이었던 것 같다. 아테네인들 사이에는 스파르타인에 대한 옛 농담이 있었다. 스파르타인들이 제2차 메세니아 전쟁에서 지고 있을 때, 한 절름발이 아티카 교사에 의해 구원을 받았는데, 그의 승전가로 둔감한 스파르타인들이 분기해 승리했다는 것이다.[26] 그는 공식 집회에서 장렬한 전사를 대단한 영광으로 찬미하며 자기 노래를 플루트에 맞춰 불렀다. 일부 유작 중 하나에 다음과 같은 내용이 나온다. "조국을 위해 싸우는 이들의 선봉에 서서 장렬히 죽음을 맞는다는 것은 정말 훌륭한 일이다. …… 모두 당당하게 우뚝 서서 입술을 깨물고 단호히 맞선다. …… 발과 발이, 방패와 방패가 서로 맞서고, 투구 깃털이 서로 뒤섞인 채 휘날리며 투구가 서로 부딪쳐 쟁쟁 소리를 낸다. 전사들이 가슴을 맞부딪치며 불꽃 튀는 전장에서 검과 창을 내지른다."[27] 스파르타 왕 레오니다스는 티르타이오스가 "젊은이의 영혼을 고무시키는 데 아주 능했다."라고 말했다.[28]

같은 시대 티르타이오스의 친구이자 적수였던 알크만은 더욱 다채롭고 세속적인 곡조로 노래했다. 그는 멀리 리디아에서 왔고 어떤 이들은 그가 노예였다고도 했다. 그럼에도 불구하고 리쿠르고스 법전의 일부가 될 제노글라시아, 즉 외국인에 대한 혐오를 아직 몰랐던 라케다이몬인들은 그를 환영했다. 후대 스파르타인들은 그의 사랑과 음식에 대한 찬미와 값비싼 라코니아산 포도주 목록에 분개했을 것이다. 전승에 의하면 그는 고대 최고의 탐식가였고 여자를 아주 좋아했다고 한다. 그의 노래 중 자신이 사르디스를 떠나 얼마나 운이 좋았는지 모르겠다는 대목이 나온다. 그렇지 않았다면 키벨레의 무력한 제사장이 되었을 터인데, 스파르타에 왔기 때문에 금발 머리 정부 메갈로스트라타와 마음껏 사랑을 나눌 수 있었다는 것이다.[29] 그는 아나크레온에서 그 정점에 이르는 연애 시인 계보의 시조가 되고, 알렉산드리아의 비평가들이 고대 그리스 최고 시인으로 꼽은 "아홉 명의 서정 시인" 목록에 가장 먼저 올라 있다.* 그는 술과 사랑을 노래할 뿐 아니라 찬가와 승리가도 지을 수 있었고, 스파르타인들은 그중에서도 파르테니아(parthenia), 즉 처녀의 노래를 특히 좋아했다. 이 노래는 소녀 합창단을 위해 그가 작곡한 노래였다. 그의 유고는 이따금 시의 핵심이 되는 상상력 풍부한 감정의 힘이 얼마나 대단한지 보여 준다.

> 산꼭대기와 협곡, 산등성이, 계곡에 잠들어 누워
> 어두운 지면을 기어 나오는 미물들과 산허리에 누워 있는 짐승들,
> 꿀벌 무리들, 주홍빛 바다 속의 괴물들,
> 모두가 잠들어 누워 있다,
> 날아다니는 새들도 함께.[30]**

이들 시인을 두고 볼 때, 스파르타인들이 항상 스파르타식은 아니었고 리쿠르고스 직전 세기에는 여느 그리스인들처럼 민감하게 시와 예술을 즐겼다고 판단할 수 있다. 합창 송시는 스파르타인들과 너무나 밀접하게 관련되어 있어서 아테네 극작가들은 연극용 합창 서정시를 쓸 때면 아티카어로 합창 대사를 쓰긴 했지만 도리스 방언을 사용했다. 이 번영기에 라게다이몬에 어떤 다른 예술이 번성했는지 말하기가 쉽지 않다. 스파르타인들마저 그런 예술을 보존하

---

* 알크만, 알카이오스, 사포, 스테시코로스, 이비코스, 아나크레온, 시모니데스, 핀다로스, 바킬리데스.
** 마치 2500년의 시간을 넘어 두 시인의 시심이 하나로 합쳐진 것처럼 이 노래는 괴테(Goethe)의 「방랑자의 밤 노래」와 기이하게 유사하다.
  모든 언덕마루가
  이제 조용하다.
  모든 나무 꼭대기에서도
  숨소리 하나
  들리지 않는다.
  새들은 나무에서 잠들었다.
  잠깐, 이들처럼 그대도 곧
  쉬게 되리라.[31]

거나 기록하는 일을 등한히 했기 때문이다. 라코니아의 도기와 청동은 기원전 7세기에 유명했고, 평범한 예술가들이 극소수 선택된 사람들을 위해 세련된 작품을 많이 만들었다. 그러나 이 잠시 동안의 르네상스는 메세니아 전쟁으로 종결된다. 정복된 땅이 스파르타인들 사이에 배분되고, 노예 수가 거의 두 배로 늘어났다. 3만 명의 시민이 그들의 네 배나 되는 페리오이키와 일곱 배나 되는 헤일로타이를 어떻게 계속 복종시킬 수 있었겠는가? 예술의 추구와 후원을 포기하고 모든 스파르타인이 반란을 즉시 진압하고 전쟁을 수행할 수 있도록 무장함으로써만 가능했다. 리쿠르고스 정체(政體)를 통해 이 목적이 달성되긴 했지만, 이로 인해 스파르타는 정치 이외의 모든 면에서 문명사 무대에서 퇴출되는 대가를 치러야 했다.

3. 리쿠르고스

헤로도토스 이후 그리스 역사가들은 트로이 함락과 아가멤논의 살해를 역사적인 사실로 받아들인 것처럼 리쿠르고스가 스파르타 법전의 저자라는 사실도 당연시했다. 또한 근대 학계가 한 세기 동안 트로이와 아가멤논의 존재를 부인한 것처럼, 오늘날 학계 또한 리쿠르고스의 실재성을 좀처럼 인정하려 하지 않는다. 그의 생존 시기는 기원전 900년에서 600년까지 다양하다. 어떻게 한 사람이 혼자서 전 역사상 가장 불쾌하고 충격적인 법체계를 고안하여 불과 몇 년 사이에 백성뿐 아니라 아집이 강하고 호전적인 지배층까지 따르도록 할 수 있었을까?[32] 그럼에도 불구하고 모든 그리스 역사가가 받아들인 전통을 단지 이런 이론적 근거에서 거부한다는 것은 주제넘은 것 같다. 기원전 7세기는 로크리스의 잘레우코스(기원전 660년경), 아테네의 드라콘(기원전 620년), 시칠리아 카타니아의 카론다스(기원전 610년경), 그리고 물론 예루살렘 성전에서 요시아 왕이 모세 율법을 발견한 사실(기원전 621년경)까지 포함해 특히 개인 입법자들의 시대였다. 아마도 이런 사례들은 개인의 입법 체계라기보다는 구체적인 법률로 구성되고 명문화된 관습이며, 법을 성문화하고 대부분의 경우 기록한 인물의 이름을 따서 편의상 명칭을 붙인 것 같다.* 전통은 십중팔구 오랜 기간에 걸쳐 수많은 저자가 관습에서 법률로의 변화 과정을 의인화하고 축약함으로써 형성되었다는 사실을 기억해야 한다.

헤로도토스에 의하면[33] 스파르타 왕 카릴라오스의 숙부이자 후견인이었던 리쿠르고스가 델포이의 신탁을 통해 레트라(rhetra), 즉 법령을 받았는데, 어떤 이들은 이를 리쿠르고스 법 그 자체라 하고, 또 어떤 이들은 그가 제시한 법률에 신성한 구속력을 더한 것이라 했다. 입법자들은 관습을 변경하거나 새로 만들기 위해 자기들 제안을 신의 명령으로 제시하는 것이 가장 손쉬운 방법이라고 생각한 것이 분명하다. 한 국가의 기초를 하늘에 둔 것이 처음 있는 일이 아니었다. 전승에 의하면 리쿠르고스는 크레타를 여행하면서 그 나라 제도를 부러워했고, 그중 일부를 라코니아에 도입해야겠다고 결심했다고 한다.[34] 왕과 대부분의 귀족들이 그의 개혁을 자기들 안전에 있어 필요악으로 받아들였지만, 젊은 귀족 청년 알칸드로스는 격렬하게 반대하며 입법자의 눈을 가격했다. 플루타르코스는 특유의 간략하고 매력적인 문체로 다음과 같이 얘기한다.

리쿠르고스는 이 사태에 기가 꺾이거나 낙담하기는커녕 잠시 말을 멈추고 자신의 상한 얼굴과 얻어맞은 눈을 주위 사람들에게 보여 주었다. 이 광경에 당황하고 부끄러움을 느낀 그들은 알칸드로스를 그가 벌하도록 넘겨주었다. …… 리쿠르고스는 그들에게 감사를 표하고 사람들을 모두 해산시킨 뒤 알칸드로스만 남게 했다. 그리고 그를 자기 집에 데려가 어떤 심한 말이나 행동도 하지 않고, 다만 …… 알칸드로스에게 테이블에서 자신을 기다리라고 명령했다. 솔직 담백한 성격의 이 청년은 이 명령을 받고 한 마디 불평도 하지 않았다. 리쿠르고스와 함께 기거하게 된 그는 리쿠르고스가 신사적이고 차분할 뿐 아니라 놀라울 정도로 진지하고 근면하다는 것을 알게 되었다. 한때 적이었던 그는 이제 가장 열렬한 흠모자가 되었고, 친구와 친지들에게 리쿠르고스가 사람

---

* 그러나 리쿠르고스는 자신의 법을 기록하는 일을 금했다고 한다.

들이 생각하듯 까다롭고 나쁜 기질의 사람이 아니고 오히려 세상에서 가장 온유하고 신사적인 사람이라고 말했다.[35]

입법화를 마친 후 리쿠르고스는 (아마도 그에 관한 이야기의 전설적인 종결부로서) 시민들에게 자신이 돌아올 때까지 법을 바꾸지 말도록 맹세시켰다. 그다음 그는 델포이로 가서 은둔 생활을 하다가 금식으로 목숨을 끊었다. "가능하다면 자기의 죽음까지도 국가에 대한 봉사로 삼는 것이 정치가의 의무라고 생각하면서."[36]

4. 라케다이몬인의 정체(政體)

리쿠르고스 개혁을 상술하려 할 때 전승은 서로 상충되고 혼란스러워진다. 스파르타 법전의 어떤 요소들이 리쿠르고스보다 앞섰는지, 어떤 부분이 그 또는 동시대인에 의해 고안되었는지, 어떤 부분이 그 이후 시대에 추가되었는지 말하기가 쉽지 않다. 플루타르코스와 폴리비오스는[37] 리쿠르고스가 라코니아 땅을 3만 개로 균등 분할해 시민에게 나눠 주었다고 확신에 차 말하지만, 반면 투키디데스[38]는 그런 분배가 없었다고 말한다. 아마 옛 소유는 손대지 않고, 새로 정복된 땅만 균등 분배한 듯하다. 시키온과 아테네의 클레이스테네스처럼 리쿠르고스는 라코니아 사회의 친족 구성을 폐지하고 지리적 구분으로 대체했다. 이런 식으로 옛 명문가 권력이 붕괴되고 귀족 정치가 보다 넓게 형성되었다. 아르고스와 시키온, 코린토스, 메가라, 아테네에서 세력을 형성해 가던 상업 계층에 의해 이 지주 과두정이 대체되는 것을 막기 위해, 리쿠르고스는 시민이 산업이나 교역에 종사하는 것을 금하고 금은의 수입 또는 사용을 금했으며 오직 철만 통화로 사용하도록 명했다. 그는 스파르타인(즉 지주 시민)이 정치나 전쟁을 수행하기 위해 자유로워야 한다고 판단한 것이다.

리쿠르고스 정체가 세 가지 정치 형태, 즉 군주정, 귀족정 및 민주정을 하나로 통합하여 지나치지 않게 서로 적절히 중화시킴으로써 오랜 기간 지속되었다는 것이 고대시 대 보수주의자들의 자랑거리였다.[39] 스파르타 군주 정치는 사실상 이두(二頭) 정치였다. 두 명의 왕이 함께 다스렸고, 침공해 온 헤라클레스의 후손들에서 유래했다. 이 낯선 제도는 두 개의 친족이자 경쟁자인 집안 간의 타협책이었거나, 절대 권한 없이 충성심을 심리적으로 유도하면서 사회 질서 및 국가 위신을 유지하기 위한 하나의 장치였을 것이다. 이들의 권력은 제한적이었다. 국가 종교의 제사 임무를 수행하고 사법 제도의 수장이 되었으며 전쟁에서 군대를 지휘했다. 모든 면에서 이들은 원로원의 지배하에 있었고, 플라타이아 전투 이후에는 자신들의 권한을 에포르에게 넘겨주게 된다.

정체의 귀족적이고 지배적인 권력은 원로원, 즉 게루시아(gerousia), 장로의 무리가 실제적으로 장악하고 있었다. 보통 60세 이하 시민은 너무 미숙하다는 이유로 심의 대상에서 제외되었다. 플루타르코스는 이들의 수를 스물여덟 명이라 하고, 그 선출 방식에 대해 믿기 어려운 이야기를 들려준다. 결원이 발생하면 후보자들은 민회 앞을 질서 있게 조용히 지나간다. 그중 가장 크고 긴 함성으로 환영받은 인물이 선출되었다.[40] 아마도 이는 보다 완벽하고 민주적인 과정의 실질적·경제적인 선출 방식으로 여겨진 듯하다. 어떤 시민이 이런 선거에 자격이 있었는지 알 수 없다. 추측컨대 그들은 호모이오이(homoioi), 즉 동등자로 라코니아의 땅을 소유하고, 군에 복무하며, 공농 식사에 자기 분담 몫을 가져온 사람들이었을 것이다.[41] 원로원은 법안을 발의하고, 중요 범죄를 처리하는 최고 법정 역할을 했으며, 공공 정책을 공식화했다.

민회, 즉 아펠라(apella)는 스파르타가 민주 정치를 용인한 경우다. 30세가 된 모든 남자 시민이 참가할 수 있어, 37만 6000명의 인구 가운데 8000여 명의 남자가 민회에 참가할 자격이 있었다. 민회는 보름달이 뜨는 날마다 모였다. 모든 중요 공공 사안이 민회에 제출되었고, 어떤 법도 민회의 동의 없이는 통과되지 못했다. 그러나 리쿠르고스 법에 첨가된 법은 거의 없었다. 이런 법들은 민회가 수용하거나 거부할 수 있었지만, 논의하거나 개정할 수는 없었다. 본질적으로 민회는 옛 호메로스 시대의 공식 모임으로, 족장과 장로들의 자문이나 군을 지휘하는 왕들의 견해를 존중하고 경청했다. 이론상 주권은 민회에 있었지만, 리쿠르고스가 원로원에 권한을 부여한 이후 한 가지 법 개정이 이루어졌다. 민회가 "부정하게" 결정했다고 판단할 경우, 원로원이 그 결정을 뒤집을 수 있다는 것이다.[42] 한 진보적 사상가가 리쿠르고스에게 민주정을 세우도록 요청했을 때 그는 이렇게 대답했다. "친구여, 자네 집안에서부터 시작해 보게."[43]

키케로는 다섯 명의 에포르(즉 감독관)를 로마 호민관과 비교했는데, 이는 이들이 민회에서 매년 선출되었기 때문이다. 하지만 이들은 오히려 로마 집정관에 더 가까웠고, 그 행정 권한은 원로원에 의해서만 제지될 수 있었다. 에포르는 리쿠르고스 이전 시대부터 있었지만, 입수된 리쿠르고스 입법 관련 보고서에는 언급되어 있지 않다. 기원전 6세기 중반에 이르면 에포르는 권위에 있어 왕과 동등했고, 페르시아 전쟁 이후에는 사실상 최고 권력을 휘둘렀다. 그들은 사절을 영접하고 분쟁을 판결했으며 군을 지휘하고 왕들에게 지시하거나 면책하거나 처벌을 가했다.

정부 법령 집행 기능은 군과 경찰에 위임되었다. 에포르는 일부 젊은 스파르타인을 특수 비밀경찰로 삼아 시민을 감시하고, 헤일로타이에 대해서는 그들 재량껏 살해할 수 있는 권한을 부여하는 것을 관례로 삼았다.[44] 이 제도는 예기치 못한 상황이나 전쟁에서 국가를 위해 용감히 싸웠더라도 주인이 불온하고 위험스러운 인물로 우려할 경우, 그 헤일로타이를 제거하는 데에도 활용되었다. 8년에 걸친 펠로폰네소스 전쟁을 치른 후, 편파성이 없는 투키디데스는 다음과 같이 말한다.

적에 대항해 가장 탁월한 능력을 발휘했다고 생각하는 헤일로타이들을 뽑는다는 포고가 내려졌다. 명목상 이유는 자유를 주겠다는 것이었지만, 사실은 이들을 검증하는 것이 목적이었다. 가장 먼저 자유를 주장하는 인물이 가장 정력적이고 반란 가능성이 가장 큰 인물이라고 여겼던 것이다. 여기에 2000명이 뽑혔고, 이들은 왕관을 쓴 채 신전 주위를 돌며 자신들에게 주어진 자유를 즐거워했다. 그러나 스파르타

인들은 곧 이들을 제거했고, 이들이 어떤 식으로 죽어 갔는지 아는 사람은 아무도 없었다.[45]

스파르타의 힘과 긍지는 무엇보다 군대에 있었다. 스파르타는 이들 군대의 용기와 기강, 전술에서 안전과 이상을 발견했다. 모든 시민이 전쟁에 대비해 훈련을 받았고, 20세부터 60세까지의 모든 남자가 군에 복무해야 했다. 이런 혹심한 훈련을 통해 스파르타의 중무장 보병이 만들어졌다. 중무장하고 창을 던지는 시민 보병의 밀집 대형은 아테네인들에게조차 공포의 대상이었고, 에파미논다스가 레욱트라 전투에서 이들을 물리치기까지 이들은 사실상 천하무적이었다. 스파르타는 이 군대를 중심으로 도덕률을 세웠다. 선한 것이 강하고 용감한 것이고, 전투에서 장렬하게 전사하는 것이 최고의 명예이자 행복이며, 패배하여 살아남는 일은 그 병사의 어머니조차 용서하기 어려운 수치였다. "방패를 들고 돌아오거나 죽어서 오너라." 이것이 스파르타 어머니가 자신의 병사 아들에게 한 작별 인사였다. 무거운 방패를 들고 도망치는 일은 거의 불가능했던 것이다.

5. 스파르타이 규범

육체적으로는 달갑지 않지만 이상적인 남자로 훈련하기 위해 이들을 나면서부터 가장 혹독한 규율로 다룰 필요가 있었다. 첫 단계는 무자비한 우생학이었다. 모든 아이들이 부친의 유아 살해권에 직면하고 국가 검사 위원회의 판정을 받아야 했다. 결함이 있어 보이는 아이는 타이게토스 산벼랑 밑으로 던져져 그 아래 날카로운 바위에 부딪혀 죽임을 당했다.[46] 그 다음 제거 작업은 아마도 아이들을 불편하게 노출시킨 채 단련시키는 스파르타인의 습관에서 연유한 듯하다.[47] 또한 모든 남녀는 결혼을 생각하는 상대자의 건강과 성격을 고려하도록 주의를 받았다. 심지어 왕인 아르키다모스조차 작은 체구의 아내와 결혼했다는 이유로 벌금형에 처해졌다.[48] 남편들은 건강한 아이를 얻을 목적으로 뛰어난 조건을 갖춘 남자에게 자기 아내를 빌려 주도록 권장되었다. 노령이나 질병으로 불구가 된 남편은 젊은 남자를 통해 활기찬 가족을 만들라는 권고를 들었다. 플루타르코스에 의하면 리쿠르고스는 질투와 성적인 독점을 조롱했으며, "자기 개와 말이 훌륭한 새끼를 낳게 하는 데는 그렇게 관심을 기울이고 비용을 들이면서, 자기 아내는 가두어 둔 채 어리석고 병약한 자기를 통해서만 아이를 낳게 하는 일은 어리석은 일"이라고 했다고 한다. 고대 시대의 일반적인 견해로는 다른 그리스인들에 비해 스파르타 남자가 더 강하고 잘생겼으며, 스파르타 여자들 역시 더 건강하고 사랑스러웠다고 한다.[49]

이런 결과는 대부분 우생학에 따른 출생보다는 훈련에 기인했을 것이다. 투키디데스에 의하면 아르키다모스 왕은 "(아마 출생 시에는) 남자와 여자 사이에 거의 차이가 없지만, 남자의 우월성은 가장 가혹한 학교에서 양육됨으로써 주어진다."라고 말했다.[50] 스파르타 소년은 7세가 되면 가족과 떨어져 국가에 의해 양육되었다. 그는 파이도노모스(paidonomos), 즉 교육 감독관 아래서 군대이자 학급이 될 단체에 등록된다. 각 학급마다 가장 유능하고 용감한 소년이 반장이 되고, 나머지 아이들은 그에게 복종하며 반장이 자기들에게 가하는 처벌에 순종하고 성과 및 훈련에서 그와 필적하거나 능가할 수 있도록 교육받는다. 목표는 아테네에서처럼 강건한 신체와 기술 연마가 아니라 호전적인 용기와 가치관 함양에 있었다. 모든 경기는 나체로 실시되었고, 남녀 불문하고 연장자와 연인들이 보는 앞에서 행해졌다. 연장자들은 소년들 간에 개인적·단체적으로 다툼을 일으켜 활력과 의연함을 시험하고 단련시키는 것이 주된 일이었다. 비겁한 장면이 연출되면 이들은 즉시 수일간 수치를 당해야 했다. 모든 소년들은 고통과 역경, 불운을 묵묵히 감내해야 했다. 해마다 아르테미스 오르티아 제단에서 몇몇 선발된 청년이 피가 돌을 적실 때까지 채찍에 맞았다.[51] 소년은 12세가 되면 속옷을 박탈당하고 일 년 내내 외투 한 벌로 지내야 했다. 그는 아테네 젊은이들처럼 목욕을 자주하지 않았다. 차가운 공기와 깨끗한 토양은 육체를 강하게 하고 저항력을 심어 주었다. 겨울과 여름이면 그는 야외 에우로타스 강둑에서 골풀로 만든 침대에서 잤다. 30세가 될 때까지 그는 막사에서 동료들과 함께 생활했고 가정의 안락함은 전혀 알지 못했다.

그는 읽기와 쓰기를 배웠지만 간신히 해독할 수 있는 수준이었다. 스파르타에서는 책을 사서 읽는 사람이 거의 없어,[52] 출판업자들의 경제 수준을 따라잡기는 아주 쉬운 일이었다. 플루타르코스에 의하면 리쿠르고스는 아이들이 그의 법을 글이 아니라 세심한 지도와 실례를 통해 구두로 전달하고 이를 활달하게 실천함으로써 익히기를 바랐다고 한다. 리쿠르고스는 이론적인 설득이 아니라 무의식적인 습관 형성으로 인간이 보다 선하게 될 수 있으며, 적절한 교육이 바로 최선의 정부라고 생각했다. 그러나 이런 교육은 정신적이기보다는 도덕적이어야 했고 지능보다 인격이 더 중시되었다. 젊은 스파르타인은 절제하도록 훈련받았고, 일부 헤일로타이에게 억지로 술을 과하게 마시게 한 후, 취하는 것이 얼마나 어리석은지 실례로서 젊은이들이 직접 볼 수 있게 했다.[53] 젊은이는 전쟁에 대한 대비로 들판에서 약탈해 식량을 확보하거나 굶주림을 이기도록 훈련받았다. 이 경우 훔치는 것이 허용되었지만 발각될 경우에는 채찍에 맞는 벌을 받았다.[54] 처신을 계속 잘하면 시민 공동 식사에 참가가 허락되고 여기서 주의 깊게 다른 사람들의 견해를 경청해 국가 중대사에 친숙해지고 즐거운 대화 기법을 배울 기회가 주어신다. 30세가 되어 청년기의 역경을 명예롭세 통과하면 그는 시민이 누리는 모든 권리와 의무가 허락되고 연장자들과 함께 식사할 수 있었다.

가정에 남아 양육되었지만 소녀들 역시 국가 규율에 복종했다. 그녀는 활달한 경기, 즉 달리기와 레슬링, 고리 던지기, 화살 던지기 등에 참가했는데, 그 목적은 어머니 역할을 손쉽고 완벽하게 감당하기 위해 건강해지는 데 있었다. 또한 그녀는 심지어 젊은 남자들 앞에서도 나체로 공식 춤과 행렬에 참가했는데, 그 목적은 자기 육체를 적절히 돌보고 약점을 제거하는 데 있었다. 아주 도덕적인 플루타르코스는 "젊은 여자들의 나체에는 수치스러운 점이 전혀 없었다. 그들에게는 정숙함이 있었고 방종함은 전혀 보이지 않았다."라고 말한다. 그들은 춤을 추며 전장에서 용감하게 싸운 이들을 기려 찬가를 불렀고, 비겁하게 물러선 이들에게는 모욕을 퍼부었다. 스파르타 소녀들에 대한 정신 교육은 헛되지 않았다.

젊은 남자들은 성에 대한 편견 없이 사랑에 빠질 수 있었다. 거의 모든 청년들이 연장자들과 연인 관계에 있었다. 연장자로부터 청년은 더 많은 교육을 기대했고, 그 보답으로 애정과 복종을 바쳤다. 종종 이러한 상호 교환은 열정적인 우정으로 발전해 청년과 연장자 모두 전쟁에서 용감하게 싸우도록 자극했다.[55] 젊은 남자들은 결혼 전에 상당한 자유를 누릴 수 있어 매춘 행위는 드물었고 창녀는 이곳에서 장려되지 않았다.[56] 지금까지 라케다이몬 전 지역에 걸쳐 아프로디테의 신전이 하나밖에 발굴되지 않았는데, 이곳에서 여신은 베일을 쓰고 검으로 무장한 채 발에는 족쇄를 차고 있다. 마치 사랑으로 인한 결혼의 어리석음과 사랑의 전쟁에 대한 복종, 결혼의 엄격한 국가 통제를 상징적으로 보여 주는 듯하다.

국가는 결혼 적령기를 남자는 30세, 여자는 20세라고 규정했다. 스파르타에서 독신주의는 범죄 행위에 해당되어 미혼 남자들은 참정권에서 제외되었고 젊은 남녀가 나체로 춤을 추는 공식 행렬에도 참여할 수 없었다. 플루타르코스에 의하면 미혼 남자들은 심지어 겨울에도 벌거벗은 채 법을 어겨 이런 벌을 받고 있다는 뜻의 노래를 부르며 공공연하게 행진하도록 강요당했다. 끝내 결혼을 거부하는 자들은 언제든 거리에서 한 무리의 여자들에게 수모를 당하고 가혹한 대우를 받을 수 있었다. 결혼했지만 자녀가 없는 이들은 그 당하는 수모가 약간 덜한 정도였고, 스파르타 젊은이들이 연장자에게 경건히 바치는 존경을 받을 자격이 없는 것으로 여겨졌다.[57]

결혼은 대개 부모가 주선했고 매매혼 형태가 아니었다. 하지만 양가의 합의가 있은 후, 신랑은 강제로 신부를 데려가고 신부는 이에 저항하는 태도를 보였다. 이런 결혼은 하르파드제인(harpadzein), 약탈혼이라 불렸다.[58] 이런 제도가 있는데도 일부 성인이 여전히 결혼하지 못한 경우에는 몇 명의 남자를 같은 수의 처녀가 있는 어두운 방에 밀어 넣어 인생의 반려자를 어둠 속에서 고르도록 한다.[59] 스파르타인들은 이런 선택이 사랑에 비해 덜 맹목적이라고 생각했다. 신부는 보통 얼마 동안 부모와 함께 머물렀고, 신랑은 막사에 남아 은밀하게만 아내를 찾아갔다. 플루타르코스는 "그들은 오랫동안 이런 관계를 유지하며 생활해 낮에 얼굴을 마주 대하기도 전에 출산하는 경우도 가끔 있었다."라고 말한다. 이들은 부모 노릇하기에 걸맞은 준비를 갖추었을 때에야 가정을 꾸리도록 허용되었다. 사랑은 결혼 전이 아니라 결혼 이후에 찾아왔고, 부부간의 애정은 다른 문명에서처럼 스파르타에서도 돈독했다.[60] 스파르타인들은 간통이 없다는 사실을 자랑했는데 그들의 이 말은 옳았다. 결혼 전에 자유가 폭넓게 허용되었고, 수많은 남편이 자기 아내를 다른 남자들, 특히 형제들과 공유해야 했기 때문이다.[61] 이혼은 드물었다. 스파르타 장군인 리산드로스는 아내를 떠나 더 예쁜 여자와 결혼하려 했다는 이유로 처벌을 받았다.[62]

대체로 스파르타 여성의 지위는 다른 어떤 그리스 사회보다 월등했다. 다른 어느 곳보다 스파르타에서 여성은 호메로스 시대의 높은 지위와 초기 모계 사회에서부터 존속해 온 특권을 계속해서 보유했다. 플루타르코스는 이렇게 말한다.[63] 스파르타 여성은 "대담하고 남성적이며 남편에게 건방지게 대했고 …… 가장 중요한 문제들에 대해서도 공공연하게 외견을 개진했다." 여성들은 재산을 상속받거나 증여할 수 있었다. 여성의 남성에 대한 영향력이 얼마나 대단했던지, 세월이 지나면서 실제 스파르타 부의 절반가량이 그들의 수중에 들어갔다.[64] 그들은 집에서 사치하고 자유롭게 생활한 반면, 남자들은 잦은 전쟁에 정면으로 맞서고 공동 식사에서 소박한 음식을 먹었다.

30세부터 60세까지의 모든 스파르타 남성은 고유의 법령에 따라 매일 주식을 공공 식당에서 해야 했는데, 음식은 질적으로 소박했고 양도 일부러 부족하게 나왔다. 플루타르코스는 이런 방식을 통해 그들이 전쟁의 결핍에 대비하고 평화 시의 퇴보 현상을 방지하도록 단련될 수 있다고 입법자는 생각했다고 말한다. 그들은 "집에서 하인과 요리사의 손에 자신을 맡긴 채 화려한 식탁과 값비싼 소파에 편안히 몸을 기대고 탐욕스러운 야만인들처럼 구석에서 살찌우며 인생을 허비하거나, 탐욕과 무절제로 나약해지고, 잠을 많이 자고 따뜻한 물로 목욕하며 일하지 않으려는 욕구, 한마디로 말해 어디가 아픈 것처럼 계속 배려와 보살핌을 받으려는 욕구에 빠져 육체를 망쳐서는 안 되었다."[65] 이 공동 식사를 위한 음식물을 공급하기 위해 모든 시민은 정기적으로 자기 식사 클럽에 지정된 양의 곡식과 다른 음식물을 기부해야 했다. 그러지 못할 경우 그의 시민권은 상실되었다.

리쿠르고스 법이 시행된 후 초기 수 세기 동안 스파르타 청년들이 훈련받았던 단순함과 금욕주의는 이후에도 정상적으로 유지되었다. 라케다이몬에서 살찐 남자는 찾아보기 힘들었다. 위장의 크기를 규정하는 법은 없었지만, 배가 꼴불견으로 나오면 그는 정부의 공공연한 질책을 당하거나 라코니아에서 추방될 수도 있었다.[66] 아테네에서 만연하던 음주나 연회는 스파르타에서는 거의 찾아보기가 힘들었다. 부의 격차는 있었지만 드러나지 않았다. 빈부를 막론하고 동일하게 간단한 옷을 입었다. 모직으로 된 겉옷이나 셔츠는 아름다움이나 모양을 뽐내지 않고 어깨에서부터 아래로 쭉 내려뜨려졌다. 동산의 축적도 어려웠다. 백 달러 가치의 철 화폐를 보관하려면 커다란 곳간이 필요했고, 이 철 화폐를 움직이려면 최소한 한 쌍의 수소가 있어야 했다.[67] 그러나 인간의 탐욕이 남아 있어 공식적으로 부패가 이루어졌다. 원로원 의원들과 에포르, 외교관, 장군, 왕들 모두 그 신분에 어울리는 가격으로 살 수 있었다.[68] 사모스 대사가 스파르타에서 자신의 황금 식기를 자랑하자, 클레오메네스 1세는 시민들이 이 외국인에 오염되지 않도록 그를 본국으로 돌려보냈다.[69]

이러한 오염을 두려워한 스파르타의 제도는 전례 없이 외래인에게 비호의적이었다. 외국인은 거의 환영받지 못했다. 대개 이들은 스파르타에서 방문 기간이 짧아야 한다는 사실을 수긍해야 했다. 체류 기간이 길어지면 경찰에 의해 국경 지대까지 호송되었다. 스파르타인들 역시 정부 허가 없이 해외에 나가지 못했고, 호기심이 둔해지도록 다른 나라로부터 배울 점이 있다는 생각은 꿈도 꾸지 못할 정도의 오만한 배타성을 훈련받았다.[70] 자신을 보호하기 위해 스파르타 제도는 이렇게 불손해질 수밖에 없었다. 자유와 사치, 문학, 예술이 배제된 세계 바깥의 공기가 조금이라도 스며들면 인구의 3분의 2가 노예였고 지배층도 노예나 다름없었던 이 기묘하고 인위적인 사회의 근간이 흔들릴 터였다.

6. 스파르타에 대한 평가

어떤 종류의 인간과 문명이 이런 규범을 낳았을까? 무엇보다 역경과 결핍에 익숙한 강건한 남자였다. 사치를 좋아한 시바리스인은 스파르타인을 다음과 같이 평했다. "전쟁에서 죽을 준비가 되어 있다는 것은 그들에게 전혀 칭찬할 거리가 아니었다. 죽음으로써 그들은 고된 노동과 비참한 생활을 벗어날 수 있었기 때문이다."[71] 스파르타에서 건강은 기본 덕목 중 하나였고 질병은 범죄였다. 플라톤은 의약과 민주주의로부터 이처럼 자유로운 나라를 발견하고 기뻐했을 것이 틀림없다. 또한 여기서는 용기가 있었다. 오직 로마인만이 대담무쌍함과 승리의 기록에 있어 스파르타인과 비견될 것이다. 스파르타인이 스팍테리아에서 항복했을 때, 그리스는 그 사실을 도무지 믿을 수 없었다. 스파르타인이 마지막 한 사람까지 싸우지 않는다는 것을 들어 본 일이 없었고, 평범한 병사들조차 살아서 패배하느니 자결을 택하는 일이 다반사였기 때문이다.[72] 레욱트라에서의 스파르타의 재난 소식이 김노페디아 제전을 주재 중이던 에포르에게 전해지자, 그들은 아무 말 없이 거룩한 전사자 명단에 새로 살해된 이들의 이름을 올릴 뿐이었다. 극기와 절제, 아테네인들이 말은 했지만 보여 주지는 못한 자질인 행불행에 좌우되지 않는 평정심 등은 모든 스파르타 시민에게 당연한 일이었다.

만약 법에 대한 복종이 덕목이라면 스파르타인은 모든 인간들 중 가장 훌륭한 이들이었다. 전(前) 왕 데마라토스는 크세르크세스에게 이렇게 말했다. "라케다이몬인이 자유롭지만, 모든 점에서 자유롭지는 않다. 그들 위에는 법이 주인으로 자리하고 있고, 그들은 이 법을 당신 나라 백성이 당신을 두려워하는 것보다 훨씬 두려워한다."[73] 로마와 중세 시대 유대인을 제외하고는 법에 대한 경외심으로 이처럼 강성해진 민족은 거의 없었다. 리쿠르고스 법 아래 스파르타는 최소 2세기 동안 한결같이 강해져 갔다. 아르고스나 아르카디아의 정복에는 실패했지만, 스파르타는 아르고스와 아카이아를 제외한 펠로폰네소스 전역이 거의 200년간(기원전 560~380년) 펠롭스의 섬을 평화롭게 지켜 준 펠로폰네소스 동맹의 패권을 인정하게 했다. 전 그리스가 스파르타의 군대와 정부를 동경했고, 짐스러운 참주를 폐하려 할 때면 스파르타에 도움을 구했다. 크세노폰은 "헬라스의 국가들 사이에 상대적으로 적은 인구로 동시에 그 공동체에서 비범한 권력과 특권을 가진 스파르타의 독특한 위치를 처음 목격하고 놀라움을 금치 못하고, 이 사실을 정말 이해하기 어려웠다. 스파르타인들의 독특한 제도를 이해한 후에야 나의 궁금증이 풀렸다."라고 말했다.[74] 플라톤과 플루타르코스처럼 크세노폰 또한 스파르타의 방식을 칭찬해마지 않았다. 물론 이데아에 대한 이상한 무관심으로 빛이 약간 바래긴 했지만 플라톤이 자신의 유토피아 상을 발견한 곳도 바로 여기였다. 민주주의의 천박함과 혼란스러움을 두려워하고 이에 지친 많은 그리스 사상가들이 스파르타의 질서와 법에 심취했다.

    그리스인들은 거기서 살 필요가 없었기 때문에 스파르타를 칭찬할 수 있었다. 그들은 스파르타인의 특징인 이기심과 냉정함, 잔인함을 가까이서 겪어 보지 않았다. 그들은 자신들이 접한 선택된 신사들이나 멀리서 칭송받는 영웅들에게서 스파르타의 규범이 훌륭한 병사 외에는 아무것도 낳지 못하며, 그 규범으로 인해 거의 모든 정신적 자질이 말살되어 육체적인 활력이 무자비한 잔인성이 되고 말았다는 사실을 보지 못했다. 이 규범이 지배함에 따라 이전에 번성했던 예술이 돌연 죽음을 맞았다. 기원전 550년 이후 스파르타에는 어떤 시인이나 조각가, 건축가도 등장하지 않는다.* 단지 합창 무용과 음악만이 유지되

---

* 기티아다스는 아테나 신전을 멋지게 세공된 청동 판으로 꾸몄다. 마그네시아의 바티클레스는 아미클라이에 장엄한 아폴론 보좌를 건축했다. 사모스의 테오도로스는 스파르타를 위해 유명한 마을 회관을 지었다. 그 이후로는 외부 예술가들의 유입을 통해서도 더 이상 스파르타 예술에 대해 어떤 성과를 찾아볼 수 없다.

어 이를 통해 스파르타의 기강이 빛을 발했으며, 개인은 집단 속에 매몰되었다. 국제 통상에서 배제되고 여행이 금지되었으며 풍요롭게 성장하던 그리스 과학과 문학, 철학에 무지한 스파르타인들은 평생 동안의 보병 정신으로 무장한 우수한 보병 국가가 되었다. 그리스를 여행하는 이들은 너무나 단순하고 무미건조한 생활, 지나치게 제한적인 시민권, 온갖 관습과 미신에 집착한 보수주의, 너무나 의기양양하고 제한적인 용기와 규율, 그렇게 고상한 인격, 그렇게 비열한 목적과 초라한 결과에 경탄을 금치 못한다. 한편 하루도 채 걸리지 않는 곳에서 아테네인들이 수많은 불법과 오류를 거치며, 광범위하지만 실천 면에서 강렬하고, 모든 새로운 사상에 개방적이며 외부 세계와의 교류를 갈망하고, 끈기 있고, 다채로우며, 사고가 복잡하고, 사치스럽고, 혁신적이며, 회의적이고, 상상력이 풍부하며, 시적이고, 거칠고, 자유로운 문명을 건설하고 있었다. 이런 대조적인 모습에서 그리스 역사의 특징적이고 대략적인 모습을 잘 이해할 수 있다.

결국 스파르타의 옹색한 영혼은 그 강한 정신마저도 저버렸다. 스파르타는 목적을 위해서라면 어떤 수단도 용인할 정도로 타락했다. 마침내 스파르타는 아테네가 마라톤 전투에서 그리스를 위해 쟁취했던 자유를 페르시아에 팔아 비릴 정도로 정복자에게 굽실기렸다. 군국주의가 스파르타를 집어삼켰고, 한때는 그렇게 존경받던 나라가 혐오와 공포의 대상이 되었다. 스파르타가 함락되었을 때 모든 국가가 놀랐지만 슬퍼한 이는 아무도 없었다. 오늘날 고대 수도의 황폐한 옛터에는 한때 그리스인이 살았었다고 말해 주는 어떤 흉상이나 쓰러진 기둥 하나 남아 있지 않다.

4. 잊힌 국가들

스파르타 북쪽으로 에우로타스 계곡이 라코니아 변경을 지나 아르카디아 산맥으로까지 이어져 있다. 아르카디아 산맥이 그렇게 위험하지만 않다면 그 풍광은 더욱 아름다울 것이다. 이 험준한 산악 지대는 경사진 암반에 좁은 길이 만들어지는 것을 반기지 않았고, 이들 아르카디아인의 은신처를 어지럽히려는 모든 방해꾼을 음산하게 위협하는 듯하다. 정복자 도리스인과 스파르타인이 모두 이곳에서 뜻을 이루지 못하고 엘리스와 아카이아처럼 아르카디아도 아카이아인과 펠라스기인에게 남겨 주었다는 사실이 그다지 놀랍게 여겨지지 않는다. 이따금씩 여행자는 평지나 고원에 이르고, 트리폴리스처럼 번창한 신도시를 목격하거나, 에파미논다스가 승리와 함께 죽음을 맞이했던 오르코메노스, 메갈로폴리스, 테게아, 만티네아 같은 고대 도시 유적을 접하게 된다. 그러나 대부분의 경우 아르카디아는 여기저기 흩어져 사는 농부와 목동들의 땅으로, 이들은 이 황량한 언덕에서 가축 떼와 함께 기약 없는 삶을 살고 있다. 비록 마라톤 전투에 이어 이 도시들이 문명과 예술에 눈뜨긴 했지만, 페르시아 전쟁 이전에는 거의 역사 속에 등장하지 않는다. 이런 험한 숲속을 위대한 목신 판(Pan)이 한때 돌아다녔다.

 아르카디아 남부에서 에우로타스 계곡은 더 유명한 강과 거의 마주칠 뻔한다. 알페오스 강이 파라시아 산맥을 급히 지나 여유롭게 엘리스 평원으로 굽이쳐 흐르며 여행자를 올림피아로 인도한다. 파우사니아스에 의하면[75] 엘리스인은 아이올리스나 펠라스기에 뿌리를 두고 아이톨리아에서 만을 건너 왔다. 엘리스인의 첫 왕 아이틀리오스는 엔디미온의 아버지였다. 미소년 엔디미온의 아름다움이 달을 어찌나 유혹했던지 달의 여신은 그의 눈을 감겨 계속 잠들게 한 후 그를 범해 쉰 명의 딸을 낳았다. 알페오스 강이 북쪽에서 흐르는 클라데오스 강과 합류하는 지점에 그리스의 신성한 도시가 있었다. 이 도시는 얼마나 성스러웠던지 전쟁을 거의 겪지 않았고, 엘리스인들은 제전으로 전쟁을 대신한 역사의 혜택을 입었다. 알페오스 강과 클라데오스 강 합류 지점에 알티스, 즉 올림피아 제우스의 성지가 있었다. 수없이 밀려든 침략자들이 이곳에 멈춰 제우스를 경배했고, 후일 정기적으로 그 사절들이 돌아와 제우스의 도움을 구하고 신전을 부유하게 했다. 세월이 지나면서 제우스와 헤라의 신전은 부와 명성이 더해 갔고, 페르시아 전쟁에서 승리를 거둔 후 더할 수 없는 감사의 마음으로 그리스의 위대한 건축가와 조각가들이 힘을 모아 신전을 복구하고 꾸몄다. 헤라 신전은 기원전 1000년경으로 거슬러 올라가며, 그 옛터는 그리스에서 가장 오래된 신전 유적이다. 36개 기둥과 20개 도리스식 기둥머리 잔해가 아직까지 남아 있어, 기둥들이 얼마나 자주 다양하게 교체되었는지를 보여 준다. 원래 기둥은 분명 나무로 만들어졌고, 그 오크 나무 기둥이 안토니누스 시대 파우사니아스가 필기도구를 들고 찾아왔을 때도 여전히 서 있었다.

올림피아에서 여행자는 고대 중심지 엘리스를 통과해 아카이아로 들어선다. 도리스인이 아르고스와 미케네를 점령했을 때, 아카이아인들 중 일부가 이곳으로 도망했다. 아르카디아처럼 산악 지대인 아카이아에는 경사지를 따라 근면한 목동들이 가축 무리를 이끌고 계절의 변화에 따라 산지를 오르내린다. 서쪽 연안에는 파트라스 항구가 여전히 번성하다. 파우사니아스는 이곳 여자들 수가 "남자보다 두 배나 많았고, 남는 여자들은 아프로디테 여신에 헌신했다."고 말한다.[76] 다른 도시들, 즉 아이기온과 헬리케, 아이기라, 펠레네가 코린토스 만을 따라 언덕을 등지고 모여 있었다. 이들 도시는 지금은 역사 속으로 거의 사라졌지만, 한때는 남녀와 아이들로 활기에 넘친 세계의 중심이었다.

5. 코린토스

산악 지대를 좀 더 지나면 여행자는 도리스인이 정착한 땅, 시키온에 다시 들어선다. 기원전 676년, 이곳에서 오르타고라스가 이후 세대가 흉내 낼 책략을 부린다. 그는 농부들에게 그들은 펠라스기인이나 아카이아인의 후손이고, 그들을 착취하는 지주 귀족들은 침략한 도리스인의 후손이라 말하며 가난한 자들의 민족적 긍지에 호소해 정변에 성공하고, 제조업자들과 상인 계층을 기반으로 참주가 된다.* 그의 유능한 후계자인 미론과 클레이스테네스의 통치 아래 이들 계층은 시키온을 신발과 도기로 유명한 반(半)산업 도시로 만들었다. 하지만 여전히 이 도시는 그 주산물인 오이에서 그 이름을 땄다.

좀 더 동쪽으로 나아가면 지리적·경제적으로 그리스에서 가장 부유하고 문화가 발달하게 될 도시가 나타난다. 지협에 위치한 코린토스는 모두가 부러워할 입지 조건을 갖추고 있었다. 코린토스는 펠로폰네소스의 관문으로 그리스 북부와 남부 간의 육상 교역을 중개하고 중간 이익을 취했다. 또한 코린토스는 사론 만과 코린토스 만의 항구와 해운업을 장악했다. 코린토스는 이 지협에 (미끄러지듯 관통하는) 디올코스(diolcos)를 만들어 상당한 이익을 거두었다. 이 나무로 된 선로를 통해 배를 롤러로 끌어 육상 6.5킬로미터 이상 이동시켰던 것이다.** 코린토스의 요새는 난공불락의 아크로코린토스 600미터 산정에 자리해 있었으며, 수원(水源)이 끊임없이 샘솟아 풍부한 물이 공급되었다. 스트라본은 이 요새 아래 번화한 도시의 풍경을 다음과 같이 묘사했다. 아래쪽 두 곳의 푸른 대지 위에 도시가 넓게 자리해 있고, 도시 안에는 야외극장, 엄청난 규모의 대중목욕장, 가게가 죽 늘어선 시장, 화려한 신전들이 자리 잡고 있으며, 만 북쪽 레카이온 항구까지 방호 성벽이 이어져 있다. 언덕 맨 위에는 이 도시의 주요 업종을 상징이라도 하듯 아프로디테 신전이 자리 잡고 있었다.[79]

코린토스의 역사는 미케네 시대까지 거슬러 올라가며, 호메로스 시대에도 번성한 도시였다.[80] 도리스인의 정복 이후 왕이 도시를 다스렸고, 그 후 바키아

---

* 1789년 이런 식으로 카미유 데물랭(Camille Desmoulins)이 자신의 카페에서 갈리아인을 선동해 독일(프랑크족) 귀족을 전복하려 했다.
** 디올코스는 지중해 서쪽 해로에 위치한 말레아 곶 거친 바닷길에 애먹은 상인들에게 반가운 대안이었다. 이 선로는 그리스 시대 일반 상선을 충분히 운반할 수 있을 만큼 튼튼했다. 실제로 아우구스투스는 악티움 해전 이후 안토니우스와 클레오파트라를 추격할 때 이 디올코스를 이용해 함대를 운송했고, 서기 883년에는 그리스 함대가 이동 수단으로 삼기도 했다.[77] 페리안드로스는 집권 시 (현재는 개발되어 있는데) 두 만을 운하로 잇는 계획을 세웠으나, 기술자들은 너무 엄청난 사업이라고 생각했다.[78]

다이 일가에 의해 귀족 정치가 실시되었다. 그러나 여기서도 아르고스와 시키온, 메가라, 아테네, 레스보스, 밀레토스, 사모스, 시칠리아 및 그리스 무역이 번성한 모든 지역에서처럼 상인 계층이 정변이나 음모로 권력을 장악했다. 이는 진정한 의미에서 기원전 7세기 그리스에서의 참주 또는 독재 정부의 시작이었다. 기원전 655년경 킵셀로스가 권력을 장악했다. 자신이 권력을 잡으면 제우스에게 코린토스의 모든 부를 바치겠다고 약속한 그는 매년 모든 부에 10퍼센트의 세금을 부과해 이 세입을 신전에 바쳤으며, 10년 후 맹세를 지킨 그는 여전히 이 도시를 전처럼 부강하게 유지했다.[81] 그는 30년간이나 인기를 얻으며 유능하게 통치해 코린토스 번영의 기초를 다졌다.[82]

그의 냉혹한 아들 페리안드로스는 그리스 역사상 최장기 독재 정부(기원전 625~585년)를 수립해 질서와 기강을 확립하고 수탈을 자제하고 산업을 장려하며 문학과 예술을 후원하는 등 코린토스를 한동안 그리스 최고의 도시로 만들었다. 그는 국가 화폐 제도를 수립해 교역을 자극하고[83] 세금을 인하해 산업을 촉진했다. 엄청난 공공사업과 해외 식민지 건설을 통해 실업 문제를 해결하고, 한 사람이 고용할 수 있는 노예 수를 제한하고 노예 수입을 금해 대규모 사업자들로부터 중소 사업자를 보호했다.[84] 부유층에 남아도는 금을 도시 장식을 위한 거대 황금 동상 제작에 헌납하게 하고, 귀부인들을 축제에 초대해 값비싼 옷과 보석을 바치고 장식품의 절반을 바치게 한 후에야 집으로 돌려보냈다. 그에게는 수많은 적이 있었고 그 세력 또한 강했다. 따라서 중무장한 경호원을 대동하지 않고는 감히 외출할 엄두도 내지 못했고, 이런 두려움과 은둔 생활로 말미암아 그는 점점 괴팍하고 잔인한 인물로 변해 갔다. 반란에 대비해 그는 동료 참주인 밀레토스의 트라시불로스의 은밀한 조언에 따라 정기적으로 들판의 가장 높은 곡식 이삭을 베어 냈다.[85]* 그의 첩들이 그의 아내를 비난하며 괴롭혔다. 화가 난 그는 아내를 아래층으로 밀쳐 떨어뜨렸고, 임신 중인 그녀는 그

---

* 1935~1938년 공산주의 러시아의 정기적인 "숙청"을 참조하라.

충격으로 죽었다. 그는 첩들을 산 채로 화형에 처했고, 자기 아들 리코프론이 어머니를 너무 그리워해 아버지를 멀리하자 코르키라로 쫓아 버렸다. 코르키라인들이 리코프론을 죽이자, 페리안드로스는 최고 명문가의 자제 300명을 사로잡아 리디아의 알리아테스 왕에게 보내 환관으로 만들어 버리려고 했다. 하지만 이들을 태운 배가 사모스에 머물렀을 때, 사모스인들이 페리안드로스의 분노에 개의치 않고 이들을 풀어 주었다. 참주 페리안드로스는 장수를 누렸고, 그가 죽자 일부 사람들은 그를 고대 그리스의 7현인 중 한 명으로 추앙했다.[86]

그 다음 세대에 스파르타인들이 코린토스 참주 정부를 전복하고 귀족정을 세웠는데, 이는 스파르타가 자유를 사랑했기 때문이 아니라 상인 계층보다 지주를 선호했기 때문이다. 그럼에도 불구하고 코린토스의 부는 교역에 기반을 두었고, 이따금 아프로디테 신봉자들과 범(汎)그리스 이스트미아 제전의 도움도 입었다. 코린토스에는 창부가 너무나 많아 그리스인들은 코린티아조마이(corinthiazomai)를 매춘을 의미하는 단어로 종종 사용했다.[87] 코린토스에서는 매춘부 일로 번 수입을 제사장에게 가져다주는 여자들을 아프로디테 신전에 바치는 것이 관례였다. 크세노폰이라는 한 인물은(1만 병사의 지휘자가 아님) 아프로디테가 자신을 도와 올림피아 제전에서 우승하게 해 준다면 50명의 창녀들을 바치겠다고 약속했고, 경건한 핀다로스는 이 승리를 기리며 아무 거리낌 없이 이 맹세에 대해 언급한다.[88] 스트라본에 의하면[89] "아프로디테 신전은 1000명이 넘는 노예들, 즉 남녀들이 여신에게 바친 창녀들이 벌어들인 수입으로 부가 넘쳤다. 또한 도시가 사람들로 붐비고 부가 늘어 간 것도 이 창부들 때문이었다. 한 예로 선원들은 이곳에서 돈을 허랑방탕하게 허비했던 것이다." 도시는 이에 대해 감사했고 이 "헤픈 숙녀들"을 공식 후원자로 여겼다. 아테나이오스가 인용한 한 옛사람의 말에 의하면[90] "도시가 아프로디테에게 간청할 일이 있을 때면 …… 가능한 한 많은 수의 창부를 동원하는 것이 코린토스의 오랜 관습이었다." 매춘부들은 아프로디시아라는 자기들만의 종교 축제를 경건하고 화려하게 거행했다.[91] 바울은 코린토스인에게 보내는 첫 번째 서신에서[92] 그의 시대에도 이런 옛 직업을 여전히 수행한 여자들을 비난했다.

기원전 480년, 코린토스는 시민 5만 명과 노예 6만 명으로 구성되어 있었는데, 다른 도시와 달리 자유민의 인구 비율이 무척 높은 것이 특징적이다.[93] 쾌락과 황금에 대한 욕구가 모든 계층을 사로잡았고, 문학과 예술에 대한 열정은 거의 전무했다. 기원전 8세기에 시인 에우멜로스가 있긴 했지만, 코린토스인들은 그리스 문학에 그다지 기여하지 못했다. 페리안드로스는 시인들이 자기 궁정에 오는 것을 환영했고 레스보스의 아리온을 초빙해 코린토스 음악을 체계화했다. 기원전 8세기에 코린토스 도기와 청동 제품이 유명했고, 기원전 6세기에 코린토스 화병 화가들이 그리스에서 최고 전성기를 누렸다. 파우사니아스는 킵셀로스가 바키아다이를 피해 그 안에 숨은 멋진 삼나무 상자에 대해 이야기하는데, 이 상자 위에 장인들이 우아하게 돋을새김하고 상아 및 황금으로 상감 세공 장식을 했다.[94] 페리안드로스 시대에 코린토스는 아폴론에게 일곱 개의 단일 암석 기둥으로 유명한 도리스식 신전을 바쳤던 것 같다. 이들 중 다섯 개가 현존하는데, 코린토스가 여러 형태로 아름다움을 추구했음을 보여 주는 듯하다. 아마도 시간과 우연이 이 도시를 달가워하지 않은 듯, 이 도시의 역사는 다른 성실한 사람들에 의해 쓰이게 된다. 과거가 자신에 대한 역사가들의 기술과 평가를 직접 볼 수 있다면 소스라치게 놀랄 것이다.

6. 메가라

메가라 또한 코린토스만큼 황금을 사랑했고 상업이 번창했다. 그러나 메가라에는 위대한 시인이 있어, 그의 시에서 이 고대 도시는 당시의 정변이 우리 시대의 일인 양 생생하게 전해진다. 펠로폰네소스 해협 진입로에 자리한 메가라는 양 만에 항구를 두고 군대를 앞세워 교역에 임하고 관세를 부과하는 등

유리한 조건을 갖추고 있었다. 또한 숱한 남녀를 고용해 섬유 산업을 크게 일으켰는데, 이들 남녀는 당시의 솔직한 표현을 빌리자면 노예라 불렸다. 이 도시는 기원전 7세기와 6세기에 가장 번성해 코린토스와 지협의 상권을 다투었다. 메가라가 멀리 보스포루스 해협의 비잔티움과 시칠리아의 메가라 히블라이아 같은 식민 도시를 교역의 전초 기지로 세운 것은 바로 이때였다. 부가 증대되었지만 영리한 이들이 이 부를 편협하게 장악해, 풍요 속에서 가난에 허덕이던 대다수 사람들은[95] 더 나은 삶을 약속하는 사람들의 말에 귀를 기울이게 된다. 기원전 630년경, 참주가 되기로 작정한 테아게네스는 가난한 자를 칭송하고 부자를 비난하며 굶주린 폭도를 이끌고 부자들에게 맞선다. 그는 스스로를 경호원으로 자처하고 세력을 키워 정부를 전복했다.[96] 테아게네스는 메가라를 한 세대 동안 다스리며 노예를 해방하고 권세가의 힘을 꺾고 예술을 후원했다. 기원전 600년경에 부자들이 그를 폐위시키는 데 성공했지만, 세 번째 정변에서는 민주정이 권력을 잡는다. 민주 정권은 주요 귀족들의 재산을 몰수하고 부자들의 재산을 징발했으며, 채무를 말소하고 부자들이 채무자들로부터 거둔 이자를 환불케 하는 법령을 통과시켰다.[97]

테오그니스는 이런 정변의 와중에 살면서 우리 시대의 계급 투쟁과 흡사한 당시 상황을 비통한 시로 묘사했다. 그에 의하면 (이에 대해서는 그 자신이 유일한 증인인데) 그는 유구한 역사의 명문가 출신이었다. 그는 교도자요 철학자였고 귀족 당파 지도자 가운데 한 명이었던 키르노스라는 청년의 연인이어서, 안락한 여건 속에 생활했음이 틀림없다. 그는 키르노스에게 많은 조언을 하고 대가로 사랑만을 바랐다. 여느 연인들처럼 그는 불평을 크게 하지 않고, 지금도 전해지는 자신의 지극히 세련된 시에서 키르노스에게 테오그니스의 시를 통해 불멸의 사랑을 이루리라 상기시킨다.

> 보라, 나는 그대에게 날 수 있는 날개를 주었다,
> 끝없는 대양과 육지를.

그렇다, 많은 사람들의 입에 그대는 오르내리리라,
연회와 쾌락의 친구들에게.
사랑스러운 젊은이들이 그대로 하여금 노래하게 하리라,
은빛 플루트의 감미로운 숨결과 함께.
그대가 어둠 속 깊은 땅 아래로 내려갈 때,
애통한 죽음의 집을 향해.
아, 그러나 그때조차 그대의 영예는 사라지지 않으리라.
하지만 그 불멸의 이름은 떠돌리라,
키르노스여, 그리스의 바다와 해변을,
섬 사이를 지나 광막한 본토에까지.
그대는 말이 필요 없으리라, 하지만 가볍게 올라
제비꽃 관을 쓴 뮤즈의 힘을 빌려 질주하리라.
이 세상과 태양이 계속되는 한, 노래를 사랑하는 후대인들은
그대의 명성을 소중히 기억하리라.
그렇다, 나는 그대에게 날개를 주었다,
그리고 그대는 그 보답으로 내 마음 불사를 조롱을 주었다.[98]

그는 키르노스에게 귀족정의 불공평함이 정변을 일으킬 수 있다고 경고한다.

오랜 학대에 지친 격렬한 복수,
우리나라가 품고 있는 이 복수가 곧 찾아오리라.
평민들이 아직 냉정을 유지하는 듯 보이지만,
힘센 자들은 부패하고 눈이 멀어 있다.
용감하고 고매하고 고귀한 영혼들의 통치는
평화와 조화를 위태롭게 한 적이 없었다.
거드름 피우고 거만하게 잰 체하지만,

유약하고 건방지고 나약한 이들이여.
정의와 진리, 법이 어그러졌다,
탐욕과 교만의 간교한 술책으로.
파멸이다, 키르노스여! 결코 꿈꾸지 말라,
(조용하고 평화로운 듯 보이지만)
이 나라 미래의 평화와 안전을.
유혈과 투쟁이 곧 이를 것이다.[99]*

정변이 일어났다. 테오그니스는 승리한 민주정이 추방한 무리 속에 포함되었고, 그의 재산은 몰수되었다. 그는 아내와 아이들을 친구들에게 부탁하고 에우보이아, 테베, 스파르타, 시칠리아 등을 전전하며 방랑 생활을 했다. 처음에는 환영받고 시로 생계를 유지할 수 있었지만, 곧 비참하고 낯선 가난으로 내몰렸다. 그는 분한 마음에 마치 욥이 야훼에게 하듯이 제우스에게 질문한다.

거룩하고 전능하신 제우스여! 참으로 놀라나이다.
이 세계를 바라보며 당신의 섭리에 놀라나이다.
당신의 판단 아래 어떻게 의와 불의가 조화를 이루고,
악인과 의인에게 이렇듯 은혜를 베푸시나이까?
당신의 뜻은 도대체 무엇입니까?[100]

그는 민주정 지도자들을 신랄하게 비판하며, 그 뜻을 헤아릴 수 없는 제우스에게 그들의 피를 마시게 해 달라고 기원한다.[101] 이 은유 시에서 그는 메가라의 상태를 능숙한 선원이 난폭하고 미숙한 선원들로 교체된 배에 비유한다.[102] 그는 어떤 이들은 천성적으로 다른 이들보다 유능하며, 따라서 어떤 형태로든

---

* 이 시와 계속 인용되는 시들이 테오그니스가 살던 시기에 씌어졌다는 것은 추측에 따른 것이다.

귀족정이 불가피하다고 주장한다. 다수인은 절대 통치하지 못한다는 사실을 이미 사람들은 알았던 것이다. 그는 호이 아가토이(hoi agathoi), 즉 선한 사람을 귀족과 동의어로 사용하고, 호이 카코이(hoi kakoi), 즉 사악하고 비열하며 무가치한 사람을 평민을 뜻하는 데 사용한다.[103] 그는 이런 선천적인 차이는 없앨 수 없다고 생각했다. "아무리 가르쳐도 악인을 선하게 만들 수 없다."[104] 이 말에서 그가 뜻하는 바는 어떤 훈련으로도 평민을 귀족으로 변화시킬 수 없다는 것이다. 모든 선한 보수주의자들처럼 그는 우생학을 강하게 지지한다. 이 세상의 악은 "선한 이들"의 탐욕 때문이 아니라 그들의 부적절한 결혼과 불임 때문이라는 것이다.[105]

그는 키르노스와 또 다른 반(反)혁명을 모의한다. 그는 새 정부에 충성을 맹세했더라도 참주 살해는 용납될 수 있다고 주장한다. 적에 대해 철저히 복수할 때까지 동료들과 함께할 것을 자신에게 맹세한다. 그럼에도 불구하고 수년간 고독한 방랑 생활을 보낸 끝에 그는 한 관리를 매수해 메가라로 돌아온다.[106] 그는 자신의 이중성을 혐오하며 이후 수많은 그리스인이 인용하게 되는 절망의 시를 쓴다.

치리리 태어나지 않아 태양을 볼 수 없었다면,
이 세상 어떤 축복도 이보다 크지 않으리라!
그다음 나은 것은 빨리 죽어,
한 무더기 대지 아래 묻혀 잠드는 것이리라.[107]

결국 우리는 다시 메가라에 돌아오는 그를 발견하게 되고, 늙고 불구의 몸이 된 그는 신변상의 안전을 위해 다시는 정치에 관한 시를 쓰지 않으리라고 약속한다. 그는 포도주와 충성스러운 아내가 있다는 사실로 자신을 위로하며,[108] 마침내 자연스러운 모든 것은 용서될 수 있다는 교훈을 깨닫게 된다.

배우라, 키르노스여, 평온한 마음을 지니는 법을 배우라.

그대의 마음을 인류와 인간 본성과 어울리게 하고,

그대가 깨달은 대로 받아들여라.

선과 악의 혼합체.

우리 모두가 그러하고, 이것이 최선이다.

최선에도 약점이 있으며, 그 나머지,

평범함도 최선과 다를 바 없다.

달리 운명지어졌다면,

세상사는 어떻게 진행되었으랴?[109]

7. 아이기나와 에피다우로스

메가라와 코린토스의 만을 가로질러 지진이 일어나 산업 및 교역상 최초의 경쟁자인 아이기나 섬을 낳았다. 미케네 시대에도 이곳에는 번창한 도시가 있어 그 발굴된 무덤들에서 무수한 황금이 출토되었다.[110] 정복자 도리스인들은 이 땅이 경작하기에는 너무 황폐하지만 통상을 위해서는 최적이라는 사실을 알았다. 페르시아인이 도래하기까지 상인 계층에 의한 귀족정만 이 섬을 다스렸고, 공방에서 만든 훌륭한 화병 및 청동 제품을 팔아 노역을 시키거나 다른 그리스 도시에 되팔 노예들을 대규모로 수입하기에 열심이었다. 아리스토텔레스의 계산에 의하면, 기원전 350년경 아이기나의 인구는 50만 명이었으며 그중 47만 명이 노예였다.[111] 여기서 최초의 그리스 동전이 주조되었고, 로마 정복 시까지 아이기나의 도량형은 그리스의 표준이었다.

이런 상업 공동체가 부에서 예술로 진전을 보였다는 사실은 1811년 어떤 여행자가 한 무더기 잡동사니 중에서 한때 아파이아 신전 박공벽을 장식했던 활력 넘치고 세련된 조각상을 발견하면서 밝혀졌다. 신전에는 아직도 처마 도리가 손상되지 않은 채 스물두 개의 도리스식 기둥이 서 있다. 아이기나인들은 페르시아 전쟁 직전에 이 신전을 건축한 듯하다. 건축 방식이 고전적이긴 하지만 신전 내의 조각상들은 고풍스러운 반(半)동방식 흔적을 많이 담고 있다. 그러나 살라미스 해전 이후에 건축되었을 수도 있다. 아이기나인들이 트로이인을 물리치는 장면의 조각상이 그리스와 동방 간의 끊임없는 갈등 및 아이기나 바로 눈앞, 살라미스에서 그리스 함대가 승리한 보다 근래의 사건을 표현했을 수도 있었을 것이다. 당시 이 작은 섬은 그리스 함대에 서른 척의 함선을 내놓았고, 전쟁 승리 후 그리스인들은 이 함선 들 중 한 척에 최고 용맹의 영예를 부여했다.

이제 여행자는 흥겨운 유람선을 타고 아이기나에서 에피다우로스로 향한다. 에피다우로스는 지금은 인구 500명의 작은 마을에 불과하지만, 한때는 그리스에서 가장 유명한 도시들 중 하나였다. 여기 또는 아르골리스 반도에서 가장 높이 우뚝 솟은 산맥 사이 협곡을 16킬로미터가량 벗어난 곳이 의술의 영웅이자 신인 아스클레피오스의 고향이다. 아폴론은 델포이 신탁을 통해 이렇게 말했다. "오, 아스클레피오스여! 모든 피조물이 그 출생을 크게 기뻐하고, 험준한 에피다우로스에서 사랑스러운 코로니스가 낳아 준 나의 소중한 아이여."[112] 아스클레피오스는 심지어 죽은 이도 살리는 등 수많은 사람을 치료해 하데스의 신 플루톤은 제우스에게 더 이상 죽은 사람들이 오지 않는다고 불평했다. 죽음 외에는 달리 인간과 관계하지 않은 제우스는 번개로 아스클레피오스를 죽였다.[113] 하지만 사람들은 처음에는 테살리아에서, 그 후에는 그리스에서 그를 구원의 신으로 숭배했다. 사람들은 에피다우로스에 그를 기리는 신전 가운데 가장 거대한 신전을 세웠고, 그의 후손이라는 뜻으로 아스클레피아드라 불린 의사, 제사장들은 헬라스 전역에 걸쳐 질병 치료로 유명해진 요양소를 세웠다. 에피다우로스는 그리스의 루르드가 되었고, 순례자들이 그리스인들이 무엇보다 큰 축복으로 여기는 건강을 구해 지중해 전역에서 모여들었다. 그들은 신전 안에서 잠을 잤고, 처방된 치료법에 소망을 두고 따랐으며, 스스로 기적이라 여긴 치료 경험을 돌판에 기록했다. 이 돌판들은 지금도 신성한 숲 폐허 가운데 여기저기 널려 있다. 이들 환자가 제공한 치료비와 선물로 에피다우로스는 극장과, 인접한 언덕 후미진 곳에 좌석과 골문이 여전히 누워 있는 경기장, 아름다운 원형 건축물 등을 지었다. 이 원형 건축물은 둥글게 주랑이 늘어선 건물로 작은 박물관에 보존되어 있는 현 잔해는 그리스에서 가장 아름답게 조각된 대리석 중 하나다. 오늘날 이런 환자들은 키클라데스 제도 테노스를 찾는데, 여기에서는 마치 아스클레피오스의 제사장들이 2500년 전 선조들을 치료했던 것처럼 그리스 정교회 제사장들이 치료하고 있다.[114] 에피다우로스인들이 한때 제우스와 헤라에게 기도를 드리던 음침하고 높은 산정은 지금은 성 엘리아스 산으로 불린다. 신들은 유한하지만 신앙심은 영원한 것이다.

연구자들이 에피다우로스에서 가장 간절히 보고 싶어 하는 것은 아스클레피온의 무너진 옛터가 아니다. 이곳 땅은 숲이 울창해 연구자는 길을 꺾은 후에야 야외극장이 산허리를 등지고 거대한 부채꼴 모양 석조 건물로 그 완벽한 모습을 드러내는 것을 목격하게 된다. 폴리클레이토스가 기원전 4세기경 이 극장을 지었지만, 오늘날에도 그 모습은 거의 완벽하게 보존되어 있다. 여행자가 오르케스트라(orchestra), 즉 돌로 널찍하게 포장된 둥근 무도장 한가운데 서서 자기 앞 1만 4000개 좌석이 층을 이루어 너무나 놀랍게 설계되어 모든 좌석이 자기와 바로 마주 보게 되어 있음을 보고 감탄하며, 그 눈길이 무대에서 산의 경사지 나무를 향해 곧게 빛을 발하며 뻗은 통로를 따라가고, 저 멀리 60미터 이상 떨어진 좌석의 친구와 조용히 말을 건네며 그 모든 대화가 소통된다고 느낄 때, 비로소 그는 한때 번영했던 에피다우로스를 상상하며 에우리피데스의 연극을 관람하러 신전과 도시에서 즐거운 마음으로 쏟아져 나오는 군중들의 모습을 마음의 눈으로 보고 표현할 수 있는 것 이상으로 고대 그리스의 활기찬 "옥외" 생활을 느끼게 된다.

THE LIFE OF GREECE

5장 아테네

1. 헤시오도스의 보이오티아

메가라 동쪽에서 길은 양 갈래로 나뉘어 남쪽은 아테네로 북쪽은 테베로 향한다. 북쪽 길은 험한 산지이고, 여행자를 키타이론 산 정상으로 인도한다. 저 멀리 서쪽으로 파르나소스가 보인다. 앞쪽으로 좀 더 낮은 정상 너머 아래쪽으로 비옥한 보이오티아 평원이 펼쳐진다. 언덕 기슭에 플라타이아가 펼쳐져 있는데, 여기서 10만 명의 그리스군이 30만 명의 페르시아군을 물리쳤다. 좀 더 서쪽으로 가면 레욱트라가 나타나고, 여기서 에파미논다스가 스파르타군과 싸워 처음으로 대승을 거두었다. 다시 좀 더 서쪽으로 향하면 헬리콘 산이 나타난다. 이곳은 뮤즈 여신의 고향이며, 키츠(Keats)의 "불그레한 히포크레네"의 고향이기도 하다. 말(馬)의 샘이라는 뜻의 이 유명한 샘은 날개 달린 말 페가수스가 하늘을 향해 날아오르면서 땅을 박찼을 때 분출되었다고 전해진다.[1] 북쪽으로 곧장 나아가면 테베와 늘 다툰 테스피아이가 나오고, 그 바로 옆에는 나르키소스가 자기 모습을 물끄러미 들여다보았다는 샘이 있다. 다른 이야기에서는 그가 사랑한 죽은 누이의 모습이었다고 한다.[2]

테스피아이 근처 작은 마을 아스크라에 시인 헤시오도스가 살았는데, 그는 호메로스 다음으로 고전 시대 그리스인들의 사랑을 많이 받은 인물이다. 전승에 의하면 그는 기원전 846년에 태어나 777년에 죽었다고 한다. 오늘날 일부 학자는 기원전 650년으로 내려 잡기도 하지만,[3] 아마도 그때보다는 한 세기 이전에 살았을 것이다.[4] 그는 소아시아 아이올리스의 키메에서 출생했으며, 그의 아버지가 가난에 지쳐 아스크라로 이주해 왔다. 헤시오도스는 이곳을 대부분의 거주지들처럼 "겨울에는 비참하고 여름에는 견디기 힘든 척박한"[5] 땅으로 묘사한다. 농부의 아들이자 목동이었던 헤시오도스는 가축 떼를 몰고 헬리콘 산 경사지를 오르내리다가 뮤즈 여신이 자기 몸속에 시심을 불어넣는 꿈을 꾸었다. 이리하여 그는 시를 쓰며 노래하고, 음악 경연 대회에서 우승을 하기도 하고,[6] 어떤 이가 전한 말에 의하면 호메로스에게서 직접 상을 받기까지 했다고 한다.[7]

여느 그리스 청년들처럼 그 또한 놀라운 신화 이야기를 좋아해『신통기(神統記)』, 즉 신들의 계보를 썼다.* 이 계보에 관해서는 앞뒤가 서로 맞지 않는 구절들이 수없이 전해 온다. 역사에서 왕의 계보가 절대 중요하듯 종교에 있어서도 신의 계보가 정말 중요하다. 우선 그는 뮤즈 여신에 대해 노래했는데, 이들은 헬리콘 산에서 이를테면 그의 이웃이었기 때문이다. 그는 활기찬 상상력으로 뮤즈 여신들이 산허리를 "섬세한 발걸음으로 춤추며 다니고", 히포크레네 샘에서 "그 부드러운 살결을 씻는" 모습을 볼 수 있었다.[9] 그다음 그는 올림포스 산이 비좁아질 때까지 신이 어떻게 신을 낳았는가 하는 등의 세계의 창조라기보다는 탄생에 대해 묘사한다. 애초에 혼돈의 신 카오스가 있었고, "다음 모든 신들의 영원한 안전 무대인 넓은 가슴의 대지"가 있었다. 그리스 종교에 따

---

* 저자가 헤시오도스라는 사실에 의문을 품었던[8] 서기 2세기경의 일부 보이오티아 지식인을 제외한 모든 고전 시대인이 이 사실을 굳게 믿었다.

르면 신들은 대지 위나 안에 살았고, 언제나 인간들 가까이 있었다. 그다음 지하의 신 타르타로스가 등장했고, 그 뒤를 이어 신들 가운데 가장 아름다운 사랑의 신 에로스가 등장한다.[10] 카오스가 어둠과 밤을 낳았고, 이들이 정기(精氣, Ether)와 낮을 낳았다. 대지는 산과 하늘을 낳았고, 하늘과 대지가 결합해 바다인 오케아노스를 낳았다. 우리 시대는 이들 명칭에 대문자를 사용하지만, 헤시오도스 시대 그리스어에는 대문자가 없었다. 주지하다시피 그가 말하고 싶었던 것은 처음에 혼돈이 있었고, 그다음에는 대지가, 또 그다음에는 대지의 내부가 있었으며, 밤과 낮과 바다가 있었고, 욕망이 만물을 낳았다는 것이었다. 아마 헤시오도스는 뮤즈 여신에 의해 감동받아 추상적인 것을 시로 인격화한 철학자였던 것 같다. 1~2세기 후 시칠리아에서 엠페도클레스가 이와 동일한 기교를 부렸다.[11] 이런 종류의 신학은 이오니아인이 자연 철학으로 나아가는 첫걸음에 지나지 않았다.

헤시오도스의 신화는 괴물과 피로 뒤범벅이 되어 있고, 신학적 포르노 문학에 전혀 거리낌이 없다. 하늘(우라노스(Uranus))과 대지(게(Ge) 또는 가이아(Gaea))가 결합해 티탄족을 낳았고, 이들 중 일부는 쉰 개의 머리와 백 개의 손을 하고 있었다. 우라노스는 이들을 좋아하지 않아 음산한 타르타로스에 가두었다. 하지만 대지가 이에 분개해 티탄들에게 그들의 아비지를 살해할 것을 권한다. 티탄 중 하나인 크로노스가 이 일을 떠맡는다. 그러자 "거대한 게(Ge)가 기뻐하고 그를 매복시킨 다음 그의 손에 톱니 달린 낫을 들리고 모든 계책을 알려 주었다. 그다음 광활한 하늘이 등장하고, 그와 함께 밤(에레보스(Erebus))이 따라와 사랑을 갈망하며 대지를 둘러싸고 사방에 퍼졌다." 바로 그때 크로노스가 그의 아버지를 공격하고 시신을 바다에 던졌다. 대지 위에 떨어진 핏방울에서 복수의 여신 퓨리스가 나왔고, 시신이 바다 위에 떠 있을 때 주변에 생긴 거품에서 아프로디테가 나왔다.[12]* 티탄들이 올림포스 산을 장악하고 하늘 – 우라

---

* 아프로스(aphros)에서 거품(foam)이 유래한다. 마지막 음절은 불확실한 파생어다.

노스를 폐위시킨 후 크로노스를 옥좌에 앉혔다. 크로노스는 누이 레아와 결혼하지만, 그의 부모 대지와 하늘이 그가 자기 아들들 중 한 명에 의해 폐위될 것이라고 예언한다. 이에 크로노스는 자기의 모든 아들을 집어삼키고, 레아는 크레타에서 은밀히 제우스를 해산한다. 성인이 된 제우스가 크로노스를 폐위시키고 삼킨 자식을 모두 토해 내게 한다. 제우스는 티탄들을 대지 안으로 다시 던져 넣는다.[13]

헤시오도스에 의하면 이것이 바로 신들의 탄생과 생활 방식이었다. 여기에 또한 선견지명이 있고 불을 가져온 프로메테우스에 대한 이야기가 있다. 또한 지루할 정도로 장황하게 신들의 간통 사건이 소개되는데, 이로 인해 메이플라워호에 탄 미국인들처럼 수많은 그리스인들이 자신들의 계보를 신에게까지 거슬러 올라갈 수 있게 해 주었다. 간통이 이처럼 재미없을 수 있다는 것은 누구도 예상치 못했을 것이다. 이들 신화 중 얼마만큼이 원시적이며 야만적인 문화에서 나온 민간전승이고, 얼마만큼이 헤시오도스의 창작인지는 확인할 길이 없다. 이들 내용 중 거의 대부분이 호메로스의 믿을 만한 글 속에 언급되어 있지 않다. 이 이야기들로 인해 철학 비평 및 윤리적 성숙기에 올림포스 신들이 어느 정도 불명예를 안게 된 것은 이 아스크라 출신 시인의 우울한 상상 때문이었을 수 있다.

온 세상이 헤시오도스의 작품으로 인정하는 유일한 시에서 그는 올림포스 산에서 평원으로 내려와 활기찬 농경 시로 농부의 생활을 노래한다. 「일과 나날」은 시인의 형제 페르세우스에 대한 긴 책망과 조언의 형태로 진행된다. 페르세우스라는 인물은 얼마나 이상하게 그려져 있는지 단지 문학적인 장치에 지나지 않을지도 모른다. "이제 선한 뜻으로 말하겠다. 참으로 어리석은 페르세우스여."[14] 이 페르세우스란 인물은 헤시오도스의 상속 재산을 속여 빼앗았다고 전해진다. 이제 시인은 노동의 존엄성에 대해서는 역사상 최초의 설교로 악덕과 사치스러운 안일보다 정직과 근면이 얼마나 지혜로운지 역설한다. "보라, 그대는 쉽사리 그것도 아주 많이 악덕을 선택할지 모른다. 그 길이 평탄하고 아주 가까이 놓여 있기 때문에. 그러나 영원한 신은 재능 앞에 근면한 땀을 두었다. 거기로 향하는 길은 멀고 험하며 처음에는 힘들게 보일 수도 있다. 하지만 그대가 높은 곳에 이르면, 전에는 그토록 힘들었지만 그다음은 정말 쉬워진다."[15] 이렇게 시인은 근면한 농사 규칙을 정하고 경작하며 심고 거두기에 알맞은 날짜를 알려 주지만, 표현이 다소 거칠어 베르길리우스가 완벽한 시로 다듬는다. 그는 페르세우스에게 여름철에 과음하거나 겨울철에 옷을 얇게 입지 말라고 경고한다. 그는 보이오티아의 쌀쌀한 겨울 풍경을 이렇게 묘사한다. "날카롭게 파고드는 공기가 수소의 살을 에우고", 바다와 강은 북풍에 요동하고, 울부짖는 숲과 놀란 소나무들, 짐승들은 "흰 눈을 피해" 두려워하며 우리와 마구간으로 모여든다.[16] 그러므로 잘 갖추어진 오두막은 얼마나 포근하며 용기 있고 세심한 노고에 대한 적절한 보상인가! 폭풍우가 몰아쳐도 집안일은 계속된다. 이때 아내는 진정한 남편의 내조자가 되고, 자기로 말미암은 시련을 보상한다.

헤시오도스는 내조자에 대해 분명한 태도를 취하지 못한다. 그는 독신자거나 홀아비였음에 틀림없다. 누구도 아내가 살아 있는데 여성에 대해 그토록 신랄하게 말하지 않을 것이기 때문이다. 단편적으로 전하는 『신통기』 끝 부분에서 시인은 기사도적인 대도로 여성들의 목록을 기록하고, 여자 영웅들이 남자들만큼이나 많았고 대부분의 신들이 여신이었던 시대의 전설에 대해 자세히 얘기한다. 하지만 두 개의 주요 작품에서 그는 어떻게 모든 악이 아름다운 판도라를 통해 인간에게 전해졌는지 냉정하게 말한다. 프로메테우스가 하늘에서 불을 훔친 사실에 화가 난 제우스는 신들에게 남자에게 주는 그리스식 선물로 여자를 만들게 한다. 그는

헤파이스토스에게 최대한 빨리 대지와 물을 섞게 하고 거기에 인간의 목소리와 힘을 부여해 생김새가 불멸의 여신들과 흡사하게 생긴 아름답고 사랑스러운 처녀를 만들어 냈다. 그다음 아테나로 하여금 아주 정교하게 직물 짜는 법을 여자에게 가르치게 하

고, 아름다운 아프로디테에게 여자의 머리 주변에 우아함과 고통스러운 욕망, 사지를 피곤하게 하는 근심을 붓게 했다. 전령사 헤르메스에게는 개 같은 마음과 간사한 습성을 여자에게 심어 주게 했다. …… 신들은 제우스의 명에 따랐고 …… 신들의 사자는 그녀 안에 매력적인 음성을 불어넣고, 제우스는 이 여자를 판도라라 불렀다. 올림포스 궁전에 사는 모든 신이 그녀에게 한 가지 선물을 주었는데, 그것은 창의력 풍부한 인간들에게는 화가 되었다.[17]

제우스는 판도라를 에피메테오스에게 선사했고, 에피메테오스는 신들로부터 절대 선물을 받지 말라는 형제 프로메테우스의 경고를 들으면서도 이번 딱 한 번만 아름다움에 양보할 수도 있지 않겠느냐고 생각했다. 프로메테우스는 에피메테오스에게 신비의 상자를 남기면서 어떤 일이 있어도 열지 말라고 지시했다. 호기심에 굴복한 판도라가 상자를 열자 1만 가지의 악이 상자 밖으로 튀어나와 인간을 해치기 시작하고 희망만이 상자에서 나오지 못했다. 헤시오도스는 판도라로부터 "부드러운 족속, 여성이 시작되었다. 그녀에게서 유해한 인종이 시작되었다. 엄청난 고통을 안겨 주는 여자라는 종족이 남자와 동거하면서 애처롭게 궁핍한 내조자가 아니라 물릴 정도로 탐욕스러운 내조자가 되었다. …… 이렇게 제우스는 유한한 인간에게 악으로서 여성을 주었다."[18]

하지만 갈피를 잡지 못하는 시인은 말한다. 아, 독신주의는 결혼만큼이나 나쁜 것이다. 외롭게 늙어 가는 것은 비참한 일이고, 자녀 없이 죽으면 그 재산은 친척에게 돌아갈 뿐이다. 그러므로 결국 남자는 결혼하는 편이 낫다. 그러나 30세 이전에는 안하는 것이 좋겠다. 또한 자녀를 갖는 편이 좋다. 하지만 재산이 나뉘지 않으려면 한 명 이상은 곤란하다.

성인의 긍지가 완전한 성숙함으로 관을 쓰면,
그대를 따르는 신부를 그대 집으로 이끌어 오라.
결혼하기에 가장 알맞은 시기는 30세로,

너무 모자라서도 너무 지나쳐서도 안 된다.

순결한 처녀를 선택해

유순한 그녀의 가슴에 이 지혜로운 사랑으로 각인시켜라.

아는 이웃 처녀가 그대 짝이 되리라.

그러니 신중한 눈길로 주위를 조심스레 둘러보라.

선택에 경솔함이 보이지 않고

이웃의 유쾌한 조롱거리가 되지 않도록.

정숙한 마음의 사랑스러운 여인,

신은 이보다 더 좋은 선물을 주지 않았다.

그대가 천하고 쾌락만 즐기려는 짝을 맞을 운명이라면

이보다 불행한 일은 없으리라.

이런 여인은 물질에만 관심을 기울일 뿐 어떤 감동도 주지 않고,

그대를 근심으로 뼈가 마르게 할 것이다.

그대의 강인한 뼈가 녹아

꽃다운 나이가 채 피기도 전에 시들어 버리리라.[19]

헤시오도스는 이렇게 타락하기 전의 인산은 이 낭에서 오랜 세월 행복하게 살았다고 말한다. 처음 신들은 크로노스 시대(베르길리우스의 사투르누스 왕국)에 황금 종족을 만들었다. 이들은 신으로서 아무런 수고나 염려 없이 살았다. 땅은 저절로 이들에게 먹을 것을 부족함 없이 내주었고 많은 가축 떼도 먹여 살렸다. 이들은 오랜 세월 잔치를 즐기며 절대 나이도 먹지 않았다. 마침내 죽음이 찾아왔을 때도 이들은 아무 고통이나 꿈도 없이 잠드는 것처럼 죽음을 맞았다. 한편 신들은 특유의 변덕으로 은(銀) 종족을 만들었다. 이들은 황금 인종보다 훨씬 열등했고 성장하는 데 한 세기나 걸렸으며, 짧고 고통스러운 성숙기를 살다가 죽었다. 제우스는 다음으로 청동 종족을 만들었다. 이들은 수족과 무기, 집이 모두 놋쇠였으며, 서로 수없이 전쟁을 벌여 "암울한 죽음이 이들을 뒤

5장 아테네

덮고 밝은 햇빛을 보지 못했다." 제우스는 또다시 영웅 종족을 만들었고, 이들은 테베와 트로이에서 전쟁을 치렀다. 이들은 죽음과 함께 "복락의 섬에서 아무 염려 없이 살았다." 마지막으로 가장 열등한 철 종족이 등장했는데, 이들은 천박하고 부패하고 빈궁하고 포악했으며 낮 동안은 수고하고 밤에는 가련한 신세로 지냈다. 부모 얼굴에 먹칠하고 신에게 불경하고 인색했으며, 게으르고 가식적이고 서로 다투고 뇌물을 주고받고 불신하고 중상하고 가난한 자들을 압제했다. 헤시오도스가 외친다. "만약 이 시대에 태어나지 않았다면, 그 전후(前後) 시대에 태어났을 텐데!" 그는 제우스가 곧 이 철 종족을 땅 밑에 묻어 버리기를 소망한다.[20]

 이것이 바로 헤시오도스가 자기 시대의 빈곤과 불공평을 설명하는 역사 신학이다. 이들 해악을 그는 보고 느꼈던 것이다. 반면 시인들이 영웅과 신들로 가득 채운 과거는 이 시대보다 더 고상하고 사랑스러웠던 게 분명하다. 확실히 인간은 그가 보이오티아에서 알았던 농부들처럼 항상 가난하고 고통스러워하며 초라했던 것은 아니었다. 그는 자기 계층의 약점이 자기 관점에 얼마나 깊숙이 개입되어 있으며, 인생과 노동, 남녀에 대한 자신의 견해가 얼마나 편협하고 세속적이며 영리적이기까지 한지 깨닫지 못한다. 호메로스가 그린 인간사는 죄악과 공포도 있었지만 장엄하고 숭고하기도 했다. 이에 비하면 얼마나 엄청난 타락인가! 호메로스는 시인이었고 하나의 감동적인 아름다움이 수많은 죄악을 사한다는 것을 알았다. 헤시오도스는 아내로 말미암은 손실을 못마땅해하고 남편과 같은 식탁에 감히 앉으려 하는 여자의 불경함을 투덜댄 농부였다.[21] 거칠고 솔직한 헤시오도스를 통해 초기 그리스의 추악한 사회 기반을 볼 수 있다. 다름 아니라 귀족과 왕의 화려함과 전쟁놀음은 바로 노예와 소농들의 힘겨운 고생과 가난을 통해 이루어졌던 것이다. 호메로스는 귀족과 귀부인을 대상으로 영웅과 왕을 노래했다. 반면 헤시오도스는 왕에 대해서는 전혀 몰랐다. 그는 평민의 삶을 노래했고 그에 따라 가락을 맞추었다. 그의 시에서 농민의 불만 소리가 덜거덕덜거덕 들려오고, 아티카에서의 솔론의 개혁과 페이시스트라토스의 참주정을 예감하게 한다.*

 펠로폰네소스처럼 보이오티아에서도 토지는 마을이나 그 주변에 거주하는 부재 귀족들의 소유였다. 가장 번성한 도시들은 코파이스 호수 주변에 세워졌다. 이 호수는 지금은 말라 버렸지만 한때는 관개 수로와 운하가 복잡하게 갖추어져 있었다. 호메로스 시대 후반, 이 매혹적인 지역은 에피로스의 보이온 산에서 이름을 따고 그 부근이 고향인 민족의 침공을 받았다. 그들은 카이로네아(이 부근에서 마케도니아의 필리포스가 그리스를 완전히 복속시켰다.)와 미래의 수도인 테베, 그리고 마침내는 옛 미니아인의 수도인 오르코메노스를 점령했다. 고전 시대에 이들 및 다른 도시들은 테베의 영도 아래 보이오티아 동맹을 결성하는데, 이 동맹의 공동 관심사는 매년 선출되는 최고 행정관들이 처리했고 사람들은 코로니아에서 범(汎)보이오티아 제전을 개최했다.

 프랑스인이 영국인을 그렇게 생각한 것처럼, 아테네인들은 보이오티아인을 둔하다며 비웃고 그 원인을 과식과 다습하고 안개 낀 기후에 있다고 보았다. 여기는 일면 진실이 담겨 있는데, 보이오티아인은 그리스 역사상 호감이 가지 않는 역할을 맡았던 것이다. 예를 들어 테베는 페르시아 침략자를 도와 아테네인 편에서 볼 때 수 세기 간 가시 같은 존재였다. 그러나 그 반대쪽에는 용감하고 충직한 플라타이아인, 묵묵히 할 일을 하는 헤시오도스와 활짝 기개를 펼치는 핀다로스, 귀족적인 에파미논다스와 참으로 매력적인 플루타르코스가 있었다. 우리는 아테네인의 경쟁자들을 아테네인의 시각으로만 봐서는 안 된다.

---

* 역사는 헤시오도스의 죽음에 대해 침묵한다. 전승에 의하면 그는 80세의 나이에 클리메네라는 처녀를 꾀었고, 그녀의 오라비가 그를 죽이고 시체를 바다에 던졌으며, 클리메네는 그의 아들 서정 시인 스테시코로스를 낳았다고 한다. 하지만 스테시코로스는 시칠리아에서 태어났다.[22]

2. 델포이

플루타르코스의 도시 카이로네아에서 여행자는 끊임없이 생명의 위협을 느끼며 10여 개의 산을 넘어 포키스로 들어서, 파르나소스 경사지 위에 자리한 성스러운 도시 델포이에 도착한다. 300여 미터 아래 크리사이아 평원이 만여 그루 올리브 나무의 은빛 잎사귀로 빛을 발하며 펼쳐져 있고, 150여 미터 더 아래로 내려가면 코린토스 만의 입구가 나타난다. 매혹적일 정도로 잔잔한 바다에는 저 멀리서 배들이 위풍당당하게 움직이고 있다. 저 멀리 반대편에는 지는 태양에 기품 있는 자줏빛 옷을 두르고 또 다른 산맥들이 뻗어 있다. 길이 굽어지면 깎아지른 벼랑 협곡 사이에 끼인 카스탈리아 샘이 나타난다. (사족으로 덧붙여진) 전설에 의하면 이 산정에서 델포이 시민들이 방랑하던 이솝을 내던졌고, 역사에 따르면 여기서 포키스 사람 필로멜로스가 제2차 신성(神聖) 전쟁에서 로크리스인들을 격퇴했다고 한다.[23]* 위쪽으로는 헬리콘 산에 싫증 난 뮤즈 여신들이 거주한 파르나소스의 쌍봉이 있다. 구부러진 산길로 160킬로미터쯤 올라간 다음, 안개 자욱한 산정과 햇빛에 비친 바다 사이 암반에 위치하고 사면이 아름다움과 두려움으로 휘감긴 산기슭에 선 그리스인들은 이 암반 아래에 무시무시한 신이 산다는 것을 믿어 의심치 않았다. 이곳에서는 몇 번이나 지진이 발생해, 약탈자 페르시아인들, 한 세기 후 또 다른 약탈자 포키스인들, 그리고 또다시 한 세기가 지난 후 침략한 약탈자 갈리아인들을 모두 놀라게 했다. 이 지진이야말로 성소를 보호하던 신이었던 것이다. 그리스 전승을 끝까지 거슬러 올라가면, 예배자들이 골짜기 사이를 지나는 바람과 땅에서 분출하는 가스에서 신의 음성과 뜻을 발견하기 위해 여기 모였다고 한다. 가스가 분출하는

---

*그리스인들은 아폴론 신전의 수입을 놓고 두 차례 신성 전쟁을 치른다. 첫 번째는 기원전 595~585년에 남부 그리스인들이 자신들의 항구를 지나 델포이로 가는 순례자들로부터 통행세를 거둬들인 이웃 키라인들을 격퇴한 전쟁이다. 다음 기원전 356~346년에는 마케도니아 필리포스 왕의 지휘 아래 그리스 연합군이 델포이를 점령하고 신전 기금을 유용하던 포키스인들을 축출했다. 첫 번째 전쟁은 델포이를 중립 지역으로 만들고 피티아 제전을 수립했으며, 두 번째 전쟁은 마케도니아의 그리스 정복을 초래했다.

틈새를 덮다시피 하는 거대한 암석들은 그리스인들에게 그리스의 중심이었고, 따라서 그들이 그렇게 부르듯 옴팔로스(omphalos), 즉 세계의 배꼽이었다.

이 배꼽 위에 그리스인들은 오랜 옛날에는 어머니 대지 가이아에게, 후일에는 가이아의 빛나는 정복자 아폴론에게 바치는 제단을 세웠다. 한때 무시무시한 뱀이 이 골짜기에 사람들이 근접 못하도록 지키고 있었다. 포이보스가 화살로 뱀을 쏘아 죽였고, 델포이의 아폴론 신 포이보스가 이 신전의 우상이 되었다. 이전 신전이 화재로 소실되자(기원전 548년), 아테네에서 추방된 귀족들인 부유한 알크마이온의 후손들이 그리스 전역에서 모인 기부금과 자신들의 돈을 합해 신전을 재건했다. 그들은 이 신전 외관을 대리석으로 입히고 도리스식 주랑으로 건물을 둘렀으며 내부는 이오니아식 주랑으로 받쳤다. 이전 어느 때도 이처럼 웅장한 신전이 없었다. 경사지에 난 신성한 길을 따라가면 성소로 인도되고, 모든 계단이 조각상과 주랑 현관, 보고(寶庫)로 꾸며져 있었다. 이 보고들은 그리스 도시들이 자금을 보관하거나 신들에 대한 개인 헌물을 보관하기 위해 거룩한 구역(올림피아, 델포이 또는 델로스)에 세운 신전 모형이었다. 마라톤 전투가 있기 백 년 전, 코린토스와 시키온이 델포이에 이런 보고를 세웠고, 이후에는 아테네와 테베, 키레네가 경쟁적으로 세우고 크니도스와 시프노스가 훨씬 능가하는 보고를 세웠다. 그리스 희곡이 그리스 종교의 일부라는 사실을 상기시키려는 듯 극장이 이들 한가운데 파르나소스 전면에 들어섰다. 무엇보다 멋진 건물은 경기장으로 여기서 그리스인들은 건강과 용기, 아름다움과 젊음에 경배했다.

상상력을 동원해 아폴론 제전이 열렸던 때의 장면을 그려 본다. 열렬한 순례자들이 성도(聖都)로 향하는 길에 운집해 있고, 늘어선 여관과 막사가 혼잡을 이루며 붐비고, 약삭빠른 장사꾼들이 제품을 늘어놓은 노점들 사이를 반은 호기심 반은 회의적인 눈길을 보내며 지나가고, 아폴론 신전으로 향하는 종교 행렬이나 희망을 품은 순례 행진에 묻혀 올라가고, 신전 앞에 준비해 온 헌물이나 제물을 바치고, 찬가와 기도를 올리고, 극장에 주눅 든 모습으로 앉았거나,

500계단쯤 올라가 피티아 제전을 관람하고 산과 바다를 경이롭게 바라본다. 한때 삶이 그렇게 열정적으로 이 길을 지나갔다.

3. 소규모 국가들

그리스 본토 서부 지역의 사람들은 그리스 역사 전반에 걸쳐 전원적이며 종속적인 삶에 만족했으며 오늘날도 마찬가지다. 로크리스, 아이톨리아, 아카르나니아 및 아이니아니아 사람들은 거의 원시적인 삶을 살았고, 더욱 빨라지는 교통과 교역의 물결에서 너무 멀리 떨어져 있어 문학이나 철학, 예술을 위한 시간 및 기술적 여유를 가지지 못했다. 아티카에서 그렇게 중시된 경기장이나 극장조차 이곳에는 찾아보기 힘들었다. 신전 또한 소박한 마을 사당에 불과해 어떤 민족 정서도 불러일으키지 못했다. 오랜 시간 간격을 두고 로크리스의 암피사, 아이톨리아의 나우팍토스, 한때 멜레아그로스가 아탈란타와 함께 멧돼지 사냥을 했던 칼리돈 등 소소한 소도시들이 생겨났다.* 칼리돈 근처 서쪽 연안에는 마르코 보짜리스(Marco Bozzaris)가 싸움을 하고 바이런(Byron)이 사망한 현대적인 도시 메솔롱기온 또는 미솔롱기가 자리 잡고 있다.

아카르나니아와 아이톨리아 사이에는 헬라스에서 가장 큰 강 아켈로우스가 흐른다. 상상력이 풍부한 그리스인들은 이 강을 신으로 숭배하며 기도와 제물로 달랬다. 에피로스에 있는 이 강의 수원 근처에 스페르케오스 강이 흐르고, 소국 아이니아니아의

---

* 야생 멧돼지가 칼리돈의 평원을 황폐화시켜 칼리돈 왕 오이네우스의 아들 멜레아그로스가 테세우스, 카스토르, 폴룩스, 네스토르, 이아손, 아리땁고 발 빠른 아탈란타의 도움을 입어 사냥꾼들을 모았다. 멧돼지의 공격으로 몇몇 영웅은 죽음을 당했지만, 아탈란타가 멧돼지를 쏘았고 멜레아그로스가 죽였다. 아탈란타는 그녀가 사는 아르카디아의 고향에서 수많은 구혼자들에게 시달린 끝에 자기보다 빨리 뛸 수 있는 사람이라면 누구하고든 결혼하겠다고 했다. 하지만 시합에서 지는 사람은 목숨을 내놓아야 했다. 히포메네스가 달리면서 아프로디테가 준 헤스페리데스의 황금 사과들을 떨어뜨림으로써 이겼다. 아탈란타가 사과를 주우려다가 경주에 지고 말았던 것이다. 아탈란타에 대한 멜레아그로스의 은밀한 사랑과 그의 비극적인 죽음에 대해서는 스윈번(Swinburne)의 「칼리돈의 아탈란타」에 잘 소개되어 있다.

제방을 따라 호메로스 이전 시대 아카이아인이 한때 살았다. 이들은 헬레네스(Hellenes)라 불린 작은 부족으로 이 이름이 전 그리스인들에 의해 즉흥적으로 자신들의 명칭으로 채택되었다. 동쪽으로 "뜨거운 문(門)"이라 불린 테르모필라이가 있다. 여기에 유황 온천이 있고, 산맥과 말릭 만 사이 북에서 남으로 협소한 통로가 전략적으로 중요한 구실을 하며 나 있어서 이렇게 불렸다. 그다음 오트리스 산을 넘어 아카이아 프티오티스를 지나면 테살리아의 광활한 평원에 들어서게 된다.

이곳 파르살로스에서 카이사르의 기진맥진한 군대가 폼페이우스군을 물리쳤다. 그리스 어느 지역도 테살리아처럼 곡식이 풍부하지 않았고 말의 품종이 우수하지 못했으며 예술이 그렇게 빈약하지 않았다. 양 사방 강들이 페네오스 강으로 모여들었고, 이 나라 남쪽 경계에서 북쪽 산맥 하부까지 비옥한 충적토가 형성되었다. 이 산악 지대를 통해 페네오스 강이 테살리아를 지나 트라키아 해로 길을 내며 흘러간다. 페네오스 강은 오사와 올림포스 산정 사이로 템페('깎아지르다'는 뜻) 계곡을 형성하고, 약 6킬로미터에 걸쳐 300여 미터 높이의 가파른 절벽이 이 성난 강 물결을 병풍처럼 두르고 있다. 이 거대한 강들을 따라 페라이, 크란논, 트리카, 라리사, 기르톤, 엘라테아 등 많은 도시들이 자리 잡고 있으며, 이 도시들은 봉건 귀족들이 농노의 노동에 의지해 통치하고 있었다. 최북단에는 그리스 산들 중 가장 높고 올림피아 신들의 고향이기도 한 올림포스 산이 있다. 북쪽과 동쪽 경사지에는 뮤즈들이 헬리콘 산으로 옮겨 가기 전 머물렀던 피에리아가 있다.* 만을 따라 남쪽으로 마그네시아가 펼쳐지고, 오사에서 펠리온에 이르기까지 온통 산들로 뒤덮여 있다.

마그네시아 해협을 건너 수 킬로미터 지점부터 에우보이아 섬이 안쪽 만들과 바깥쪽 에게 해 사이에 있는 본토 해안을 따라 뻗어 있고, 칼키스의 반도를 축으로 보이오티아와 거의 연결되다시피 해 있다. 이 섬의 주축은 산맥으로 올림포스와 오사, 펠리온,

---

* 알렉산더 포프(Alexander Pope)는 자신의 철학 시에서 다음과 같이 현명한 조언을 남겼다. "부족한 지식은 위험하다. 피에리아 샘은 깊이 들이켜든지 아니면 맛보지도 말라."[24]

오트리스 산으로 이어지고 키클라데스 제도로 끝난다. 해안의 평원들은 도리스인이 침략했을 때 아티카의 이오니아인들을 유혹하고, 기원전 506년 피라이오스에서 봉쇄당하면 에우보이아의 곡식이 끊어져 굶어 죽을 거라는 구실로 아테네인들이 정복에 나설 정도로 비옥했다. 부근의 구리와 철 매장지, 적자색 조개가 풍부한 언덕들은 칼키스에 부와 명성을 가져다주었다. 한동안 에우보이아는 그리스 야금업의 주요 중심지로 비교 대상이 없이 탁월한 품질의 검과 청동 화병을 생산했다. 그리스 최초의 화폐 주조에 힘입어 칼키스로부터 확산된 에우보이아의 교역이 시민들을 부유하게 하고 트라키아와 이탈리아, 시칠리아 등지에 상업 식민지를 세웠다. 에우보이아의 도량형 제도는 그리스에서 거의 보편적으로 적용되었고, 에우보이아의 식민지인 이탈리아 쿠마이에 의해 칼키스 알파벳이 로마에 전해져 라틴어를 거치면서 현대 유럽의 알파벳으로 발전했다. 칼키스 남쪽 수 킬로미터 지점에 고대 시대의 경쟁자 에레트리아가 있었다. 이곳에 플라톤의 제자 메네데모스가 철학 학교를 세웠지만, 그 외에는 에레트리아도 칼키스도 그리스의 사상 및 예술에 선명히 이름을 남기지 못했다.

기원전 411년에 지어진 목재 다리를 통해 여행자는 칼키스에서 에우리포스 해협을 건너 보이오티아로 다시 들어선다. 보이오티아 연안 수 킬로미터 남쪽에 아울리스라는 소도시가 있고, 여기서 아가멤논은 신들에게 자기 딸을 희생 제물로 바쳤다. 이 지역에 한때 그라이(Graii)라는 별로 중요하지 않은 종족이 살았는데, 이들은 에우보이아인들과 연합해 나폴리 부근 쿠마이에 식민지를 세웠다. 이들의 이름을 따 로마인들이 자신들이 만나 헬라스인들을 그라이키(Graici), 즉 그리스인이라 이름 붙였고, 이런 연유로 헬라스인은 결코 스스로에게 붙이지 않았던 이름으로 전 세계인들에게 알려지게 된다.[25] 더 남쪽에 타나그라가 있다. 기원전 500년경에 이곳 여류 시인 코린나는 핀다로스로부터 우승 상을 받았고, 기원전 5세기와 4세기에 이곳 도공들은 역사상 가장 유명한 소상(小像)들을 제작했다. 다시 남쪽으로 8킬로미터 정도 가면 드디어 아티카에 도착한다. 파르네스 산 정상에 서면 아테네의 언덕이 바라보인다.

4. 아티카

1. 아테네의 배경

이제 분위기가 사뭇 달라져 보인다. 깨끗하고 날카로우며 밝은 분위기가 느껴진다. 여기서는 매년 300일이나 청명한 날씨를 만끽할 수 있다. 즉시 "아테네의 깨끗한 공기가 아티카인들의 예리한 정신에 기여했다."라고 말한 키케로의 말이 떠오른다.[26] 아티카에서는 가을과 겨울에 비가 내리고, 여름에는 거의 내리지 않는다. 안개는 드물게 낀다. 아테네에서 눈은 일 년에 한 차례 정도만 내리고 주변 산꼭대기에는 일 년에 네다섯 차례 내린다.[27] 여름철은 덥고 건조하지만 견딜 만하고, 오랜 옛날에는 저지대의 말라리아성 습지가 건강한 공기를 손상시켰다.[28] 아티카의 토양은 척박하고 거의 전 지역에 걸쳐 암석이 표면 가까이 자리 잡고 있어, 농업을 가장 단순한 생필품을 위한 지루한 투쟁이 되게 한다.* 오직 대담한 교역과 올리브와 포도를 재배하는 끈질긴 농경 문화가 아티카에서 문명이 일어나게 했다.

이런 불모의 반도에 그토록 많은 도시들이 일어났다는 사실이 더더욱 놀랍다. 도시들은 연안에 연이은 항만, 언덕 사이사이 모든 계곡 어디에나 있다. 활동적이고 진취적인 사람들이 신석기 시대 또는 그 이전부터 아티카에 정착했고, 펠라스기 - 미케네인과 아카이아인의 혼합 형태로 북쪽으로부터의 이주와 침공에 직면해 보이오티아와 펠로폰네소스에서 피난해 온 이오니아인들을 따뜻하게 맞으며 혼인 관계를 맺었다. 여기에는 원주민을 착취하는 외래 정복 민족이 아닌, 중간 체구에 검은 피부를 하고 오랜 옛날 헬라스 문명의 혈통과 문화를 직접 계승하고, 타고난 자질에 대해 대단한 자부심을 가지고[29] 반(半)야만적이고 시건방진 도리스인을 성소인 아크로폴리스에 접근 못하게 한 복합적인 지중해계 종족이 자리 잡고 있었다.[30]

---

* 투키디데스는 이렇게 말한다.(i, I) "아티카는 토양의 척박함 때문에 아주 먼 옛날부터 파벌(?)과 침공으로부터 자유로웠다."

이들의 사회 조직은 혈연관계로 구성되었다. 각 가족은 한 부족에 속했고, 부족 구성원들은 신격화된 동일 영웅을 조상으로 모셨으며, 같은 신을 섬겼고, 같은 종교 의식에 참가하고, 공통의 아르콘(통치자)과 재무 행정관을 두고, 특정 지역을 공유지로 삼고, 서로 간에 통혼 및 증여권을 행사했으며, 상호 부조와 복수 및 방위 의무를 함께하고, 마침내는 부족 매장지에 묻혔다. 아티카의 4개 부족 각각은 3개의 씨족 집단으로 구성되고, 각 씨족 집단은 30개의 씨족, 즉 겐테스(gentes)(게네(gene))로 이루어졌으며, 각 씨족은 30개 가족으로 구성되었다.[31] 이런 아티카 사회의 친족 구성은 군사 조직 및 동원에 이용되었을 뿐 아니라 옛 명문가의 씨족 중심 귀족 정치에도 한몫을 해 클레이스테네스는 민주정을 수립하기에 앞서 이들 부족을 재구성해야 했다.

아테네의 경우처럼 각 도시 또는 마을은 아마도 그 기원에 있어 씨족의 고향이었거나, 때로는 씨족이나 숭배하던 신 또는 영웅들로부터 이름을 따왔을 것이다. 보이오티아 동부 지역에서 아티카로 들어서는 여행자는 처음 오로포스에 도착하게 되는데, 그다지 호의적인 인상을 받지는 못한다. 오로포스는 변경의 소도시로 오늘날처럼 관광객에게 충격적으로 다가온다. 기원전 300년경 디카이아르코스(?)는 이렇게 말했다. "오로포스는 수전노 소굴이다. 이곳 세관 관리들의 탐욕은 상상을 초월하고, 그 사기 행위는 타고나 아주 만성적이다. 대부분의 사람들은 습성이 야비하고 잔인하다. 이들은 자기 동료들까지도 함부로 구타한다."[32] 오로포스에서 남쪽으로 가면 람노스, 아피드나, 데켈레이아(펠로폰네소스 전쟁 때의 전략 요충지), 아카르나이(아리스토파네스의 호전적인 평화주의자 디카이오폴리스의 고향), 마라톤, 브라우론 등의 도시들이 연이어 나타난다. 브라우론의 웅장한 신전에는 아르테미스의 조각상이 서 있는데, 이는 오레스테스와 이피게니아가 케르소네소스 타우리카로부터 가져왔으며, 이곳에서 4년마다 수많은 아티카인들이 브라우로니아의 경건과 방탕함, 즉 아르테미스의 축제에 참여했다.[33] 다음으로 프라시아이와 토리코스, 은이 풍부해 아테네 역사에 경제적·군사적으로 중요한 역할을 한 라우리온, 반도의 요충지이고 그 절벽에 선원들의 안내자이자 변덕이 죽 끓듯 한 포세이돈에 헌정된 아름다운 신전이 서 있는 수니온이 이어진다. 다음 서부 연안을 따라 올라가(아티카는 절반가량이 해안이고, 그 명칭이 바로 연안 지대라는 뜻의 악티케(aktike)에서 유래했다.) 아나플리스토스를 지나면 아이아스와 에우리피데스의 고향 살라미스 섬,* 그다음 데메테르와 그 신비로움으로 성별(聖別)된 엘레우시스가 나오고, 다시 피라이오스로 돌아가게 된다. 테미스토클레스로 인해 그 잠재성이 발휘되기 전까지 무시되었던 이 안전한 항구는 나중에 지중해 전역 물품의 집산지가 되어 아테네를 부강하게 한다. 척박한 토양, 인근 연안 및 수많은 항구의 지리적 특성이 아티카인을 교역에 나서도록 유혹하고, 그들의 용기와 창의성이 에게 해 시장을 장악했으며, 페리클레스 시대 아테네의 부와 권력, 문화는 바로 이런 상업 제국의 힘을 통해 이룩되었다.

2. 과두정하의 아테네

이들 아티카 도시들은 단순한 배경이 아니라 아테네의 구성원들이었다. 그리스인들의 신앙에 따라 어떻게 테세우스가 자비로운 "일가(一家)주의"를 통해 아티카인들을 하나의 중심지를 가진 하나의 정치 조직으로 결속했는지 앞에서 살펴보았다.** 피라이오스에서 8킬로미터쯤 떨어지고 히메토스, 펜텔리고스, 파르네스 등의 언덕이 모여 있는 곳에서 아테네는 역사가 유구한 미케네의 아크로폴리스를 중심으로 성장했다. 아티카의 모든 지주가 아테네 시민이었다. 옛 명문가들과 최대 토지 보유자들이 지배권을 휘둘렀다. 혼란이 위협할 때는 왕권을 인정했지만, 안정이 회복되어 평온해지면 그들은 중앙 정부에 대한 봉건 지배권을 들고 일어나곤 했다. 침략자 도리스인에 맞서 영웅적으로 헌신

---

* 아마도 페니키아인들에게 평화라는 의미의 'shalam'에서 유래된 듯하다.[34]
** 전승에 의하면 이 사건은 기원전 13세기의 일이었다. 그러나 아테네를 중심으로 한 아티카의 통합은 기원전 700년 이전에는 완료될 수 없었다. "호메로스 시대의" 「데메테르에 대한 찬가」가 이 무렵 지어졌고, 엘레우시스가 독자적인 왕을 보유한 것으로 언급되어 있기 때문이다.[35]

한 코드로스 왕이 죽자,* 그들은 누구도 그를 계승할 만한 자격에 미치지 못하므로 평생 임기가 보장된 아르콘으로 왕을 대체한다고 공표했다. 그들은 기원전 752년에는 아르콘의 임기를 10년으로, 기원전 683년에는 다시 1년으로 축소했다. 이후 그들은 직권을 아홉 명의 아르콘에게 나누어 주었다. 에포니모스(eponymos) 아르콘은 발생한 사건의 연도를 정하는 수단으로 해당 연도에 자기 이름을 부여했고, 바실레우스(basileus) 아르콘은 명목상 왕이었지만 실제로는 국가 종교 대표에 불과했다. 폴리마르코스(polemarchos)는 군 통치자였고, 여섯 명의 테스모테타이(thesmothetai)는 입법자들이었다. 스파르타와 로마에서처럼 아테네에서도 군주정의 전복은 평민을 위한 승리나 민주정을 향한 의도적인 진전이 아니었으며, 봉건 귀족의 정권 재탈환이었다. 이는 역사적으로 지방 분권적 권력과 중앙 집권적 권력이 반복 교체된 또 다른 한 예였다. 이렇게 오랜 기간에 걸쳐 단속적으로 전개된 정변에 의해 왕권은 모든 권력을 빼앗기고, 왕의 기능은 제사장 역할로만 제한되었다. '왕'이라는 용어는 고대 역사가 끝날 때까지 아테네 정체에 남아 있었지만 그 실체는 다시 회복되지 않았다. 그 명칭이 바뀌지 않고 남아 있을지라도 정치 조직은 위로부터 무난히 변경되거나 해체될 수 있다.

귀족적 과두주의자, 즉 명문가 소수 지배층은 거의 5세기 동안 아티카를 지배했다. 이들의 통치 아래 정치적으로 국민은 세 계급으로 나뉘었다. 말**을 보유한 히페스(hippes), 즉 기사 계급은 기병을, 한 쌍의 황소를 보유한 제우기타이(zeugitai), 즉 농민 계급은 중장비 보병을, 임금 노동자인 테테스(thetes), 즉 노동자 계급은 경장비 보병을 담당했다. 이 중 처음 두 계급만 시민으로 간주되었고, 그중에서도 기사 계급만 아르콘이나 판관, 제사장이 될 수 있었다. 임기를 마친 아르콘은 물의를 일으키지 않았다면 자동적으로 평생 불레(boule), 즉 원로원의 성원이 되었다. 이들은 아레오파고스, 즉 아레스의 언덕에서 시원한 저

---
* 전승에 의하면 이 전설적인 사건은 기원전 1068년에 있었다.
** 로마 시대의 'equites', 프랑스의 'chevaliers', 영국의 'cavaliers'의 경우처럼, 당시 신사 계층의 징표였다.

녁에 회동해 아르콘을 선출하고 국사를 의논했다. 군주정하에서도 이 아레오파고스의 원로원은 왕권을 제한했고, 이제 과두정하에서는 로마의 원로원처럼 최고 권력 집단이 되었다.[36]

경제적으로 국민은 다시 세 계층으로 나뉘었다. 최상층에는 귀족층이 있었는데 이들은 도시에서 비교적 사치스럽게 생활했으며, 노예와 소작인들이 지방에서 이들의 토지를 경작하고 상인들이 이들의 돈으로 장사해 수익을 내주었다. 그다음 부유층은 정식 노동자인 데미우르고이(demiurgoi)로 전문인, 장인, 상인, 자유 노동자 등이 이에 해당했다. 식민지 확장으로 새 시장이 개척되고 화폐 주조로 교역이 활성화됨에 따라 이 부상하는 계층은 폭발적인 힘을 발휘해 솔론과 페이시스트라토스 치세 때는 정부에서 한몫을 차지하고, 클레이스테네스와 페리클레스 치세 때는 그 영향력이 절정에 이르렀다. 대부분의 노동자는 자유민이었고, 노예는 하층에서도 아직 소수에 지나지 않았다.[37] 가장 빈곤한 계층은 게오르고이(georgoi)로, 문자 그대로의 뜻은 토지 노동자이고, 척박한 토지와 탐욕스러운 대부업자, 봉건 지주에 맞서 싸우며 약간의 토지가 있다는 것에 그나마 긍지와 위로를 삼았다.

이들 농민 중 일부는 한때 광활한 토지를 보유했지만, 이들의 아내가 토지보다 더 비옥했다. 세대기 지나면서 이들의 소유지는 자녀들에 의해 나뉘고 재분배되었다. 씨족이나 가부장적 가족의 재산 공유는 급속히 사라져 갔고, 울타리와 도랑 및 장벽이 경쟁적인 재산 사유 시대의 도래를 알렸다. 토지가 더 작아지고 시골 생활이 더 불확실해짐에 따라, 매매를 처벌하기 위해 벌금과 공민권 박탈이 시행되었음에도, 수많은 농민들이 토지를 팔고 아테네나 중소 도시로 진출해 상인이나 장인, 노동자가 되었다. 소유권 의무를 다하지 못한 이들은 귀족 영지의 소작인이 되거나, 헥테모로이(hectemoroi), 즉 물납(物納) 소작인이 되어 생산물 일부를 대가로 받았다.[38] 여전히 분투하던 이들은 높은 이율로 땅을 저당 잡혀 돈을 빌린 후, 그 돈을 갚지 못해 채권자들에게 토지를 압류당하고 농노처럼 일해야 했다. 저당권자는 빌린 돈을 갚을 때까지 토지 가(假)소유자로서 저당 잡힌 토지에 소유권을 표시한 석판을 세웠다.[39] 소규모 토지는 더 축소되었고 자유 농민 수가 줄어들었으며, 대지주의 토지는 더 넓어져 갔다. 아리스토텔레스는 "소수가 모든 토지를 점유하고, 농민은 지대와 부채를 갚지 못해 처자식과 함께 노예로 매매되기가 쉬웠다."고 말한다.[40] 물물 교환이 화폐 경제로 대체되고 해외 교역이 활성화됨에 따라 농민들은 더 피폐해져 갔다. 값싼 수입 식품에 의해 생산품 가격이 떨어진 반면, 구입 제품 가격은 자신이 어찌할 수 없는 힘에 의해 결정되었고 매 10년마다 영문도 모른 채 인상되었다. 흉년으로 많은 농민이 몰락하고 굶어 죽는 사람들도 있었다. 아티카의 빈농 문제는 너무나 심각해져 전쟁이 축복으로 여겨지기에 이르렀다. 전리품으로 더 많은 토지가 생길 것이고, 먹여 살릴 식구 또한 줄어들 것이기 때문이었다.[41]

한편 도시에서는 중산층이 법의 제지를 받지 않고 자유 노동자를 극빈 상태로 몰아가고, 이들을 점차 노예로 대체해 갔다.[42] 노동력이 너무나 싸 여유 있는 이들은 스스로 일하려 하지 않았다. 육체노동은 예속의 징조요 자유민이 종사할 만한 직업이 아니었다. 상인 계층의 증가하는 부를 시기한 지주들은 소작인이 식량으로 삼을 곡식을 해외로 수출했고, 마침내 채권법에 따라 아테네인 자신들을 매매하기에 이르렀다.[43]

한동안 사람들은 드라콘 법이 이런 사회악을 치유해 주기를 희망했다. 기원전 620년경 입법자들은 아티카에 질서를 회복시킬 법체계를 처음으로 성문화할 권한을 위임받았다. 그러나 우리가 이해하는 바에 따르면 이 법의 본질적인 진전은 온건한 형태로, 아르콘 자격을 신흥 부유층으로까지 확대하고 봉건적인 복수를 법으로 대체하는 데 있었다. 이후부터 아레오파고스 원로원이 모든 살인범을 재판하게 된다. 근본적이고 진보적인 변화는 거의 없었다. 드라콘이 법 집행을 위해 복수심에 불타는 사람이 스스로 복수하기보다 법에 맡기는 편이 더 확실하고 가혹한 방법이라는 것을 수긍하도록 자신의 법에 얼마나 엄격한 형벌을 더했던지, 그의 법 대부분이 솔론의 법으로 대체된 이후 그 법보다 가혹한 처벌 규정이 더 오래 기억되었다. 드라콘 법은 잔인한 방임적 봉건주의 관습을 고착화시켰으며, 채무자를 노예 제도에서 해방시키는 데도 기여하지 못했고, 강자에 의한 약자 착취를 완화시키지도 못했다. 비록 이 법이 약간의 공민권 신장을 가져오긴 했지만, 귀족 계급이 법정을 완전히 장악하고 자기 이해관계에 영향을 주는 모든 법과 논점을 자기 방식대로 해석하도록 방치했다.[44] 재산 소유자들은 과거 어느 때보다 열광적으로 보호받았다. 반면 가벼운 절도나 심지어 게으름까지도 시민의 경우에는 공민권 박탈, 기타 계층은 사형에 해당하는 형벌을 받았다.[45]*

7세기가 저물면서, 부자들이 합법적으로 자기를 지킬 수 있었던데 반해 가난한 자들은 기댈 데 없이 비통함만 더해 가 아테네에 혁명의 기운이 팽배해졌다. 평등은 자연의 법칙과 대치된다. 능력과 재능이 자유롭게 발휘되는 곳에서는 불평등이 자라 극한 빈곤으로 내달아 결국 내란으로 끝을 맺는다. 자유와 평등은 동료가 아니라 적이다. 불가피하게 부가 집중되어 치명적인 결과를 낳게 되는 것이다. 플루타르코스는 "부자와 빈자 간의 재산 불균형이 절정에 이르러 도시는 진정 위험한 상태에 처한 듯하다. 사회 불안을 피하기 위해서는 …… 전제 권력 외에 달리 방법이 없는 것 같았다."고 말한다.[46] 가난한 자들은 매년 정부와 군대를 지배자가 장악하고, 부패한 법정이 모든 문제들을 자신들에게 불리하게 결정하는 등 상황이 더 악화되는 것을 지켜보면서[47] 격렬한 반란과 부의 철저한 재분배에 대해 말하기 시작했다.[48] 법적으로 당연히 받아야 할 채무를 받지 못하고 자기 재산에 대한 도전에 화가 난 부자들은 옛 법에 호소하면서,[49] 재산뿐 아니라 모든 기존 질서와 종교, 문명을 위협하는 듯 보이는 폭도들을 힘으로 맞서려 했다.

3. 솔론의 혁명

역사상 종종 되풀이되는 것처럼 아테네에 있어 이토록 중대한 시기에 어떤

---

* "양배추나 사과를 훔친 이들은 신성 모독죄나 살인을 행한 악한처럼 처벌받았다." 플루타르코스, 『솔론』.

무력 조치나 혹독한 언사 없이 부자와 빈자 모두를 설득해 사회적 혼란을 방지할 뿐 아니라, 이후 전 아테네 역사를 위해 새롭고 더욱 관대한 정치적·경제적 질서를 수립할 수 있었던 인물이 등장한 것은 참으로 놀라운 일이다. 솔론의 평화로운 혁명은 역사상 고무적인 기적들 가운데 하나다.

그의 아버지는 순수한 혈통의 귀족이었고 코드로스 왕의 후손과 관련되었으며, 진정 그 기원이 포세이돈까지 거슬러 올라간다. 그의 어머니는 처음에는 솔론 법을 위반했지만 이후에는 오히려 공고히 한 페이시스트라토스의 모친과 사촌 관계였다. 청년 시절 솔론은 당대의 삶에 열심이었다. 시를 썼고, "그리스인의 우정"[50]에 대한 즐거움을 노래했으며, 또 한 명의 티르타이오스처럼 그의 시로 사람들을 선동해 살라미스 정복을 촉구했다.[51] 중년이 되자 그의 도덕심은 그의 시와 반비례해 진보를 보였다. 그의 시구는 단조로워졌지만 그의 조언은 탁월했다. 그는 "수많은 사람이 자격도 없으면서 부를 누리는 반면, 보다 우수한 이들이 빈곤에 시달린다. 하지만 우리 그대로의 모습을 그들의 소유와 바꾸지 않을 것이다. 전자는 계속 지속되지만, 후자는 이 사람 저 사람을 떠돌기 때문이다."라고 말한다. 부자의 부보다 "유일한 소유라고는 위장과 허파 그리고 발뿐이지만 고통 대신 기쁨을 안겨 주며 한껏 꽃피우는 청춘 남녀의 매력, 사계절 변화하는 인생과 영원히 조화를 이루는 삶이 훨씬 값어치 있다."[52] 아테네에 난동이 일어났을 때 그는 중립적인 태도를 취했는데, 마침 자신의 그 유명한 법이 이런 신중함을 범죄로 규정하기 전이었으니 여간 다행한 일이 아니었다.[53] 그러나 그는 부자가 대중을 극도의 빈곤에 처하게 한 수단에 대해 거침없이 비난했다.[54]

플루타르코스의 말에 의하면 솔론의 아버지는 "다른 이들에게 도움을 주느라 자기 영지를 황폐하게 했다." 솔론은 교역에 뛰어들어 크게 부를 축적함으로써 상인으로 성공하고 폭넓은 경험을 했다. 그의 삶은 자신의 설교만큼이나 훌륭했다. 그는 모든 계층으로부터 아주 성실하다는 평을 받았다. 기원전 594년, 아직 비교적 젊은 나이인 44세 또는 45세의 나이인 그에게 중산층 대표들이 표결로 명목상으로는 에포니모스 아르콘이지만 내란을 가라앉히고 새로운 정체를 수립하며 국가 안정을 회복시킬 독재 권력을 수락하도록 요청했다. 부자들의 보수주의에 기댄 상류층은 마지못해 동의했다.

그의 첫 조치는 단순하지만 철저한 경제 개혁이었다. 그는 토지 재분배에 대해서는 전혀 조치를 취하지 않아 극단적인 급진주의자들을 실망시켰다. 이런 시도는 내전과 한 세대에 걸친 혼란, 불평등의 급속한 재발을 의미할 것이기 때문이었다. 하지만 솔론은 그 유명한 세이사크테이아(Seisachtheia), 즉 무거운 짐 내려놓기를 통해, 아리스토텔레스에 의하면 "개인에게 대해서든 국가에 대해서든 기존의 모든 채무"를 말소시켜,[55]* 아티카 지역의 모든 저당권을 일격에 말소시켰다. 채무로 인해 노예가 되거나 예속되었던 모든 개인이 해방되었으며, 노예로 팔려 해외로 나갔던 사람들이 돌아와 자유의 몸이 되었고, 이후 이런 노예화는 금지되었다. 이는 자선 행위와도 같아서, 어떤 솔론의 친구들은 그의 채무 말소 계획을 눈치채고 대규모 토지를 저당 잡혀 돈을 빌린 후 갚지 않고 그 땅을 여전히 보유했다. 아리스토텔레스는 그의 문체상 아주 보기 드물게 재치 있는 표현으로 이것이 이후 "태곳적 옛날의 일이라 여겨진" 그 많은 부의 기원이었다고 말한다.[57] 상당한 채권자였던 그는 자신의 법에 의해 손해를 보았다는 사실이 밝혀질 때까지 이를 묵인해 이익을 보았다는 의심을 받았다.[58] 부자들은 그의 법이 사유 재산 몰수나 마찬가지라고 막무가내로 항의했지만, 10년 내에 여론은 이 조치가 아티카를 정변에서 구했다고 만장일치로 이야기했다.[59]

또 다른 솔론의 개혁에 대해서는 명확하고 확실하게 말하기 어렵다. 아리스토텔레스에 의하면 솔론은 페이돈의 도량형, 즉 그때까지 아티카에서 사용되던 아이기나 화폐를 "보다 넓은 지역에서 통용되던 에우보이아 체계로 대체하고, 70드라크마 가치의 미나(mina)**를 100드라크마 가치로 평가 절하했다.[60] 플

---

* 이는 개인적 노예 상태가 포함되지 않은 상업 채무에는 적용되지 않은 듯하다.[56]
** 아테네 동전의 가치에 대해서는 12장 3절 참조.

루타르코스의 좀 더 자세한 설명에 의하면 솔론은 "이전까지 73드라크마로 통용되던 미나를 100드라크마로 평가 절하함으로써 지불 시 액면가는 같지만 가치는 떨어지게 했다. 이는 큰 부채를 갚아야 하는 사람들에게 상당히 유리했고 채권자도 전혀 손해 보지 않았다."[61] 친절하고 관대한 플루타르코스만이 일종의 인플레이션을 고안해 채권자에게 손해를 입히지 않고 채무자를 구제할 수 있었을 것이다. 확실히 어떤 경우는 빵 절반 덩어리가 아무것도 없는 것보다 나은 것이 분명하지만 말이다.*

이런 경제 개혁보다 더 오랜 기간 지속된 개혁 조치는 솔론 법을 현실화시킨 역사적인 포고였다. 솔론은 정부 전복 기도자를 제외한 모든 정치범을 석방 또는 복권시키는 사면 조치로 이를 시작했다. 그는 직접적으로나 간접적으로 드라콘 법의 대부분을 폐기해 갔지만, 살인 관련 법만은 존속시켰다.[64] 솔론의 법이 차별 없이 모든 자유민에게 적용되었다는 점에서 그의 법은 본질적으로 혁명적이었다. 이제부터 부자와 가난한 자 모두 동일한 제재와 처벌을 받게 되는 것이다. 그의 개혁이 상공 계층의 지지에 의해 가능하고 이들이 정치에 있어 일정 부분 실질적인 권한을 행사함을 의미한다는 것을 인정하면서, 솔론은 아티카 자유민을 부에 따라 네 계급으로 나눴다. 첫째는 펜타코시오메딤니(pentacosiomedimni), 즉 500부셸(bushel) 소유자로 연 소득이 500 생산 단위나 그에 상당하는 이들이다.** 둘째는 히페스로 수입이 300~500 단위에 상당하는 이들이다. 셋째는 제우기타이로 그 수입은 200~300 단위다. 넷째는 테테스로 나머지 자유민 전체가 이에 포함되었다. 권한과 세금은 동일 비율로 결정되었

---

* 그로트(Grote)와 많은 이들이 플루타르코스의 견해를 솔론이 통화를 27퍼센트 평가 절하해 자신이 다른 사람의 채무자였던 이들이 자신의 부채를 갚기 위해[62] 거둬야 했던 채무 상환금을 박탈당한 지주를 구제했다는 의미로 해석했다. 그러나 이런 인플레이션은 상당액을 상인에게 빌려 준 지주에게는 그다지 타격을 주지 않았을 것이다. 이 조치가 어느 계층에 도움이 되었다면, 이미 부채가 말소된 지주나 농민이 아니라 상인들이 그 수혜자였다. 어쩌면 솔론은 통화를 평가 절하하려는 의도가 없었고, 단지 펠로폰네소스 지역과의 교역에 있어 편리한 화폐 제도를 당시 한창 성장 중이던 이오니아 시장과의 교역을 촉진하기 위해 이 지역에서 통용되던 에우보이아 화폐 제도로 대체하기를 원한 것뿐이었을지도 모른다.[63]

** 1메딤노스(medimnus)는 약 1.5부셸로 화폐 단위로는 1드라크마에 상당하는 것으로 간주되었다.

고, 세금을 내지 않으면 권한도 누릴 수 없었다. 더욱이 제1계급은 연 소득액에 대해 12차례, 제2계급은 10차례 과세되었고, 제3계급은 5차례만 과세되었다. 재산세는 사실상 누진 소득세였다.[65] 제4계급은 직접 과세 대상에서 제외되었다. 제1계급만 아르콘 또는 군 지휘권자 자격이 주어졌다. 제2계급은 하위 관직 및 기병, 제3계급은 중장비 보병에 종사할 수 있었고, 제4계급은 일반 병으로 복무했다. 이런 독특한 분류법으로 과두정의 권력 기반이었던 친족 체계가 약화되고, 금권 정치, 즉 과세액에 따라 명예나 특권이 투명하게 결정되는 정부 형태를 위한 새 원리가 수립되었다. 이 금권 정치는 기원전 6세기 대부분과 5세기 일부에 걸쳐 그리스 식민지 대부분의 지역에서 성행했다.

솔론의 법은 새 정부 수반에 아레오파고스의 원로원을 독점 권력을 약간 축소한 상태로 존속시키고 제1계급 모든 성원에게 개방했지만, 원로원은 여전히 국민과 관리들의 행동에 대해 절대 권한을 행사했다.[66] 그 아래 그는 400인 평의회를 두었고, 이 평의회는 네 부족이 각각 100명을 선출하는 식이었다. 이 평의회는 민회에 상정할 수 있는 모든 사안을 선별하고 감시하고 준비했다. 이 과두적 상부 구조 아래 강자의 비위를 맞추며 솔론은 아마도 의도적인 선의로 근본적으로는 민주적인 제도를 장치했다. 호메로스 시대의 옛 에클레시아(ekklesia)가 부활했고, 모든 시민이 이 모임에 참여하도록 초대받았다. 이 민회는 그때까지 아레오파고스가 임명하던 아르콘들을 500부셸 소유자 중에서 매년 선출했다. 민회는 언제든 이들을 심의하고 탄핵하며 처벌할 수 있었고, 임기가 만료되면 한 해 동안의 직무를 심사해 해당 사항이 있으면 통상적인 원로원 진출을 금할 수 있었다. 당사자들은 그렇게 여기지 않았겠지만, 보다 중요한 사실은 최하위 시민 계층이 상위 계층과 완전히 동등하게 추첨 방식에 의해 헬리아이아(heliaea), 즉 시민 법정에 선출될 자격이 주어졌다는 것이다. 시민 법정은 6000명의 배심원이 하나의 단위가 되어 다양한 법정을 구성해 살인과 반역 이외의 모든 문제를 심리했고, 이 시민 법정에 판관의 판결에 대해 항소할 수 있었다. 아리스토텔레스는 "어떤 이들은 솔론이 고의적으로 그의 법을 모호하게 해 평민들이 자신들의 정치적 입지를 강화하기 위해 사법 권한을 이용할 수 있도록 했다고 생각한다."고 말한다. 플루타르코스는 "그들의 분쟁이 서면상으로 조정될 수 없어 어떤 의미로는 법의 지배자인 재판관 앞에 자신들의 모든 소송 사건을 가져와야 했을 것이다."라고 말한다.[67] 이 시민 법정에 항소하는 권리는 아테네 민주 정치의 쐐기이자 요새였다.

이 아테네 역사상 가장 중요하고 기본적인 법에 솔론은 당시 다소 부차적인 문제들을 대상으로 여러 가지 법을 추가했다. 우선 그는 관습상 이미 당연시된 개인 재산 사유 권한을 합법화했다. 어떤 사람에게 자식들이 있으면 그가 사망할 경우 재산을 그들에게 나눠 주어야 한다. 자식이 없을 경우에는 그때까지는 씨족에게 자동 전환되던 재산을 특정인에게 증여할 수 있다.[68] 아테네에서는 솔론과 함께 의지의 권리와 법이 시작된다. 그 자신 사업가였던 솔론은 숙달된 기술을 보유하고 있으며 아테네에 영구히 정착할 목적으로 가족을 데려온 모든 외국인에게 시민권을 개방해 상업 및 산업을 촉진하려 애썼다. 그는 사람들이 남아도는 곡물 재배에서 산업으로 관심을 돌리기를 바라고, 올리브유 이외 모든 토지 산물의 수출을 금지했다. 그는 자식에게 특정 기술을 가르치지 않은 아버지는 부양할 의무가 없다는 법을 제정했다.[69] (후대 아테네인들이 아니라) 솔론에게 있어 기술은 매우 영예롭고 존엄한 것이었다.

솔론은 도덕과 예절 등 민감한 분야에 대해서도 법을 제정했다. 게으른 습관을 고치지 않으면 범죄로 취급되었고, 방탕한 사람은 민회에 의견을 개진할 자격이 주어지지 않았다.[70] 그는 매춘 행위를 합법화하고 세금을 부과했으며, 국가가 허가하고 감독하는 공식 매음굴을 세우고 그 세입으로 천박한 아프로디테에게 바치는 신전을 세웠다. 당시 레키라는 인물은 "솔론 만세! 당신은 도시의 이익을 위해, 그리고 당신의 현명한 제도가 없었다면 현숙한 여인에게 성가시게 집적댔을 원기 왕성한 청년이 가득한 이 도시의 도덕을 위해 직업여성을 구했군요."라고 노래했다.[71] 그는 일반 여성을 범했을 경우 백 드라크마의 비(非)드라콘식 처벌을 가하는 법을 제정하고, 간음하다가 현장에서 잡히면 즉시 죽이도록 했다. 그는 결혼이 쌍방의 애정에 의해 아이를 양육할 목적으로 이루어지기를 바라며 지참금 규모를 제한했다. 또한 그는 아이 같은 믿음으로 여자가 세 벌 이상 넣을 정도의 넓은 옷장을 금했다. 그는 독신자에게 불리한 법의 제정을 권유받았지만 거절하고, 결국 "아내는 무거운 짐이다."[72]라는 말을 남겼다. 그는 고인에 대한 험담이나 신전, 법정, 공공장소 및 경기장에서 다른 사람을 험담하는 것을 범죄 행위로 규정했다. 하지만 그도 아테네의 분주한 입을 막을 수는 없었다. 우리 시대가 그러하듯 아테네에서도 뒷말과 중상(中傷)이 민주주의에 필수적이었던 모양이다. 그는 소요에 대해 중립적인 태도를 취하는 사람은 시민권을 상실한다고 명시했다. 대중의 무관심이 국가를 파멸시킨다고 생각했기 때문이다. 그는 화려한 의식이나 값비싼 제사, 장례식의 장황한 애도를 비난했고, 망자와 함께 매장되는 물품을 제한했다. 그는 전사자의 아들은 정부 비용으로 양육하고 교육해야 한다는 건전한 법도 세웠는데, 이는 수세대에 걸쳐 아테네인의 용맹함의 원천이 되었다.

　솔론은 그의 법 전반에 걸쳐 드라콘보다는 덜하지만 여전히 가혹한 처벌을 더했다. 그는 범죄 혐의가 있다고 생각되면 누구라도 고소할 수 있는 권한을 모든 시민에게 부여했다. 그는 바실레우스 아르콘의 법정에 목재로 만든 심대나 사기둥을 실치하고 거기에 법을 기록해 읽을 수 있도록 한으로써 자신의 법이 더 잘 이해되고 지켜질 수 있도록 했다. 리쿠르고스, 미노스, 함무라비, 누마 등과 달리, 그는 신이 그에게 법을 내렸다고 말하지 않았다. 이런 면에서도 당시 이 도시와 거기 살았던 사람들의 기질이 잘 나타난다. 그는 평생 절대 권력자로 도시를 다스려 달라는 요청을 받았지만, 절대권은 "매우 매력적인 자리이긴 하지만 거기서 내려올 길이 없다."라고 말하며 거절했다.[73] 급진주의자들은 그가 소유와 권력을 공평하게 분배하지 못했다고 비난했고, 보수주의자들은 평민에게 특권과 법정을 허용한 사실로 그를 비난했다. 그의 친구이자 변덕스러운 스키타이인 현자인 아나카르시스조차 새 법으로 이제 지혜로운 사람이 하소연하고 바보들이 결정하게 되었다고 비웃었다. 아나카르시스는 더욱이 강자나 영리한 자들은 어떤 법도 자기에게 유리하게 변질시킬 것이므로 인간 사회에 영속하는 정의는 수립되지 못한다고도 말했다. 법은 마치 거미줄 같아서 작은 파리는 잡으면서도 커다란 벌레는 놓친다는 말이다. 솔론은 자기 법의 불완전성을 인정하며 이 모든 비난을 너그럽게 받아들였다. 자신의 법이 아테네인들에게 최선인가라는 질문을 받으면, 그는 이렇게 대답했다. "그렇지 않다. 그러나 이것이 그들이 받아들일 수 있는 최상의 법이다."74 당시의 아테네에서 이해관계가 서로 대립되는 집단이 함께 받아들일 수 있는 최상의 법이라는 뜻이었다. 그는 중용을 취해 국가 질서를 유지했다. 그는 아리스토텔레스가 태어나기 전에 이미 그의 훌륭한 제자였던 것이다. 전승에 의하면 델포이 아폴론 신전에 새겨진 메덴 아간(meden agan), 즉 '어떤 것도 지나쳐선 안 된다.'는 표어가 그의 것이라고 한다.75 모든 그리스인들은 기꺼이 그를 7현자 중 한 명으로 기렸다.

    그의 지혜를 가장 잘 입증한 것은 그가 만든 법의 지속적인 효력이었다. 수많은 수정과 개선, 독재 권력과 스쳐 지나간 정변에도 불구하고, 5세기 후 키케로는 솔론의 법이 아테네에서 여전히 유효하다고 말할 수 있었다.76 그는 합법적으로 변덕스러워 믿을 수 없는 포고에 의한 정치를 종결시키고 영구적 성문법에 의한 정치의 막을 올렸다. 어떻게 하면 질서 정연하고 체계적인 국가를 세울 수 있는가라는 질문에 그는 "국민이 통치자에 순종하고, 통치자는 법에 순종할 때"라고 답했다.77 그의 법으로 아티카 농민들은 농노 신분에서 해방되었고, 토지 보유 농민 계층이 형성되었다. 아테네의 작은 군대가 여러 세대 동안 국가의 자유를 지킬 수 있었던 것은 바로 농민이 토지를 보유하게 됨으로 가능했다. 펠로폰네소스 전쟁이 끝나면서 시민권을 토지 보유자로 제한하자는 의견이 있었지만, 아티카 전역에 걸쳐 5000명에 불과했던 당시 성인 자유민 대다수가 이 요건을 충족시키지 못했다.78 이와 동시에 교역과 산업이 정치적 무능과 재정적 불편에서 자유로워졌고 활기차게 발전해, 이후 아테네는 지중해의 선도적 상업 국가가 된다. 부유한 신흥 귀족들 역시 태생보다 능력을 높이 평가했고, 과학과 교육을 촉진했으며, 황금 시대 문화적 성취를 위한 물질적·정신적 토대를 마련했다.

기원전 572년에 66세의 나이로 솔론은 22년간의 아르콘 직무를 마감하고 일개인으로 돌아간다. 아테네가 이후 10년간 그의 법을 개정하지 않고 준수하도록 관리들을 맹세시킨 후,[79] 그는 이집트와 동방 문명을 둘러보러 길을 떠났다. 그가 "나는 늙어 가면서도 항상 공부한다."라는 유명한 말을 남긴 것은 확실히 이때였다.[80] 플루타르코스에 의하면 헬리오폴리스에서 그는 이집트 제사장들의 지도 아래 이집트 역사 및 사상을 공부했다. 그들로부터 바다 속에 가라앉은 아틀란티스 대륙에 대해 들었다고도 전해진다. 그는 이 이야기를 자신의 미완성 서사시에서 노래했고, 이는 2세기 후 상상력이 풍부한 플라톤을 사로잡게 된다. 그는 이집트에서 키프로스로 항해해 갔다. 그는 거기서 도시를 위해 법을 제정해 주었고, 도시는 그를 기려 자기 이름을 솔리(Soli)로 개명했다.* 헤로도토스[81]와 플루타르코스는 놀라운 기억력으로 리디아 왕 크로이소스와 솔론이 사르디스에서 나눈 대화를 묘사한다. 없는 것이 없어 부의 전형이었던 그가 솔론에게 자신이야말로 행복한 사람이 아닌가라고 묻자, 솔론은 그리스인다운 호방함으로 이렇게 대꾸했다.

왕이시여, 신이 그리스인에게 선물을 적당하게 주어 우리의 지혜 또한 고상하고 당당하기보다는 활기차고 소박합니다. 온갖 상황 속에서 수많은 불행을 겪으며 얻은 지혜로 우리는 현재의 즐거움에 오만해지거나 세월이 흐르면 얼마든지 변할 수 있는 행복을 부러워하지도 않습니다. 미래는 여전히 불확실하고 운명 또한 어떻게 바뀔지 모릅니다. 신이 인생이 끝날 때까지 한결같은 행복을 내려 주는 사람만이 행복할 것입니다. 여전히 인생 여정과 위험 중에 있는 사람을 행복하다고 경의를 표하

---

* 디오게네스 라이르티오스는 이 이야기를 킬리키아(Cilicia)의 솔리와 관련지어 언급한다. 이 도시는 알렉산드로스 시대까지 옛 그리스어를 보존하여 'solecism'이라는 단어가 이로부터 유래했다.

는 일은 아직 링 위에 있는 레슬링 선수를 승리자로 선언하고 관을 씌우는 것만큼 현명하지 못하다고 생각합니다.[82]

그리스 극작가들이 히브리스(hybris), 즉 오만한 번영을 통해 말하고자 한 것을 이렇게 놀랍게 표현한 것은 플루타르코스의 유연한 지혜를 잘 드러내 준다. 이 표현이 헤로도토스의 글보다 뛰어나고 양자 모두 상상 속에서 이 대화를 엮었을 것이라고만 말할 수 있겠다. 확실히 솔론과 크로이소스 모두 죽음을 맞이한 방식에 있어 이 회의주의적인 교훈이 진실임을 입증했다. 크로이소스는 기원전 546년 키로스에 의해 폐위되었고, (헤로도토스를 단테로 바꾸어 말한다면) 불행 속에서 영광스럽고 행복했던 시간과 그리스인의 엄중한 경고를 기억하면서 비통함이 무엇인지 알았다. 솔론 역시 아테네로 돌아가 죽음을 맞이하면서 말년에 그의 정체가 전복되고 참주정이 세워지며 자신이 이룬 모든 과업이 물거품이 되는 광경을 목격해야 했다.

4. 페이시스트라토스의 참주정

한 세대에 걸쳐 솔론이 지배했던 대립 집단들은 그가 아테네를 떠나면서 자연스레 정략과 음모를 재개했다. 열정적인 프랑스 혁명 시대처럼 세 개 파벌이 권력을 다투었다. 항구의 상인들이 이끄는 "해안파"는 솔론을 지지했고, 부유한 지주들이 중심이 된 "평야파"는 솔론을 미워했으며, 여전히 토지 재분배를 주장한 농민과 도시 노동자 연합은 "산악파"를 형성했다. 한 세기 후의 페리클레스처럼 페이시스트라토스 역시 출신 성분과 부, 생활 방식과 취향에 있어서는 귀족이었지만 평민의 주도권을 인정했다. 민회에서 그는 자신의 상처를 보여 주며 국민의 적들에 의한 것이라 말하고 경호원을 요청했다. 솔론이 이에 이의를 제기했다. 자기 사촌의 술수를 잘 아는 그는 그 상처가 자작극일 거라 의심하고 경호원을 허락하면 참주정이 초래될 것이라고 생각했다. 솔론은 "아테네인들이여, 나는 어떤 이들보다 더 현명하고 용감합니다. 페이시스트라토스의 기만행위를 알아채지 못하는 이들보다 현명하고, 그 사실을 알면서도 두려움에 침묵하는 이들보다 용감하단 말입니다."라고 경고했다.[83] 그럼에도 민회는 표결로 페이시스트라토스에게 50명의 병력을 허용하기로 결정했다. 그러나 페이시스트라토스는 50명이 아니라 400명을 모아 아크로폴리스를 장악한 후 참주정을 선언했다. 솔론은 아테네인들에 대한 자신의 견해를 "여러분 개개인은 여우 걸음을 걷겠지만, 합쳐 놓으면 거위나 다름없다."고 표현하고,[84] 정치에서 손을 뗀다는 표시로 자신의 무기와 방패를 자기 집 문밖에 둔 채 말년을 시에 전념했다.

해안파와 평야파의 부유층 세력이 잠시 연합해 참주를 축출했다.(기원전 556년) 그러나 페이시스트라토스는 해안파와 은밀히 타협해 아마도 이 파의 묵인 아래 그 집단 지능 수준에 대한 솔론의 판단을 입증하는 듯한 상황하에서 아테네에 재입성했다. 키 크고 아름다운 한 여인이 도시의 여신 아테나 같은 의상을 입고 무장을 한 채 전차에 거만하게 앉아 페이시스트라토스군을 지휘하며 도시로 진입하는 가운데 전령이 아테네의 수호신 아테나가 직접 그를 권력에 복귀시킨다고 선언했다.(기원전 550년) 헤로도토스에 의하면 "시민들은 완전히 설복당해 이 여인을 정말로 여신이라 믿어 엎드려 절하고 페이시스트라토스의 귀환을 받아들였다."[85] 해안파 지도자들이 다시 배반해 두 번째로 그를 추방했다.(기원전 549년) 그러나 기원전 546년 페이시스트라토스는 다시 돌아와 대항하는 적병을 물리치고, 이번에는 19년간 정권을 장악했다. 이 기간 동안 그는 정략을 써서 기이하고 파렴치한 책동을 일삼았다.

페이시스트라토스는 교양과 지성, 활기찬 통치와 인간적인 매력을 보기 드물게 겸비한 인물이었다. 그는 무자비하게 싸우면서도 즉시 용서하는 아량을 보였다. 당대의 최신 사조와 어울리면서도, 통치에 있어서는 목표가 흔들리고 행동을 망설이는 지식인 특유의 우유부단함을 보이지 않았다. 그는 온화하고 너그럽고 모든 사람에게 관대했다. 아리스토텔레스는 "그는 온건하게 통치해 참주라기보다는 정치가처럼 보였다."라고 말한다.[86] 그는 다시 일어선 적에게는 보복하지 않았지만, 융화하기 어려운 반대자들은 추방하고 그들의 토지를 가난한 사람들에게 나눠 주었다. 그는 군을 개선하고 함대를 증강해 외국의 공격에 대비했다. 그러나 아테네를 전쟁에 휘말리지 않게 하고 당시까지도 계층 간 적대감으로 그렇게 혼란스러웠던 도시에 질서와 평화를 가져다주어, 크로노스의 황금 시대가 회복되었다는 세평을 들었다.

그는 솔론 법의 세부 사항을 거의 변경하지 않아 모든 이들을 놀라게 했다. 아우구스투스처럼 그는 민주적인 양보와 형식으로 절대 권력을 어떻게 꾸미고 유지해야 하는지 잘 알고 있었다. 평소처럼 아르콘이 선출되었고, 민회와 시민 법정, 400인 평의회, 아레오파고스의 원로원이 모여 이전처럼 제 역할을 했다. 페이시스트라토스의 제안이 매우 호의적으로 경청되었다는 사실만 제외하고. 한 시민이 살인 혐의로 그를 고소했을 때 그는 원로원에 나타나 심리에 응하겠다고 했지만, 그 시민은 고소하지 않기로 결정했다. 해마다 국민은 부에 반비례해 그의 통치를 환영했다. 곧 그들은 그를 자랑스럽게 여기기 시작했고, 마침내는 좋아하게까지 되었다. 아마도 아테네는 솔론 이후 바로 이런 인물이 필요했을지 모른다. 그의 강인한 기질은 아테네인의 무질서한 삶을 물리치고 강하고 견실한 형태로 변모시켰으며, 창조적인 삶은 아니지만 형태와 강인함에 있어 동물의 뼈대처럼 사회에 필요한 질서와 법을 단번에 확립했다. 한 세대가 지난 후 참주정이 무너졌을 때, 이런 관습화된 질서와 솔론 법의 골격이 민주 정치를 위한 유산으로 남았다. 페이시스트라토스는 어쩌면 자기도 모르는 사이에 법의 파괴자가 아니라 완성자가 된 것 같다.

그의 경제 정책은 솔론이 시작한 국민 해방 정책의 연장이었다. 그는 가난한 이들에게 국가 소유지와 추방된 귀족들의 토지를 나눠 줌으로써 농촌 문제를 해결했다. 수천 명의 위험스러울 정도로 한가한 아테네인들이 토지에 정착했다. 이에 따라 이후 수 세기 동안 아티카에는 어떤 심각한 농촌 불만도 들리지 않게 된다.[87] 그는 공공사업을 광범위하게 벌이고 수로 및 도로 체계를 구축하고 웅장한 신전을 세워 빈곤한 자들에게 일자리를 제공했다. 그는 라우리온에서 은을 채굴하고, 독자적으로 새 화폐를 주조했다. 이들 사업의 재원 마련을 위해 그는 모든 농산물에 10퍼센트의 세금을 부과했으며, 이후 세율을 5퍼센트로 하향 조정한 것 같다.[88] 그는 다르다넬스에 전략적으로 식민지를 세우고, 많은 국가들과 통상 조약을 체결했다. 그의 통치하에서 교역이 번창하고 부가 소수가 아니라 공동체 전반에 걸쳐 축적되었다. 가난한 자들은 덜 빈곤해졌고 부자들은 덜 부유해졌다. 도시를 거의 내전으로 몰아갔던 부의 집중이 통제되고, 평화와 기회의 확대로 아테네 민주주의의 경제적 기반이 확립되었다.

페이시스트라토스와 그의 아들들의 통치하에서 아테네는 물질적·정신적으로 확연히 변모했다. 그의 시대까지 아테네는 그리스 세계에서 이류 도시에 불과해 부와 문화, 활기찬 생활과 정신에 있어 밀레토스, 에페소스, 미틸레네, 시라쿠사에 뒤떨어져 있었다. 이제 돌과 대리석으로 지어진 새 건물이 이 시대에 빛을 더해 주고, 아크로폴리스의 아테나 신전이 도리스식 주랑으로 꾸며지며, 폐허 가운데서도 그 웅장한 코린토스식 기둥들이 아테네에서 항구로 향하는 길을 빛나게 하는 제우스 신전의 공사가 시작되었다. 판아테나이아(Panathenaea) 제전을 개최하고 여기에 범그리스적 성격을 부여함으로써, 페이시스트라토스는 도시에 명예를 안겨 주었을 뿐 아니라 외국인들의 면모, 경쟁심, 생활 방식 등을 소개해 의식 고양의 방편으로 삼았다. 그의 통치하에서 판아테나이아는 위대한 국가적 축제가 되었고, 이 인상적인 의식은 아직도 여전히 파르테논 신전의 소벽에 살아 움직인다. 공공사업과 개인 자선 행위를 통해 페이시스트라토스는 자기 궁정에 조각가와 건축가, 시인들을 불러들였다. 그의 궁전에는 그리스 최초의 도서관들 중 하나가 세워졌다. 그가 임명한 위원회에 의해 『일리아드』와 『오디세이』에 오늘날 전해지는 형식이 부여되었다. 또한 그의 통치와 격려 아래 테스피스 및 여러 사람이 희곡을 광대놀음에서 예술로 승화시켜, 아테네 무대를 지배할 위대한 3인방을 맞을 준비를 한다.

페이시스트라토스의 참주정은 지주 귀족층의 봉건적 통치를 빈민과 일시 제휴한 중산층의 정치 지배로 대체한 것으로, 기원전 6세기 그리스의 활기찬 상업 도시에서는 일반적인 경향이었다.* 참주정은 부의 병적인 집중 현상과 부유층의 배타성에서 비롯되었다. 선택을 강요당하면 가난한 자도 부자처럼 정치적 자유보다는 돈을 선호하게 된다. 따라서 허용될 수 있는 유일한 정치적 자유는 부자들이 능력이나 술수로 가난한 자를 착취하지 못하게 하고, 가난한 자들 또한 폭력이나 표결로 부자를 강탈하지 못하도록 제어하는 형태가 될 수밖에 없다. 그러므로 그리스 상업 도시에서 집권하는 방법은 간단했다. 귀족층을 공격하고, 빈곤층을 방어하며, 중산층과 타협하는 것이다.[89] 권력을 장악한 참주는 채무를 말소하고 대토지를 몰수하고 부자들에게 과세해 공공사업의 재원을 마련하고 과집중된 부를 재분배했다. 이런 조치로 대중에 영합한 참주는 국가 화폐 주조와 통상 조약 체결로 교역을 촉진하고, 부르주아지의 사회적 권한을 신장시켜 상업 공동체의 지지를 확보했다. 세습 권력 대신 인기에 의존할 수밖에 없었던 참주들은 대부분 전쟁을 피하고 종교를 후원하고 질서를 유지하고 도덕을 함양하며 여권 신장에 나서며 예술을 장려하고 도시 미화에 재원을 아끼지 않았다. 이들은 대부분 민주 정부의 형식과 절차를 유지하며 모든 일을 실행해 참주정하에서도 사람들은 자유롭게 생활할 수 있었다. 참주정이 귀족정을 붕괴시킬 때 사람들은 참주정을 붕괴시켰다. 자유 시민이 주인인 민주정이 단순한 형식이 아니라 실재가 되도록 하기 위해서는 몇 가지 변화만 필요할 뿐이었다.

5. 민주정의 수립

기원전 527년, 페이시스트라토스는 죽으면서 아들들에게 권력을 물려주었다. 그의 지혜는 부성애를 제외하고는 모든 시험을 통과했던 것이다. 히피아스는 현명한 통치자가 되겠다고 약속하고 13년간 아버지의 정책을 따랐다. 히피

---

* 참주(tyrant)라는 단어는 리디아에서 유래했고, 아마도 요새를 의미하는 'Tyrrha'라는 마을에서 비롯된 것 같다. 이는 'tower'(그리스어로는 'tyrris')와 먼 사촌뻘이다. 분명한 것은 이 단어는 리디아 왕 기게스에게 처음 적용되었다는 사실이다.

아스의 동생 히파르코스는 비싼 대가를 치르긴 했지만 해는 끼치지 않고 사랑과 시에 빠졌다. 아나크레온과 시모니데스가 아테네에 온 것은 그의 초대를 통해서였다. 아테네인들은 자기들 승낙 없이 국가 통수권이 페이시스트라토스의 아들들에게 계승되는 것을 달가워하지 않았고, 참주정이 모든 것을 주었지만 그중 자유라는 흥분제가 빠졌다는 사실을 깨닫기 시작했다. 그럼에도 아테네는 번성했고, 히피아스의 평온한 통치는 진정한 그리스식 사랑의 순탄치 못한 행로만 없었으면 평화롭게 막을 내렸을 것이었다.

투키디데스에 의하면[90] 중년 남자 아리스토게이톤이 "청춘의 아름다움을 한껏 발하는" 청년 하르모디오스의 사랑을 얻는다. 한편 마찬가지로 사랑에 있어 성별을 개의치 않았던 히파르코스 또한 하르모디오스의 사랑을 구했다. 이 사실을 알게 된 아리스토게이톤이 히파르코스를 죽이고 동시에 자기를 보호하기 위해 참주정을 전복하기로 마음먹는다. 하르모디오스와 몇몇 사람이 이 음모에 합류한다.(기원전 514년) 그들은 판아테나이아 행렬을 준비 중이던 히파르코스를 살해하는 데 성공하지만, 히피아스는 그들을 피하고 도리어 그들 모두를 살해한다. 일을 복잡하게 만든 것은 창부 레아이나로 하르모디오스의 정부였던 그녀는 고문 중에 생존한 공모자들을 배신하기를 거절하면서 용감하게 죽었다. 그리스 전승에 의하면 그녀는 혀를 깨물어 고문자들의 얼굴에 뱉으면서 질문에 대답하지 않겠다는 뜻을 분명히 했다고 한다.[91]

사람들은 이 반란에 대해 외견상 아무 지지도 보내지 않았지만, 이 사태에 놀란 히피아스는 당시까지의 온화한 통치 방식을 탄압과 정탐, 공포 정치로 대체했다. 한 세대에 걸친 번영으로 강성해진 아테네인들은 이제 자유라는 사치를 요구할 여력이 생겼다. 참주 정권이 더 포악해져 감에 따라 자유를 위한 외침 또한 커져 갔다. 민주주의를 위해서라기보다는 사랑과 열정 때문에 공모했던* 하르모디오스와 아리스토게이톤은 대중들의 상상에 의해 자유를 위한 순

---

* 로마의 브루투스와 카시우스처럼 이들이 분개한 귀족층을 대변했다는 사실에 놀랄 필요가 없다. 브루투스 역시 18세기 동안 그 역사가 가려져 있다가 혁명의 영웅으로 부상했다.

교자로 변형되었다. 한편 페이시스트라토스에 의해 재차 추방되었던 알크마이온의 후손들은 기회가 왔음을 깨닫고 군대를 일으켜 히피아스를 폐위시키겠다고 공공연하게 선언하면서 아테네로 진군했다. 동시에 그들은 델포이 신탁을 매수해, 신탁을 들으러 온 모든 스파르타인에게 스파르타가 아테네 참주정을 전복해야 한다고 말하게 했다. 히피아스는 알크마이온 후손들의 군대와는 성공적으로 맞섰지만, 라케다이몬인의 군대가 합류하자 아레오파고스로 퇴각했다. 자신이 죽은 이후의 자식들의 안전을 염려해 히피아스는 그들을 비밀리에 아테네 밖으로 내보내려 했다. 하지만 침략자들에게 사로잡혔고, 히피아스는 자식들의 안전을 보장받는 대신 권좌에서 물러나 망명하기로 했다.(기원전 510년) 용맹한 클레이스테네스*가 이끄는 알크마이온의 후손들은 승리를 외치며 아테네에 입성했고, 이들을 뒤이어 추방되었던 귀족들이 속속 도착했다. 이들은 잃어버렸던 재산과 권력을 회복한다는 기대로 한껏 부풀어 있었다.

뒤이은 선거에서 귀족을 대표하는 이사고라스가 최고 아르콘에 선출되었다. 패배한 후보들 중 한 명이었던 클레이스테네스는 사람들을 선동해 반란을 일으켰고, 이사고라스를 타도하며 독재 정부를 수립했다. 스파르타인이 이사고라스의 복권을 요구하며 다시 아테네를 침공했다. 하지만 아테네인들은 끈질기게 저항했고 스파르타인들은 결국 물러갔다. 알크마이온 후손이자 귀족인 클레이스테네스는 민주정 수립을 위한 절차를 착착 진행해 나갔다.(기원전 507년)

그의 최초 개혁은 바로 뿌리 깊은 명문가가 수 세기 동안 유전되어 온 전통을 권위 삼아 4개 부족과 360개 씨족을 수중에 장악한 아티카의 귀족주의 구조를 타파하는 것이었다. 클레이스테네스는 이 친족 단위 구성을 폐지하고, 대신 지역을 기준으로 10개 부족으로 재분할했으며, 각 부족은 다시 여러 데모스(demos)로 구성되도록 했다. 산악파, 해안파, 평야파 등 옛 당파 같은 지리적 또

---

* 시키온의 참주 클레이스테네스의 손자.

는 직업적 집단 형성을 막기 위해, 각 부족은 도시, 해안 및 내지에서 같은 수의 데모스, 즉 행정구로 구성되었다. 종교를 통해 옛 체제에 부여되었던 신성을 벗겨 내기 위해 새로운 각 부족 또는 데모스에 새 종교 의식을 수립하고, 그 지역의 유명한 고대 영웅을 신이나 수호성인으로 삼도록 했다. 혈통에 따라 귀족 중심으로 시민권이 결정되어 거의 권한에서 배제되었던 외국 출신 자유민은 이제 자동적으로 자신이 거주하는 데모스의 시민이 되었다. 투표권자가 단숨에 거의 두 배로 늘어나고, 민주정은 새롭고 보다 광범위한 지지 기반을 확보하게 되었다.

새로 구성된 각 부족은 스트라테고스(strategos), 즉 장군을 1명씩 임명할 수 있었다. 이렇게 임명된 10명의 스트라테고스가 군 지휘권을 공유했다. 또한 각 부족은 501명으로 구성되는 새 평의회의 구성원으로 50명씩을 선출했다. 이 평의회가 솔론의 400인 평의회를 대신했고, 아레오파고스에서 가장 중요한 권력 집단이 된다. 그 구성원은 일 년 임기로 선거 방식이 아닌 추첨으로 선출되었으며, 자격은 30세에 이른 시민으로 직무 경력이 2회 미만인 자는 누구나 해당되었다. 이처럼 낯선 대의 정치가 등장함으로써, 귀족 정치의 기준인 출신 성분과 금권 정치의 기준인 부는 이제 추첨이라는 새 장치에 유린당하는 신세가 되고 만다. 추첨 방식은 모든 시민에 두표권뿐 아니라 정부의 가상 영향력 있는 기관에서 직무를 수행할 권한도 동등하게 부여했다. 이렇게 선출된 평의회는 승인 또는 거절을 위해 민회에 제출될 모든 사안 및 의제를 결정하고 다양한 사법권을 보유했으며, 광범위한 행정 기능을 수행하고 모든 관리를 감독했다.

민회는 시민의 증가로 그 규모가 확대되어 성원이 전부 모인다면 대략 3만 명이 참석했을 것이다. 이들 모두는 시민 법정에 종사할 자격이 있었다. 그러나 제4계급인 테테스만은 여전히 솔론 때처럼 직위를 보유할 자격이 없었다. 민회의 권력은 도편 추방제(陶片追放制) 도입으로 더욱 강화되었다. 도편 추방제는 클레이스테네스가 미숙한 민주 정치를 보호하기 위해 추가한 제도로, 언제든 질그릇 조각에 대상을 비공개 형식으로 적어 투표해 정족수 6000명에 과반수 표결이 나오면 국가에 위험하다고 여겨지는 해당자를 대상이 누구든 10년간 추방할 수 있었다. 이런 방식으로 야심 찬 지도자들은 신중하고 절도 있는 행동을 하도록 자극받았고, 혐의자에 대해서는 법 절차상 지체됨이 없이 바로 조치를 취할 수 있었다. 절차상 우선 민회에 "당신들 중 국가에 매우 위험하다고 생각되는 인물이 있는가? 있다면 누구인가?"라는 질문을 해야 했다. 그러면 민회는 해당자에 대한 도편 추방 투표를 실시했고, 대상자에는 발의자도 예외 없이 포함되었다.* 이런 추방에는 재산 몰수나 불명예는 포함되지 않았다. 이는 단지 "가장 키 큰 이삭"을 제거하는 민주주의의 한 방식일 뿐이었다.[92] 민회 또한 이 권력을 남용하지 않았다. 도편 추방제 도입과 아테네에서 이 제도가 중단된 시기 사이 90년 동안 열 명만이 이 방식에 의해 아티카에서 추방되었다.

이들 중에는 클레이스테네스도 포함되었다고 전해지지만, 사실상 그의 이후 이야기는 알 수 없다. 그 이야기는 그의 찬란한 업적에 가려져 버렸다. 그는 철저히 위법적인 반란으로 시작해 아티카의 가장 강력한 가문들과 대치하면서 민주 정체를 확립했고, 이 법은 사소한 변경 이외에는 아테네인의 자유가 끝나는 날까지 계속 힘을 발휘했다. 이 민주주의는 완전하지 않았다. 자유민에게만 적용되었고, 관직을 맡으려면 어느 정도 재산이 있어야 했다.** 그러나 이 시기 민주주의는 시민으로 구성된 민회와 시민 법정, 민회가 임명하고 민회에 대해 책임을 지는 행정관, 모든 시민이 선출하고 추첨에 의해 시민 자신들 중 최소한 3분의 1이 평생에 걸쳐 최소한 일 년은 참여할 수 있는 권력의 정점 평의회에 모든 입법·행정·사법 권한을 부여했다. 이전에는 이 세상 그 어디서도 이토록 권한에 대해 개방적이고, 정치 권력에 대해 폭넓은 기회가 주어진 적이 없었다.

아테네인들은 통치권을 향한 이런 모험으로 아주 고무되었다. 그들은 자신들이 어려운 사업에 착수했다는 사실을 깨달았지만, 용기와 긍지, 그리고 한동

---

* 이와 유사한 제도가 아르고스와 메가라, 시라쿠사에도 있었다.
** 재산 자격은 미국과 프랑스의 민주주의 초기 단계에도 참정권 행사를 위해 필요했다.

안은 단단히 각오하면서 이를 향해 전진해 나갔다. 바로 이때부터 그들은 행동과 말, 생각의 자유에 대한 매력을 알게 되었고, 바로 이때부터 문학과 예술, 정치력과 전쟁에 있어서까지 그리스 전역을 주도해 가기 시작했다. 그들은 스스로 숙고해 낸 의지인 법을 새로이 존중하는 법을 배웠고, 전례 없는 열정으로 그들의 통일체이자 권력이며 성과물인 국가를 사랑하게 되었다. 당대 가장 위대한 제국이 그리스라는 이 흩어진 도시들을 파괴하고 위대한 왕의 조공국으로 삼기로 결심했을 때, 아티카에서 자기 토지를 경작하며 자기를 다스리는 국가를 통치하는 자유민들의 저항에 부딪힐 것을 미처 깨닫지 못했다. 클레이스테네스가 마라톤 전쟁이 있기 12년 전에 자신과 솔론의 과업을 완결 지었다는 사실은 그리스와 유럽을 위해 참으로 다행스러운 일이었다.

THE LIFE OF GREECE

6장   **대이주**

1. 원인과 경로

마라톤 전쟁 전야에 있었던 스파르타와 아테네의 이야기에서는 시간적 통일성보다 장소의 통일성을 더 중시했다. 그리스 본토 도시들이 에게해와 이오니아 정착지들에 비해 그 역사가 훨씬 유구하며, 많은 경우 본토의 도시들이 이제 살펴볼 식민지를 세운 것이 사실이다. 하지만 정상적인 순서가 혼란스럽게 뒤바뀌어 이들 식민지 중 몇몇이 모도시보다 더 성장하고, 부와 예술 면에서도 모도시를 훨씬 능가하게 된다. 사실상 그리스 문화의 진정한 창조자는 현재 그리스라 지칭되는 지역의 그리스인들이 아니라, 정복자 도리스인을 피해 본거지를 떠나 낯선 외국 해안에서 근거지 확보를 위해 사투를 벌이고 미케네의 역사와 그 놀라운 에너지로 새 거주지에서 예술과 과학, 철학과 시를 발전시키고 마라톤 전쟁이 있기 오래전에 이미 서구 사회의 중심에 자리 잡은 이들이었다.

그리스 문명은 모도시에 의해 그 후손으로부터 계승된 것이다.

그리스인의 역사에서 이들이 지중해 전역에 걸쳐 급속하게 퍼져 나갔다는 사실보다 중요한 것은 없다.* 호메로스 시대 이전 그들은 유목 생활을 했고, 발칸 반도 전역이 그들의 활동 무대였던 것 같다. 그러나 무엇보다 도리스인의 침공으로 자극을 받아 에게 해 섬 지역과 아시아 서부 연안에서 연이어 그리스인의 이주 물결이 일어났다. 헬라스 전역에서 노예로 삼으려는 정복자들의 손아귀를 벗어나 가정과 자유를 찾아 떠나는 무리들이 발생했다. 옛 국가의 정치 다툼과 가족 불화 또한 이런 이주의 주요인이 되었다. 패한 이들은 때로 망명을 택했고, 승자들이 이들의 탈출을 조장했다. 트로이 전쟁에서 살아남은 그리스인들 중 일부가 아시아에 남았고, 다른 이들은 파선과 모험을 거치면서 에게 해의 섬들에 정착했다. 일부는 위험한 여행 끝에 고향으로 돌아왔지만, 자신의 왕권과 아내가 남의 손에 들어간 사실을 알고 다시 배를 타고 새로운 가정과 운명을 개척하며 해외로 나갔다.[2] 근대 유럽에서처럼 그리스 본토에서도 식민지 개척은 여러 면에서 축복이었다. 식민지 건설은 과잉 인구와 모험심의 분출구 역할을 했고, 농촌 문제의 안전장치가 되기도 했다. 식민지는 국내 생산물의 해외 시장이자 식품 및 광물 수입의 전략적 거점이었다. 결국 이를 통해 상업 제국이 형성됨으로써 상품과 예술, 생활 방식, 사상 등의 교류가 융성해지고 그리스의 복합 문화가 가능하게 되었다.

이주 경로는 아이올리스, 이오니아, 도리스, 흑해, 이탈리아 등 크게 다섯 개였다. 최초 이동은 북부와 서부로부터의 침략을 가장 먼저 감지한 본토 북부 국가들에서 시작되었다. 기원전 12세기와 11세기에 걸쳐 테살리아와 프티오티스, 보이오티아, 아이톨리아로부터 이주 물결이 에게 해를 거쳐 트로이 부근 지역으로 서서히 이동했고, 여기에 아이올리스 동맹의 열두 개 도시를 세웠다. 두 번째 경로는 펠로폰네소스에서 시작되었다. 수천 명의 미케네 인들과 아카이

---

* 파테르(Pater)는 "그리스 전체 역사에서 가장 빛나고 역동적인 이야기는 초기 식민지 건설일 것이다."라고 말했다.[1]

아인들이 "헤라클레스 후손의 귀환"을 피해 이주했다. 이들 중 일부는 아티카에 정착했고 일부는 에우보이아에 자리 잡았으며, 상당수가 키클라데스 제도로 진출해 에게 해를 과감히 건너 소아시아 서부 지역에 이오니아 도시 열두 개를 세웠다. 세 번째 경로의 주역은 도리스인들이었다. 그들은 비좁은 펠로폰네소스를 벗어나 키클라데스 제도로 진입하여 크레타와 키레네를 정복하고 로도스 섬 주변에 도리스 도시 여섯 개를 조성했다. 네 번째 경로는 그리스 전역에서 시작되었다. 그들은 트라키아 연안에 정착하고 헬레스폰토스와 프로폰티스, 흑해 연안에 백여 개 도시를 건설했다. 다섯 번째 경로는 그리스인들이 이오니아 제도라 부르는 지역으로 서진하다가 이탈리아와 시칠리아를 지나 마침내 갈리아와 스페인에 도착한다.

상상력을 동원해 당시 사람들과 공감하려 애쓰고, 우리 시대 식민지 역사를 예리하게 돌아봄으로써만 이 오랜 이주 기간 동안 어떻게 난관이 극복되었는지 눈에 잡힐 것이다. 조상들의 무덤으로 신성시되고 조상 대대로 섬긴 신들이 수호하는 땅을 떠나 그리스 신들이 보호하지 않을 낯선 땅으로 나아가는 일은 참으로 중대 모험이었다. 따라서 식민지 개척자들은 모국의 흙을 한 줌 가져가 그 낯선 땅에 뿌리고, 모도시 제단의 불을 엄숙한 마음으로 가져가 새 정착지의 화로에 지폈다. 선택 시역은 해안이나 그 부근으로, 여기서 그리스인들 절반이 제2의 고향으로 여긴 배들이 육지로부터의 공격에 피난처 구실을 했을 것이다. 그 지역에 장벽 구실을 하는 산지(山地)가 배후를 둘러싼 연안 평야 지대가 펼쳐 있고, 마을을 방어할 수 있는 아크로폴리스가 있으며, 갑(岬)으로 보호받는 항구가 있다면 더 좋을 터였다. 그 피난처가 교역로에 위치하거나 수출 또는 물물 교환용으로 내지의 산물이 모이는 강어귀에 위치한다면 더할 나위 없이 좋았다. 그렇다면 발전은 단지 시간 문제였기 때문이다. 입지 조건이 좋은 곳은 거의 언제나 선점되었고 책략이나 무력을 써서 정복해야 했다. 이런 문제에 있어 그리스인들은 우리 시대와 별반 다를 바 없었다. 어떤 경우 정복자들은 선(先)주민을 노예로 만들기도 했는데, 자유를 찾아온 그들로서는 아이러니

한 일이 아닐 수 없다. 대개 그들은 그리스에서 가져온 선물을 주고 우수한 문화로 매료시키고 그들의 여인에게 구애하고 그들의 신을 받아들임으로써 원주민들과 친구가 되었다. 식민지 그리스인들은 민족적 순수성을 개의치 않았고,[3] 신들로 득실거리는 그들의 만신전에는 지역 토착 신과 비슷한 신들이 얼마든지 있어 종교적으로 충분히 융화될 수 있었다. 무엇보다 식민지 개척자들은 그리스 공예품과 원주민들의 곡식, 가축, 광물 등을 맞바꾸어 지중해 전역으로, 가급적이면 자신들이 떠나오고 수 세기 동안 일종의 효심을 품어 온 모도시에 수출했다.

그리스가 호메로스 시대처럼 더 이상 협소한 반도가 아니라 아프리카에서 트라키아까지, 지브롤터에서 흑해 동쪽 끝까지 산재한 독립 도시들의 기이하고 느슨한 연합체가 될 때까지 이들 식민지는 하나씩 하나씩 형태를 갖추어 갔다. 이는 그리스 여인들에게 있어 획기적인 일이었다. 그들은 언제나 그처럼 아이를 가지려 하지는 않았기 때문이다. 활기와 지성에 넘친 이들 분주한 도시를 통해 그리스인들은 문명이라 불린 특이한 사치품의 씨앗을 유럽 남부 전역에 퍼뜨렸다. 이런 문명이 없었다면 인생이 아름답지도 않았을 것이고 역사도 아무 의미가 없었을 것이다.

2. 이오니아의 키클라데스 제도

피라이오스에서 아티카 연안을 따라 남쪽으로 항해하면서 동쪽으로 기울어 수니온의 신전이 있는 갑 주위를 돌면, 여행자는 케오스라는 작은 섬에 도착한다. 스트라본과 플루타르코스의 권위에 의지해 믿기로 한다면, "여기서는 한때 60세가 된 사람들에게 독약을 마시게 해 식량이 나머지 사람들에게 풍족히 돌아가도록 명령한 듯한 법이 있었고, 700여 년 이상 간통이나 유혹이 없었다."[4]

아마도 이 때문에 케오스의 가장 위대한 시인이 중년에 이르러 망명한 듯하다. 그리스 전승에 의하면 그는 87세까지 향수했는데, 고국에서 말년을 편안히 지낼 수 없다고 생각했을 것이다. 전 그리스가 약관 30세의 시모니데스를 인정했고, 기원전 469년 그가 죽자 모든 이들이 그를 당대 최고의 작가로 추앙했다. 시인과 가수로서의 명성으로 그는 아테네 공동 통치자 히파르코스의 초대를 받았고, 그 궁정에서 또 다른 시인 아나크레온과 잘 어울리지 못했다. 그는 페르시아 전쟁에서 생존했고, 명예로운 전사자들을 기리기 위해 비문을 거듭 요청받았다. 말년에 그는 시라쿠사 참주 히에론 1세의 궁정에서 살았는데, 당시 그 명성이 너무나 대단해 기원전 475년 히에론과 아크라가스 참주 테론이 서로 적대해 전쟁이 벌어지려는 찰나 전장에서 서로 화해하게 만들었다.[5] 플루타르코스는 "노인들이 통치해야 하는가?"라는 시대를 초월한 에세이에서 시모니데스가 노령임에도 서정시와 합창곡에서 계속 우승한 사실을 전한다. 마침내 그가 죽음을 받아들였을 때 그는 왕과 같은 영예를 받으며 아크라가스에 묻혔다.

그는 시인이자 한 인간이었고, 그리스인들은 악덕과 기행에도 불구하고 그를 사랑했다. 그는 돈을 매우 좋아해 황금이 없으면 시심이 일어나지 않았다. 그는 시인들 역시 다른 사람들처럼 먹을 권리가 있다는 이유로 돈을 받고 시를 쓴 최초의 인물이었다. 하지만 이런 행동은 그리스에서는 생경한 것이었고, 아리스토파네스는 일반 대중의 분개를 전하며 시모니데스는 "몇 푼 안 되는 돈을 위해 장애물을 넘고 바다로 갈 것"이라고 말했다.[6] 그는 자기가 고안한 암기법을 자랑스럽게 여겼고, 키케로는 이를 고마운 마음으로 받아들였다.[7] 이 암기법의 기본 원리는 기억할 사물을 논리적으로 분류하고 배열해 각 항목이 그 다음 항목으로 자연스럽게 이어지도록 한 것이다. 그는 기지가 넘치는 사람이었으며, 날카로운 재치는 그리스 도시들에서 일종의 정신적 화폐로 통했다. 하지만 그는 말년에 말한 것들에 대해서는 종종 후회했지만, 침묵한 일은 조금도 유감스럽지 않았다고 말했다.[8]

그토록 널리 칭송받고 많은 상을 받은 시인의 현존 단편들에서 호메로스 이후 그리스 문학에 크게 자리 잡은 우울한 분위기가 깔려 있다는 사실이 놀랍다.

호메로스 시대 사람들은 염세주의자가 되기에는 너무나 활동적이었고 권태감을 느끼기에는 너무나 격정적이었다.

> 인생의 나날은 얼마나 짧고 악하며, 땅 아래서의 잠은 또 얼마나 영원한지. …… 인간의 힘은 미약하고 실수를 피하지 못한다. 짧은 인생 동안 슬픔이 잇따르고, 누구도 피할 수 없는 죽음이 마침내 그를 덮친다. 그렇게 죽음은 선한 이에게나 악한 이에게나 똑같이 찾아온다. …… 인간에 대한 것 중 영원한 것은 없다. 키오스의 시인은 말했다. 인간의 삶은 마치 푸른 잎사귀 같다고. 하지만 이에 귀 기울이는 사람은 참으로 적은데, 젊은 가슴에 희망이 강하게 자리 잡고 있기 때문이다. 청춘이 만개하고 그 마음이 기뻐 뛰놀 때, 나이 들고 죽는 것은 저 먼 나라 일인 양 한가한 생각에서 헤어나지 못한다. 건강한 이가 질병을 생각지 않듯. 이렇게 꿈꾸며 젊음과 인생이 얼마나 짧은지 깨닫지 못하는 이들이 얼마나 어리석은지.[9]

복락의 섬이 주는 어떤 희망도 시모니데스를 위로하지 못했고, 올림포스 신들은 일부 현대 시에 등장하는 그리스도교 신앙처럼 영혼의 위안이기보다는 시의 도구가 되었다. 히에론이 그에게 신의 속성을 설명해 달라 했을 때, 그는 답변을 위해 하루의 시간을 요청했고, 다음 날에는 이틀을 더 연장해 달라 부탁했으며, 대답을 요구할 때마다 생각에 필요한 시간을 두 배로 늘렸다. 마침내 히에론이 더 미루지 말라고 했을 때, 시모니데스는 그 문제에 대해 생각할수록 더 모호해졌다고 답했다.[10]

케오스 출신 인물로는 시모니데스뿐 아니라 그의 조카이자 서정시 계승자인 바킬리데스와 알렉산드리아 시대 위대한 해부학자 에라시스트라토스도 있었다. 세리포스나 안드로스, 테노스, 미코노스, 시키노스, 이오스 등에 대해서는 설명을 생략한다. 시로스에는 피타고라스를 가르친 스승으로 명성이 높고 산문으로 저술한 최초의 철학자인 페레키데스(기원전 550년경)가 있었다. 델로스는 그리스 전승에 의하면 아폴론이 태어난 곳이다. 그의 성소인 이 섬이 얼마나 신성했던지 그 경내에서는 사망과 출생이 모두 금지되었다. 막 출산하거나 죽으려는 사람들이 해안에서 서둘러 옮겨졌고, 섬의 정화를 위해 모든 무덤이 비워졌다.[11] 페르시아인을 물리친 후 아테네와 이오니아 동맹국들은 델로스 동맹의 부를 이곳에 보관했고, 4년마다 이오니아인들은 경건하고 활기찬 집회에 모여 잘생긴 아폴론 신의 제전을 개최했다. 기원전 7세기의 한 찬가는 "아름다운 거들을 입은 여인들"[12]과 노점에서 분주하게 움직이는 상인들, 거룩한 행렬을 보기 위해 길게 늘어선 군중들, 신전에서의 긴장된 의식과 경건한 제사, 노래와 외모로 선발된 델로스와 아테네 처녀들의 흥겨운 춤과 합창, 운동 경기 및 음악 경연 대회, 야외극장에서 펼쳐지는 연극 공연에 대해 묘사한다. 매년 아테네인들은 델로스에 사절을 파견해 아폴론의 생일을 기념했다. 이 사절이 돌아올 때까지 아테네에서는 어떤 죄인도 처형할 수 없었다. 이로 인해 문학과 철학을 위해서 참으로 다행스러운 일로, 소크라테스의 유죄 판결과 처형 사이에 오랜 간격이 있었던 것이다.

키클라데스 제도에서 가장 작은 섬은 델로스이고, 가장 큰 섬은 낙소스다. 낙소스는 포도주와 대리석으로 유명했고, 기원전 6세기에는 아주 부유해져 자체적으로 해군과 조각 학교를 갖추었다. 나소스 남동쪽에 아모르고스가 있는데, 이곳은 퉁명스러운 세모니데스의 고향이다. 여성에 대한 그의 신랄한 풍자는 남자들이 쓴 역사를 통해 조심스럽게 보존되었다.* 낙소스 서쪽으로 파로스가 있고, 이곳은 거의 대리석으로 이루어져 있다. 파로스 시민들은 자기 집을 대리석으로 지었고, 프락시텔레스는 여기서 나는 투명 석재로 조각하고 다듬어 인간 육체의 온기와 감촉을 느낄 수 있게 했다. 기원전 8세기 말경 파로스에서 아르킬로코스가 여자 노예의 아들로 태어나 그리스의 가장 위대한 서정 시인 중 한 명이 되었다. 운명의 병사로 그는 북쪽 타소스로 가 원주민과 전투를

---

* 세모니데스는 여자를 여우나 당나귀, 돼지, 변덕스러운 바다에 비유하면서, 어떤 남자도 아내로부터 잔소리를 듣지 않고 하루를 지내는 법이 없다고 말했다.[13]

벌이고, 방패보다 신발이 더 소중하다는 사실을 알았다. 그는 신발을 택하고 방패를 버렸다. 그는 수많은 유쾌한 경구로 자신의 도주를 가리며 살았다. 파로스에 돌아온 그는 부자 리캄베스의 딸 네오불레를 사랑하게 되었다. 그는 네오불레를 머리칼을 어깨 위로 늘어뜨린 정숙한 처녀로 그리며, 그렇게 오랫동안 사랑에 빠진 이들이 갈구했듯이, "그녀의 손이라도 잡아 보기를" 갈구했다.[14] 하지만 리캄베스는 이 시인의 수입보다 시구에 탄복하며 이 사건을 종결지었다. 그 결과 아르킬로코스는 리캄베스와 네오불레, 그녀의 여동생을 겨냥해 날카로운 풍자시를 지었고, 전설에 의하면 이들 세 명 모두 목매 죽었다고 한다. 아르킬로코스는 파로스의 "시시한 것들"로부터 차갑게 등을 돌려 다시 운명의 병사가 되었다. 마침내 그의 신발이 실수를 저질러 그는 낙소스인과의 전투에서 목숨을 잃었다.

그의 시를 통해 보면 그는 실연당한 사람의 불륜 성향을 띠고 친구와 적 모두에게 거친 말을 퍼붓는 인물이었다.[15] 그는 영감을 받아 산문은 거칠고 시에 있어서는 세련된 아름다운 곡조를 노래하는 해적으로 그려진다. 그는 민요에 이미 널리 적용된 단장격 보격을 취해 6운각의 짧게 끊는 시를 만들어 냈다. 이것이 바로 단장 3보격으로 그리스 비극의 고전적인 매체가 되었다. 그는 장단단 6보격과 강약 4보격, 10여 개의 다른 보격을 활발하게 실험했고,* 그리스 시에 보격 형식을 부여해 그 전통이 끝까지 이어지게 했다. 그 시가 일부 단편적으로만 남아 있는데, 호메로스 이후 전 그리스 시인들 중 그가 가장 인기 있었다는 고대인들의 말은 사실이었다. 호라티우스는 그의 기술적인 다양성을 즐겨 모방했고, 위대한 그리스인 비평가 비잔티움의 아리스토파네스는 아르킬로코스의 시 중 무엇을 가장 좋아하는가라는 질문에 단 두 마디로 그리스의 정서를 대변해 "최장(最長)의 시"라고 말했다.[16]

---

* 롱펠로(Longfellow)의 「에반젤린」과 「히아와타」, 바이런(Byron)의 「차일드 해롤드의 편력」의 각 절 마지막 구가 장단단 6보격과 강약 4보격, 단장 3보격의 실례들이다.

이른 아침 파로스에서 서쪽으로 항해하면 시프노스에 도착하는데, 이곳은 금은광으로 유명하다. 이들 광산은 정부를 거쳐 국민이 소유했다. 생산량이 엄청나 시프노스는 델포이에 득의해 하는 여인상을 담은 시프노스 보고(寶庫)와 다른 많은 기념물을 세우고, 매년 연말이면 시민들에게 상당한 금액을 나눠 주었다.[17] 기원전 524년 사모스에서 약탈자들이 이 섬에 쳐들어와 오늘날 액수로 60만 달러에 상당하는 금액인 백 달란트를 공물로 요구했다. 그 밖의 다른 그리스 국가들은 이 대담한 강탈 행위를 친구의 불행을 감내하는 데 익숙해진 사람처럼 태연하고 의연하게 받아들였다.

3. 도리스인의 범람

도리스인 역시 키클라데스 제도를 식민지화했고, 그들의 호전적인 정신을 길들이면서 끈기 있게 산 경사지를 계단식으로 조성했다. 부족한 강수량으로 곡식과 포도나무를 잘 재배하기 위해서다. 멜로스에서 그들은 청동기 시대 선주민들로부터 흑요석 채석법을 이어받고 이 섬을 크게 번창시켜, 아테네인들은 스파르타와의 전쟁에서 이 섬의 지지를 얻기 위해 수고를 아끼지 않았다. 1820년 이곳에서 현재 서구 세계에서 가장 유명한 조각상인 「멜로스의 아프로디테」*가 발굴되었다.

동쪽으로 나아가다가 다시 남향한 도리스인은 테라와 크레타를 정복하고, 테라에서 키레네로 식민지를 확장했다. 일부는 키프로스에 정착했고, 기원전 1100년경부터 아르카디아 그리스인들의 한 작은 식민지가 오랜 역사의 페니키아 왕조와 맞서 패권을 다퉜다. 피그말리온은 페니키아 왕들 중 한 명으로 전설에 의하면 직접 조각한 아프로디테 상아상에 심취한 나머지 그만 이 조각상과 사랑에 빠져 여신에게 조각상에 생명

---

* 알려진 바와 같이, 여신은 로마식 명칭으로 섬은 이탈리아식 명칭으로 「밀로의 비너스」라 불린다.

을 불어넣어 달라고 빌고 여신의 허락으로 조각상과 결혼했다고 한다.[18] 철의 출현으로 키프로스 구리에 대한 수요가 감소된 듯, 섬은 그리스 경제 발전의 주요 경로에서 벗어나게 된다. 원주민들의 구리 광석 융해, 페니키아인들의 조선, 그리스인들의 화전 조성을 위해 벌목이 이루어지고, 키프로스는 오늘날처럼 무더운 반(半)불모지가 되었다. 그리스 시대 키프로스 예술은 이곳 사람들처럼 이집트와 페니키아, 그리스의 영향이 잡다하게 혼합된 형태였고 동질적인 고유 성격은 이루지 못했다.*

도리스인은 로도스 섬, 남쪽 스포라데스, 인접한 본토에서만 지배층이었을 뿐, 키프로스의 그리스인 중에서는 소수 종족에 지나지 않았다. 로도스는 호메로스 시대부터 마라톤 전쟁 때까지 수 세기 동안 번성했다. 그러나 그 절정기는 헬레니즘 시대에 이르러서야 도래했다. 도리스인은 아시아에서 튀어나온 한 갑(岬)에 크니도스라는 도시를 발전시켰는데, 연안 교역 항구였던 이 도시는 지정학적으로 매우 유리한 위치를 점하고 있었다. 이곳에서 천문학자 에우독소스, 역사가(또는 우화 작가) 크테시아스, 알렉산드리아에 파로스 등대를 세운 소스트라토스 등이 태어났다. 고대 신전 유적 가운데는 이곳에서 현재 영국 박물관에 소장되어 있는 슬프면서도 기품 있는「데메테르」가 발굴되었다.

크니도스 맞은편에 히포크라테스의 고향이자 그리스 의학 중심지로 크니도스와 경쟁했던 코스 섬이 있다. 화가 아펠레스와 시인 테오크리토스가 여기서 태어났다. 북쪽으로 조금 나아가면 연안에 할리카르나소스가 나오는데, 이곳은 헤로도토스의 출생지였으며 헬레니즘 시대 카리아 왕이었던 마우솔로스와 그의 사랑 아르테미시아의 옥좌가 있던 곳이다. 할리카르나소스는 코스와 크니도스, 로도스 섬의 주요 도시들(린도스, 카미로스, 이알리소스)과 함께 소아시아의 여섯 도시를 형성했고, 한동안 이오니아의

---

*뉴욕 메트로폴리탄 예술 박물관에 소장된 키프로스 유물 세놀라 컬렉션 케이스 13을 참조하라. 1868년 영국학자들이 2개 국어 서판을 발굴함에 따라 키프로스 문자를 음절 부호로 표현된 그리스어 방언으로 해독할 수 있게 되었다. 하지만 그 결과가 보편사에 어떤 기여를 하지는 않았다.

열두 도시와 열등한 형태로 경쟁했다.

4. 이오니아의 열두 도시

1. 밀레토스와 그리스 철학의 탄생

카리아 북서쪽으로 150킬로미터쯤 달려가면 30~50킬로미터 폭의 산악성 연안 지대가 나타나는데 고대에 이곳은 이오니아로 알려졌다. 헤로도토스는 이곳이 "전 세계에서 공기와 기후가 가장 좋은 곳이다."라고 말했다.[19] 이오니아 도시들은 대부분 강어귀나 길 가장자리에 위치했고, 내지 상품을 지중해로 운송한 다음 배로 세계 각지에 날랐다.

이오니아 열두 도시 중 최남단에 위치한 밀레토스는 기원전 6세기 그리스에서 가장 부유한 도시였다. 이곳에는 미노스 시대부터 카리아인들이 거주했다. 기원전 1000년경 아티카에서부터 이곳에 온 이오니아인들이 퇴폐적인 형태이긴 하나 옛 에게 해 문화를 세워 그들 문명이 발전할 수 있는 기틀을 마련했다. 그들은 밀레토스에 여자를 데려오지 않았고, 원주민 남자들을 살해한 후 그 과부들과 결혼했다.[20] 문화의 융합은 피의 융합에서 시작되었던 것이다. 대부분의 이오니아 도시들처럼 밀레토스도 처음에는 전쟁을 이끈 왕에게, 다음에는 토지를 소유한 귀족에게, 그 다음에는 중산층을 대표하는 참주에게 복종했다. 기원전 6세기가 시작되면서 참주 트라시불로스의 영도 아래 산업과 교역이 절정에 이르고, 부가 성장함에 따라 문학과 철학, 예술이 꽃피었다. 내지의 비옥한 초원에서 운반된 양모가 도시의 섬유 가공장에서 옷감으로 바뀌었다. 페니키아인들로부터 가르침을 얻고 점차 그들을 능가하면서 이오니아 상인들은 이집트와 이탈리아, 프로폰티스, 흑해 등지에 식민지를 교역의 전초 기지로 세웠다. 밀레토스만 해도 여든 개 식민지를 보유했고, 그들 중 예순 개는 북쪽에 위치했다. 밀레토스는 아비도스와 키지코스, 시노페, 올비아, 트라페주스, 디오스코리아스로부터 아마, 목재, 과일, 금속 등을 수입하고 공예품을 수출했다. 밀레토스의 부와 사치는 그리스 전역에 속담과 얘깃거리가 되었다. 이익이 넘친 밀레토스 상인들은 사방 곳곳에, 심지어는 시 당국에도 자금을 빌려 주었다. 이들은 이오니아 르네상스의 메디치 가였던 것이다.

그리스가 세계에 가장 특색 있는 선물 둘, 즉 과학과 철학을 처음 발전시킨 것은 바로 이처럼 활기찬 환경하에서였다. 교역의 교차 지대는 사상이 만나는 곳이고 경쟁하는 관습과 신앙이 마찰을 일으키는 곳이다. 다양성은 갈등과 비교, 사상을 낳고, 미신이 서로 상쇄되며, 이성이 비로소 시작된다. 나중의 아테네처럼, 사람들이 백여 개 산재한 국가들로부터 이곳 밀레토스에 모여들었다. 이들은 경쟁적인 상업으로 인해 그 정신이 활기찼으며, 모시던 제단과 고향을 오랫동안 떠나 있어 전통의 구속에서도 자유로웠다. 먼 도시들로 여행을 다닌 밀레토스인들은 리디아와 바빌로니아, 페니키아, 이집트 등의 문명에 눈떴다. 이 과정에서 이집트의 기하학과 바빌로니아의 천문학이 그리스에 유입되고, 교역과 수학, 외국의 상업과 지리학, 항해술과 천문학이 함께 발전했다. 한편 부는 여가를 낳고, 문화 귀족층이 증가했으며, 극소수만이 글을 읽을 수 있어 사상의 자유가 묵인되었다. 어떤 강력한 제사장도, 어떤 고대의 영감 있는 문헌도 사람들의 생각을 제약하지 않았다. 심지어 어떤 의미에서 그리스인의 성서라 할 수 있는 호메로스의 시들조차 아직까지 그 최종 형태를 갖추지 못했다. 이 호메로스 시의 최종 형태 속에서 그들의 신화가 이오니아인의 회의주의와 왁자지껄한 분위기를 각인시킬 터였다. 밀레토스에서 처음으로 사상은 세속화되고 세계와 인간 문제에 대해 이성적이며 일관성 있게 해답을 모색했다.*

그럼에도 불구하고 비록 돌연변이 형태이긴 하지만 이 새 생명체는 그 뿌리

---

*유사한 움직임이 기원전 6세기 무렵 인도와 중국에서도 나타났다.

와 기원을 갖추었다. 이집트 제사장들과 페르시아의 마기(Magi), 아마도 힌두교 현자들과 칼데아의 성스러운 학문, 헤시오도스의 시적으로 의인화된 우주론이 페니키아와 그리스 상인들의 자연적 현실주의와 섞여 이오니아 철학을 낳았다. 그리스 종교 자체에 있어서는 운명의 신 모이라(Moira)가 신들과 인간의 통치자가 되어 그 길을 닦았다. 믿을 수 없는 인간적 포고보다 우월한 존재이며, 전제주의와 민주주의 간 뿐 아니라 과학과 신화 간의 본질적인 차이를 나타낼 법사상이 여기 있었다. 인간은 법에 복종해야 한다는 사실을 인정했을 때 비로소 자유로웠다. 우리가 아는 한 그리스인들은 이를 인정한 최초의 사람들이었고, 철학과 정치에서의 이 자유야말로 그들이 이룬 업적과 역사에서 그들이 차지하는 중요성을 이해할 수 있는 열쇠다.

삶은 변화와 유전, 실험적인 혁신과 안정된 관습에 의해 진행되므로, 철학의 종교적 뿌리를 통해 삶이 배양 및 형성되고 이 삶의 마지막 순간까지 신학이라는 활기찬 요소가 존속한다. 그리스 철학사에 있어 큰 두 줄기 흐름은 자연주의와 신비주의다. 신비주의는 피타고라스에서 비롯되어 파르메니데스, 헤라클레이토스, 플라톤, 클레안테스를 거쳐 플로티노스와 바울에 이른다. 자연주의는 탈레스에서 처음 등장해 아낙시만드로스와 크세노파네스, 프로타고라스, 히포크라테스, 데모크리토스를 거쳐 에피쿠로스와 루크레티우스로 이어진다. 이따금 소크라테스, 아리스토텔레스, 마르쿠스 아우렐리우스 등 위대한 지성이 이 두 흐름을 융합해 정형화할 수 없는 복잡한 삶의 진면모를 밝혀 보려 시도했다. 하지만 이들에 있어서도 지배적인 경향은 그리스 사상의 특징인 사랑과 이성의 추구였다.

탈레스는 기원전 640년경 아마도 밀레토스에서 페니키아인 부모에게서[21] 태어났고, 지식의 상당 부분을 이집트와 근동 지역에서 얻었다. 여기서 문화가 동양에서 서양으로 이행했음을 목격하게 된다. 탈레스는 정상적인 삶에 필요한 정도로만 생업에 종사한 듯하다. 그의 착유기(搾油機)에 얽힌 일화는 너무나 유명하다.* 그는 여생을 학문에 바쳤는데, 별을 관찰하며 걷다가 도랑에 빠졌다는 유명한 이야기는 그의 학구열을 잘 설명해 준다. 그는 고독했음에도 도시의 사안들에 관심을 가졌고, 참주 트라시불로스와 친하게 지냈으며, 리디아와 페르시아에 맞서기 위해 이오니아 국가들이 동맹할 것을 역설했다.[23]

전승은 분명히 말하기를, 그가 수학 및 천문학을 그리스에 도입했다고 한다. 고대 문헌에 의하면 그는 이집트에서 사람 그림자가 그 키와 같아지는 때에 그림자들을 측정해 피라미드의 높이를 계산했다고 한다. 이오니아에 돌아온 탈레스는 매력적이고 논리적인 학문인 기하학을 연역 과학으로 발전시켰으며, 그가 증명한 몇 가지 법칙을 이후 유클리드가 수집 및 정리한다.** 이런 법칙들이 그리스 기하학을 확립한 것처럼, 그의 천문학 연구를 통해 서구 문명을 위한 과학이 확립되었고 동양 점성술과의 연관성에서 벗어났다. 그는 몇몇 사소한 관찰을 했는데, 기원전 585년 5월 28일 일식을 예측하는 데 성공해 이오니아 전역을 놀라게 했다.[25] 아마도 이집트 문헌과 바빌로니아의 계산법에 기초한 것 같다. 그 밖에 그의 우주론은 이집트인 및 유대인들의 우주론보다 두드러지게 우수하지는 못했다. 그는 이 세계가 무한히 펼쳐진 바다 위에 놓인 반구(半球)고, 지구는 이 반구 내 평면 위에 떠 있는 납작한 원반이라고 생각했다. 인간의 악덕(또는 실수)은 인간의 기원과 함께 보편적인 것이지만, 인간의 미덕(또는 통찰)은 인간 고유의 것이라는 괴테의 말이 떠오른다.

일부 그리스 신화가 오케아노스를 모든 피조물의 아버지가 되게 했듯이,[26] 탈레스는 물을 만물의 최초 원리이자 원형 및 마지막 운명이 되게 했다. 아마

---

* 아리스토텔레스는 이렇게 말한다. "탈레스는 자신의 점성학(천문학) 지식을 통해 그 해에 엄청난 양의 올리브가 생산될 거라는 사실을 미리 알 수 있어 겨울철에 싼값으로 밀레토스와 키오스의 모든 착유기를 빌렸다. 아무도 그를 방해하지 않았다. 하지만 기름을 짤 계절이 되자 많은 사람이 착유기를 필요로 하게 되었고, 그는 자신이 원하는 가격에 착유기를 빌려 주게 되었다. 이런 식으로 큰돈을 번 그는 마음만 먹으면 철학자는 얼마든지 부자가 될 수 있다는 것을 사람들에게 보여 주었다."[22]
** 원은 직경에 의해 이분되고, 모든 이등변 삼각형의 밑변의 각은 "비슷"(즉 동일)하며, 반원 내부의 각은 직각이고, 교차하는 두 직선에 의해 형성되는 맞꼭지각은 동일하며, 두 개의 각과 한 개의 변을 공유하는 두 개의 삼각형은 동일하다.[24]

그는 "만물의 자양분은 습기이고 …… 만물의 씨앗은 습한 성격을 가지며……만물이 기원한 것이 바로 만물의 최초 원리이다."[27]라는 사실을 관찰함으로써 이런 견해에 도달한 것 같다고 아리스토텔레스는 말한다. 아니면 그는 이론상 모든 물질이 변환될 수 있는 세 가지 형태, 즉 기체와 액체와 고체 중 물이 가장 원시적이거나 근본적이라고 믿었던 듯하다. 이러한 그의 사상이 중요한 이유는 만물을 물로 환원시킨 데 있는 게 아니라 만물을 하나로 환원시킨 데 있다. 여기에 역사상 최초의 일원론이 등장한다. 아리스토텔레스는 탈레스의 견해를 유물론적이라 말하지만, 탈레스는 세계의 모든 입자가 살아 있고 물질과 생명은 분리될 수 없는 하나이며 동물과 인간뿐 아니라 식물과 광물에도 불멸의 "영혼"이 있다고 덧붙였다. 생명력은 그 형태는 변하지만 결코 죽지 않는다.[28] 탈레스는 산 것과 죽은 것 사이에는 본질적으로 아무런 차이가 없다고 말하곤 했다. 어떤 사람이 그를 화나게 하려고, 그렇다면 왜 탈레스 자신은 죽음 대신 삶을 선택했는지 물었을 때, 그는 "아무런 차이가 없기 때문"이라고 답했다.[29]

말년에 그는 만장일치로 소포스(sophos), 즉 현인이라는 칭호를 얻었으며, 그리스가 7현자를 지명했을 때 탈레스를 가장 먼저 거명했다. 무엇이 가장 어려운가라는 질문을 받은 그는 유명한 경구인 "당신 자신을 아는 것"이라고 답했고, 가장 쉬운 일은 무엇인가라는 질문에는 "조언하는 것", 신은 무엇인가라는 질문에는 "시작도 끝도 없는 존재", 가장 가치 있고 정당한 삶은 무엇인가라는 질문에는 "다른 사람들을 비난하는 방식을 스스로 행하지 않는 것"이라 대답했다.[30] 디오게네스 라이르티오스는 "그는 운동 경기에 관람객으로 참석했다가 노령으로 인해 더위와 갈증, 허약을 견디지 못하고 죽었다."고 말한다.[31]

스트라본은[32] 탈레스가 자연 과학 또는 만물의 존재와 발전 원리에 관해 저술한 사람들 가운데 최초 인물이었다고 말한다. 그의 업적은 제자인 아낙시만드로스에 의해 활발한 진척을 보였다. 아낙시만드로스는 기원전 611년부터 549년까지 생존했고, 허버트 스펜서(Herbert Spencer)가 자신의 독창성에 전율하면서 1860년에 출간한 내용과 놀랍도록 유사한 철학을 수립했다. 아낙시만 드로스에 의하면 그 첫째 원리는 광대한 무한계로 아무런 구체적인 특질들을 소유하지 않지만 내재된 힘에 의해 우주의 다양한 실재들로 발전하는 무한한 덩어리다.* 이런 생기 있고 영원하지만 일반적이고 초도덕적인 무한성은 아낙시만드로스의 체계에서는 유일한 신이고 불변하며 영속적인 유일자로, 만물계의 가변적이고 미미한 다수와 구별된다.(여기서부터 영원한 유일자만 실재한다는 엘레아 학파의 형이상학이 유래한다.) 이런 특징 없는 무한성으로부터 새로운 세계들이 무한히 연속적으로 탄생하고, 이들이 진화하고 소멸할 때 무한히 연속적으로 그 무한성에 회귀한다. 최초의 무한성에서는 뜨겁고 찬 것, 습하고 마른 것, 액체와 고체, 기체 등 서로 상반되는 모든 것이 포함된다. 발전 과정에서 이들 잠재적 특질들이 활동적으로 변하고 다양하며 유한한 것들이 만들어진다. 소멸 과정에서 이들 상반된 특질들은 다시 무한성으로 용해된다.(이는 스펜서뿐 아니라 헤라클레이토스에게 있어서도 원천이다.) 이러한 세계의 출현 및 몰락 과정에서 다양한 요소들은 서로 다투며 적대적인 상대를 침해한다. 이런 적대 관계 속에서 이들 요소는 소멸되어 간다. "만물은 탄생한 모체 내부로 다시 사라진다."

아낙시만드로스 역시 마땅한 도구가 없던 시대라 용납될 수 있는 천문학적 기행(奇行)을 범할 수 있지만, 탈레스보다 진일보해 지구를 우주의 중심에 자유롭게 걸리고 만물로부터 등거리에 존재함으로써만 유지되는 원통이라 생각했다.[34] 태양과 달, 별들은 지구 주위로 원을 그리며 움직인다고 생각했다. 이 모두를 설명해 보이기 위해 아낙시만드로스는 아마도 바빌로니아의 것을 모델로 삼아 스파르타에 그노몬(gnomon), 즉 해시계를 세웠고, 이를 통해 행성의 움직임과 황도 경사각,** 지점(至點)과 분점(分點)과 계절의 연속성을 보여 주었

---

* 실질적으로 "무한하고 일관적이지 않은 동질성이 한정적이고 일관적인 이질성"으로 변화한다는 스펜서의 진화의 정의를 참조하라.[33]
** 태양과 달의 식(蝕, eclipse)이 그 안에서 이루어져 그렇게 불리는 황도(黃道, ecliptic)는 태양이 공전함으로써

다.³⁵ 동료인 밀레토스의 헤카타이오스와 공동으로 그는 거주(居住) 세계에 대한 최초의 지도를 놋쇠 판에 분명히 그려 지리학을 과학으로 확립했다.*

아낙시만드로스에 의하면 애초에 지구는 액체 상태였다. 외부 열기로 말미암아 이런 상태의 지구 일부가 육지가 되고 일부는 증발해 구름이 되었으며, 이렇게 형성된 대기 중의 열기로 바람이 불게 되었다. 생명체는 애초의 습기로부터 점차적으로 발전해 갔다. 육상 동물도 처음에는 물고기였는데, 땅이 마르면서 현재 모습을 갖추게 되었다. 인간도 한때는 물고기였다. 처음 모습이 지금 같았다면 너무 무력해 음식물도 구하지 못하고 멸종해 버렸을 것이다.³⁶

보다 중요하지 않은 인물로 아낙시만드로스의 제자 아낙시메네스가 있다. 그에게 있어 최초 원소는 공기다. 다른 모든 요소는 희박한 상태로 공기로부터 생성되어 불을 낳거나 응축 상태로 점진적으로 바람과 구름, 물, 땅, 돌 등을 형성한다. 공기 형태인 영혼이 우리를 유지하듯 세계의 공기, 즉 프네우마(pneuma)는 스며드는 영혼이자 호흡, 즉 신이다.³⁷ 그리스 철학의 온갖 풍상을 이겨 내고 금욕주의와 그리스도교에서 안식처를 찾은 한 사상이 여기 있다.

이 밀레토스 전성기에 그리스 역사상 최초의 철학, 최초의 산문, 최초의 역사 편찬이 일어났다.** 시는 한 민족의 청년기에 아주 잘 어울리는 것 같다. 상상이 지식보다 중요하고, 강렬한 신앙이 들판과 숲, 바다, 하늘에 깃들인 자연의 힘에 인격을 부여하기 때문이다. 시는 정령 신앙을 회피하기 힘들고, 정령 신앙 또한 시를 회피하기 힘들다. 산문은 상상과 신앙으로부터 자신을 해방하는 지식의 대변자이며, 현세적이고 세속적이며 "무미건조한" 일들을 다루는 언어

이루어지는 큰 원이다. 이런 원이나 황도의 면은 지구 궤도면이기도 해 황도 경사각은 지구 적도면과 태양 주위 궤도면 간에 약 23도의 경사각을 이룬다.
* 이집트인들도 지도를 그렸지만 특정 지역에 한정되었다.
** 현명한 독자라면 '최초'나 '처음'이라는 말 다음에 '알려진 바에 의하면'이라는 말을 항상 덧붙일 것이다.

다. 산문은 민족 성숙의 표증이며 청춘의 묘비와도 같다. 이 시대까지(기원전 600년) 거의 모든 그리스 문학은 시의 형태를 취했고, 시를 통해 인류의 지식과 도덕을 전수했으며, 심지어 크세노파네스, 파르메니데스, 엠페도클레스 같은 초기 철학자들도 자신들의 체계를 시로 옷 입혔다. 과학이 처음 철학의 형태를 띠고 일반적이고 사변적이며 증명할 수 없는 것들로부터 자유로워지려고 애썼듯이, 철학 또한 처음에는 시의 형태로 신화와 정령 신앙, 은유에서 해방되려 애썼다.

따라서 페레키데스와 아낙시만드로스가 자기 교설을 산문으로 표현한 것은 하나의 사건이었다. 그리스인들이 로고그라포이(logographoi), 즉 합리적인 작가 또는 산문 작가라 부른 당시 또 다른 인물들이 자기 국가 연대기를 새로운 방식으로 상술하기 시작했다. 카드모스는 밀레토스 연대기를(기원전 550년), 에우가이온은 사모스 연대기를, 크산토스는 리디아 연대기를 이런 방식으로 기록했다. 이 세기 말 밀레토스의 헤카타이오스는 "히스토리아이(Historiai)", 즉 탐구와 "게스페리오도스(Ges periodos)", 즉 세계 유람기라는 획기적인 작품으로 역사와 지리학을 크게 발전시켰다. 세계 유람기에서 그는 세계를 유럽과 아시아, 양 대륙으로 나누고 이집트를 아시아에 포함시켰다. (많은 사람들이 의문시하지만) 현존 단편 자료들이 진본이라면, 이 작품은 특별히 이집트에 관해 유익한 정보를 제공하고, 헤로도토스에 의해 인정받지 못하고 무시된 광범위한 분야에 빛을 던져 준다. 역사는 회의적인 공격으로 시작된다. "나는 진실이라고 생각하는 것을 기록한다. 내가 볼 때 그리스인의 전승은 잡다하고 우스꽝스럽다." 헤카타이오스는 호메로스를 역사 인물로 받아들였고 그의 이야기를 맹목적으로 수용했다. 그럼에도 그는 사실을 신화와 구분하고 진정한 계보를 추적하며 그리스인들의 믿을 만한 역사에 이르기 위해 심혈을 기울였다. 그리스 역사 편찬은 "역사의 아버지"가 태어났을 때 이미 오랜 역사를 가지고 있었다.

이 시대 헬라스 대부분 도시와 식민지에 출현한 헤카타이오스 및 다른 로고그라포이들에 있어 역사(historia)란 모든 문제의 사실성 탐구를 의미했고, 현대적 의미의 역사 편찬뿐 아니라 과학과 철학에도 적용되었다. 이오니아에서 역사라는 말은 회의적인 의미를 내포했다. 역사란 신들과 신과 같은 영웅들의 기적 이야기를 세속적으로 되돌려 놓고 원인과 결과를 합리적으로 해석함을 의미했다. 역사는 헤카타이오스에서 시작되고 헤로도토스에서 발전하였으며 투키디데스에서 완성되었다.

헤로도토스 이전 그리스 산문이 빈약한 것은 산문 문학이 시작된 바로 그 세대에 밀레토스가 정복되고 피폐해진 것과 관련이 있다. 정복자들의 길을 평탄하게 하는 역사적 관습과 더불어 내부적인 부패가 뒤따랐다. 부의 증가와 사치로 쾌락주의가 성행하고, 금욕주의와 애국심은 고루하고 어리석어 보였다. 그리스인들 사이에 "아주 먼 옛날 밀레토스인은 용감했다."[38]라는 말이 속담이 되었다. 상업적 경쟁심이 더욱 치열해지고, 옛 신앙은 강자에게는 양심의 가책을 약자에게는 위안을 주면서 계층 간 다툼을 완화시키는 힘을 상실해 갔다. 과두적 참주정을 지지하는 부자들은 민주정을 원하는 빈자들에 대해 단합된 파벌을 형성했다. 가난한 이들이 정권을 장악해 부자들을 축출하고 그들의 자녀를 탈곡장에 모아 황소로 밟아 죽였다. 부자들이 돌아와 권력을 탈환하고 민주성 시도자들을 역청을 발라 태워 죽였다.[39] 역사는 되풀이된다. 기원전 560년경 크로이소스가 크니도스에서 헬레스폰토스에 이르는 아시아 쪽 그리스 연안들을 리디아의 지배하에 두기 시작하고, 밀레토스는 자매 국가들의 도움 요청을 거절하면서 간신히 독립을 유지할 수 있었다. 그러나 기원전 546년 키로스가 리디아를 정복하고, 파벌로 사분오열된 이오니아 도시들을 별 어려움 없이 페르시아 제국에 합병했다. 밀레토스의 위대한 시대는 끝났다. 이 국가들의 역사에서 과학과 철학은 쇠퇴하기 시작한 후 그 절정에 달했다. 지혜는 죽음의 전조인 모양이다.

2. 사모스의 폴리크라테스

밀레토스에서 만을 지나면 마이안드로스 강 하구 부근에 아담한 도시 미오스와 그보다 유명한 도시 프리에네가 자리 잡고 있다. 기원전 6세기 이곳에 7현자 중 한 명인 비아스가 살았다. 헤르미포스의 말대로라면 현자들은 사실 열일곱 명이었다. 여러 그리스인들이 각기 상이한 명단을 만들었던 탓이다. 하지만 대부분의 그리스인들은 탈레스와 솔론, 비아스, 미틸리네의 피타코스, 코린토스의 페리안드로스, 스파르타의 킬론, 로도스 섬 린도스의 클레오볼로스를 7현자로 꼽는 데 일치했다. 인도가 거룩함을, 르네상스 시대 이탈리아가 예술적 천재를, 젊은 미국이 경제적 진취성을 존경한 것처럼 그리스는 지혜를 존경했다. 그리스의 영웅은 성자나 예술가, 백만장자가 아니라 현자들이었다. 그리고 그리스에서 가장 존경받는 현자는 이론가가 아니라 자기 지혜를 세상에서 적극 활용한 사람들이었다. 이런 현자의 말은 그리스인들 사이에 격언처럼 여겨졌고, 어떤 경우에는 델포이의 아폴론 신전에 새겨지기도 했다. 이를테면 사람들은 비아스의 말을 즐겨 인용했다. 가장 불행한 인간은 불운을 이겨 내는 법을 배우지 못한 사람이고, 인간은 길거나 짧은 인생을 살도록 운명 지어진 것처럼 자기 삶을 다스려야 하며, "지혜는 젊었을 때부터 늙을 때까지 여행의 수단으로 소중히 여겨야 하는데, 그 이유는 다른 어떤 소유보다 지혜가 더 오래가기 때문이다."[40]

프리에네 서쪽에 이오니아 제도에서 두 번째로 큰 도시 사모스가 있다. 그 중심지는 남동쪽 해안에 있고, 저 유명한 사모스의 붉은 함대를 지나 잘 단장된 항구에 들어서면, 언덕 위에 마치 층을 이룬 것처럼 도시가 서 있다. 우선 부두와 상점들이 있고, 그다음 개인 집들이, 또 그다음에는 요새 같은 아크로폴리스와 위대한 헤라 신전이 자리해 있다. 이들 뒤편에 1500미터 높이로 우뚝 솟은 산과 봉우리들이 끝없이 펼쳐져 있다. 진정 모든 사모스인의 애국심을 들끓게 할 만한 장관이다.

사모스의 전성기는 기원전 6세기 후반 폴리크라테스 치세 때였다. 그는 번창한 항구의 세입을 공공사업에 투자해 심각한 실업 문제를 해결했다. 이 조치는 헤로도토스의 감탄을 자아냈다. 이들 중 최대 규모 사업은 상수도 터널 공사였는데, 그 길이가 산을 관통해 1370여 미터에 이르렀다. 양 끝에서 시작되는 두 개 시굴공이 정중앙에서 만나도록 한 이 공사의 오차가 불과 좌우 5미터, 상하 3미터 정도에 지나지 않았다고 하니 당시 그리스의 수학과 기술 수준이 어느 정도였는지 짐작이 간다.[41]*

사모스는 폴리크라테스 시대 훨씬 이전부터 문화의 중심지였다. 기원전 590년경 이곳에 살았던 전설적인 이솝은 그리스인 이아드몬의 프리기아인 노예였다. 미확인된 전승에 의하면 이아드몬이 그의 노예 신분을 해방시켜 주었고, 이솝은 이곳저곳 여행하며 솔론을 만나고 크로이소스의 궁전에 거처했으며, 크로이소스가 델포이에 전하라고 맡긴 돈을 착복해 분개한 델포이인들의 손에 맞아 죽었다고 한다.[42] 대부분 출처가 동방인 그의 우화들은 고전 시대 아테네에서 아주 유명했고, 플루타르코스에 의하면 소크라테스가 이 우화들을 시로 지었다고 한다.[43] 비록 그 형식은 동양적이었지만, 그 속에 담긴 철학은 전형적으로 그리스적이었다. "자연, 땅과 바다, 별들, 태양과 달의 아름다움은 달콤하지만, 그 밖에는 두려움과 고통뿐이다."[44] 특히 돈을 착복한 경우에는. 바티칸 박물관에서도 그를 만날 수 있다. 이곳에 소장되어 있는 페리클레스 시대 컵에는 반(半)대머리인 얼굴에 반다이크 수염을 한 그가 명랑한 여우의 이야기에 쫑긋 귀 기울여 듣고 있는 모습이 그려져 있다.[45]

위대한 피타고라스 또한 사모스 출신이나, 그는 기원전 529년에 사모스를 떠나 이탈리아의 크로토나로 갔다. 아나크레온은 테오스에서 사모스로 건너와 폴리크라테스의 매력을 노래하며 그의 아들을 가르쳤다. 궁정에서 가장 대단한 인물은 사모스의 레오나르도 다빈치로 불리는 장인(匠人) 테오도로스로 만물박사이자 팔방미인이었다. 그리스인들은 그가 수준기(水準器)와 직각자, 선

---

* 오늘날 유사한 공사에서는 불과 몇 센티미터이거나 거의 오차가 나지 않는다.

반(旋盤)을 발명했다고 생각했다.[46] 그는 숙련된 보석 세공사이자 금속 기술자, 석재 전문가, 목공, 조각가, 건축가였다. 그는 에페소스의 아르테미스 제2신전 설계에 참여했고, 스파르타의 공동 집회용 스키아스(skias), 즉 대형 누각을 지었고, 진흙 모형 제작 방식을 그리스에 소개했고, 로이코스와 함께 이집트 또는 아시리아에서 사모스로 청동 주물 제작법을 도입했다.[47] 그리스인들은 테오도로스 이전에는 목재 연결부에 금속판을 박아 조잡하게 청동 조각상을 만들었다.[48] 이제 그들은 「미론의 델포이의 마부」나 「원반던지기 선수」 같은 청동제 걸작을 만들 수 있게 된 것이다. 사모스는 도기로도 유명했다. 플리니우스는 키벨레 제사장들이 자기를 거세하는 데 사모스의 질그릇 조각 이외 어떤 것도 사용하지 않았다고 말하면서 그 도기를 소개한다.[49]

3. 에페소스의 헤라클레이토스

사모스에서 카이스테르 만을 건너면 이오니아에서 가장 유명한 도시 에페소스가 나타난다. 아테네 식민지 개척자들에 의해 기원전 약 1000년경에 건설된 이 식민 도시는 카이스테르 강과 마이안드로스 강의 교역을 연결함으로써 번성했다. 에페소스의 인구와 종교 및 예술은 다분히 동양적이었다. 이들이 숭배한 아르테미스는 모성과 풍요를 상징하는 동방 여신으로 일관되었다. 유명한 아르테미스 신전은 수차례 붕괴되었지만 역시 수차례 복구되었다. 고대의 제단 부지에 두 차례 건축되고 두 차례 파괴되었는데, 기원전 600년경에 세워진 첫 번째 신전은 이오니아 양식으로는 아마도 최초의 중요 건축물이었던 것 같다. 두 번째 신전은 일부 크로이소스의 후원을 받아 기원전 540년경에 세워졌다. 에페소스의 파이오니오스, 사모스의 테오도로스 및 성전 제사장 데메트리오스가 신전 설계에 참여했다. 이는 당시 사상 최대 규모의 그리스 신전이었고, 논쟁의 여지없이 세계 7대 불가사의의 반열에 올랐다.*

---

* 나머지 여섯 개는 바빌론의 공중 정원과 알렉산드리아의 파로스 등대, 로도스의 거상, 올림피아의 제우스 신상, 할리카르나소스의 마우솔로스 영묘(靈廟), 그리고 피라미드다. 플리니우스는 두 번째 신전의 규모는 길이가 130미

에페소스는 신전뿐 아니라 시인과 철학자들, 화려한 옷을 걸친 여인들로 유명했다.[51] 기원전 690년경 이곳에는 그리스 최초의 애가(哀歌) 시인 칼리노스가 살았다. 용모가 추했지만 더 위대했던 시인은 히포낙스였다. 그는 기원전 550년경 거친 주제와 모호한 언어, 돋보이는 위트에 세련된 보격으로 시를 지었는데, 이로써 모든 그리스인들이 그에 대해 얘기하고, 모든 에페소스인들이 그를 미워하기 시작했다. 그의 외모는 단신에 말랐고 다리는 절름발이인 불구여서 전혀 호감을 주지 못했다. 그는 단편적으로 남아 있는 한 작품에서 여인이 남자에게 단 이틀만 행복을 가져다줄 뿐이라고 말한다. "한 번은 결혼할 때고 또 한 번은 그녀가 죽어 매장될 때다."[52] 그는 오만한 풍자가여서 가장 미천한 범죄자에서부터 신전 대제사장에 이르기까지 에페소스의 모든 유명인을 조롱했다. 조각가 부팔로스와 아테니스가 그를 우아하게 풍자해 묘사하자 히포낙스는 신랄한 시로 그들을 공격했고, 그의 시가 돌로 된 그들 작품보다 더 오래 견디고 세월의 날 선 이빨보다 더 날카롭다는 것을 입증했다. 아주 점잖은 사람이 말한다. "내 외투를 들고 있게. 내가 부팔로스의 눈을 가격할 테니. 난 양손잡이고 한 번도 목표를 빗나간 적이 없지."[53] 전승에 의하면 히포낙스는 자살로 생을 마쳤다고 한다. 하지만 이는 일반적인 바람이었는지 모른다.

에페소스가 낳은 가장 걸출한 인물은 비운의 헤라클레이토스였다. 기원전 530년경에 출생한 그는 귀족 출신으로 민주주의는 착각이라고 생각한 인물이었다. 그는 "민주주의는 단점이 많은 반면 장점은 거의 없다."(111*), "그가 최고 인물이라면 내게 있어 그 한 사람은 1만 명과 마찬가지다."(113)라고 말했다. 하지만 귀족들조차 그를 좋아하지 않았고 여자들과 학자들도 마찬가지였다. 그는 상냥하고 꼼꼼하게 "풍부한 지식으로 정신이 형성되는 것이 아니다.

터, 폭이 68미터이고, 18미터 높이의 기둥 127개가 받치고 있고, 그중 일부 기둥은 돋을새김으로 장식되었는데 다소 손상되어 있다고 전한다.[50] 한 세기 이상 공사가 진행되어 기원전 420년경 완성된 이 건축물은 기원전 356년경에 파괴되었다.

* 삽입된 숫자는 단편적으로 남은 헤라클레이토스의 작품을 분류하기 위해 바이워터(Bywater)가 기입한 숫자다.

만약 그렇다면 헤시오도스와 피타고라스, 크세노파네스, 헤카타이오스를 가르쳤을 것이다."(16)라고 적었다. "유일한 참 지혜는 만물을 다스리고 모든 경우에 대처할 수 있는 이치를 깨닫는 것이다."(19) 그는 중국의 현인처럼 속세를 떠나 산에 들어가 살면서 만물을 설명해 주는 한 가지 이치에 골몰했다. 보통 사람이 자기 결론을 이해할 수 있게 설명되는 것을 꺼리고, 애매한 삶과 말로 파벌과 패거리들을 무력화시키고 개인의 안전을 구하면서, 그는 자기 생각을 간결하고 난해한 글「자연에 대하여」에 표현했다. 그는 후대에 신비감을 주기 위해 이 글을 아르테미스 신전에 두었다.

헤라클레이토스는 현대 문학에서 변화라는 개념을 중심으로 자기 철학을 구축한 인물로 알려져 있지만, 현존 자료에 의하면 이런 해석은 거의 지지받지 못한다. 대부분의 철학자들처럼 그는 다자(多者) 배후의 유일자, 세계의 혼란스러운 유동성과 다양성 가운데 일관되게 흐르는 통일성과 질서를 간절히 찾으려 했다. 그는 파르메니데스처럼 열정적으로 "만물은 하나다."라고 말했다.(1) 철학의 문제는 이 유일자가 과연 무엇인가라는 것이었다. 헤라클레이토스는 불이라고 답했다. 아마도 그는 페르시아인들의 불 숭배에 영향을 받은 듯하다. 그가 불을 영혼 및 신과 동일시한 점에서 미루어 보건대, 어쩌면 그는 이 용어를 글자 그대로만이 아니라 상징적으로도 받아들여 에너지를 의미하는 데 사용했을지도 모른다. 그러나 남아 있는 단편적인 자료만으로는 분명한 해답을 얻을 수 없다. "이 세계는 …… 신이나 인간에 의해 생기지 않았지만, 과거부터 현재와 미래에 이르기까지 얼마간은 타오르고 얼마간은 소멸하면서 영원히 존속하는 불이다."(20) 만물은 불의 형식이며, 불의 "하향 경로" 속에서 점진적인 응축을 통해 습기와 물, 땅으로 변하고, "상향 경로" 속에서는 땅에서 물로, 다시 습기와 불로 바뀐다.[54]*

---

* 아마도 헤라클레이토스는 성운(星雲) 같은 것을 가정한 것 같다. 세계는 불(또는 열이나 에너지)에서 시작되고, 이것이 가스나 습기가 되고 물로 응결되며, 증발을 거친 후 이 물의 화학적 잔여물이 땅 위 고체가 된다.[55] "만물은 불로 바뀌고, 불은 만물로 바뀐다."(22) 모든 변화는 "하향 또는 상향 경로"이고, 에너지 또는 불이 어떤 때는 좀 더

영원한 불에서 위안을 주는 불변성을 찾지만, 헤라클레이토스는 그 무한한 변형으로 인해 고민에 빠진다. 그의 생각의 두 번째 핵심은 변화의 영속성과 편재성(遍在性)이다. 그는 우주나 정신, 영혼에서 어떤 정적인 존재도 발견하지 못한다. 아무것도 존재하지 않으며, 모든 것이 생성 중에 있다. 변하지 않고 지속되는 상태는 없으며 가장 찰나적인 순간에도 그렇다. 만물은 과거의 존재이기를 멈추면서 미래의 존재로 바뀌고 있다. 여기에 철학에 있어 새로운 강조점이 등장한다. 헤라클레이토스는 탈레스처럼 만물은 무엇인가라는 질문만 하는 것이 아니라 아낙시만드로스와 루크레티우스, 스펜서처럼 그들이 어떻게 현재 존재로 바뀌었는가라고 질문한다. 또한 그는 아리스토텔레스처럼 두 번째 질문의 탐구가 첫 번째 질문에 대한 가장 타당한 접근법이라고 생각한다. 현존 경구들에는 "만물은 흘러가고 어느 것도 머물지 않는다.(panta rei, ouden menei)"라는 그 유명한 법칙이 포함되어 있지 않다. 그러나 고대인들은 이 법칙이 헤라클레이토스의 것이라는 데 이의를 달지 않는다.[56] "당신은 같은 강에 두 번 들어갈 수 없다. 다른 물이 당신에게로 항상 흐르기 때문이다."(41) "우리는 존재하면서 동시에 존재하지 않는다."(81) 여기에서 우주는 헤겔의 경우처럼 하나의 광대한 발전 과정이다. 다수성, 다양성, 변화는 통일성, 동일성, 존재와 마찬가지로 실재한다. 다자(多者)는 유일자만큼 실제한다.[57] 다자는 곧 유일자이고, 모든 변화는 만물이 불의 상태를 향하거나 그로 말미암는 과정이다. 유일자는 곧 다자이고, 불의 바로 그 심장에서 쉼 없는 변화가 명멸한다.

이에 따라 헤라클레이토스는 자신의 철학에 있어 세 번째 요소, 즉 상반자(相反者) 간의 통일성 및 상호 의존성과 투쟁의 조화로 나아간다. "신은 낮과 밤, 겨울과 여름, 전쟁과 평화, 배부름과 배고픔이다."(36) "선과 악은 동일하며 하

응축되어, 어떤 때는 덜 응축되어 한 형태에서 다른 형태로 이동한다. "상향 경로와 하향 경로는 하나이며 동일하다."(69) 희박 및 응축 상태는 영원한 변화 중의 움직임이다. 만물은 하향식 응축 경로나 상향식 희박 경로를 통해 불에서 실재로 바뀌거나 다시 불이 된다. 모든 형태는 유일하게 근원적인 에너지의 양태들이다. 스피노자(Spinoza)의 표현에 의하면 불 또는 에너지는 영원하고 어디에나 있는 실체 또는 기본 원소이며 응축되고 희박한 상태(하향 경로 및 상향 경로)는 그 속성이다. 그리고 각각의 양태 또는 구체적인 형태들은 눈에 보이는 세계 만물이다.

나다."(57-8) "삶과 죽음은 동일하고, 깨어 있고 잠든 것, 젊음과 늙음도 그러하다."(78) 이 모든 상반자는 영원한 변화 중에 있는 불의 순간들이자 변동하며 움직이는 단계들이다. 한 쌍의 상반자 각 요소는 다른 요소의 의미와 존재를 위해 필요하다. 실재는 이들 상반자 간의 긴장과 상호 작용, 변화와 교체, 통일과 조화다. "자신과 일치하지 않는 것이 어떻게 자신과 일치하는지 사람들은 이해하지 못한다. 활과 하프의 경우처럼 상반된 긴장의 조율이 존재한다."(45) 음악이나 선율에서 느슨하거나 팽팽하게 당겨진 현의 긴장을 통해 진동의 조화가 창조되듯, 상반자들의 교체와 다툼을 통해 삶과 변화의 본질과 의미와 조화가 창조된다. 유기체와 유기체, 인간과 인간, 남자와 여자, 세대와 세대, 계급과 계급, 국가와 국가, 사상과 사상, 신념과 신념이 서로 다투는 가운데, 충돌하는 상반자들은 삶이라는 베틀 위에서 날실과 씨실로 교차하면서 전체의 보이지 않는 통일성과 감추어진 조화를 창조해 간다. "서로 다른 존재들로부터 가장 아름다운 조율이 만들어진다."(46) 사랑에 빠진 사람이라면 누구나 이를 이해할 수 있을 것이다.

불, 변화, 상반자 간의 긴장된 통일성이라는 이 세 가지 원리는 헤라클레이토스의 영혼과 신에 대한 개념으로 이어진다. 그는 "스스로를 피에 물들임으로써 살인죄에서 자신을 정화시키려고 헛되이 애쓰는"(130) 이들에게 미소를 보내며, "이런 사람은 신의 진정한 속성을 전혀 이해하지 못하는 사람들인데, 건물과 대화하려 애쓰는 사람처럼 조각상을 향해 비는"(126) 사람들에게도 마찬가지로 미소를 보낸다. 헤라클레이토스는 인간의 불멸성도 인정하지 않는다. 인간 역시 다른 모든 것처럼 불안정하고 변덕스러운 화염으로, "밤의 등불처럼 타오르다 꺼져 버린다."(77) 그럼에도 인간은 불이다. 영혼이나 생명의 원리는 만물 속에 깃든 영원한 에너지의 일부다. 그러므로 인간은 결코 죽지 않는다. 사망과 탄생은 만물의 흐름 속에서 인간의 정신이 임의로 취사선택한 한 시점이다. 하지만 우주의 편벽되지 않은 관점에서 보면 사망과 탄생은 끝없이 변하는 형태들의 한 국면에 지나지 않는다. 매 순간 우리 중 일부가 죽지만 전체로는 살아 있고, 매 순간 우리 중 한 사람이 죽지만 생명은 영원하다. 사망은 끝일 뿐 아니라 시작이고, 탄생은 시작일 뿐 아니라 끝이다. 우리의 생각과 말, 도덕조차도 편협하여, 자신의 이해관계를 부분적 또는 집단적으로 표출한다. 철학은 전체의 견지에서 사물을 바라보아야 한다. "신에게 만물은 아름답고 선하며 옳은 것이지만, 인간은 어떤 것은 틀리게, 어떤 것은 옳게 생각한다."(61)

영혼이 끝없이 변하는 생명의 화염 가운데 찰나적인 불길이라면, 신은 영원한 불, 세계에 대한 불멸의 에너지다. 신은 모든 상반자를 하나로 묶는 통일체이고 모든 긴장의 조화이며 모든 투쟁의 총합이자 의미다. (이 양자는 어디에나 존재하며 하나이므로) 이 거룩한 불과 생명은 항상 그 형태를 바꾸고 변화의 사다리를 오르내리며 사물을 소멸케 하거나 재창조하고 있다. 진정 먼 장래 최후의 심판 또는 우주가 끝나는 날, "불이 만물을 재판하고 심판하며"(26) 파멸시키고 새로운 형태로 교체할 것이다. 그럼에도 소멸하지 않는 불의 작용에 감각과 질서가 없는 것이 아니다. 세계를 전체로 이해할 수 있다면, 그 안에서 광대하고 비인격적인 지혜, 로고스 또는 이성 또는 말씀(65)을 보게 되며, 이러한 자연의 이치, 우주의 법칙, 지혜 또는 질서 정연한 에너지인 신(91)에 삶을 맞추려 애쓰게 된다. 우주 만물의 무한한 이성을 추구하고 따르기 위해서는 "자기 자신이 아니라 말씀을 듣는 것이 현명하다."(1)

헤라클레이토스가 에너지, 변화, 상반자 간의 통일성, 우주 만물의 이성이라는 네 가지 기본 개념을 윤리학에 적용할 때, 그는 모든 삶과 행동의 계몽자가 된다. 이성으로 인도하고 질서와 융합되는 에너지가 최고의 선이다. 변화는 악이 아니라 은혜다. "변화 속에서 안식을 발견한다. 항상 동일한 것에 매달리고 항상 새롭게 시작하는 것은 피곤한 일이다."(72-3) 상충하는 것들의 상호 보완을 통해 삶의 고초와 알력을 이해하고 용납할 수 있게 된다. "원하는 바를 얻는 것이 좋은 것이 아니다. 질병을 통해 건강의 소중함을 알게 된다. 악과 선, 배고픔과 배부름, 수고와 안식도 마찬가지 관계다."(104) 그는 이 세상에서 다툼이 끝나기를 바라는 사람을 비난한다.(43) 상반자 간의 이런 긴장이 없다면,

어떤 조화도, 조직 형성과 발전도 없을 것이다. 조화는 갈등의 종결이 아니다. (마치 젊은 급진주의와 나이 든 보수주의처럼) 어떤 요소도 마지막 승자가 되지 않고 양자 모두 긴요하게 기능하는 긴장이다. 생존을 위한 투쟁은 더 나은 것과 더 나쁜 것을 구별하고 최선을 낳기 위해 필요하다. "투쟁은 만물의 아버지이자 왕이다. 그는 어떤 존재는 신이 되도록, 어떤 존재는 인간으로, 또 어떤 존재는 노예로, 또 어떤 존재는 자유민으로 설계했다."(44) 결국 "투쟁은 정의(正義)다."(62) 개인, 집단, 종족, 단체, 제국 들의 경쟁은 자연의 최고 법정을 구성하고, 그 판결에는 항소가 없다.

대체로 현재 130개의 단편들 안에 농축되어 있는 헤라클레이토스의 철학은 그리스 지성의 대표적 산물들 가운데 하나다. 거룩한 불의 이론은 금욕주의에 계승되었고, 최후의 대화재라는 개념은 금욕주의를 거쳐 그리스도교에 계승되었다. 로고스 또는 자연의 이성은 필론과 그리스도교 신학에서 거룩한 말씀 또는 신이 만물을 창조하고 통치하는 수단 또는 매체인 인격화된 지혜가 되었다. 로고스는 얼마간 근대 초기의 자연법사상을 준비했다. 자연에 대한 복종은 금욕주의의 표어가 되었다. 상반자의 통일은 헤겔을 통해 활발하게 부활했다. 변화의 개념은 베르그송(Bergson)에서 제 모습을 찾았다. 만물을 결정짓는 다툼과 투쟁의 개념은 다윈과 스펜서, 니체에서 다시 등장한다. 니체는 2400년이 지난 후 민주주의에 대한 헤라클레이토스의 전쟁을 이어받아 계속 수행한다.

헤라클레이토스의 삶에 관해서는 거의 알려진 바가 없다. 그의 죽음에 대해서는 디오게네스 라이르티오스의 근거 없는 이야기만 전해질 뿐인데, 이는 그의 삶의 마지막 장면을 단조롭게 비치게 할 수 있고 우리 시의 귀결이 될 수도 있다.

그리고 마침내 완전히 염세가가 된 그는 산을 거닐고 풀과 식물로 음식을 삼으며 시간을 보내곤 했다. 이런 습관으로 인해 그는 수종에 걸리게 되었다. 그래서 그는 도시로 돌아와 의사들에게 수수께끼처럼 날씨가 습한 다음에 가뭄을 만들어 낼 수 있느냐고 물었다. 그들이 자신의 말을 알아듣지 못하자, 그는 외양간에 들어가 문을 닫고 소똥을 뒤집어쓴 채 그 온기로 몸의 습기가 증발하기를 기대했다. 이 방식이 아무 효험이 없자 그는 70세를 일기로 사망했다.[58]

4. 테오스의 아나크레온

에페소스 북쪽 수 킬로미터 지점에 있는 콜로폰(Colophon)의 명칭은 아마도 도시가 자리 잡은 언덕 이름에서 비롯된 듯하다.* 반(反)교권주의자 크세노파네스는 기원전 576년경 이 두 도시 사이에서 출생했고, 콜로폰인을 "자주색 옷으로 화려하게 차려입고, 사치스럽게 꾸민 머리칼에 값비싸고 향긋한 향의 오일을 바른 사람들"로 묘사했다.[60] 이곳 아니면 스미르나에서 시인 밈네르모스(기원전 610년)가 동방의 무력한 염세주의에 전염되어버린 사람들을 위해 덧없는 청춘과 사랑을 우울한 시로 노래했다. 그는 자신의 노래에 구슬픈 가락의 플루트로 반주하며 따라다닌 난노에게 마음을 빼앗겼고, (아마도 결혼한 시인은 죽은 시인이나 마찬가지라는 이유로) 그녀가 자신의 사랑을 거부하자 아름다운 애가로 그녀를 불멸의 존재로 만들었다.

우리는 봄에 돋는 나뭇잎처럼 활짝 피어나고,
그때 태양은 불타오르기 시작하며,
청춘의 마음 부푼 찰나의 시간 속에서
신이 내린 어떤 선악도 우리의 시선을 끌지 못한다.
하지만 목적지에는 언제나 어두운 영(靈)들이 서서
한 손에는 고통스러운 시간을 다른 한 손에는 죽음을 들고 있다.[61]

---

* 그리스어 ˊkolophonˊ은 언덕이라는 뜻이다. 라틴어 ˊcollisˊ와 영어 ˊhillˊ을 참조하기 바란다. 이 도시 기병대는 패배한 적군에 대해 "끝마무리"를 잘하기로 유명했으므로, ˊkolophonˊ이라는 단어는 그리스에서 마지막 일격과 동의어가 되었고, 영어에서는 최초의 원본 책 끝 부분에 있는 출판업자의 상징으로 쓰였다.[59]

한 세기가 지난 후, 인근 도시 테오스에 더 유명한 시인이 살았다. 아나크레온은 방랑 생활을 오랫동안 했지만, 테오스에서 출생하고(기원전 563년) 거기서 사망했다.(기원전 478년) 동시대인들 중 시모니데스만이 명성에 있어 그와 필적해 수많은 궁정의 환대를 받았다. 그는 트라키아의 압데라로 향하는 이주민 무리와 함께하고, 한두 차례 전쟁에 참전한 후, 당시 유행한 낭만적 풍조에 끌려 방패를 버리고 펜을 휘두른다. 사모스의 폴리크라테스 궁전에서 몇 년을 보낸 후, 이후 아테네의 관리가 되어 쉰 개 노로 달리는 갤리선을 타고 히파르코스의 궁전을 빛낸다. 마침내는 페르시아 전쟁 이후 테오스로 돌아와 말년을 노래와 술로 편안히 지낸다. 그는 장수를 누림으로써 자신의 지나친 행동을 보상했고, 전승에 의하면 85세의 나이로 포도 씨가 목구멍에 걸려 죽었다고 한다.[62]

알렉산드리아에 아나크레온의 저서 다섯 권이 있었지만, 이제는 흐트러진 대구(對句) 형태로만 남아 있다. 그는 포도주와 여자, 미소년을 주제로 삼았다. 그의 작시 방식은 경쾌한 단장격의 시로 세련된 농담에 가까웠다. 그의 나무랄 데 없는 어법으로 인해 어떤 주제도 불순해 보이지 않았고, 그의 우아한 시는 전혀 추해 보이지 않았다. 히포낙스의 천박한 독설이나 사포의 전율하는 열정 대신, 아나크레온은 궁정 시인의 세련된 수다로 그의 상상력을 달가워하고 포도주로 보상하는 군주라면 누구에게도 호라티우스 같은 역할을 했다. 아테나이오스는 아나크레온의 취한 듯한 노래와 변덕스러운 애정 행각이 짐짓 꾸민 행동이었다고 생각한다.[63] 아마도 아나크레온은 여자들에게 흥미를 유발하기 위해 성실성을 감추고, 명성을 더하기 위해 진지함을 숨긴 듯하다. 믿을 만한 전설에 의하면 술이 취한 그가 한 아이에 걸려 넘어질 뻔하자 거친 말로 아이를 책망했는데, 나이가 든 후 이 젊은이에게 마음이 빼앗겨 마치 노망든 듯 칭찬을 아끼지 않으며 사죄했다고 한다.[64] 그의 에로스는 양손잡이여서 남성과 여성 모두에게 공평하게 손을 뻗었던 것이다. 그러나 말년에는 정중한 자세로 여성에게 더 호감을 보였다. 그는 멋진 단편 시에서 이렇게 노래한다. "여보게,

이제, 금발의 사랑이 욕정이 나 나를 후리며, 알록달록한 슬리퍼를 신은 처녀와 놀라고 부르는군. 하지만 그녀는 고상한 레스보스 출신이어서, 내 백발을 흠잡고 다른 먹잇감을 찾아 나서는군."[65] 후대에 어떤 이가 아나크레온의 무덤에 폭로성 비문을 다음과 같이 재치 있게 지었다.

모두를 사로잡는 보모인 포도주, 오 포도나무여, 아나크레온의 무덤 위에 우거져 있구나. 근사한 술을 조금씩 마시는 친구 역시 밤새 베푼 주연에서 류트를 뜯으며 청년들의 사랑을 노래하고, 그의 무덤 속 머리 위 풍요로운 가지에 탐스럽게 달린 포도송이들을 희롱하며, 그 달콤한 향기가 노인의 순한 숨결인 이슬과 함께 영원히 젖어드는구나.[66]

5. 키오스, 스미르나, 포카이아

테오스에서 본토는 울퉁불퉁한 만과 갑을 따라 서쪽으로 이어지고, 16킬로미터쯤 바닷길로 나가면 여행자는 키오스에 도착한다. 무화과와 올리브, 술과 사랑의 포도나무가 우거진 이곳에서 호메로스가 청년기를 보냈을지 모른다. 포도주 생산은 키오스의 주요 산업으로 수많은 노예가 동원되었다. 기원전 431년 키오스에는 3만 명의 자유민과 10만 명의 노예가 있었다.[67] 키오스는 노예들의 집산지가 되었고, 노예 상인들은 채권자들로부터 지불 능력이 없는 채무자 가족을 사들이고, 소년들을 거세해 리디아와 페르시아 궁전에 환관으로 팔았다.[68] 기원전 6세기, 드리마코스가 동료 노예들과 반란을 일으켜 자신들을 진압하러 보낸 군대를 물리치고, 한 산채를 거점 삼아 부유한 시민들에게서 통행세를 거두는 등 가려 가며 약탈하고, 오늘날과 유사하게 대가를 받고 "보호"를 제공했으며, 노예들을 더 공정하게 대하도록 압력을 가하고, 종내는 스스로 자기 머리를 잘라 친구들에게 전해 주도록 해 자기 목에 걸린 포상금을 타도록 하고, 이후 노예들의 수호신으로 수 세기 동안 숭배되었다.[69] 이곳에 또 다른 스파르타쿠스의 장엄한 서사시가 있었던 것이다. 예술과 문학은 키오스의 부와 속박 가운데서 번성했다. 이곳에 시인들의 조합이자 상속인인 호메리다이가 자리 잡고 있었고, 이곳에서 극작가

이온과 역사가 테오폼포스가 출생하고, (전승에 의하면) 기원전 560년경 글라우코스가 철 용접 기술을 발견했으며, 아르케르모스와 그의 아들 보팔로스 및 아테니스가 기원전 6세기 그리스에서 가장 아름다운 조각상을 만들었다.

본토로 돌아가면서 여행자는 에리트라이와 클라조메나이를 지난다. 클라조메나이는 페리클레스의 스승이자 친구인 아낙사고라스가 태어난 곳이다. 동쪽으로 더 나아가면 잘 자리 잡은 후미에 스미르나가 있다. 기원전 1015년경[70] 아이올리스인들이 정착했던 이곳은 이주와 정복을 통해 이오니아 도시로 변했다. 아킬레우스 시대부터 이미 유명했던 이곳은 기원전 600년경 리디아의 알리아테스에 의해 약탈당했고 수차례 파괴되었으며, 최근 1924년에는 그리스인들의 침략을 받았고, 역사적으로 다마스쿠스와 경쟁하며, 온갖 파란만장한 일들을 겪었다.* 이 고대 도시의 유적을 통해 그 부와 다채로운 삶을 엿볼 수 있다. 연무장(演武場)과 아크로폴리스, 경기장, 극장이 땅속에서 발굴되었다. 거리가 널따랗게 잘 포장되었으며, 신전과 궁전들이 있었고, 황금로(路)라 불린 주도로는 그리스 전역에 이름을 날렸다.

이오니아 도시들 중 최북단에 위치한 포카이아(Phocaea)는 아직도 포키아(Fokia)라는 이름으로 존재한다. 헤르무스 강이 포카이아를 사르디스와 연결하다시피 해, 이런 지리적 이점으로 포카이아는 그리스인들과 리디아의 통상에 있어 많은 이득을 보았다. 포카이아 상인들은 시장을 찾아 멀리 항해해 그리스 문화를 코르시카에 전했으며, 마르세유를 세운 장본인들이 바로 이들이었다.

한 시간 동안의 짧은 비행으로 시공간을 넘어 피상적으로 여행한 감이 있지만, 이오니아의 열두 개 도시는 이러했다. 비록 이 도시들은 상호 방위를 위해 연합하기에는 너무 경쟁적이고 질투심이 많았지만, 시민들은 배경과 이해관계

---

* 오늘날에는 이스미르(Ismir)라는 명칭으로 불리며, 인구로는 터키에서 두 번째이고, 소아시아에서 가장 큰 도시이다. 이스미르와 스미르나는 고대의 몰약 교역과 관련 있는 듯하다.

에 있어서 연대가 필요함을 인정했고, 프리에네 부근 미칼레 갑에 정기적으로 모여 범이오니아 제전을 대대적으로 개최했다. 탈레스는 모든 성인 남자가 자기 도시와 범이오니아 연합 도시 공통의 시민이 될 수 있는 공동 정치 체제를 형성할 것을 촉구했다. 그러나 상업상의 경쟁이 너무 치열해 정치 단합보다는 내분으로 인한 전쟁이 훨씬 잦았다. 결국 기원전 546~545년의 페르시아 침공 때, 동맹은 그 기반의 취약함이 드러났고, 이오니아 도시들은 페르시아 왕의 지배하에 들어갔다. 그럼에도 불구하고 이 독립심 및 경쟁심은 이오니아 공동체에 경쟁을 자극하고 자유의 열정을 불어넣었다. 이오니아가 과학과 철학, 역사, 이오니아 중심지를 발전시킨 것은 바로 이런 상황에서였고, 이 시기 이오니아는 너무나 많은 시인을 배출해 기원전 6세기 헬라스는 기원전 5세기만큼이나 풍요로웠다. 이오니아가 함락되었을 때, 이 지역 도시들은 자신들의 문화를 그들을 위해 싸웠던 아테네에 전수했고, 아테네는 그리스의 지적 영도력도 함께 계승했다.

5. 레스보스의 사포

이오니아의 도데카폴리스 위쪽에는 본토 아이올리스의 열두 개 도시들이 있었고, 트로이 함락으로 그리스인들의 소아시아 이주가 개시된 직후 그리스 북부 지역 출신 아카이아인들과 아이올리스인들이 이곳에 정착했다. 이들 도시 대부분의 규모는 작았고, 역사적으로도 그리 중요하지 않았다. 그러나 아이올리스 섬의 레스보스는 부와 세련미, 문학적 천재성에 있어 이오니아 중심지들에 필적했다. 레스보스의 화산성 토양은 과수원과 포도밭으로 적합했다. 다섯 개 도시 중 미틸레네가 가장 컸고, 상업을 통해 밀레토스와 사모스, 에페소스만큼 부유했다. 기원전 7세기 말경 상인 계층이 가난한 시민들과 연합해 지주 귀족들을 전복하고, 용감하고 거친 피타코스가 10년간 참주로 통치하며 자신의 친구이자 동료인 현인 솔론과 같은 권력을 휘둘렀다. 귀족들이 공모해 정권을 재탈환하려 했지만, 피타코스가 이들을 물리치고 처음에는 미틸레네에서 다음에는 레스보스에서 지도자들을 축출했다. 여기에는 알카이오스와 사포도 포함되었다.

알카이오스는 불량한 선동자로 정치를 시와 섞어 모든 서정 시구를 반란의 경종으로 활용했다. 귀족 출신인 그는 피타코스를 아주 상스러운 말로 공격해 추방을 당할 만했다. 그는 자신만의 고유한 시 형식을 개발했는데, 후대인들은 이를 "알카이오스격"이라 불렀다. 전해지는 바에 의하면 그의 시 모든 절마다 보격과 매력이 넘쳤다고 한다. 한동안 그는 전쟁과 자기 집에 걸린 승전 기념물 및 군용 장비를 노래했다.[71] 그러나 정작 영웅이 될 기회가 주어지자, 그는 방패를 내던지고 아르킬로코스처럼 도망친 후 자신의 분별 있는 용기를 서정시로 자찬했다. 이따금 사랑을 노래하기도 했지만, 그가 가장 즐겨 노래한 주제는 시를 통해서 만큼이나 레스보스를 유명하게 만든 포도주였다. 그는 우리에게 조언한다. "실컷 마시자. 여름에는 갈증을 식히려고. 가을에는 죽음에 밝은 빛깔을 더하기 위해. 겨울에는 피를 덥히려고. 봄에는 자연의 소생을 축하하기 위해."

제우스의 비가 내리고,
높은 하늘에서 폭풍이 몰려오고,
흘러가는 시냇물 위에는 추위로 얼음이 얼어 있다.
일어서라! 겨울을 때려눕히고,
불길이 활활 타오르게 하라.
꿀처럼 달콤한 포도주를
넘치도록 담아라.
그리고 마셔라,
폭신한 양모로 관자놀이를 두른 채.

고뇌에 시달리지도 말고,

쓸데없는 염려도 다 잊어버려라.

친구여, 슬픔은 아무 도움도 주지 못하고,

어떤 것도 바로잡지 못하나니.

하지만 우리의 최고 명약,

술잔 가득 따른 포도주로 모든 시름을 몰아내라.[72]

별생각 없이 편안한 마음으로 대했지만, 동시대 그리스 여인들 중 가장 유명한 여인을 가진 것이 그의 불행이었다. 살아 있는 동안에도 사포는 전 그리스의 사랑을 받았다. 스토바이오스에 의하면 "어느 날 저녁 솔론의 조카 엑세케스티데스가 포도주를 마시며 사포의 노래를 불렀는데, 삼촌이 그 노래를 너무 좋아하며 자기에게 가르쳐 달라 했다. 친구 중 한 명이 '뭐하려고 그러느냐?'고 묻자, 그는 '배우고 죽으려고!'라는 대답을 했다."고 한다.[73] 소크라테스도 비슷한 자비를 구하며 그녀를 "미인"이라 했고, 플라톤 또한 넋이 빠진 채 이렇게 그녀를 묘사했다.

뮤즈 여신이 아홉이라 하는 이들이 있는데, 참으로 경솔한 이들이구니!

보라, 여기 열 번째 뮤즈 여신 레스보스의 사포가 있다![74]

스트라본은 "사포는 정말 놀라운 여자였다. 기록으로 남겨진 전 시대 동안 시에 관한 한 조금이라도 그녀에 견줄 만한 여성은 전혀 없었다."라고 말했다.[75] 고대인들이 "시인"이라고 말했을 때 그 대상이 호메로스였듯이, 남자들 입에서 "여류 시인"이라는 말이 나오면 그리스인 치고 그 대상이 누구를 의미하는지 모르는 이가 없었다.

부드러운 아이올리스 방언으로 스스로를 프사파(Psappha)라 부른 사포는 기원전 612년경 레스보스의 에레소스에서 태어났다. 하지만 그녀 가족은 그녀가 아직 어렸을 때 미틸레네로 이사했다. 기원전 593년 그녀는 일련의 귀족들과 음모를 꾸몄다가, 이들과 함께 피타코스에 의해 피라로 추방되었다. 열아홉 살의 어린 나이에 이미 그녀는 정치나 시의 세계에서 한몫을 하고 있었던 것이다. 그녀는 미인이 아니었다. 작은 키에 허약했고, 머리칼과 눈과 피부 색깔은 그리스인들이 추구한 것보다 검었다.[76] 하지만 그녀에게는 우아함과 섬세함, 세련됨, 자신의 부드러움을 가릴 정도로 지나치게 기교를 부리지 않는 총명함이 있었다. 그녀는 "내 마음은 아이들 마음 같다."라고 말한다.[77] 그녀의 시를 읽으면 열정이 느껴진다. 플루타르코스는 "그녀의 말은 불꽃 같다."라고 말한다.[78] 감각적인 기질과 열정적인 정신이 그녀 안에서 하나로 융합되었다. 그녀가 가장 총애한 제자 아티스는 그녀를 선황색과 심홍색이 어우러진 옷을 입고 화환을 두른 모습으로 묘사한다. 그녀는 분명 나름대로 매력적이었다. 그녀와 함께 피라로 추방된 알카이오스가 곧 그녀에게 구애한다. "제비꽃 관을 쓰고, 정숙하며, 감미롭게 미소 짓는 사포여, 그대에게 말을 걸고 싶지만 부끄러움이 나를 주저하게 하는구려." 그녀의 대답은 그의 구애보다 더 분명했다. "당신의 소원이 정당하고 고상하며 당신의 혀가 천한 말을 발설하지 않는다면, 부끄러움으로 눈이 흐려지지도 않고 원하는 바를 당당히 말할 수 있을 겁니다."[79] 시인은 송시와 세레나데로 그녀를 찬미했지만, 이들의 관계가 어떻게 발전했는지는 알려지지 않았다.

아마도 이들은 사포의 두 번째 망명으로 헤어진 듯하다. 일반인이 보기에 여전히 천진난만한 처녀였을 때인 기원전 591년(추정), 그녀의 원숙한 펜을 두려워한 피타코스가 그녀를 이제 시칠리아로 추방한다. 이 무렵 그녀는 안드로스의 부유한 상인과 결혼했다. 몇 년 후 그녀는 이렇게 기록한다. "내게는 황금으로 꾸며진 꽃처럼 사랑스러운 클레이스, 리디아 전부와도 사랑스러운 레스보스와도 바꾸지 않을 어린 딸이 있다."[80] 그는 리디아의 부를 거절할 여력이 있었다. 남편이 일찍 죽어 그 유산을 상속했기 때문이다. 5년간의 망명 생활을 끝내고 그녀는 레스보스로 돌아와 이 섬의 사교계 및 지식인 사회에서 중심인물이 된다. 오늘날 전해지는 그녀의 유작에서 사치스럽고 호사스러운 매력이 느껴진다. "하지만 나는 알려진 대로 수수한 삶을 사랑하고, 내게 있어 화려한 아름다움은 태양의 욕망과 같다."[81] 그녀는 자기 남동생 카락소스에 대한 애착이 유달라, 그가 사업상 이집트를 여행하던 중 창부 도리차와 사랑에 빠져 누나의 간청을 무시하면서 결혼하자 극도로 화를 냈다.[82]

한편 사포는 어떤 열정을 느꼈다. 적극적인 삶을 갈망한 그녀는 젊은 여성들을 위한 학교를 세우고 이들에게 시와 음악, 춤을 가르쳤다. 이는 역사상 최초의 "교양 학교"였다. 그녀는 자신의 학생들을 제자가 아니라 헤타이라이(hetairai), 즉 동료라고 불렀다. 이 단어는 아직까지는 난잡한 의미를 담고 있지 않았다. 남편이 없던 사포는 이들 소녀와 연이어 사랑에 빠졌다. 그녀는 한 단편 시에서 "사랑은 떡갈나무에 세차게 불어닥친 바람처럼 내 마음을 흔들어 놓았다."라고 노래한다.[83] 또 다른 단편 시에서는 "아티스여, 난 오래전부터 널 사랑했단다. 내 소녀 시절이 한창 꽃필 적에 넌 내게 미숙한 어린아이였지만."라고 말한다. 하지만 아티스는 미틸레네 출신 청년의 구애를 받아들였고, 사포는 롱기누스가 보존하고 시몬즈(John Addington Symonds)가 사포풍 보격으로 불완전하게 번역한 한 시에서 걷잡을 수 없는 열정이 담긴 질투심을 표현했다.

> 그는 내게 신과 같이 보이는구나,
> 그 앞에 선 너를 바라보며 앉아 있는 복받은 남자,
> 네 곁에 바짝 다가앉아 너의 은방울 굴리듯 맑은
> 목소리를 조용히 듣고 있구나,
> 사랑이 담긴 은근한 미소를 띠고서. 오, 이 광경만으로도
> 내 가슴속 고통스러운 심장이 격동해 파르르 떨리는구나!
> 네 모습을 아주 잠깐 보기만 해도
> 그 즉시 내 목소리는 잦아드는구나.
> 그렇다, 내 혀는 고장 났고, 내 온 몸

살갗 아래 실체를 알 수 없는 불길이 일렁이고 있다.
내 눈에는 아무것도 보이지 않고, 노호하는 소리가
귀를 울리며 들리는구나.
식은땀이 강물처럼 흐르며, 사지가
전율하여 떨고, 가을철 풀보다 더 창백하게,
살기등등한 죽음에 사로잡혀, 나는 비틀거리는구나,
사랑의 무아경에서 길을 잃고.[84]*

아티스의 부모는 학교에서 딸을 데려왔고, 사포의 것으로 보이는 한 편지는 이별의 심경이 어떠했는지 잘 보여 준다.

그녀(아티스?)는 나를 남겨 두고 떠나는 게 너무나 슬퍼 울면서 말했다. "아, 우리의 운명은 얼마나 슬픈지요! 사포여, 맹세컨대 떠나는 건 내 뜻이 아닙니다." 이에 대해 나는 대답했다. "즐겁게 떠나라. 하지만 날 잊지 마라. 내가 널 얼마나 사랑했는지. 만약 잊는다면, 오, 그땐 내가 기억나게 해 줄게. 우리가 함께한 시간들이 얼마나 소중하고 아름다웠는지. 너는 내 곁에서 제비꽃과 향기로운 장미로 화환을 만들어 굽이치는 머리칼을 장식하고, 백여 개 꽃송이로 목걸이를 만들어 아름다운 네 목을 장식했지. 내 가슴에 안긴 너의 아름다운 피부에서는 귀한 향수 냄새가 은은히 풍겨 나왔지. 우리가 가지 않은 언덕이나 성소, 시냇물이 없었고, 너와 내가 숲속을 거닐 때면 이른 봄 풍요로운 찬가가 나이팅게일의 노래와 어울려 온 숲을 가득 메웠지."[85]

그다음에 비통한 외침이 등장한다. "다시는 아티스를 보지 못하겠지. 차라리 죽어 버리는 게 낫겠다." 이것은 분명 선과 악을 넘어 성실과 아름다움의 지경에 이른 사랑의 외침이었다.

---

* 스윈번(Swinburne)은 보격에 있어 더 훌륭한 예를 제공하며, 「시와 발라드」라는 아주 아름다운 사포풍 시로 사포의 사랑을 표현했다.

이후 고대의 학자들은 이 시들이 동성애를 표현한 것인지 아니면 시적 상상력을 표현한 습작에 불과한 것인지 논란이 분분했다. 아무튼 이 시들이 동성애를 그리고 있고, 느낌이 긴장되어 있으며, 심리 묘사가 생생하고, 어법과 형식이 완벽하다는 사실만으로도 족하다. 한 단편 시는 "꽃이 만발한 봄의 경쾌한 발걸음"에 대해, 다른 시는 "사지를 나른하게 하는 사랑과 쓰리면서도 달콤한 고통"에 대해 노래하고, 또 다른 시는 이룰 수 없는 사랑을 "가지 끝, 바로 그 가지 끝에 있는 농익은 사과를 보지 못했거나 보긴 하지만 손이 닿지 않는" 것으로 비유한다.[86] 사포는 사랑 말고 다른 주제들도 다루었고, 남은 유작들에서만도 쉰여 개의 보격이 사용되었다. 그녀는 하프 가락에 맞춰 시를 짓기도 했다. 그녀의 시는 아홉 권의 책으로 집대성되었고, 그 양이 무려 1만 2000여 구절에 이르렀다. 현재 600여 구절이 남아 있지만 내용 연결은 거의 안 된다. 사포와 알카이오스의 시는 서기 1073년에 콘스탄티노플과 로마 교황청에 의해 공식적으로 소각되었다.[87] 1897년에 파이윰의 옥시링쿠스에서 그렌펠(Grenfell)과 헌트(Hunt)가 종이를 풀에 묻혀서 붙이는 기법으로 만든 관을 발견했는데 그 제작에 고서 종이들이 사용되었고, 이 종이 위에 사포의 시가 적혀 있었다.[88]

후세의 남자들은 그녀기 한 남자를 짝사랑하여 죽음을 태했다는 이야기를 전하거나 고안해 그녀에게 복수했다. 수이다스는 자신의 글에,[89] 여류 시인들은 대개 이렇게 여겨졌는데, "창부 사포"가 선원인 파온이 돌아오지 않아 레우카스 섬 낭떠러지에서 몸을 던져 죽었다고 전한다. 메난드로스와 스트라본 및 몇몇 사람들이 이 이야기에 대해 언급하고, 오비디우스는 이 사랑 이야기를 아주 소상하게 소개한다.[90] 하지만 이 이야기는 전설적인 성향이 농후하고, 허구와 사실이 모호하게 뒤섞여 있다. 전승에 의하면 그녀는 말년에 남자들의 사랑에 새롭게 눈떴다고 한다. 이집트 문건들 중에 그녀가 청혼을 받고 감동적으로 회답한 내용이 나온다. "내 가슴이 아직 젖을 물리기에 충분하고 내 자궁이 아이를 낳을 수 있다면, 떨리지 않는 발걸음으로 또 다른 결혼 침상에 다가설 겁니다. 하지만 이제 내 피부는 세월의 풍상으로 주름살이 지고, 사랑은 고통을 선물하며 발걸음을 재촉하지 않는군요." 그리고 그녀는 구혼자에게 더 젊은 아내를 찾으라고 권한다.[91] 그녀가 언제 어떻게 죽었는지는 알 수 없다. 단지 그녀의 열정과 시, 기품에 대한 기억만 생생하게 남아 있고, 당시 알카이오스를 능가하며 가장 선율 고운 가수로 화려하게 빛을 발했다는 사실만 전해질 뿐이다. 마지막 단편 시에서 그녀는 자기 노래가 끝났음을 인정하지 않으려는 사람들을 온화하게 책망한다.

그대들이 "친애하는 사포여, 맑고 감미로운 리라의 대가(大家)로 당신을 기립니다."라고 말할 때, 그대들은 뮤즈 여신의 멋진 선물을 수치스럽게 만드는 것이 되오. 내 피부가 세월의 바퀴 아래 주름살투성이가 되고, 내 머리칼이 하얀 백발이 되어 버린 게 보이지 않는가요? …… 별이 빛나는 밤이 장미 한 아름 안은 새벽에 자리를 비켜 주며 땅 끝으로 어둠을 끌어가듯, 죽음은 살아 있는 모든 것을 쫓아가 결국에는 붙잡고 말지요.[92]

6. 북쪽의 제국

레스보스 북쪽에는 작은 테네도스가 있고, 어떤 고대 여행자들은 이곳 여인들을 그리스에서 가장 아름답다고 말했다.[93] 다음으로 여행자는 진취적인 그리스인을 따라 스포라데스 제도 북부 지역으로 나아가 임브로스와 렘노스, 사모트라케에 이른다. 헬레스폰토스를 지배하려 한 밀레토스인들은 기원전 560년경 남쪽 해안에 아비도스라는 지금도 남아 있는 도시를 세웠다.* 이곳에서 레안드로스와 바이런이 해협을 헤엄쳐 건넜고, 크세르크세스 군대가 배를 다리 삼아 유럽으로 건너갔다. 동쪽으로 더 나아가 포

---

* 이 장에 언급된 거의 모든 도시가 지명은 바뀌었지만 지금도 존재한다.

카이아인들이 람프사코스에 정착했는데, 이곳은 에피쿠로스가 태어난 곳이다. 프로폰티스에는 두 개의 제도(諸島)가 있다. 대리석이 풍부한 프로콘네소스는 프로폰티스에 오늘날의 명칭인 마르모라 해라는 이름을 지어 주었고, 아르크톤네소스 최남단에는 밀레토스인들이 기원전 757년 위대한 항구 도시 키지코스를 건설했다. 해안을 따라 파노르모스, 다스킬리온, 아파메이아, 키오스, 아스타코스, 칼케돈 등 그리스 도시들이 연이어 세워졌다. 광석과 곡식, 교역에 굶주린 그리스인들은 보스포루스 해협을 거슬러 올라가면서 크리소폴리스(오늘날의 스쿠타리)와 니코폴리스, 즉 "승리의 도시"를 세웠다. 다음으로 그들은 흑해 남쪽 해안을 따라 헤라클레이아, 폰티카, 티에온, 시노페 등지에 도시를 건설했다. 스트라본에 의하면[94] 시노페는 연무장과 광장, 그늘진 가로수로 화려하게 꾸며졌다고 한다. 견유학파 디오게네스는 하늘에서 떨어진 게 아니라 바로 이곳에서 출생했다. 그다음으로 아미소스, 오이노에, 트리폴리스, 트라페주스(트레비존드, 트라브존)가 이어진다. 트라페주스에서 크세노폰의 1만 군사가 갈망하던 바다를 발견하고 환성을 질렀다. 아마도 이아손과 후대 이오니아인들에 의해 이 지역이 그리스의 식민지가 된 후, 이 지역은 모도시들의 넘쳐 나는 인구와 교역의 분출구 노릇을 하고 식량 및 금은의 공급지가 되었는데, 이는 근대 초기 아메리카 대륙 발견이 유럽에 미친 영향과 동일하다.[95]

흑해 동쪽 연안을 따라가다가 북향해 메데아의 콜키스에 들어선 그리스인들은 파시스와 디오스쿠리아스를 세우고, 크리메아에 테오도시아와 판티카파이온을 세웠다. 부그 강과 드니에페르 강 어귀 부근에는 올비아(니콜라예프)를, 드니에스테르 강 어귀에는 티라스를, 다뉴브 강에는 트로에스미스를 세웠다. 그다음 남쪽으로 이동하면서 흑해 서부 연안을 따라 이스트루스(콘스탄타, 쿠스테니에)의 도시들과 오비디우스가 사망한 토미, 오데소스(바르나), 아폴로니아(부르가스) 등을 세웠다. 역사 감각이 예민한 여행자는 이 활기찬 도시들의 고색창연함에 넋을 잃지만, 자기 일에 바쁜 오늘날의 주민들은 자신들이 서 있는 땅 아래 조용히 누워 있는 장구한 역사에 조금도 동요하지 않는다.

그다음 다시 기원전 660년경 메가라인들이 보스포루스에 과거에는 콘스탄티노플로 불렸고 오늘날은 이스탄불로 불리는 비잔티움*을 건설했다. 페리클레스 시대 이전에도 이 전략적 항구 도시는 나폴레옹이 틸지트 평화 조약에서 그렇게 불렀듯 유럽의 열쇠가 되어 왔다. 기원전 3세기경 폴리비오스는 이 도시의 입지 조건을 "우리가 알고 있는 세계 어느 도시보다 안전하고 번영하기에 유리한 조건을 하고 있다."라고 묘사했다.[97] 비잔티움은 지나는 선박에 통행세를 매기고, 러시아 남부(스키타이) 및 발칸 반도의 곡물과 비좁은 해협의 넘쳐 나는 물고기를 그리스 전역에 수출해 부를 축적했다. 이 지역의 굽은 지형과 어업으로 모은 부로 인해 후일 이 도시에 "황금 뿔"이라는 애칭이 붙여지게 된다. 페리클레스 시대, 아테네는 비잔티움 정부를 지배하고 그 거둔 세금으로 국고를 채워 비상시를 대비하고, 흑해에서 수출되는 곡물을 전시 금제품(禁制品)으로 규제했다.[98]

그리스인들은 프로폰티스의 북쪽 또는 트라키아 연안을 따라 셀림브리아와 페린토스(에레글리), 비산테, 칼리폴리스(갈리폴리), 세스토스에 도시를 세우고, 그다음에는 트라키아 남서쪽 연안에 아프로디시아스, 아이노스, 압데라를 세웠다. 압데라에서 레우키포스와 데모크리토스가 원자 물질론을 논했다. 트라키아 연안 바깥쪽에 타소스 섬이 있는데, 아르킬로코스는 이곳을 "바다 위에 떠 있는 당나귀 등처럼 거친 불모지"로 묘사했지만,[99] 금이 풍부해 이 수입으로 정부의 모든 경비가 충당되었다. 주로 아테네인들인 그리스 금광업자들이 마케도니아 동부 연안 및 부근에 네아폴리스와 암피폴리스를 건설했다. 이들 도시를 점령한 필리포스는 아테네와 전쟁을 벌여 복속시킨다. 대부분 칼키스와 에레트리아 출신인 다른 그리스인들은 칼키디케의 세 갈래 반도를 정복하고 이름을 붙인 후 기원전 700년경까지 서른 개의 도시를 세웠으며, 그중 일부는 그리스 역사의 일익을 담당하게 된다. 아리스토텔레스의 고향인 스타게이로스와 스키오네, 멘데, 포티다이아, 아칸토스, 클레오나이, 토로네, 올린토스가 그 도시들이다. 이 중

---

* 이 지명은 원주민들의 왕 비자스(Byzas)에서 유래한 듯하다.[96]

올린토스는 기원전 348년 필리포스에 의해 점령되었고, 데모스테네스의 웅변으로 잘 알려져 있다. 최근의 발굴로 올린토스가 상당한 규모였다는 것이 밝혀졌는데, 이층집이 많았고 일부 저택은 방이 스물다섯 개나 되었다. 필리포스 시대 올린토스의 인구는 6만여 명쯤 된 듯 하며, 소도시였음에도 이 정도 규모였다면 페리클레스 이전 시대 그리스는 풍요로웠고 활기차게 팽창했던 것으로 보인다.

마지막으로 이오니아 이주민들은 칼키디케와 에우보이아 사이의 에우보이아 제도, 즉 게론티아, 폴리아이고스, 이코스, 페파레토스, 스칸딜레, 스키로스 등지에 정착했다. 이주의 물결은 동북쪽 제국 권역을 완전히 일주해 그 전부를 개척했다. 진취적인 그리스인은 에게 해 제도와 소아시아 연안, 헬레스폰토스, 흑해, 마케도니아, 트라키아를 상호 연결된 그리스식 도시들로 변모시켰고, 이 도시들을 농업과 산업, 교역, 정치, 문학, 종교, 철학, 과학, 예술, 웅변, 속임수, 향락으로 약동시켰다. 이제는 서방의 또 다른 그리스를 정복하고, 고대 헬라스와 현대 세계의 교량을 잇는 일만 남았을 뿐이다.

THE LIFE OF GREECE

7장   서방의 그리스인들

1. 시바리스인들

또다시 수니온의 언저리를 시나 상상의 배를 타고 서쪽으로 항해하면 아프로디테가 자주 나타나는 섬이자 와토(Watteau)의 「순례」의 목적지인 키테라가 나타난다.* 이곳에서 서기 160년경 파우사니아스가 "그리스인들이 아프로디테에게 바친 신전들 중 가장 성스럽고 오래된 신전"을 목격하고,[1] 1887년 슐리만(Schliemann)이 그 유적을 발굴한다.[2] 키테라 섬은 그리스의 서쪽 연안에 인접한 이오니아 제도 중 최남단에 위치한 섬이고, 이오니아 이주민들이 정착한 데서 그 명칭이 유래했다. 자킨토스, 케팔레니아, 이타카, 레우카스, 팍소스, 코르키라 등이 나머지 섬들이다. 슐리만은 이타카가 오디세우스의 섬이라고 생각

---

* 와토의 그림 「키테라 섬으로의 순례」는 18세기 프랑스 상류층의 정신을 상징했고 쾌락주의의 바탕이 되었다.

하고, 호메로스의 전설을 확증할 수 있기를 바라며 발굴 작업을 시도했다.[3] 그러나 되르펠트(Dörpfeld)는 바위투성이 섬 레우카스가 오디세우스의 고향이라고 생각했다. 레우카스 섬 사람들은 아폴론 신에게 해마다 바치는 희생 제의로 절벽에서 인간 제물을 떨어뜨리는 관습이 있었다고 스트라본은 말한다. 하지만 신을 섬기면서도 인간적이었던 그들은 날개로 추락을 막을 수 있도록 힘센 새들을 그 제물에 붙여 주는 자비를 보였다.[4] 사포가 벼랑에서 떨어졌다는 이야기는 아마 이런 의식에 대한 기억과 연관이 있는 듯하다. 기원전 734년경 코린토스 식민지 개척자들이 코르키라(코르푸)를 점령했지만, 이 섬은 곧 강성해져서 코린토스 해군을 물리치고 독립을 쟁취했다. 몇몇 그리스 모험가들은 코르키라 섬에서 출발해 아드리아 해를 항해해 베네찌아에 이르렀으며, 일부는 달마티아 연안과 포 강 계곡에 소규모로 정착하고,[5] 다른 이들은 거친 바다를 80킬로미터쯤 가로질러 마침내 이탈리아 반도의 발뒤꿈치에 도착했다.

그들은 천연 항구들로 굽어지고 원주민들이 거의 방치해 온 비옥한 내륙 지역을 배경으로 한 장대한 해안선을 발견했다.[6] 그리스 침략자들은 식민지 확장의 무자비한 법칙, 즉 원주민이 천연자원을 개발하지 않으면 일종의 화학적 유인력의 작용으로 다른 민족이 개입해 이를 개발하고 상업적으로 활용한다는 법칙을 통해 해안 지대를 점령했다. 브렌테시온(브린디시)으로부터 주로 도리스인인 새 이주민이 반도의 발뒤꿈치를 가로질러 타라스, 로마 시대의 타렌툼(타란토)에 주요 도시를 세웠다.* 여기서 그들은 올리브를 재배하고, 말을 기르며, 도기를 생산하고, 선박을 건조하며, 물고기를 잡고, 페니키아인들보다 더 우수한 자줏빛 염색을 위한 홍합을 채집했다.[8] 대부분의 그리스 식민지들처럼 정부는 지주들의 과두정으로 시작해 중산층의 지지를 얻은 참주정을 거치고, 격렬하며 소란스러운 민주정 시기를 경험했다. 기원전 281년 낭만적인 피

---

* 서방에 그리스 도시들이 세워진 전통적인 연대는 연대표에 표기되어 있다. 이 연대는 투키디데스가 고대 산문 작가인 시라쿠사의 안티오코스에게서 취한 것이다. 이 연대는 매우 불확실하여, 마하피(Mahaffy)는 시칠리아가 이탈리아보다 늦게 건설되었다고 믿었다. 그러나 투키디데스의 연대기는 여전히 많은 이들이 지지하고 있다.[7]

로스가 이곳에 상륙해 서방의 알렉산드로스가 되려 했다.

타렌티네 만을 가로질러 대부분이 아카이아인인 새 이주민들이 시바리스와 크로토나를 세웠다. 이들 혈연 국가 간의 살인적인 질투심에서 그리스인의 창조적인 에너지와 파괴적인 열정을 여실히 볼 수 있다. 동쪽 그리스와 서쪽 이탈리아 간의 교역은 두 경로, 즉 해로와 일부 육로를 통해 이루어졌다. 해로를 택한 상선들은 크로토나에서 만나 상품을 서로 교환했다. 거기서부터 그들은 레기온을 지나 통행세를 내고 해적이 난무하는 바다와 메시나 해협의 험한 물살을 조심스럽게 통과한 후, 엘레아와 그리스인의 이탈리아 최북단 정착지인 쿠마이에 도착했다. 세금과 위험, 160여 킬로미터 거리의 추가 항해를 피해 다른 경로를 택한 상인들은 시바리스에서 짐을 내려 50여 킬로미터 거리의 육로로 라우스 서부 연안까지 운송한 후, 이를 다시 선적해 포세이도니아로 항해하고 거기서 이탈리아 내지로 상품을 운반했다.

이런 교역선상에 전략적으로 위치한 시바리스는 번성하여, (디오도로스 시쿨로스의 말대로라면)[9] 인구 30만 명에 거의 어떤 그리스 도시도 필적할 수 없는 부를 축적했다고 한다. 시바리스인은 쾌락주의자와 동의어가 되었다. 모든 육체노동은 노예나 농노가 감당했고, 시민들은 값비싼 옷을 입고 화려한 집에서 편하게 지내며 이국적인 진미를 맛보았다.* 목수나 대장장이처럼 시끄러운 일을 하는 이들은 도시 내에서 작업하는 것이 금지되었다. 보다 부유한 지역의 일부 도로는 태양열과 비로부터 보호하려고 차양을 설치했다.[11] 아리스토텔레스에 의하면 시바리스의 알키스테네스에게는 값진 소재의 옷이 있었는데, 시라쿠사의 디오니시오스 1세가 후일 120달란트(72만 달러)를 받고 팔았다고 한다.[12] 시바리스의 스민디리데스는 클레이스테네스의 딸에게 구혼하러 시키온을 방문하면서 1000명의 하인을 데려갔다.[13]

인접 국가 크로토나와 전쟁을 벌이기까지는 모든 것이 순조로웠다.(기원전

---

* 새로운 요리나 음식을 고안한 요리사나 제빵사는 일 년 동안 특허를 받을 수 있었다고 아테나이오스는 전하고 있는데,[10] 아마도 풍자를 역사로 오해한 듯하다.

510년) 시바리스인들이 30만의 병력을 이끌고 전투에 임했다는 것은 믿기 어렵다.[14] 더구나 크로토나인들이 가락을 연주해 시바리스인들의 말을 춤추게 해 시바리스군을 혼란에 빠뜨렸다는 말은 더욱 믿기 어렵다.[15] 말들이 춤을 췄고, 시바리스인들이 살해되었으며, 그들 도시는 너무나 철저히 약탈되고 불에 타 하루 만에 역사에서 사라져 버렸다. 65년 후 헤로도토스와 다른 아테네인들이 이 부근에 새 식민지 투리이를 세웠을 때, 그들은 그리스에서 가장 자랑스러웠던 공동체를 그 흔적조차 찾아볼 수 없었다.

2. 크로토나의 피타고라스

크로토나는 더 오래 지속되었다. 기원전 710년경에 건설되어 지금은 크로토네라는 이름으로 산업과 교역으로 분주한 곳이 되어 있다. 타라스와 시칠리아 사이에 유일하게 천연 항구를 보유한 크로토나는 화물이 시바리스에 내려지는 것을 용납하지 못했다. 교역이 여전히 왕성해 시민들은 안락한 번영을 누렸으며, 전쟁에서의 철저한 승리와 장기적인 경제 침체, 상쾌한 날씨, 도시민의 도리스 - 청교도적 분위기가 어우러져 부유함에도 활력을 유지할 수 있었다. 이곳에서 밀로 같은 유명한 운동선수가 성장했고, 마그나그레키아(Magna Grecia)*에 가장 큰 의학 학교가 세워졌다.

피타고라스가 크로토나로 온 것은 아마도 건강 휴양지로서의 명성 때문이었을 것이다. 그의 이름은 "델포이 신탁의 대변자"라는 뜻이다. 그의 상당수 추종자는 그를 아폴론으로 여겼고, 어떤 이들은 그가 번쩍이는 황금 허벅지를 하고 있는 것을 보았다고 주장했다.[16] 전승에 의하면 그는 기원전 580년경 사모스에서 태어났고, 젊을 때 열심히 공부했으며, 30년간 여행을 했다고 한다. 칭

---

* 이 명칭은 로마인들이 이탈리아 남부의 그리스 도시들에 붙인 이름이다.

찬에 인색한 헤라클레이토스도 "모든 인간들 중 피타고라스가 가장 근면한 탐구자였다."라고 말한다.[17] 그는 아라비아, 시리아, 페니키아, 칼데아, 인도, 갈리아를 방문했고, 여행자들을 위한 놀랄 만한 금언을 가지고 돌아왔다고 한다. "외국을 여행할 때는 고국을 돌아보지 말라."[18] 어디를 들어가든 편견을 버려야 한다는 뜻이다. 더욱 분명한 사실로 그는 이집트를 방문했고, 여기서 제사장들과 연구하며 천문학과 기하학에 대한 지식을 상당히 습득하고, 잡다한 것들도 얼마간 배운 것 같다.[19] 사모스로 돌아와 폴리크라테스의 참주정이 자신과 맞지 않다는 사실을 발견한 그는 이제 쉰을 넘은 나이로 크로토나로 간다.[20]

여기서 그는 교사가 되었고, 당당한 풍채와 풍부한 학식, 남자뿐 아니라 여자도 기꺼이 수용하는 포용성으로 그는 곧 수백 명의 학생들을 가르치게 된다. 플라톤이 등장하기 2세기 전에 이미 그는 성별을 가리지 않고 평등하게 대한다는 원칙을 세웠으며, 이를 가르치는 데 그치지 않고 실천했다. 그럼에도 그는 기능상의 선천적인 차이를 인정했다. 그는 여제자에게 철학과 문학뿐 아니라 모성과 가사와 관련된 기술도 가르쳐, "피타고라스의 여제자들"은 고대인들에게 그리스가 낳은 가장 여성스러운 유형이라는 칭송을 받았다.[21]

피타고라스는 일반 학생들을 대상으로 규칙을 정했고, 이로 인해 학교는 거의 수도원처럼 되었다. 학생들은 스승과 서로에 대해 충성을 맹세했다. 고대 전승에 의하면 이들은 피타고라스 공동체에 사는 동안 물품을 공유했다고 한다.[22] 그들은 육류나 계란, 콩류를 먹을 수 없었다. 포도주가 금지된 것은 아니지만 물이 권장되었는데, 이는 오늘날 이탈리아 남부에서는 위험한 처방이다. 육류 섭취를 금한 것은 아마도 윤회 신앙으로 인한 종교적 금기 때문인 듯하다. 인간은 조상을 먹지 않도록 주의해야 한다는 것이다. 이런 규칙들에는 이따금 예외가 있었던 듯하다. 특히 영국 역사가들은 레슬링 선수이자 피타고라스의 제자인 밀로가 고기를 섭취하지 않고도 그리스에서 가장 강한 인간이 되었다는 사실에 대해 믿기 힘들어 한다.[23] 그의 양팔에 잡힌 황소도 송아지일 때는 풀만으로도 잘 자랄 수 있었겠지만 말이다. 피타고라스의 제자들은 인간을 해치지 않는 동물을 죽이고 나무를 손상시키는 일이 금지되었다. 그들은 수수한 옷차림으로 신중하게 행동하고, "절대 웃거나 엄하게 보여서는 안 되었다." 그들은 신에게 맹세하면 안 되었는데, "모든 인간은 맹세가 필요 없는 믿음에 따라 살아야" 하기 때문이다. 그들은 제물을 바치는 것도 금지되었지만, 피를 흘리지 않은 제사는 드릴 수 있었다. 그들은 매일 일과를 마치면서 무슨 잘못을 저지르지 않았는지, 의무를 태만히 하지는 않았는지, 어떤 선한 일을 했는지 스스로 돌아보았다.[24]

피타고라스 자신이 뛰어난 연기자가 아닌 한에는 이 규칙들을 어느 누구보다 엄하게 지켰다. 확실히 그는 그 생활 방식으로 제자들 사이에서 엄청난 존경과 권위를 가져, 아무도 그의 일방적 교육 방식에 불만을 품지 않았고, "그분이 직접 말씀하셨어."라는 말이 행동이나 이론에 있어 대부분의 경우 최종 판단 기준이 되었다. 그들은 깊은 존경심으로 스승이 낮에는 절대 포도주를 마시지 않았고, 대부분의 경우 주식으로는 빵과 꿀을 후식으로는 채소를 먹었으며, 그의 옷은 언제나 깨끗하고 티가 없으며, 한 번도 과식을 하거나 사랑에 빠진 적이 없고, 한 번도 웃음이나 농담, 쓸데없는 얘기에 빠진 적이 없으며, 어느 누구도 심지어 노예도 나무란 적이 없었다고 말한다.[25] 아테네의 티몬은 그를 "사람을 낚는 데 능통한 엄숙한 언어 마술사"로 생각했다.[26] 하지만 그의 가장 헌신적인 추종자는 아내인 테아노와 딸 다모였다. 이들은 그의 철학과 생활을 손쉽게 비교할 수 있었다. 디오게네스 라이르티오스에 의하면, 다모에게 "그는 자신에 대한 평가를 맡기고, 외부 누구에게도 공개하지 말도록 명했다. 그리고 그녀는 많은 돈을 받고 그를 팔 수도 있었지만, 그렇게 하지 않았다. 비록 여자의 몸이었지만 아버지의 명령을 따르는 것이 황금보다 더 소중하다고 생각했던 것이다."[27]

피타고라스회에 가입하기 위해서는 절제와 극기를 통한 육체의 정화와 과학적 탐구를 통한 정신의 정화가 요구되었다. 새로 들어온 제자는 5년간 "피타고라스의 침묵"을 지켜야 했는데, 이는 아마도 정회원으로 인정되거나 피타고라스의 얼굴을 "대하도록(수하에서 연구하도록?)" 허가되기 전에는 질문이나 토론 없이 가르침을 받아들여야 함을 의미한 것 같다.[28] 학생들은 엑소테리키(exoterici), 즉 외부 학생과 에소테리키(esoterici), 즉 내부 회원으로 나뉘었고, 내부 회원은 스승의 비밀스러운 지혜를 접할 자격이 주어졌다. 교육 과정에는 네 과목, 즉 기하학과 산수, 천문학, 음악이 있었다. 이 중 수학이 가장 중요했다.* 이들에게 있어 수학은 이집트인들처럼 실용 과학이 아니라 수량에 대한 추상적 이론이었으며, 엄밀한 추론과 눈에 보이는 증거를 통해 명확하고 체계적인 사고를 신장시키는 이상적이고 논리적인 훈련이었다. 기하학은 이제 공리(公理)와 정리(定理), 논증의 형식을 명확히 했다. 학생들은 정리의 순서상 각 단계를 밟으면서 새로운 수준으로 나아갔으며, 피타고라스 학파에 의하면 이로써 그들은 세계의 내밀한 체계를 보다 폭넓게 바라볼 수 있다.[30] 그리스 전승에 의하면 피타고라스는 수많은 정리를 발견했고, 그중 가장 유명한 것은 모든 삼각형의 내각의 합은 두 개의 직각과 같으며, 직각 삼각형의 빗변의 제곱은 다른 두 변의 제곱의 합과 같다는 정리다. 아폴로도로스에 의하면 피타고라스는 이 정리를 발견하자 감사제를 올리고 백 마리의 짐승을 희생 제물로 바쳤다고 한다.[31] 하지만 이는 피타고라스 학파답지 않은 유치한 행위였을 것이다.

피타고라스는 오늘날의 순서와는 반대로 기하학에서 산수로 옮겨 갔다. 산수는 계산을 위한 실용적 기술이 아니라 수에 대한 추상적인 이론이었던 것이다. 피타고라스 학파는 최초로 수를 짝수와 홀수, 심지어 소수와 인수로 분류한 듯하다.[32] 그들은 비율론을 공식화했고, 이 이론과 범위 적용을 통해 기하 대수를 창안했다.[33] 피타고라스가 음악을 수로 환원할 수 있었던 것은 바로 비율에 대한 연구 덕분이었다. 어느 날 대장간을 지나고 있을 때, 그는 모루에서 나는 아주 규칙적인 음정에 매료되었다. 망치의 무게가 제각기 다르다는 사실을 생각하고 그는 음색이 수학적 비율과 관련 있다고 결론지었다. 고전 과학에서나

---

* 피타고라스 학파가 최초로 마테마티케(mathematike)라는 단어를 수학(mathematics)이라는 의미로 사용한 것 같다. 그들 이전에는 사물의 학습(mathema)이라는 뜻으로 사용되었다.[29]

들어 볼 수 있는 몇 가지 실험들 중 하나를 통해, 그는 두 현의 두께와 장력이 같을 때 한 현이 다른 현보다 두 배 길면 음이 한 옥타브 차이 나고, 한 배 반 더 길면 다섯 음(도와 솔), 1과 3분의 1 더 길면 네 음(도와 파)의 차이가 난다는 사실을 발견했다.[34] 이런 식으로 모든 음정이 수학적으로 계산되고 표현될 수 있었다. 우주에서 움직이는 모든 물체는 소리를 내고, 그 음조는 물체의 크기와 속도에 달려 있으므로, 지구 둘레를 도는 궤도상의 모든 행성은 (피타고라스의 주장에 의하면) 그 운행 속도에 비례해 소리를 내고 지구와의 거리에 따라 제 순서대로 발생한다. 이들 다양한 음색은 "천체의 음악" 또는 조화를 구성하며, 이 소리는 항상 들리기 때문에 결코 들리지 않는다.[35]

피타고라스에 의하면 우주는 살아 있는 천체로 그 중심은 지구다. 지구 역시 천체로 다른 행성들처럼 서쪽에서 동쪽으로 돈다. 지구는 사실상 전체 우주로서 다섯 개 구역, 즉 남극과 북극, 여름, 겨울, 적도로 나뉜다. 달은 태양에 면한 절반 부분이 지구를 향해 도는 각도에 따라 우리에게 보이는 모양이 달라진다. 월식은 지구 또는 다른 천체가 달과 태양 사이에 개입함으로써 일어난다.[36] 디오게네스 라이르티오스에 의하면 피타고라스는 "지구가 둥글다고 하고, 이 세계에 우주(kosmos)라는 이름을 붙인 최초의 인물이었다."[37]

수학과 천문학에 이러한 기여를 하며 유럽에 과학이라는 학문을 세우는 데 누구보다 큰 역할을 한 피타고라스는 철학도 발전시킨다. 이 용어 자체가 바로 그의 고안물이었다. 그는 소피아(sophia), 즉 지혜라는 용어를 가식적이라며 거부하고, 그 자신의 이해를 향한 추구를 필로소피아(philosophia), 즉 지혜에 대한 사랑이라 표현했다.[38] 기원전 6세기에 철학자(philosopher)와 피타고라스 학파(Pythagorean)는 동의어였다.[39] 탈레스와 다른 밀레토스인들이 만물의 제1원리를 물질에서 찾은 반면, 피타고라스는 형식에서 찾았다. 음악에서 수적으로 규칙적인 관계와 순서를 발견하고, 행성들에 이를 적용한 그는 그러한 수적으로 규칙적인 관계와 순서가 어디에나 존재하고 만물의 본질적인 요소는 수라고 주장함으로써 철학자 입장에서 통일성을 모색했다. 스피노자가 이 세계에는 감각에 의해 인지되는 보통 사람들의 사물의 세계와 이성에 의해 인지되는 철학자의 법칙과 불변성의 세계, 이 두 세계가 존재하며 이 중 두 번째 세계만이 영구적으로 실재한다고 주장한 것처럼,* 피타고라스도 부분들의 수적인 관계만이 만물의 기본적이고 영속적인 양상이라고 느꼈다.** 어쩌면 건강은 육체의 각 부분과 원소들의 적절한 수학적 관계성이자 비율일지 모르고, 영혼조차도 수일지 모른다.

이 부분에서 피타고라스의 신비주의는 이집트와 근동 지역에서 배양되었고 자신을 해방했다. 그는 영혼이 감정과 직관, 이성의 세 부분으로 나뉜다고 생각했다. 감정은 심장에 자리하고 있고, 직관과 이성은 두뇌에 자리하고 있다. 감정과 직관은 사람과 동물 모두에게 있지만,*** 이성은 인간에게만 있고 불멸하다.[41] 죽은 후 영혼은 하데스에서 정화 단계를 거치고, 다음에는 지구로 돌아와 윤회의 사슬을 통해 새로운 육체에 들어가는데, 이 윤회는 덕을 완벽히 이룬 삶을 통해서만 종결될 수 있다. 피타고라스는 전생에 자신이 창부였고, 어떤 때는 영웅 에우포르보스였다고 말하면서 추종자들을 재미나게 하거나 교화했다. 그는 트로이 공격 때 겪었던 자신의 모험을 아주 선명히 기억할 수 있었고, 아르고스 신전에서 자신이 오랜 옛날에 입었던 갑옷을 알아보기도 했다.[42] 그는 매맞는 개의 비명을 듣고 바로 달려가 그 개를 구했는데, 개의 울음소리에서 죽은 친구의 음성을 들었다는 것이었다.[43] 윤회 사상에서 인도의 상상력과 그리스의 디오니소스 숭배, 이탈리아의 철학 학파가 한 번에 그리고 동시에 포착된다는 생각이 들면서, 기원전 6세기에 그리스와 아프리카와 아시아 사이를 하나로 묶은 사상 교류가 다시 한 번 얼핏 눈에 들어온다.

---

* 미완성 유고인 『지성의 발전에 대하여』에서.
** 과학은 모든 현상을 정량적(定量的)이며 수학적이고 증명할 수 있는 명제들로 단순화하려는 경향이 있고, 화학은 만물을 상징과 숫자로 설명하며, 원소들을 규칙적인 법칙 내에서 수학적으로 배열하고 원자 내 전자까지 계산하며, 천문학은 천체에 대한 수학이 되고, 물리학자들은 전기와 자력과 중력의 현상들을 망라하는 하나의 수학 공식을 모색한다. 우리 시대 일부 사상가는 철학 자체를 수학 형식으로 표현하려 했다.
*** 말이 난 김에, 피타고라스는 파스퇴르처럼 자연 발생을 부인하고, 모든 동물은 "종자"를 통해 다른 동물들로부터 태어난다고 가르쳤다는 것을 주목해야겠다.[40]

피타고라스의 윤리학에서 힌두교 염세주의의 뜨거운 숨결과 플라톤의 분명하고 밝은 분위기가 서로 섞이는 것이 느껴진다. 피타고라스의 체계에서 삶의 목적은 환생으로부터 해방되는 것이다. 방법은 덕으로 말미암고, 덕은 영혼 자체 및 신과의 조화다. 가끔 이 조화는 인위적으로 유도될 수 있어, 그리스의 제사장과 의사들처럼 피타고라스 학파도 불안한 신경 장애를 치유하기 위해 음악을 사용했다. 흔히 조화는 지혜, 즉 내재한 진실의 차분한 이해를 통해 영혼에 온다. 이런 지혜를 통해 인간은 겸손과 중용, 황금률을 배울 수 있다. 이와 반대로 불화, 지나침, 죄악 등은 피할 수 없는 운명에 의해 비극과 형벌을 초래한다. 정의는 "제곱수"로 조만간 모든 잘못은 "두 배"의 상응한 형벌이 될 것이다.[44] 플라톤과 아리스토텔레스의 도덕 철학이 여기서 싹트고 있었다.

피타고라스의 정치학은 플라톤 철학이 그 개념에 앞서 실현된 꼴이다. 고대의 일반 전승에 의하면 피타고라스 학파는 공동체적 귀족주의를 표방했다. 모든 남녀가 물품을 모아 공동으로 사용하고, 함께 교육을 받으며, 수학과 음악과 철학으로 덕과 고도의 사고력을 훈련하고, 자신을 국가 수호 통치자로 제공했다. 사실 그의 학파가 도시의 실질적인 정부가 되게 한 것은 그의 노력 덕분이었고, 이로 말미암아 피타고라스 자신과 추종자들이 파멸을 맞게 되기도 한다. 그의 전수자들은 정치에 매우 적극적으로 개입했고 결정적으로 귀족 편을 들어, 크로토나의 민주파 또는 민중파는 걷잡을 수 없는 분노로 피타고라스 일당이 모인 집을 불태우고 몇몇을 살해했으며, 나머지는 도시 밖으로 쫓아냈다. 피타고라스 자신은 도망가면서 콩밭을 밟지 않으려다가 붙잡혀 죽었다는 얘기도 있고, 메타폰톰으로 도주했으나 80세가 되자 살만큼 살았다고 생각한 듯 40일간 단식하다가 굶어 죽었다는 얘기도 있다.[45]

그의 영향력은 계속 지속되었으며 오늘날에도 그의 이름은 영향력을 발휘한다. 그의 학파는 이후 3세기 동안 그리스 전역에 흩어져 존속했고, 테베의 필로라오스 같은 과학자와 타라스의 참주이자 플라톤의 친구인 아르키타스 같은 정치가를 배출했다. 워즈워드(Wordsworth)도 그의 가장 유명한 송시에서 뜻하지 않게 피타고라스의 추종자가 되었다. 플라톤은 피타고라스의 흐릿한 모습에 매료되었다. 민주 정치에 대한 경멸과 철인 통치자에 의한 공동체적 귀족 정치에의 열망, 조화로서의 덕이라는 개념, 영혼의 속성과 운명에 대한 이론들, 기하학에 대한 애정, 수의 신비주의에 대한 집착 등 모든 면에서 그는 피타고라스의 영향을 받았다. 알려진 바에 의하면 대체로 피타고라스는 유럽의 과학과 철학 모두에 있어 창시자였고, 이는 모든 사람에게 있어 숭고한 위업이었다.

3. 엘레아의 크세노파네스

크로토나 서쪽에 고대의 로크리가 있었다. 아리스토텔레스에 의하면 이 식민지는 본토 그리스 로크리스에서 온 도주 노예들과 간부(姦夫), 도둑들에 의해 세워졌다고 한다. 하지만 아리스토텔레스에게는 신세계에 대해 구세계 특유의 오만함이 있었던 듯하다. 그들은 자질상의 약점 때문에 혼란을 겪으면서 델포이 신탁을 구했고, 그 결과 법을 세우라는 신탁을 받았다. 아마도 잘레우코스가 신탁을 알린 것 같다. 기원전 664년, 그는 아테나가 자신에게 현몽해 지시했다고 하면서 로크리에 법령을 공포했다. 이는 그리스 역사상 최초의 성문법이었지만, 신이 내린 법으로는 처음이 아니었다. 로크리인들은 이 법이 너무나 마음에 들어, 새 법을 제안하는 자는 목에 밧줄을 감고 말해 행동에 조금이라도 실수가 있으면 바로 교수형에 처하게 했다.[46] *

이탈리아 반도의 발끝을 돌아 북쪽으로 가다 보면 여행자는 번성하는 도시인 레기오에 도착한다. 이곳은 기원전 730년경 메세니아인들에 의해 레기온이라는 이름으로 세워졌고, 로마인들에게는 레기움으로 알려졌다. 『오디세이』의 스킬라와 카리브디스에 해당하는 듯한 메시나 해협을 통과하면 라우스가 자리 잡았던 곳에 이르고, 그다음

---

* 그리스인들은 이 전설을 너무 좋아해 카타나와 투리이의 법에도 적용했다. 몽테뉴(Michel de Montaigne)도 특별히 즐거워했지만 실효는 거두지 못한 듯하다.

고대의 히엘레, 즉 로마 시대의 벨리아에 이른다. 이곳은 역사 속에서 엘레아로 알려졌는데, 플라톤이 그렇게 기록했고 그 철학자들이 유명하기 때문이다. 기원전 510년경 콜로폰의 크세노파네스가 여기로 와서 엘레아 학파를 세웠다.

크세노파네스는 그의 친애하는 적수 피타고라스만큼 개성이 독특했다. 불굴의 에너지와 무모한 창의성을 지닌 그는 자신의 말에 의하면,[47] 67년간을 "헬라스를 오르내리며" 관찰하고 사방에 적을 만들면서 방랑했다고 한다. 그는 철학 시를 쓰고 낭송했으며, 호메로스의 불경스러운 상스러움을 비난하고, 미신을 비웃고, 엘레아에 항구를 세웠으며, 죽기 전까지 고집스러운 삶을 살다가 한 세기를 마감했다.[48] 그는 노래하기를 호메로스와 헤시오도스는 "인간들에게는 수치이자 불명예인 그 모든 행동들, 즉 절도와 간음과 기만을 신들의 탓으로 돌렸다."라고 했다.[49] 하지만 그 역시 정통에 서 있지는 못했다.

신들에 관한 모든 일을 이처럼 확실하게 아는 사람은 과거에 없었고 앞으로도 결코 없을 것이다. …… 인간들은 신들이 태어나고, 옷을 입으며, 자신들과 같은 목소리와 형체를 가진다고 생각한다. 하지만 만약 황소와 사자가 손이 있어서 인간들처럼 그림을 그릴 수 있다면 그들은 자신들 모습대로 신을 그릴 것이다. 말은 말과 같은 모습으로, 황소는 황소 모습으로, 에티오피아인은 신을 검은 피부에 넓적코를 한 모습으로, 트라키아인들은 푸른 눈과 붉은 머리칼의 신을 그릴 것이다. …… 신들과 인간 사이에 최고 유일한 신이 있다. 그 신은 형체나 정신에 있어 유한한 존재를 닮지 않았다. 그의 전체가 보고 생각하고 귀를 기울인다. 그는 조금도 힘들이지 않고 자기 지성의 힘으로 만물을 다스린다.[50]

디오게네스 라이르티오스에 의하면[51] 크세노파네스는 이 신을 우주와 동일시했다. 이 철학자는 만물, 심지어 인간까지도 자연법칙에 따라 땅과 바다에서 유래했다고 말한다.[52] 한때 바다가 거의 전 지구를 뒤덮었는데, 이는 해양 화석이 먼 내륙과 산꼭대기에서 발견된다는 사실이 입증한다. 장래 언젠가 바다가 또다시 지구를 뒤덮을지 모른다.[53] 그럼에도 역사상 모든 변화와 사물의 모든 분화는 피상적인 현상이다. 형체의 유동성과 다양성 배후에는 불변하는 통일성이 존재하고, 이것이 바로 가장 깊이 자리한 유일신의 실재다.

이를 출발점으로 크세노파네스의 제자인 엘레아의 파르메니데스가 관념론적 철학을 발전시켰고, 이는 고대 시대 전반에 걸쳐 플라톤과 플라톤주의자들의 사상을 형성하고 유럽의 사상을 형성했으며, 그리고 우리 시대에까지 이른다.

4. 이탈리아에서 스페인으로

엘레아에서 북쪽으로 32킬로미터쯤 가면 포세이도니아, 즉 로마 시대의 파이스툼이 나온다. 이 도시는 시바리스 식민지 개척자들에 의해 밀레토스 교역의 이탈리아 지역 주요 종착지로 세워졌다. 오늘날에는 나폴리에서 살레르노를 거쳐 기분 좋게 여행하다 보면 이곳에 도착하게 된다. 갑자기 버려진 들판 길옆에 폐허 상태지만 웅장한 모습으로 세 개의 신전이 나타난다. 강이 이곳 어귀를 수 세기 동안 침적도로 막아 한때는 생명이 넘치는 계곡이었을 이곳을 늪지로 바꾸어 놓았고, 베수비오스 경사지를 경작하던 억척스러운 민족조차 절망감에 빠져 이 말라리아성 평원을 떠나게 했다. 고대 성벽이 허물어진 채 남아 있고, 그리스인들이 석회석으로 소박하게 지어 곡식과 바다의 신들에게 바친 신전이 외따로 떨어져 있었던 탓인지 거의 완벽한 형태로 아주 잘 보존되어 있다. 후일 "바실리카(Basilica)"로 불린 가장 오래된 건물들은 포세이돈의 신전일 가능성이 높다. 지중해 과일과 상업에 생계를 의존한 사람들은 기원전 6세기 중반 이 놀라운 시기에 신전을 그에게 바쳤다. 이 시기에는 예술과 문학이 활짝 꽃피고, 이탈리아에서 중국 산둥 성에 이르기까지 철학이 융성했던 것이다. 내부 및 외부 주랑이 남아 있어 그리스인들의 원기둥에 대한 열정을 잘 보여 준다. 다음 세대는 도리스식으로 소박하고 강인한 인상을 주는 신전을 더 작은 규모로 세웠다. 이는 "케레스(Ceres) 신전"이라 불리는데, 어떤 신이 제물의 향내를 맡았는지는 알 수 없다. 페르시아 전쟁 직전 또는 직후에,[54] 더 나중 세대가 가장 웅장하고 균형이 잘 잡힌 세 개의 신전을 건축했고, 주랑 현관으로부터 변덕스러운 바다의 유혹하는 듯한 얼굴을 응시할 수 있는 것으로 보아 이 또한 포세이돈에게 바쳐진 것 같다. 또다시 거의 대부분이 원기둥들이다. 외부에 강인하고 완벽한 분위기의 도리스식 주랑이 늘어서 있고, 내부에는 한때 지붕을 떠받쳤을 2층식 주랑이 세워져 있다. 여기에 이탈리아에서 가장 인상적인 광경이 있다. 로마인들이 지은 어떤 건물보다 더 잘 보존된 이 신전이 기원전 5세기 그리스인들의 작품이라니 믿어지지가 않는다. 종교 생활을 위해 이런 중심 건물을 지을 수 있었던 자원과 취향을 모두 갖춘 공동체의 아름다움과 생명력이 머릿속에 그려지는 듯하다. 다음으로 우리는 밀레토스, 사모스, 에페소스, 크로토나, 시바리스, 시라쿠사 등 보다 부유한 대도시의 웅장한 모습을 더 자세히 그려 볼 수 있다.

오늘날 나폴리가 있는 자리에서 북쪽으로 조금 나아간 지점에 칼키스와 에레트리아, 에우보이아의 키메, 그라이아를 떠난 모험가들이 기원전 750년경 서방 그리스 도시들 중 역사가 가장 오랜 거대 항구 도시 쿠마이를 세웠다. 그리스 동부의 산물을 이탈리아 중부에 내다 판 쿠마이는 급속히 부를 축적하고 레기온을 식민지로 지배했으며, 메시나 해협을 장악하고, 교역상 동맹 관계를 맺지 않은 도시들의 상선을 배제하거나 무거운 세금을 물렸다.[55] 남쪽으로 세력을 확장해 간 쿠마이인들은 로마 시대에는 푸테올리(포추올리)라고 불린 항구 도시 디카이아르키아와 네아폴리스, 즉 신도시, 우리 시대의 나폴리를 세웠다. 이들 식민지를 통해 그리스의 산물뿐 아니라 사상도 미숙한 젊은 도시 로마와 북쪽 에트루리아로 유입되었다. 쿠마이에서 로마인들은 몇몇 그리스 신들, 특히 아폴론과 헤라클레스를 자기들 신으로 택하고, 아폴론의 나이 든 여제사장인 쿠마이의 시빌이 로마의 미래를 예언한 두루마리를 실제 가치보다 비싼 값으로 구입했다.

기원전 6세기 초 무렵에 이오니아의 포카이아인들은 프랑스의 남부 연안에 상륙해 마실리아(마르세유)를 세우고, 그리스 산물을 론 강과 그 지류인 아를 및 님 강까지 운반했다. 포카이아인들은 원주민과 친구가 되고 그 여인들을 아내로 삼고 올리브와 포도를 프랑스에 소개하는 등 갈리아 남부를 그리스 문명에 친숙해지게 해, 이후 카이사르 시대에 로마가 유사 문화를 확산시키는 데 용이하게 했다. 연안을 따라 동쪽으로 나아가면서 포카이아인들은 안티폴리스(안티베스), 니카이아(니스), 모노이코스(모나코) 등의 도시를 세웠다. 서쪽으로는 스페인 쪽으로 대담하게 진출해 로다이(로사스), 엠포리온(암푸리아스), 헤메로스코피온, 마이나카(말라가 부근) 등의 도시를 세웠다. 그리스인들은 타르테소스의 은광을 개발하면서 스페인에서 한동안 번성했지만, 기원전 535년 카르타고인과 에트루리아인이 연합해 포카이아 함대를 격파하고, 이때부터 지중해 서부 지역 그리스 세력이 쇠퇴한다.

5. 시칠리아

이제 전 그리스 식민지 중 가장 부유한 지역을 살펴볼 차례다. 자연 조건상 시칠리아에는 그리스 본토에서는 허락되지 않은 혜택, 즉 비와 화산임으로 인해 비옥하기 그지없는 땅이 있었다. 밀과 곡식이 너무나 많이 수확되어, 시칠리아는 데메테르가 자기 출생지가 아님에도 즐겨 찾는 곳으로 여겨졌다. 이곳에는 과수원과 포도밭, 올리브 재배지가 과실들로 풍요로웠고, 히메토스의 꿀만큼 진한 꿀이 생산되었으며, 꽃들이 연중 내내 차례로 만개했다. 풀로 뒤덮인 평야에는 양과 가축이 방목되었고, 언덕에는 나무가 빽빽이 자라고 있으며, 주변 바다의 고기는 시칠리아 주민들 식탁에 오르는 것보다 훨씬 빨리 번식했다.

기원전 3000년경에는 신석기 문화가, 기원전 2000년경에는 청동기 문화가 여기서 번성했으며, 미노스 시대에는 크레타와 그리스 사이의 교역의 다리 역할을 했다.[56] 기원전 20세기가 저물 무렵 세 줄기의 이주 물결이 시칠리아 연안으로 몰려왔다. 스페인의 시칸족, 소아시아의 엘리미족, 이탈리아의 시켈족이 그들이다.[57] 기원전 800년경에는 페니키아인들이 서방의 모티아와 파노르모스(팔레르모)에 도시를 세웠다. 이어 기원전 735년,* 그리스인들이 몰려 들어와 낙소스, 시라쿠사, 레온티니, 메사나(메시나), 카타나, 겔라, 히메라, 셀리노스, 아크라가스를 잇달아 빠른 속도로 세웠다. 그 모든 경우 원주민들은 무력에 의해 연안에서 쫓겨났다. 대부분 원주민은 내륙 지역으로 물러가 산지를 경작하였고, 일부는 침략자들의 노예가 되었으며, 상당수 원주민들이 정복자들과 통혼해 시칠리아의 그리스인 혈통과 기질, 도덕이 열정과 육감이라는 상당히 원주민에 가까운 특징을 띠게 되었다.[58] 그리스인은 결코 이 섬을 완전히 정복한 게 아니었다. 페니키아인과 카르타고인이 서쪽 연안에서 우세를 점했고, 시칠리아의 지배권을 두고 500년 동안 그리스인과 셈족, 유럽과 아프리카 간에 간헐적인 전쟁이 있었다. 1300년간 로마가 지배한 후, 중세 시대 노르만족과 사라센족 간에 이런 경쟁이 마찬가지로 재개되었다.

카타나는 법으로 유명했고, 리파리 제도는 공산 사회로, 히메라는 시인으로, 세게스타와 셀리노스와 아크라가스는 신전들로, 시라쿠사는 권력과 부로 유명했다. 카론다스가 솔론보다 한 세대 이전에 카타나에 세운 법은 시칠리아와 이탈리아의 수많은 도시의 모델이 되었고, 고대 관습과 거룩한 관례의 보호를 받지 못하는 공동체에 공적 질서 및 성도덕을 형성하는 데 공헌했다. 카론다스는 남편과 아내는 서로 이혼할 수 있다고 했다. 그러나 재혼 상대자는 이전 배우자보다 젊어서는 안 된다는 단서가 붙었다.[59] 널리 알려진 한 그리스 설화에 의하면 카론다스는 시민들이 무장한 채 모임에 참석하는 것을 금했는데, 어느 날 자신이 깜박 잊고 검을 찬 채 모임에 참석했다. 한 투표자가 법을 어긴 사실을 책망하자, 그는 "법을 확증하겠다."고 답하면서 자살했다고 한다.[60]

---

* 아니면 한 세대 이후일지 모른다. 278쪽 각주 참조.

격렬한 정복으로 점철된 식민지 생활의 고초를 생생하게 그려 보고 싶다면, 시칠리아 동북부에 위치한 '영광스럽다'는 뜻의 리파리(Lipari) 제도에서 시행된 기묘한 공산 사회를 살펴볼 필요가 있다. 기원전 580년경 크니도스 출신 모험가들이 이곳을 해적의 낙원으로 만든다. 해협 주변 상업 활동을 제물로 삼아 약탈해 그 노획물을 공정하게 균등 분배했다. 토지는 공동 소유였고, 일부 성원이 토지를 경작하도록 배정되었으며, 수확은 공유하여 모든 시민에게 분배되었다. 그러나 시간이 흐르면서 개인주의가 거듭 고개를 들고, 토지가 개인 소유로 분할되고, 삶이 다시 불공평하고 경쟁적인 색조를 띠기 시작했다.

시칠리아 북쪽 연안에는 서방의 플라타이아가 될 히메라가 있었다. 이곳에서 합창단 지휘자 스테시코로스는 그리스인들이 서사시에 진력이 났을 무렵 인류의 전설을 합창 서정시로 개작하고, 헬렌과 아킬레우스에게까지 새롭고 멋진 "현대 의상"을 입혔다. 스테시코로스는 사멸 중인 서사시와 차후 문학 형식인 소설 사이의 교량 역할을 하듯 사랑 이야기를 시로 구성했다. 그중 한 시에서 순결하고 수줍은 처녀가 이루어질 수 없는 사랑으로 죽음을 택한다는 이야기가 프로방스의 서정시 또는 빅토리아 시대 소설 같은 형식으로 표현된다. 동시에 그는 목자 다프니스의 죽음에 대한 전원시를 써 테오크리도스를 위한 길을 터 주었으며, 이 글로에를 향한 다프니스의 사랑은 로마 시내 그리스 소설의 주요 주제가 되었다. 스테시코로스 또한 사랑의 대상이 있었고, 그녀는 헬렌 못지않게 사랑스러웠다. 시력을 잃은 그는 자신의 재난을 헬렌의 부정(不貞) 이야기를 전한 탓이라고 여겼다. (이제 헬렌은 여신이었으므로) 그녀에게 속죄하는 뜻으로 그는 "취소의 시", 즉 두 번째 노래를 지어 온 세상에 헬렌은 강제로 납치되었고, 절대 파리스에게 몸을 허락하지 않았으며, 트로이에 가지도 않았고, 메넬라오스가 자신을 구하러 올 때까지 이집트에서 기다렸다고 알렸다. 말년에 시인은 아크라가스의 팔라리스에게 전제 권력을 주지 말라고 히메라에 경고했다.* 의견이 무시된 그는 카타나로 가

---

* 그는 자신의 경고를 우화의 형식으로 표현했다. 자기 목초지에 수사슴이 침범하자 화가 난 말이 인간에게 침입자를 벌하는 데 도와줄 것을 부탁했다. 인간은 창을 손에 들고 말을 탈 수 있게 허락한다면 그러겠다고 답했다. 말은

거기서 죽음을 맞았고, 그의 기념비적인 무덤은 로마 시대 시칠리아의 구경거리가 되었다.

히메라 서쪽에 세게스타가 있었다. 현재 이곳에는 미완성의 도리스식 기둥들이 무성한 잡초들로 둘러싸인 채 기묘하게 서 있을 뿐 아무것도 남아 있지 않다. 전성기 시대 시칠리아 건축을 보려면 이 섬을 지나 남쪽으로 한때 거대 도시였던 셀리노스와 아크라가스로 향해야 한다. 기원전 651년에 건설된 때부터 기원전 409년 카르타고인이 파괴할 때까지의 비극적인 세월 동안 셀리노스는 침묵을 지키는 신들에게 일곱 개의 도리스식 신전을 바쳤다. 이들 신전은 규모는 거대했지만 솜씨는 서툴러, 채색된 회반죽으로 덮이고 조잡한 돋을새김으로 장식되었다. 이 신전들은 연대를 알 수 없는 시대에 지진으로 파괴되었고, 부서진 원기둥과 기둥머리들이 지면에 흩어져 있는 것 외에는 거의 아무것도 남아 있지 않다.

아크라가스, 즉 로마 시대의 아그리겐툼은 기원전 6세기에 시칠리아에서 가장 크고 부유한 도시였다. 이 도시 모습을 분주한 부두에서 시작해 시끄러운 시장터, 언덕 경사지에 자리 잡은 주택들, 경배자들을 하늘에까지 이르도록 신전이 높이 세워져 있는 장엄한 아크로폴리스 등으로 상상해 볼 수 있다. 대부분의 그리스 식민지들처럼 이곳에서도 지주 귀족이 주로 중산층을 대변한 참주정에 권력을 내주었다. 기원전 570년 팔라리스가 정권을 장악하고, 정적들을 청동 황소에 넣어 태워 죽임으로써 권력을 공고히 했다. 그는 희생자들의 고통스러운 외침이 관을 통해 동물의 울부짖는 소리처럼 들리도록 장치를 고안하게 해 이를 즐겼다.[61] 그럼에도 그와 또 다른 참주인 테론 덕분에 아크라가스는 정치적으로 안정되고 질서가 잡혀 경제적으로 발전할 수 있었다. 아크라가스 상인들은 셀리노스와 크로토나, 시바리스의 상인들처럼 당시에 미국의 백만장자들과 같은 영화를 누렸고, 이들에 못 미치는 구(舊)그리스 부자들은 은밀한 질투

동의했고 수사슴은 놀라서 달아났지만, 말은 이제 자신이 인간의 노예가 된 사실을 깨닫게 되었다.

심과 경멸의 눈빛으로 이들을 바라보았다. 구세계는 신세계가 규모와 외형에만 관심이 있지 어떤 취향이나 예술성도 없다고 말했다. 아크라가스의 제우스 신전 또한 확실히 규모를 추구하여, 폴리비오스는 이 신전을 "규모와 설계에 있어 그리스 전역에서 둘째가라면 서러울 것"이라고 표현했다.[62] 한 세대 후 페리클레스 시대에 아크라가스는 더욱 기품 있는 구조물을 건축했다. 이들 중에 거의 완벽한 형태로 보존된 콘코르디아 신전, 주랑이 여전히 장엄한 자태를 과시하며 남아 있는 헤라 신전이 있는데, 두 경우 모두 그리스적인 취향이 아테네에만 국한되지 않았고 상업이 발달한 서방도 규모만이 발전은 아니라는 사실을 알았다는 것을 보여 준다. 아크라가스에서 위대한 엠페도클레스가 태어났고, 아마 죽은 곳도 에트나 산의 분화구가 아니라 이곳이었던 것 같다.

오늘날처럼 시라쿠사도 오르티기아 갑에 옹기종기 모인 마을에서 시작되었다. 기원전 8세기로 거슬러 올라가면 코린토스가 식민지 개척자들을 보냈고, 이들은 명분과 우수한 무기로 무장한 채 당시에는 아마 섬이었을 이 작은 반도를 장악했다. 이들은 시칠리아 본토와 관계를 형성하고 신장시켰으며 시켈족 대부분을 내지로 몰아냈다. 이들은 자원이 풍부한 땅에서 활기찬 민족이 그린 깃처럼 급속도로 인구가 증가해 갔다. 시간이 흐르면서 이 도시는 둘레 23킬로미터에 인구 50만의 그리스 최대 도시가 되었다. 기원전 495년경 권력을 장악하고 있던 지주 귀족정이 비특권 평민층과 노예화된 시칠리아인들 연합 세력의 반란에 의해 전복되었다. 아리스토텔레스의 말대로라면[63] 새로 권력을 잡은 민주정이 질서 잡힌 사회를 수립하는 데 무능함이 입증되었고, 기원전 485년 겔라의 겔론이 계몽적인 반역을 도모해 참주정을 수립했다. 그런 부류들처럼 그 또한 유능한 만큼 파렴치했다. 그는 모든 도덕규범과 정치적인 제약을 조롱하면서 오르티기아를 자기 정권을 위한 난공불락의 요새로 만들고, 낙소스와 레온티니와 메사나를 정복했으며, 시칠리아 동부 전역에 세금을 부과해 시라쿠사를 그리스 중심 도시들 중 가장 아름다운 도시로 만들었다. 헤로도토스는 슬프게 말한다. "이런 방식으로 겔론은 위대한 왕이 되었다."[64*]

겔론은 크세르크세스 함대가 아테네를 향해 진군하고 카르타고군이 페르시아군과 거의 맞먹는 함대를 보내 이 낙원 같은 섬을 그리스인들로부터 강탈하려 할 때, 다시 세력을 회복해 시칠리아의 나폴레옹처럼 우상으로 추앙받았다. 시칠리아의 운명은 그리스의 운명과 연결되어 있어, 같은 달에 (전승에 의하면 같은 날에) 겔론은 히메라에서 하밀카르와 대치했고 테미스토클레스는 살라미스에서 크세르크세스와 대치했다.

6. 아프리카의 그리스인들

카르타고인들은 화가 날만 했다. 아프리카 북쪽 연안에까지 그리스인들이 도시를 세우고 교역을 장악하고 있었기 때문이다. 기원전 630년경 테라의 도리스인들은 카르타고와 이집트 사이 중간 지점에 위치한 키레네에 수많은 이주민을 보냈다. 그들은 이곳 사막 가장자리쯤에서 비옥한 토지를 발견했는데, 비가 아주 많이 내려 원주민들 사이에 하늘에 구멍이 있는 곳이라고 불렀다. 그리스인들은 이 땅 일부를 목초지로 활용하고 양모와 가죽을 수출했다. 또한 수지초(樹脂草)를 재배해 그리스 전역이 사고 싶어 하는 향신료를 생산했으며, 그리스 제품을 아프리카에 수출하고 수공예를 크게 발전시켰다. 당시 키레네 화병은 최고의 제품 중 하나였다. 키레네는 축적된 부를 유용하게 활용해 훌륭한 정원과 신전, 조각상, 경기장 등으로 도시를 꾸몄다. 세상에 알려진 최초의 쾌락주의 철학자 아리스티포스가 이곳에서 태어나 오랫동안 방랑한 끝에 다시 고향으로 돌아와 키레네 학파를 세웠다.

---

* 루키아노스는 이렇게 말한다. "시라쿠사의 겔론은 입에서 냄새가 났다. 하지만 그 자신은 이 사실을 오랫동안 알지 못했는데, 아무도 감히 이 참주에게 말할 용기를 내지 못했기 때문이다. 마침내 그와 연관이 있는 한 이방 여자가 말해 주었다. 이에 그는 자기 아내에게 알면서도 말하지 않은 것을 책망했다. 그녀는 자기를 변호하면서 다른 남자와 가까이한 적이 없었기 때문에 모든 남자들이 그런 줄 알았다고 말했다."[65] 이에 그의 노여움이 사라졌다.

보통 외국인 체류자들에게 적대적인 이집트에서 그리스인들은 거점을 확보하고 마침내는 제국을 건설했다. 기원전 650년경 밀레토스인들은 재외 상관(在外商館), 즉 교역 전초 기지를 나일 강의 닫집형 지류에 위치한 나우크라티스에 세웠다. 파라오인 프삼티크 1세는 이들을 묵인했는데, 이들로 인해 우수한 용병이 유입되고 관세 수입이 크게 늘었기 때문이다.[66] 아흐모세 2세는 광범한 자치권을 허용했다. 나우크라티스는 도기, 테라 코타, 파양스 도자기 등을 생산하는 산업 도시가 되었다. 더욱이 이 도시는 교역의 중심지가 되어 그리스 기름과 포도주를 수입하고 이집트 밀과 아마, 양모, 아프리카 상아, 유향(乳香), 금을 수출했다. 이런 교역의 와중에 점차적으로 이집트의 종교, 건축, 조각, 과학 등에 대한 지식과 기법이 그리스로 흘러들고 반대로 그리스 말(言)과 생활 방식이 이집트에 유입되어, 알렉산드리아 시대 그리스인에 의한 이집트 지배의 터전을 닦았다.

상상 속에서 나우크라티스발 아테네행 상선을 타고 이 그리스 여행을 마치도록 하자. 이 긴 여정은 그리스 문명의 수준과 다양성을 살펴보고 느끼기 위한 것이었다. 아리스토텔레스는 158개에 이르는 그리스 도시 국가의 정체사(正體史)를 기술했지만, 사실 도시 국가는 1000개가 넘었다. 각 도시는 상업과 산업에 나름대로 기여했고, 우리가 그리스라고 할 때의 의미를 내포하고 있었다. 그리스 본토보다 오히려 식민지에서 그리스의 시와 산문, 수학과 형이상학, 수사학과 역사가 탄생했다. 식민지가 아니었다면, 또한 구세계에 이들이 연결했던 수많은 촉수가 없었다면, 역사상 가장 값진 산물인 그리스 문명은 결코 존재하지 못했을 것이다. 식민지들을 통해서 이집트와 동방의 문화들이 그리스로 유입되었고, 그리스 문화 또한 아시아, 아프리카, 유럽으로 서서히 확산되었다.

THE LIFE OF GREECE

8장 그리스의 신들

1. 다신교의 원천

이 흩어져 있는 도시들의 문명에서 공통된 요소를 찾는다면 기본적으로 다음 다섯 가지를 꼽을 수 있다. 첫째, 지역 방언을 포함한 공통의 언어. 둘째, 문학, 철학 및 과학에 있어 소수 특정 인물만이 정치적 경계 너머로 소개되는 공통의 지적 생활. 셋째, 도시 및 국가 간 경기가 분출구 역할을 하는 운동 경기에 대한 공통의 열정. 넷째, 그리스 공동체 전역에 걸쳐 공통된 예술 형태를 띠고 지역적으로 특색 있게 표현되는 미의 추구. 다섯째, 부분적으로 공통된 종교 의식(儀式) 및 신앙.

종교는 도시를 통일시킬 뿐 아니라 분열시키기도 했다. 멀리 떨어져 있는 올림포스 신들을 정형화된 형태로 공손하게 경배한 배후에는 제우스 신에게 충성을 보이지 않는 지역 신들과 세력들에 대한 더욱 강렬한 신앙이 있었다. 부족 및 정치적 분리주의는 다신교를 배양하고 일신론이 설 자리를 잃게 만들었다. 초기 시대에는 모든 가정이 자기들만의 신을 모셨고, 이 신을 기리며 거룩한 불이 화로에서 꺼지지 않고 타올랐으며, 식사 때마다 그에 앞서 음식물과 포도주를 제물로 바쳤다. 이 거룩한 친교(親交), 즉 음식물을 신과 나누는 행위는 가정에서 기본적이고 우선적인 종교 행위였다. 출산과 결혼, 죽음 등이 옛 의식에 따라 거룩한 불 앞에서 성스럽게 치러졌다. 또한 이런 식으로 종교는 인생의 주요 사건을 신비스러운 시로 가득 채우고 엄숙함을 더했다. 친족과 씨족, 부족, 도시는 이런 방식으로 자기들의 신을 섬겼던 것이다. 아테네는 아테나를, 엘레우시스는 데메테르를, 사모스는 헤라를, 에페소스는 아르테미스를, 포세이도니아는 포세이돈을 섬겼다. 도시의 중심이자 정점은 도시 신을 모신 성소였다. 신의 숭배에 참가하는 것은 시민의 표증이자 특권이며 요건이었다. 도시가 전쟁에 나갈 때면 자기 신의 형상과 상징을 군대의 선두에 모셨고, 점을 쳐서 신의 뜻을 묻지 않고는 어떤 중대한 조치도 취하지 않았다. 이에 대한 보답으로 신은 도시를 위해 싸웠고, 가끔 병사들의 선두나 창 위에 그 모습을 나타냈던 것 같다. 승리는 도시 간의 정복일 뿐 아니라 신들 간의 정복이기도 했다. 가족이나 부족처럼 도시도 프리타네이온(도시 국가의 시(市) 청사로 시정의 중심지 – 옮긴이)이나 공회당에 도시 건립자들과 영웅들의 신비스럽도록 강하고 영구한 삶을 기리는 성화가 항상 타오르도록 했다. 또한 시민들은 정기적으로 이 불 앞에서 공동 식사에 참여했다. 가정에서 아버지가 제사장 역할을 하듯, 그리스 도시에서는 주요 행정관이나 아르콘이 국가 종교의 최고 제사장이 되었고, 그의 모든 권력과 행위는 신에 의해 성별(聖別)되었다. 이런 초자연적 소집 제도에 의해 인간은 사냥꾼에서 시민으로 길들여졌다.

지역적 독립에 따른 자유와 그리스 특유의 종교적 상상력이 풍부한 신화와 신들로 넘치는 만신전(萬神殿)을 낳았다. 땅과 하늘의 모든 사물과 힘, 모든 복과 저주, 인간의 모든 자질(심지어 악덕까지도)이 신으로 의인화되었고, 대개는 인간의 모습을 띠었다. 다른 어떤 종교도 그리스 종교처럼 인간의 모습을 닮지 않았다. 모든 기술과 직업, 예술에 자체의 신이나 수호성인이 있었다. 더욱이 귀신과 괴물, 복수의 여신, 요정, 고르곤(gorgon), 사이렌, 님프들이 지상의 인간만큼이나 많았다. '종교는 제사장에 의해 만들어지는가?'라는 오랜 질문이 여기서 답을 찾는다. 원시 신학자들의 음모로 이토록 수많은 신들이 탄생될 수 있었는지 도저히 믿기 어렵다. 이토록 많은 신들과 매력적인 전설, 거룩한 신전, 엄숙하거나 흥겨운 축제가 있었다는 것은 축복이었음에 틀림없다. 다신론은 일부다처제만큼이나 자연스럽고, 오래 존속하며, 세계의 온갖 모순적인 경향에 잘 어울린다. 심지어 오늘날에도 지중해 지역 그리스도교에서는 숭배 대상이 신이 아니라 그토록 많은 성인들이다. 소박한 삶에 위로가 되는 신화를 영감 어린 시로 감싸 주고, 왜소한 영혼이 저 멀리 외경의 대상인 절대자에게는 감히 기대 못할 도움과 위안을 구할 수 있는 대상은 바로 다신교다.

모든 신들에게는 도시 생활에서의 위상과 기리는 의식을 설명하는 신화나 이야기가 있었다. 그 지역이나 사람들에 얽힌 이야기, 또는 시인들의 고안이나 미화를 통해 자연스럽게 발생한 이 신화들은 초기 그리스인들의 신앙과 철학, 문학, 역사가 되었다. 그리스 화병을 장식하고 예술가들이 수많은 그림과 조각상, 돋을새김에 표현한 주제들이 바로 이들 신화에서 나왔다. 철학이 이룬 성과와 일신교를 설파하려 한 일부 시도에도 불구하고, 사람들은 그리스 문명이 끝날 때까지 계속해서 신화와 신을 창조했다. 헤라클레이토스 같은 이들이 신화를 우화로 만들고, 플라톤 같은 이들이 각색하고, 크세노파네스 같은 이들이 격하시켰지만, 플라톤 이후 500년이 지나고 파우사니아스가 그리스를 여행했을 때, 그는 사람들 사이에서 호메로스 시대 사람들의 마음을 푸근하게 했던 전설이 여전히 살아 숨 쉬는 것을 발견했다. 신화와 신이 만들어지는 과정은 자연스럽고, 오늘날도 여느 때처럼 계속되고 있다. 신들에게는 사망률이 있듯 출생률도 있다. 신은 에너지와 같고, 일정량 유지되며, 형태상으로는 변하지만 한 세대에서 다음 세대로 대체로 변함없이 이어진다.

2. 신들의 목록

1. 군소 신들

신들을 하늘 신, 땅 신, 풍요의 신, 동물 신, 지하 신, 조상이나 영웅 신, 올림포스 신 같이 인위적으로 일곱 군으로 나눈다면, 이는 신들에 어떤 명확한 등급을 부여하는 격이 된다. 헤시오도스가 말한 것처럼 "이 모든 신들의 이름을 모두 언급하는 일은 유한한 인간으로서는 참으로 벅찬 일이다."[1]

(1) 우리가 이해할 수 있는 선에서 보자면 원래 침략자 그리스인들의 위대한 신은 베다 힌두교의 경우처럼 고결하고 변화무쌍한 하늘이었다. 점진적인 의인화를 통해 우라노스(Uranus), 즉 하늘이 되고, 다음 구름을 움직이고 비를 만들고 천둥을 다스리는 제우스가 된 것은 아마 이 하늘 신이었을 것이다.[2] 햇빛에 진력이 나고 비를 갈망하는 지역에서 태양 신 헬리오스(Helios)는 군소 신에 불과했다. 아가멤논이 그에게 기도했고,[3] 스파르타인들은 그에게 말을 바쳐 그의 불 전차가 하늘을 가로질러 오게 했다.* 헬레니즘 시대에 로도스인들은 헬리오스를 주신으로 섬겼고, 매년 바다에 그가 사용할 네 마리 말과 마차를 던져 넣었으며, 그에게 유명한 거상을 바쳤다.[4] 심지어 페리클레스 시대 아테네에서 아낙사고라스는 태양이 신이 아니라 불덩어리에 불과하다고 주장함으로써 목숨을 잃을 뻔했다. 그러나 일반적으로 고전 시대 그리스에서는 태양 숭배가 거의 없었고, 달(셀레네(Selene))은 더 말할 나위도 없었으며, 행성과 별들 역시 마찬가지였다.

(2) 그리스 신들의 고향은 대부분 하늘이 아니라 땅이었다. 우선 땅은 여신 게(Ge)와 가이아(Gaea)이며, 끈기 있고 너그러운 어머니이고, 비를 내리는 하늘의 신 우라노

---

* 헬리오스의 아들 파이톤(Phaëthon)이 태양 전차로 하늘을 가로질러 볼 수 있기를 간청했다. 그는 부주의하게 전차를 몰아 세상을 거의 불바다로 만들었고, 번개를 맞아 바다에 떨어졌다. 아마도 그리스인들은 이카루스의 경우처럼 이 이야기를 통해 젊은이를 교훈하려던 듯하다.

스와 포옹해 생명을 잉태한 여신이다. 수많은 군소 신들이 땅 위와 바다, 주변 공기에 거주했다. 신성한 나무, 특히 떡갈나무 정령들과 강의 신 네레이드(Nereid), 호수의 신 나이아드(Naiad), 바다의 신 오케아니드(Oceanid) 등의 신들은 우물이나 샘에서 튀어나오거나, 마이안드로스나 스페르케오스 강처럼 웅장한 물줄기로 흘러가기도 했으며, 바람의 신들인 보레아스(Boreas)와 제피르(Zephyr), 노토스(Notus), 에우로스(Eurus)의 우두머리는 아이올로스(Aeolus)였다. 위대한 신 판(Pan)은 뿔이 달리고 발이 갈라졌으며 육감적이고 미소 짓는 목자로 목동과 가축, 숲과 거기에 사는 야생 동물들의 신이었고, 그의 마법의 플루트는 모든 시내와 골짜기에서 들렸다. 깜짝 놀라게 만드는 외침은 부주의한 모든 가축들에게 두려움('pan'ic)을 일으켰고, 그의 부하들은 명랑한 파우누스와 사티로스였다. 늙은 사티로스들은 실레니(sileni)라 불렸고, 이들의 모습은 반은 염소, 반은 소크라테스였다. 자연 속 어디에든 신들이 있었다. 공기는 선과 악의 정령들로 가득 차 있어, 어떤 시인은 "곡물 잎사귀 하나 밀어 넣을 만큼의 틈도 없다."라고 말했다.[5]

(3) 자연에서 가장 신비스럽고 강력한 힘은 바로 번식으로, 다른 고대인들처럼 그리스인들이 비옥한 토지를 숭배하고 아울러 남성과 여성의 다산의 법칙과 상징을 숭배하는 것은 당연했다. 번식의 상징인 팔로스(phallus), 즉 남근은 데메테르와 디오니소스, 헤르메스, 심지어는 순결한 아르테미스의 의식에서도 등장한다.[6] 고전적인 조각과 그림에서 이 상징은 놀랄 정도로 자주 반복된다. 심지어 그리스 희곡이 상연되는 종교 제전인 디오니소스 대제전도 남근 행진으로 시작되었고, 여기에 아테네 식민지들은 경건하게 남근을 보냈다.[7] 아리스토파네스의 말로 미루어 짐작할 수 있듯이 이런 제전에 호색적인 농담이 난무했다는 것은 분명하다. 하지만 이런 유머는 대체로 건전했고, 에로스를 자극하거나 출산율을 촉진할 목적이 대부분이었다.[8]

풍요 신앙은 헬레니즘 시대 및 로마 시대의 프리아포스(Priapus) 숭배에서 보다 저속한 형태로 표현되었다. 프리아포스는 디오니소스와 아프로디테 사이에서 태어났고,

폼페이 화병 화가들과 벽화 예술가들에게 인기 있는 소재였다. 번식이라는 주제의 보다 사랑스러운 변형은 모신(母神) 숭배로 나타났다. 아르카디아, 아르고스, 엘레우시스, 아테네, 에페소스 및 기타 지역들은 여신에게 최고의 헌신을 바쳤다. 이런 여신은 결혼 제도가 정착되기 전의 원시 모계 사회를 반영하는 듯하다.[9] 제우스 신을 아버지 신으로 모든 신들 위에 둔 것은 가부장 원칙의 승리를 의미한다.* 농업에서의 여성 우선권이 곡물 또는 대지의 여신 데메테르를 이 모신들 중 최고 여신이 되게 하는 데 기여했을 수 있다. 한때 호메로스의 작품으로 여겨졌던「데메테르 찬가」에서 기술적으로 묘사되고 그리스 신화 가운데 가장 아름다운 한 내용에 의하면, 데메테르의 딸 페르세포네가 꽃을 꺾다가 지하 세계의 신 플루톤에게 유괴되어 하데스로 내려갔다. 슬픔에 잠긴 어머니는 사방팔방으로 딸을 찾아 나서, 마침내 딸을 발견하고 플루톤에게 자기 딸이 매년 9개월을 지상에서 살 수 있게 해 달라고 간청하는데, 이는 연례적인 대지의 죽음과 부활에 대한 아름다운 상징이다. 엘레우시스 사람들은 변장한 데메테르가 "길가에 앉아 가슴속 깊이 통곡하는 모습"을 보고 그녀에게 친절을 베풀었는데 이에 데메테르는 그들과 아티카 지역에 농경의 비밀을 가르쳐 주었고, 엘레시우스 왕의 아들 트립톨레모스로 하여금 그 기술을 전 인류에 전파하게 했다. 근본적으로 이 신화는 이집트의 이시스와 오시리스, 바빌로니아의 탐무즈와 이슈타르, 시리아의 아스타르테와 아도니스, 프리기아의 키벨레와 아티스 신화와 같다. 모성 신앙은 고전 시대 내내 존속하고, 성모 마리아 숭배로 새 생명을 얻는다.

(4) 초기 그리스 시대 특정 동물은 반(半)신으로 숭배되었다. 조각의 시대에 그리스 종교는 너무나 의인화되어 이집트와 인도에서 발견되는 종류의 성스러운 동물은 인정되지 않았다. 하지만 보다 덜 고전적인 과거 흔적에는 동물과 신이 빈번하게 교류하는 모습이 나타난다. 황소는 그 힘과 능력으로 신성시되었고, 종종 제우스와 디오니소스의 동료나 변장한 모습 또는 상징 역할을 했으며, 시기상 그들보다 앞선 신이었던 것 같

---

* 유대, 이슬람 및 프로테스탄트 국가 같은 강력한 가부장적 사회에 모신이 없다는 사실을 주목하라.

다.[10] 유사한 방식으로 "암소의 눈을 한 헤라"는 한때 성스러운 암소였을 수도 있다.[11] 돼지 또한 그 번식력 때문에 신성시되었다. 돼지는 너그러운 데메테르와 관련이 있었다. 그녀를 기리는 한 제전인 테스모포리아에서 희생 제물은 표면상 돼지인 동시에, 돼지에게 바쳐진 것 같다.[12] 디아시아 제전에서 희생 제물은 명목상으로는 제우스에게 바쳐졌지만, 실제로는 제우스의 이름으로 신성시된 땅속의 뱀에게 바쳐졌다.[13] 이 뱀이 죽지 않는 동물로 여겨지며 신성시되었든 번식력의 상징으로 신성시되었든, 이 동물이 크레타의 뱀 여신에서부터 기원전 5세기 아테네의 신으로 유전된 것을 확인할 수 있다. 아크로폴리스의 아테나 신전에는 성스러운 뱀이 살았고, 매달 꿀로 만든 과자가 뱀을 달래는 제물로 바쳐졌다. 그리스 예술에서 뱀은 헤르메스와 아폴론, 아스클레피오스[14]의 모습 주위에 종종 등장하고, 페이디아스의 「아테나 파르테노스」의 방패 밑에는 강력한 뱀이 휘감겨 있다. 「파르네세 아테나」는 몸의 반가량이 뱀들로 휘감겨 있다.[15] 뱀은 흔히 신전이나 가정의 수호신의 상징이자 형상으로 활용되었다.[16] 뱀은 무덤 주위를 배회했으므로 망자의 혼으로 여겨지기도 했다.[17] 델포이 제전은 처음에는 델포이의 죽은 뱀을 기려 처러졌다고 생각된다.

(5) 신들 중에 가장 무시무시한 신은 땅 밑에 있었다. 동굴과 갈라진 틈, 지하의 방들에 지하 신이니 지상 신들이 살았고, 그리스인들은 충성스러운 마음으로 낮에 이들을 숭배한 게 아니라, 두려운 마음으로 액막이 의식과 함께 밤중에 숭배했다. 이런 모호한 비인격적 힘들이 그리스의 실제 아우토크토노이(autochthonoi), 즉 토착 신들이었고, 그리스보다 역사가 더 오래고, 아마도 이 토착 신들을 그리스에 전파했던 미케네인들보다 더 역사가 오래되었을 것이다. 그 근원까지 이들의 기원을 거슬러 올라갈 수 있다면, 이들이 인간의 발전과 증식에 의해 땅 밑이나 숲속으로 쫓겨난 동물들의 복수심에 불타는 정령들이라는 사실을 발견하게 될지도 모른다. 이 지하 신들 중 가장 위대한 신은 제우스 크토니오스(Zeus Chthonios)라고 불렸다. 여기서 제우스란 단순히 신을 의미했다.[18] 이 신은 제우스 메일리키오스(Zeus Meilichios), 즉 자비로운 신이라고 불리기도 했다. 하지만 여기서 또다시 이 단어들이 현혹시키고 비위를 맞추는 성향을 띤다

는 것을 발견하게 되는데, 이 신은 무서운 뱀이었기 때문이다. 하데스는 제우스의 형제로 그의 이름을 딴 지하 세계의 왕이었다. 그를 달래기 위해 그리스인들은 그를 플루톤, 즉 풍요를 주는 이라 불렀는데, 그는 대지에서 자라나는 만물의 뿌리를 축복하거나 황폐하게 하는 능력이 있었기 때문이다.* 훨씬 더 무시무시하고 끔찍한 신은 헤카테(Hecate)로 지하 세계로부터 올라와 사악한 눈으로 방문하는 모든 이에게 불행을 가져다주는 악령이었다. 무식한 그리스인들은 강아지를 희생 제물로 바쳐서 그녀를 쫓아냈다.[20]

(6) 고전 시대 이전에 망자들은 인간에게 선과 악을 행할 수 있는 영(靈)으로 여겨져, 제물과 기도로 달랬다. 그들은 신이라고 할 수는 없었지만, 오랜 옛적 그리스 가정에서는 중국인들처럼 어떤 신보다 망자를 공경했다.[21] 고전 시대 그리스에서 이들 모호한 영들은 애정의 대상이기보다는 두려움의 대상이었고, 안테스테리아 제전에서처럼 회피 의식으로 달래졌다. 영웅 숭배 역시 망자에 대한 신앙의 연장이었다. 위대하고 고귀하며 아름다운 남녀는 신들에 의해 불멸의 존재로 격상되고 군소 신이 될 수 있었다. 올림피아인들은 이런 뜻으로 히포다메이아(Hippodameia)에게 해마다 제물을 바쳤고, 카산드라(Cassandra)는 라코니아의 레욱트라에서 숭배되었으며, 헬렌은 스파르타에서, 오이디푸스는 콜로노스에서 숭배되었다. 신은 인간의 육체에 임하여 그를 신으로 변화시킬 수도 있었다. 아니면 인간과 동거하며 영웅-신을 낳을 수도 있었다. 마치 제우스와 알크메나(Alcmena) 사이에서 헤라클레스가 난 것처럼. 많은 도시들과 집단, 심지어 직업들조차 신이 낳은 영웅에서 자신들의 기원을 찾았다. 그리스 의사들은 이런 식으로 아스클레피오스를 회고했다. 신은 한때 망자나 조상 또는 영웅이었다. 신전은 원래 무덤이었고, 교회는 여전히 대부분의 지역에서는 죽은 성인의 유골을 모신 곳이다. 일반적으로 그리스인들은 오늘날의 우리처럼 인간과 신을 그리 뚜렷하게 구분하지 않았다. 그들 신 중 상당수는 출생 때를 제외하고는 우리 시대 성자들 같은 인간이었

---

*부(富)의 신인 플루토스(Plutus)는 플루톤의 다른 모습이었다. 초기 그리스 시대에 부는 주로 대지에서 자라거나 항아리에 담기는 곡식의 형태를 취했다. 그리고 두 경우 모두 플루톤의 보호를 필요로 했다.[19]

고 숭배자들과 매우 가까웠다. 불멸의 존재로 여겨졌지만, 이들 중 일부는 디오니소스처럼 죽을 수도 있었다.

2. 올림포스의 신들

앞에 말한 모든 신들은 공경의 정도가 반드시 덜한 것은 아니었지만, 비교적 덜 유명한 그리스 신들이었다. 호메로스에게서 이들 신에 대해서는 거의 듣지 못하고 올림포스의 신들에 대해서는 그렇게 많이 듣게 되는 이유는 도대체 무엇일까? 아마도 올림포스의 신들이 아카이아인 및 도리스인들과 함께 들어와 미케네와 크토니오스의 신들을 제압했고, 숭배자들이 정복된 것처럼 그들의 신들 또한 정복되었기 때문인 듯하다. 도도나와 델포이에서 어떤 변화를 볼 수 있는데, 대지의 옛 신 가이아가 도도나에서는 제우스로, 델포이에서는 아폴론으로 대체되었다. 패배한 신들은 사라지지 않았다. 말하자면 지배받는 신들로 남아 비참하게 지하에 숨는 신세가 되었지만, 여전히 보통 사람들의 경외의 대상이었다. 한편 올림포스의 신들은 산꼭대기에서 귀족들의 숭배를 받았다. 그러므로 특권층을 위해 시를 지었던 호메로스는 하급 신들에 대해 거의 언급하지 않은 것이 당연하다. 호메로스와 헤시오도스 그리고 조각가들은 올림포스 신앙을 전파함으로써 정복자들의 지배를 후원했다. 군소 국가가 종종 큰 국가에 복속되거나 복종한 것처럼, 때로 군소 신들은 더 위대한 신들과 결합 또는 흡수되거나 그들의 시종 또는 수행원이 되었다. 그러므로 사티로스와 실레니는 디오니소스의 시종이 되었고, 바다 요정들은 포세이돈의 시종, 산과 숲의 정령들은 아르테미스의 시종이 되었다. 야만적인 의식과 신화들이 사라지고 마귀에게 시달리는 대지의 혼돈이 어느 정도 질서 잡힌 신성(神性) 통치에 복종해 가는데, 이는 그리스 세계의 점증하는 정치 안정을 반영했다.

이 새 정체의 수반에는 위엄 있고 가부장적 권위를 지닌 제우스가 있었다. 그는 시간적으로 최초의 신이 아니었다. 앞에서 살펴보았듯이 우라노스와 크로노스가 그보다 먼저 있었다. 하지만 이들과 티탄족은 루시퍼 무리처럼 타도

되었다.* 제우스와 그의 형제들은 제비를 뽑아서 세상을 나누기로 결정했다. 제우스는 하늘을 차지했고, 포세이돈은 바다를, 하데스는 지하 세계를 차지했다. 이 신화에는 어떤 창조 행위도 없다. 세계는 신들이 등장하기 이전부터 존재했고, 신들은 진흙에서 인간을 만들어 낸 것이 아니라 그들 간의 결합 또는 인간 후손으로부터 인간을 낳았다. 그리스인들의 신관에 있어 신은 말 그대로 아버지다. 올림포스의 신들은 전능하거나 전지하지 않다. 신은 서로 제한하거나 반대하기도 한다. 이들 중 누구라도, 특히 제우스가 쉽게 속임을 당할 수 있다. 그럼에도 이들은 제우스의 주권을 인정하고 마치 봉건 영주의 가신들처럼 그의 궁정에 북적댄다. 제우스가 어떤 경우 이들에게 자문하고 이따금 자기 생각보다 다른 신들의 생각을 따르기도 하지만,[22] 자주 그들이 제 위치를 지키게 한다.[23] 그는 하늘과 산의 신이자 삶에 필수적인 비의 공급자로 시작한다.** 보다 초기에 제우스는 야훼처럼 전쟁의 신이었다. 그는 트로이 공격을 종식시킬 것인지 아니면 "전쟁이 더 피를 흘리게 할 것인지"를 두고 자신과 싸우고, 후자를 선택한다.[25] 점점 그는 신들과 인간에 대해 차분하면서도 강력한 통치자가 되고, 수염을 기른 근엄한 얼굴로 올림포스를 활보한다. 그는 세계 도덕 질서의 우두머리이자 원천이다. 그는 자식된 도리를 태만히 하면 벌을 내리고, 가족 재산을 수호하며, 맹세를 재가하고, 위증자를 벌하고, 경계(境界)와 화로, 탄원자, 손님을 보호한다.

그의 한 가지 약점은 팔팔한 청년처럼 쉽게 사랑에 빠진다는 것이다. 여자를 창조하지 않은 그에게 여자는 탄복할 만큼 놀라운 존재로서, 신에게조차 말할 수 없이 귀한 아름다움과 감미로움을 선물하는 존재다. 그는 여자들에게 저항하는 일이 자기 능력을 벗어나는 일임을 깨닫는다. 헤시오도스는 이 신의 성스

---

* 제우스와 그의 부하들이 티탄족에 맞서 싸운 일은 그리스인들에게는 문명과 이성을 통한 야만성과 난폭한 힘에 대한 정복을 상징했고, 예술에서 자주 등장하는 주제가 되었다.
** Zeus의 뜻은 라틴어는 dies, 영어는 day와 유사한 듯하며, '빛나다'라는 뜻의 인도유럽 어원 di에서 유래했을 수 있다. 주피터(Jupiter)는 Zeu-pater로 아버지 제우스라는 뜻이다. 한때 제우스에게 바쳐졌던 거처와 산꼭대기는 오늘날에는 그리스 정교회의 비를 내리는 성인 성(聖) 엘리아스(St. Elias)에게 바쳐졌다.[24]

러운 애정 행각과 영광스러운 자손들에 대해 긴 목록을 작성한다.[26] 그의 처음 짝은 디오네(Dione)이지만, 테살리아의 올림포스 산으로 옮겨 가면서 그는 그녀를 에피로스에 남겨 둔다. 올림포스 산에서의 그의 첫 아내는 지혜, 분별, 정신의 여신 메티스(Metis)다. 그녀의 자식이 그를 폐위시킬 거라는 이야기가 들리자 제우스는 그녀를 삼켜 버리고 그녀의 자질을 흡수했으며, 그 자신이 지혜의 신이 된다. 메티스는 제우스의 배 속에서 아테나를 낳고, 아테나가 태어날 수 있도록 제우스의 머리가 절개되어야 했다. 사랑에 굶주린 그는 테미스(Themis)를 짝으로 취하고 열두 명의 시간의 여신(Hour)을 낳는다. 다음으로 그는 에우리노메(Eurynome)에게서 세 명의 미의 여신(Grace)을, 므네모시네(Mnemosyne)에게서 아홉 명의 뮤즈 여신(Muse)을 낳고, 그다음 레토(Leto)를 사랑해 아폴론과 아르테미스의 아버지가 된다. 그다음에는 누이 데메테르를 사랑해 페르세포네를 낳는다. 마지막으로 자신의 야성적인 씨를 뿌린 후, 역시 그의 누이인 헤라와 결혼해 그녀를 올림포스의 왕비로 삼고 그녀에게서 헤베(Hebe)와 아레스(Ares), 헤파이스토스(Hephaestus), 에일레이티아(Eileithyia)를 낳는다. 하지만 그는 헤라와 사이가 좋지 못했다. 그녀는 그만큼이나 오래된 신으로 수많은 국가에서 더 많은 숭배를 받는 신이었다. 그녀는 결혼과 모성의 수호신이자 부부 관계를 보호하는 신이었고, 신중하고 근엄하며 후덕해 제우스의 탈선행위에 눈살을 찌푸린다. 더욱이 그녀는 엄청난 잔소리꾼이다. 제우스는 헤라에게 폭력을 행사할까도 생각해 보지만,[27] 새로운 사랑으로 위안을 삼는 편이 더 낫겠다고 생각한다. 그의 첫 인간 짝은 니오베(Niobe)이고 마지막은 알크메나인데, 알크메나는 니오베의 16대 후손이다.* 그는 또한 그리스 특유의 공정함으로 잘생긴 가니메데스(Ganymede)를 사랑해 올림포스 산으로 잡아채 와서는 술잔을 따르는 시종으로 삼는다.

이렇게 자식 복이 많은 아버지는 걸출한 자식을 얻는 것이 당연했다. 제우스

---

* 망자에 대한 예의로, 이런 모험담은 시인들이나 가장 위대한 신을 자기 혈통의 기원으로 삼기를 간절히 원했던 부족들에 의해 고안되었다는 사실을 덧붙여야겠다.

의 머리에서 완전히 발육한 상태로 무장을 한 채 태어나면서, 아테나는 문학 세계에 가장 진부한 직유를 제공했다. 그녀는 아테네에 어울리는 여신으로 그녀의 자랑스러운 순결로 아테네 처녀들을 위로하고 남자들에게는 호전적인 기상을 불어넣어 주어, 페리클레스에게 있어 그녀는 메티스와 제우스의 딸에 걸맞은 지혜를 상징했다. 티탄족 팔라스(Pallas)가 그녀에게 구애하자, 그녀는 그를 죽이고 다른 구혼자들에 대한 경고 표시로 자기 이름에 그의 이름을 붙였다. 아테네는 그녀에게 가장 아름다운 신전과 가장 화려한 제전을 바쳤다.

아테나보다 더 널리 숭배받은 신은 그녀의 잘생긴 오라비 아폴론이었다. 그는 빛나는 태양의 신이자 음악과 시와 예술의 수호자였고, 도시 건설자요 입법자요 치료의 신이이었고, 아스클레피오스의 아버지였으며, "활을 멀리 쏘는" 궁사였고, 전쟁의 신이었고, 그리스에서 가장 거룩한 신탁인 델포이에서 가이아와 포이베(Phoebe)의 후계자였다.* 자라나는 곡식의 신인 그는 수확기에 수확의 10분의 1에 해당하는 제물을 받았고, 그에 대한 보답으로 델로스와 델포이에서 대지를 풍요롭게 하기 위해 자신의 황금 온기와 빛을 발해 주었다. 모든 곳에서 그는 질서와 분별, 아름다움과 관련이 있었다. 다른 신앙에서는 이상하게도 두려움과 미신 같은 요소들이 있었던 반면, 아폴론 신앙과 델포이 및 델로스의 성대한 제전에서는 건강과 지혜, 이성과 노래의 신에 대해 사람들이 아주 맑은 정신으로 즐거워하는 것이 지배적인 분위기였다.

아폴론의 누이 아르테미스(다이아나(Diana)) 또한 행복한 여신으로 사냥을 관장하는 처녀 여신이었고, 동물들과 숲의 즐거움에 깊이 빠져 인간을 사랑할 시간이 없었다. 그녀는 야생 자연과 초원, 숲, 언덕, 신성한 가지의 여신이었다. 아폴론이 그리스 청년의 이상형이었듯이, 아르테미스는 강하고 발랄하고 우아하고 순결한 그리스 처녀의 모범이었다. 또한 그녀는 출산 여성의 수호신이기도 했다. 해산하는 여인들은 고통을 덜어 달라고 아르테미스에게 빌었다. 에페

---

* 그는 포이베로부터 '영감을 얻는다'는 뜻의 포이보스(Phoebus)라는 이름을 얻는다.

소스에서 그녀는 모성과 풍요의 여신으로 동방적 성격을 유지했다. 이런 식으로 처녀와 어머니에 대한 개념이 그녀에 대한 숭배에 혼재되어 갔다. 그리스도교는 서기 5세기에 이런 신앙의 잔재를 마리아에게 첨가하는 것이 현명하다는 생각에, 8월 중순경에 행해지는 아르테미스 추수제를 성모승천 축제로 변형시켰다.[28] 이런 식으로 옛것은 새것에 보존되고, 모든 것이 변하지만 본질은 변하지 않는 법이다. 삶과 마찬가지로 역사도 지속되거나 사멸한다. 기질과 제도는 바뀔 수 있지만, 서서히 바뀌어 나간다. 이런 발전이 심각하게 저해되면 국가적인 기억 상실과 정신 이상이 야기될 수 있다.

이 만신전에서 철저하게 인간적인 인물은 올림포스의 수석 장인(匠人)이자 절름발이인 헤파이스토스로 로마인들은 불카누스(Vulcan)라고 불렀다. 애초에 그는 불쌍하고 우스꽝스러운 모습으로 천상의 콰시모도(Quasimodo)(빅토르 위고의 『노틀담의 꼽추』의 주인공 - 옮긴이)라는 모욕을 당하고 상처를 입는다. 그러나 결국은 그를 학대하는 교활하고 사악한 신들보다 그에게 동정심이 간다. 아마도 초창기, 즉 그런 모습의 인간이 되기 전에는 불과 대장간의 약동하는 정령이었을 것이다. 호메로스의 『신통기(神統記)』에 의하면 그는 제우스와 헤라의 아들이다. 하지만 다른 신화에서는 제우스가 아무 도움도 없이 아테나를 낳은 사실을 질투한 헤라가 남자와 관계하지 않고 헤파이스토스를 낳았다고 한다. 아기가 추하고 허약한 걸 본 그녀는 올림포스에서 아기를 던져 버렸다. 헤파이스토스는 올림포스로 돌아왔고, 신들을 위해 수많은 저택을 지었다. 어머니가 그렇게 혹독하게 대했지만, 그는 헤라에게 더할 나위 없는 애정과 존경심을 보였다. 어느 날 제우스와 헤라가 말다툼을 할 때 헤파이스토스가 열성적으로 헤라를 변호하자, 위대한 올림포스 신 제우스는 그의 다리를 잡고 땅으로 던져 버렸다. 헤파이스토스는 하루 내내 떨어졌다. 마침내 그는 렘노스 섬에 이르렀지만 발목을 다쳤다. (호메로스는 그 이전부터라고 하지만) 확실히 그 후부터 그는 다리를 심하게 절게 된다. 다시 그는 올림포스로 돌아왔다. 자신의 소란스러운 작업장에서 그는 스무 개의 거대한 풀무로 강력한 모루를 만들고, 아킬레우스의 방패와 갑옷, 저절로 움직이는 조각상들 및 기타 매우 놀라운 물건들을 만들어 냈다. 그리스인들은 그를 온갖 금속 가공의 신으로, 후에는 온갖 수공예의 신으로 섬겼고, 화산을 그의 지하 대장간의 굴뚝으로 상상했다. 그가 아프로디테와 결혼한 것은 불행이었다. 미인이 정숙하기란 어려운 법이기 때문이다. 아프로디테와 아레스의 관계를 알게 된 헤파이스토스는 올가미를 만들어 그들이 사랑을 나눌 때 덮치게 했다. 절름발이 신은 동료 신들이 올가미에 잡힌 사랑과 전쟁의 신을 비웃으며 보도록 해 자신의 불구에 대한 복수를 했다. 하지만 아폴론은 헤르메스에게 이렇게 말했다고 호메로스는 전한다.

"제우스의 아들인 헤르메스여 …… 진정 강한 올가미에 걸려들더라도 아름다운 아프로디테 곁에 누우려는가?" 그러자 헤르메스가 그에게 대답했다. "그런 일이 일어나더라도, 아폴론이시여, 그보다 더 강력하여 도저히 빠져나올 수 없는 올가미에 걸려들더라도, 그리고 당신들 신들과 모든 여신들이 경멸할지라도 나는 아름다운 아프로디테의 곁에서 잠들 것이오."[29]

아레스(마르스(Mars))는 지력이나 감수성이 우수하지 못했다. 그의 본업은 전쟁이어서 아프로디테의 매력조차도 욕구가 넘치고 천부적인 자질이기도 한 살인이 주는 짜릿한 쾌감에 비할 바 되지 못했던 것이다. 호메로스는 그를 "인간에 대한 저주"라 말하며, 아테나가 어떻게 돌로 그를 때려눕혔는지 유쾌하게 이야기한다. "그는 뻗으면서 2만 8000제곱미터나 되는 벌판을 덮어 버렸다."[30] 헤르메스(머큐리(Mercury))는 그보다 더 흥미롭다. 원래 그는 돌이어서 그의 숭배는 신성한 돌에 대한 신앙에서 비롯되며 그 진화 단계는 아직도 목격된다. 그다음에 그는 무덤에 놓인 기다란 돌이거나 이 돌의 정령 또는 신령이다. 그다음에 그는 경계석 또는 그 신으로 평원을 표시하고 수호한다. 여기서 그의 역할은 풍요로움을 더하는 것이어서 남근이 그의 상징 가운데 하나가 된다. 그다음에 그는 기둥 형상 또는 기둥인데, 머리 부분은 조각되고 몸통은 조각되지 않은 형태의 대표적인 남근 상으로 아테네의 모든 훌륭한 집안에 세워져 있었다.[31] 시라쿠사 원정 전야에 있었던 그의 기둥 형상에 대한 훼손이 어떻게 해서 알키비아데스와 아테네를 파멸로 이끈 주요인이 되었는지 곧 알게 될 것이다. 그다음에 그는 나그네의 신이자 전령들의 보호자이다. 이들이 사용한 지팡이, 즉 헤르메스의 지팡이는 그가 애호하는 표식 중 하나다. 여행자들의 신으로서 그는 행운과 교역, 계략, 이익의 신이 되고, 따라서 자와 저울의 고안자 및 보증인이며, 위증자와 횡령자, 도둑들의 수호성인이다.[32] 그 자신이 전령이어서 올림포스의 명령문이나 포고문을 신이나 인간에게 전달하고, 날개 달린 신발을 신고 성난 바람처럼 신속하게 다닌다. 온 사방 날쌔게 돌아다니는 그의 모습은 유연하고 우아하며, 후에 프락시텔레스의 조각상으로 아름답게 묘사된다. 재빠르고 활기찬 젊은이로서 그는 운동선수들의 수호성인이고, 그 수치심 모르는 남성적 이미지는 모든 체육관에 자리를 차지하고 있다.[33] 전령으로서 그는 웅변의 신이고, 천상의 해석자로서 장문(長文) 해석('herme'neutical)의 일인자다. 한 호메로스풍 찬가에 젊은 시절 그가 어떻게 거북이 껍질에 줄을 걸어 리라를 발명했는지가 전해진다. 드디어 그가 아프로디테를 유혹할 차례가 되었다. 전해지는 말에 의하면 그들의 후손은 섬세한 남녀 양성자(hermaphrodite)로 아프로디테와 헤르메스의 매력을 다 지니고 그들 이름을 따 이름을 지었다고 한다.[34]

순결과 처녀성, 모성의 신과 더불어 미와 사랑의 여신도 필요했던 점이 그리스의 특징이었다. 자신의 근원지인 근동 지역과 반(半)동양적 고향인 키프로스에서 아프로디테는 무엇보다 모신이었던 것이 분명하다. 사람들에게 잊히기 전까지 그녀는 식물과 동물 그리고 인생 전반에 걸쳐 번식 및 풍요와 연관되어 있었다. 하지만 문명이 발전하면서 안전성이 개선되어 출산율을 개의치 않게 되고, 미적 감각은 여성의 생식력보다는 다른 가치를 추구하게 했으며, 이제 아프로디테는 이상적인 아름다움의 구현뿐 아니라 모든 성적 쾌락의 신이 되었다. 그리스인들은 다양한 형태로 그녀를 숭배했다. 그녀는 천상의 아프로디테우라니아(Aphrodite Urania)로서 순결하고 거룩한 사랑의 여신이었고, 대중의 아프로디테 판데모스(Aphrodite Pandemos)로서 모든 형태의 저속한 사랑의 여신이었으며, 심지어는 아프로디테 칼리피고스(Aphrodite Kallipygos)로서 사랑스러운 엉덩이의 여신이었다.35 아테네와 코린토스에서 창부들은 그녀의 신전을 세워 자기들의 수호신으로 삼았다. 4월이 되면 그리스 여러 도시들이 그녀를 기려 아프로디시아 제전을 성대하게 개최했는데, 이때 참여한 이들이 성적 자유를 누리는 것이 제전의 한 순서였다.36 그녀는 육감적이고 정열적인 남쪽 지방의 사랑의 여신이었고, 춥고 수렵이 주를 이루는 북쪽 지방의 사랑의 여신인 아르테미스와는 오랫동안 경쟁자였다. 역사만큼이나 아이러니한 신화는 그녀를 불구자 헤파이스토스의 아내가 되게 했지만, 그녀는 아레스와 헤르메스, 포세이돈, 디오니소스 같은 신들과 안키세스와 아도니스* 같은 많은 인간들에게서 위안을 받았다. 헤라와 아테나와 경쟁하는 그녀에게 파리스는 미의 전리품으로 황금 사과를 주었다. 하지만 그녀가 정말 아름다워진 때는 프락시텔레스가 그녀를 재구성해 그리스가 그녀의 모든 죄를 용서할 정도의 사랑스러움을 그녀에게 부여해 준 다음이었다.

제우스의 합법 · 비합법적 계보에 주요 올림포스 신으로 그의 누이이자 화로의 여신인 헤스티아(Hestia)와 그의 무례한 형제 포세이돈이 추가되어야 한다. 이 그리스의 넵투누스(Neptune)는 자신의 수중 왕국에서 안전하게 거하면서 제우스와 완전히 동등하다고 여겼다. 육지로 둘러싸인 국가들조차 그를 섬겼는데, 이는 그가 바다뿐 아니라 강과 샘도 관장했기 때문이다. 신비로운 지하 물줄기를 다스리고 해일로 지진을 일으킨 이는 바로 그였다.38 그리스 선원들

---

*아도니스의 신화는 초목 관련 주제, 즉 연례적인 대지의 죽음과 소생이 변형된 형태의 또 다른 이야기다. 이 잘생긴 젊은이는 사랑의 여신 아프로디테와 죽음의 여신 페르세포네의 사랑을 모두 받았다. 아도니스와 아프로디테의 사랑을 시기한 아레스는 멧돼지로 변장해 그를 살해했다. 아도니스의 피에서 아네모네 꽃이 피어났고, 아프로디테의 슬픔에서 시(詩)의 강이 생겨났다. 제우스는 두 여신들을 설득해 아도니스의 시간과 관심을 나누어 반년은 저승의 페르세포네와 같이 있게 하고 다른 반년은 지상에서 생명과 사랑을 누리도록 했다. 페니키아와 키프로스, 아테네에서는 아도니아 제전으로 이 소년의 죽음을 기렸는데, 이때 여인들이 주님(그의 이름 뜻이 그러했으므로)의 형상을 들고 행진하며 그의 죽음을 크게 슬퍼하고 그의 부활을 의기양양하게 축하했다.37

은 그에게 빌고 위험한 갑(岬)들에 그를 달래는 신전을 세웠다.

신을 의인화하는 데는 끝이 없어 올림포스에서도 수없이 많은 하위 신들이 있었다. 화로와 신성한 불의 여신 헤스티아(로마의 베스타(Vesta)), 무지개이면서 때로 제우스의 전령이었던 이리스(Iris), 젊음의 여신 헤베, 출산을 도운 에일레이티아, 정의의 여신 디케(Dike), 운명의 여신 티케(Tyche), 헤시오도스가 세상의 창조자로 만들고 사포가 "사지를 나른하게 하고 달콤 쌉싸래하며 고집 세고 사나운 짐승"³⁹이라 부른 사랑의 신 에로스(Eros), 결혼의 신 히메네오스(Hymeneus), 잠의 신 히프노스(Hypnos), 꿈의 신 오네이로스(Oneiros), 노년의 신 게라스(Geras), 망각의 신 레테(Lethe), 죽음의 신 타나토스(Thanatos), 그 밖에도 일일이 거명할 수 없는 수많은 신들이 있었다. 예술가와 시인들에게 영감을 주는 아홉 뮤즈가 있었는데, 클리오(Clio)는 역사를, 에우테르페(Euterpe)는 플루트를 곁들인 서정시를, 탈리아(Thalia)는 희극과 목가적인 시를, 멜포메네(Melpomene)는 비극을, 테르프시코레(Terpsichore)는 합창 무용과 노래를, 에라토(Erato)는 사랑의 노래와 서정시를 각각 관장했다. 세 명의 미의 여신(Grace)이 있었고, 열두 명의 수행원인 시간의 여신(Hour)이 있었다. 네메시스(Nemesis)는 인간의 선악을 판결하고, 번성할 때 겸손하지 않고 오만해지는 죄를 짓는 모든 인간에게 재난이라는 벌을 내렸다. 무시무시한 에리니에스(Erinnyes), 즉 복수의 여신들은 어떤 죄든 복수하지 않고 지나치는 법이 없다. 그리스인들은 이들을 완곡하게 비난하여 복을 비는 자들, 즉 에우메니데스(Eumenides)라 불렀다. 마지막으로 모이라이(Moirai)가 있는데 이들은 인생사를 확실히 규제하며, 어떤 이들의 말에 의하면 신과 인간 모두를 다스리는 운명의 세 여신 또는 분배자였다. 마침내 그리스 종교는 한계를 발견하고 과학과 법으로 흘러 들어간다.

마지막으로 그리스 신들 중 가장 말썽 많으면서도 인기 있고 등급을 매기기 어려운 신이 남았다. 자신의 생애 후반기에 가서야 디오니소스는 올림포스 산에 들어갈 수 있었다. 디오니소스를 그리스에 선물한 트라키아에서 그는 보리로 만든 술의 신이었으며, 사바치우스(Sabazius)라 불렸다. 그리스에서 그는 포도주 신이 되었고, 포도나무의 재배자이자 수호자였다. 그는 풍요의 여신으로 시작하여 도취의 신이 되었고, 마침내는 인류를 구하기 위해 죽는 신의 아들로 생을 마감한다. 수많은 인물과 전설이 한데 어우러져 그의 신화가 만들어졌다. 그리스인들은 그를 자그레우스(Zagreus), 즉 제우스의 딸인 페르세포네와 제우스 사이에서 태어난 "뿔이 난 아이"로 생각했다. 그는 아버지가 가장 사랑한 자식이었고, 하늘의 옥좌에서 아버지의 옆에 앉았다. 질투심 많은 헤라가 티탄족을 선동해 그를 죽이려 했을 때 제우스는 그를 위장시키려고 염소로, 다음에는 황소로 변하게 했다. 그럼에도 황소 모습을 한 디오니소스를 티탄족이 사로잡아 그 몸을 갈기갈기 찢고 가마솥에 넣어 끓였다. 다른 마법사들처럼 아테나가 그의 심장을 구해 내 제우스에게 가져갔고, 제우스는 그것을 세멜레(Semele)에게 주었으며, 세멜레는 그것으로 임신해 이 신이 디오니소스라는 이름으로 두 번째 태어나게 한다.*

    디오니소스의 죽음에 대한 애도와 그의 부활에 대한 즐거운 축하가 그리스인들 사이에 극도로 만연한 기본 의식이 되었다. 포도나무가 만개하는 봄이면 그리스 여인들은 언덕으로 올라가 부활한 신을 맞았다. 이틀 동안 그들은 아무 제약 없이 술을 마셨고, 종교성이 덜한 우리의 바쿠스 축제처럼 정신을 잃지 않으려고 애쓰는 사람을 제정신이 아닌 것으로 생각했다. 그들은 열광적인 여인들이 이끄는 대로 거칠게 행진하며 디오니소스에 헌신했다. 그들은 자신들이 익히 알고 있는 디오니소스의 고난과 죽음, 부활에 관한 이야기를 긴장하면서 경청했다. 술을 마시면서 춤을 출 때는 광란 상태에 빠져 모든 제약이 풀렸다.

---

* 기원전 50년경 디오도로스 시쿨로스는 이 이야기를 초목 신화로 해석했다. 포도나무인 자그레우스는 땅의 여신 데메테르의 아들로 비를 상징하는 제우스에 의해 풍요로워진다. 포도나무는 신과 마찬가지로 절단되어(가지 쳐져) 새로운 생명을 얻게 된다. 그리고 포도즙은 끓여져 포도주가 된다. 매년 자양분을 주는 비가 내리면 포도나무는 새로 태어난다.[40] 헤로도토스는 디오니소스 신화와 오시리스 신화 간에 유사성이 아주 많다는 것을 발견하고, 비교 종교에 관한 최초의 에세이들 중 하나에서 두 신을 동일시했다.[41]

의식의 절정이자 중심은 (이것들에게서 신의 화신을 발견하며) 염소나 황소 때로는 인간을 사로잡아 살아 있는 희생물을 갈기갈기 찢어 디오니소스의 절단 사건을 기념하는 것이었다. 그런 다음에는 그 피를 마시고 살점을 먹으면서 신성한 친교를 나누었고, 이로써 신이 그들에게 들어와 그들의 영혼을 점유한다고 생각했다. 이런 신성한 열광 상태에서(enthusiasm),* 그들은 자신과 신이 신비스럽게 결합해 하나가 된다고 확신했다. 그들은 그의 이름을 따서 자신들을 그의 이름 가운데 하나인 바코이(Bacchoi)라 불렀고, 이제 자신들은 결코 죽지 않을 것이라고 생각했다. 한편 영혼 밖으로 나가 디오니소스를 만나고 그와 하나가 된다는 뜻으로 자신들의 상태를 엑스타시스(ecstasis)라 칭하기도 했다. 이렇게 해서 그들은 육신의 짐에서 자유로워짐을 느꼈고, 거룩한 통찰력을 얻어 예언할 수 있는 신이 되었다. 트라키아에서 그리스로 유입된 이 열정적인 종교는 중세 시대의 종교 전염병처럼 한 지역에서 다른 지역으로 서서히 확산되어, 사람들을 국가 종교인 차고 맑은 올림포스의 신들로부터 흥분과 해방에의 갈구, 열광과 빙의에의 갈망, 신비주의 및 비의(秘儀)를 충족시키는 신앙과 의식으로 이끌어 갔다. 델포이의 제사장들과 아테네의 통치자들이 이 종교를 멀리하려 애썼지만 결국 실패했다. 그들이 할 수 있는 일은 디오니소스를 올림포스 산에 받아들여 그리스적이며 인간적으로 교화시키고, 그를 위한 공식 제전을 열어 주고, 언덕에서 포도주를 마시며 미친 듯이 광란하는 숭배자들의 환락을 디오니시아 대제전의 당당한 행렬과 강건한 노래, 고상한 희곡으로 변모시키는 일 등이었다. 한동안 그들은 디오니소스를 아폴론 편으로 끌어들였지만, 결국 아폴론은 디오니소스의 계승자이자 정복자인 그리스도에게 굴복한다.

---

* 이 단어는 'entheos'에서 비롯된 것으로 '신이 내재한다.'는 뜻이다. 'enthusiasm'은 원래 신의 지배를 의미했다.

3. 비의(秘儀)

근본적으로 그리스 종교에는 세 가지 요소 및 단계가 있었다. 지하 신과 올림포스 신 그리고 비교(秘敎)가 그것이다. 첫 번째는 펠라스기 – 미케네에서, 두 번째는 아카이아 – 도리스에서, 세 번째는 이집트 – 아시아에서 유래한 듯하고, 첫 번째는 지하 신들을, 두 번째는 천상의 신들을, 세 번째는 부활한 신을 숭배했으며, 첫 번째는 가난한 이들에게, 두 번째는 부유한 이들에게, 세 번째는 중하층 사람들에게 가장 인기가 있었다. 첫 번째는 호메로스 이전 시대에 융성했고, 두 번째는 호메로스 시대에, 세 번째는 그 이후에 융성했다. 페리클레스 계몽 시대에 그리스 종교의 가장 활기찬 요소는 비의(秘儀)였다. 그리스적인 의미로 비의는 비밀스러운 의식으로 신성한 상징들이 나타나고, 상징적인 의식들이 시행되며, 입회자들만 이 의식에 참여할 수 있었다. 대개 의식은 반(半)극적인 형태로 신의 수난과 죽음, 부활을 표현하거나 기렸고, 옛 초목 신앙과 마법을 환기시켰으며, 입회자에게 개인적인 불멸성을 약속했다.

그리스의 많은 지역에서 이러한 신비 의식을 거행했지만, 이와 관련해 엘레우시스에 필적할 만한 곳은 어디에도 없었다. 엘레우시스의 비의는 아카이아 이전 시대까지 거슬러 올라가는데, 원래는 경작과 파종을 위한 가을 축제였던 것 같다.[42] 한 신화는 데메테르가 자신이 방황할 때 친절을 베풀어 준 아티카인들에게 어떻게 보답하고, 엘레우시스에 자신의 가장 큰 신전을 세웠는지에 대해 이야기한다. 이 신전은 그리스 역사상 수차례에 걸쳐 파괴되고 재건되었다. 솔론과 페이시스트라토스, 페리클레스 치하에서 엘레우시스의 데메테르 제전이 아테네에 수용되어 더욱 정교하고 화려해졌다. 봄철 아테네 주변에서 열린 소제(小祭)에서 입회 후보자들은 일리소스 강에 몸을 담금으로써 예비 정화 단계를 거쳤다. 9월이 되면 입회 후보자들 일행은 선두에 지하의 신 이아코스의 성상(聖像)을 앞세우고 신성한 길을 따라 엘레우시스로 20여 킬로미터를 엄숙하고 즐거운 마음으로 걸어간다. 행렬은 횃불 아래 엘레우시스에 도착하고, 성상이 신전에 엄숙하게 안치되면 신성한 춤과 노래로 이날 일정이 끝난다.

대제(大祭)는 나흘 이상 계속되었다. 목욕과 금식으로 정화한 사람들은 이제 소제에 참여하는 일이 허락되었고, 일 년 전에 소제에 참여했던 사람들은 입문의 전당으로 들어가 비밀 의식에 참여했다. 미스타이(mystai), 즉 입회자들은 데메테르를 기념하는 거룩한 의식에 참여함으로써 금식을 중단하고, 식사와 물이 거룩하게 혼합된 것을 마시고 신성한 떡을 먹었다. 당시 신비 의식이 어떻게 진행되었는지는 알 수 없다. 비밀은 죽음의 형벌을 통해 고대 시대 내내 잘 지켜졌다. 경건한 아이스킬로스조차 이 비밀을 발설할 뻔한 몇몇 구절 때문에 유죄 선고를 받기 직전까지 갔다. 하여튼 의식은 상징적인 연극이었고, 디오니소스 희곡 창작에 일조했다. 아마도 그 주제는 플루톤에 의한 페르세포네 겁탈과 데메테르의 슬픈 방황, 처녀의 지상 귀환, 경작법의 아티카 전수 등이었을 가능성이 아주 높다. 의식의 핵심은 제우스를 상징하는 제사장과 데메테르를 상징하는 여제사장의 신비스러운 결혼이었다. 이런 상징적인 결혼은 마술 같은 속도로 신속히 결실을 맺어, 전해지는 말에 의하면 "우리 부인이 거룩한 사내아이를 임신했다."라는 엄숙한 선언이 곧 뒤따랐다고 한다. 그리고 거둔 곡식 이삭이 데메테르의 노고, 즉 들판의 수확을 상징하면서 전시되었다. 그다음 숭배자들은 희미한 횃불 아래 하데스를 상징하는 어두침침한 지하 동굴로 인도되었고, 다음으로는 복된 거주지를 상징하는 밝게 빛나는 위쪽 방으로 안내되었다. 그리고 그들은 엄숙한 기쁨 가운데 그 순간까지 감춰져 왔던 성물과 유골, 성상을 보게 된다. 이 계시의 청홀경 속에서 그들은 신의 불변성과 신과 영혼의 일체감을 느꼈을 것이다. 자신이 한 개인일 뿐이라는 생각에서 벗어나 정신적으로 고양되고, 신과의 일체감이 주는 평화를 발견하게 되는 것이다.[43]

페이시스트라토스 시대에 디오니소스 비의가 전염병처럼 엘레우시스의 의식에 흘러 들어왔다. 이아코스 신이 페르세포네의 아들인 디오니소스와 동일시되었고, 디오니소스 자그레우스의 전설이 데메테르 신화에 덧붙여졌다.[44] 하지만 그 모든 형태를 거치면서도 비의의 기본적 개념은 동일하게 유지되었다. 씨앗이 다시 발아하듯 망자가 새 삶을 얻고, 그 삶은 단순히 어두침침한 하데스가 아니라 행복하고 평화로운 삶인 것이다. 그리스 종교의 거의 모든 요소들이 사라졌을 때, 이 위로를 주는 희망만은 이전에 그리스 종교가 유래한 이집트의 불멸 신앙과 알렉산드리아에서 다시 결합하여, 이후 그리스도교에 서구 세계를 정복할 무기를 제공한다.

　기원전 7세기에 헬라스에는 이집트와 트라키아, 테살리아로부터 또 하나의 신비 종교가 들어왔는데, 이는 그리스 역사상 엘레우시스의 비의보다 더욱 중요했다. 그 근원에는 아르고선(船) 시대 오르페우스라는 트라키아인이 흐릿하지만 매력적인 모습으로 보이는데, 디오도로스에 의하면, 그는 "문화와 음악, 시에 있어 역사상 누구보다도 뛰어난 인물"이었다.[45] 오늘날 그에 대해 전해지는 모든 내용이 신화의 옷을 입고 있지만, 그는 분명 실존 인물이었을 것이다. 그는 상냥하고 다정하며 분별 있고 애정이 깊으며, 어떤 때는 음악가 어떤 때는 금욕적이고 계몽적인 디오니소스 제사장인 것으로 그려진다. 그는 리라를 아주 잘 타고 그 아름다운 선율에 맞춰 노래를 아주 잘 불러, 그의 노래를 들은 사람들은 그를 신처럼 우러러보기 시작했고, 야생 동물들도 온순하게 길들여졌으며, 나무와 돌들까지 제자리를 떠나 그의 하프 소리를 따라갔다. 그는 아리따운 에우리디케와 결혼했고, 죽음이 그녀를 앗아가자 거의 미친 사람이 되었다. 그는 하데스로 뛰어 내려가 리라로 페르세포네를 매료시키고, 지상에 이를 때까지 아내를 돌아보지 않는다는 조건으로 에우리디케를 다시 데려가도록 허락받았다. 마지막 관문에서 그녀가 따라오지 않는 게 아닌가 하는 불안감에 그는 뒤돌아보았고, 아내가 다시 지하 세계로 끌려 들어가는 광경을 보게 되었다. 트라키아 여인들은 그가 자신들의 위로를 탐탁지 않게 여기는 데 분개해 한 디오니소스 축제에서 그를 갈기갈기 찢어 죽였다. 제우스는 그들을 대신해 속죄하는 뜻으로 오르페우스의 리라를 별자리로 만들었다. 잘린 후에도 계속 노래하던 머리는 레스보스의 갈라진 틈에 매장되었고, 이곳은 유명한 신탁 장소가 되었으며, 나이팅게일이 특별히 이곳에서 감미롭게 노래했다고 전해진다.[46]
　후일 그가 많은 성가(聖歌)를 남겼다는 주장이 있었는데, 아마 그러했을 것이다. 그리스 전승에 의하면 기원전 520년경 히파르코스의 명령에 의해 오노마크리토스라는 학자가 그의 노래를 편집했다. 한 세대 전에는 호메로스의 시들이 편집된 일이 있었다. 기원전 6세기나 그 이전 시기에 이 성가들은 거룩한 영감을 받은 것으로 공인되었고, 디오니소스 신비 의식과 관련이 있지만 교리와 의식, 도덕적인 영향력에 있어서는 훨씬 능가하는 신비 의식의 기반을 형성했다. 그 교리의 근본 내용은 신의 아들 디오니소스 자그레우스의 고난, 죽음 및 부활과 모든 인간이 장래에 부활해 보상과 형벌을 받게 된다는 것이었다. 디오니소스를 죽인 티탄족은 인간의 조상으로 여겨졌으므로, 원죄의 전염성이 모든 인간 위에 머물게 되었다. 또한 이 사건에 대한 벌로 영혼은 감옥이나 무덤과 같은 육체에 갇히게 되었다. 하지만 인간은 티탄족이 디오니소스를 먹음으로써 모든 인간이 자신의 영혼 속에 불멸의 신성을 지니게 되었다는 사실을 알고 스스로를 위안할 수 있었다. 신비 의식에서 오르페우스 숭배자들은 디오니소스를 상징하는 황소의 생살을 먹음으로써 신을 죽이고 먹은 사실을 기념하고, 성스러운 정수를 새로이 흡수했다.⁴⁷

오르페우스 교의에 의하면 영혼은 죽은 후 하데스로 내려가 지하 세계의 신들에 의해 심판을 받는다. 이집트의 『사자(死者)의 서(書)』처럼 오르페우스 성가와 의식도 신자들에게 이 종합적이고 최종적인 심판을 준비하도록 가르쳤다. 유죄 판결이 내려지면 기혹한 형벌이 있을 것이다. 이 형벌이 영원할 것이라는 것이 교리의 한 부분이었고,⁴⁸ 이는 후일의 교의에서 지옥의 개념을 이어진다. 이 교리에는 윤회 사상도 포함되었다. 영혼이 전생이 어떠했는지에 따라 이전보다 더 행복하거나 비참한 생명으로 거듭 다시 태어난다는 것이다. 이런 재탄생의 수레바퀴는 완전히 순결한 삶이 달성될 때까지 되풀이되고, 그제야 영혼은 복락의 섬에 들어갈 수 있게 된다.⁴⁹ 이 교리에는 하데스에서의 형벌은 개인이 미리 참회하거나 그가 죽은 후에는 친구들이 대신 참회함으로써 방지할 수 있다는 희망도 포함되어 있다. 이런 방식으로 연옥과 면죄부 교리가 발생했고, 플라톤은 거의 루터와 같은 분노로 기원전 4세기의 아테네에 있었던 이런 면죄부 장사를 다음과 같이 기술한다.

8장 그리스의 신들 **321**

거지 예언자가 부잣집에 찾아가 그들의 죄나 조상들의 죄를 제사나 마술로 속죄할 수 있는 방법이 있다고 설득한다. …… 그리고 그들은 무사이오스와 오르페우스가 지은 책들을 보여 준다. …… 그들은 책에 씌어진 대로 의식을 행하고, 빈 시간에 제사와 오락(의식?)을 행해 속죄가 이루어질 수 있으며 산 자와 죽은 자 모두에게 효력이 있다고 개인뿐 아니라 전 도시를 설득하려 한다. 후자(의식)를 그들은 비의라 부르고, 이를 통해 우리가 지옥의 고통에서 벗어날 수 있다고 한다. 그러나 이를 무시해도 어떤 일이 우리를 기다리는지는 아무도 모를 일이다.[50]

그럼에도 불구하고 오르페우스교에는 이상주의적인 경향이 있었고, 이는 그리스도교의 도덕과 수도원 제도에서 절정에 달했다. 올림포스 신들의 무책임한 방종은 엄격한 행동 규범으로 대체되었고, 힘센 제우스는 온화한 모습의 오르페우스에 의해 서서히 권좌에서 물러났다. 마치 야훼가 그리스도에게 권좌를 물려준 것처럼. 육체는 악하고 영혼은 선하다는 이원론적 관점인 죄악과 양심에 대한 개념이 그리스 사상에 유입되었다. 영혼을 해방하기 위한 조건으로서의 육체의 복종이 종교의 주요 목적이 되었다. 오르페우스교 입회자들은 별도의 조직과 구별된 삶을 추구하지 않았다. 단지 흰옷을 입고 육식을 피하며 그리스식과는 크게 관련 없는 금욕주의를 실천하는 정도였다. 그들은 몇 가지 면에서 그리스 역사에 있어서 청교도적 개혁을 보여 주었다. 그들의 의식은 올림포스 신에 대한 경배를 더욱더 잠식해 들어갔다.

이 교파의 영향력은 광범위하고 지속적이었다. 피타고라스 학파가 자기 나름의 식이 요법과 복장, 윤회 이론을 취한 것은 이들의 영향 때문이었을 것이다. 현재 남아 있는 가장 오래된 오르페우스교 문서가 이탈리아 남부 지역에서 발견되었다는 것은 주목할 가치가 있다.[51] 오르페우스교 교리의 상당 부분을 반대하긴 했지만, 플라톤은 육체와 영혼의 상반 관계와 청교도적인 경향, 불멸에 대한 소망을 받아들였다. 스토아 학파의 금욕주의와 범신론 일부도 오르페우스에서 유래한 것으로 보인다. 알렉산드리아의 신플라톤주의자들도 오르페우스교 문서를 상당량 보유하고, 자신들의 신학 및 신비주의의 상당 부분을 이에 근거했다. 지옥과 연옥과 천국에 대한 교리, 육체와 영혼에 대한 교리, 하느님의 아들의 죽음과 부활에 대한 교리, 신의 피와 몸과 신성을 먹는 성례에 관한 교리 등은 직간접적으로 그리스도교에 영향을 주었고, 그리스도교는 그 자체로 속죄와 소망, 신비스러운 연합과 해방과 관련된 신비 종교였다. 오르페우스교의 기본 사상과 의식은 오늘날에도 살아 번성하고 있다.

4. 숭배

그리스의 의식은 경의를 보내는 신의 종류만큼이나 다양했다. 지하 신들 대상으로는 달래고 벗어나기 위한 목적의 음울한 의식을 행했고, 올림포스 신들을 대상으로는 환영과 찬미를 목적으로 즐거운 의식을 행했다. 어떤 형태의 의식이든 모두 성직자는 필요하지 않았다. 가정에서는 아버지가 제사장 역할을 했고, 국가적으로는 왕이 그 역할을 했다. 그리스인의 삶은 묘사되어 온 것처럼 그렇게 세속적이지 않았다. 어디서든 종교가 중요한 역할을 했고, 각 정부는 공식 종교를 사회 질서와 정치 안정의 필수 요소로서 보호했다. 이집트와 근동 지역에서는 성직자가 국가를 지배한 반면, 그리스에서는 국가가 성직자를 지배하고 종교 행사를 주도했으며 성직자들을 신전의 사소한 관리 정도로 그 위상을 격하했다. 부동산과 돈, 노예 같은 신전 재산은 국가의 관리가 감사하고 관리했다.[52] 제사장 교육을 위한 신학교도 없었고, 신에 대한 의례만 알면 누구든 제사장으로 조용히 선발되거나 임명될 수 있었다. 또한 많은 지역에서 제사장직이 최고 입찰자에게 매매되었다.[53] 제사장 계급 같은 위계질서는 존재하지 않았다. 보통 한 신전이나 국가의 제사장들은 다른 신전이나 국가의 제사장들과 아무 관련이 없었다.[54] 교권도 정통성도 엄격한 교리도 없었다. 종교는 특정 신앙을 고백하는 것이 아니라 공식적인 의식에 참여하는 데 의미가 있었다.[55]

어느 누구나 도시의 신들을 공개적으로 부인하거나 비방하지 않는 한 자신만의 신조를 가질 수 있었다. 그리스에서는 종교와 국가가 하나였다.

예배 장소는 집의 화로나 도시 공회당의 화로, 지하의 신들에 대해서는 땅의 갈라진 틈, 올림포스 신의 경우는 신전이 될 수 있었다. 신전 구내는 신성불가침 지역이었고, 이곳에서 예배자들이 모이고, 모든 피고소인들과 중범죄자들까지도 이곳을 피난처로 삼았다. 신전은 대중이 아니라 신을 위한 장소였고, 신의 고향으로서 여기에 신의 조각상이 세워졌으며, 그 앞에 켜진 불은 꺼져서는 안 되었다. 사람들은 종종 신과 조각상을 동일시해, 조심스럽게 씻고 입히고 보살폈으며 가끔 태만히 하여 책망을 듣기도 했다. 그러면 그들은 조각상이 땀을 흘렸다느니 눈물을 흘렸다느니 눈을 감았다느니 하며 변명을 했다.[56] 신을 기리는 제전 및 신을 경배하는 도시나 단체가 행한 주요 행사가 신전 기록에 보존되었다. 이는 그리스 역사 편찬의 근원이자 최초 형식이었다.

의식은 행렬과 영창(詠唱), 제사, 기원으로 구성되었고, 가끔 성찬식이 수반되었다. 마법과 가면무도회, 극적인 장면과 연출이 행렬의 일부가 될 수 있었다. 대부분의 경우 기본적인 의식이 관례적으로 규정되어 있었고, 찬미와 기원을 위한 말들과 모든 동작 요령이 가정이나 국가가 신성시하며 관리한 책에 적혀 있었다. 정해진 말이나 동작이 변경되는 일은 드물었고 리듬도 마찬가지였다. 신이 새로운 것을 좋아하지 않거나 이해하지 못할 수 있기 때문이다. 생활 언어는 변했지만, 의식용 언어는 변하지 않고 전과 동일했다. 시간이 지나면서 예배자는 자신이 사용하는 말을 이해하는 일을 그만두었다.[57] 대신 고풍스러운 긴장감이 이해의 공백을 매웠다. 종종 의식은 그것을 유발한 이유가 잊힌 뒤에도 계속되었다. 그러면 새로운 신화가 고안되어 그 제도의 의미를 해석해 주었다. 신화나 교의는 변할 수 있었지만 의식은 변하지 않았다. 의식의 전 과정에서 음악이 필수적이었다. 음악 없이는 종교가 유지되기 힘들 것이다. 종교가 음악을 낳는 것처럼 음악이 종교를 낳는다. 이 신전과 행렬용 성가에서 시(詩)와 후일의 아르킬로코스의 당당한 신성 모독, 사포의 거침없는 열정, 아나크레온의 낯간지러운 우아함 등을 장식한 보격이 나왔다.

보통은 신전 앞에 있는 제단에 이르면, 예배자는 제사와 기원을 통해 신의 분노를 피하고 도움을 얻기를 구했다. 개인적으로 그들은 조각상과 가구, 무기, 솥, 청동 제단, 옷, 도기 등 가치 있는 것은 무엇이든 바칠 수 있었다. 신들은 이런 물건들이 아무 소용이 없을지 몰라도 제사장들에게는 필요했다. 크세노폰의 1만 병사가 후퇴 때 그랬던 것처럼,[58] 군인들은 전리품의 일부를 바칠 수 있었다. 집단적으로는 들판의 과실들이나 포도나무 또는 과실수를 바쳤고, 신의 구미를 당기게 하는 동물을 더 자주 바쳤다. 때로 상황이 아주 절박할 경우, 인간을 바치기도 했다. 아가멤논은 바람이 불게 하려고 이피게니아를 바쳤고, 아킬레우스는 파트로클로스를 화장할 때 열두 명의 트로이 청년들을 죽였으며,[59] 아폴론을 만족시키기 위해 키프로스와 레우카스의 절벽에서 인간 제물이 던져졌고, 키오스와 테네도스에서는 디오니소스에게 인간 제물을 바쳤다. 테미스토클레스는 살라미스 전투에서 디오니소스에게 페르시아 포로들을 제물로 바쳤다고 전해진다.[60] 스파르타인들은 제단에서 젊은이들을 채찍질하여 때로 사망에 이르게 함으로써 아르테미스 오르티아 제전을 기념했다.[61] 아르카디아에서는 서기 200년까지 제우스 신에게 인간 제물을 바쳤다.[62] 마살리아에서는 전염병이 창궐하자 아주 가난한 한 시민을 댁하여 공공 비용으로 먹이고 거룩한 옷을 입히고 신성한 가지로 장식한 후 그가 시민 전체의 모든 죄에 대한 벌을 짊어지도록 기원하면서 벼랑 아래로 던졌다.[63] 아테네에서는 기근이나 역병, 기타 위기 상황에서 흉내 낸 의식이든 실제 사실이든 도시 정화를 위해 하나 이상의 속죄양을 신들에게 바치는 것이 관습이었다. 마찬가지로 흉내든 실제든 그와 유사한 의식이 타르겔리아 제전에서 매년 실시되었다.[64]* 시간이 흐르면서 인간 제물은 유죄 선고를 받은 죄인으로 한정하고, 포도주로 그

---

* 아테네에서는 이런 희생물을 파르마코이(pharmakoi)라 불렀는데, 원래는 마법사를 의미했다. 파르마콘(pharmakon)은 주문, 이후에는 치료약을 의미했다.[65] 파르마코이가 정말 죽임을 당했는지는 논란의 여지가 있다. 하지만 이 제사가 원래는 말 그대로 사실이었다는 것은 거의 확실하다.[66]

감각을 둔하게 했으며, 결국에는 동물로 대체되었다. 기원전 371년, 레욱트라 전투 전야에 보이오티아의 지도자 펠로피다스는 승리의 대가로 제단에 인간 제물을 바칠 것을 요구하는 것 같은 꿈을 꾸었다. 일부 참모들이 거기에 동의했지만 다른 이들은 반대했는데, 그 이유로 그들은 "그렇게 야만스럽고 불경한 제사는 어떤 최고신도 기뻐하지 않을 것이며, 세상을 주관하는 이는 태풍과 거인들이 아니라 신들과 인간들의 총체적인 아버지이고, 어떤 신들이나 세력이 인간을 살육하고 희생하는 것을 기뻐할 것이라 생각하는 것은 불합리하다."라고 말했다.[67]

그래서 동물 제사는 문명 발전에 중요한 단계가 되었다. 그리스에서 이런 진전에 희생된 동물은 황소와 양, 돼지였다. 모든 전투에 앞서 서로 대치한 군대는 원하는 승리 정도에 비례해 제사를 올렸다. 아테네에서는 어떤 모임이든 그에 앞서 모임 장소를 돼지의 피로 정화했다. 그러나 사람들의 경건은 결정적인 부분에서 무너졌다. 뼈다귀와 지방에 둘린 약간의 살점만 신에게 바치고, 나머지는 제사장과 예배자들의 몫으로 돌아갔던 것이다. 자신들을 변명해 그리스인들은 거인들의 시대에 프로메테우스가 제물의 먹을 수 있는 부분은 가죽으로 싸고 뼈다귀는 지방으로 싸서 제우스에게 더 좋아하는 것을 선택하라 했다고 말했다. 제우스는 "양손으로" 지방을 선택했다. 제우스가 속은 것을 알고 격노한 것은 사실이지만, 자기 스스로 선택한 것이므로 영원히 이를 따를 수밖에 없었다는 것이다.[68] 지하 신들에게 드리는 제물만은 전부를 드렸고, 제물 전체가 홀로코스트(holocaust)('완전히 타버리다.'라는 뜻 – 옮긴이)로 재가 될 때까지 불살라졌다. 지하 세계의 신들은 올림포스 신들보다 더 두려운 대상이었던 것이다. 지하 신들에 제사를 드린 후에는 공동 식사를 하지 않았다. 신이 축제에 함께하고 싶어 하도록 자극할 수 있었기 때문이다. 하지만 올림포스 신에게 제사를 드린 다음에는 속죄에 따른 경외감이 아니라 신과의 즐거운 친교 가운데 바친 제물을 함께 먹었다. 그들은 주문이 신의 생명과 능력으로 제물에 스며들어 이 제물을 먹는 이들 속에 신비스럽게 전달되기를 소원했다. 이와 비슷하게 포도주가 제물에 부어지고 그다음 예배자의 잔에 부어졌는데, 예배자는 말하자면 신과 함께 포도주를 마신 격이 되는 것이다.[69] 아테네의 수많은 직업 및 사회 단체들이 티아소이(thiasoi), 즉 종교적 성격의 친목회로 조직되었는데, 그들은 여기서 함께 식사하며 거룩한 친교를 나눔으로써 결속력을 공고히 했던 것이다.[70]

동물 제사는 그리스 전역에서 계속되다가 그리스도교에 의해 종식되었다.[71] 그리스도교는 지혜롭게 이 동물 제사를 영적이고 상징적인 미사로 대체했다. 기도 역시 어느 정도 동물 제사의 대체 역할을 담당했다. 피를 드리는 행위를 찬미의 연도(連禱)로 대체한 것이다. 모든 운명과 비극에 적응하는 인간은 이처럼 좀 더 부드러운 방식으로 세계의 신비스러운 힘들을 조력자가 되도록 하면서 자신을 위로하고 강화해 갔다.

5. 미신

그리스 종교의 양극 세력, 즉 올림포스 신들과 지하 신들 사이에는 마법과 마술, 미신의 대양이 범람하고 있었다. 우리가 기리는 천재(天才)들의 이면에는 가난하고 난순한 일반 대중이 있었는데, 이들에게 있어 종교는 희망의 사다리이기보다는 두려운 올가미였다. 평범한 그리스인들만이 테세우스가 죽은 자들 중에서 올라와 마라톤 전투에 참전하고 디오니소스가 물로 포도주를 만드는 등의 기적 이야기를 받아들인 것이 아니다.[72] 이런 이야기는 모든 이들 사이에 퍼져 있고 공감할 수 있는 시의 일부이기도 하여, 이를 통해 평범한 사람들의 삶이 윤택해지는 것이다. 사람들은 심지어 아테네가 테세우스의 유골을 지키려 하고 스파르타가 오레스테스의 유골을 테게아에서 회수하려 염원하는 것을 묵인할 수도 있었다.[73] 공식적으로 인정된 이들 유골의 기적적인 힘은 당연히 통치 기술의 한 부분이 되었을 것이다. 경건한 그리스인들을 압박한 것은 자신들을 구름같이 둘러싼 영들이었는데, 그들은 이 대단한 능력의 영적 존재들이 그들을 감시하고 간섭하고 해친다고 믿었다. 이 귀신들은 항상 그들 안에 침투하려 하고, 그들은 끊임없이 이 귀신들로부터 자기를 방어하고 이들을 물리치기 위해 마법 의식을 행해야 했다.

이 미신은 거의 과학의 경지에 이르러, 우리 시대의 질병 관련 세균 이론을 어느 정도 내포하고 있다. 그리스인들에게 모든 질병은 외부 정령에게 사로잡혔다는 것을 뜻했다. 아픈 사람을 만지는 것은 그의 불결함 또는 빙의에 전염되는 것이고, 우리가 흔히 말하는 세균 또는 박테리아는 그리스인들이 케레스(keres, 죽음의 여신들) 또는 작은 귀신들이라고 부른 것의 일반적이고 흔한 형태들이다.[74] 그러므로 죽은 사람은 "부정(不淨)했다." 죽음의 여신들이 단번에 사로잡은 것이다. 시체가 있는 집을 떠날 때면 그리스인들은 죽은 이를 정복한 귀신을 몰아내려고 문 옆에 놓아둔 그릇의 물을 자신에게 뿌렸다.[75] 이 개념은 심지어 우리 시대의 세균 공포증조차 적용될 것 같지 않은 영역으로까지 널리 확대되었다. 성관계는 인간을 부정하게 만들었다. 출산과 분만, 살인(의도성이 없었더라도) 또한 마찬가지였다. 정신 이상은 외부 영이 사로잡은 상태였으며, 미친 사람은 "제정신이 아닌" 것이었다. 이 모든 경우에 정화 의식이 필요한 것으로 여겨졌다. 정기적으로 가정과 신전, 막사, 심지어 도시 전체가 우리 시대의 소독법과 아주 유사하게, 물, 연기, 불 등으로 정화되었다.[76] 깨끗한 물이 담긴 그릇이 모든 신전 입구에 있었고, 이는 예배하러 온 사람이 아마도 상징적인 뜻으로 자신을 정결하게 하기 위한 목적이었다.[77] 제사장은 정결 작업의 전문가였다. 그는 청동 그릇을 두드림으로써, 또는 주문과 마술과 기원을 통해 귀신을 쫓아낼 수 있었다. 심지어 의도적인 살인도 적절한 의식을 통해 정화될 수 있었다.[78] 이 경우 회개는 꼭 필요한 요소가 아니었다. 필요한 것은 사악하게 들어앉은 귀신을 제거하는 일이었다. 종교는 도덕 문제라기보다는 귀신들을 조종하는 기술이었다. 그럼에도 금기와 정화 의식이 증가함에 따라, 종교적인 그리스인들에게 죄에 대한 청교도적 감각과 놀랍도록 유사한 정신 상태가 형성되었다. 그리스인들이 죄와 양심에 대한 생각과 무관하다는 인식은 핀다로스와 아이스킬로스를 이해한다면 거의 사라질 것이다.

귀신에 둘러싸여 있다는 신앙으로부터 수많은 미신이 생겨났다. 아리스토텔레스의 후계자 테오프라스토스는 자신의 저술 『품성』에서 이렇게 요약했다.

미신은 거룩함의 관점에서 보면 일종의 비겁함인 것 같다. …… 미신에 사로잡힌 자는 아홉 개의 샘에서 손을 씻고 물을 뿌리며 신전의 월계수 잎을 씹지 않은 날에는 외출하지 않는다. 고양이가 앞을 가로질러 가면, 그는 다른 누군가가 지나가거나 길 너머로 돌 세 개를 던지지 않고는 가던 길을 계속 가지 않는다. 집에서 뱀을 발견할 경우, 뱀이 빨간색이면 그는 디오니소스를 부를 것이고, 성스러운 뱀이면 즉시 거기다 성소를 짓는다. 교차로에 세워진 매끄러운 돌을 지날 때면, 병에 든 기름을 붓고 무릎 꿇고 거기다 경배한 후에야 가던 길을 간다. 쥐가 곡식 자루를 갉으면 마법사에게 가서 어떻게 해야 할지 묻는다. 그 조언이 "자루를 수선공에게 가져가 기워라."라는 것이면 그 조언을 무시하고 회피 의식(儀式)으로 부정을 물리친다. …… 미친 사람이나 간질 환자를 보면 몸을 떨면서 그의 가슴에 침을 뱉는다.[79]

더 단순한 그리스인들은 엄청나게 다양한 악령들의 존재를 믿고 자녀들에게 믿으라고 가르쳤다. 동물이나 인간이 기형으로 태어나는 것 같은 흉조나 기이한 사건으로 도시 전체가 겁낀 사이 소동을 일으켰다.[80] 재수 없는 날에 대한 믿음이 아주 만연해, 그런 날이면 결혼식이나 모임, 재판 등도 전혀 없었고 일도 하지 않았다. 재채기나 발부리에 채는 일도 여행이나 사업 착수의 포기 사유가 될 수 있었다. 소규모 일식으로 행군을 멈추거나 회군할 수 있었고 큰 전쟁을 파국으로 몰아갈 수 있었다. 저주의 효력을 발할 수 있는 이들도 있어, 화가 난 부모와 무시당한 거지는 누군가를 저주해 그 사람의 인생을 파멸시킬 수 있었다. 어떤 이들은 마술을 부릴 줄 알아 사랑의 미약(媚藥)이나 최음제를 조제하고, 묘약을 써서 남자를 불능 상태로 여자를 불임으로 만들 수도 있었다.[81] 플라톤은 마술로 상해를 입히거나 살인하는 이들에 대한 법규가 빠져 있으면 자신의 저서 『법률』이 완벽하지 못할 거라고 생각했다.[82] 마녀는 중세 시대의 고안물이 아니다. 에우리피데스의 메데아와 테오크리토스의 시마이타가 그 예다. 미신은 사회

현상 가운데 가장 지속성을 띤 형태 중 하나다. 미신은 그 토대뿐 아니라 방식에 있어서도 전 시대와 문명에 걸쳐 거의 변하지 않고 남아 있다.

6. 신탁

초자연적인 힘이 우글거리는 세상에서 인간사는 귀신과 신들의 뜻에 달려 있는 듯 보였다. 그 뜻을 구하기 위해 호기심 많은 그리스인들은 점쟁이와 신탁을 찾았으며, 이들은 별자리를 읽고 꿈을 해석하고 동물 내장을 살펴보고 새들의 비행을 관찰함으로써 미래를 예언했다. 직업 점쟁이들은 가정과 군대, 국가에 고용되었다.[83] 시칠리아 원정에 나서기 전 니키아스는 제사(祭祀) 전문가, 예언자, 점쟁이들을 찾았다.[84] 모든 장군들이 이 대단한 노예 소유주만큼 경건하진 않았지만, 거의 모두가 미신에 빠져 있었다. 영감과 천리안이 있다고 주장하는 남녀들이 등장했다. 특히 이오니아에서는 무녀(Sibyl, '신의 뜻')라고 불린 여인들이 신탁을 발포했고 수많은 그리스인들이 이를 믿었다.[85] 에리트라이 출신 무녀 헤로필라는 그리스 전역을 방랑하다가 이탈리아 쿠마이에 이르러 가장 유명한 무녀가 되었고, 전해지는 말로는 천 년이나 살았다고 한다. 로마처럼 아테네도 옛 신탁을 집대성했고, 정부는 프리타네이온에 이를 보관하고 해독력을 갖춘 사람들로 관리하게 했다.[86]

공식 신탁소가 그리스 각지의 수많은 신전에 세워졌다. 하지만 초기 시대의 가장 유명하고 존중된 신탁은 도도나의 제우스 신탁이었고, 역사 시대에는 델포이의 아폴론 신탁이었다. 그리스인들뿐 아니라 "야만인들"도 이 신탁을 구했다. 로마도 사절을 보내 신의 뜻을 묻거나 제안했다. 예언 능력은 특별히 직관력이 뛰어난 여성들에게 속한다고 여겨져 최소한 50세 이상인 세 명의 여제사장들이 환각 상태에서 아폴론의 뜻을 묻도록 훈련되었다. 신전 아래 구멍에서 특이한 가스가 분출되었는데, 이는 아폴론이 죽인 뱀이 영원히 부패하는 중에 발생한다고 여겨졌다. 피티아라고 불린 집전 여제사장이 이 틈 위 높은 청동 제단에 자리 잡고 앉아 성스러운 악취를 맡고 최면 성분이 있는 월계수 잎을 씹으며 환각과 발작 상태에 빠져 영감을 받은 후, 앞뒤가 안 맞는 말을 발설했으며 이를 제사장들이 사람들에게 해석해 주었다. 매우 자주 최종 응답이 다양하고 상충되기까지 한 해석을 낳을 수 있었지만, 어떤 경우든 신탁은 결함이 없음을 주장할 수 있었다.[87] 제사장들도 여제사장들처럼 앞잡이에 불과했던 것 같은데 가끔 그들은 뇌물을 받았고,[88] 대부분의 경우 신탁의 음성은 그리스 지배 세력과 아름답게 조화를 이루었다.[89] 그럼에도 불구하고, 외부 세력이 그들에게 강요하지 않았지만, 제사장들은 그리스인들에게 중용과 정치 처세술 등 귀중한 교훈을 가르쳐 주었다. 그리스의 도덕 정서가 반발심을 보이기 시작한 후에도 인간 제물을 용인하고 올림포스의 불멸성에 전혀 이의를 제기하지 않았지만, 이들은 입법에 조력하고 노예 해방을 촉진했으며 자유를 주기 위해 많은 노예들을 사들였다.[90] 그들은 그리스 사상을 앞서 나가지는 않았지만, 교리적 편협성으로 방해하지도 않았다. 그들은 초자연적 권위를 제공함으로써 그리스의 정책 결정에 도움을 주었으며, 산재했던 도시들에 어느 정도의 국제적인 양심과 도덕적인 통일성을 부여했다.

  이 단합시키는 영향력으로부터 알려진 바로는 가장 오래된 그리스 국가 연맹체가 생겨났다. 인보(鄰保)동맹은 원래 테르모필라이 근처 데메테르의 성소 "주변에 거주하는" 사람들의 종교적 동맹이었다. 주요 구성 국가들은 테살리아, 마그네시아, 프티오티스, 도리스, 포키스, 보이오티아, 에우보이아, 아카이아였다. 그들은 봄에는 델포이, 가을에는 테르모필라이에서 반년에 한 번씩 모였다. 그들은 서로 결속하여 절대 서로를 침공하지도, 회원 도시에 대한 물 공급을 차단하지도, 델포이에 있는 아폴론의 보고를 약탈하거나 그러한 약탈을 허용하지 않기로 하고, 이 서약을 어기면 어떤 국가든 공격하기로 약속했다. 국제연맹의 개요가 여기에 있었다. 하지만 그 완성은 국가 간의 부와 권력의 자연스러운 변동, 개인과 단체의 내재적 경쟁심 등에 의해 결실을 보지 못했다. 테살리아는 해양 국가들을 연합했고 동맹을 영구적으로 지배했다.[91] 다른 인보동맹 역시 결성되었다. 예를 들면 아테네는 칼라우리아 인보동맹에 속했고, 경쟁적인 동맹 세력들은 회원국 간에는 평화를 공고히 하면서 다른 집단에 대해서는 음모와 전쟁으로 대처했다.

7. 제전

전쟁을 종식시킬 수는 없었지만 그리스 종교는 수많은 제전을 통해 반복되는 경제생활의 짐을 덜어 주었다. "얼마나 많은 희생물들이 신들에게 바쳐지는가!"라고 아리스토파네스는 외쳤다. "얼마나 많은 신전과 조각상들 …… 거룩한 행렬들인가! 일 년 내내 우리는 종교 행사와 화환으로 꾸민" 희생 "제물을 보는구나."[92] 부자들이 비용을 대고 국가가 테오리카(theorika), 즉 성스러운 기금을 제공해 휴일의 경기나 연극의 입장 비용을 대중에게 지원해 주었다.

아테네 달력은 기본적으로 종교력이었고, 많은 달이 종교 제전에서 이름을 따 붙여졌다. 첫 번째 달인 헤카톰바이온(Hecatombaion, 7~8월)에는 크로니아(로마의 사투르날리아 제전에 해당)가 열렸고, 이때 주인과 노예가 함께 앉아 축제를 즐겼다. 4년마다 같은 달에 판아테나이아 제전이 열렸고, 이때는 나흘간의 다양한 경연 및 경기를 마친 후 전 시민이 엄숙하고 다채로운 행렬로 행진하며, 도시의 여신상 앞에 놓이게 될 화려하게 수놓은 예복을 아테나 여제사장에게 바쳤다. 온 세계가 알다시피 이는 파르테논 신전의 소벽(小壁) 장식을 위해 페이디아스가 택한 주제였다. 두 번째 달인 메타게이트니온(Metageitnion)에는 메타게이트니아 제전이 열렸고, 이는 아폴론을 기리는 소규모 축제였다. 세 번째 달인 보이드로미온(Boedromion)에 아테네는 대제(大祭)를 위해 엘레우시스로 소풍에 나섰다. 네 번째 달인 피아네프시온(Pyanepsion)에는 피아네프시아, 오스코포리아 및 테스모포리아 제전이 열렸다. 이때 아테네 여인들은 지하 신을 기리는 기묘한 의식과 함께 남근 상징을 가지고 행진하며 음담을 나누고, 상징적으로 하데스로 내려간 다음 돌아오면서 데메테르 테스모포로스(입법자)를 기렸다. 이 행위들은 대지와 인간을 더욱 풍요롭게 하기 위한 마법 의식이었음이 분명하다.[93] 마이마크테리온(Maimakterion) 달에만 축제가 없었다.

포세이돈의 달에 아테네는 첫 수확제인 이탈로아 제전을 열었다. 가멜리온(Gamelion) 달에는 레나이아 제전이 디오니소스를 기려 열렸다. 안테스테리온(Anthesterion) 달에는 세 개의 주요 제전이 열렸는데, 소제(小祭) 또는 준비제와 디아시아 제전, 즉 제우스 메일리키오스에 바치는 희생제, 그리고 무엇보다 안테스테리아 제전, 즉 꽃들의 축제가 그것들이다. 디오니소스를 기리는 이 3일간의 봄 축제에서는 포도주가 무료로 제공되었고, 사람들이 어느 정도는 모두 술에 취했으며,[94] 포도주 마시기 대회가 열렸고, 거리는 잔치 분위기로 흥청거렸다. 최고 아르콘의 아내가 수레에 올라타 디오니소스 성상 옆에 앉고, 신과 아테네의 결합을 상징해 신전에서 이 성상과 결혼식을 올렸다. 이 흥겨운 의식의 밑바탕에는 망자에 대한 두려움과 속죄가 음울하게 깔려 있었다. 산 자들은 조상을 기리며 엄숙하게 식사했고, 그들을 위해 음식과 음료가 가득한 그릇들을 남겨 놓았다. 축제가 끝날 무렵 사람들은 망자의 영혼을 액막이 주문으로 집에서 쫓아냈다. "영혼아, 집 밖으로 나가라! 안테스테리아 축제는 끝났다." 이 말은 성가신 거지들을 쫓아내는 상투어가 되었다.*

아홉 번째 달인 엘라페볼리온(Elaphebolion)에는 디오니소스 대제전이 열렸고, 이는 기원전 534년 페이시스트라토스가 제정했다. 그리고 바로 이해 테스피스가 아테네에서 축제의 일부로 희곡을 발표했다. 이때는 3월 말경으로 봄기운이 완연하고, 바다는 항해에 적합하며, 상인과 방문객들이 도시에 운집하고, 의식과 연극에 사람들이 가득 모였다. 모든 업무가 중단되었고 모든 법정이 휴회했으며 죄수들이 방면되어 축제에

---

* 유럽의 여러 지역에서 사람들은 여전히 망자의 유령들이 매년 지상에 돌아오고, 그들을 만신제(萬神祭)[95]로 대접해야 한다고 믿고 있다.

참석했다. 모든 연령과 계층의 아테네인들이 화려하게 차려입고 행렬에 참석했으며, 이 행렬은 엘레우테라이에서 디오니소스 상을 가져다가 극장에 안치했다. 부자들은 마차를 몰았고, 가난한 사람들은 맨발로 행진했다. 긴 동물 행렬이 신에게 바쳐질 선물로 그 뒤를 따랐다. 아티카 도시들에서 온 합창단들이 노래와 춤을 뽐내며 경연했다. 열 번째 달인 무니키온(Munychion)에 아테네인들은 무니키아 제전을 열었고, 아티카는 5년마다 아르테미스를 기려 브라우로니아 제전을 열었다. 타르겔리온(Thargelion) 달에는 타르겔리아, 즉 추수제가 열렸다. 열두 번째 달인 스키로포리온(Skirophorion)에는 스키로포리아, 아레토포리아, 디폴리아 및 부포니아 제전이 열렸다. 이 모든 제전이 해마다 열린 것은 아니었고 심지어 4년에 한 번씩 열렸더라도, 일상의 노고에서 벗어나는 위안이 되었다.

다른 국가들 또한 비슷한 휴일이 있었다. 시골에서도 모든 파종과 추수를 축제의 흥겨움으로 맞는다. 이들 중 가장 규모가 큰 축제는 범그리스 축제인 판에기레이스 제전, 즉 만국 모임이었다. 미칼레에서는 파니오니아 제전, 델로스에서는 아폴론 제전, 델포이에서는 피티아 제전, 코린토스에서는 이스트미아 제전, 아르고스 근방에서는 네메아 제전, 엘리스에서는 올림피아 제전이 열렸다. 이들 제전은 국가들 간에 개최되었지만 기본적으로는 휴일이었다. 그리스가 예술과 시, 음악, 경기, 심지어는 도덕에 이르기까지 즐겁고 창조적으로 교류할 만큼 인간적인 종교(후일에는 우아해진)를 보유했다는 사실은 실로 행운이었다.

8. 종교와 도덕

얼핏 보아도 그리스 종교는 도덕에 중요한 영향력을 끼친 것 같지는 않다. 그리스 종교는 원래 윤리 체계라기보다는 마법 체계였고, 대부분의 경우 끝까지 그렇게 지속되었다. 정확한 의식이 훌륭한 행동보다 더 강조되었고, 올림포스나 지상의 신들은 정직이나 순결이나 너그러움의 모범이 되지 못했다. 엘레우시스의 신비 의식도 초자연적인 소망을 제시하긴 했지만, 구원은 고상한 삶보다는 성결한 의식에 좌우되었다. 냉소적인 디오게네스는 "죽은 다음, 도둑 파타이키온이 아게실라오스나 에파미논다스보다 더 나은 운명을 맞을 것이다. 엘레우시스교에 입회했기 때문에."라고 말했다.[96]

그럼에도 보다 중요한 도덕과 관련하여 그리스 종교는 미묘한 형태로 인류와 국가에 도움을 주었다. 아무리 형식적이었다 해도 성결(聖潔) 의식은 도덕적 위생을 자극하는 상징 구실을 했다. 모호하고 일관성이 없긴 했지만 신들은 대체로 덕을 지지했다. 사악함에 눈살을 찌푸렸으며, 오만함을 복수했고, 이방인과 탄원자를 보호했으며, 거룩한 맹세에 두려움을 더해 주었다. 전승에 의하면 정의의 여신 디케는 모든 잘못을 벌했다고 하며, 무시무시한 에우메니데스는 오레스테스처럼 살인자를 광기와 죽음으로 몰아갔다. 인생의 중심축인 출생, 결혼, 가족, 씨족, 국가는 종교로부터 신성한 권위를 부여받았고, 성급하고 혼돈스러운 욕망에서 벗어날 수 있었다. 조상에 대한 경배 또는 존경을 통해 모든 세대는 책임감이라는 안정된 연속성 안에 함께 결합되었고, 가족은 단지 부부와 자녀 또는 부모와 자식과 손자들로 구성된 가부장적 결합이 아니라, 과거와 미래에까지 멀리 확대된 피와 불이 거룩한 결합체이자 연속체로서, 죽은 자와 산 자 그리고 아직 태어나지 않은 자까지 어떤 국가보다 강력한 신성한 통일체로 묶어 주었다. 종교는 출산을 죽은 자에 대한 신성한 의무가 되게 했을 뿐 아니라, 자식이 없으면 누구도 매장해 주거나 무덤을 보살펴 주지 않을 거라는 두려움으로 출산을 장려했다. 이 종교가 영향력을 유지한 한 그리스인들은 활발하게 증식되었고, 최상의 상태에서든 최악의 상태에서든 풍요로운 결실을 맺었다. 이 과정에서 무자비한 자연 선택에 힘입어 종족의 힘과 자질이 유지되었다. 종교와 애국주의는 수많은 형태의 의식으로 결속되었다. 공식적인 의식에서 가장 경배받는 신이나 여신이 도시의 신이 되었다. 모든 법과 모임 또는 법정, 군대나 정부의 주요 사업, 모든 학교와 공동체, 모든 경제적·정치적 교류는 이러한 종교 의식 및 기원과 관련되어 있었다. 이 모든 경우에 그리스 종교는 개인의 선천적 이기주의에 맞서 공동체와 종족의 방어 수단 역할을 했다.

예술과 문학, 철학이 먼저 이런 영향력을 강화했고 그다음 약화시켰다. 핀다로스와 아이스킬로스, 소포클레스는 자신들의 윤리적 열정 또는 통찰을 올림포스의 교리에 쏟아부었고, 페이디아스는 아름다움과 장엄함으로 신들의 기품을 더해 주었다. 피타고라스와 플라톤은 철학을 종교에 접목시켰고, 불멸의 교리를 도덕의 자극물로 지지했다. 하지만 프로타고라스는 신을 회의했고, 소크라테스는 무시했으며, 데모크리토스는 부인했고, 에우리피데스는 조롱했다. 결국 그리스 철학은 그럴 의도가 거의 없었음에도 불구하고 그리스의 도덕 생활을 형성했던 종교를 파괴하고 말았다.

THE LIFE OF GREECE

9장 초기 그리스의 공통 문화

1. 국가의 개인주의

유럽 문화의 양대 정점인 고대 그리스와 르네상스 이탈리아는 정치 조직보다는 도시 국가에 더 의존했다. 그리스의 지리적 조건이 이런 결과를 가져온 듯하다. 어디를 가든 산맥과 강이 가로막고 있고 다리는 거의 없었으며 도로 상태도 열악했다. 바다가 활짝 열려 있었지만, 도시를 지리적으로 인접한 지역보다는 교역 지역과 결속시키는 역할을 했다. 하지만 지리적 요인만으로는 도시 국가를 설명하기에 충분치 않다. 같은 보이오티아 평원에 있었어도 테베와 플라타이아 간의 차이는 테베와 스파르타만큼이나 컸다. 같은 이탈리아 연안에 위치한 시바리스와 크로토나 간의 차이는 시바리스와 시라쿠사의 경우보다 더했다. 경제적·정치적 이해관계의 다양성이 도시들을 서로 멀어지게 했다. 이들은 원거리 시장이나 곡물을 두고 서로 다투었고, 해상 지배권을 차지하기 위해 경쟁적으로 동맹 관계를 형성했다. 민족적 기원의 차이도 이들을 분리시키는 데 기여했다. 그리스인들은 자신들을 한 혈통으로 간주했지만,[1] 아이올리스, 이오니아, 아카이아, 도리스 같은 부족적 구분이 예민하게 느껴졌고, 아테네와 스파르타는 우리 시대에도 유효한 민족적 증오심으로 서로 대치했다. 종교의 차이가 정치 분열을 심화시켰고, 정치 분열 또한 종교의 차이를 심화시켰다. 각 지역과 씨족 고유의 신앙이 특색 있는 축제와 달력, 관습과 법률, 법정, 심지어 국경(國境)까지도 낳았다. 경계석은 공동체뿐 아니라 신들의 영역까지 한정지었다. "그 나라의 종교는 군주의 종교에 따라 정해진다." 이들 요소와 기타 많은 요소들이 한데 어우러져 그리스 도시 국가를 형성했던 것이다.

도시 국가는 새로운 통치 형태가 아니었다. 호메로스와 페리클레스가 활동하기 훨씬 오래전부터 수메리아, 바빌로니아, 페니키아, 크레타 등지에 이미 도시 국가는 존재했다. 역사적으로 도시 국가는 보다 발전되고 통합된 형태의 부락 공동체였다. 같은 지역의 땅을 경작하고 뿌리가 같고 같은 신을 섬기는 사람들이 공통의 시장을 형성하고 공통의 회합 장소와 재판정을 운영했다. 정치적으로 도시 국가는 인간 사회에 있어 질서와 자유라는 두 가지 불안정하고 적대적인 구성 요소를 가장 유용하게 절충한 형태였다. 보다 소규모였다면 그 공동체는 불안정했을 것이고, 규모가 더 컸다면 전제주의로 발전했을 것이다. 이상적으로 보자면 그리스는 철학자들이 열망한 것처럼 피타고라스적인 조화로 서로 협력하는 자주적 도시 국가들로 구성되어야 했다. 아리스토텔레스는 국가를 한 정부를 인정하고 한 회의에 모일 수 있는 자유민들의 연합체로 생각했다. 그가 생각하기에 만 명 이상의 시민들로 구성된 국가는 실질적이지 못했다. 그리스어에서 '폴리스(polis)'라는 말은 도시와 국가 개념을 모두 충족시켰다.

이 정치적 원자론이 헬라스에 수많은 형제간의 다툼을 가져왔다는 것은 익히 알려진 사실이다. 이오니아는 방어를 위해 단합할 수 없었기 때문에 페르시아에 복속되고 말았다. 그리스는 연맹 및 동맹을 형성했음에도 공존할 수 없어, 그렇게 숭상하던 자유를 결국에는 잃어버리고 말았다. 그럼에도 그리스는 도시 국가 없이는 존속할 수 없었을 것이다. 그리스인은 이러한 개별 시민이라는 의식, 열의에 찬 독립심, 다양한 제도와 관습과 예술과 신, 그리고 경쟁과 대결로 자극받아 어떤 사회도 구현하지 못한 열정과 충만함, 창의적인 독창성으로 가득한 삶을 영위할 수 있었다. 우리 시대에서도 모든 활력과 다양성, 메커니즘과 능력을 동원해 그리스인들의 혼돈스러운 자유에서 흘러나온 것과 같은 그런 풍요로운 선물을 문명의 흐름에 쏟아붓는 비슷한 인구나 규모의 어떤 공동체를 찾아볼 수 있을까?

2. 문자

그럼에도 불구하고 이들 서로 경계하며 거리를 둔 국가들의 삶에는 공통된 요소들이 있었다. 기원전 13세기로 거슬러 올라가면 그리스 반도 전역에는 하나의 언어가 있었다. 이 언어는 페르시아어와 산스크리트어, 슬라브어와 라틴어, 게르만어와 영어처럼 "인도유럽어족"에 속했다. 삶의 중요한 관계나 대상을 표현하는 수많은 단어들이 이들 언어에 공통의 뿌리를 두고 있으며, 표현된 대상의 분산 이전 고대의 모습뿐 아니라 역사의 여명기에 이들 언어를 사용한 사람들의 철언 또는 군집 형태를 담고 있다. 그리스어가 아이올리스어, 도리스어, 이오니아어, 아티카어 등의 방언들로 분화된 것은 사실이다. 하지만 이들은 서로 해독이 가능했고, 기원전 5~4세기경에는 코이네 디알렉토스(koine dialektos), 즉 공통 방언에 의해 힘을 잃었다. 공통 방언은 대체로 아테네로부터 퍼져 나갔고, 헬레니즘 시대의 거의 모든 식자층이 사용했다. 아티카 그리스어는 고상하고 활기차며 풍부하고 유려한 방언이었다. 이 언어는 여느 활기찬 언어처럼 불규칙적이었지만, 단어들의 조합을 통한 풍부한 표현력, 섬세한 모음 전환, 의미상의 구분, 미묘한 철학 개념들, 온갖 형태의 문학적 탁월성 등으로 호메로스 시의 "굽이치는 파도"에서부터 플라톤 산문의 차분한 논조에 이르기까지 많은 영향을 끼쳤다.*

그리스 전승에 의하면 그리스에 문자 기록이 처음 등장한 것은 기원전 14세기 페니키아인에 의해서이며, 이와 상치되는 사료는 아직 확인된 바 없다. 기원전 8~7세기로 거슬러 올라가는 가장 오래된 그리스 비문은 기원전 9세기의 모아브족 석판에 나오는 셈계(系) 문자와 아주 유사하다.³ 이들 비문은 셈계 방식을 따라 오른쪽에서 왼쪽으로 씌어졌다. 기원전 6세기의 비문은(그 한 예가 고르티나에서 발굴되었다.) 오른쪽에서 왼쪽, 왼쪽에서 오른쪽으로 번갈아 가며 씌어졌다. 이후 비문은 모두 왼쪽에서 오른쪽으로 씌어졌고, 특정 문자들은 상황에 따라 방향이 바뀌었다. 예를 들면 ꓭ와 ⴺ가 B와 E의 형태로 바뀌는 식이다. 문자는 셈계 명칭이 약간 변경된 형태로 채용되었다.** 하지만 그리스어에는 몇 가지 기본적인 변화가 있었다. 무엇보다 큰 변화는 모음이 빠져 있는 셈어와 달리 그리스어에는 모음이 추가되었다. 자음이나 쉼표를 나타내는 일부 셈계 글자가 a, e, i, o, ü를 나타내는 데 사용되었다. 이후 이오니아인이 장모음 에타(eta)(장모음 e)와 오메가(o-mega)(장모음 o 또는 oo)를 추가했다. 열 개의 서로 다른 그리스 알파벳이 도시 국가 간 전쟁의 원인이 되어 패권을 다퉜다. 그리스에서는 이오니아 형식이 우세했고, 동유럽으로 전파되어 오늘날에도 살아남아 있다. 로마에서는 칼키디아 형식이 쿠마이로부터 채용되어 라틴 알파벳과 우리 시대의 알파벳이 되었다. 칼키디아 알파벳은 장모음 e와 o가 없었지만, 이오니아 형식과 달리 페니키아어의 vau를 자음으로 계속 유지했다.(v는 w와 음이 비슷하다). 이에 따라 아테네인은 와인을 oinos로 불렀고, 칼키디아인은 voinos라 불렀으며, 로마인은 vinum으로, 우리는 wine으로 부르고 있다. 칼키스는 셈어 koppa 또는 q를 유지하면서 로마와 우리 시대에 전해 준 반면, 이오니아는 이를 버리고 k로 만족했다. 이오니아는 L을 Λ로 표시하고, 칼키스는 *L*로 표시했다. 로마는 후자의 꼴을 똑바로 세워 유럽에 전했다. 이오니아인들은 R 대신 P를 사용했지만, 그리스의 이탈리아 식민지 지역에서는 P에 꼬리가 달렸다가 R이 되었다.⁴

---

* 고대 그리스어가 어떤 식으로 발음되었는지는 알 수 없다.² 오늘날 우리를 그토록 애먹이는 강세를 고전 그리스인들은 거의 사용하지 않았으며, 기원전 3세기 비잔티움의 아리스토파네스에 의해 고대 문헌에 삽입되었다. 그리스 시를 읽을 때는 이 강세가 무시되어야 한다.
** 그리스어 alpha는 페니키아어 aleph(bull), beta는 beth(tent), gamma는 gimel(camel), delta는 daleth(door), e-psilon은 he(window), zeta는 zain(lance), heta는 kheth(paling), iota는 yod(hand)에 해당한다.

그리스에서 기록은 상업이나 종교적 용도로 맨 처음 쓰이기 시작한 듯하다. 분명 제 사장들의 주문이나 영창(詠唱)이 시의 모체가 되었고, 화물 증서가 산문의 시조가 되었다. 기록은 두 가지 형태로 나뉘었다. 정자체는 문학이나 비문의 용도로, 흘림체는 일상적인 용도로 쓰였다. 강세는 없었고 단어 사이 간격도 없었으며 구두점도 없었다.[5] 하지만 주제 변경은 파라그라포스(paragraphos), 즉 "옆쪽에 쓰이는" 기호라 불린 수평 분리 기호로 표시되었다. 기록에 사용된 재료는 다양했다. 폴리니우스의 말대로라면 처음에는 나뭇잎이나 나무껍질이 사용되었고,[6] 비문으로는 돌이나 청동, 납 등이 사용되었으며, 평상시 기록으로는 메소포타미아에서처럼 점토판이 사용되었다.* 다음으로는 밀랍으로 덮인 목판이 사용되었는데 학생들에게 인기가 있었다.[7] 보다 영구적인 용도로는 페니키아인들이 이집트에서 들여온 파피루스와 (헬레니즘 시대와 로마 시대에는) 염소나 양가죽으로 만든 양피지가 사용되었다. 밀랍 판에는 철필이 사용되었고, 파피루스나 양피지에는 잉크를 머금은 갈대가 사용되었다. 밀랍 기록은 철필의 납작하고 굵은 부분으로 지워졌고, 잉크는 스펀지로 지워졌다. 시인 마르티알리스는 친구에게 보내는 시에 스펀지를 동봉해 한 번에 지워질 수 있게 했다.[8] 수많은 비평가들은 이런 예절이 사라진 것을 애석해 할 것이다.

오래된 단어들이 우리에게 그토록 질서 정연하게 전해진 분야는 바로 기록 분야였다. 'paper'는 물론 파피루스(papyrus)이고, 제작 방법은 옛날이나 지금이나 식물을 압착해서 만든다. 한 줄 기록이 스티코스(stichos), 즉 열(列)이었다. 라틴어로는 'versus', 즉 절(節)이라 부르고 이는 '되돌아온다'는 뜻이다. 문헌은 파피루스나 양피지 위에 종렬로 6~9미터 길이로 기록되어 막대기에 감겼다. 이런 두루마리는 비블로스(biblos)라 불렸는데, 페니키아의 도시 이름을 따 그렇게 이름 지어졌다. 이렇게 해서 파피루스가 그리스에 전파된 것이다. 더 작은 두루마리는 비블론(biblon)이라 불렸다. 우리의 성경은 원래 타비블리아(ta biblia), 즉 두루마리였다.** 두루마리가 방대한 작품의 일부일

---

* 우리가 '쓰다(write)'로 번역하는 'graphein'은 원래 '새기다(engrave)'를 의미했다.
** 라틴어로 두루마리는 'volumen'이라 불렸고, 이는 '감아올린다(wound up)'는 뜻이다.

경우에는 '자르다(cutting)'라는 뜻의 토모스(tomos)로 불렸다. 여러 장을 이어 붙인 두루마리의 첫 번째 장은 프로토콜론(protokollon), 즉 '막대기에 접착된 첫 장'이라고 불렸다. 두루마리의 가장자리*는 부석(浮石)으로 부드럽게 만들거나 때로는 색을 입혔다. 저자가 비용을 감당할 수 있거나 두루마리가 중요한 내용을 담고 있을 경우에는 디프테라(diphthera, 양피지) 또는 라틴어로 그렇게 부르는 것처럼 송아지 피지(vellum)로 감싸기도 했다. 큰 두루마리는 다루거나 참고하기에 불편했으므로, 문학 작품은 대개 몇 개의 두루마리로 나뉘었고, 비블로스(biblos), 즉 책이라는 말은 작품 전체가 아니라 각 두루마리 또는 부분에 적용되었다. 이런 구분은 대부분 저자에 의해 이루어진 것이 아니다. 후대 편집자들이 헤로도토스의 『역사』를 9권으로, 투키디데스의 『펠로폰네소스 전쟁사』를 8권으로, 플라톤의 『국가』를 10권으로, 『일리아드』와 『오디세이』를 24권으로 나누었다. 파피루스는 값이 비쌌고 모든 사본이 일일이 필사되었기 때문에 고전 시대에 책은 매우 귀했다. 지식을 쌓는 일은 지금처럼 힘들었겠지만 교육은 지금보다 용이했다. 당시에 독서는 일반교양이 아니었고, 대부분 지식은 한 세대 또는 장인에게서 그다음으로 구전으로 전승되었다. 대부분의 문학 작품은 훈련받은 낭송자가 큰 소리로 읽어 학습되었다.** 기원전 7세기 이전에는 그리스에 독서층이 전혀 없었고, 기원전 6세기에 폴리크라테스와 페이시스트라토스가 책을 모을 때까지 도서관 또한 전혀 없었다.[9] 기원전 5세기에 에우리피데스와 아르콘이었던 에우클레이데스의 개인 도서관이 있었다는 이야기가 있다. 기원전 4세기에는 아리스토텔레스의 개인 도서관이 있었다. 알렉산드리아 시대 이전에는 공공 도서관이 전혀 존재하지 않았고, 아테네에서는 하드리아누스 시대 이전까지 없었다.[10] 페리클레스 시대의 그리스인들은 정말 대단한 사람들이었던 것 같다. 책을 읽을 필요가 없었으니 말이다.

---

* 라틴어의 'frontes'이고 여기에서 '권두화(卷頭畵, frontispiece)'가 유래했다.
** 인쇄술의 발달로 자유롭게 읽을 수 있고 구술되는 경우가 거의 없지만, 문체와 구두법은 여전히 독자가 쉽게 호흡할 수 있고 단어가 리듬감 있게 들리도록 구성된다. 어쩌면 후손들은 다시 청각 세대가 될지 모르겠다.

3. 문학

종교처럼 문학도 그리스를 분할하고 결합시켰다. 시인들은 자기 지역 방언으로 노래했고, 종종 고향의 풍경을 노래했다. 하지만 모든 헬라스는 더욱 감동적인 목소리에 귀를 기울였고, 더욱 광범위한 주제에 흥분되었다. 세월과 편견으로 이 초기 시의 상당 부분이 너무 심하게 훼손되어 그 풍부함과 넓이, 명성이 자자한 활력과 유려한 형식을 느낄 수 없는 것이 참으로 아쉽다. 하지만 기원전 6세기의 그리스 섬들과 도시들을 지나가면서 페리클레스 이전 시대 그리스 문학의 풍부함과 탁월함을 접하면 놀라움이 인다. 서정시에는 예의범절을 준수하기만 하면 감정과 사상, 도덕이 얼마든지 자유로웠던 귀족 사회의 모습이 잘 반영되어 있다. 도시풍의 세련된 시는 민주정 시대에는 대체로 자취를 감추었다. 서정시는 매우 다양한 구조와 보격을 갖추었지만 운율에 거의 매이지 않았다. 그리스인들에게 시는 풍부한 상상력으로 느끼고 리드미컬하게 표현되는 것을 의미했다.*

서정 시인들이 리라에 맞춰 사랑과 전쟁을 노래하는 동안, 음유 시인들은 권력자의 저택에서 서사시로 민족의 영웅적인 행위를 낭송했다. "랍소데스(rhapsodes)"** 회기 여러 세대를 거치면서 테베와 트로이의 함락과 전사들의 귀환을 둘러싼 시들을 모두 모았다. 이들 시인의 활동이 어우러져 노래가 만들어졌다. 각자 전해 오는 단편들을 엮어 줄거리를 만들었고, 이들 이야기의 전체 줄거리를 지어낸 채 하는 이는 아무도 없었다. 키오스에서 이런 랍소데스 일족이 스스로를 호메리다이(Homeridae)로 부르고, 자신들이 그리스 동부 전역에 걸쳐 낭송한 서사시의 저자인 (그들의 말에 의하면) 시인 호메로스의 후손이라고 주장했다.[11] 아마도 이 눈먼 시인은 이름으로 남겨진 시조로서, 헬렌, 도로스, 이온 등과 같이 한 부족이나 단체의 상상 속의 조상이었던 것 같다.[12] 기원

---
* 운율은 대부분 신탁과 종교적 예언에 한정되었다.
** 'raptein'에서 '철(綴)하다(stitch together)'가, 'oide'에서 '노래(song)'가 유래했다.

전 6세기의 그리스인들은 『일리아드』와 『오디세이』뿐 아니라 당시 존재한 그 밖의 다른 모든 서사시를 호메로스의 작품으로 여겼다. 호메로스풍 시들은 우리에게 알려진 바로는 가장 오래된 서사시다. 그러나 더 이전 시대의 시인들에 대한 수많은 언급뿐 아니라 그 탁월성으로 인해, 현존 서사시들이 단순한 시 구절에서 장문의 "편집된" 노래에 이르기까지 기나긴 발전을 거쳐 온 끝자락에 서 있음을 보여 준다. 아마 솔론이나[13] 페이시스트라토스 치하인 듯한데, 기원전 6세기 아테네에서 정부가 위원회를 구성해 이전 세기들의 서사 문학에서 『일리아드』와 『오디세이』를 골라내거나 합쳐 호메로스의 작품이라고 정하고, 이들을 실질적으로 현재의 형태로 편집한 것으로 보인다.[14]

원래 그렇게 복잡했던 시들이 마침내 그렇게 예술적인 성과로 탈바꿈한 것은 문학사에 있어 기적 중의 하나다. 언어와 구조 모두에 있어 『일리아드』가 상당히 완벽한 경지에 도달해 있고, 마치 여러 나라 말을 쓸 줄 아는 스미르나인의 작품인 양 아이올리스 및 이오니아 형식이 뒤섞여 있으며, 보격이 때로는 이 방언을 때로는 저 방언을 필요로 하고, 그 구성은 일관성의 결여, 줄거리 및 강조점의 변화, 자가당착적 인물 설정 등으로 훼손되어 있고, 같은 영웅들이 이야기 전개 과정에서 두세 차례 죽임을 당하고, 원래의 주제인 아킬레우스의 분노와 그 결과가 명백히 다른 시들에서 가져와 매번 이 서사시에 기워진 수많은 에피소드들로 인해 내용이 끊기고 모호해진다는 점 등은 분명 사실이다. 그럼에도 불구하고 보다 넓은 견지에서 보면 줄거리는 하나고 언어는 강하고 생생하며, 시는 대체로 "사람이 말한 것 중 가장 위대하다."[15] 이러한 서사시는 그리스인의 역동적이고 활기찬 청년기에만 시작될 수 있었고, 그들의 예술적인 성숙함을 통해서만 완성될 수 있었다. 인물들은 거의 대부분이 전사들이거나 그들의 여인이었다. 네스토르 같은 철학자들조차 부러워할 만큼 멋진 싸움을 펼친다. 이들 개개인은 친밀하고 호감이 가게 표현된다. 아마도 그리스 문학 전체에서 가장 멋진 요소는 오늘날의 독자가 헥토르에게서 그리고 아킬레우스에게서 느낄 수 있는 편견 없는 태도일 것이다. 그의 막사에서 아킬레우스는 완전히 평범하고 호감이 가지 않는 인물로 그려진다. 자신의 운이 신과 같은 자기에게 어울리지 않고 아가멤논이 자기의 소중하고 불쌍한 브리세이스를 도둑질했다고 어머니에게 불평하고, 자신의 거처인 배와 막사에서 먹고 심통을 부리고 잠자면서 수천 명의 그리스인을 죽게 만들고, 파트로클로스를 돕지 않아 죽음으로 내몰고 나서는 남자답지 않은 비탄으로 천지를 뒤흔든다. 마침내 전투에 임해서는 애국심에 격동하는 게 아니라 친구를 잃은 슬픔에 광분한다. 그는 격노로 품위를 잃고, 리카온과 헥토르에 대해 잔인한 야만성을 드러낸다. 진실로 그는 정신적으로 미성숙하고 불안정하며 절제하지 못하고 죽음의 예언에 그늘 드리워져 있다. 낙마해 자비를 구하는 리카온에게 그는 말한다. "아니, 친구여. 그대도 다른 이들처럼 죽어야 한다! 어째서 그리 헛되이 우는가? 그대보다 훨씬 나은 파트로클로스도 죽었다. 나를 보라! 아름답고 출중하며, 훌륭한 아버지와 여신인 어머니에게서 나지 않았느냐? 그런데 보라. 죽음이, 어둠의 강한 손길이 내 위에 머물러 있구나. 저기 오는 것이 새벽인지, 한낮인지, 아니면 저녁인지. 알 수 없는 미지의 손길이 나를 죽이려 하는구나."[16] 그렇게 그는 저항하지 못하는 리카온의 목을 찌르고 시체를 강에 던지고,『일리아드』의 살육을 미화하는 웅장한 연설 중 하나를 쏟아 냄으로써 그리스인들 사이에 수사(修辭)의 기초를 세운다. 그리스인 설반가량이 수 세기 동안 아킬레우스를 신으로 받들었다.[17] 그러나 사실은 그를 어린아이로 맞고 용납해야 할 것이다. 최악의 상태에서 그는 시심(詩心)의 최고 창조물 중 하나가 되었다.

『일리아드』를 연구하거나 해석하려 하지 않고 전체의 흐름을 따라갈 때 정작 다가오는 것은 이런 수없이 많고 다양한 인물 묘사나 이야기의 격랑이 아니라 시의 역동적인 화려함이다. 호메로스가 어떤 부분을 반복하고 깜빡 실수하기도 한다는 것을 인정해야 한다. 그러나 후렴구에서 특정 형용어나 구절을 되풀이하는 것은 그의 구상의 한 부분이다. 그렇게 그는 좋아하는 구절인 "아침의 딸, 장밋빛 손가락을 한 새벽이 등장할 때"를 반복해 노래한다.[18] 그러나 이런 흠들도 찬란히 빛나는 시어 속에 묻혀 버리고, 전쟁의 충격 속에 이따금 등장하는 풍부한 직유는 평화로운 들판의 평온한 아름다움으로 우리를 안돈시킨다. "봄철에 수많은 파리 떼가 목자의 마구간에 들끓고 신선한 우유가 통에 가득 찬 것처럼, 긴 머리 그리스인들이 평원에 빽빽이 모여 있다."[19] 또는

> 황량한 산허리 깊은 골짝 가운데,
> 위대한 불이 타올라 앞에 가로놓인 울창한 숲을 불태우고,
> 갈피를 잡을 수 없는 바람이 이리저리 불길을 이끌어 가듯,
> 격분한 아킬레우스가 들판을 가로질러
> 이 끝에서 저 끝으로, 양 사방에서
> 희생물들을 사로잡았고, 땅은 피로 어두워졌다.[20]

『오디세이』는 이 모든 것과 너무나 달라 처음부터 저자가 다른 인물일지 모른다는 의심이 들게 한다. 알렉산드리아의 학자들 가운데 일부도 이런 의문을 제기했고, 아리스타르코스의 모든 권위 있는 비평가들은 논쟁을 자제하도록 주의를 받았다.[21] 『오디세이』는 "올빼미 눈을 한 아테나", "긴 머리 그리스인들", "포도주처럼 어두운 바다", "장밋빛 손가락을 한 새벽" 등 특정 표준 문구들에 있어 『일리아드』와 일치하는 부분이 있으며, 이들은 『일리아드』의 저자들이 펜을 담갔던 그 보고(寶庫)와 시적 전통에서 취해졌을 수 있다. 그러나 『오디세이』에는 분명히 『일리아드』가 씌어진 이후에 사용된 단어들이 포함되어 있다.[22] 이 두 번째 서사시에서는 철에 대한 언급이 빈번하게 나오는 반면 『일리아드』에서는 청동이 언급되며, 기록과 개인 토지 소유, 자유민과 노예 해방이 빈번히 등장하는 반면 『일리아드』에서는 그 어느 것도 등장하지 않다. 신들과 그 역할도 차이난다.[23] 모든 그리스 서사시에서처럼 보격은 동일하게 장단단격(長短短格)의 6보격이다. 그러나 후자의 문체와 정신 및 요지는 『일리아드』와 너무나 거리가 멀어, 같은 저자가 두 시를 모두 지었다면 그는 너무나 복잡한 사람이고 모든 분위기에 정통한 사람이었을 것이다. 이 새 시인은 옛 시인보

다 더 박식하고 철학적이며, 폭력적이고 호전적인 면은 덜하고, 더 자의식이 강하고 사변적이며, 여유롭고 품위 있다. 또한 이 시는 너무나 감미로워 벤틀리(Bentley)는 특히 여성을 위해 지어졌을 것이라고 생각했다.[24]

『오디세이』 또한 여러 시인들의 합작품이라고 말하기에는 『일리아드』의 경우와 달리 쉽지 않다. 짜깁기한 흔적이 있지만 그 솜씨는 이전 서사시보다 정교해 보인다. 구성도 빙 돌아가긴 하지만 결국에는 놀라우리만치 일관성을 보여 주며, 거의 오늘날의 이류 작가에 견줄 만하다. 처음부터 결론이 암시되어 있고, 모든 줄거리가 결론을 향하고 있으며, 모든 책이 전체로 이 결론에 귀결된다. 이 서사시도 『일리아드』의 경우처럼 기존의 시들을 근거로 지어진 듯하지만, 작품의 통일성은 훨씬 완벽하다. 따라서 『오디세이』가 『일리아드』보다 한 세기 후에 지어졌으며, 한 사람의 작품일 가능성이 농후하다고 아주 조심스럽긴 하지만 결론지을 수 있겠다.

『오디세이』에 표현된 인물들은 『일리아드』의 경우보다 활기와 생동감이 떨어진다. 페넬로페는 어슴푸레하게 비쳐, 남편이 돌아왔을 때 그녀의 마음에 일순간 불신과 회한이 인 끝 부분 외에는 좀처럼 자신의 베틀 뒤에서 나오지 않는다. 헬렌은 더 선명하고 두드러지게 묘사된다. 자기 때문에 1000여 척의 함선이 동원되고 1만여 명이 목숨을 잃었음에도, 그녀는 여전히 "여인들 기운데 여신"이며 중년의 성숙한 아름다움을 뽐내고 이전보다 부드러우며 차분하지만, 어느 때보다 오만하고 우아한 자태로 왕비에게 쏠리는 관심을 당연하게 받아들인다.[25] 나우시카아는 남성이 여성을 이해할 수 있는 멋진 수필이다. 그리스에 이토록 섬세하고 낭만적인 장면이 있으리라고는 생각지도 못했다. 텔레마코스는 불확실하게 그려져 얼마간 햄릿 같은 분위기의 망설임에 감염되어 있다. 그러나 그리스 시에서 가장 완벽하고 복합적인 인물은 오디세우스다. 대체로 『오디세이』는 매혹적인 시로 구성된 놀라운 소설이고, 부드러운 감정과 놀라운 모험으로 가득하며, 전쟁을 싫어하고 나이 지긋한 사람에게는 장엄하고 피로 얼룩진 『일리아드』보다 더 큰 재미를 안겨 준다.

오랜 기간 계승되어 온 서사시들 중 유일하게 살아남은 이 시들은 그리스 문학에 있어 가장 소중한 유산이 되었다. '호메로스'는 그리스 교육의 주 교재였으며 그리스 신화의 보고였고, 수많은 희곡의 원천이자 도덕 훈련의 토대였으며, 무엇보다 기이한 사실은 정통 신학의 바로 그 성경이었다는 사실이다. 헤로도토스는 (아마도 약간 과장된 표현으로) 올림포스 신들에게 명확하게 인간적인 형태를 부여하고 천상에 위계질서를 세운 이는 바로 호메로스와 헤시오도스였다고 말했다.[26] 호메로스의 신들에는 장엄한 면이 많고 그들의 실수에도 불구하고 그들을 좋아하게 된다. 그러나 학자들은 이후 오랫동안 시인들이 국민적인 성격의 성경에 걸맞지 않게 신들을 경박하고 무신론에 가깝게 묘사함을 알아채게 된다. 이들 신은 친척 사이인 것처럼 다투고, 천한 이들처럼 사통(私通)하고, 알렉산드로스에게는 인간의 오점으로 비친 것, 즉 사랑과 수면의 필요성을 인류와 공유하는 등 배고픔과 죽음 외에는 인간과 다를 바 없었다. 이들 중 누구도 지능 면에서는 오디세우스와, 영웅심에서는 헥토르와, 부드러움에서는 안드로마케와, 위엄에서는 네스토르와 비교될 수 없었다. 이오니아의 회의주의에 조예가 깊은 기원전 6세기의 시인만이 이런 신들의 소극(笑劇)을 만들어 낼 수 있었을 것이다.[27] 그 속에 등장하는 올림포스 신들이 본질적으로 희극 배우 역할을 하는 이 서사시들이 헬라스 전역에서 존경받는 도덕과 신앙의 버팀목으로 숭상되었다는 사실은 역사의 유머라 아니할 수 없다. 결국 변칙적인 것이 폭발성을 가진다는 것이 입증되었고, 해학이 신앙을 와해시켰으며, 인간의 도덕적 발전이 무용지물이 된 신들의 도덕에 반기를 들었다.

4. 경기

종교는 그리스를 통일하는 데 실패했지만 운동 경기는 정기적으로 성공했다. 사람들은 신들을 기리기 위해서가 아니라(이들은 어디서나 숭배받을 수 있으므로) 출전한 운동선수들의 영웅적인 시합과 다양한 그리스인들의 범세계적 모임을 구경하기 위해 올림피아와 델포이, 코린토스, 네메아로 갔다. 바깥에서 그리스를 볼 수 있었던 알렉산드로스는 올림피아를 그리스 세계의 중심으로 간주했다.

운동 경기에서 그리스인들의 진정한 종교, 즉 건강과 미와 힘의 숭상을 발견한다. 시모니데스는 말했다. "인간에게 최선은 건강이고, 그다음은 외모와 성격이 아름다운 것이며, 세 번째는 정당하게 모은 재산을 누리는 것이고, 네 번째는 친구들과 청춘을 꽃피우는 것이다."[27a] 『오디세이』에서는 말한다.[28] "살아 있는 동안, 자기 손과 발로 쟁취한 것보다 더 영광스러운 것은 없다." 아마도 자기들보다 훨씬 많은 노예들 가운데 살고, 인구가 더 많은 국가에 맞서 자신들의 땅을 지키기 위해 빈번히 소집되었던 귀족들에게 건강은 필수 요소였을 것이다. 고대 전쟁은 육체적인 활력과 기술에 달려 있었으며, 이것들이야말로 소란스러운 명성으로 헬라스를 가득 채웠던 시합의 진정한 목적이었다. 우리는 평균적인 그리스인을 아이스킬로스나 플라톤의 제자나 연인으로 생각해서는 안 되며, 오히려 전형적인 영국인이나 미국인들처럼 운동에 관심이 있고 좋아하는 운동선수가 그에게 있어서는 지상의 신들인 그런 사람을 연상해야 한다.

그리스의 경기는 개인적·지역적·도시적·범그리스적이었다. 고대의 단편적인 유물에서도 일단의 흥미 있는 운동 경기를 볼 수 있는데, 아테네 박물관의 한 돋을새김에는 한쪽에는 레슬링 시합이 다른 한 쪽에는 하키 경기가 묘사되어 있다.[29] 수영, 안장 없이 말타기, 말을 탄 채로 무기 던지기 및 피하기 등은 운동 경기라기보다 모든 시민들의 일상적인 일이었다. 사냥은 생계 수단에서 운동 경기로 변신했다. 구기(球技)는 오늘날과 마찬가지로 다양하고 인기 있었다. 스파르타에서는 구기 선수와 젊은이가 같은 의미로 통했다. 체육관에는 구기를 위한 방이 특별히 마련되었다. 이들 방은 스파이리스테리아(sphairisteria)라 불렸고, 교사들은 스파이리스타이(sphairistai)라 불렸다. 또 다른 돋을새김에서는 남자들이 손바닥으로 마루나 벽에 공을 튀기는 장면이 나온다.[30] 이 운동이 오늘날의 핸드볼과 같았는지는 알 수 없다. 어떤 구기는 캐나다의 라크로스와 비슷했는데, 라켓으로 하는 하키의 일종이었다. 서기 2세기 사람인 폴룩스는 거의 현대적인 용어로 이 경기를 다음과 같이 묘사한다.

두 개의 동수 그룹으로 나뉜 젊은이들이 자신들이 준비한 평지에 사과 크기만한 가죽 공을 둔다. 그들은 자신들 사이에 상(賞)이 놓여 있는 듯 출발점에서 공을 향해 돌진한다. 모든 선수는 오른손에 라켓(rhabdon)를 들고 있는데 …… 끝 부분은 일종의 납작한 벤드로 처리되어 있고 중간은 실로 엮여 있다. …… 그물처럼 엮인 것이다. 양편은 자기에게 할당된 영역에서 상대편 영역 끝 부분으로 공을 먼저 몰아가려고 애쓴다.[31]

폴룩스는 또한 한편이 상대편 너머나 상대편을 가로질러 공을 던져 "상대편을 자기 골라인 너머로 몰아가는" 경기도 묘사한다. 안티파네스는 불완전한 형태로 남은 기원전 4세기의 한 단편에서 스타플레이어를 묘사한다. "그는 공을 잡자 상대편 선수를 재빨리 피하며 자기편 선수에게 패스했다. 그는 상대편 선수에게서 공을 쳐 빼앗고는 자기편 선수에게 고함을 지르면서 재촉했다. 바깥쪽으로 길게 패스하고, 머리 너머로 짧게 패스한다."[32]

파트로클로스 같은 영웅이 죽은 후나 크세노폰의 1만 군사가 바다로 행진한 것과 같은 대단한 일이 성공적인 결과를 낳으면, 이를 기념해 개인 운동 경기가 확대되어 지역적인 운동 경기가 비정기적으로 개최되었다. 다음으로는 시가 주최하는 경기가 있었고, 여기서는 경기자들이 한 도시 국가 내 다양한 지역과 단체를 대표했다. 거의 국제적이지만 완전히 그렇지는 않은 경기가 4년마다 열린 판아테나이아 제전이었는데, 기원전 566년 페이시스트라토스에 의해 시작되었다. 이 경기 참가자들은 대부분 아티카 출신이었지만 외부인도 환영받았다. 일반적인 경기 외에도 전차 경주, 횃불 경주, 조정 경주, 노래 및 하프, 리라, 플루트 연주를 다투는 음악 경연, 무용, 주로 호메로스 작품을 대상으로 한 암송 시합도 있었다. 아티카 지역 열 개 구역에서 스물네 명의 남자들이 건강과 활력, 외모를 기준으로 선발되었고, "멋진 남성미"로 가장 감명을 준 스물네 명에게 우승상을 수여했다.[33]

운동 경기가 전쟁을 위해 필수적이었고 경쟁이 없으면 죽을 수도 있었기 때문에 그리스 도시들은 최고의 자극을 위해 범그리스 제전을 마련했다. 이들 중 가장 오래된 경기가 기원전 776년 올림피아에서 4년마다 정기적으로 개최되는 행사로 열렸고, 이는 그리스 역사상 최초로 분명한 연도다. 원래는 엘레아인으로만 제한했지만, 한 세기 내에 전 그리스의 참가를 허용했다. 기원전 476년에는 승리자 명단이 시노페에서 마실리아까지 이르렀다. 제우스 제전은 국제 공휴일이 되었다. 축제가 열리는 달에는 그리스에서 모든 전쟁의 휴전이 선언되었고, 경기에 참가하려는 여행자를 방해하는 구역 내 모든 그리스 국가들에 대해 엘레아인은 벌금을 부과했다. 마케도니아의 필리포스는 자기 병사들 중 일부가 올림피아로 가던 아테네인을 약탈하자 겸허하게 벌금을 지불했다.

멀리 떨어진 도시를 출발한 순례자와 운동선수들이 한 달 전부터 제전에 모여드는 장면이 상상된다. 제전은 축제인 동시에 시장이었다. 평원은 7월의 따가운 햇볕에서 방문객들을 보호하기 위해 쳐 놓은 천막뿐 아니라, 수많은 장사꾼이 포도주와 과일부터 말과 조각상에 이르기까지 모든 상품을 팔려고 진열해 놓은 노점들로 뒤덮였다. 한편 곡예사와 미술사들은 군중들에게 묘기를 선보였다. 어떤 이들은 공중에서 공으로 곡예를 했고, 어떤 이들은 민첩한 기술로 놀라운 시범을 보였으며, 또 어떤 이들은 불을 먹거나 검을 삼켰다. 미신처럼 오락에도 숭상할 만한 역사가 있다. 고르기아스 같은 유명한 웅변가들과 히피아스 같은 유명한 소피스트들, 어쩌면 헤로도토스 같은 유명한 저술가들도 제우스 신전 주랑 현관에서 연설이나 낭송을 했을 것이다. 제전은 남자들을 위한 특별 공휴일이었다. 결혼한 여인들은 제전에 참가할 수 없었기 때문이다. 여인들은 헤라 제전에서 자신들만의 경기를 즐겼다. 메난드로스는 이런 장면을 다섯 단어로 요약했다. "군중, 시장, 곡예사들, 오락, 도둑들."[34]

그리스의 자유 시민들만 올림피아 제전에 참가할 수 있었다. 운동선수들

('athlos'에서 '경연(contest)'이 유래)은 지역 및 시 예선을 거쳐 선발되었고, 그다음 전문 파이도트리바이(paidotribai)(글자 그대로의 뜻은 '청년 고무')와 김나스타이(gymnastai)의 지도하에 10개월 동안 엄격한 훈련을 받았다. 올림피아에 도착하면 이들은 관리들의 검사를 받았고, 모든 규칙을 준수한다는 맹세를 했다. 반칙은 드물었다. 에우폴리스가 다른 권투 선수들을 매수해 시합에서 이기려 했다는 얘기가 전해지지만,[35] 이런 반칙에는 엄청난 처벌과 불명예가 따랐다. 모든 준비가 끝나면 선수들이 경기장에 입장하고, 다음 선수의 이름과 출신 도시가 발표된다. 경기자들은 나이나 신분에 관계없이 모두 발가벗었다. 가끔 속옷을 허리 부분에 걸치기도 했다.[36] 경기장에는 출발점의 주자들이 밟는 좁은 석판 외에 아무것도 남지 않는다. 4만 5000명의 관객들은 하루 종일 경기장 자리를 지키며 벌레와 더위, 갈증을 참았다. 모자도 쓰지 못하고, 물도 형편없었으며, 파리와 모기도 오늘날 그런 것처럼 극성을 부렸다. 이 때문에 파리를 물리치는 제우스에게 희생 제사가 빈번하게 드려졌다.[37]

가장 중요한 경기들은 펜타틀론(pentathlon), 즉 5종 경기로 묶여 치러졌다. 선수의 전반적 발전을 위해 참가 선수 모두가 이 5종 경기의 모든 종목에 참여하도록 했다. 승리하려면 5개 시합에서 3개를 이겨야 했다. 첫 번째는 멀리뛰기로 선수는 손에 아령 같은 무거운 것을 들고 출발선에서 도약했다. 고대의 저술가들은 일부 선수들이 15미터를 기록했다고 자신 있게 말하지만,[38] 그 모든 내용을 믿을 필요는 없을 것 같다. 두 번째 경기는 원반던지기로 약 5킬로그램의 금속이나 돌로 만들어진 원반을 던지는 것이었다. 가장 멀리 던진 기록은 30미터라고 전해진다.[39] 세 번째 시합은 창던지기였는데 창의 중심에 달린 가죽끈을 이용했다. 네 번째이자 제일 중요한 시합은 경기장 내 단거리 경주였다. 경기장의 길이는 보통 약 180미터였다. 다섯 번째 시합은 레슬링이었다. 당시 이 시합은 그리스에서 매우 인기가 높아, 레슬링 연습장을 뜻하는 팔라이스트라(palaistra)가 이 시합 명칭에서 유래했고 우승자에 대한 수많은 이야기가 널리 회자되었다.

권투는 역사가 오랜 경기로 미노스크레타와 미케네그리스로부터 분명한 형태로 전해 내려왔다. 권투 선수들은 무화과 씨, 곡물, 모래 등이 채워져 머리 높이에 매달린 샌드백으로 연습했다. 고전 시대 그리스에(기원전 5~4세기) 권투 선수들은 기름을 발라 무두질하고 거의 팔꿈치까지 오도록 한 황소 가죽 재질의 부드러운 장갑을 꼈다. 타격은 머리 부분에 한정되었지만, 쓰러진 선수를 가격하지 못하게 한 규정은 없었다. 휴식이나 라운드도 없었고 선수들은 한쪽이 항복할 때까지 싸웠다. 이들은 체중에 따라 구분되지 않았으므로, 어떤 체중의 누구라도 명단에 오를 수 있었다. 체중이 중요한 자산이었으므로 그리스에서 권투는 기술 시합에서 근력 시합으로 변질되었다.

시간이 흐르면서 경기는 더 잔인해져 권투와 레슬링은 두 종목이 결합된 형태의 격투기로 발전하고 이를 판크라티온(pankration)이라 불렀다. 이 경기에서는 물어뜯거나 눈을 후비는 행동을 제외하고는 모든 공격이 허용되었고, 위장 부분에 대한 가격도 허용되었다.[40] 상대 선수들의 손가락을 부러뜨림으로써 승리를 차지한 세 영웅의 이름이 전해 내려온다.[41] 어떤 선수는 똑바로 뻗은 손가락과 강하고 날카로운 손톱으로 어찌나 잔인하게 가격했던지 상대 선수의 살점을 뚫고 창자를 파냈다고 전해지기도 한다.[42] 크로토나의 밀로는 사랑을 받는 권투 선수였디. 그는 송이지기 왼전히 자란 황소기 될 때까지 매일 들이 올림으로써 힘을 길렀다고 전해진다. 그는 술책을 썼음에도 사람들의 사랑을 받았다. 주먹으로 석류를 어찌나 세게 쥐었던지 아무도 그에게서 빼앗을 수 없었지만, 과일은 전혀 상하지 않게 했다고도 한다. 그는 기름을 바른 고리 위에 서서 떨어뜨리려는 사람들의 방해를 물리치고 자세를 유지했다. 이마에 노끈을 묶고는 숨을 참고 머리에 힘을 가해 노끈을 끊기도 했다. 결국 그는 덕성 때문에 파멸했다. 파우사니아스는 "그가 절단할 목적으로 쐐기를 박아 놓은 고목과 우연히 마주쳤을 때 자기 손으로 그 나무를 꺾으려 했다. 하지만 쐐기가 미끄러져 나왔고, 그는 나무에 갇혀 늑대들의 밥이 되고 말았다."고 전한다.[43]

단거리 경주뿐 아니라 다른 경주도 있었다. 그중 하나는 365미터 경주이고,

다른 하나는 4.4킬로미터 경주였다. 세 번째는 무장 경주로 각 주자는 무거운 방패를 들고 달렸다. 이들 경주에서 달성된 기록에 대해서는 전해지는 내용이 없다. 경기장은 도시마다 길이가 달랐으며, 그리스인들은 작은 시간 간격은 측정할 수 없었다. 전해 오는 이야기에 의하면 한 그리스 주자가 토끼를 앞질렀고, 다른 선수는 코로니아에서 테베까지(약 32킬로미터) 말과 경주하여 이겼으며, 페이디피데스는 아테네에서 스파르타까지(240킬로미터)를 이틀 만에 달렸다고 한다.[44] 또한 그는 목숨을 담보로 40여 킬로미터 떨어진 마라톤에서의 승리 소식을 아테네인들에게 전했다. 하지만 그리스에서 "마라톤 경주"는 없었다.

올림피아 경기장 아래 평원에서는 경마를 위한 특별 경마장이 지어졌다. 남자들뿐 아니라 여자들도 자기 말을 끌고 출전할 수 있었고, 오늘날처럼 상은 기수가 아니라 말 소유주에게 돌아갔다. 말은 때로 조각상을 상으로 타기도 했다.[45] 경기의 절정은 전차 경주로 2~4마리의 말이 나란히 달렸다. 종종 4마리 말이 끄는 전차 10대가 승리를 다투었고, 코스의 끝 부분에 있는 기둥을 23회 돌아야 했으며, 이때 발생하는 사고가 경기의 중요한 구경거리였다. 어떤 경주에서는 40대가 출발해 1대만 결승선을 통과하기도 했다. 이들 시합의 관전자들이 느끼는 긴장감, 응원하는 선수들을 놓고 벌이는 언쟁, 경주마들이 마지막 한 바퀴를 돌 때의 낙담이 느껴진다.

5일간의 열정적인 경기가 끝나면 승리자들은 그에 따른 보상을 받았다. 각 선수는 양모로 짠 머리띠를 이마에 두르고, 심판은 그 위에다 야생 올리브 관을 씌웠으며, 발표자는 승리자의 이름과 출신 도시를 발표했다. 이 월계수 화관이 올림피아 제전에서 주어진 유일한 상이었지만 그리스에서 가장 열성적으로 다툰 영예였다. 이 제전이 얼마나 중시되었던지 페르시아의 침공조차도 경기를 중단시키지 못했다. 소수의 그리스인들이 테르모필라이에서 크세르크세스의 군대에 맞서는 동안, 늘 그렇듯 수천 명의 관중이 타소스의 테아게네스가 판크라티온 월계관을 쓰는 장면을 지켜보았다. 한 페르시아인이 장군에게 말했다. "이런! 우리를 대적하는 이 사람들의 태도는 도대체 무엇인가요? 돈이 아니라 명예를 위해 다투는 사람들이군요!"[46] 그나 이 이야기를 지은 그리스인은 그리스인들을 너무 추켜세웠다. 그리스인들이 그날 올림피아보다는 테르모필라이에 있어야 했기 때문만은 아니다. 경기의 직접적인 상은 초라했지만 간접적인 보상은 엄청났던 것이다. 수많은 도시들이 승리를 거두고 돌아오는 승리자들에게 상당한 금액의 돈을 주기로 했고, 일부 도시들은 이들을 장군으로 삼았다. 또한 군중은 너무나 공공연하게 이들을 우상시해 질투심 많은 철학자들의 불평을 사기도 했다.[47] 시모니데스와 핀다로스 같은 시인들은 승리자나 후원자들에 고용되어 그를 기리는 송시를 짓고, 귀향 축하 행렬 속에서 소년 합창단이 이 시를 노래했다. 조각가들은 돈을 받고 청동이나 돌로 그를 불멸의 존재로 남겼다. 때로 승리자는 시(市) 청사에서 무료 식사를 제공받았다. 의심의 여지가 있지만, 밀로가 4년생 암소를 먹고 테아게네스가 황소 한 마리를 하루 식사분으로 먹었다는 이야기를 들으면 이런 혜택이 얼마나 대단했는지 짐작이 간다.[48]

기원전 6세기에 그리스에서 운동 경기의 화려함과 인기는 절정에 달했다. 기원전 582년 인보동맹은 델포이에서 아폴론을 기려 피티아 제전을 열었다. 같은 해 코린토스에서도 포세이돈을 기려 이스트미아 제전이 처음 개최되었다. 6년 후에는 제우스를 기려 네메아 제전이 시작되었다. 이들 세 제전 모두 범그리스 축제가 되었다. 이들은 올림피아 제전과 더불어 페리오도스(periodos), 즉 순환 경기를 형성했고, 그리스 운동선수의 위대한 야망은 이 모든 경기에서 월계관을 차지하는 것이었다. 피티아 제전에서는 음악과 시의 경연이 육체적인 경쟁에 추가되었다. 실제로 이런 음악 경연은 운동 경기가 시작되기 오래전부터 델포이에서 개최되었다. 원래 이 행사는 델포이의 거대한 뱀을 아폴론이 물리친 것을 기린 찬가 대회였다. 기원전 582년에는 노래와 리라 및 플루트 연주 경연도 추가되었다. 비슷한 음악 경연 대회가 코린토스와 네메아, 델로스 및 기타 지역에서 열렸다. 그리스인들은 대중적인 경연 대회를 빈번히 개최함으로써 출전자의 능력뿐 아니라 대중의 기호 역시 자극할 수 있다고 생각했다. 이런 원리는 거의 모든 예술, 도기와 시, 조각, 회화, 합창, 웅변, 희곡 등에 적용되었다.[49] 이런저런 방식으로 운동 경기는 예술과 문학에 심오한 영향을 끼쳤고, 심지어 역사 기록에까지 영향을 미쳤다. 후대 그리스 역사 편찬에서 시간을 계산하는 주요 방법이 1스타디움(stadium, 약 185미터) 도보 경주 승리자의 이름을 따라 불리는 올림피아드(Olympiad)였던 것이다. 기원전 6세기에 만능선수의 완벽한 신체는 조각상의 이상적 모델이 되었으며, 이는 미론과 폴리클레이토스에서 절정에 이르렀다. 체육 학교와 제전에서 있었던 누드 경연 및 경기는 조각가에게 인간 육체의 자연스러운 형체와 자세를 연구할 수 있는 더없는 기회를 제공해 주었다. 국가는 자기도 모르는 사이에 예술가들의 모델이 되었고, 그리스 운동 경기는 그리스 종교와 결합하여 그리스 예술을 낳았다.

5. 예술

마침내 그리스 문명의 가장 완벽한 산물에 이르렀지만, 그 유적의 양은 절망스러우리만치 제한되어 있다. 세월과 편협한 신앙, 정신적 풍조로 인한 그리스 문학의 황폐화 현상은 그리스 예술의 황폐화에 비하면 거의 무시해도 좋다. 「델포이의 마부」라는 고전적인 청동 작품 한 점이 있고, 프락시텔레스의 「헤르메스」라는 고전적인 대리석 조각상이 남아 있다. 어느 한 곳의 신전도, 심지어는 테세이온 신전조차 고대 그리스 시대의 형태와 색상을 그대로 간직하고 있지 못하다. 섬유나 나무, 상아, 은, 금 등으로 된 그리스 작품은 거의 전부 사라졌다. 그 재질이 고의적인 파괴와 세월로 인한 훼손을 피하기에는 너무나 연약하고 값졌기 때문이다. 잔해의 판자 조각 몇 개로 선박을 재구성해야 할 지경이다.

그리스 예술의 원천은 표현 및 장식 욕구, 그리스 종교의 의인화된 특질, 강건한 인물과 이상이었다. 다른 태고인들처럼 초기 그리스인들도 망자와 동행하고 그를 보살피기 위해 살아 있는 것들을 희생하는 관습에서 벗어났을 때, 조각되거나 그려진 대상들을 대체물로 매장했다. 시간이 지나면서 그는 조상들의 상을 집에 모셨고, 신전에다 자기를 닮은 형상이나 자신이 사랑하는 이들의 형상을 바쳤다. 이는 봉헌용 입상으로 이들 상으로 인해 신비적으로 신의 보호를 받을 수 있다고 믿었다. 미노스 종교와 미케네 종교, 나아가 그리스 지하 신들은 심미적인 형태로 표현하기에는 너무나 모호하고 비인간적이며 때로 너무 무시무시하고 괴기스러웠다. 하지만 올림포스 신들의 솔직한 인간미, 지상 체류를 위한 신전의 필요성 등으로 조각과 건축 및 수많은 보조 예술을 위한 길이 활짝 열리게 되었다. 가톨릭을 제외한 어느 종교도 문학과 예술을 이토록 자극하고 영향을 끼치지 못했다. 고대 그리스에서 전승된 거의 모든 책과 희곡, 조각상, 건물, 화병 등의 주제나 의도, 영감에서 종교성이 느껴진다.

하지만 영감만이 그리스 예술을 위대하게 만들지는 않았을 것이다. 문화적 접촉과 전파, 공예의 발전으로 말미암는 우수한 기술이 필요했다. 사실상 그리스인들에게 예술은 수공예의 한 형태였고, 예술가들은 장인들에서 너무나 자연스럽게 성장했기 때문에 그리스는 이 둘을 확연히 구분할 수 없었다. 건강한 성장에 비율과 대칭과 미의 기준이 필요한 것처럼, 예술에는 인체에 대한 지식도 필요했다. 한순간 생동히는 사랑스러움에 영속적인 형태를 부여할 수 있다면 어떤 수고도 아깝지 않을 미에 대한 육감적이고 열정적인 사랑도 필요했다. 스파르타 여인들은 침실에 아폴론, 나르키소스, 히아킨토스나 다른 잘생긴 신들의 조각상을 두어 잘생긴 아이를 낳기를 빌었다.[50] 기원전 7세기로 거슬러 올라가면 킵셀로스가 미인 대회를 개최했는데, 아테나이오스에 의하면 이 정기 경연 대회는 그리스도교 시대까지 계속되었다고 한다.[51] 테오프라스토스에 의하면 어느 지역에서는 "여인들 간에 현숙함과 훌륭한 솜씨를 겨루는 시합이 있었고 …… 예를 들면 테네도스와 레스보스에서는 …… 미의 경연 대회도 있었다."[52]

1. 화병

최초의 컵은 헬렌의 가슴을 모델로 만들어졌다는 아름다운 그리스 전설이 있었다.[53] 이 전설이 사실이라면 그 원형은 도리스인의 침공으로 유실되었을 것이다. 초기 그리스 시대에서 전승되어 온 어떤 도기도 헬렌을 연상케 하지 않기 때문이다. 도리스인의 침공은 예술의 발전을 심각하게 저해하고, 장인들을 몰락시키고, 학교를 해산시키고, 한동안 기술의 전파를 차단했음이 분명하다. 도리스인 침공 이후 만들어진 그리스 화병들은 마치 크레타가 도기를 예술의 한 형태로 고양시킨 일이 없었던 양, 다시 원시적인 단순함과 조악함에서 시작한다.

도리스 정복자들의 거친 분위기가 당시 잔존해 있던 미노스-미케네 기법을 이용하면서 호메로스 이후 시대의 가장 오래된 그리스 도기류를 지배한 기하학적 스타일을 낳은 것 같다. 크레타 장식을 그토록 풍요롭게 했던 꽃과 풍경, 식물이 사라지고, 도리스 신전에 영광을 더해 준 엄격한 정신이 그리스 도기의 일시적 몰락을 초래했다. 이 시기를 특징짓는 거대한 항아리는 아름다움과는 거리가 멀었다. 이들은 도기 감식가의 관심을 끌기보다는 포도주나 기름, 곡물을 저장하기 위해 설계되었다. 항아리의 장식은 거의 전부가 삼각형, 원형, 사슬무늬, 격자무늬, 마름모, 만(卍) 자, 또는 단순한 병렬 수평선이 반복되는 형태이고, 가끔 등장하는 인물조차 기하학적인 형태다. 몸통은 삼각형이고, 허벅지와 다리는 원추형이었던 것이다. 이런 안이한 장식 스타일이 그리스 전역에 퍼졌고, 아테네에서는 디필론(Dipylon) 화병의 형태를 결정지었다.* 하지만 (대개 망자를 보관하기 위해 만들어진) 이들 거대한 용기에 애도자들의 검은 실루엣과 마차, 동물 들이 어색한 모습으로 무늬의 선들 사이에 그려졌다. 기원전 8세기 말경에는 보다 풍부한 생명력이 그리스 도기 그림에 불어넣어졌다. 바탕에는 두 가지 색상이 사용되었고, 직선이 곡선으로 대체되었으며, 종려나무무늬와 연꽃무늬, 날뛰는 말과 사로잡힌 사자가 진흙 위에 그 모습을 드러내고, 화려한 동방적 요소가 꾸밈없는 기하학

* 이 이름이 붙여진 것은 이것들이 주로 케라미코스에 있는 도시의 겹 수문(Double Gate) 근처에서 발견되었기 때문이다.

적 스타일을 계승했다.

　이후 분주한 실험 시대가 이어졌다. 밀레토스는 붉은 화병으로, 사모스는 석고 화병으로, 레스보스는 검은 그릇으로, 로도스는 흰색 그릇으로, 클라조메나이는 회색 그릇으로, 나우크라티스는 파양스 도자기와 투명 유리그릇으로 시장을 가득 채웠다. 에리트라이는 화병이 얇기로 유명했고, 칼키스는 화려한 마감 방식으로, 시키온과 코린토스는 섬세한 원시 코린토스식 물병과 로마의 치기(Chigi) 화병처럼 정교한 그림이 그려진 물병으로 유명했다. 일종의 도자기 전쟁이 경쟁 도시들의 도공들 사이에 벌어졌다. 이들 중 어떤 이들은 지중해의 모든 항구와 러시아와 이탈리아, 갈리아의 내지에서 수요자를 발견했다. 기원전 7세기에는 코린토스가 이기는 듯하여, 코린토스의 그릇들이 모든 지역과 사람들의 수중에 들어갔으며, 이 지역 도공들은 새김과 채색의 새로운 기술을 개발했고, 그 형태에서 신선한 독창성을 보여 주었다. 하지만 기원전 550년경, 아테네 외곽 지역에 있는 도공들 구역인 케라미코스의 대가들이 전면에 나서 동방의 영향력을 탈피하고, 흑화(黑畵) 기법으로 흑해와 키프로스, 이집트, 에트루리아, 스페인 시장을 장악했다. 이때부터 계속적으로 가장 훌륭한 도공들이 아테네로 이주하거나 이곳에서 출생했으며, 훌륭한 학교와 전통이 수 세기 동안 전승되어 형성되었고, 그 우수한 품질로 인해 요업은 아티카의 대규모 산업이 된 후, 마침내는 공인 독점 산업의 하나가 되었다.

　화병들은 이따금씩 도공의 가게 풍경, 즉 장인이 도제들과 일하거나 다양한 공정들을 주의 깊게 감독하는 모습을 그린다. 안료와 진흙을 혼합하고, 형태를 본뜨며, 바탕을 칠하고, 그림을 새기며, 컵을 굽고, 아름다움이 자기 손을 빌려 형태를 갖추는 모습을 바라보면서 행복감을 느끼는 장면들이다. 아티카 도공들 백여 명 이상이 전해져 오지만, 세월로 그 걸작품들은 와해되어 버리고 그들의 이름만 남아 있다. 컵에는 자랑스러운 단어들이 씌어져 있다. "니코스테네스가 나를 만들었다."[53a] 그보다 더 유명한 도공이 엑세키아스였는데, 그의 장엄한 양손잡이 단지가 바티칸 박물관에 소장되어 있다.

그는 페이시스트라토스 치세 때 보호와 후원을 받은 수많은 장인들 중 한 명이다. 기원전 560년경에 클리티아스와 에르고티모스의 손에서 그 유명한 프랑소와 화병이 만들어졌다. 이 화병은 에트루리아에서 같은 이름의 한 프랑스인이 발견했고, 현재는 피렌쩨의 고고학 박물관에 보관되어 있다. 이는 커다란 조제 용기로 그리스 신화에서 비롯된 수많은 인물과 장면으로 뒤덮여 있다.[54] 이를 만든 사람들이 기원전 6세기 아티카에서 걸출한 솜씨를 자랑한 흑화 스타일의 대가들이었던 것이다. 이들 작품의 우수성을 과장할 필요는 없다. 이들은 구상이나 솜씨 면에서 중국 당·송 시대의 가장 훌륭한 작품들과 비교될 수 없다. 하지만 그리스인들은 그 용도에 있어 동양과 달랐다. 그리스인은 색상이 아니라 선을, 장식이 아니라 형태를 추구했다. 그리스 화병에 나오는 인물들은 형식적이고 틀에 매여 있으며 어깨는 지나치게 장대하고 다리는 가늘다. 이런 방식이 고전 시대 내내 이어져 내려왔으므로, 그리스 도공들은 사실적인 정확성을 결코 꿈꾸지 않았다고 생각된다. 그들은 산문이 아니라 시를 썼고, 눈보다는 상상으로 이야기했다. 그들은 재료와 색상에 있어 스스로를 제한했다. 케라미코스의 질 좋은 붉은 점토를 가져다 그 색상을 노란색으로 가라앉히고, 인물을 조심스럽게 새겼으며, 실루엣을 화려한 흑색 유약으로 채웠다. 흙을 다량의 그릇으로 변모케 해 아름다움과 실용성을 결합시켰다. 이렇게 해서 히드리아(hydria), 암포라(amphora), 오이노코이(oenochoë), 킬릭스(kylix), 크라테르(krater), 레키토스(lekythos), 즉 물그릇과 양손잡이 단지, 포도주 항아리, 술잔, 희석 용기, 기름병이 탄생한 것이다. 실험을 통해 대상을 창조했고, 제조 기술을 발전시켰다. 그리고 이러한 기술은 청동 장인과 조각가, 화가들에 의해 채택되었다. 그들은 원근법과 투시법, 명암법, 입체 표현법에 있어 최초의 시도를 했다.[55] 그들은 1000여 개의 주제와 형식으로 테라 코타 인물을 주조함으로써 조각상 제작의 터전을 닦았다. 도리스풍 기하학과 동양의 무절제함에서 벗어나 자신들의 예술을 형성했고, 인물을 삶의 원천이자 중심으로 만들었다.

6세기 말경 아테네 도공은 흑화 기법과 붉은 바탕에 싫증을 느껴 새로이 적화(赤畵) 기법을 창안하게 되고, 이는 200년 동안 지중해 시장을 지배했다. 인물들은 여전히 뻣

뻣하고 각이 졌으며 몸통은 옆모습으로 표현되고 양쪽 눈이 다 보였지만, 이런 한계 중에서도 구상과 솜씨에 있어 새로운 자유와 더 넓은 표현의 기회가 있었다. 도공들은 끝부분이 가벼운 도구로 진흙 위에 인물을 스케치하고는 펜으로 더 자세히 그리고 검정색으로 배경을 채우고 유색 유약을 가볍게 터치했다. 또한 일부 대가들은 여기에 영원히 이름을 남겼다. 한 양손잡이 단지에는 이렇게 씌어져 있다. "폴리아스의 아들 에우티미데스가 그렸고, 결코 에우프로니오스가 아님."[56] 이는 에우프로니오스가 이에 필적하는 작품을 만들도록 자극하는 격이 되었다. 그럼에도 여기 언급된 에우프로니오스는 당대 가장 위대한 도공으로 여전히 평가된다. 일부 사람들은 헤라클레스가 안타이오스와 씨름하는 장면이 그려진 유명한 크라테르를 그의 작품으로 생각한다. 당대인들에게 소시아스는 가장 유명한 그리스 화병 제작자로 알려져 있다. 이 화병에서 아킬레우스가 파트로클로스의 부상당한 팔을 묶는 장면이 나온다. 구석구석 모든 장면이 사랑스럽게 묘사되었고, 젊은 전사의 소리 없는 고통은 수 세기 동안 살아남았다. 이들 유명인들과 지금은 이름이 잊힌 다른 이들이 새벽의 여신이 죽은 아들을 슬퍼하는 장면이 내부에 그려진 컵과, 뉴욕 메트로폴리탄 예술 박물관에 소장되어 있는 한 그리스 병사, 아마도 아킬레우스가 아름답고 가슴이 있는 아마존 여전사를 향해 창을 던지는 장면이 담긴 물그릇을 만들었다. 이들 가운데 하나인 화병 앞에서 존 키츠(John Keats)는 하루 종일 매료된 채 서 있는데, 그 "야성적인 황홀감"과 "얼싱석인 추구"가 그의 누뇌를 어떤 그리스 항아리보다 위대한 시로 불태우게 했다.

2. 조각

그리스인들의 아시아 서부 지역 정착과 기원전 660년경 이집트의 대(對)그리스 교역 개시로 근동 지역과 이집트의 조각 양식 및 방법들이 이오니아와 유럽 지역 그리스에 유입되었다. 기원전 580년경 두 명의 크레타 조각가 디포이노스와 스킬리스가 시키온과 아르고스의 명령을 수행해 조각 작품뿐 아니라 제자들을 후세에 남겼다. 펠로폰네세에서 조각 학교가 활기를 띤 것은 이 시기부터다. 조각은 다양한 목적을 가지고 있었다. 조각은 처음에는 단순한 기둥으로, 다음에는 머리만 조각된 헤르메스 기둥 모양으로, 그다음에는 환조나 장례식 석주(石柱) 돋을새김으로 망자를 기렸다. 조각은 승리한 운동선수들의 조각상을 처음에는 전형적으로, 이후에는 개별적으로 만들었다. 뿐만 아니라 그리스 신앙의 생기에 넘치는 상상력으로 무수한 신들의 상도 만들었다.

기원전 6세기까지 조각의 재료는 대부분 나무였다. 코린토스의 참주 킵셀로스의 궤에 대해 많이 듣게 되는데, 파우사니아스에 의하면 그 궤는 삼나무로 만들어졌고 상아와 금으로 상감되었으며 복잡한 조각으로 장식되었다고 한다. 부가 늘면서, 나무 조각상을 전체적 또는 부분적으로 귀금속이 덮었다. 실제로 이렇게 해서 페이디아스는 「아테나 파르테노스」와 올림포스의 「제우스」를 금과 상아로 된 조각상으로 만들었다. 고전 예술이 끝날 때까지 청동은 조각 재료로서 석재와 경쟁했다. 고대 청동 제품들은 녹여서 다른 용도로 쓰려는 유혹에서 거의 살아남기 힘들었지만, 델포이 박물관의 「마부」(기원전 490년경)를 통해 주조 예술이 로이코스 이후 얼마나 완벽에 가깝게 이루어졌고, 사모스의 테오도로스가 어떻게 그리스로 청동 주조법을 도입했는지 짐작할 수 있다. 아테네 조각상에서 가장 유명한 작품인 「폭군 살해자들」(하르모디오스와 아리스토게이톤)은 히피아스가 추방된 직후 아테네에서 안테노르에 의해 청동으로 주조되었다. 그리스 조각가들이 망치와 조각칼로 더 단단한 소재들을 사용하여 작품을 제작하기 전에는 많은 형태의 무른 석재들이 사용되었다. 하지만 일단 그들이 조각 예술을 배우기 시작하자, 낙소스와 파로스의 대리석이 남아나지 않았다. 고대 시대(기원전 1100~490년)에 인물들은 종종 채색되었지만, 고대 시대가 끝날 무렵에는 인공적인 색조를 첨가하지 않고 연마된 대리석을 그대로 남겨 두면 여성의 섬세한 피부를 더 효과적으로 표현할 수 있다는 사실을 알아냈다.

이오니아의 그리스인들은 옷 주름 사용을 조각의 한 요소로 발견한 최초의 사람들이었다. 이집트와 근동 지역은 옷을 딱딱하게 표현했고, 거대한 석재 앞치마가 생동하는 형태를 거의 수포로 돌아가게 만들었다. 하지만 기원전 6세기 그리스 조각가들은 주름을 옷에 도입해, 이를 통해 미의 궁극적인 원천과 기준인 건강한 인체를 드러냈다. 그럼에도 불구하고 이집트 - 아시아의 영향이 너무나 강하게 남아 있어, 대부분의 고대 그리스 조각상은 둔중하고 기품이 없으며 경직되어 있다. 다리는 쉬고 있을 때에도 긴장되어 있고, 팔은 옆에 힘없이 늘어져 있으며, 눈은 아몬드 모양 때로는 동양적인 곁눈을 하고 있고, 얼굴은 전형적이며 움직임이 없고 무표정하다. 이 시기 그리스 조각상은 정면주의라는 이집트 방식을 받아들였다. 즉 인물이 정면으로부터만 보이도록 표현되고, 너무나 엄격하게 좌우 대칭되어 하나의 수직선이 전혀 좌우로 벗어나지 않고 움직임이나 정지의 변형이 없이 코와 입, 배꼽, 생식기를 통과한다. 관습이 이런 둔한 강직성을 가져온 듯하다. 그리스의 경기 규칙상 5종 경기 모두에서 승리를 거두지 않으면 승리자가 자신의 조각상을 세우지 못하도록 했다. 그리스인들은 5종 경기에 모두 능숙해야만 조형에 걸맞은 신체 발달을 이룰 수 있다고 생각했던 것이다.[57] 이런 이유도 있고, 아마도 이집트에서처럼 기원전 5세기 이전의 종교 관습이 신에 대한 표현을 통제하기도 해, 그리스 조각가들은 몇 개의 자세와 유형에만 작업을 한정했고 그 숙달에 전력을 기울였다.

그들의 연구는 무엇보다 두 가지 유형에 집중되었다. 청년 입상인 쿠로스(kouros)는 거의 나체이고 왼쪽 다리가 약간 앞으로 나왔으며, 팔은 측면에 위치하거나 부분적으로 뻗었고 주먹을 쥐었으며, 안색은 차분하고 엄격하다. 처녀 입상 코레(kore)는 머리를 단정하게 장식하고 정숙한 모습으로 옷을 우아하게 걸치고 있으며 한 손으로는 옷 주름을 잡고 다른 손으로는 신에게 선물을 바치는 모습이다. 역사는 최근까지도 청년 입상들을 아폴로스(Apollos)라고 불렀지만, 이것들은 운동선수이거나 매장용 기념물일 가능성이 크다. 이 유형의 가장 유명한 작품은 테네아의 「아폴론」이고, 가장 큰 작품은 수니온의 「아폴론」이며, 가장 건방진 모습을 한 것은 스파르타 부근 아미클라이의 「아폴론의 옥좌」이다. 가장 세련된 작품은 영국 박물관에 소장되어 있는 자그마한 크기의 「스트랭포드 아폴론(Strangford Apollo)」이다. 여전히 보다 세련된 작품은 「슈아절 고피에르 아폴론(Choiseul-Gouffier Apollo)」으로 기원전 5세기의 원작을 로마 시대에 복제한 작품이다.[58] 아무래도 남자들 눈에는 처녀 입상들이 더 감상할 만하겠는데, 몸통은 우아하고 날씬하며 얼굴은 모나리자의 미소를 머금은 듯 부드럽고 주름 잡힌 옷은 관습의 엄격함을 벗어나기 시작한다. 이들 중 일부는 아테네 박물관에 소장된 작품들처럼 어디에 내어놓아도 걸작으로 평가받을 만하다.[59] 그중 키오스의 코레라 불릴 만한 한 작품은 그리스에서조차 걸작에 속한다.* 이들 작품을 통해 육감적인 이오니아인의 솜씨는 아폴로스의 이집트적인 부동성과 도리스적인 엄격함을 극복한다. 키오스의 아르케르모스는 델로스의 「니케(Nike)」, 즉 '승리(Victory)'에서 또 다른 유형을 창조하거나 잊혔던 모델을 따랐다. 여기에서 올림피아 파이오니오스의 사랑스러운 「니케」와 사모트라케의 「날개 달린 승리」와 그리스도교 예술에서의 케루빔의 날개 달린 형상이 등장한다.[60] 밀레토스 부근에서는 그다지 알려지지 않은 조각가들이 브란키다이의 신전을 위해 주름 잡힌 옷을 걸치고 앉은 여인들을 강인하지만 조악하고 엄숙하지만 생기가 없으며 깊이가 있지만 생명력이 없는 모습으로 표현했다.**

돋을새김 조각의 역사는 아주 깊은데 그 기원에는 한 아름다운 전설이 깃들어 있다. 코린토스의 한 처녀가 애인 얼굴이 등불에 비쳐 생긴 그림자 윤곽을 벽에 그렸다. 그녀의 아버지 부타데스는 도공이었는데, 그는 그 윤곽에다 진흙을 채워 넣고 압력을 가해 굳도록 만든 다음 내려서 불에 구웠다. 이렇게 해서 얕은 돋을새김이 탄생했다고 플리니우스는 확신을 갖고 말한다.[61] 이 예술은 신전과 무덤을 장식하는 데 있어 조각보다 훨씬 중요한 역할을 하게 되었다. 이미 기원전 520년에 아리스토클레스는 아리스티온의 장례식 돋을새김 조각을 제작했고, 이는 아테네 박물관의 수많은 보물들 중 하나다.

돋을새김은 거의 언제나 채색되었으므로, 조각과 돋을새김, 그림은 서로 연관성이 깊었고 대개 건축의 시녀 역할을 했다. 또한 대부분의 예술가들은 이 네 가지 형태 모두에 조예가 깊었다. 신전의 쇠시리와 소벽(小壁), 트리글리프 사이의 벽면, 박공벽(搏栱

---

* 아테네 국립 박물관의 682번 작품이다.
** 현재 영국 박물관에 소장되어 있고, 뉴욕 메트로폴리탄 박물관에 그 복제품이 있다. 브란키다이는 신전의 세습 제사장들이었다.

璧) 배경들은 대개 채색된 반면, 주요 구조물은 통상 석재 원래의 색상을 그대로 살렸다. 그리스에서 독립적인 형태로는 대수롭지 않은 그림밖에 남아 있지 않지만, 시인들의 시구 속에서 이미 아나크레온 시대부터 밀랍을 녹여 색을 섞어 벽화를 그렸다는 사실을 알 수 있다.[62] 회화는 그리스에서 가장 마지막으로 발달한 예술이고, 가장 오래 살아남은 예술이기도 하다.

대체로 기원전 6세기의 모든 그리스 예술은 건축 분야를 제외하고는 동시대 그리스 철학과 시가 이룬 구상의 대담성과 형식의 완벽성을 추구하는 데 실패했다. 여전히 전원의 한계를 못 벗어난 귀족층이 경제적으로 부유하지 못했고, 상인층 또한 부에서 풍취로 관심의 폭을 넓히기에는 시기상조여서, 예술에 대한 후원은 느리게 발전한 듯하다. 그럼에도 불구하고 참주의 시대는 모든 그리스 예술을 자극하고 함양한 시기였다. 무엇보다 아테네의 페이시스트라토스와 히피아스의 치하가 그러했다. 이 시기가 끝날 무렵 오랫동안 지속되어 오던 조각의 엄격성이 누그러지기 시작하고, 정면주의 규칙이 와해되었으며, 다리는 움직이기 시작하고, 팔은 측면을 벗어나고, 손은 벌려지고, 얼굴은 감정과 성격을 드러냈으며, 몸체는 다양한 자세로 구부려 해부와 동작 연구에 새 지평을 열어 주었다. 이런 조각 기법상의 혁명적인 변화와 석재에 대한 생명력 부여는 그리스 역사상 중요한 사건이 되었다. 정면주의의 극복은 그리스의 주목할 만한 성과 중 하나다. 이집트와 동방의 영향력이 무대에서 물러나고 그리스 예술이 그리스답게 되었다.

3. 건축

건축 분야는 도리스인의 침공을 서서히 극복해 나갔고, 폐허를 뛰어넘어 도리스 양식의 명성을 회복했다. 아가멤논부터 테르판드로스에 이르는 암흑 시대를 지나며, 미케네의 메가론 양식이 구조의 정수를 그리스에 전수해 주었다. 직사각형 건물 형태, 내외부의 원기둥 사용, 원형 축과 단순한 사각 기둥머리, 엔타블러처(entablature)의 트리글리프와 그 사이의 벽면 등 이 모두가 그리스 예술의 가장 위대한 성과인 도리스 양식에 보존되었다. 하지만 미케네 건축은 확연히 세속적이어서 궁전과 가옥에 주력한 반면, 고전 시대 그리스 건축은 거의 전적으로 종교적이었다. 왕실의 메가론은 군주정이 쇠퇴함에 따라 도시 신전으로 변형되고, 종교와 민주주의가 그리스의 애정을 한데 모아 신 안에서 의인화된 도시를 숭상했다.

가장 초기의 그리스 신전들은 나무나 벽돌로 지어졌고, 이는 암흑 시대의 빈곤에 어울리는 방식이었다. 석재가 신전 건축의 정통 재료가 되었을 때에도, 건축적 특성은 목재 건축에 의해 수립된 대로 유지되었다. 고유의 직각 신전, 원형 축, 대들보 하부, 들보 끝 부분의 트리글리프, 박공지붕 등이 양식상 목재 건축에서 기원했음을 보여 준다. 최초의 이오니아식 나선무늬도 분명 나무 블록에 꽃 모양 무늬를 그린 것이다.[63] 석재 사용은 그리스의 부와 여행에 비례하여 빈도가 늘어났다. 이 전통은 기원전 660년경 이집트가 그리스와 교역하기 시작한 이후 아주 급속해졌다. 기원전 6세기 이전에는 석회암이 새로운 형태의 각광받는 재료였다. 대리석은 기원전 580년경에 도입되었고, 처음에는 장식 부분에, 다음에는 건물 외관에, 마지막으로는 기초부터 타일에 이르기까지 신전 전체에 사용되었다.

건축의 세 가지 양식이 그리스에서 발전했다. 도리스식과 이오니아식, 그리고 기원전 4세기의 코린토스식이 그것이다. 신전 내부는 신과 봉사자들을 위한 장소였고 예배는 외부에서 거행되었으므로, 이들 양식은 외부를 아주 아름답게 꾸미는 데 주력했다. 지면에서 시작해 대개는 약간 높은 지대에 기단을 쌓았고, 움푹 들어간 단에 두세 층으로 초석(礎石)을 쌓았다. 최상층 또는 대좌(臺座)로부터 개별적인 토대 없이 도리스식 원기둥이 곧게 세워졌다. 이 기둥은 얕고 날카로운 홈으로 골이 졌으며, 중간 부분에서 확연히 넓어져 그리스인들은 이를 퍼진다는 뜻으로 엔타시스(entasis)라고 불렀다. 또한 도리스식 원기둥은 상층부에서 약간 가늘어지는데, 이는 나무 모양을 흉내 낸 것으로 미노스-미케네 양식을 극복하는 데 성공한 형태였다. (기둥은 가늘어지지 않다가 아래쪽으로 가면서 가늘어지고, 위쪽이 무겁고 시각적으로 품위 없어 보이는 반면, 넓은 토대는 안정감을 높여 모든 건축에서 채용할 만하다. 그러나 도리스식 원기둥은 높이에 비해 너무 굵고 둔중해 강인함과 힘에만 지나치게 집착한 것 같다.) 도리스식 원기둥에는 단순하면서도 강한 기둥머리가 얹혀 있는데, 목 부분의 몰딩 장식과 쿠션 모양의 아치형, 최상층의 사각 관판(冠板)이 엔타블러처 최하부 아래 기둥을 지지하도록 힘을 제공한다.

도리스인들이 아마도 이집트 데렐-바흐리와 베니하산의 원시 도리스식 주랑과 관계가 있는 듯 변형시키면서 메가론 양식으로부터 자신의 양식을 발전시키는 동안, 이오니아의 그리스인들은 아시아의 영향하에서 그 기본적 형태를 변경시키고 있었다. 그 결과물인 이오니아 양식에서 가느다란 기둥은 개별 토대 위로 솟았고 바닥에서 시작해 꼭대기에서 끝날 때까지 좁은 두둑이 있었다. 이오니아식 기둥은 보통 도리스 기둥보다 높고 가늘었다. 위로 올라갈수록 가늘어지는 것은 거의 느낄 수 없을 정도다. 골은 깊었고 반원형 홈들이 납작한 끝 부분들에 의해 구분되었다. 이오니아 양식의 기둥머리는 좁은 아치형과 더 좁은 관판으로 구성되었고, 이들 사이에는 이들을 거의 감추다시피 하며 주름 잡힌 두루마리 같은 두 개의 소용돌이 꼴 나선이 모습을 나타낸다. 이는 히타이트, 아시리아 및 기타 동방 양식에서부터 응용된 요소로 아주 기품 있어 보인다.[64] 이런 특성들은 엔타블러처의 화려한 장식과 어우러져 하나의 양식이 아니라 민족성을 표현해 주었다. 이오니아 양식은 석재를 통해 이오니아인의 풍부한 표현력과 유연성, 정서, 우아함, 섬세한 세부에 대한 애정을 표현한 반면, 도리스 양식은 도리스인들의 자부심 강한 신중함과 육중한 힘, 지나친 단순성을 전해 주었다. 두 경쟁 집단의 조각과 문학, 음악, 풍습, 의상 등은 그들의 건축 양식과 조화를 이루며 서로 구별되었다. 도리스식 건축이 수학적이라면 이오니아식 건축은 시이고, 둘 다 석재의 견고성을 추구했다. 전자는 북유럽적이고 후자는 동양적이다. 이들은 기본적으로 조화로운 형태로 남성적이고 여성적인 주제들을 함께 구성한다.

그리스 건축은 기둥을 구조 지지대뿐 아니라 아름다움을 구현하는 요소로도 발전시

컸다. 외부 주랑의 본질적인 기능은 처마를 받치고 박공 구조 지붕의 외부 추력(推力)으로부터 신전 내부 벽을 보호하는 데 있었다. 기둥 위에는 엔타블러처, 즉 건물의 상부 구조가 얹혀 있었다. 여기서 다시 그리스 건축은 지지 요소들에서처럼 구성 요소 간의 명확한 차이와 유기적인 연관성을 추구했다. 기둥머리를 연결한 큰 돌인 엔타블러처 최하부는 도리스 양식으로 단조롭거나 단순하게 채색된 쇠시리가 포함되어 있었다. 이오니아 양식에서 엔타블러처 최하부는 3층으로 구성되었고, 각 층이 아래로 돌출하면서 혼란스러울 정도로 다양한 장식 세부로 나뉜 대리석 처마 장식이 얹혀 있었다. 도리스 양식 지붕의 뼈대를 형성하는 경사진 들보가 아래로 처지고, 처마에서 두 개의 수평 들보 사이에 고정되었으므로, 세 개의 들보가 연결된 끝 부분은 처음에는 나무로 다음에는 돌로 된 트리글리프, 즉 삼중으로 나뉜 표면을 형성했다. 트리글리프와 트리글리프 사이에는 개방된 창문 역할을 하는 공간이 남겨졌고, 이때 지붕은 나무로 만들어지거나 테라 코타 타일로 만들어졌다. 이때 투명한 대리석 타일이 사용되면 이들 "마주 보는" 공간은 얕은 돋을새김으로 조각된 대리석판으로 채워졌다. 이오니아 양식에서는 띠나 돋을새김 소벽이 신전이나 성상 안치소의 상층 외부 벽 주위에 둘러졌다. 기원전 5세기에 이 두 가지 형태의 돋을새김, 즉 트리글리프 사이의 벽과 소벽이 파르테논 신전에서처럼 같은 건물에 종종 사용되었다. 조각가들은 전면과 후면의 박공 구조 지붕으로 형성된 삼각형 구조의 박공벽에서 가장 큰 기회를 발견했다. 여기에는 인물이 높은 돋을새김으로 그려지거나 아래에서 잘 보이도록 확대되기도 했다. 갑갑한 구석들, 또는 삼각 면들은 가장 미묘한 기술을 시험하는 공간이었다. 마지막으로 박공벽 귀퉁이 위에 세워진 지붕 자체가 화려한 색상의 타일과 화사하면서도 비를 분산시키는 역할을 하는 뾰족탑 형상 조각상 받침대로 말미암아 훌륭한 예술품이 될 수 있었다. 대체로 그리스 신전에는 기둥 사이에, 벽을 따라, 그리고 건물 내에 조각이 넘쳤을 것이다. 화가 또한 건축에 관여했다. 신전은 전체적으로나 부분적으로 채색되었고, 조각상과 쇠시리, 돋을새김 들에도 마찬가지로 채색되었다. 어쩌면 오늘날 우리는 그리스인들을 지나치게 높이 평가하고 있는지 모른다. 세월이 흐르면서 신전과 신들에 칠해진 색상이 흐려지고, 부식된 대리석이 형형색색 자연스러운 빛깔을 띠어 맑은 그리스 하늘 아래 그 광택을 빛내는 중에, 우리는 그리스인들에게 과도한 영예를 보내고 있는지 모른다.

이 두 경쟁적인 양식은 기원전 6세기에는 장엄함을 이루고, 기원전 5세기에는 완벽한 예술의 경지에 이르렀다. 지리적으로 이들은 그리스를 불균형하게 나누었다. 이오니아 양식은 아시아와 에게 해 지역에서, 도리스 양식은 본토와 서부 지역에서 우세했다. 기원전 6세기의 대표적인 이오니아 양식 건축물은 에페소스의 아르테미스 신전과 사모스의 헤라 신전, 밀레토스 부근의 브란키다이 신전이었다. 하지만 마라톤 전쟁 이전의 이오니아 양식 건축은 잔해만 남아 있다. 현존하는 기원전 6세기의 가장 멋진 건물은 파이스툼과 시칠리아의 더 오래된 신전들로 모두 도리스 양식으로 지어졌다. 기원전 548년과 512년 사이에 코린토스인 스핀타로스의 설계로 델포이에 지어진 거대한 신전은 그 평면도가 남아 있다. 이 건물은 기원전 373년에 지진으로 파괴되었고, 동일한 평면도에 의해 재건되었으며, 파우사니아스가 그리스를 여행했을 때 그 모습대로 남아 있었다. 당시의 아테네 건축은 거의 전부가 도리스 양식이었다. 기원전 530년경 페이시스트라토스는 이 양식에 따라 거대한 올림포스 제우스 신전을 아크로폴리스 자락의 평원에 지었다. 기원전 546년 페르시아가 이오니아를 정복한 후 수백 명의 이오니아 예술가들이 아티카로 이주했고, 이로 인해 아테네에 이오니아 양식이 도입되었거나 발전되었다. 기원전 5세기 말경에 아테네 건축가들이 이 두 양식을 모두 활용했고, 페리클레스 시대를 위한 모든 기술적 기초를 준비했다.

4. 음악과 춤

그리스인들 사이에서 무시케(mousike)라는 단어는 원래 모든 뮤즈 여신에 바치는 헌신을 의미했다. 플라톤의 아카데메이아는 무세이온(Museion) 또는 뮤지엄(Museum)으로 불렸는데, 이는 뮤즈 여신들과 그들이 후원하는 많은 문화 사업에 바친 곳이라는 의미였다. 알렉산드리아의 무세이온은 유물들을 모아 놓은 곳이 아니라 문학과 과학 활동이 이루어지는 학교였다. 보다 좁고 현대적인 의미에서 음악은 최소한 오늘날의 우리들 사이에서만큼 그리스인들 사이에서도 인기가 있었다. 아르카디아에서는 모든 자유민들이 30세가 될 때까지 음악을 공부했다. 모든 사람들이 악기를 다룰 줄 알았고, 노래를 할 줄 모르는 것은 수치로 여겨졌다.[65] 서정시라는 명칭은 그리스에서 시가 리라나 하프, 플루트에 맞추어 노래하도록 지어졌기 때문에 그렇게 붙여졌다. 시인은 대개 작사뿐 아니라 작곡도 했고, 자신이 지은 노래를 직접 불렀다. 고대 그리스에서 서정 시인이 되는 것은 오늘날의 시인들이 조용한 혼자만의 낭송을 위해 시를 짓는 일보다 훨씬 어려운 일이었다. 기원전 6세기 이전에는 어떤 그리스 문학도 음악과 분리될 수 없었다. 종교와 전쟁뿐 아니라 교육과 문학도 음악과 연결되었다. 군가는 군사 훈련에 중요한 역할을 담당했으며, 거의 모든 암기 교육은 시를 통해 이루어졌다. 기원전 8세기에 그리스 음악은 이미 그 역사가 깊어 수백 가지 다양한 형식이 존재했다.

악기들은 단순했고, 우리 시대의 광대한 소리의 무기고처럼 타악기와 관악기, 현악기에 기초했다. 타악기는 인기가 없었다. 알키비아데스 때까지는 아테네에서 플루트가 사랑을 받았다. 알키비아데스는 음악 교사의 부풀어 오른 뺨을 보고 비웃으며 그런 우스꽝스러운 악기를 연주하지 않겠다고 했고, 이는 곧 아테네 젊은이들에게 유행이 되었다. (그 밖에도 아테네인들의 말에 의하면 보이오티아인들이 아테네인들보다 플루트 연주를 더 잘해 이 예술을 상스럽게 여겼다고 한다.)[66] 단순한 플루트 또는 아울로스(aulos)는 등나무 관이나 구멍 뚫린 나무로 만들어졌고 부리 부분은 분리가 가능했으며, 2~7개의 손가락 구멍에 탈착식 마개를 끼워 음조를 변경할 수 있었다. 일부 연주자들은 더블 플루트를 사용했는데, 오른손에는 남성적인 저음 플루트를, 왼손에는 여성적인 고음 플루트를 들고 두 악기를 끈으로 뺨 주위 입에 가져가 단순한 하모니를 이루며 연주했다. 한편 그리스인들은 플루트를 늘어나는 자루에 연결해 백파이프를 고안해 내고, 몇 개의 등급별 플루트를 결합해 시링크스(syrinx), 즉 목신(牧神) 판(Pan)의 피리를 만들었으며, 끝 부분을 확장하거나 개방하고 손가락 구멍을 막음으로써 살핑크스(salpinx), 즉 트럼펫을 만들었다.[67] 파우사니아스에 의하면[68] 플루트 음악은 대개 음울해 언제나 애도가나 비가에 사용되었다. 하지만 플루트를 연주하는 그리스의 기생 소녀들, 즉 아울레트리다이(auletridai)는 우울한 분위기를 전달하지 않은 것 같다. 현악은 손가락이나 픽으로 현을 뜯는 일에 한정되었다. 운궁법(運弓法)은 알려져 있지 않았다.[69] 리라, 포르밍크스(phorminx) 또는 키타라(kithara)는 근본적으로 비슷했는데, 양 창자로 만든 네 개 이상의 줄을 금속이나 거북 껍질 같은 공명체를 가로질러 고정시켰다. 키타라는 작은 하프였으며 이야기체 시에 주로 연주되었고, 리라는 기타처럼 서정시와 노래에 맞춰 연주되었다.

헤르메스와 아폴론, 아테나 같은 신들이 어떻게 이런 악기를 고안했는지에 대한 기이한 이야기들이 그리스인들 사이에 많이 전해 내려온다. 아폴론이 자기 리라로 프리기아 여신 키벨레의 제사장 마르시아스의 피리 및 플루트 연주 실력과 겨루어, 마르시아스에 의하면 불공정하게 악기뿐 아니라 목소리도 더해 이긴 후, 불쌍한 마르시아스를 산 채로 껍질을 벗겨 연주의 대미를 장식했다는 등의 이야기다. 이렇게 전설은 리라가 플루트를 정복한 사실을 의인화했던 것이다. 음악 예술을 확립하거나 발전시킨 고대 음악가들에 대해 더 아름다운 이야기들이 전해진다. 마르시아스의 제자 올림포스는 기원전 730년경 4분 음의 음계를 고안했고,* 또한 헤라클레스의 스승 리노스는 그리스의 기보법을 고안하고 "음계"의 일부를 확립했다.[70] 디오니소스의 트라키아인 제사장 오르페우스가 있었고, 그의 제자 무사이오스는 "노래가 인간에게 가장 아름다운 것이다."라는 말을 남겼다.[71] 이런 이야기들은 그리스 음악이 그 형식을 리디아와 프리기아, 트라키아에서 가져왔을 가능성이 있음을 암시한다.[72]**

---

* 4분음을 이용한 음계는 예를 들어 E E' F A B B' C E와 같이 강세가 이전 음표보다 4분음 높음을 나타낸다.
** 헬라스의 음악은 우리 시대보다 훨씬 다양하고 복잡한 음계로 연주되었다. 우리의 온음계는 반음보다 더 작게 구분하지 않고, 12개의 반음은 8도 음정을 구성하는 반면, 그리스인들은 4분음을 사용해 각각 18개 음으로 이루어진 총 45개 음계를 보유했다.[73] 이 음계들은 세 그룹으로 나뉘었다. 완전4도의 E D C B에 기초한 온음계와 E C# B에 기초한 반음계, E C Cb B에 기초한 4분음계가 그것들이다. 그리스의 음계로부터 단순화 과정을 거쳐 중세 교

노래는 그리스인들의 대부분의 생활에 개입되었다. 디오니소스를 위한 주신(酒神) 찬양가와 아폴론을 위한 승리의 찬가, 기타 모든 신을 위한 찬가가 있었다. 부자들을 위한 찬가인 엔코미아(enkomia), 선수들을 위한 승리가인 에피니키아(epinikia)가 있었다. 심포시아카(symposiaka)와 스콜리아(skolia), 에로티카(erotika), 히메나이오이(hymenaioi), 엘레기아이(elegiai), 트레노이(threnoi)는 각각 식사와 음주, 사랑, 결혼, 애도, 매장을 위한 노래다. 목자들에게는 그들만의 부콜리카(bukolika)가 있었고, 추수꾼들에게는 리티에르세스(lityerses), 포도나무 재배자들에게는 에필레니아(epilenia), 방적공들에게는 이오울로이(iouloi), 직조공에게는 엘리노이(elinoi)가 있었다.[77] 추측건대 지금처럼 당시도 시장이나 클럽의 남자들, 주부와 직업여성 모두가 시모니데스처럼 현학적이지는 않지만 노래를 불렀을 것이다. 천박한 음악과 점잖은 음악이 서로 관계는 소원했지만 수 세기에 걸쳐 함께 전승되었다.

그리스인의 신앙 및 관습에 있어 가장 고상한 형태의 음악은 합창이었다. 그들은 여기에 깊은 철학과 복잡한 구조, 폭넓은 감정을 부여했다. 이는 오늘날 협주곡이나 교향곡에 비길 수 있다. 추수, 승리, 결혼, 성일(聖日) 등 모든 축제를 합창으로 기렸다. 이따금 도시와 단체들은 합창 경연 대회를 개최했다. 공연은 대부분 사전에 준비되었다. 작

회 음악이 출현했고 우리 시대의 음악에도 영향을 끼쳤다.
 온음계 완전4도 내에서 현을 조절해 8도 음정 내부의 반음들의 위치를 변경함으로써 7개 음계(harmoniai)가 만들어졌다. 가장 중요한 음계는 도리스식(E F G A B C D E)으로 단조지만 전투적이고 엄숙했다. 리디아식(C D E F G A B C)은 장조지만 부드럽고 구슬펐고, 프리기아식(D E F G A B C D)은 단조지만 흥분시키듯 열정적이고 야성적이었다.[74] 그리스인들, 주로 철학자들은 반음 변주의 효과를 믿었는데, 이들이 원기를 회복시키거나 해를 입히는 음악적·윤리적·의학적 효과에 대한 격렬한 논쟁을 읽는 일은 즐겁다. 도리스식 음악은 남자를 용감하고 위엄 있게 만들고, 리디아식은 감정적이고 나약하게 만들며, 프리기아식은 흥분되고 방자하게 만든다고 전해진다. 플라톤은 음악이 낳는 것이라고는 심약함과 사치스러움, 추잡한 악덕이 대부분이라고 생각했고, 그의 이상 국가에서 모든 악기 연주를 금하고자 했다. 아리스토텔레스는 모든 청년들을 도리스식 음계로 훈련시키려 했을 것이다.[75] 테오프라스토스는 프리기아식 음계에 대해서도 좋게 생각했다. 그는 심각한 질병의 환부 주변에 프리기아식 음악을 연주해 줌으로써 고통을 사라지게 할 수 있다고 말한다.[76]
 그리스 기보법은 보표에 타원형과 세로줄을 그려 넣는 형태가 아니었다. 대신 자리바꿈과 횡단으로 다양해진 알파벳 문자들에 점과 표표를 첨가해 반음정을 늘림으로써 64개 부호가 되게 하고 이를 가사 위에 표시했다. 이런 기보법의 몇몇 유산이 나머지 상실 부분에 대한 위로가 된다. 그 선율은 유럽보다는 동양에 더 가까워, 4분음에 익숙하지 않고 둔감한 서양인보다는 인도인이나, 중국인, 일본인들에게 더 호감을 줄 것이다.

곡가가 임명되어 가사와 곡을 쓰고 부자가 비용을 지불하고 전문 가수들이 고용되었으며, 합창단은 진지하게 연습에 임했다. 오늘날 그리스 정교회 음악에서처럼 모든 가수들이 같은 곡조로 노래를 불렀고, 후세에 목소리보다 음정이 5도 높거나 낮게 반주가 덧붙여지거나 거슬러 부른 사실 외에는 어떤 중창(重唱)도 없었다. 이는 그리스인들이 화성과 대위법에 접근한 것으로 보아야 한다.[78]

오늘날 음악의 많은 형식과 용어가 한때 춤과 관련 있었던 것처럼, 춤이 가장 발전했을 때는 합창과 함께 하나의 예술로 어우러졌다.* 그리스인들 사이에서 춤은 그 역사와 인기에 있어서 음악에 필적했다. 그 지상의 기원을 추적할 수 없었던 루키아노스는 춤의 기원을 별의 규칙적인 운동에서 찾았다.[80] 호메로스는 다이달로스가 아리아드네를 위해 만든 무도장뿐 아니라, 트로이의 그리스 전사들 중 싸우면서 춤을 추었지만 적의 표적이 되지 않은 전문 무용수 메리오네스에 대해서도 이야기한다.[81] 플라톤은 오르케시스(orchesis), 즉 춤을 "전신 동작으로 본능적인 욕망을 표현하는 행위"라고 말했는데, 오늘날의 어떤 설명보다 적절한 표현이라 하겠다. 아리스토텔레스는 더 나아가 춤을 "자세와 율동으로 행동과 성격, 열정을 모방하는 행위"로 정의했다.[82] 소크라테스는 직접 춤을 추었고, 이 예술을 신체 각 부분을 건강하게 하는 것이라고 칭찬했다.[83] 물론 그가 염두에 둔 것은 그리스 무용이었다.

그리스 무용은 우리가 생각하는 것과는 전혀 다르다. 일부 형태에 있어 성적인 자극제 역할을 하기도 했지만, 남자가 여자와 신체 접촉을 하는 경우는 아주 드물었다. 그리스 무용은 걸어 다니면서 포옹하는 행위가 아니라 예술적인 운동이었고, 동양적인 무용에서처럼 다리와 발만큼이나 팔과 손을 많이 사용했다.[84] 그리스 무용 형식은 시와 노래만큼이나 다양해 고대 권위자들은 무려 200가지를 열거했다.[85] 디오니소스 신봉자들 사이에서처럼 종교적인 춤이 있었고, 스파르타의 김노페디아(Gymnopedia), 즉

---

* 시의 일부를 의미하는 단어 운각(韻脚)은 춤이 노래와 동반한 사실에서 유래한다.[79] 그리스인들에게 오케스트라(orchestra)는 대개 무대 정면에 위치한 춤추는 곳을 의미했다.

나체 청년들의 축제 같은 운동 무용이 있었다. 피로스의 경우처럼 군사 훈련의 일부로 아이들에게 가르쳤던 전쟁 무용도 있었다. 장엄한 히포르케마(hyporchema)도 있었는데, 이는 두 합창단이 공연하는 합창 찬가 또는 연극으로, 한쪽이 노래하면 다른 쪽이 춤을 추는 형식으로 양쪽이 번갈아 노래하거나 춤을 췄다. 모든 주요 행사나 연중의 축제 때마다 민속 무용이 있었다. 다른 분야들처럼 춤도 경연 대회가 있었고, 대개 합창곡이 포함되었다.

이 모든 예술들, 즉 서정시와 노래, 기악, 춤은 초기 그리스에서 서로 밀접하게 연결되어 있었고, 다양한 방식으로 하나의 예술을 형성했다. 시간이 흐르면서 이미 기원전 7세기부터 특수화 및 전문화가 이루어졌다. 서사시는 낭송을 위해 노래를 포기했고, 이야기체의 시를 음악과 분리했다.[86] 아르킬로코스는 반주 없이 서정시를 노래했고,[87] 마침내 시를 타락한 천사로 침묵시키고 제한시키는 긴 퇴화 과정이 시작되었다. 합창 무용은 춤 없는 노래, 노래 없는 춤으로 해체되었다. 루키아노스가 말하듯 "격렬한 운동으로 숨이 차게 되고, 이로 인해 노래가 지장을 받았기 때문이다."[88] 비슷한 방식으로 노래 없이 연주하는 음악가들이 등장했고, 4분음의 정확하고 빠른 연주로 열성 팬들의 박수를 받았다.[89] 지금처럼 당시에도 일부 유명 음악가들은 대가에 열중했다. 하프 연주자이자 가수였던 아모이베오스는 연주 때마다 1달란트(약 6000달러)를 받았다.[90] 하지만 평범한 연주자는 근근이 입에 풀칠할 수 있을 뿐이었다는 것은 분명하다. 다른 예술가들처럼 음악가는 언제나 굶는 일을 영예로 여기는 직업에 속했기 때문이다.

최고의 명성은 테르판드로스와 아리온, 알크만, 스테시코로스처럼 모든 형태의 예술에 기량을 갖추고 합창곡과 기악, 무용을 오늘날의 오페라나 오케스트라보다 더욱 아름답고 만족감을 주는 복합적이고 조화로운 전체 예술로 엮어 낸 사람들에게 돌아갔다. 이 대가들 중 가장 유명한 인물은 아리온이었다. 그에 관해 그리스인들은 그가 타라스에서 코린토스로 항해하던 중 선원들이 그의 돈을 빼앗은 후, 그에게 칼에 찔려 죽거나 수장되는 것 중 하나를 선택하라고 한 이야기를 전한다. 마지막으로 노래를 부른 후, 그는 바다로 뛰어들었고 돌고래의 등을 타고(아마도 그의 하프인 듯) 바닷가에 도착했다고 한다. 주로 코린토스에서 기원전 7세기가 끝날 무렵, 그는 즉석에서 이루어지는 디오니소스 찬양 합창곡의 가수들을 쉰 명으로 구성된 경건하고 훈련된 가무(歌舞) 합창단으로 변모시켜 왼쪽 회전 및 대조 악절로 노래했고, 우리 시대의 오라토리오처럼 아리아와 레시터티브를 노래했다. 주제는 보통 디오니소스의 고난과 죽음이었고, 신의 전통적인 수행원을 기념해 합창단은 염소 모양의 사티로스 복장을 했다. 사실과 명칭에 있어서 그리스인들의 비극 작품은 이에서 유래했다.

5. 연극의 시작

수많은 분야와 지역에서 이미 확연히 구별되는 기원전 6세기는 희곡의 기초를 확립함으로써 최고의 업적을 달성했다. 이는 역사상 가장 창조적인 순간으로 우리가 아는 한 이전에는 한 번도 무언극이나 의식에서 구어적이고 세속적인 연극으로 발전한 적이 없었던 것이다.

아리스토텔레스는 희극이 "남근 행렬을 이끈 사람들에게서" 발전했다고 말한다.[91] 신성한 남근을 운반하는 일단의 사람들이 디오니소스에게 바치는 찬양 합창곡이나 다른 식물 신에게 바치는 찬가를 부르면서, 그리스인들의 용어를 빌리자면 코모스(komos), 즉 잔치를 벌였다. 성행위는 필수적이었고, 의식의 절정은 대지의 마술적인 자극에 주안점을 둔 상징적인 결혼이었다.[92] 이렇게 해서 초기 그리스 희극에서는 대부분의 현대 희극과 소설에서처럼 결혼과 그에 따른 생식 활동으로 이야기를 끝맺는다. 그리스 희극은 외설적인 메난드로스 시대까지 남아 있었다. 그리스 희극의 기원은 솔직히 말하면 남근 행렬에서 유래했기 때문이다. 그리스 희극은 애초에 번식력을 즐겁게 축하하는 것이었고, 성적인 제약은 어느 정도 제거되었다. 이는 하루 동안 도덕이 유예됨을 의미했고, 이때 자유로운 발언은 특별히 자유로웠다.[93] 수많은 행렬 참가자들이 디오니소스의 사티로스로 분장하고, 의상의 일부로서 염소 꼬리와 붉은 가죽으로 만든 거대한 인조 음경을 착용했다. 이런 의상은 희극 무대에서 전통이 되었다. 이는 신성한 관습의 문제였고, 아리스토파네스의 경우에는 종교적으로 준수되었다. 사실 남근은 서양에서는 기원전 5세기까지 그리고 동양에서는 비잔티움 제국의 마지막 세기까지 광대와 떼려야 뗄 수 없는 상징이었다.[94] 옛 희극에서는 남근과 더불어 선정적인 코르닥스(kordax) 춤이 수반되었다.[95]

이상한 이야기지만, 전원풍의 잔치가 처음 희극으로 변형된 것은 시칠리아에서였다. 기원전 560년경 시라쿠사 근처 메가라 히블라이아의 수사리온이라는 인물이 행렬의 즐거움을 거친 풍자와 희극으로 구성된 짧은 연극으로 발전시켰다.[96] 이 새 예술은 시칠리아에서 펠로폰네소스로, 그다음 아티카로 전해졌다. 순회 연기자 및 지역 아마추어들이 마을에서 희극을 공연했다. 아리스토텔레스의 말을 빌리면,[97] 한 세기가 지난 후 당국자들은 희극을 공식 축제 상연 때 합창으로 지원할 만큼(기원전 465년) 진지하게 취급했다.

비극, 트라고이디아(tragoidia), 즉 염소의 노래도 비슷한 방식으로 사티로스 같은 염소 분장을 한 디오니소스 축제 참가자들의 춤과 노래가 뒤섞인 종교 모방적 공연에서 발생했다.[98] 이런 사티로스 연극은 에우리피데스 때까지 디오니소스 희곡의 필수 요소로 존속했다. 비극 3부작의 작가들은 자기 공연의 네 번째 부분으로 디오니소스를 기리는 사티로스극을 마련해 고대 관습에 부응해야 했다. 아리스토텔레스는 "사티로스극의 발전 때문에 비극이 짧은 줄거리와 희극적인 대사에서 출발해 완전한 위엄을 갖추기까지 오랜 시간이 걸렸다."라고 말한다.[99] 비극의 탄생을 위해 또 다른 씨앗이 자라고 있었던 것이 분명하다. 비극은 예배 의식과 망자의 위로에서 어떤 요소를 취한 것 같다.[100] 그러나 비극의 원천은 근본적으로 크레타에서는 제우스의 탄생, 아르고스와 사모스에서는 제우스와 헤라의 상징적인 결혼, 엘레우시스와 다른 지역에서는 데메테르와 페르세포네의 신성한 비의(秘儀)에 대한 공연, 그리고 무엇보다 펠로폰네소스와 아티카에서는 디오니소스의 죽음과 부활을 애도하고 기뻐하는 공연 같은 종교 모방 의식에 있었다. 이런 공연은 드로메나(dromena), 즉 '공연되는 것들'이라 불렸다. 드라마(drama)는 그 유사어로 당연히 연기를 의미한다. 시키온에서 비극 합창은 참주 클레이스테네스 시대까지 고대의 왕 아드라스토스의 고난을 기념했다고 전해진다. 테스피스의 고향인 이카리아에서는 디오니소스에게 염소를 바쳤다. 아마도 비극이 그 이름을 따온 "염소의 노래"는 만취한 신의 절단된 상징이나 화신(化身)에 대한 영창이었을 것이다.[101] 우리 시대처럼 그리스 희곡도 종교 의식에서 성장했다.

따라서 비극과 희극으로 이루어지는 아테네 희곡은 디오니소스 제전의 일부로서 제사장들의 주재하에 그의 이름을 딴 극장에서 "디오니소스 예술가들"이라 불린 연기자들에 의해 공연되었다. 디오니소스의 조각상이 극장에 들여져 무대 앞에 배치됨으로써, 신이 제전의 광경을 구경할 수 있게 했다. 공연에 앞서 신에게 바치는 동물의 희생제가 치러졌다. 극장은 신전처럼 신성시되고, 이곳에서 저질러지는 범죄 행위는 단순한 범죄가 아니라 신성 모독죄로 엄격하게 처벌되었다. 비극이 디오니시아 시(市)에 마련된 무대에서 명예롭게 공연된 반면, 희극은 레나이아 제전의 가장 두드러진 장소에서 공연되었다. 이 제전도 디오니소스와 관련이 있었다. 원래 주제는 미사에서처럼 신의 고난과 죽음이었을 것이다. 섬자 시인늘이 그리스 신화에 등장하는 영웅의 고난과 죽음으로 대체하였다. 심지어 초기 형태의 희곡은 일종의 마법 의식으로서 아리스토텔레스적 감각을 넘어, 대리인에 의해 발생하고 종결되는 것으로 상연하여 표현된 비극을 피하고 청중에게서 악령을 쫓아내도록 의도되었다.[102] 부분적으로, 그리스 비극이 엘리자베스 시대의 무대보다 더 높은 수준을 유지한 것은 이런 종교적인 기초로 말미암았다.

아리온과 다른 이들에 의해 모방적인 행위로 발전해 간 합창은 극적 구조의 기초가 되었고, 후일 에우리피데스 연극이 공연될 때까지 그리스 비극의 핵심 요소가 되었다. 더 이전 시기의 극작가들은 무용수라 불렸는데, 그 이유는 이들이 연극을 주로 합창 무용의 형태로 만들었고, 실제 무용 교사였기 때문이다.[103] 이런 합창 공연을 희곡으로 변모시키는 데는 오직 한 가지만 필요했는데, 그것은 대사와 연기에 있어 연기자와 합창단의 대립이었다. 이런 영감이 이들 무용 교사와 합창단 지휘자 중 한 명인 이카리아의 테스피스에게 떠올랐다. 이카리아는 펠로폰네소스 메가라에 가까운 도시로 디오니소스 의식이 인기를 끌었으며, 데메테르와 페르세포네, 그리고 디오니소스 자그레우스의 의례적 연극이 매년 상연되었던 엘레우시스에서 그다지 멀지 않았다. 의심의 여지없이 이 세계를 추진하는 힘이 되는 이기주의의 도움을 받아 테스피스는 합창단에서 손을 떼고, 개인적인 낭송시 구절을 통해 대립과 갈등의 개념을 발전시켰고, 보다 엄격한 의미로는 역사에 희곡을 제공했다. 그는 매우 사실적으로 다양한 역할을 연기했으며, 그의 흥행단이 아테네에서 공연했을 때 솔론은 자기가 보기에는 일종의 대중 기만행위로 보이는 이 희곡에 충격을 받아 이 최신 예술을 부도덕하다고 비난했다.[104] 이는 언제나 희곡이 들어 온 비난이기도 했다. 페이시스트라토스는 더욱 상상력이 풍부해 디오니소스 제전에서 연극이 경쟁적으로 상연되도록 장려했다. 기원전 534년에 테스피스가 이런 경연에서 우승을 차지했다. 이 새 형식의 예술은 아주 급속히 발전해 불과 한 세대가 지난 후 코이릴로스는 무려 160편의 희곡을 썼다. 테스피스가 역사의 뒤안길로 사라진 지 50년이 지난 후 아이스킬로스와 아테네인들이 살라미스 전투에서 승리를 거두고 돌아왔을 때, 그리스 희곡사상 위대한 시대를 위해 무대가 마련되었다.

6. 회고

지금까지 그 절정을 묘사한 잡다한 문명을 되돌아보면서, 우리는 그리스인들이 마라톤에서 무엇을 위해 싸웠는가 이해할 수 있기 시작한다. 우리에게 에게 해 지역은 분주하고 다투기 좋아하며 깨어 있고 창조적인 그리스인들이 모든 항구에서 자신의 존재를 확고히 하고, 농업에서 산업 및 교역에 이르기까지 자신의 모든 경제를 발전시키며, 위대한 문학과 철학, 예술을 이미 창조하는 중에 있는 시끌벅적하고 혼잡스러운 장소로 그려진다. 이 새로운 문화가 기원전 6세기에 이미 기원전 5세기의 성과를 위한 모든 기초를 확립하면서 그렇게 신속하고 광범위하게 성숙했음을 생각할 때 놀라지 않을 수 없다. 어떤 측면에서 보면 이는 페리클레스 시대보다 더 세련된 문명으로 서사시와 서정시에서 특히 뛰어났고, 여성들의 보다 큰 자유와 지적 활동으로 활기차고 다채로워졌으며, 어떤 면에서는 이후의 보다 민주적인 시대보다 통치가 더 잘 이루어졌다. 하지만 민주주의를 위한 기초는 이미 마련되었고, 기원전 6세기 말경 참주정은 그리스에 그리스인들의 자유가 구현되기에 충분한 질서를 수립하였다.

자치 정부의 실현은 이 세상에서 새로운 어떤 것이었다. 왕이 없는 삶은 어떤 대단한 사회에서도 감히 시도되지 않았다. 이런 개인적이며 집단적인 독립에 대한 자랑스러운 의식으로부터 그리스인들의 모든 진취성이 촉발되었다. 예술과 문학, 과학과 철학에 있어 믿을 수 없는 성취를 이룰 수 있도록 영감을 준 것은 바로 이러한 그들의 자유였던 것이다. 상당수 사람들은 언제나 그렇듯 미신과 신비 의식, 신화에 안주했다. 사람들에게는 위안이 필요했던 것이다. 그럼에도 불구하고 그리스인들의 삶은 전례 없이 세속화되었다. 정치와 법률, 문학, 사싱이 차례로 종교 권력으로부터 분리되고 해방되었다. 철학은 세계와 인간, 육체와 영혼에 관한 자연주의적 해석을 시도하기 시작했다. 이전에는 거의 알려지지 않았던 과학도 최초로 대담하게 견해를 공식 표명했다. 유클리드 초등 기하학이 수립되었고, 사고의 명확성과 체계성 및 성실성이 몇몇 소수인의 이상이 되었다. 육체와 영혼의 영웅적인 노력이 이질적인 참주정과 암흑 같은 비의(秘儀)의 압박에서 이들 성과와 그 약속을 구해 내고, 유럽 문명에 자유라는 쓰라린 특권을 가져다주었다.

THE LIFE OF GREECE

10장   자유를 위한 투쟁

1. 마라톤

헤로도토스는 "다리우스와 크세르크세스, 아르타크세르크세스의 통치 기간에 그리스는 20세대 이전보다 더 많은 슬픔을 겪었다."라고 말한다.[1] 그리스는 발전의 대가를 지불해야 했다. 사방으로 퍼져 나가던 그리스는 조만간 주요 세력과 충돌할 운명이었다. 바다를 주요 교통로로 이용한 그리스인은 스페인 동부 연안에서 흑해의 가장 먼 항구에까지 이르는 교역로를 활짝 열었다. 그리스와 이탈리아, 시칠리아를 잇는 이 유럽 지역 해상로는 인도와 페르시아, 페니키아를 잇는 동방의 육상 및 해상로와 더욱 치열한 경쟁을 벌였다. 이로 인해 지속적으로 극심한 경쟁이 일어나고, 이전에 늘 그랬듯이 전쟁이 불가피해졌다. 라데, 마라톤, 플라타이아, 히메라, 미칼레, 에우리메돈, 그라니코스, 이소스, 아르벨라, 칸나이, 자마에서 벌어진 전투는 부수적인 사건들에 불과했다.

유럽이 동방에 대해 승리를 거두었는데 이는 부분적으로 해상 운송이 육상 운송보다 저렴하기 때문이며, 또 부분적으로는 난폭하고 호전적인 북방인이 안이하고 예술을 선호하는 남방인을 정복하는 것이 거의 예외 없는 역사의 법칙이기 때문이다.

기원전 512년에 페르시아의 다리우스 1세는 보스포루스 해협을 건너 스키타이를 침공하고 계속 서진하면서 트라키아와 마케돈을 정복했다. 다시 중심 지역으로 돌아왔을 때, 그의 영토는 페르시아와 아프가니스탄, 인도 북부 지역, 투르케스탄, 메소포타미아, 아라비아 북부 지역, 이집트, 키프로스, 팔레스타인, 시리아, 소아시아, 에게 해 동부 지역, 트라키아 및 마케도니아까지 넓혀져 있었다. 당시까지 가장 거대했던 이 제국은 영토를 과도하게 확장했고, 여기서 미래의 정복자가 눈뜨고 있었다. 이제 중요 국가로서 이 광대한 통치 및 교역 체제 외부에 남게 된 것은 그리스뿐이었다. 기원전 510년까지 다리우스는 이오니아 바깥에서 그리스라는 이름을 거의 들어 본 적이 없었다. 그는 "아테네인들이라니, 그들이 누구지?"라고 말했다.[2] 기원전 506년경 참주 히피아스가 아테네에서 일어난 정변으로 폐위되어 사르디스의 페르시아 태수에게로 도망쳤다. 그는 권력 재탈환을 도와 달라고 요청하면서 성공할 경우 아티카를 페르시아의 지배 아래에 두겠다고 약속했다.

기원전 500년 이런 유혹과 더불어 때마침 도발 사태까지 일어났다. 반세기 동안 페르시아 지배 아래 있던 소아시아의 그리스 도시들이 갑자기 자신들을 지배하던 태수들을 내쫓고 독립을 선언한 것이다. 밀레토스의 아리스타고라스는 스파르타로 가서 도움을 구했지만 뜻을 이루지 못하고, 다시 수많은 이오니아 도시들의 모도시인 아테네에 간청한 끝에 아테네인들이 20척의 함선으로 반란을 지원하게 하는 데 성공했다. 한편 이오니아인들은 그리스인 특유의 혼란스러운 활기로 행동에 나서고 있었다. 반란을 일으킨 각 도시들은 자체적으로 군대를 일으켰으며 명령 계통이 분산되어 있었다. 지혜보다는 용맹을 앞세운 밀레토스 군대는 사르디스로 진군해 이 거대 도시를 완전히 초토화해 버렸다. 이오니아 동맹이 연합 함대를 구성했지만, 사모스 함대가 은밀히 페르시아 태수와 조약을 체결했다. 기원전 494년 페르시아 해군이 라데에서 이오니아군과 대결했는데, 역사상 주요 해전 중 하나인 이 전투에서 50척의 사모스 함대가 싸워 보지도 않고 도주하고 다른 많은 함대도 마찬가지 선택을 했다.[3] 이오니아인들은 철저하게 패배했고, 이오니아 문명은 이 물질적·정신적 재난으로부터 다시는 일어설 수 없었다. 페르시아인들은 밀레토스를 포위 공격하여 도시를 점령한 후, 남자들을 죽이고 여자와 아이들은 노예로 삼았다. 페르시아인들이 얼마나 철저하게 약탈했던지 밀레토스는 바로 이날부터 작은 마을로 전락해 버렸다. 페르시아의 통치가 이오니아 전역에서 재정비되었고, 아테네의 간섭에 분개한 다리우스는 그리스를 정복하기로 결심한다. 약소국가인 아테네는 자식 같은 자매 도시들을 도우려다 말 그대로 아티카보다 백 배나 큰 대제국과 대결하게 된 것이다.

기원전 491년 다티스의 지휘하에 600척의 페르시아 함대가 사모스에서 에게 해를 건너 도중에 키클라데스를 정복하고 20만 명의 대군과 함께 에우보이아 연안에 도착했다. 소규모 전투로 간단히 에우보이아의 항복을 받아 낸 후, 페르시아군은 만을 건너 아티카에 도착했다. 그들은 마라톤 근처에 진지를 구축했는데, 히피아스가 평원에서는 기병을 활용하기가 용이하다고 주언했고 기병은 페르시아군이 그리스군보다 압도적으로 우수했기 때문이다.[4]

이 소식을 접하자 그리스 전역이 소동에 휩싸였다. 페르시아 군대는 결코 패한 적이 없었고, 제국의 진출은 한 번도 중단된 적이 없었던 것이다. 이토록 미약하고 흩어져 있으며 단결에 익숙지 못한 국가가 이 거대한 동방의 정복 물결을 어떻게 막을 수 있을 것인가? 그리스 북부 지역 국가들은 이토록 엄청난 세력에 저항하기를 주저했다. 스파르타는 주저하며 대비했지만, 미신으로 군사 동원을 지연시켰다. 소국 플라타이아는 신속하게 행동했고, 상당한 규모의 시민을 마라톤으로 진군시켰다. 아테네에서는 밀티아데스가 시민뿐 아니라 노예도 해방해 징병하고 산악 지대를 넘어 전쟁터로 나아갔다. 서로 대치하였을 때 그리스군은 2만여 명이었고, 페르시아군은 10만 명가량 되었다.[5] 페르시아군은 용감하기는 했지만 개별 전투에 익숙했고, 그리스군의 대규모 방어 및 공격에는 적응되어 있지 않았다. 그리스인들은 용기와 규율로 단합했고, 지휘권을 열 명의 장군들에게 분산시키고 각 장군이 하루 동안 최고 지휘권을 행사하는 우를 범했지만, 자기 지휘권을 밀티아데스에게 양도한 아리스티데스의 본보기로 구원을 얻었다.[6] 이 무뚝뚝한 군인의 활기찬 전략으로 소규모 그리스군은 몇몇 결정적인 전투에서 역사상 가장 믿기 어려운 승리를 거두며 페르시아 대군을 대패시켰다. 이에 대한 그리스인들의 증언에 의하면, 마라톤 전투에서 페르시아군은 6400명이 전사했고, 그리스군의 전사자는 192명에 지나지 않았다. 전투가 끝난 후 스파르타군이 도착했고, 한발 늦은 사실을 개탄하며 승리자들을 칭찬했다.

2. 아리스티데스와 테미스토클레스

그리스인의 성격과 역사에 나타나는 고결함과 잔인함, 이상주의와 냉소주의의 기묘한 혼합은 밀티아데스와 아리스티데스의 행적에서 잘 드러난다. 전 그리스의 찬사로 우쭐해진 밀티아데스는 아테네인들에게 70척의 함대를 갖춰 어느 누구의 간섭도 받지 않는 지휘권을 자신이 갖도록 요청했다. 함대가 갖추어지자 밀티아데스는 이 함대를 이끌고 파로스로 가서 시민들에게 대규모 희생에 대한 대가로 백 달란트(60만 달러)를 요구했다. 아테네인들은 그를 소환해 그에게 50달란트의 벌금을 물게 했다. 하지만 밀티아데스는 이후 곧 죽고, 벌금은 그의 아들이자 페리클레스의 미래 경쟁자인 키몬이 지불했다.[7]

마라톤에서 밀티아데스에게 지휘권을 양보했던 아리스티데스는 성공의 유혹에서 살아남았다. 아리스티데스는 생활 방식에 있어 아테네의 스파르타인이라고 할 수 있었다. 그는 온화하고 침착하고 겸손하며, 소박하고 강인하고 성실

하여 공정한 인물이라는 평판을 얻었다. 아이스킬로스가 자신의 희곡에서 다음과 같이 노래했을 때,

> 그는 짐짓 공정한 듯 꾸미는 게 아니라 실제로 공정하기를
> 원한다. 또한 그의 발밑 대지 깊숙한 곳에서
> 지혜롭고 신중한 조언이 자라 큰 수확으로 거두어진다.

모든 청중이 시인이 노래한 구절의 화신으로 아리스티데스를 바라보았다.[8] 그리스군이 마라톤에서 페르시아군 진지를 점령하고 그 막사에서 엄청난 부를 거두어들였을 때, 아리스티데스가 이를 떠맡은 후, "자기도 개인적으로 가지지 않고 다른 이들도 그런 짓을 범하지 않도록 했다."[9] 전쟁이 끝난 후 아테네 동맹국들이 공동 방위 기금으로 델로스의 보고(寶庫)에 매년 기부하기로 했을 때, 아리스티데스가 지불금을 결정하도록 선출되었고 아무도 그의 결정에 반대하지 않았다. 그럼에도 그는 인기보다는 존경을 받는 인물이었다. 민주주의를 그렇게 신장시킨 클레이스테네스의 절친한 친구였지만, 그는 민주주의가 너무 진전되고 민회가 지나치게 권한을 보유하게 되면 통치상 부패해지고 공공질서가 문란해질 것이라는 입장을 취했다. 그는 불법 행위를 발견하면 바로 폭로했고, 그로 인해 많은 정적이 생겼다. 테미스토클레스가 이끄는 민주파는 클레이스테네스가 최근 수립한 도편 추방제를 아리스티데스를 제거하는 데 이용했다. 이렇게 해서 기원전 482년에 아테네 역사상 유명하면서도 정직한 유일한 인물이 가장 전성기에 추방당했다. 이 또한 전설일지 모르지만, 아리스티데스가 자신을 전혀 알지 못하지만 위인에게 갖는 범인의 질투심으로 자기가 공정한 인간이라고 불리는 평판에 물린 한 문맹 시민을 대신해 자기 이름을 도편에 적어 주었다는 너무나 유명한 일화가 있다. 결정 사실을 알게 되자 아리스티데스는 아테네가 다시는 자신을 기억할 기회가 없기를 바란다고 말했다.[10]

아테네 대중들은 파렴치함을 적절히 갖추어 때로 정치적 수완으로 개입되

는 경우가 있음을 역사가는 인정할 수밖에 없다. 후대의 알키비아데스처럼 테미스토클레스는 능력 그 자체였다. 언제나 신중한 투키디데스도 "그의 탁월하고 견줄 데 없는 능력은 우리의 흠모를 받기에 부족함이 없다."라고 말한다.[11] 밀티아데스처럼 테미스토클레스도 아테네를 구하지만 정작 자신은 구할 수 없었다. 그는 대제국은 물리쳤지만 자신의 권력욕은 그러지 못했던 것이다. 플루타르코스는 "그는 자신의 행동거지를 개선하거나 유쾌하고 품위 있는 일을 가르쳐 줄 목적으로 주어지는 훈계를 마지못해 하며 경솔한 마음으로 받아들였다. 현명하게 사안을 처리할 수 있는 의견에 대해서도 한참 후에야 관심을 보이고 그런 일에 대한 자신의 선천적인 능력을 과신했다."라고 말한다.[12] 테미스토클레스와 아리스티데스가 같은 처녀, 케오스의 스테실라오스와 사랑에 빠졌고, 두 사람의 적대감이 이 여인이 죽은 후에도 계속되었다는 사실은 아테네에 불행이었다.[13] 그럼에도 불구하고 통찰력과 열정으로 그리스 역사상 가장 중요한 전투인 살라미스 해전을 준비하고 승리로 이끈 인물은 테미스토클레스였다. 기원전 493년으로 거슬러 올라가, 그는 아테네를 위해 피라이오스에 새 항구를 구상하고 건설하기 시작했으며, 기원전 482년에는 아테네인들을 설득해 라우리온 은광 수입에서 일정액을 할당해 백 척의 3단 노선 건조 비용을 충당하게 했다. 이 함대가 없었다면 그리스는 크세르크세스에 저항할 수 없었을 것이다.

3. 크세르크세스

다리우스 왕이 기원전 485년에 사망하고 크세르크세스 1세가 왕위를 계승했다. 이 부자는 모두 능력과 교양을 갖춘 인물들로서, 그리스와 페르시아 간의 전쟁을 문명과 야만의 경합으로 생각하는 것은 착각일 것이다. 다리우스가 그리스를 침공하기에 앞서 사자(使者)를 아테네와 스파르타에 보내 항복의 표시로 땅과 바다를 요구했을 때, 두 도시는 모두 사자를 죽였다. 예사롭지 않은 조짐에 불안해진 스파르타는 국제관례를 위반한 사실을 뉘우치고 두 명의 시민을 페르시아로 보내 위대한 왕이 앙갚음으로 어떤 처벌을 가하든 달게 받도록 했다. 명문가 출신인 스페르티아스와 불리스가 이를 자원해 크세르크세스에게 가서 다리우스 왕의 사자를 살해한 데 대한 속죄로 죽음을 달게 받겠다고 했다. 크세르크세스는 "진정 위대한 영혼답게 자신은 사자를 죽여 모든 인간이 공유한 법을 파기한 라케다이몬인처럼 행동하지 않겠다고 답했다. 그들의 그런 행동을 비난했으므로, 그는 결코 그런 범죄를 저지르지 않을 것이다."라고 헤로도토스는 말했다.[14]

크세르크세스는 여유로우면서도 철저하게 그리스에 대한 두 번째 공격을 준비했다. 4년 동안 그는 자기 영토 내 모든 지역에서 병력과 물자를 모았고, 기원전 481년 드디어 전쟁을 개시했다. 그의 군대는 아마 우리 시대 이전에는 역사상 최대 규모였을 것이다. 헤로도토스는 아무런 경감 없이 264만 1000명의 병사와 동일한 숫자의 기술자와 노예, 상인, 식량 담당자, 창부가 동원되었다고 계산했다. 그는, 아마도 눈을 찡긋하며, 크세르크세스 군대가 물을 마시자 강 전체가 말랐다고 말한다.[15] 당연하고도 필연적으로 페르시아군은 페르시아인, 메디아인, 비빌로니아인, 아프간인, 인도인, 박트리아인, 소그드인, 사카이인, 아시리아인, 아르메니아인, 콜키스인, 스키트인, 파이오니아인, 미시아인, 파플라고니아인, 프리기아인, 트라키아인, 테살리아인, 로크리스인, 보이오티아인, 아이올리스인, 이오니아인, 리디아인, 카리스인, 킬리키아인, 키프로스인, 페니키아인, 시리아인, 아라비아인, 이집트인, 에티오피아인, 리비아인 및 수많은 민족들로 구성된 혼성 군대였다. 보병과 기병, 전차, 코끼리, 그리고 헤로도토스에 의하면 모두 1207척의 수송 함대와 전투용 3단 노선이 동원되었다. 진지에서 그리스인 첩자가 잡혔을 때 장군은 처형을 명령했지만, 크세르크세스는 그들을 살려 주고 그의 병력을 보여 준 다음 놓아주었다. 그들이 아테네와 스파르타에 가서 자기 군대의 규모를 보고하면 그리스인들이 서둘러 항복할 것이

라 확신했던 것이다.[16]

기원전 480년 봄 이 엄청난 대군이 헬레스폰토스에 도착했고, 여기에 이집트인과 페니키아인 기술자들이 고대의 가장 감탄스러운 업적 가운데 하나인 다리를 건설했다. 다시 헤로도토스의 말에 의하면 674척의 3단 노선과 50노선(좌우현에서 각각 스물다섯 명이 노를 저은 배 – 옮긴이)이 두 줄로 해협을 가로질러 와 조류에 맞서며 무거운 닻을 내렸다. 그다음 건조자들이 아마나 파피루스로 된 밧줄을 각 제방에 열을 지어 늘어선 배들 위로 뻗쳐 모든 배를 밧줄로 연결한 후 캡스턴으로 줄을 팽팽하게 고정시켰다. 나무를 잘라 널빤지를 만들고 밧줄로 이 널빤지를 서로 엮은 후, 묶인 널빤지에 곁가지를 덮고 다시 흙을 덮어 전체를 길처럼 다졌다. 이렇게 조성된 길 양편에는 방호물을 높게 쌓아 동물들이 바다를 보고 놀라지 않게 했다.[17] 그럼에도 불구하고 불안해 하는 많은 짐승과 일부 병사가 강제로 건너도록 채찍질당했다. 다리는 짐을 잘 버터 냈고, 밤낮 7일간에 걸쳐 모두 무사히 다리를 건넜다. 이 지역 한 주민이 이런 장관을 목격하고 크세르크세스가 제우스 신이라 생각하며, 그는 신과 인간의 지배자로서 번개를 내려 건방진 나라를 단번에 파괴할 수 있을 텐데 조그만 그리스를 정복하느라 왜 그토록 수고하는지 물었다.[18]

군대가 육지로 진군해 트라키아를 지나고 마케도니아와 테살리아로 쳐 내려가는 동안, 페르시아 함대는 연안을 따라 항해하면서 약 2킬로미터 길이로 아토스 산(山) 지협을 가로질러 강제 노역으로 조성된 운하를 통해 남쪽을 통과해 에게 해의 폭풍을 피했다. 어디서나 군대는 두 끼 식사를 했고, 이들에게 식사를 제공한 도시는 완전히 파산했다고 전해진다. 타소스는 하루 동안 크세르크세스를 대접하는 데 은 400달란트(약 100만 달러)를 소비했다고 한다.[19] 그리스 북부 지역, 아티카 접경 지역조차도 두려움 때문에든 매수를 당해서든 항복했고, 자신의 병력을 크세르크세스의 수백만 대군에 합류시켰다. 그리스 북부에서는 플라타이아와 테스피아이만 페르시아와 싸울 준비를 하고 있었다.

4. 살라미스

그리스 남부 지역 사람들의 다국적군 쇄도에 대한 두려움과 절망감을 오늘날의 우리가 얼마나 상상할 수 있을까? 저항은 미친 짓처럼 보였다. 충성스러운 그리스 국가들은 크세르크세스 병력의 10분의 1도 소집할 수 없었다. 하지만 이번만은 아테네와 스파르타가 한마음 한뜻으로 협력했다. 사절단이 펠로폰네소스의 모든 도시로 급파되어 병력과 물자를 요청했다. 대부분의 국가들이 이에 협조했다. 이를 거절한 아르고스는 그 수치를 결코 씻지 못했다. 아테네는 함대를 이끌고 페르시아 함대를 맞으러 북진해 나갔고, 스파르타 왕 레오니다스는 소규모 군대를 이끌고 테르모필라이에서 잠깐 크세르크세스를 저지했다. 두 나라 해군은 에우보이아 북부 연안의 아르테미시온에서 만났다. 적 함대의 압도적인 숫자를 보자 그리스 장군들은 한결같이 후퇴하려 했다. 페르시아군의 자국 연안 상륙을 두려워한 에우보이아인들이 아테네 함대 지휘관 테미스토클레스에게 그리스 지도자들이 싸움에 나서도록 설득하는 조건으로 30달란트(18만 달러)의 뇌물을 주었다. 그는 뇌물을 나누어 가지면서 설득에 성공했다.[20] 특유의 교묘한 솜씨로 테미스토클레스는 선원들에게 바위에다 페르시아 함대 휘하 그리스인들에게 보내는 메시지를 새기게 해, 그들로 하여금 그곳을 떠나거나 모국에 대항해 싸우지 말도록 설득했다. 그는 이오니아인들이 그 내용을 보면 감동을 받을 것이고, 크세르크세스가 그 내용을 이해하면 감히 그리스인들을 전투에 이용하지 않을 것이라 생각했다. 양측 함대는 하루 종일 전투를 벌였고, 어느 한 쪽이 이기기 전에 밤이 찾아와 전투가 중단되었다. 그리스군은 아르테미시온으로, 페르시아군은 아페타이로 물러갔다. 병력 규모로 보면 그리스군이 이겼다고 당당하게 생각할 수 있었다. 테르모필라이의 비보가 도착했을 때, 남은 그리스 함대는 남쪽 살라미스로 항해해 가서 아테네인들에게 피난처를 제공했다.

한편 레오니다스의 군대는 역사상 가장 영웅적으로 저항했음에도 "뜨거운 문(門)" 전투에서 전멸했다. 페르시아군의 용맹이 아니라 그리스인들의 배신 행위 때문이었다. 트라키스 출신 일부 그리스인들이 크세르크세스에게 산악 지대를 통한 우회로를 은밀히 알려 주었을 뿐 아니라 그 경로를 통해 페르시아군을 이끌고 가 스파르타군의 배후를 공격했던 것이다. 레오니다스와 300명의 성인(스파르타 가정이 절멸되지 않도록 그는 아들을 가진 아버지만 참전하도록 했다.) 들은 거의 최후의 일인까지 용감히 싸우다 전사했다. 두 명의 스파르타 생존자 중 한 명은 플라타이아로 갔고, 다른 한 명은 수치심으로 목을 매어 죽었다.[21] 그리스 역사가들은 페르시아군은 2만 명을 잃었고 그리스인은 300명을 잃었다고 장담한다.[22] 이들 영웅의 무덤 위에 그리스 비문 중 가장 유명한 글귀가 씌어졌다. "가시오, 나그네여. 그리고 라케다이몬인들에게 그들의 법에 복종해 우리가 여기 잠들었다고 전해 주시오."[23]

아테네와 페르시아인 사이에 이제 아무 장벽도 남아 있지 않다는 사실을 알게 되었을 때, 모든 아테네인들은 최선을 다해 자신들의 가족을 구해야 한다는 포고가 내려졌다. 일부는 아이기나로 피신했고, 일부는 살라미스로, 일부는 트로이젠으로 피신했다. 어떤 이들은 아르테미시온에서 귀환하는 함대의 선원으로 이름을 올리기도 했다. 플루타르코스는 어떻게 도시의 길들여진 짐승들이 주인을 따라 해안까지 와서는 짐을 가득 실은 배들이 그들을 남겨 두고 떠났을 때 울부짖었는지 감동적으로 그림을 그려 보인다.[24] 페리클레스의 부친 크산티포스가 기르던 개는 바다로 뛰어들어 주인이 탄 배를 따라 살라미스까지 헤엄을 쳤고 거기서 탈진해 죽고 말았다.[25] 민회에서 항복을 조언한 한 아테네인이 바로 그 자리에서 살해되었고, 한 무리의 여인들이 그의 집으로 달려가 그의 아내와 자식들을 돌로 쳐 죽였다는 이야기는 당시의 흥분과 열정을 능히 짐작하게 한다.[26] 아테네에 도착한 후 크세르크세스는 도시가 거의 황폐화되었음을 알고 마음대로 약탈과 방화를 저지르게 했다.

그 후 곧 1200척의 강력한 페르시아 함대가 살라미스 만에 진입했다. 이에 대항해 300척의 그리스 3단 노선이 진을 치고 있었는데, 여전히 지휘권이 분할

된 상태였다. 장군들 대다수는 무모한 전투에 반대했다. 그리스군에 강제력을 행사하기로 결심한 테미스토클레스는 페르시아군이 승리할 경우 자기 목숨을 내어놓을 수도 있는 전략에 승부를 걸었다. 그는 자기 심복을 크세르크세스에게 보내 그리스군이 밤사이에 도망치려 하므로 그리스 함대를 포위해야만 이를 막을 수 있다고 말하게 했다. 크세르크세스는 이 조언을 받아들였고, 다음날 아침 모든 도주로가 차단되고 그리스군은 페르시아군에 맞서 싸울 수밖에 없게 되었다. 크세르크세스는 살라미스 맞은편 아티카 해안에 있는 아이갈레오스 산자락에 당당하게 앉아 전투를 지켜보았고, 특별히 용맹하게 싸우는 부하의 이름을 주목했다. 그리스군의 우수한 전술과 선박 조종술, 동방인들 간의 언어, 심리 및 넘쳐나는 함선의 혼란으로 말미암아 마침내 전쟁은 그리스의 승리로 끝났다. 디오도로스에 의하면 침략자들은 200척의 배를 잃었고, 방어자들은 40척을 잃었다고 한다. 배가 침몰되어도 그리스인 중에는 사망자가 드물었다. 수영 솜씨가 뛰어났던 그들은 육지까지 헤엄쳐 갈 수 있었던 것이다.[27] 나머지 페르시아 함대는 헬레스폰토스로 도주했고, 교묘한 테미스토클레스는 다시 자기 노예를 크세르크세스에게 보내어 자신이 그리스군에게 추격하지 말도록 명령했다고 말하게 했다. 크세르크세스는 30만 명의 군사를 마르도니우스 휘하에 남겨 두고 나머지 병력을 이끌고 굴욕적으로 사르디스로 회군했다. 그의 병력 대부분이 도중에 역병과 이질로 죽었다.

살라미스 해전이 일어난 해, 그리스인들에 의하면 아마도 바로 그날(기원전 480년 9월 23일), 시칠리아의 그리스인들은 히메라에서 카르타고인들과 싸웠다. 아프리카의 페니키아인들이 크세르크세스를 지원하고 대규모로 그의 함대에 참여했던 이들과 제휴했는지는 알 수 없다. 어쩌면 그리스가 동방과 서방에서 동시에 공격을 받았던 것은 우연에 불과했을지도 모른다.[28] 전승에 의하면 카르타고의 장군 하밀카르가 3000척의 배와 30만 명의 군대를 이끌고 파노르모스에 도착한 후, 계속 진군해 히메라를 포위 공격하고 거기서 시라쿠사의 겔론이 이끄는 5만 5000여 병력과 접전을 벌였다고 한다. 카르타고 장군들의 방식에 따라 하밀카르는 전투에서 멀찍이 떨어져 있다가 싸움이 격렬해지자 자기 신들에게 번제(燔祭)를 드리며 희생 제물을 바쳤고, 패배가 분명해지자 불속으로 뛰어들었다고 한다. 그 자리에 그의 묘비가 세워지고, 그로부터 70년이 지난 후 그의 손자 히밀콘이 복수로 그리스 포로 3000명을 살육했다.[29]

1년 후(기원전 479년 8월) 육지와 바다에서 거의 동시에 일어난 전투를 통해 그리스는 해방을 맞았다. 그 나라에서 여유롭게 지내던 마르도니우스 군대는 보이오티아 평원 플라타이아 근처에 진지를 구축했다. 2주 동안 상서로운 징조를 기다린 후 11만 명의 그리스군은 스파르타 왕 파우사니아스의 지휘하에 전쟁사상 가장 대단했던 육상 전투를 벌였다. 침략군 중 페르시아인이 아닌 자들은 전투에 별로 관심이 없었고, 공격의 선봉에 선 페르시아 함대가 동요하자마자 도주해 버렸다. 그리스군은 어찌나 압도적인 승리를 거두었던지 (역사가들에 의하면) 159명만이 전사했을 뿐이고, 반면 페르시아군의 전사자 수는 26만 명에 이르렀다고 한다.* 같은 날, 그리스 소함대가 모든 이오니아인의 집결지인 미칼레 연안에서 페르시아 소함대와 격돌했다고 그리스인들은 주장한다. 페르시아 함대는 괴멸되었고, 이오니아 도시들은 페르시아의 지배에서 벗어났으며, 헬레스폰토스와 보스포루스에 대한 통제권은 700년 전 트로이로부터 빼앗은 것처럼 다시 그리스인들에게 돌아왔다.

그리스와 페르시아 간의 전쟁은 유럽 역사상 가장 중요한 전쟁이었다. 이 전쟁의 승리로 유럽이 가능해졌기 때문이다. 이 전쟁으로 서구 문명은 공물이나 과세 없는 독자적 경제생활, 동방 왕들의 명령에서 자유로운 독자적 정치 제도를 발전시킬 수 있는 기회를 갖게 되었다. 이 전쟁으로 그리스는 자유를 향한 위대한 첫 실험을 할 수 있는 확고한 터전을 마련했다. 또한 이를 통해 그리스의 정신이 300년간 동방의 맥 빠진 신비주의로부터 보호될 수 있었고, 그리스

---

* 헤로도토스[30]에 의한 이 수치는 아마도 애국적인 상상력의 발로인 듯하다. 공정하려 애썼던 플루타르코스는 그리스군의 인명 손실을 1360명으로 상향 조정했고, 수치에 관해 언제나 관대했던 디오도로스 시쿨로스는 페르시아군의 인명 손실을 10만 명으로 하향 조정했다.[31] 하지만 플루타르코스와 디오도로스도 그리스인들이었다.

의 진취적인 사업가가 해상을 자유롭게 누빌 수 있었다. 살라미스 해전에서 살아남은 아테네 함대는 이제 지중해 지역의 모든 항구를 그리스의 교역 항으로 개방시켰고, 이를 뒤이은 상업 발전과 부의 축적은 페리클레스 시대 아테네의 여유로운 삶과 문화를 재정적으로 뒷받침했다. 그렇게 불리한 조건 속에서 승리를 거둠으로써 그리스인들의 자부심은 크게 고취되었다. 진정 감사하는 마음으로 그들은 역사상 전례 없는 일을 수행하라는 소명감을 느낀 것이다. 그리스는 수 세기 동안의 준비와 희생을 거치며 마침내 황금 시대로 진입하게 된다.

황금 시대

기원전 480~399년

THE LIFE OF GREECE

11장 페리클레스와 민주주의 실험

1. 아테네의 부상

셸리(Shelley)는 이렇게 썼다.[1] "페리클레스의 출생과 아리스토텔레스의 사망 사이 기간은 그 자체로든 문명인들의 이후 운명에 끼친 영향과 관련해서든 세계사상 가장 주목할 만한 시기임이 분명하다." 아테네는 그리스를 구하면서 발휘한 영도력으로 에게 해 대부분의 도시들의 충성(과 기부)을 획득하는 데 성공함으로써 이 시기를 지배하게 된다. 이 시기를 지배하게 된 또 다른 이유는 전쟁이 끝나면서 이오니아는 피폐해졌고 스파르타는 동원 해제와 지진, 폭동 등으로 혼란에 빠진 반면, 테미스토클레스가 창설한 함대는 이제 아르테미시온과 살라미스에서의 승리에 비견될 만한 상업적 정복 사업에 성공하고 있기 때문이기도 했다.

전쟁은 완전히 끝난 것이 아니었다. 그리스와 페르시아 간의 전투는 키로스의 이오니아 정복 때부터 알렉산드로스의 다리우스 3세 타도 때까지 간헐적으로 계속되었다. 페르시아인들은 기원전 479년에 이오니아에서 축출되었고, 478년에는 흑해에서, 475년에는 트라키아에서 축출되었다. 기원전 468년에는 아테네의 키몬이 지휘하는 그리스 함대가 에우리메돈 강어귀*에서 수륙 양면으로 페르시아인들을 대패시켰다. 아시아와 에게 해 지역의 그리스 도시들은 대(對)페르시아 방위를 위해 아테네의 영도 아래 델로스 동맹을 결성하고(기원전 477년), 델로스의 아폴론 신전에 공동 기금을 기부했다. 아테네는 금전 대신 선박을 기부했으므로, 곧 이 해군력을 이용해 동맹국들을 효과적으로 통제하게 된다. 이리하여 동등 관계로 출발한 동맹은 급속히 아테네 제국으로 변질되어 갔다.

이 제국주의적 강화 정책에 아테네의 모든 주요 정치가들, 심지어 덕망 높은 아리스티데스와 이후의 나무랄 데 없는 페리클레스까지도 부도덕한 테미스토클레스에 협력했다. 아테네에서 그 누구도 테미스토클레스만큼 존중받지 못했고, 기여도 평가에 있어 그보다 앞서지 못했다. 그리스 지도자들이 전쟁에서 그리스를 가장 훌륭하게 방어한 인물 두 명에게 상을 주기로 했을 때, 모든 이들이 우선은 자기에게 그리고 그다음으로는 테미스토클레스에게 표를 던졌다. 최고가 되는 길은 육지가 아니라 바다에 있고 전쟁이 아니라 교역에 있다고 아테네인들을 설득해 그리스 역사의 방향을 설정한 이가 바로 테미스토클레스였다. 그는 페르시아와 타협했고, 아시아와의 자유로운 통상으로 아테네를 번성하게 하기 위해 구제국과 신제국 간의 분쟁을 종식시키려 했다. 그는 아테네 남자들은 물론 여자와 아이들까지 동원해 아테네 주변뿐 아니라 피라이오스와 무니키아의 항구 주변에도 성벽을 쌓았다. 그의 지도하에 훌륭한 부두와 창고, 거래소들이 피라이오스에 세워지고 해상 교역을 위한 온갖 편의가 제공되었으며, 이는 페리클레스에 의해 계속 진척되었다. 그는 이런 정책이 스파르타의 질

---

* 소아시아 남부 팜필리아에 위치한 강.

시를 불러일으켜 양국 간의 전쟁으로 이어질지 모른다는 사실을 의식했지만, 아테네 발전의 비전과 아테네 함대에 대한 확신으로 계속 고무되었다.

그의 목표가 장대한 만큼 수단은 부패했다. 그는 해군력을 동원해 키클라데스에 공물을 강요했다. 그들이 페르시아군에 너무 급하게 항복했고 크세르크세스에게 병력을 제공했다는 이유에서였다. 또한 그는 일부 도시의 책임을 면제하는 조건으로 뇌물을 받기도 한 것 같다.[2] 티모크레온에 의하면 그는 비슷한 방식으로 추방자들을 다시 불러들이려 했고 때로 돈을 받기도 했다고 한다. 비록 자신은 귀환하지 못했지만.[3] 아리스티데스가 공공 세입 관장 직책을 맡게 되었을 때, 그는 자기 선임자들이 공금을 착복했고 테미스토클레스가 특히 심했다는 사실을 확인했다.[4] 기원전 471년경 테미스토클레스의 부도덕한 재능에 두려움을 느낀 아테네인들은 도편 추방제로 그를 추방했다. 테미스토클레스는 아르고스에 새 둥지를 틀려 했다. 그런데 그 직후 스파르타인들은 자신들의 통치자 파우사니아스의 비밀 서신에서 테미스토클레스와 명백히 관련되어 있는 문서들을 발견했다. 스파르타인들은 파우사니아스가 페르시아와 협상하려 했다 하여 반역죄를 물어 굶어 죽게 했다. 자국의 가장 유력한 적을 파멸시킬 수 있게 된 스파르타는 이들 문서를 아테네에 공개했고, 아테네는 즉시 테미스토클레스를 체포하라는 명령을 내렸다. 테미스토클레스는 코르키라로 도주했지만 망명이 허용되지 않아 에피로스로 잠시 피난했고, 이후 비밀리에 배를 타고 아시아로 가 크세르크세스의 후계자에게 살라미스 해전 이후 그리스가 페르시아 함대를 추격하지 못하도록 한 데 대한 보상을 청구했다. 아르타크세르크세스 1세는 테미스토클레스가 그리스를 정복하는 데 돕겠다는 약속에 현혹되어,[5] 테미스토클레스를 참모로 받아들이고 그 생계유지를 위해 몇몇 도시의 세입을 제공했다. 그러나 자신을 한시도 쉬지 못하게 한 계획을 실행하기 전, 기원전 449년에 테미스토클레스는 지중해 전역의 존경과 미움을 받으면서 65세의 나이로 마그네시아에서 사망했다.

테미스토클레스와 아리스티데스의 시대가 지난 후, 아테네 민주파의 지도권은 에피알테스에게, 과두파 또는 보수파의 지도권은 밀티아데스의 아들 키몬에게 계승되었다. 키몬은 테미스토클레스에게 없었던 대부분의 덕성들을 갖추었지만, 정치적 성공을 위한 재능 발휘에 꼭 필요한 교묘함이 없었다. 아테네의 음모 가운데서 행복하지 못했던 그는 함대 지휘권을 장악하고 에우리메돈 전투에서 승리함으로써 그리스의 자유를 확고히 했다. 영예롭게 아테네에 귀환한 그는 스파르타와 화해하자고 제안함으로써 바로 인기를 잃어버렸다. 그는 민회의 마지못한 동의를 얻어 아테네군을 이끌고 스파르타가 이토메에서 발생한 헤일로타이의 반란을 진압하는 데 도움을 주기 위해 달려갔다. 그러나 스파르타인들은 이 선물을 의심의 눈길로 바라보고 키몬의 군대에 대한 불신을 분명히 해, 키몬군은 분한 마음으로 돌아오고 키몬은 실각하게 된다. 기원전 461년에 키몬은 페리클레스의 선동으로 도편 추방당한다. 이로 인해 과두파는 사기가 꺾이고 민주파가 두 세대 동안 정권을 장악한다. 4년이 지난 후 페리클레스는 이를 후회하며(또는 소문에 의하면 키몬의 누이 엘피니케에 매료되어) 키몬을 귀환시켰고, 키몬은 키프로스 해전에서 영예롭게 전사했다.

이 당시의 민주파 지도자인 에피알테스는 이상하게도 거의 알려지지 않은 인물이지만, 그의 활약상은 아테네 역사에 있어 한 전환점이었다. 에피알테스는 가난했지만 청렴했고, 아테네 정치계 내부의 원한 관계를 오래 버터 내지 못했다. 전쟁으로 민주파의 입지가 강화되었는데, 자유민 사이의 계층 구분이 그런 위기 상황에서 한동안 소홀했었고, 살라미스 해전의 승리가 귀족층이 지배한 육군이 아니라 가난한 시민들로 구성되고 상인이 주를 이룬 중산층이 지배한 해군에 의해 달성되었기 때문이다. 과두파는 보수적인 아레오파고스를 아테네 최고 권력 기관으로 만들어 권한을 유지하려 했고, 에피알테스는 고대 원로원을 신랄하게 공격함으로써 이에 응수했다.* 에피알테스는 아레오파고

---

* 1850년경에 쓴 그로트(Grote)의 아레오파고스에 대한 소송 진술서는 1937년 미국 대법원의 비판을 떠오르게 한다. "평생 임기를 누리는 홀로 우뚝 서 있는 아레오파고스는 그 유구한 역사로 서서히 신성시되어 모호하고 광범위한 지배권을 행사하게 된 것 같다. 아레오파고스는 일종의 종교적인 경외감을 부여받았다. …… 또한 아레오파고스

스 성원 중 일부를 불법 행위로 탄핵하고, 일부는 사형에 처했으며,[7] 민회로 하여금 표결로 아레오파고스가 여전히 보유하고 있던 대부분의 권력을 폐지토록 했다. 보수파인 아리스토텔레스는 후일 이 급진적 정책을 찬성했는데, "원로원에 속했던 사법 기능이 평민에게 이전된 것은 유익했다. 부패는 다수보다 소수 안에서 더 쉽게 싹트기 때문이다."라는 이유에서였다.[8] 하지만 당시의 보수파들은 이 문제를 그리 마음 편하게 바라보지 않았다. 매수될 수 없는 인물로 판명된 에피알테스는 기원전 461년 과두파 요원에 의해 암살되고,[9] 민주파를 이끌어 갈 위험한 과제는 귀족적인 페리클레스에게 넘겨졌다.

2. 페리클레스

그 가장 위대한 시대에 물질적으로든 정신적으로든 모든 분야에 걸쳐 아테네 최고 사령관으로 활약했던 인물은 마라톤 전투 3년 전에 태어났다. 그의 아버지 크산티포스는 살라미스 해전에 참전했고, 미칼레 전투에서 아테네 함대를 이끌었으며, 헬레스폰토스를 재탈환한 인물이었다. 페리클레스의 어머니 아가리스테는 개혁 정치가 클레이스테네스의 손녀로, 외가 혈통으로 볼 때 페리클레스는 알크마이온의 유서 깊은 가문 태생이다. 플루타르코스는 "그의 어머니가 출산 즈음에 사자 침대에 이끌려 가는 꿈을 꾸었고, 그 며칠 후 페리클레스가 태어났다. 그는 다른 모든 면에서 완벽한 모습이었지만, 머리가 다소 길쭉해 불균형을 이루었다."라고 말한다.[10] 그를 비판한 사람들은 이 몹시 긴 얼굴로 그를 한껏 조롱했다. 당시 가장 유명한 음악 교사였던 다몬이 그에게 음악을 가르쳤고, 피토클레이데스가 음악과 문학을 가르쳤다. 또한 페리클레스는 아테네 엘레아 학파의 제논에게서 수학하고, 철학자 아낙사고라스의 친구이자

는 어떤 절차도 …… 국가 입법을 위반해서는 안 된다는 점에 유념하며 공공 집회에 대한 감독권을 행사했다. 이는 실로 거대하면서도 모호한 권력으로, 국민의 어떤 공식 승인도 받지 않은 것이다."[6]

제자가 되었다. 그는 성장하면서 당대 급성장하던 문화를 흡수하고, 정신 및 지모에 있어 아테네 문명의 모든 요소, 즉 경제, 군사, 문학, 예술, 철학 등을 통합했다. 우리가 아는 한 그는 그리스가 낳은 가장 완벽한 인물이었다.

과두파가 시대와 보조를 맞추지 못한다는 사실을 깨달은 그는 일찍부터 데모스(demos), 즉 아테네 자유민과 가까이했다. 당시에도 미국의 제퍼슨 시대처럼 '민중'이란 단어는 어떤 소유적 의미를 담고 있었다. 그는 모든 상황을 신중하게 준비하며 어떤 교육적 양상도 무시하지 않고, 거의 말하지 않거나 간략히 말하고 핵심을 벗어난 말은 절대 하지 않도록 신께 기도하면서 일반 정치에 접근했다. 그를 싫어한 희극 시인들조차 그를 올림포스 신에 비유해 아테네가 전에 한 번도 들어 본 적 없는 능변으로 번개와 천둥을 휘두르는 인물이라고 표현했다. 하지만 그에 대한 대부분의 평가는 그 연설이 냉철하고 계몽된 지성에 호소력이 있다는 것이었다. 그의 영향력은 지성뿐 아니라 청렴결백함에서 나온 것이었다. 그는 국가의 안녕을 위해 뇌물을 쓸 수도 있었지만, "어떤 종류의 부패와도 타협하지 않았고 돈에 관한 한 완전히 초연했다."[11] 테미스토클레스가 가난한 상태에서 공직에 들어서 부자가 되어 물러난데 반해, 페리클레스는 정치 경력을 통해 한 푼도 자기 재산에 보태지 않았다고 전해진다.[12] 기원전 467년부터 428년까지 짧은 공백기를 포함해 거의 30년간 그를 스트라테고스, 즉 사령관으로 거듭 재선출한 것은 이 세대 아테네인들의 뛰어났던 분별력을 대변해준다. 이 반영구적인 공직 생활로 그는 군사 위원회의 최고 권한을 갖게 되고, 그 지위가 스트라테고스 아우토크라토르(strategos autokrator), 즉 최고 사령관으로 상승해 최고 권력자로서의 입지를 굳히게 된다. 그의 통치하에서 아테네는 민주주의의 모든 특권들을 누리면서 동시에 귀족정과 참주정의 이점도 확보했다. 페이시스트라토스 시대에 아테네를 장식했던 훌륭한 정부와 문화적 후원이 이제 방향성 및 지성에 있어 동등한 정도의 통일성과 과단성을 띨 뿐 아니라 매년 자유 시민의 전적인 동의를 얻으면서 계속 유지되었다. 역사적으로 진보 개혁은 민중의 지지를 등에 업은 귀족층의 주도면밀하고 온건한 지도력에 의해 가장 크게 성과를 거두고 또한 영구적으로 유지된다는 원리가 그를 통해 다시 한 번 입증된 것이다. 민주주의가 다양성과 활력을 제공할 수 있을 만큼 충분히 성장했고, 귀족층이 여전히 질서와 풍취를 충분히 제공할 수 있었을 때가 바로 그리스 문명의 절정기였다.

페리클레스의 개혁으로 민중의 권위가 신장되었다. 헬리아이아(heliaea), 즉 시민 법정의 권력이 솔론과 클레이스테네스, 에피알테스 아래서 성장한 것은 사실이지만, 여전히 이들 법정에서의 주된 영향력은 대가 없는 배심원 봉사에 있었다. 페리클레스는 배심원 1일 봉사에 대한 대가로 2오볼(34센트)을 지불하기 시작했고(기원전 451년), 나중에는 3오볼로 인상했다. 이는 당시 평균 아테네인의 반나절 품삯에 해당하는 금액이었다.[13] 이런 약소한 금액이 근성을 약화시키고 아테네인들의 도덕을 타락시켰다는 지적은 그다지 심각한 고려 대상이 아닌데, 그 이유는 재판관이나 배심원들에게 같은 화폐로 대가를 지불하는 모든 국가가 이후 오래전에 멸망했어야 하기 때문이다. 페리클레스는 군역에 대해서도 소액 보수 지불을 제도화한 것 같다. 그의 이 말 많은 관용(寬容) 조치는 국가가 모든 시민에게 매년 2오볼씩 공식 축제의 연극 및 경기 입장료 비용으로 지불케 함으로써 대미를 장식했다. 또한 정작 자신은 그 수혜자 대상에서 제외시켰는데, 이런 제도의 시행이 상류층과 중신층의 사치품이 되어서는 안 되며 전 유권자의 정신을 고취시키는 데 기여해야 한다는 이유에서였다. 그러나 모두가 보수파들인 플라톤과 아리스토텔레스, 플루타르코스는 이 소액 수당이 아테네인들의 품성을 해쳤다는 데 의견을 같이한다.[14]

페리클레스는 에피알테스의 과업을 계속 이어 가면서 아르콘과 행정 장관들이 보유했던 여러 사법 권한을 시민 법정에 이전해, 이때부터 아르콘직은 정책을 구상하고 사안을 결정하며 명령을 하달하는 권력 집행자라기보다는 보다 관료적이고 행정적인 직무가 되었다. 기원전 457년에 부유 계층에 한정되던 아르콘직은 제3계층인 제우기타이(zeugitai), 즉 농민 계층으로 확대되었고, 곧이어 어떤 법적 보완 장치 없이 최하 시민 계층인 테테스(thetes), 즉 노동자 계층도 소득을 부풀림으로써 아르콘직에 선출될 수 있었다. 아테네 방위에 있어 노동자 계층의 중요성 때문에 다른 계층들은 이 사기 행위를 묵인할 수밖에 없었다.[15] 잠시 반대 방향으로 나아가 페리클레스는 민회를 통해 아테네인 아버지와 아테네인 어머니에게서 난 합법적 자손에게만 참정권을 허용한다.(기원전 451년) 시민과 비시민 간의 결혼은 합법적으로 허락되지 않았다. 이는 외국인과의 혼인을 억제하고 사생아를 줄일 목적이었으며, 어쩌면 아테네의 질투심 많은 시민들이 시민권과 제국의 물질적 보상을 보유하도록 하기 위함이었을지 모른다. 하지만 페리클레스 자신이 곧 이 배타적인 입법을 후회하게 된다.

번영을 가져온다면 어떤 형태의 정부라도 훌륭해 보이고, 최선의 정부도 배후에는 약점이 있기 마련이므로, 정치적 입지를 공고히 한 페리클레스는 경제 쪽으로 눈을 돌린다. 그는 해외에 가난한 아테네 시민들로 구성된 식민지를 건설해 자원이 부족한 아티카의 인구 압력을 완화하려 했다. 실직자에게 일거리를 제공하기 위해[16] 그는 그리스 역사상 전례 없는 규모로 고용을 창출했다. 함선이 추가 건조되었고 병기고가 세워졌으며, 거대한 곡물 거래소가 피라이오스에 건립되었다. 육상 공격으로부터 아테네를 효과적으로 보호하면서 동시에 실직자도 구제할 목적으로 페리클레스는 총 길이 13킬로미터에 달하는 "긴 장벽"을 건축할 자금을 공급하도록 민회를 설득했다. 이 장벽은 아테네와 피라이오스와 팔레론을 연결해 그렇게 불리게 되었다. 이를 통해 아테네와 항구들이 하나의 요새가 되고, 전시에는 당시 최고 화력을 자랑하던 아테네 함대가 버티고 있는 바다 쪽으로만 개방될 수 있었다. 과두파는 장벽을 갖추지 못한 채 이 요새화 계획을 적대감을 갖고 바라보고 있던 스파르타에서 정권 탈환의 기회를 포착했다. 과두파 비밀 요원이 스파르타인들에게 아티카를 침공하고 과두파와 힘을 합쳐 민주파를 제압하자고 회유했다. 그러면 과두파는 "긴 장벽"을 허물겠다고 약속했다. 스파르타가 이 제안에 동의하고 군대를 보내 타나그라 전투에서 아테네인들을 격퇴했다.(기원전 457년) 하지만 과두파는 정변에 실패했다. 스파르타인들은 아무 성과 없이 펠로폰네소스로 되돌아갔고, 자신들로부터 그리스의 전통적인 패권을 빼앗아 번성 중에 있는 경쟁자를 꺾을 더 나은 기회를 뚱한 마음으로 기다려야 했다.

페리클레스는 스파르타에 보복하라는 유혹을 뿌리치고, 대신 아테네를 미화하는 일에 전력을 투구했다. 자신의 도시가 헬라스의 문화 중심지가 되고 페르시아가 파괴한 고대 성소가 모든 시민의 영혼이 고취될 수 있을 만큼 화려하고 웅장하게 재건되기를 소망하면서, 그는 아테네 예술가들의 모든 천재성과 유휴 노동력을 이용할 계획을 구상했다. 이는 아크로폴리스를 건축물로 장식하려는 실로 대담한 프로젝트였다. 플루타르코스에 의하면 "훈련되지 않은 다수의 기계공들이 …… 공금에서 자신들의 몫을 가져야 하며, 가만히 앉아서 아무 일도 하지 않으면서 그 몫을 가지도록 해서는 안 된다는 것이 그의 열망이자 계획이었다. 이 목적을 위해 그는 이런 거대한 건축 프로젝트를 제안한 것이다."[17] 이 사업의 재정 부담을 위해 그는 쓸데없이 불안하게 방치된 델로스에서 델로스 동맹 기금을 가져와 공동 방위에 필요한 금액 이외의 금액을 그로서는 자비로운 제국의 합법적 중심지였던 아테네를 미화하는 데 사용해야 한다고 제안했다.

델로스 기금의 아테네 이전은 아테네인들, 심지어는 과두파에게도 전적으로 만족스러운 제안이었나. 그러나 유권자들은 양심의 가책 때문이었는지 아니면 기금이 자신들의 필요나 즐거움에 보다 직접적으로 사용되기를 바라는 은밀한 바람 때문이었는지 모르지만, 기금이 자신들의 도시를 장식하는 데 지출되는 것을 꺼렸다. 과두파가 이런 정서를 아주 교활하게 이용해 이 문제가 민회에서 표결에 붙여졌을 때 페리클레스가 패배할 것이 확실해 보였다. 플루타르코스는 이 영민한 지도자가 형세를 어떻게 일변시켰는지에 대해 아주 유쾌한 이야기를 전해 준다. "페리클레스는 '좋습니다. 이들 건물 비용을 여러분 대신 내가 충당하겠습니다. 그리고 건물 비문에 내 이름을 새겨 넣겠습니다.'라고 말했고, 이 말을 듣자 그 영혼의 위대함에 감복했는지 아니면 업적의 영광을 다투는 경쟁심 때문이었는지 그들은 큰 소리로 기금을 사용하고 모든 일이 끝날 때까지 조금도 비용을 아끼지 말라고 외쳤다."

작업이 진행되고 페리클레스의 특별한 보호와 후원을 받으며 그의 꿈을 실현하기 위해 페이디아스, 익티노스, 므네시클레스와 다른 예술가들이 노력하는 동안, 그는 문학과 철학도 후원했다. 이 시기 다른 그리스 도시들에서 파벌 간 싸움으로 시민들의 에너지가 소모되고 문학이 쇠퇴하는 동안, 아테네에서는 늘어나는 부와 민주적인 자유가 지혜롭고 계몽된 지도력과 결합하여 황금시대를 낳고 있었다. 페리클레스, 아스파시아, 페이디아스, 아낙사고라스, 소크라테스 등이 에우리피데스의 연극이 상연되는 디오니소스 극장에 함께 참석했을 때, 아테네는 그리스인의 삶의 정점과 그 하나 된 구성체를 눈으로 직접 목격할 수 있었다. 그 광경은 정치력과 예술, 과학, 철학, 문학, 종교, 도덕이 연대기 작가의 책에서처럼 별도 경력으로 비치는 것이 아니라, 한 국가의 역사 속에서 다채로운 색조를 띠며 하나의 직물로 엮여 가는 모습이었다.

페리클레스의 관심은 예술과 철학 사이에서 머뭇거렸다. 그는 자신이 페이디아스를 더 좋아했는지 아낙사고라스를 더 좋아했는지 말하기 어려웠을 것이다. 아마도 그는 미와 지혜 사이의 타협책으로 아스파시아에게 향했는지도 모른다. 그는 아낙사고라스에 대해 "특별한 존경과 감탄으로" 화답했다고 전해진다.[18] 플라톤은[19] 페리클레스의 지도력을 심화시킨 인물은 바로 아낙사고라스였다고 말한다. 플루타르코스에 의하면 페리클레스는 아낙사고라스와의 긴 교제를 통해 "단지 논점과 언어의 품격을 배울 뿐 아니라, 대중 연설의 천박하고 부정직한 익살을 크게 뛰어넘었고, 그 외에도 평온한 표정과 침착하고 차분한 행동거지를 익힐 수 있어, 말하는 동안 어떤 일이 일어나도 마음의 동요를 일으키지 않을 수 있었다." 아낙사고라스가 나이 들고 페리클레스가 공무에 집중해 있을 때, 이 정치가는 한동안 철학자를 도외시했다. 하지만 이후 아낙사고라스가 굶고 있다는 말을 듣자 페리클레스는 서둘러 그를 원조했으며, "등불을 제공할 여력이 있는 사람은 기름도 제공한다."[20]라는 그의 책망을 겸허히 받아들였다.

엄격한 올림포스 신이 여성의 매력에 민감하게 반응했다고는 거의 믿어지지 않지만, 다시 생각해 보면 아주 자연스러운 일이기도 하다. 그의 절제심이 섬세한 감수성을 억제했지만, 고단한 공직 생활이 여성의 다정함을 동경하는 보통 남자의 갈망을 부추겼음에 틀림없다. 아스파시아를 만났을 때 그는 이미 오래전에 결혼한 상태였다. 그녀는 창부의 유형에 속했고 창부를 길러 내는 데 관여하고 있었다. 이들 창부는 이후 아테네인의 삶에 아주 적극적인 역할을 하게 된다. 결혼으로 집안에 격리되는 것을 거부하고, 허가받지 않은 집단에서 생활하기를 즐기며, 심지어 비교적 난잡한 관계를 맺기도 한 그녀는 남성과 동등한 이동과 행동의 자유를 누릴 수 있었고 문화적 관심사에 동참할 수 있었다. 고대의 저술가들은 그녀가 "발이 작고 많이 움푹하며", "낭랑한 목소리"를 가졌고 금발 머리를 했다고 말하긴 하지만,[21] 아스파시아의 아름다움에 대해서는 분명한 증거가 전해지지 않는다. 페리클레스의 부도덕한 정적 아리스토파네스는 그녀가 밀레토스의 창부로 메가라에 호사스러운 사창가를 세우고 일부 자기 여자들을 아테네에 들여왔다고 말한다. 또한 이 위대한 희극 작가는 펠로폰네소스 전쟁의 도화선이 된 아테네와 메가라의 분쟁이 아스파시아가 페리클레스를 설득해 자기 여자 몇몇을 유괴한 복수를 메가라에 해 달라고 부탁했기 때문이라고 미묘하게 암시한다.[22] 하시만 아리스토파네스는 역사기기 이니어서 자신과 아무 관계가 없는 경우에만 신뢰받을 수 있다.

기원전 450년경 아테네에 도착한 아스파시아는 수사학 및 철학 학교를 개설하고 여성의 사회 참여와 고등 교육을 대담하게 장려했다. 수많은 명문가의 딸들이 그녀의 수업을 들으러 왔고, 어떤 남편들은 그녀 밑에서 수학하도록 자기 아내를 데려오기도 했다.[23] 남자들 또한 그녀의 강의를 들었는데 이들 가운데는 페리클레스와 소크라테스도 있었고, 아낙사고라스와 에우리피데스, 알키비아데스, 페이디아스도 있었던 것 같다. 소크라테스는 자신이 그녀로부터 웅변술을 배웠다고 말했고,[24] 어떤 옛 입소문에 의하면 페리클레스는 이 철학자로부터 그녀를 인계받았다고 한다.[25] 페리클레스는 이제 자기 아내가 다른 남성에게 애정을 품었다는 것이 반가운 일이 되었다. 그는 자신의 자유를 조건으로 아내의 자유를 허용했고 그녀도 동의했다. 페리클레스의 아내는 세 번째 남편을 얻었고,[26] 페리클레스는 아스파시아를 집으로 데려왔다. 자신이 기원전 451년에 제정한 법에 의하면 그는 아스파시아를 아내로 삼을 수 없었다. 그녀는 밀레토스 출신이었기 때문이다. 그와 그녀 사이에서 태어나는 모든 자녀는 합법적인 자식이 될 수 없고 아테네 시민권도 얻지 못한다. 그는 그녀를 진심으로 아니 지나칠 정도로 사랑했던 것으로 보인다. 집을 나설 때나 귀가했을 때 항상 키스를 했고, 결국 그녀가 낳은 아들에게 기꺼이 재산을 물려주었다. 이후부터 줄곧 그는 집 밖 모든 사회생활을 소홀히 했고, 아고라나 공회 외에는 어디에도 잘 나서지 않았다. 아테네인들은 그의 무관심에 대해 불평하기 시작했다. 한편 아스파시아는 그의 집을 프랑스 계몽주의 시대의 살롱 같은 장소로 만들었고, 이곳에서 아테네의 예술과 과학, 문학, 철학, 정치와 관련된 교류가 활발히 이루어졌다. 소크라테스는 그녀의 웅변에 감탄을 금치 못했고, 펠로폰네소스 전쟁의 첫 희생자에 대한 페리클레스의 장례식 연설이 그녀의 작품이라고 생각했다.[27] 아스파시아는 아테네의 무관(無冠)의 여왕이 되었고, 유행을 선도하며 아테네 여성들에게 정신적·도덕적 자유의 멋진 실례를 보여 주었다.

보수파들은 이 모든 사실에 충격을 받으면서도 이를 자기들 목적에 이용했다. 그들은 아이기나와 사모스에서처럼 같은 그리스인들과 싸우는 전쟁에 그리스인들을 끌어들인 데 대해 페리클레스를 탄핵하고, 공금 유용 혐의로 고소했다. 마침내는 무책임한 희극 작가의 입을 통해 그의 통치하에서 성행한 언론 자유를 비난하면서, 그가 자기 집을 오명으로 더럽히고 자기 며느리와 관계했다고 헐뜯었다.[28] 이 모든 문제들 중 어떤 것도 감히 공식 재판에 회부할 생각을 하지 못한 그들은 그의 친구들을 통해 그를 공격했다. 그들은 금과 상아로 만든 아테나를 위해 자기에게 할당된 금 일부를 착복했다고 주장하면서 페이디아스를 고소했고, 그에게 유죄 판결을 내리는 데 성공했다. 또한 그들은 아낙사고라스를 불경죄로 고소했고, 이 철학자는 페리클레스의 권고로 망명 길에 나선다. 그들은 아스파시아에 대해서는 그리스 신들에 존경심을 표하지 않았다는 이유로 일종의 불경죄 관련 영장을 발부했다.[29] 희극 시인들은 그녀를 페리클레스를 망친 데이아니라라고 혹독하게 공격했고,* 쉬운 그리스어로 그녀를 첩이라 불렀다. 그들 중 한 명인 헤르미포스는 분명 부정직한 인물이었고, 그녀가 페리클레스의 여자 뚜쟁이 역할을 했으며 그의 쾌락을 위해 자유민 여성을 제공했다고 고발했다.[30] 1500명의 배심원이 배석한 재판에서 페리클레스는 자신의 모든 웅변술을 동원하고 심지어 눈물을 흘리면서까지 그녀를 변호했고 결국 사건은 기각되었다. 이때부터 (기원전 432년) 페리클레스는 아테네인들의 지지를 잃기 시작했고, 3년 후 죽음이 찾아왔을 때 그는 이미 망가져 있었다.

3. 아테네 민주주의

1. 심의

이들 일련의 기이한 기소 사건들은 페리클레스의 의사(擬似) 독재정하에서 기능한 제한적 민주주의가 얼마나 실질적이었는지 여실히 보여 준다. 이 민주주의는 신중하게 연구되어야 한다. 아테네 민주주의는 정치사에 있어 걸출한 실험들 중 하나이기 때문이다. 아테네 민주주의는 우선 아테네 시민들 중 극소수만이 글을 읽을 수 있었다는 데 한계가 있었다. 물리적으로도 아티카의 원거리 도시들에서 아테네까지 오기가 쉽지 않았다는 한계가 있었다. 참정권은 아테네 자유민 사이에서 태어나고 21세에 이른 아들에게만 주어지는 제한이 있었다. 이들과 그 가족만 시민권을 누리고 국가의 군사적·재정적 부담을 직접

---

* 헤라클레스의 아내 데이아니라(Deianira)는 그에게 독이 발린 옷을 주어 그를 죽게 만들었다. 소포클레스의 「트라키아 여인들」 참조.

담당한다. 페리클레스 시대 아티카 전체 인구 31만 5000명 중 시기심을 조장할 만한 숫자인 이 4만 3000명 시민의 정치권력은 공식적으로 동등하다. 각 시민은 이소노미아(isonomia)와 이세고리아(isegoria), 즉 법과 민회 앞에서 평등한 권리를 누리고 주장한다. 아테네인에게 있어 시민이란 투표권을 가질 뿐 아니라, 추첨 및 기계적 방법에 의해 행정관이나 재판관에 선출될 자격이 있는 사람을 의미한다. 그는 언제든 자의에 의해 국가에 봉사할 준비가 되어 있고 또한 할 수 있어야 한다. 다른 사람에게 속박되어 있거나 생계를 위해 노동을 해야 하는 사람은 이런 봉사를 위해 시간을 내거나 역량을 발휘할 수 없다. 따라서 대부분의 아테네인에 해당되는 육체 노동자는 시민권 보유 자격이 없는 것 같다. 하지만 인간 사회에서 모순된 경우는 흔히 볼 수 있는데, 육체 노동자이지만 자영 농민은 시민으로 인정되었다. 11만 5000명에 이르는 아티카의 모든 노예들과 모든 여성, 거의 모든 노동자, 2만 8500명의 메틱스(metics)(자국 시민과 외국인 사이에서 태어난 자유민으로 시민권은 없었음 - 옮긴이) 및 거주 외국인들,* 그리고 메틱스와 거주 외국인의 진출에 따른 결과로 말미암아 상당수 상인 계층이 참정권에서 배제된다.**

유권자들은 당파를 형성하지는 않지만 참정권의 확대, 민회의 우월성, 부자가 대는 경비에 의한 정부의 빈민 구제 등을 찬성하는지 반대하는지에 따라 과두파 또는 민주파 추종자로 느슨하게 나뉜다. 각 파의 적극 분자들은 헤타이레이아이(hetaireiai), 즉 동료라 불리는 단체로 조직된다. 페리클레스 시대 아테네에는 종교 단체, 혈연 단체, 군사 단체, 노동자 단체, 배우 단체, 정치 단체, 순전히 먹고 마시기만 즐기는 단체 등 온갖 종류의 단체가 있었다. 이 중 가장 세력이 강한 단체는 과두파 단체로, 그 구성원들은 정치 및 법적으로 상호 부조를 맹세하고, 지주 귀족 계층 및 부유한 상인 계층의 비위를 건드리고 참정권은 있

---

* 그리스어로 메토이코이(metoikoi)는 "같이 살다"라는 뜻이다.
** 이 수치는 곰므(Gomme, A. W.)의 『기원전 5~4세기의 아테네 인구』, 21, 26, 47쪽에서 발췌했다. 이 수치는 솔직히 추측에 의한 것이다. 총계에는 시민의 아내와 미성년 자녀가 포함되었다.

지만 신분이 낮은 계층에 대해 동일한 배타적 적대감으로 결속되었다.[31] 이에 맞서 소상인들과 임금 노동자인 시민들, 상선과 아테네 함대에 배속된 이들로 구성된 비교적 민주적인 파가 있었다. 이들 단체는 부자들의 사치와 특권에 분개하고, 제혁업자 클레온과 목양업자 리시클레스, 로프 판매업자 에우크라테스, 하프 제조업자 클레오폰, 램프 제조업자 히페르볼로스 같은 이들을 지도자로 부상시켰다. 페리클레스는 민주주의와 귀족주의를 교묘하게 혼합하여 이들을 한 세대 동안 저지시켰다. 하지만 그가 사망하자 이들은 정부를 접수하고 특권을 철저하게 누렸다. 솔론부터 로마 정복 때까지 과두파와 민주파 간의 심한 갈등은 연설과 투표, 도편 추방, 암살, 내전 등의 형태로 나타났다.

모든 유권자는 당연히 기본 통치 기구인 민회의 성원이었다. 하지만 이런 수준에서는 대의(代議) 정부가 형성되지 않는다. 운송 수단이 아티카의 언덕을 넘기에 역부족이므로, 적격 성원들 중 소수만이 회의에 참석 가능하다. 2000 내지 3000명 이상 모이는 경우가 드물다. 아테나나 피라이오스에 거주하는 시민들이 일종의 지리적 결정론에 의해 민회를 지배하게 된다. 이런 정황에 따라 민주파가 그 대부분이 아티카의 농장과 영지에 흩어져 있는 보수파를 지배하게 된다. 민회는 매달 네 차례 소집되고, 중요한 일이 있을 경우에는 아고라나 디오니소스 극장, 피리이오스에서 모이지만, 보통은 아레오파고스 서쪽 언덕 경사지에 있는 프닉스라 불리는 반원형의 장소에 모인다. 이 모든 경우에 있어서 구성원들은 탁 트인 하늘 아래 벤치에 새벽부터 자리 잡기 시작한다. 모든 회의는 제우스 신에게 돼지를 희생 제물로 바침으로써 시작된다. 폭풍이나 지진, 일식이 발생할 경우에는 신이 기뻐하지 않는다고 여겨 즉시 휴회하는 게 보통이다. 신규 입법은 매달 첫 회의에서만 제의될 수 있고, 제안자는 법안의 채택 결과에 책임을 져야 한다. 채택 결과가 심각하게 유해할 경우에는 다른 구성원이 투표가 실시된 지 일 년 내에 제안자에게 불법 관련 영장을 발부하고, 벌금을 과하거나 참정권을 박탈하거나 사형에 처할 수 있다. 이것이 바로 조급한 입법을 제어하는 아테네의 방식이었다. 같은 목적의 또 다른 형식으로, 제정에 앞서 법정에서 그 합헌성, 즉 기존 법과의 호응성이 확인되어야 한다고 요구함으로써 새 제안을 검토할 수 있다.[32] 법안을 검토하기에 앞서 민회는 이를 500인 평의회에 제출하여 예비 검토를 받는데, 이는 미국 의회가 상정된 법안을 본격 논의하기에 앞서 관련 문제에 대한 전문 지식 및 권한이 있다고 여겨지는 위원회에 조회하는 방식과 매우 유사하다. 평의회는 제안을 공공연히 거부할 수 없고, 추천한다거나 추천하지 않는다고 보고만 할 수 있다.

보통 민회 주재자는 보고된 법안을 제시함으로써 해당 민회를 개시한다. 발언하고자 하는 사람은 나이순으로 결정되지만 지주가 아니거나, 합법적인 결혼을 하지 않았거나, 부모에 대한 의무를 소홀히 했거나, 공공 도덕을 위반했거나, 군역을 회피했거나, 전투에서 방패를 팽개쳤거나, 국가에 내야 할 돈이나 세금을 내지 않은 등의 사실이 확인되면 민회에서의 발언 자격을 상실할 수 있다.[33] 단지 훈련받은 연설가들만이 발언권을 이용할 수 있었는데, 민회의 청중들은 까다롭기 때문이다. 청중은 잘못된 발음을 비웃고, 본론을 벗어날 경우 크게 항의하며, 소리치고 휘파람을 불고 박수를 쳐 승인을 표시하고, 승인하지 않는다는 뜻을 강하게 표시하고자 할 때는 귀가 멍멍할 정도로 크게 소리 내 발언자가 연단을 내려오게 한다.[34] 각 발언자에게는 제한된 시간이 주어지고, 시간은 물시계로 측정한다.[35] 투표는 보통 거수로 이루어지며, 특정 개인이 해당 제안에 의해 직접적으로 특별히 영향을 받을 경우에는 무기명 투표를 실시한다. 투표로 법안에 대한 평의회의 보고가 확증되거나 수정되거나 무효화될 수 있으며, 따라서 최종 결정권은 민회에 있다. 법령과 확연히 구별되는 즉각 조치법은 신규 입법 과정보다 신속하게 제정될 수 있다. 하지만 이런 조치법은 마찬가지로 신속히 취소될 수 있고, 아테네 법체계의 일부로 취급되지 않는다.

권위에 있어서는 민회보다 우위지만 권력은 보다 못한 기구가 불레(boule), 즉 평의회다. 원래는 상원이었지만 페리클레스 시대에 이르러 사실상 에클레시아의 입법 위원회로 축소되었다. 구성원은 추첨이나 기계적 방식에 의해 10개 부족의 시민 명부 내에서 부족마다 50명씩 선발된다. 이들은 일 년 동안 봉사했으며, 기원전 4세기에는 일당 5오볼을 수당으로 받았다. 각 의원은 다른 모든 적격 시민이 봉사할 기회를 가질 때까지 재선 자격이 없고, 정상적으로 진행되면 모든 시민이 평생 적어도 한 번은 평의회에 참여하게 된다. 평의회는 아고라 남쪽에 위치한 불레오테리온(bouleuterion), 즉 회의장에 모이고 통상적인 회의는 공개된다. 주된 기능은 입법, 행정 및 자문 기능으로 민회에 제의된 법안을 심사하고 다시 공식화하며, 아테네 종교 및 행정 관리들의 행동과 발언을 감독하고, 공공 재정 및 사업, 건물을 관리하며, 어떤 조치가 필요하고 민회가 비회기 중일 경우 집행령을 발한다. 또한 민회의 후속 개정법에 따르면서 국가 외교 업무를 통제한다.

이런 다양한 업무를 수행하기 위해 평의회는 자체 조직을 열 개의 프리타니(prytany), 즉 위원회로 나누고, 각 위원회는 50명의 위원으로 구성했다. 각 프리타니는 36일을 한 회기로 하여 그 회기 동안 평의회와 민회를 주재했다. 매일 아침 프리타니는 구성원 중 1명을 선정해 자체 및 평의회 의장으로 하루 동안 봉직하게 했다. 국가적으로 최고위인 이 직위는 따라서 추첨 및 순번으로 모든 시민에게 개방된다. 아테네는 매년 300명의 대통령을 가지는 셈이다. 마지막 순간에는 추첨으로 어느 프리타니의 누가 해당 회기 또는 해당 일에 평의회를 주재할 것인지 결정한다. 이런 방식으로 아테네인들은 정의의 부패한 정도를 인간이 이룰 수 있는 가장 낮은 수준으로 낮추기를 소망한다. 활동 중인 프리타니는 의제를 준비하고 평의회를 소집하며, 당일 이룬 결론을 공식화한다. 이런 방식으로 민회와 평의회, 프리타니를 통해 아테네 민주주의는 입법 기능을 수행한다. 아레오파고스에 관해 말하자면, 기원전 5세기에 그 권력은 방화죄, 고의적 폭력 행위, 독극물 사용, 고의적 살인 사건 등을 다루는 데 한정되었다. 서서히 그리스의 법률은 "사태에서 계약으로", 한 개인의 변덕이나 소수 계층의 포고에서 자유 시민의 신중한 합의로 변화했다.

2. 법률

맨 처음 그리스인들은 법률을 신이 허락하고 내려준 성스러운 관습으로 여긴 것 같다. 그리스인들에게 테미스(themis)*는 이들 관습과 (인도의 리타(Rita)나 중국의 도(道) 또는 천(天)과 같이) 세계의 도덕 질서 및 조화를 구현한 여신 모두를 의미했다. 법률은 신학의 일부였고, 그리스 최초의 재산 관련법은 고대 제사법의 예배 규례와 뒤섞여 있었다.[36] 아마도 부족장이나 왕의 포고로 수립된 규정은 이런 종교법만큼이나 역사가 깊을 것이며, 강제력의 행사 기능으로 시작하여 시간이 흐르면서 신성한 의무가 되었을 것이다.

그리스 법제사(法制史)의 두 번째 단계는 잘레우코스, 카론다스, 드라콘, 솔론 같은 입법가들(thesmothetai)에 의해 이들 성스러운 관습이 수집되고 조정된 것이었다. 이들이 새 법전을 성문화했을 때, 테스모이(thesmoi), 즉 거룩한 관습은 노모이(nomoi), 즉 인간이 만든 법이 되었다.** 이런 법전을 통해 법은 종교로부터 자유로워졌고 더욱 세속화되었다. 행위에 대한 판단에 있어 행위자의 의도가 더 깊이 고려되었다. 가족 채무는 개인 책임으로 대체되었고, 사적인 복수는 국가법에 의한 처벌로 대체되었다.[37]

그리스 법제사의 세 번째 발전 단계는 법체계의 양적 성장이었다. 페리클레스 시대의 그리스인이 아테네 법에 대해 말할 때, 이는 드라콘과 솔론의 법전 및 민회나 평의회에 의해 철회되지 않고 통과된 법령을 의미한다. 신법과 구법이 상호 대치될 경우, 구법의 폐지가 필수적이었다. 하지만 정밀 검토는 완벽하지 않고, 두 법은 종종 우스꽝스러울 정도로 상호 모순됨이 확인된다. 예외적으로 법이 혼란스러운 시기에는 노모테타이(nomothetai) 위원회, 즉 법 결정자들이 시민 법정에 의해 추첨으로 선정되어 어떤 법

---

* 즉 '아래에 내려진 것'이라는 뜻이며, 내가 확인한 바로는 ti-themi에서 유래했다. 법률상 초기 의미에 있어 영어의 doom, 러시아어 duma를 참조하라.
** 페리클레스 시대 아테네에서 테스모테타이(thesmothetai)라는 명칭은 법을 기록하고 해석하며 집행한 여섯 명의 아르콘들에게 주어졌다. 아리스토텔레스 시대에 이들은 시민 법정을 주재했다.

을 계속 유지할 것인지 결정한다. 이 경우 구법을 폐지할 것을 제안한 사람들에 대해 구법을 옹호하기 위한 변호인들이 임명된다. 이들 노모테타이의 감독하에 단순하고 해독 가능한 언어로 표현된 아테네 법이 '왕의 현관' 석판 위에 새겨지고, 이후부터는 어떤 행정관도 불문법에 따라 사건을 판결하지 못한다.

아테네 법은 민법과 형법의 구별이 없다. 하지만 아테네 법은 살인 사건을 아레오파고스의 직권으로 남겨 두고, 민사 소송에 있어서는 원고가 법정의 선고를 직접 집행하도록 하며 반대에 부닥칠 때만 도움을 제공한다.[38] 범죄 행위일 뿐 아니라 신성 모독죄로 취급되기 때문에 살인은 빈번하지 않은데, 법에 따라 적절한 조치가 취해지지 않으면 원한으로 인한 복수의 두려움이 남게 된다. 특정 상황에 따른 직접 보복은 기원전 5세기에도 여전히 묵인된다. 남편이 자기 어머니와 아내, 첩, 누이, 딸이 부적절한 관계에 있음을 알게 될 경우, 그는 상대 남자를 즉시 살해할 수 있다.[39] 살해 행위가 고의적이든 아니든 그 행위는 도시의 땅을 오염시킨 대가를 치러야 하고, 정화 의식은 고통스러울 정도로 엄격하고 복잡하다. 희생자가 죽기 전에 용서하면 살해자에게 어떤 조치도 내릴 수 없다.[40] 아레오파고스 아래에는 살인 사건을 처리하는 세 개의 법정이 있으며, 희생자의 계층 및 신분에 따라, 그리고 살인 행위가 고의적인지 이해 가능한 경우인지 아닌지에 따라 해당 법정이 달라진다. 네 번째 법정은 여안의 프레아티스에서 재판이 열렸고, 비고의적 살인으로 추방된 사람이 새로 다른 고의적 살인 혐의를 받게 된 경우 여기서 재판을 받는다. 첫 번 죄로 오염된 그들은 아티카 땅을 밟는 것이 허용되지 않고, 이들에 대한 변호는 해안 근처의 배 위에서 진행된다.

소유권법은 엄격하고 철저하다. 계약은 엄격하게 집행되고, 모든 배심원은 "개인 채무의 폐지나 아테네인 소유 땅이나 집의 분배에 찬성표를 던지지 않는다고" 맹세해야 한다. 또한 매년 직무를 맡게 된 최고 아르콘은 "각 소유자는 해당 소유의 소유자요 절대 주인으로 유지될 것이다."라는 선언을 해야 한다.[41] 상속권은 여전히 엄밀하게 제한된다. 사내아이가 있는 경우, 재산과 관련한 오랜 종교적 관념상 기존 가계와 조상신에 대한 의식이 결합되어 재산은 자동적으로 아들에게 유전된다. 아버지는 조상과 현재 가족, 후손에 대한 신탁자일 뿐이다. 스파르타에서는 (영국과 마찬가지로) 세습 재산은 분리될 수 없고, 장자에게 대물림될 뿐인 반면, 아테네에서는 (프랑스와 아주 유사하게) 세습 재산이 남자 상속자들 사이에 분배되고 장자는 다른 상속자들보다 적당한 정도로 더 많은 몫을 받는다.[42] 헤시오도스 시대에 농민이 갈리아 지역 방식대로 자기 재산이 많은 아들들을 망칠 정도로 분배되지 않도록 가족 구성원을 제한하는 모습을 볼 수 있다.[43] 남편 재산은 미망인에게 절대 상속되지 않고, 그녀에게 남는 것은 자기 지참금뿐이다. 페리클레스 시대의 유언은 우리 시대만큼이나 복잡하고, 상당 부분 지금과 같은 용어로 작성된다.[44] 다른 경우에서처럼 이 문제에서도 그리스 법은 로마 법의 기초가 되고, 이는 다시 서구 사회의 법적 기초를 제공한다.

3. 사법

민주주의는 맨 마지막으로 사법 제도에 이른다. 에피알테스와 페리클레스가 달성한 가장 위대한 개혁은 아레오파고스 및 아르콘으로부터 헬리아이아(heliaea)로 사법권을 이전시킨 것이다. 이 시민 법정의 수립으로 아테네는 현대 유럽의 배심원 제도를 그대로 가지게 된다. 헬리아이아는* 6000명의 재판관, 즉 배심원으로 구성되고, 이들은 매년 시민 명부에서 추첨으로 선발된다. 이들 6000명의 배심원은 10개 배심원단으로 나뉘고, 각 배심원단은 대략 500명으로 구성되며, 나머지는 공석이나 비상시를 대비해 예비 인력으로 남겨진다. 소규모 지방 사건은 아티카의 데모스 또는 시골을 정기적으로 방문하는 30명의 재판관에 의해 처리된다. 어떤 배심원도 한 번에 1년 이상 봉사하지 못하고, 그 자격은 교대로 주어지며, 모든 시민은 평균적으로 매 3년마다 배심원이 된다. 봉사할 필요가 없음에도 일당 2오볼, 이후에는 3오볼의 수당을 바라고 각 배심원단마다 200 내지 300명의 배심원이 참석한다. 소크라테스의 재판처럼 중요한

---

*엄밀히 말해 헬리아이아는 재판이 개최되는 장소의 이름으로, 재판이 야외에서 열렸기 때문에 (헬리오스(helios), 즉 태양이라는 말에 따라) 그렇게 불렸다.

소송 사건은 1200명으로 구성되는 대규모 배심원단 앞에서 재판이 개최된다. 부패를 최소화하기 위해 배심원단은 재판이 열리기 전 최후 순간에 추첨으로 결정되고, 대부분 재판이 하루 만에 이루어지므로 법정에서 뇌물 수수 행위가 이루어진다는 말을 그다지 듣지 못한다. 아테네인들조차 한꺼번에 300명을 대상으로 뇌물을 제공하기는 어렵다는 것을 안다.

신속함에도 불구하고 아테네 법정은 세계 여느 법정과 마찬가지로 대개 지연되는데, 이는 아테네인들이 법정에서 다투기를 즐기기 때문이다. 이런 열기를 식히기 위해 공식 중재인들이 60세가 된 시민 명부에서 추첨으로 선발된다. 논쟁 당사자들은 이미 선발된 중재인들 중에서 마지막 순간 다시 추첨하여 선발된 한 중재인에게 자신들의 불만 사항과 변론을 제출한다. 그리고 각 당사자는 이 중재인에게 소정의 수수료를 지불한다. 중재인이 이들을 화해시키지 못할 경우, 그는 엄숙하게 맹세하며 판결을 내린다. 각 당사자는 이때 법정에 항소할 수 있지만, 법정은 대개 중재에 회부되지 않은 소소한 사건은 주의하지 않는다. 소송 사건이 재판에 부쳐지면 항변이 개시되거나 이에 대해 맹세하고, 증인은 증언하며 맹세하고, 이 모든 진술은 서면으로 법정에 제출된다. 진술서는 특별 상자에 봉인되고 나중에 개봉되어 검토된 후, 추첨으로 선발된 배심원단에 의해 판결이 내려진다. 어떤 공식 검사도 없고, 정부는 도덕이나 종교, 국가에 대해 심각한 범죄를 저지른 이를 법정 앞에서 개별 시민이 고소하도록 한다. 이로 인해 "아첨꾼" 계층이 생기고, 이들은 이런 고소 행위를 일상사로 삼으며, 자기의 공언을 공갈 수단으로 발전시킨다. 기원전 4세기에 이들은 부자들을 고소해 (또는 고소한다고 협박해) 톡톡히 재미를 보는데, 이들은 시민 법정이 상당한 액수의 벌금을 물 수 있는 이들을 방면하지 않으리라고 생각했던 것이다.* 법정 비용은 대부분 유죄 판결 난 자가 내는 벌금으로 충당된다. 유죄를 입증하지 못한 고소인들 또한 벌금을 내야 한다.

---

* 소크라테스의 부자 친구였던 크리톤은 아테네에서 자기 일만 신경 쓰며 살기가 힘들다고 불평했다. 그는 "지금 나를 고소한 사람들이 있는데, 나 때문에 피해를 입었기 때문이 아니라 내가 번거롭게 법 절차를 밟기보다 자기들에게 돈을 주어 해결할 것이라고 생각하기 때문이다."라고 말했다.[45]

고소인이 배심원들로부터 5분의 1 미만의 표를 얻을 경우, 이들은 채찍질을 당하거나 1000드라크마(1000달러)의 벌금을 내야 한다. 재판에서 각 당사자는 스스로 변호하고 직접 사건 정황을 설명해야 한다. 하지만 절차가 복잡해지면서, 배심원들에 대한 웅변의 효력을 느낀 소송 당사자들은 법률에 정통한 수사학자나 연설가를 고용해 고소나 변호를 지원하게 하거나, 고객의 이름과 성격에 맞게 연설을 준비해 고객이 법정에서 준비된 글을 읽을 수 있도록 하는 관례가 늘어난다. 이런 특수 수사학자-중재자로부터 변호사가 유래한다. 프리에네의 현자 비아스가 능숙한 중재인으로서 언제나 정당한 편을 위해 자기 재능을 발휘했다는 디오게네스 라이르티오스의 말을 통해 그리스에서의 변호사의 오랜 역사를 볼 수 있다. 이들 변호사 중 일부는 엑세게타이(exegetai), 즉 해석자로 법정에 속했는데, 상당수 배심원이 사건에 대해 당사자들보다 더 많은 법률 지식을 보유하지 못했기 때문이다.

증거는 보통 기록 형태로 제출되지만 증인은 그라마테우스(grammateus), 즉 법정 서기가 증거 문서를 배심원들에게 낭독할 때 출석해서 그 정확성에 대해 맹세하게 되어 있다. 반대 심문은 없다. 위증이 너무나 만연해 사건은 때로 분명한 맹세가 이루어진 증거를 놓고 판단된다. 여성과 소수인의 증언은 살인 사건에서만 채택된다. 노예의 증언은 고문으로 얻어 낸 증언만 인정된다. 고문하지 않으면 노예는 거짓말을 한다는 것이 당시 일반적인 생각이었다. 이는 그리스 법의 야만적인 측면으로 로마 감옥이나 문초실에서는 이보다 더한 일이 자행되고, 아마 우리 시대 경찰 심판소의 밀실에서도 그에 필적하는 일이 일어나고 있을 것이다. 페리클레스 시대에 시민에 대해서는 고문을 금했다. 상당수 주인이 해당 사건이 그 증언에 달려 있을 때조차도 자기 노예를 증인으로 삼기를 사절한다. 고문으로 노예가 영구적으로 손상을 입으면 가해자가 보상해야 한다.[46]

형벌에는 채찍질이나 벌금, 참정권의 박탈, 낙인, 몰수, 추방, 사형 등의 형태가 있다. 구금은 형벌로 좀처럼 이용되지 않는다. 그리스 법은 원칙적으로 노예는 신체에, 자유민은 재산에 형벌을 가한다. 이 시대의 한 화병에는 팔다리가 묶인 노예가 무자비하게 채찍질당하는 모습이 그려져 있다.[47] 벌금은 시민에 대한 통상적인 형벌이고, 부당한 유죄 선고로 이득을 보려는 고소 행위에 대해서는 민주주의에 걸맞은 액수가 벌금으로 부과된다. 한편 유죄 선고를 받은 자와 고소자는 많은 경우 자신들이 정당하다고 생각하는 벌금이나 형벌을 정할 수 있다. 그러면 법정은 제시된 형벌 중 한 가지를 택한다. 살인이나 신성 모독, 반역 행위, 그리고 우리 시대에는 사소해 보이는 일부 범죄에 대해 몰수 및 사형 선고가 내려진다. 하지만 예상되는 사형 선고는 보통 재판에 앞서 자발적으로 망명하거나 재산을 포기함으로써 면할 수 있다. 피고가 망명을 거절하고 시민일 경우에는 독약을 내려 가능한 한 고통 없이 사형에 처해질 수 있다. 독약은 발에서부터 위쪽으로 서서히 신체를 마비시켜 심장에 이르는 순간 죽음을 맞게 한다. 노예 경우에는 잔인한 곤장형으로 사형을 집행한다.[48] 죄수는 죽기 전후 벼랑에서 바라트론(barathron)이라 불리는 구덩이에 던져지는 때도 있다. 사형 선고가 살인자에게 언도되면, 오랜 관습과 복수 심리에 대한 일종의 양보 조치로 사형은 희생자의 친척이 입회한 가운데 공식 집행자에 의해 시행된다.

아테네 법전은 예상만큼 계몽적이지 못해, 함무라비 법전보다 약간 진보한 형태다. 아테네 법진의 기본 결함은 전체 인구의 7분의 1이 채 안 되는 자유민의 법적 권리를 제한한다는 데 있다. 자유민 여성과 아이들도 자랑스러운 이소노미아(isonomia)(법 앞의 평등 - 옮긴이)에서 제외된다. 메틱스와 외국인, 노예는 후원하는 시민을 통해서만 소송할 수 있다. 중상적인 공갈과 노예들에 대한 잦은 고문, 사소한 범죄에 대한 사형 선고, 법정 변론의 사적 오용, 사법적 책임의 약화와 분산, 수사(修辭)적 연출의 배심원들에 대한 영향력, 과거에 대한 지식이나 미래에 대한 현명한 계산으로 현재의 열정을 진정시킬 수 있는 능력의 부재 등, 이 모든 것이 그 비교적 온건하고 완전한 형태로 인해 그리스 전역에 걸쳐 부러움의 대상이 되고, 경제 활동 및 도덕 성장에 필수적인 질서정연한 보호를 아테네인의 삶과 재산에 부여할 수 있을 만큼 충분히 믿을 만하고 실용적인 그 법체계의 맹점들이다. 아테네 법의 한 가지 시금석은 거의 모든 시민이 이에 대해 경외감을 느낀다는 것이다. 법은 아테네인에게 도시의 영혼이자 은혜와 힘의 정수다. 아테네 법전은 다른 그리스 국가들이 그 대부분을 채택할 정도로 즉응성이 뛰어나다는 것이 그 최대 장점이다. 이소크라테스는 "우리 법이 인간 생활에 그렇게 많이 그리고 심대하게 혜택을 준 원천이었다는 사실을 모든 사람이 인정한다."라고 말한다.[49] 여기에 역사상 최초로 인간이 아닌 법에 의한 통치가 존재했다.

아테네 법은 제국이 지속되는 동안 인구가 200만 명에 이르는 아테네 제국 전역에 보급된다. 그러나 여타 그리스는 결코 공통의 법체계를 이루지 못한다. 국제법은 오늘날의 세계에서처럼 기원전 5세기 아테네에서도 유감스러운 장면을 연출한다. 그럼에도 대외 교역은 모종의 법규를 필요로 하고, 데모스테네스에 의하면 그의 시대에 상업 조약이 그렇게 많이 체결되고 상업 분쟁을 관장하는 법이 "어디에서나 동일하다."고 한다.[50] 이런 조약에 의해 영사 대표가 세워지고, 계약 이행을 보장하며, 하나의 가맹국에서 내려진 판결이 다른 국가에서도 타당하게 된다.[51] 그러나 이로써 해적 행위는 종식되지 않고, 해적은 월등한 화력을 자랑하는 함대가 약화되거나 경계가 소홀할 때마다 출몰한다. 자유와 질서는 끊임없는 경계를 통해서만 지켜지는 것이다. 무법이 모든 정착지 주변을 늑대처럼 활개 치며 호시탐탐 노린다. 일부 그리스 도시는 조약이 구체적으로 금하지 않는 한 다른 도시의 인명과 재산을 노린 약탈 원정을 용인한다.[52] 종교는 군사 기지로 사용되지 않는 한 신전을 신성불가침 구역으로 만드는 데 성공하고, 범그리스 축제에 참가하는 순례자와 사자(使者)를 보호하며, 적대 행위에 앞서 전쟁을 공식 선언하도록 하고, 요청이 있으면 전사자의 귀환과 매장을 위해 휴전도 요구한다. 독(毒) 무기는 일반 관례에 따라 금지되었고, 죄인은 보통 인당 2미나, 이후에는 1미나(100달러)라는 공인 금액으로 교환되거나 풀려난다.[53] 그렇지 않으면 전쟁은 그리스인들 간에도 오늘날 그리스도교 세계에서 일어나는 전쟁만큼이나 잔인했을 것이다. 무수한 조약이 체결되고 경건하고 엄숙하게 선서되었지만, 거의 언제나 파기된다. 동맹 관계가 빈번히 형성되고, 기원전 6세기의 인보동맹이나 기원전 3세기의 아카이아 및 아이톨리아 동맹처럼 가끔 지속되기도 한다. 때로 두 도시는 우호적으로 평등한 권리를 교환해 서로 다른 도시 자유민에게 시민권을 제공하기도 한다. 국제 중재가 이루어지지만 합의된 결정은 종종 거부되거나 무시된다. 그리스인은 외국인에 대해 어떤 도덕적 의무도 느끼지 않고, 조약에 따르지 않고는 법적 의무 또한 느끼지 못한다. 외국인은 바르바로이(barbaroi)로* "야만인"이 결코 아니며 이국적인 언어를 사용하는 사람들이다. 세계주의적 그리스 시대의 스토아 철학자들에 가서야 그리스는 전 인류를 포용하는 도덕규범의 개념을 가지게 된다.

4. 행정

기원전 487년, 아니면 보다 이른 시기에 아르콘 선출이 추첨 방식으로 대체된다. 부유층이 돈을 이용하거나 무뢰한들이 공직으로 진출하는 사태를 방지하기 위해 어떤 수단이 강구되어야 했다. 선출이 완전한 우연의 산물이 되지 않도록, 추첨으로 선출된 모든 사람은 의무를 수행하기 전 법정이나 평의회가 시행하는 엄격한 도키마시아(dokimasia), 즉 적성 검사를 통과해야 한다. 아르콘 후보는 부모가 모두 아테네인이어야 했고, 신체적 결함이나 좋지 못한 소문이 없어야 하며, 조상을 경건하게 섬기고 군사적 의무를 다하며 세금을 완전히 납부해야 한다. 이 경우 그의 모든 삶이 노출되어 모든 시민으로부터 검증을 받게 되며, 이런 장치는 부자격자들 추첨에서 배제하는 억할을 힌다. 시험을 통과한 아르콘은 의무를 충실히 수행하며 수뢰할 경우 신들에게 실물 크기의 황금 조각상을 바치겠다고 서약한다.[54] 아홉 명의 아르콘을 임명하는 데 있어 우연성이 큰 역할을 차지하게 했다는 사실에서 솔론 시대 이후 아르콘직에 가해진 권력 축소 과정을 엿볼 수 있다. 아르콘의 기능은 행정적 일상사의 성격을 띠게 된다. 바실레우스 아르콘은 명목상의 왕에 불과하며 도시의 최고 종교 관리가 된다. 아르콘은 매년 아홉 차례에 걸쳐 민회의 신임 투표를 받아야 한다. 아

---

*이 단어는 산스크리트어 barbara와 라틴어 balbus와 관련이 있으며, 둘 다 말을 더듬는다는 뜻이다. 영어의 babble을 참조하라. 그리스인에게 있어 barbaros는 문명의 부재보다는 언어의 기묘함을 의미했고, 정확히 말하면 barbarismos도 영어의 barbarism처럼 외국인이나 준(準)외국인이 자국 언어를 왜곡시키는 경우를 의미했다.

르콘의 행동과 판단은 평의회나 시민 법정에 상고될 수도 있다. 또한 불법 행위를 저지르면 누구든 그를 기소할 수 있다. 임기 말에는 평의회를 책임진 로기스타이(logistai) 위원회가 그의 모든 공적인 행동과 말, 문서들을 검토한다. 아르콘의 중대한 실수에 대해서는 심각한 형벌과 심지어 사형까지 가해질 수 있다. 이 민주적인 감시인들의 시험을 무사히 통과하면, 아르콘은 임기 말에 아레오파고스의 일원이 된다. 하지만 기원전 5세기에 아레오파고스는 거의 모든 권력을 상실한 상태여서 이제는 내용 없는 명예직에 불과하다.

아르콘들은 민회와 위원회, 법정들의 명령과 감독하에 도시의 사안을 처리하는 수많은 위원회 중 하나에 불과하다. 아리스토텔레스는 이런 단체를 스물다섯 개나 거론하고 시의 관리 숫자를 700명으로 추산한다. 이들의 거의 전부가 매년 추첨으로 선출된다. 어떤 이도 동일 기관 성원으로 두 번 선출될 수 없으므로, 모든 시민은 평생 적어도 한 차례 시의 고위 인사가 될 수 있다. 아테네는 전문가 통치 집단을 신뢰하지 않는다.

보다 중요한 것은 시 관리직보다 군직(軍職)이다. 열 명의 스트라테고스, 즉 사령관은 임기는 마찬가지로 1년이지만, 항상 조사받고 소환에 응해야 하며 추첨 대신 민회에서의 공개 선거로 선출된다. 여기서 중요한 것은 인기가 아니라 능력이다. 포키온은 인기에 전혀 연연해 하지 않고 군중에 대한 경멸감을 공공연히 표하는데도, 기원전 4세기의 민회는 그를 45회나 장군으로 선출해 그 뛰어난 판단력을 보여 준다. 국제 관계가 활발해짐에 따라 스트라테고스의 기능도 신장되어, 기원전 5세기 후반 이들은 육군과 해군을 통솔할 뿐 아니라 외국과도 협상하고, 도시의 세입과 경비를 관장한다. 따라서 최고 사령관, 즉 스트라테고스 아우토크라토르는 당연히 정부의 최고 권력자다. 또한 그는 해를 이어 계속 재선될 수 있어 국가에 일관된 목표를 부여할 수 있으며, 그렇지 못할 경우 이런 관행은 이루어질 수 없을 것이다. 이 직위를 통해 페리클레스는 아테네를 한 세대 동안 민주적인 군주정이 되게 하고, 투키디데스는 아테네의 정치 형태를 명목상으로는 민주주의지만 실제로는 가장 위대한 시민이 통치하는 정부라고 말할 수 있게 된다.

군대도 유권자 자격과 동일하다. 모든 시민은 60세까지 군에 복무하고, 언제든 징병에 응해야 한다. 하지만 아테네인의 삶이 병영 생활인 것은 아니다. 젊은 시절 훈련 기간을 거치고 나면, 군사 훈련도 거의 없고 번지르르한 군복도 없으며 군인과 시민 간의 충돌도 없다. 현역 병사는 투석기나 창으로 무장한 출신이 주로 빈곤한 시민인 경장비 보병, 갑옷과 방패, 투창을 마련할 여유가 있는 부유한 시민들로 이루어진 중장비 보병, 그리고 갑옷과 투구, 창과 검으로 무장한 부유층 출신 기병으로 구성된다. 그리스인은 군 규율에 있어 아시아인을 능가하는데, 이는 전장에서의 충성과 시(市) 업무에 있어서의 활기찬 독립심이 인상적으로 조화를 이룬 덕분인 것 같다. 그럼에도 불구하고 에파미논다스와 필리포스 이전 시대 그리스인들에게서는 전쟁의 과학이나 명확한 전략 전술이 보이지 않는다. 도시는 대개 성벽으로 둘러싸여, 우리 시대에서처럼 그리스인들에게 있어서도 공격보다는 방어가 더 효과적이다. 그렇지 않다면 인간에게는 기록할 만한 어떤 문명도 없었을 것이다. 포위 공격하는 군대는 사슬에 매단 거대한 통나무를 뒤로 당겼다가는 성벽으로 세차게 부딪친다. 이것이 아르키메데스 이전 공성(攻城) 무기의 발달 단계다. 해군은 매년 400명의 3단 노선 사령관을 선발해 유지되는데, 이들 사령관은 부자들로서 선원을 모집하고 국가가 제공하는 물자로 3단 노선을 채우며, 함선의 건조와 진수 비용을 대고 이를 유지 보수하는 특권을 지닌다. 이런 식으로 아테네는 평화 시에 60여 척의 함대를 유지했다.[55]

국가의 주요 경비는 육군과 해군을 유지하는 데 쓰인다. 주요 세입은 교통세와 항구세, 2퍼센트의 교역 관세, 메틱스에 대한 연간 12드라크마의 인두세, 자유민과 노예에 대한 2분의 1 드라크마 세, 창부들이 내는 세금, 영업세, 허가세, 벌금, 몰수, 제국의 공물 등이다. 민주정은 페이시스트라토스 치하의 자금 공급원이었던 농산물 세를 존엄한 농업에 대한 모욕이라 여겨 폐지한다. 대부분의 징세는 세리(稅吏)들이 대행하는데, 이들은 국가를 위해 세금을 징수하고 일부

11장 페리클레스와 민주주의 실험

를 자신들 몫으로 챙긴다. 국유 광산 또한 상당한 수입원 역할을 한다. 비상시에 도시는 자본 과세에 의존하고, 그 비율은 재산 규모에 비례한다. 한 예로 이런 방식으로 기원전 428년 아테네는 미틸레네 성을 공격하기 위해 200달란트(120만 달러)를 조성한다. 부유층은 또한 사절단의 장비, 함선의 장비, 연극과 음악 경연과 경기 비용 등 특정 레이투르기아이(leiturgiai), 즉 공공사업의 비용을 부담해야 한다. 이들 "전례(典禮)"는 일부 부유층은 자발적으로, 나머지는 여론에 의해 어쩔 수 없이 떠맡는다. 해당 부유층을 더 불쾌하게 하는 것은 이런 전례를 떠맡은 시민이 자신보다 다른 시민이 더 부유하다는 사실을 입증할 수 있을 경우 자기 몫을 그 다른 시민에게 떠넘기거나 자신과 운수를 맞바꿀 수 있다는 점이다. 세력이 커지면서 민주파는 이전보다 훨씬 자주 더 많은 구실을 들어 이 장치를 이용한다. 결과적으로 아티카 지방의 자본가, 상인, 제조업자, 토지 보유자들은 은닉과 방해 기술을 궁리하고 정변을 꾀하게 된다.

이런 선물과 징세를 제외하고도 페리클레스 시대 아테네의 총 내국 세입은 연간 약 400달란트(240만 달러)에 이른다. 여기에 복속국 및 동맹국의 기부금 600달란트가 더해진다. 이 수입은 어떤 예산이나 사전 견적 및 기금 할당 없이 지출된다. 전례 없는 지출에도 불구하고, 페리클레스의 효율적인 관리하에 국고는 더욱 넘쳐 나 기원전 440년에는 9700달란트(5820만 달러 상당)에까지 이른다. 이는 모든 시대 모든 도시에 걸쳐 두드러진 금액으로, 잉여 자금을 전혀 보유하지 못한 도시가 대부분이고 펠로폰네소스 지역에서는 이런 경우가 한 군데도 없는 그리스에서는 참으로 예외적인 현상이 아닐 수 없다.[56] 이런 예비금을 보유한 도시는 대개 이를 도시 신을 모신 신전에 맡긴다. 기원전 434년 이후 아테네의 경우는 파르테논 신전이 그곳이다. 국가는 이 잉여금뿐 아니라 신에 바치는 조각상의 금까지 사용할 권한을 주장한다. 페이디아스의 작품 「아테나 파르테노스」의 경우 그 가치는 40달란트(24만 달러)에 달하고, 금붙이는 떼어내기 쉽도록 붙어 있다.[57] 도시는 또한 신전에 "제신 기금"을 보유하고, 이는 매년 시민들이 성스러운 연극과 경기를 관람하는 데 드는 돈으로 지불된다.

아테네의 민주주의는 이렇듯 역사상 가장 제한적이면서 또한 가장 완벽하다. 즉 특권 공유자 수에 있어 가장 제한적이었고, 모든 시민이 입법을 통제하고 공무를 관장한다는 직접성과 평등성에 있어 가장 완벽하다. 체제의 결함은 역사가 전개되면서 생생하게 드러날 터인데, 실제로 아리스토파네스 시대에 이미 시끄러운 잡음이 들린다. 선례의 확인이나 수정 없이 어느 날 갑자기 일시적인 열정으로 표결에 붙이고 그 다음 날 크게 후회하면서 그 사안뿐 아니라 그렇게 되도록 오도한 사람들을 처벌하는 민회의 무책임성, 에클레시아에 참석할 수 있는 자들로 입법 권한을 제한한 점, 선동 정치가를 격려하고 유능한 인물을 소모적으로 도편 추방한 점, 추첨과 교대에 의한 공직의 배정으로 매년 관리를 바꿔 통치상의 혼란을 야기한 점, 국가 경영을 지속적으로 저해하는 파벌 다툼 등 이 모든 요소가 치명적인 결함이고, 이로 인해 아테네는 스파르타와 필리포스, 알렉산드로스, 로마에 철저한 대가를 지불하게 된다.

하지만 어떤 정부든 불완전하고 염증이 나며 종래는 종말을 고한다. 군주정이나 귀족정이 아테네를 더 잘 통치하고 더 오래 유지했으리라고 생각할 아무런 근거가 없다. 어쩌면 이 혼란스러운 민주주의만이 아테네를 역사의 절정기로 고양시킬 에너지를 발산할 수 있을지 모른다. 시민 권한 내에서 정치 생활이 이토록 강렬하고 창조적인 때는 그 전에도 그 후에도 결코 없었다. 이 부패하고 무능한 민주주의는 적어도 학교의 역할은 한다. 민회의 투표권자들은 아테네에서 가장 현명한 사람들의 말을 경청하고, 법정의 배심원들은 증거를 선택하고 선별함으로써 식견을 날카롭게 했으며, 공직 보유자는 행정적 책임과 경험을 통해 보다 깊고 성숙한 이해력과 판단력을 도야한다. 시모니데스는 "도시는 인간의 스승이다."라고 말한다.[58] 이런 이유들 때문에 아테네인들이 아이스킬로스와 에우리피데스, 소크라테스, 플라톤의 진가를 알아보고 그 때문에 존립할 수 있는 것 같다. 극장의 관객들은 민회와 법정의 구성원들이었고 최상의 것을 수용할 준비가 되어 있었다. 이 귀족적 민주주의는 자유방임주의 국가도, 단순히 사유 재산과 질서를 지키는 감시원도 아니다. 이 민주주의는 그리스 희곡을 후원하고, 파르테논 신전을 세우며, 국민의 안녕과 발전을 책임지고, 생존뿐만이 아니라 번영을 위한 기회를 국민에게 개방한다. 역사는 그 모든 죄를 기꺼이 용서할 수 있다.

THE LIFE OF GREECE

12장   아테네의 노동과 부

1. 토지와 식량

이런 민주주의와 문화의 근저에는 부의 생산과 분배가 자리하고 있다. 일부 사람이 국가를 다스리고 진리를 모색하며 음악을 작곡하고 조각상을 조각하고 그림을 그리고 책을 지으며 아이들을 가르치고 신을 섬기는 등의 일에 전념할 수 있는 것은, 또 다른 사람들이 식량을 재배하고 옷을 만들며 주거지를 짓고 광산을 채굴하고 유용한 물품을 제조·운송·교환하거나 이들 물품의 제조 및 이동을 재정 지원하는 데 힘쓰기 때문이다. 어느 시대 어느 곳을 막론하고 이런 경제 활동이 기초가 된다.

어느 사회든 그 사회를 지탱하는 이는 농민들로써, 가장 빈곤하면서도 꼭 필요한 사람들이다. 아티카에서 그들은 적어도 참정권이 있다. 시민들만이 토지를 소유할 수 있고, 거의 모든 농민이 경작할 토지를 소유하고 있다. 토지에 대한 씨족의 통제는 사라졌고, 개인 소유권이 확고히 수립되었다. 오늘날의 프랑스와 미국에서처럼, 도시 거주 무산자들이 줄곧 개혁을 향해 줄달음치고 있을 때, 이 거대한 소규모 재산 소유층은 민주주의의 견실한 보수 세력으로 버티고 있다. 도농 간의 오랜 전쟁, 다시 말해 농산물의 고수익 보장과 저가의 제조 물품을 원하는 자들과 저가의 농산물과 산업에서의 고임금 또는 고수익을 바라는 자들 간의 전쟁은 아티카에서 특히 두드러지고 활발했다. 아테네 시민에게 있어 산업과 교역은 천하고 품위를 떨어뜨리는 일로 여겨진 반면, 농업은 국가 경제와 인성 및 군사력의 토대로 존중받는다. 농촌 자유민들은 도시 거주민을 나약한 기생충이나 부패한 노예로 경멸하는 경향이 있다.[1]

토양은 척박하다. 아티카의 토지 2600제곱킬로미터 가운데 3분의 1이 경작할 수 없는 땅이고, 나머지도 남벌과 빈약한 강수량, 겨울철 홍수로 인한 급속한 침식 등으로 황폐하다. 아티카 농민들은 신들의 이 삭막한 마음을 치유하기 위해, 그리고 자신들과 얼마 안 되는 노예들을 위해 수고를 아끼지 않는다. 그들은 상류의 풍부한 물줄기를 저수지로 끌어들이고, 시내에 제방을 쌓아 범람을 막고, 늪지대를 개간하고, 수많은 관개 수로를 만들어 졸졸 흐르는 시냇물로 목마른 들판을 축이고, 끈질기게 작물을 이식해 품질 및 크기를 개선하며, 매년 번갈아 가며 토지를 묵혀 지력을 회복시킨다. 또한 탄산석회 같은 염분으로 땅을 알칼리화하고, 질산칼륨과 재, 인분으로 땅을 비옥하게 한다.[2] 아테네 주변의 밭과 과수원은 주요 하수로를 통해 디필론 외곽 저수조에 모인 후, 거기서 벽돌로 만든 인공 수로를 통해 케피소스 강 계곡으로 유입되는 도시 하수 오물로 비옥해진다.[3] 여러 가지 토질이 섞이고 싹튼 콩 같은 녹색 작물이 심어져 땅이 비옥해진다. 경작과 써레질, 파종, 이식 등은 가을철 짧은 시기에 집중되고, 곡물 수확은 5월 말에 이루어지며, 비가 내리지 않는 여름철은 준비와 휴식을 위한 계절이다. 이렇게 온갖 수고를 다해도 아티카에서는 연간 67만 5000부셸(bushel) 정도의 곡물만 생산되어, 전체 인구의 4분의 1을 먹여 살릴 식량도 부족한 형편이다. 식량을 수입하지 못하면 페리클레스 시대 아테네인들은 굶어 죽고 말 것이다. 제국에 대한 요구가 일어나고 강력한 함대가 필요한 것은 이런 연유 때문이다.

농촌은 빈약한 곡물 수확을 풍요로운 올리브 및 포도 수확으로 대신하려 한다. 산허리를 계단식으로 개간 및 관개하고, 나귀가 잔가지를 갉아먹도록 해 포도나무에 더 많은 열매가 맺히도록 한다.[4] 올리브나무는 페리클레스 시대 그리스 토지의 상당 부분을 뒤덮게 되는데, 이를 도입한 공로자는 다름 아니라 페이시스트라토스와 솔론이었다. 올리브나무가 결실하기 위해서는 16년이나 걸리고 완전히 자라려면 40년이 소요된다. 페이시스트라토스의 보조금이 없었다면 올리브는 아티카 땅에서 자랄 수 없었을 것이다. 이후 펠로폰네소스 전쟁으로 인한 올리브 과수원의 황폐화가 아테네 몰락의 주요인으로 작용한다. 그리스인들에게 올리브유는 식용, 의료용, 조명용 등으로 쓰여 참으로 유용하며 나머지는 연료로 사용된다.[5] 올리브는 아티카에서 가장 풍부한 작물이 된다. 또한 그 가치로 인해 국가는 당연히 올리브를 수출 독점 품목으로 삼고, 올리브와 포도주로 수입 곡물의 대가를 지불한다.

그리스는 무화과 수출도 완전히 금하는데, 그리스에서는 무화과를 건강과 정력의 주요 원천으로 여겼기 때문이다. 무화과나무는 척박한 토양에서도 잘 자란다. 뻗이 나기는 뿌리는 땅이 제공할 수 있는 모든 수분을 빨아들이고, 잎사귀는 최소한의 수분만 증발시킨다. 더욱이 농부들은 동방으로부터 무화과 가루받이 촉진법을 배운다. 야생 수무화과 가지를 암무화과 가지 사이에 매달고 어리상수리혹벌을 통해 수무화과의 수정용 꽃가루를 암무화과의 열매 안에 가루받이하면 영양분이 더 많고 달콤한 무화과가 맺힌다.

이들 작물, 즉 곡물과 올리브유, 무화과, 포도, 포도주 등이 아티카의 주식이다. 가축 사육은 식량원으로 무시해도 좋은 정도다. 말은 경주마로, 양은 털을, 염소는 젖을 얻기 위해, 나귀와 노새와 암소와 황소는 운송 수단으로 사육되며, 육용으로는 주로 돼지가 사육된다. 당시에는 설탕이 없었으므로 꿀을 얻기 위해 양봉도 행해진다. 육류는 사치품에 속하여, 가난한 이들은 축제일에나 맛볼 수 있다. 호메로스 시대의 웅장한 연회는 사라지고 없다. 생선은 평범하면서도 맛있는 식품이다. 가난한 이들은 생선을 건어물 상태로 사고, 부자들은 신선한 상어 고기와 뱀장어를 즐긴다.[6] 곡물 식품으로는 죽이나 납작한 빵, 꿀 섞인 과자 등이 있다. 빵과 케이크는 집에서 굽는 경우가 드물고, 여자 행상인이나 시장 노점상에서 산다. 달걀도 있고, 채소로는 특히 콩과 완두콩, 양배추, 렌즈 콩, 상추, 양파, 마늘 등이 있다. 과일은 아주 귀하고 그리스인들에게 오렌지와 레몬은 아직 알려지지 않았다. 여러 가지 견과류가 있고 조미료 또한 풍부하다. 소금은 바다에서 염전을 통해 얻고, 내륙에서는 노예와 교환된다. 값싼 노예는 "염장"이라 불리고, 노예가 제 몫을 다하면 "소금 값을 하는" 것이다. 거의 모든 음식 재료가 올리브유로 조리되며, 이 올리브유는 석유의 훌륭한 대용물이기도 하다. 지중해 지역에서는 버터를 구하기 어려워 올리브유가 그 역할을 대신한다. 꿀과 달콤한 고기, 치즈 등이 후식으로 제공된다. 치즈 과자는 너무나 즐겨 찾는 기호 식품이어서, 수많은 고전 서적에 그 비법이 소개되어 있다.[7] 물이 통상적인 음료지만 모든 사람이 포도주를 즐겨 마신다. 어떤 문명도 마취제나 흥분제가 없이는 고단한 삶을 이겨 낼 수 없다는 것을 알았기 때문이다. 눈과 얼음은 땅속에 보관되어 더운 계절 포도주를 시원하게 하는 데 이용된다.[8] 맥주는 알려져 있긴 하지만 페리클레스 시대에는 하찮게 여겨진다. 대체로 그리스인들은 음식을 적당하게 섭취하고, 하루 두 끼 식사로 만족한다. 히포크라테스는 "익숙해지면, 많은 이들이 하루 세 끼 식사를 쉽게 감당할 수 있다."라고 말한다.[9]

2. 산업

땅에서는 식량뿐 아니라 광물과 연료도 나온다. 정제된 올리브유나 수지를 연료로 해 램프나 횃불이 우아하게 불을 밝히거나 양초가 빛을 비춘다. 이동식 화로에 태워진 마른 장작이나 목탄이 주위에 온기를 발한다. 연료 및 건축용으로 나무를 함부로 베어 도시 근처의 숲과 언덕이 벌거숭이가 된다. 이미 기원전 5세기에 주택과 가구 및 선박용 목재가 수입된다. 석탄은 없다.

그리스에서는 연료를 위해서가 아니라 광물을 얻기 위해 채광한다. 아티카에는 대리석과 철, 아연, 은, 납이 풍부하다. 반도의 남쪽 끝자락에 위치한 라우리온의 광산은 아이스킬로스의 표현을 빌리자면 아테네인들에게 "은이 넘쳐흐르는 샘"[10]이다. 이들 광산은 정부의 주요 재원으로서 정부가 모든 권한을 보유하고 개인 운영자들에게 1달란트(6000달러)의 수수료와 연간 채광량의 24분의 1을 받고 광산을 임대해 주었다.[11] 기원전 483년 한 시굴자가 최초로 라우리온에서 수익성이 아주 좋은 광맥을 발견한 후, 은 채광 열기가 광산 지역에서 일어난다. 시민들만 광산을 임대할 수 있고 노동은 노예들의 몫이다. 미신으로 아테네를 망치게 될 경건한 니키아스는 일당 1오볼(17센트)에 1000명의 노예를 광산 운영자들에게 임대해 주어 하루에 170달러를 벌어들인다. 수많은 아테네의 재산이 이런 식으로 또는 제조업자들에게 돈을 빌려 줌으로써 형성된다. 광산 노예 수는 2만여 명에 이르고, 이 중에는 감독자와 기술자도 포함되어 있다. 이들은 10시간씩 교대로 일하고 작업은 중단 없이 밤낮으로 계속된다. 노예가 휴식을 취하기리도 할라치면, 곤바로 그에게 채찍이 날아든다. 탈출을 시도한 노예는 쇠 족쇄를 차고 작업장에 복귀한다. 도주하다가 잡히면 뜨거운 쇠로 이마에 낙인이 찍힌다.[12] 갱도의 높이는 1미터, 폭은 60센티미터에 불과하다. 노예들은 곡괭이나 끌, 망치를 들고 무릎과 배, 등을 구부린 채 일한다.[13] 채굴된 광석은 바구니나 자루에 담겨 손에 손을 거쳐 운반된다. 두 사람이 지나가기에는 갱도가 너무 비좁기 때문이다. 수익은 엄청나다. 기원전 483년에 정부가 확보한 몫은 100달란트(60만 달러)로, 이는 그야말로 횡재나 마찬가지여서 이 돈으로 아테네 함대를 건조해 살라미스 해전에서 그리스를 구하게 된다. 하지만 이 광산은 이점이기도 하지만 악재가 되기도 한다. 아테네 국고가 광산에 의존하게 된 상황에서 펠로폰네소스 전쟁 때 스파르타인이 라우리온을 점령함으로써 아테네 전체 경제가 전복되기 때문이다. 기원전 4세기에는 광맥의 고갈이 다른 많은 요인과 어울려 아테네를 쇠퇴하게 한다. 안타깝게도 아티카 땅에 다른 귀금속은 없었던 것이다.

채광과 더불어 야금술이 발달한다. 라우리온의 광석은 우선 거대한 분쇄기에 넣어져 노예들에 의해 육중한 쇠공이로 분쇄된다. 분쇄된 광석은 분쇄소로 보내져 구르는 단단한 조면암 사이에서 다시 한 번 갈려지고 체로 걸러진다. 체를 통과한 광물은 세광기(洗鑛機)로 보내진다. 이 세광기에서는 수조에 담긴 물이 시멘트가 매끄럽고 얇게 입혀져 경사지게 놓인 직사각형 석재 테이블 위로 분사된다. 물줄기는 급각도로 방향을 틀며 뿜어지고, 그러면 금속 파편들이 거기 있는 자루에 담기게 된다. 담긴 금속은 온도를 높이는 송풍 장치가 설치된 작은 제련 용광로에 던져진다. 각 용광로 바닥에는 구멍이 나 있고, 이를 통해 녹은 금속이 떨어진다. 녹은 금속을 구멍이 많이 난 접시에 놓고 가열한 다음 공기에 노출시키면 은에서 납이 분리된다. 이 간단한 공정에 의해 납은 일산화납으로 변환되고 은이 분리된다. 이런 제련 및 정제 과정이 수없이 반복되어 아테네 은화는 순도 98퍼센트를 자랑한다. 채광업이 언제나 금속 산업에 대가를 지불하는 것처럼, 라우리온도 자신이 낳는 부의 대가를 지불한다. 식물과 사람들이 용광로 열기로 인해 시들어 가고 죽으며, 작업장 주변은 먼지로 가득한 폐허가 된다.[14]

다른 산업은 그다지 고되지 않다. 아티카에도 이제 수많은 산업이 규모는 작지만 확연히 전문화된다. 대리석 및 기타 석재가 채석되고, 수많은 종류의 도기가 생산되며, 페리클레스의 경쟁자 클레온과 소크라테스의 고발자 아니토스가 소유한 대규모 제혁 공장에서는 가죽이 가공된다. 마차 제조업자와 선박 건조업자, 마구 판매업자, 마구 제조업자, 신발 제조업자들이 있다. 말굴레만 만드는 사람도 있고, 남녀용 신발만 전문으로 만드는 사람도 있다.[15] 건축업에는 목수, 주형공, 석재 절단공, 금속공, 도장공, 화장판 접착공이 있다. 대장장이와 검 제조업자, 방패 제조업자, 등 제조업자, 리라 조율업자, 제분업자, 제빵업자, 소시지 제조업자, 생선 장수도 있다. 이 모든 일이 분주하고 다양화된 경제생활에 필요한 것들이지만, 제조 과정이 기계화되거나 단순화되지는 않았다.

일반 직물은 대부분의 경우 여전히 집에서 만들어진다. 가족을 위한 평상복과 침구를 만들고 수선하는 여인들도 있고, 어떤 여인들은 양모의 빗질 작업을 하고, 어떤 여인들은 물레에 앉아 일하며, 어떤 이들은 직기를 다루고, 어떤 이들은 자수틀에 몸을 구부린 채 일한다. 특수 직물은 공방에서 생산되거나 외국에서 수입된다. 섬세한 아마포는 이집트와 아모르고스, 타렌툼에서 수입되고, 채색 모직물은 시라쿠사에서, 담요는 코린토스에서, 카펫은 근동과 카르타고에서, 다채로운 침대보는 키프로스에서 수입된다. 기원전 4세기 말경 코스(Cos)의 여인들은 누에고치를 풀어 나온 실로 비단을 만드는 기술을 익힌다.[16] 일부 가정 여인들은 방직 기술이 아주 숙련되어 가족들이 사용하고도 남을 만큼 생산하게 되고, 남는 여유분을 처음에는 소비자에게 다음에는 중간 상인에게 판매한다. 이들은 조수나 해방 노예 또는 노예들을 고용하고, 이런 식으로 가내 공업은 공장 체제로 점차 발전하게 된다.

이런 체제는 페리클레스 시대에 형태를 갖추기 시작한다. 알키비아데스처럼 페리클레스도 공장을 소유하고 있다.[17] 가용 기계는 없지만 충분한 노예가 있다. 육체 노동력이 저렴해 특별히 기계를 개발할 필요가 없다. 아테네의 에르가스테리아(ergasteria)는 공장이라기보다 작업장이라 불러야 한다. 이들 중 가장 큰 규모는 케팔로스의 방패 공상으로 120명의 노동자가 일하고 있고, 티마르코스의 신발 공장은 10명, 데모스테네스의 옷장 공장은 20명, 그의 갑옷 공장은 30명의 노동자가 일한다.[18] 처음 이들 작업장은 주문에 의해서만 생산하지만, 나중에는 시장을 위해, 마침내는 수출을 위해 제조하기에 이른다. 물물 교환이 풍부한 화폐 보급으로 대체되고, 이로 인해 생산 활동이 촉진된다. 각 작업장은 독립 단위이고 한두 사람에 의해 운영되며 소유주는 종종 노예들과 함께 일한다. 특허도 없어서 기술은 아버지가 아들에게 전수해 주며, 도제가 기술을 습득하기도 한다. 아테네인들은 자식에게 직업 교육을 시키지 않은 채 나이 든 부모는 부양하지 않아도 된다고 법으로 인정한다.[19] 노동 시간은 길지만 작업은 여유롭게 진행된다. 주인과 일꾼은 새벽부터 땅거미가 질 때까지 일하고, 여름철 낮에는 낮잠을 잔다. 휴가는 따로 없지만 매년 약 60일 정도 일하지 않고 쉰다.

3. 교역과 재정

개인이나 가족 또는 도시가 잉여 생산물을 낳고 이를 교환하기를 원할 때 교역이 시작된다. 여기서 처음 부딪히는 어려움은 운송 비용이 비싸다는 점이다. 도로 사정은 열악하고, 해로에는 위험이 도사리고 있다. 최상의 길은 아테네에서 엘레우시스에 이르는 신성한 길이지만, 이 역시 진창길로 수레가 지나기에는 너무 좁았다. 다리는 흙 제방으로 이루어진 위험한 둑길이고, 아마도 홍수로 쓸려 나가기도 했을 것이다. 통상적으로는 수레를 몰기 위해 황소를 이용하지만 마음 급한 상인을 부유하게 해 주기에는 너무 느리다. 마차는 파손되기 쉽고 쉽게 고장 나며 진창에 빠지기도 한다. 약간 더 빠르고 길도 많이 점유하지 않는 노새가 운송 수단으로 더 낫다. 그리스에는 우편 제도가 없고, 정부의 경우도 마찬가지다. 인편으로 만족하고 개인 서신은 기다렸다가 이들 편에 전달할 수밖에 없다. 중요 소식은 봉화나 비둘기를 이용한다.[20] 도로 곳곳에 여관이 있지만 이곳은 강도와 악당들의 소굴이다. 아리스토파네스의 작품에서는 디오니소스 신까지도 헤라클레스에게 "벌레가 가장 적은 식당이나 여관"이 어딘지 묻는다.[21]

해상 운송은 비용이 더 저렴하고, 대부분의 날이 그렇지만 잔잔한 여름철 항해는 특히 그렇다. 통과 세율은 낮아서 2드라크마(2달러)에 한 가족이 피라이오스에서 이집트나 흑해까지 안전하게 항해할 수 있다.[22] 하지만 항해 시 승객에게 음식물은 제공되지 않는데, 원래 물품을 운송하거나 전쟁을 수행할 목적으로 건조되었기 때문이다. 선박의 주요 동력은 바람이지만, 역풍이 불거나 바람이 불지 않으면 노예들이 노를 젓는다. 가장 작은 상선은 30개의 노가 모두 같은 높이로 좌우현에 각각 15개씩 늘어서 있는 30노선이다. 50노선은 같은 방식으로 50개의 노가 늘어서 있다. 기원전 700년경으로 거슬러 올라가면 코린토스인들은 최초로 200명의 선원이 3단으로 된 노를 젓는 3단 노선을 진수했다. 기원전 5세기에 이런 선박은 길고 높은 뱃머리로 아름답게 장식하며 그 규모가

256톤으로 커지고 7000부셸가량의 곡물을 싣고 시간당 13킬로미터를 항해함으로써 지중해 지역의 화젯거리가 된다.[23]

교역상 두 번째 문제점은 믿을 만한 교환 매체를 찾는 일이다. 모든 도시가 독자적인 도량형 및 자체 화폐를 보유하고 있다. 백여 개 국경마다 모든 가치를 미심쩍은 마음으로 재평가해야 한다. 아테네를 제외한 모든 그리스 정부가 자기 화폐를 평가 절하해 속임수를 쓴다.[24] 익명의 그리스인은 "대부분의 도시에서 상인들은 어디서나 사용 가능한 화폐가 없어 돌아오는 길에 물품을 싣고 와야 한다."라고 말한다.[25] 일부 도시는 은과 금이 섞인 합금 주화를 만들고, 이 주화에 가능한 한 최소한의 금을 넣으려 서로 경쟁한다. 솔론 시대 이후, 아테네 정부는 아테나 여신의 올빼미가 찍힌 믿을 만한 화폐 제도를 수립함으로써 아테네 교역에 크게 기여한다. 그리스인에게 있어 "아테네에 올빼미를 가져가는 것"은 "뉴캐슬에 석탄을 가져가는 것"과 마찬가지다.[26] 수많은 우여곡절 끝에 아테네가 자국의 은 드라크마 평가 절하를 거절함으로써, 이 "올빼미"는 지중해 전역에 널리 수용되고, 에게 해의 지역 화폐를 대체하게 된다. 이 시점에서 금은 교역 매체라기보다는 여전히 하나의 상품이고, 중량 단위로 거래된다. 아테네는 아주 드물게 비상시에만 금으로 화폐를 주조하고, 대개 은과 금의 비율을 14대 1로 유지한다.[27] 가장 작은 아테네 주화는 그 재료가 구리이고, 이 주화 8개가 1오볼이 된다. 오볼은 철이나 청동을 재료로 한 주화로 못이나 꼬챙이(obeliskoi)와 닮아 그렇게 이름이 붙여졌다. 6오볼은 1드라크마에 해당하고, 2드라크마는 1금(金)스타테르, 100드라크마는 1미나, 60미나는 1달란트에 해당한다. 기원전 5세기 전반에는 1드라크마로 1부셸의 곡물을 구입할 수 있는데, 이는 20세기 미국의 1달러의 구매력과 맞먹는다.[28]* 아테네에는 지폐도, 국채도, 합자 회사도, 증권 거래소도 없다.

---

*이 책에서는 1오볼을 1938년 현재 미국 통화 기준으로 17센트, 1드라크마는 1달러, 1달란트는 6000달러의 구매력에 상당하는 것으로 간주한다. 이 등가 비율은 다만 추산에 불과하다. 그리스 역사에 있어 물가가 시종일관 인상되었기 때문이다. 이 장 5절 참조.

하지만 은행은 있다. 그들은 입지를 확보하기 위해 부단히 애쓴다. 돈을 빌릴 필요가 없는 이들이 이자를 범죄로 정하고 철학자들 또한 이들에 동의하기 때문이다. 기원전 5세기의 보통 아테네인들은 돈을 저장하는 이들이다. 수중에 돈이 있으면 은행에 맡기기보다는 감추어 두려 한다. 일부 사람은 저당을 잡고 16~18퍼센트의 이자로 돈을 빌려 주고, 어떤 이들은 이자 없이 친구들에게 돈을 빌려 주며, 또 어떤 이들은 신전 보고(寶庫)에 맡긴다. 신전도 은행 역할을 해 개인과 국가에 싼 이자로 돈을 빌려 준다. 델포이의 아폴론 신전은 어떤 면에서 전 그리스의 국제 은행이다. 정부에 사채란 없지만 이따금 한 국가가 다른 국가에 돈을 빌려 준다. 한편 기원전 5세기에 탁자(trapeza) 앞의 환전상이 돈을 맡아 보관하기 시작하고, 이 돈을 위험 정도에 따라 12~30퍼센트의 이자율로 상인들에게 빌려 준다. 이런 식으로 그는 은행가가 되고, 고대 그리스가 끝날 때까지 초기 이름 트라페지테(trapezite, 탁자 앞에 앉은 사람)를 계속 지닌다. 그는 이 방식을 근동에서 배워 왔고 이를 발전시켜 로마에 전수하며, 다시 근대 유럽에 넘겨준다. 페르시아 전쟁 직후 테미스토클레스는 70달란트(42만 달러)를 코린토스 은행가 필로스테파노스에게 맡기는데, 이는 오늘날 정치 모험가들이 자기 자신을 위해 외국에 둥지를 트는 경우와 매우 유사하다. 이는 세속적인(비종교적인) 은행 업무의 최초로 알려진 원형이다. 기원전 5세기 말 안티스테네스와 아르케스트라토스는 파시온 치하에서 그리스의 모든 민간 은행들 가운데 가장 유명하게 될 은행을 설립한다. 이런 트라페지타이(trapezitai)(은행가를 의미함―옮긴이)를 통해 돈은 더 자유롭고 신속하게 유통되고, 이전보다 더 많은 일을 하게 된다. 또한 이들이 제공하는 편의는 아테네 교역 신장을 창의적으로 자극하게 된다.

산업이나 금융이 아닌 상업이 아테네 경제의 정수다. 많은 생산자가 여전히 소비자에게 직접 판매하지만, 자신들과 시장을 연결하는 중개인이 필요함을 느끼는 이들이 점차 늘고 있었다. 그 기능은 소비자의 수요가 생길 때까지 제품을 구매해 저장해 두는 것이다. 이리하여 소매상 계층이 부상하고, 이들은 거리를 돌아다니거나 군대, 축제, 장터 등을 뒤따라 다니며 제품을 팔거나, 아고라나 기타 도시 구역의 상점이나 노점에서 판매한다. 상점에는 자유민이나 메틱스, 노예들이 와서 상인들과 흥정하고 가정에 필요한 물품을 구입한다. 아테네 "자유민" 여성이 겪는 가장 심한 무력감은 관습상 직접 물건을 사러 다니지 못한다는 것이다.[29]

대외 교역은 국내 상업보다 훨씬 빨리 발전한다. 그리스 국가들이 국제 노동 분업의 이점을 깨닫고, 각국이 일부 상품을 특화했기 때문이다. 예를 들어 방패 제조업자는 자신을 필요로 하는 사람들이 부르는 소리에 따라 더 이상 이 도시 저 도시로 전전하지 않고, 작업장에서 방패를 만들어 고전 세계의 시장에 내놓는다. 한 세기 후에 아테네는 각 가구가 필요한 거의 모든 것을 자체 조달하는 가내 경제에서 각 도시가 필요한 모든 것을 자체 조달하는 도시 경제로, 다시 각 국가가 수입에 의지하고 그에 대한 대가로 수출을 하는 국제 경제로 변천한다. 아테네 함대는 두 세대 동안 에게 해 지역을 해적의 위협으로부터 안전하게 지키고, 기원전 480년부터 430년까지 상업은 폼페이우스가 기원전 67년에 해적을 진압할 때까지 다시없는 번영을 구가한다. 피라이오스의 부두와 창고, 시장, 은행은 교역에 필요한 모든 시설을 제공하고, 머지않아 분주한 항구는 동방과 서방 간의 통상을 위한 유통의 주요 중심지가 된다. 이소크라테스는 "다른 지역에서 구하기 힘든 물건을 아테네에서는 쉽게 구할 수 있다."고 말하고,[30] 투키디데스도 "우리 도시의 큰 규모로 인해 전 세계 물품이 우리 항구로 모여들고, 아테네인들에게 있어 이국의 과일은 국내 과일만큼이나 친숙한 사치 품목이다."라고 말한다.[31] 피라이오스에서 상인들은 아티카의 들판과 작업장에서 생산된 포도주, 기름, 양모, 광물, 대리석, 도기류, 무기, 사치품, 책, 예술품을 구입하고, 피라이오스로는 비잔티움과 시리아, 이집트, 이탈리아, 시칠리아의 곡물, 시칠리아와 페니키아의 과일과 치즈, 페니키아와 이탈리아의 육류, 흑해의 어류, 파플라고니아의 견과류, 키프로스의 구리, 잉글랜드의 주석, 폰틱 연안의 철, 타소스와 트라키아의 금, 트라키아와 키프로스의 목재, 근동 지역의 자수품, 페니키아의 양모와 아마와 염료, 키레네의 향신료, 칼키스의 검, 이집트의 유리, 코린토스의 타일, 키오스와 밀레토스의 침대, 에트루리아의 장화와 청동, 에티오피아의 상아, 아라비아의 향수와 연고, 리디아와 시리아, 스키타이의 노예를 들여온다. 식민지는 시장 역할뿐 아니라 아테네 상품을 내지로 보내는 운송업자 역할도 한다. 또한 이오니아 도시들은 한때 이 지역을 통과하던 교역 활동이 페르시아 전쟁 및 그 이후에 프로폰티스와 카리아로 방향을 전환한 까닭에 기원전 5세기에 쇠퇴하고, 이탈리아와 시칠리아가 이오니아 도시들을 대신해 그리스 본토의 잉여 산물과 인구의 배출구 역할을 하게 된다. 에게 해 지역의 통상 규모는 기원전 413년 아테네 제국 도시들의 교역 물품에 부과된 5퍼센트 관세 수입이 1200달란트에 이르는 것으로 미루어, 연간 1억 4400만 달러로 추산할 수 있다.

   이런 번영의 배후에는 아테네가 수입 곡물에 더욱 의존하고 있다는 점이 위험성으로 잠재해 있다. 이에 따라 아테네는 헬레스폰토스와 흑해를 통제하려 애쓰게 되고, 해협으로 가는 길목의 연안과 섬들을 집요하게 식민지화하고, 또한 기원전 459년에는 이집트에 대해, 기원전 415년에는 시칠리아에 대해 피해 막심한 원정을 기도하게 된다. 아테네가 델로스 동맹을 제국 형태로 변모시키려 한 이유도 바로 이 의존성 때문이다. 기원전 405년에 스파르타인들이 헬레스폰토스에서 아테네 함대를 괴멸시켰을 때, 아테네가 당한 굶주림과 굴복은 필연적인 결과다. 그럼에도 불구하고 아테네를 부유하게 하고 제국에 바친 공물과 함께 아테네 문화 발전의 원동력이 된 것은 바로 이 교역이다. 상품을 싣고 지중해 모든 지역을 누빈 상인들은 변화된 관점과 깨어 있고 열린 마음으로 돌아온다. 그들은 새로운 사상과 방식을 가져와 전래되어 온 금기와 나태함을 분쇄하고, 상인 문명의 개인주의적이고 진보적인 정신으로 농촌 귀족의 가족적 보수주의를 대체한다. 이곳 아테네에서 동방과 서방이 만나고, 서로 어긋나고 충돌함으로써 자극을 주어 상례에서 벗어나게 된다. 옛 신화는 영혼에 대한 지배력을 잃고, 여가가 증가하며, 탐구심이 조장되고, 과학과 철학이 성장한다.

아테네는 당대의 가장 강렬하게 생동하는 도시가 된다.

4. 자유민과 노예

이 모든 일의 주역은 누구일까? 농촌에서는 시민과 가족들, 자유 고용인들이 그들이고, 아테네에서는 일부는 시민들, 또 일부는 자유민들, 더 많은 부분은 메틱스가 이 일을 수행하지만 대부분은 노예들이 수행한다. 소매상인과 장인, 상인, 은행가들은 투표권이 없는 계층에서 거의 전적으로 배출된다. 시민은 육체노동을 멸시하고, 가능한 한 그런 노동을 멀리한다. 생계를 위한 노동은 수치스러운 일이라 생각되고, 음악과 조각, 회화의 전문 교습이나 교육조차 많은 그리스인들에게는 "저속한 직업"으로 여겨진다.* 통명스러운 크세노폰은 자랑스러운 기사 계급의 일원으로서 다음과 같이 말한다.

> 소위 천박한 기계 기술은 문명화된 공동체로부터 악평을 듣는데, 여기에는 나름대로 충분한 이유가 있다. 이 기술은 관련된 모든 사람들의 육체를 피폐하게 만들며, 이는 노동자나 감독자나 마찬가지다. 이들은 앉은 자세로 밤늦게까지 일하거나 하루 종일 쭈그려 앉아 용광로와 마주해야 한다. 육체적인 피곤이 영혼의 피로를 동반하고, 이런 천박한 기계 기술이 종사하는 사람들의 시간을 빼앗아 우정과 국가의 요구에 헌신할 여가를 전혀 갖지 못한다.[32]

상업 또한 비슷하게 천시되었다. 귀족적이거나 철학적인 그리스인들에게 상업은 다른 사람의 비용으로 돈을 버는 일에 지나지 않는다. 상업은 상품을 만들

---

* 플루타르코스의 『페리클레스』와 짐메른(Zimmern)의 『그리스 공화국』 272쪽, 퍼거슨(Ferguson)의 『그리스 제국주의』 61쪽의 내용은 육체노동에 대한 아테네인들의 경멸이 과장되었다는 것을 느끼게 한다. 글로츠(Glotz)의 『고대 그리스의 노동』 160쪽을 참조하라.

어 내는 것이 목적이 아니라 상품을 값싸게 사서 비싸게 파는 일이 목적이다. 다른 사람으로 하여금 일하게 하면서 거기에 조용히 투자하고 그로부터 수익을 얻을 수 있더라도, 훌륭한 시민이라면 어떤 이도 이 일에 종사하지 않을 것이다. 그리스인들은 자유민은 경제적인 일에서 자유로워야하고, 노예나 다른 사람들로 하여금 자기의 물질적인 관심사를 대신 담당하게 하며, 가능하면 자기 재산이나 돈을 그들이 관리하도록 해야 한다고 말한다. 이런 자유를 통해 그는 정부와 전쟁, 문학, 철학을 위한 시간을 낼 수 있다. 그리스인들이 생각하기에 여가 계층이 없다면 풍취의 기준도, 예술의 장려도, 어떤 문명도 있을 수 없다. 서두르는 사람은 절대 교양 있는 사람이 아니다.

아테네 역사상 중산층과 관련된 대부분의 기능은 메틱스, 즉 시민권은 없지만 아테네에 계속 거주한 외국인 태생 자유민에 의해 수행된다. 대부분의 경우 이들은 전문 직업인이나 상인, 도급업자, 제조업자, 관리자, 교역업자, 기술자, 예술가로서, 방황하는 과정에서 투표권보다 훨씬 중요한 경제적 자유와 기회, 자극 등을 아테네에서 발견했다. 광업 이외의 가장 중요한 사업은 메틱스의 소유물이다. 자기(瓷器) 산업은 완전히 그들의 전유물이다. 중간 상인들이 생산자와 소비자 사이를 밀치고 들어가면 언제나 이들이 발견된다. 법은 이들을 귀찮게도 하지만 보호하기도 한다. 법은 시민들처럼 이들에게도 과세하고 "전례(典禮)"를 부여하며, 군역을 요구하고 덤으로 인두세도 부과한다. 또한 토지 소유나 시민 가족과의 결혼을 금하고, 종교 조직에서 배제하며, 법정에 직접 항소하지도 못하게 한다. 하지만 경제생활에 있어서는 이들을 환영하고 이들의 근면과 기술을 인정하며, 이들의 계약을 강제하고 종교적인 자유를 제공하며, 폭력적인 정변으로부터 이들의 부를 지켜 준다. 이들 가운데는 부를 천박하게 과시하는 이들도 일부 있지만, 어떤 이들은 과학과 문학, 예술 분야에서 조용히 활동하고 법이나 의술을 실천하며, 수사학 및 철학 학교를 설립한다. 기원전 4세기에는 이들 가운데서 희곡의 저자가 배출되고 그 주제를 제공하기도 하고, 기원전 3세기에는 헬레니즘 사회의 세계주의적 논조를 수립한다. 이들은 시민권을 간절히 원하지만, 아테네를 자랑스럽게 사랑하고, 적에 대한 아테네 방위 비용을 유감스러운 마음으로 지원한다. 이들을 통해 함대가 유지되고 제국이 지탱되며 아테네의 상권이 보존된다.

정치적 무력감과 경제적 기회에 있어 메틱스와 유사한 이들이 한때 노예였던 해방 노예들이다. 대개 대신할 다른 노예가 필요하므로 노예를 해방하는 일이 불편하긴 하지만, 자유의 약속은 젊은 노예에게 경제적 자극제가 된다. 또한 많은 그리스인들이 임종하면서 자신의 가장 충성스러운 노예에게 해방을 선물로 준다. 노예는 친척이나 친구들의 배상금으로 자유를 얻을 수도 있는데, 플라톤의 경우가 바로 그러했다. 이들을 병사로 참전시키기 위해 국가가 소유주에게 배상하고 자유의 몸이 되게 할 수도 있다. 노예 자신이 자유를 살 수 있을 때까지 돈을 모으기도 한다. 메틱스와 마찬가지로 해방 노예는 산업과 상업, 금융업에 종사한다. 최소한 그는 노예 노동에 대한 대가를 지불할 수 있고, 가장 크게는 해당 산업계의 거물이 될 수도 있다. 밀리아스는 데모스테네스의 갑옷 공장을 관리하고, 파시온과 포르미온은 아테네에서 가장 부유한 은행가가 된다. 해방 노예는 특히 관리자로 가치가 있는데, 평생 압제만 받아 오다가 노예 신분에서 벗어난[33] 이보다 노예를 더 혹심하게 다룰 수 있는 사람은 없기 때문이다.

이들 세 계층, 즉 시민과 메틱스와 해방 노예 아래에는 아티카의 11만 5000명의 노예들이 있다.* 이들에 전쟁 포로로서 몸값이 치러지지 않은 자들, 노예사냥의 희생자들, 유기된 아이들, 부랑자, 범죄자들이 더해진다. 그리스에서 노예들 중 그리스인은 거의 없다. 그리스인은 외국인을 태생적인 노예로 간주한다. 왕에게 서슴없이 절대 복종하는 이들이므로, 그리스인이 이런 부류의

---

* 이 수치는 곰므(Gomme)에 의한 것이다. 어쩌면 이 수치보다 더 많았을지도 모른다. 수이다스는 기원전 338년 히페레이데스의 것으로 추정되는 한 연설의 권위에 의지해 성인 남자 노예만 15만 명으로 추산한다.[34] 또한 신뢰하기 어려운 아테나이오스에 의하면 기원전 317경 데메트리오스 팔레우스에 의한 아티카의 인구 조사 결과는 시민이 2만 1000명, 메틱스와 해방 노예가 1만 명, 노예가 40만 명이었다고 한다. 기원전 300년경 티마이오스는 코린토스의 노예를 46만 명으로 계산했고, 기원전 340년경 아리스토텔레스는 아이기나의 노예를 47만 명으로 계산했다.[35] 아마도 이들 높은 수치는 코린토스와 아이기나, 아테네의 노예 시장에서 매매용으로 제공된 노예들을 포함한 때문인 것 같다.

사람을 예속하는 것이 불합리하지 않다고 생각하는 것이다. 하지만 그리스인들의 노예화에 대해서는 난색을 표하며 피하려 한다. 그리스 상인들은 상품을 다루듯 노예를 사서는 키오스와 델로스, 코린토스, 아이기나, 아테네 및 살 사람이 있는 곳이면 어디든 이들을 내어 놓는다. 가장 부유한 메틱스 중에 아테네 노예 상인들이 있다. 델로스에서는 1000명의 노예들이 하루 만에 팔리는 경우가 흔한 일이다. 에우리메돈 전투가 있은 후, 키몬은 2만 명의 포로를 노예시장에 내어 놓는다.[36] 아테네에는 노예들이 벌거벗긴 채 검사를 받고 언제든 매매될 수 있는 시장이 있다. 노예의 가격은 반 미나에서 10미나(50달러에서 1000달러)까지 다양하다. 노예는 직접 부리거나 투자의 목적으로 구입한다. 아테네 남녀들은 노예를 구입해 가정이나 작업장, 광산에 대여하는 것이 수지맞는 일이라는 것을 안다. 그 수익률은 33퍼센트에까지 이른다.[37] 가장 가난한 시민조차도 노예를 한두 명씩 보유한다. 아이스키네스는 자기 가난을 입증하려고 자기가 보유한 노예 수가 일곱 명밖에 안 된다고 불평한다.[38] 아테네 정부는 서기나 시종, 하급 관리, 치안 담당 등에 많은 수의 노예를 고용하고, 이들 가운데 상당수가 의복 및 반 드라크마의 하루치 수당을 받고 원하는 곳에 거주할 수 있도록 허용된다.

농촌에서는 노예가 거의 없고, 있다면 주로 일반 가정의 하녀다. 그리스 북부 지역과 펠로폰네소스 대부분 지역에서는 노예가 과잉 상태다. 코린토스와 메가라, 아테네에서 노예들은 대부분의 육체노동을, 여자 노예들은 가사 노동을 담당한다. 하지만 상당 부분의 사무직과 산업, 상업, 금융업의 일부 관리직도 담당한다. 대부분의 숙련노동은 자유민이나 해방 노예, 메틱스가 수행한다. 헬레니즘 시대와 로마에서처럼 학식 있는 노예는 전혀 없다. 노예는 자신의 자식을 기르는 일이 거의 허용되지 않는다. 노예를 기르기보다는 구입하는 편이 더 저렴하기 때문이다. 잘못을 저지르면 채찍질을 당한다. 증언을 하게 될 경우에는 고문을 당한다. 자유민에게 구타당할 때는 자신을 방어해서는 안 된다. 하지만 심하게 학대를 당하면 신전으로 도피할 수 있고, 그러면 주인은 그 노예를 팔아야 한다. 어떤 경우에도 노예 주인은 노예를 살해할 수 없다. 노동을 하는 한 노예는 다른 문명사회에서 노예로 불리지 않는 많은 이들보다 더 안전하다. 병들거나 나이 들었거나 할 일이 없으면, 주인은 노예를 공적 구제 대상으로 내팽개치지 않고 계속 돌본다. 충성스러운 노예는 충실한 하인이나 가족 성원처럼 취급된다. 소유주에게 소득의 일부를 지불한다는 조건으로 노예는 사업에 착수할 수도 있다. 과세에서 자유롭고 군역 의무도 없다. 기원전 5세기의 아테네에서 노예는 의복으로 자유민과 전혀 구별할 수 없다. 실제로 기원전 425년경에 『아테네인들의 정치 체제』라는 얇은 책자를 쓴 "나이 든 과두주의자"는 노예가 길에서 시민들에게 양보하지 않고 자유롭고 거침없이 말하며 시민과 동등한 것처럼 사사건건 행동한다고 불평을 늘어놓는다.[39] 아테네는 노예에게 관대한 것으로 알려져 있다. 아테네 민주정하에서의 노예가 과두정 국가의 빈곤한 자유민보다 더 잘산다는 것이 일반적인 평이다.[40] 노예 반란은 두려움의 대상이지만, 아티카에서는 아주 드물다.[41]

그럼에도 불구하고 아테네의 양심은 노예제의 존재에 대해 혼란스러워하고, 노예제를 옹호하는 철학자들은 노예제를 비난하는 이들만큼이나 거의 분명히 국가의 도덕 발전이 그 제도보다 앞섰다고 말한다. 플라톤은 그리스인에 의한 그리스인의 노예화를 비난하지만, 그 외에는 일부 사람은 정신이 열등하다는 이유로 노예제를 수용한다.[42] 아리스토텔레스는 노예를 움직이는 도구로 여기고, 모든 인간의 노동을 자동 기계가 대신할 수 있을 때까지는 어떤 형태로든 노예제가 계속될 것이라 생각한다.[43] 평범한 그리스인은 자신의 노예에게 친절하긴 하지만, 노예제 없는 문화 사회에 대해 전혀 생각하지 않는다. 노예제를 폐지하려면 아테네를 포기해야 한다고 느끼는 것이다. 어떤 이들은 더 급진적이다. 냉소적인 철학자들은 노예제를 노골적으로 힐난한다. 이들의 계승자인 스토아 학파는 노예제에 대해 보다 온건하게 반감을 표시한다. 에우리피데스는 전쟁 포로로 노예가 된 이들에 대해 동정적으로 묘사함으로써 거듭 청중을 자극한다. 소피스트 알키다마스는 아무런 방해 없이 루소(Rousseau)의 교설을 루소의 어투로 설파하며 그리스 전역을 돌아다닌다. "신은 모든 인간을 자유로운 상태로 세상에 보냈고, 자연은 어떤 인간도 노예로 만들지 않았다."[44] 하지만 노예제는 계속된다.

5. 계급 투쟁

인간에 의한 인간의 착취는 아테네와 테베에서는 스파르타와 로마에서보다 그 심각성이 덜하지만, 어쨌든 그 목적은 충족시킨다. 아테네 자유민 가운데는 어떤 특권 계급도 없고, 단호한 의지와 능력으로 모든 것을 쟁취할 수 있지만 시민권만은 그 대상에서 제외된다. 부분적으로 이로 인해 아테네인의 삶에 분란과 소동이 빚어진다. 광산을 제외하고는 고용인과 피고용인 간에 어떤 긴장된 계급 갈등도 없다. 대개 주인은 일꾼들 옆에서 같이 일하고, 개인적인 친분이 착취의 칼날을 무디게 한다. 거의 모든 장인의 급료는 계층을 불문하고 일당이 1드라크마다.[45] 하지만 비숙련 노동자는 일당이 3오볼(50센트) 정도밖에 되지 않는다.[46] 공장 체제가 발전하면서 품삯 일이 시간제 노동을 대체하는 경향이 있고, 임금은 보다 광범위하게 다양해지기 시작한다. 계약자는 노예 소유주로부터 하루 1~4오볼의 임대료로 노예를 고용할 수 있다.[47] 그리스 물가를 우리 시대 물가와 비교함으로써 이런 임금의 구매력을 추정할 수 있다. 기원전 414년 아티카의 주택 한 채 및 그 부지 값은 1200드라크마다. 1메딤노스(medimnus), 즉 1과 2분의 1부셸가량의 보리는 기원전 6세기에는 1드라크마, 기원전 5세기 말에는 2드라크마, 기원전 4세기에는 3드라크마, 알렉산드로스 시대에는 5드라크마다. 솔론 시대에 양 한 마리는 1드라크마, 기원전 5세기 말에는 10~20드라크마다.[48] 다른 지역과 마찬가지로 아테네에서도 통화량이 상품보다 더 빠르게 증가해, 결과적으로 물가가 상승한다. 기원전 4세기 말의 물가는 기원전 6세기 초보다 다섯 배나 높다. 물가는 기원전 480년부터 404년까지

두 배 오르고, 기원전 404년부터 330년까지 다시 두 배가 오른다.[49]

독신 남성은 한 달에 120드라크마(120달러)로 편안하게 생활한다.[50] 이를 통해 한 달에 30드라크마를 벌고 가족이 있는 노동자의 형편을 짐작할 수 있다. 엄청나게 힘든 때는 국가가 그를 구제해 주고 명목 가격으로 곡식을 나누어 주는 것이 사실이다. 하지만 그는 자유의 여신이 평등의 여신과 친한 사이가 아니며, 아테네의 자유로운 법 아래에서 강자는 더 강해지며 부자는 더 부유해지는 반면 가난한 자는 여전히 가난할 수밖에 없다는 것을 깨닫는다.[51]* 개인주의는 능력 있는 자들을 고무시키는 반면, 평범한 이들의 형편은 더욱 어렵게 만든다. 개인주의는 부를 엄청나게 창출하기도 하지만, 동시에 위험 수위에 이를 정도로 집중시키기도 한다. 다른 국가들에서처럼 아테네에서도 영악한 이들이 가능한 모든 것을 차지하고, 그 나머지만 평범한 이들의 몫이 된다. 토지 소유자는 토지 가격 상승으로 이익을 보고, 상인들은 수많은 규제 법에도 불구하고 매점(買占)과 독점을 확보하려 갖은 애를 다 쓰며, 투기꾼은 높은 이자율로 돈을 빌려 주어 산업과 상업의 수익에서 가장 큰 몫을 차지한다. 선동 정치가들이 등장해 가난한 자들에게 소유의 불평등을 얘기하지만, 정작 경제적 능력에 있어서의 불평등은 감춘다. 가난한 이들은 부와 대면하면서 자신의 빈곤을 의식하게 되고, 자신의 보상받지 못하는 가치에 대해 생각하며 완전한 국가를 꿈꾼다. 그리스 전 국가에 있어 그리스와 페르시아 간의 전쟁, 아테네와 스파르타 간의 전쟁보다 더 혹심한 전쟁이 계층 간의 전쟁이다.

아티카에서 이 전쟁은 신흥 부유층과 지주 귀족들 간의 갈등에서 시작된다. 오랜 명문가는 여전히 토지를 사랑하고 영지를 더 확장하려 애쓴다. 수많은 세대를 거치며 세습 재산이 분배되면서 평균 재산이 줄어들었고,[53] 대부분의 경우 지주는 자기 토지를 직접 경작하고 재산도 직접 관리한다. 하지만 부유하진 않지만 귀족에게는 강한 자부심이 있다. 그는 자기 이름에 귀족의 표시로 아버

---

* 고대 그리스 시대의 갑부는 물론 오늘날 기준으로 보면 그다지 대단하지 않았다. 아테네 최대 부자 칼리아스의 재산은 200달란트(120만 달러)였다고 전해진다. 니키아스의 재산은 100달란트였다.[52]

지의 이름을 덧붙이고, 아테네의 교역 증가로 부자가 된 상인 부르주아지와 가능한 한 거리를 유지한다. 그러나 그의 아내는 안락한 도시 주택과 윤택한 생활, 대도시의 여러 가지 기회를 구하고, 딸들은 아테네에 살며 부유한 남편을 만날 수 있기를 바란다. 아들들도 도시에서 창부들과 어울리고 졸부 스타일의 즐거운 파티를 열고 싶어 한다. 호사스러움에 있어 상인 및 제조업자들과 비교될 수 없으므로, 귀족들은 이들이나 이들의 자녀를 사위나 며느리로 받아들인다. 한편 상인과 제조업자들은 신분 상승을 간절히 원하므로 기꺼이 대가를 지불한다. 결론은 이렇다. 지주 귀족과 자본가가 연합하여 과두주의적 상류 계층을 형성하고, 가난한 자들의 질시와 미움을 받게 되며, 민주주의의 무절제와 방종을 분개하고, 혁명을 두려워한다.

계급 투쟁의 두 번째 국면으로 부자에 대한 빈곤 시민층의 투쟁을 야기한 것은 신흥 부유층의 오만함이다. 상당수의 부르주아지가 알키비아데스처럼 자신들의 부를 과시한 반면, 우아한 인격이나 언변, 극적인 대담성으로 "기계적인 다수"를 매료시킬 수 있는 자는 거의 없다. 능력이 있어도 가난 때문에 좌절한 젊은이들은 개인적인 기회 및 신분 상승의 욕구를 반란이라는 보편 복음에 투영시킨다. 그리고 신사상과 피압박자들의 박수갈채를 갈망하는 지식인들은 그들을 위해 반란의 목표를 명확히 설정한다.[54] 그들이 요구한 것은 산업 및 상업의 사회주의화가 아니라 부채 탕감과 시민들 간의 토지 재분배다. 기원전 5세기 아테네에서의 급진적 운동은 가난한 유권자들에 한정되고, 아직 이 단계에서는 노예 해방이나 메틱스의 토지 분배 참여는 꿈도 꾸지 못한다. 지도자들은 모든 사람이 평등하게 소유했던 과거의 황금기에 대해 얘기하지만, 그런 낙원을 회복하자고 말할 때 너무 말 그대로 받아들여지기를 바라지 않는다. 그들이 염두에 둔 것은 귀족적 공산주의로, 토지 국유화가 아니라 시민들에 의한 평등 분배다. 경제적 불평등이 심화되는 상황에서 평등한 참정권이 얼마나 비현실적인가를 지적하면서도, 그들은 민회가 벌금 제도와 몰수, 공공사업을 통해[55] 부자들에게 집중된 부의 일부를 가난한 사람들의 주머니에 쑤셔 넣어 주도록 해 가난한 시민들의 정치 권한을 이용하기로 결심한다.[56] 또한 미래의 반란을 이끌기 위해 이들은 반란의 상징 색으로 붉은색을 택한다.[57]

이런 위협에 직면한 부유층은 비밀 조직으로 결속하는 한편, 플라톤이 자신의 공산주의에도 불구하고 흥분하고 굶주린 폭도들로서 "괴물 같은 짐승"이라고 부르게 될 이들에 맞서 공동보조를 취하기로 맹세한다.[58] 자유 노동자들 또한 채석공과 대리석 절단공, 목공, 상아 세공사, 도공, 어부, 배우 등으로 구성된 단체(eranoi, thiasoi)를 조직한다. 이들 단체는 적어도 솔론 시대 이후 조직되었다. 소크라테스는 조각가 단체의 일원이다.[59]* 하지만 이 단체들은 직종별 노조라기보다는 상호 이익을 추구하는 모임에 가깝다. 그들은 시노드(synod) 또는 시나고그(synagogue)라고 불리는 회합 장소에 모여 연회와 경기를 벌이며 수호신에 경배한다. 병든 회원을 지원하고 특정 사업에 대해 단체로 계약을 맺기도 한다. 하지만 아테네 계급 투쟁에 드러나게 등장하지는 않는다. 전투는 문학과 정치 분야에서 벌어진다. "나이 든 과두주의자" 같은 소책자의 저자들은 민주주의에 대해 공공연히 비난하거나 변호한다. 희극 시인들은 상연을 위해 재정 지원을 받아야 하므로 재력가를 편들고, 급진파 지도자들과 그 유토피아에 조롱을 퍼붓는다. 「민회의 여인들」(기원전 392년)에서 아리스토파네스는 여성 공산주의자 프락사고라를 소개하는데, 그녀는 다음과 같은 열변을 토했다.

나는 모든 사람이 모든 것에 대해 한몫을 차지하고, 모든 재산이 공유되기를 원한다. 더 이상 부자나 빈자가 존재하지 않을 것이며, 어떤 이가 광대한 토지에서 엄청난 산물을 수확하는 반면, 어떤 이는 묻힐 땅 한 조각도 없는 경우는 더 이상 볼 수 없을 것이다. …… 모두가 하나의 동일한 삶을 살게 하자는 것이 내 생각이다. …… 나는 토지와 돈, 모든 개인 재산을 모든 사람의 것으로 삼음으로써 시작하겠다. …… 여성들은 모든 남성들에 공유될 것이다.[61]

---

* 그리스의 조각가들과 건축가들은 건축업자 단체를 만들고 자기들만의 종교적 비의(秘儀)를 행했으며, 후세 유럽 프리메이슨(Freemason)의 선구가 되었다.[60]

블레피로스는 "그렇다면 일은 누가 하는가?"라고 질문한다. "노예들"이라고 그녀는 답한다. 또 다른 희극 「플루토스」에서 아리스토파네스는 사멸의 위기에 처한 "가난"이 자신을 인간의 수고와 사업에 필수적인 자극물이라고 변호하게 한다.

> 나는 당신들이 누리는 모든 축복의 유일한 근거이며, 당신들의 안전은 오직 내게 달려 있다. …… 게으름 피우며 이 모든 일을 내팽개친다면, 누가 철을 단련하고, 누가 배를 건조하며, 바느질은 누가 하고, 선반은 누가 작동하고, 누가 가죽을 재단하고, 벽돌을 구우며, 아마포를 표백하고, 가죽을 무두질하며, 쟁기로 땅을 갈고, 또 데메테르의 선물은 누가 거두어들이겠는가? …… 당신들의 체제(공산주의)가 적용되면 …… 더 이상 침대가 만들어지지 않을 것이므로 당신들은 침대에서 잠잘 수 없을 것이다. 카펫 위에서도 잘 수 없을 것이다. 황금을 가진 자가 뭣하러 카펫을 짜겠는가?[62]

민주적인 반란의 첫 성과는 에피알테스와 페리클레스의 개혁이다. 페리클레스는 분별 있고 신중한 인물로서, 부자들을 파멸시키지 않고 대신 가난한 자들의 상태를 편하게 해 줌으로써 부자들과 그 사업을 보호하려 한다. 하지만 그가 사망한 후(기원전 429년), 민주정은 너무 급진적으로 바뀌고, 과두파는 다시 스파르타와 공모해 기원전 411년과 404년에 부자들의 정변을 일으킨다. 그럼에도 아테네의 넘치는 부가 많은 사람들에게 혜택으로 돌아가고 시민들이 노예들의 봉기를 두려워해 머뭇거림으로써, 아테네의 계급 투쟁은 중산층이 부자와 빈자 사이를 중재할 만큼 강하지 못한 다른 그리스 국가들보다 더 온건했고, 더 빨리 실질적인 타협에 도달한다. 기원전 412년에 사모스에서는 급진파가 정권을 장악한 후, 200명의 귀족을 처형하고 400명 이상을 추방하며 그들의 토지와 집을 자기들끼리 나눠 갖고,[63] 자신들이 전복시킨 유의 사회를 또다시 만든다. 기원전 422년에 레온티니에서는 평민들이 과두파를 축출하지만 곧바로 쫓겨난다. 기원전 427년에 코르키라에서는 과두파가 민주파 지도자 60명을 암살한다. 그러나 민주파가 정권을 장악하고 400명의 귀족을 구금한 후 일종의 대중 치안위원회 앞에서 그들 가운데 50명을 재판하고 50명 모두를 즉결 처형한다. 이를 목격한 생존자들 상당수가 서로를 살해하고 어떤 이들은 자살했으며, 나머지는 신전에 갇혀 그곳이 자신들의 피난처가 되어 주길 원했지만 굶어 죽고 만다. 투키디데스는 그리스의 계급 투쟁을 시대를 초월한 진리로 다음과 같이 묘사한다.

    7일간 코르키라인들은 동료 시민을 자신의 적으로 간주하며 학살했다. 붙인 죄목은 민주주의를 억압하려 했다는 것이지만, 어떤 이들은 개인적인 원한으로, 어떤 이들은 돈 때문에 채무자들에 의해 살해되었다. 죽음은 이렇게 온갖 형태로 날뛰었고, 그런 시대가 늘 그렇듯 폭력이 미치지 않은 곳이 없었다. 아들은 자기 아버지에 의해 살해되었고, 애원하는 자들은 제단에서 끌어내려져 살해되거나 제단 위에서 살해되었다. …… 정변은 이렇게 도시에서 도시로 퍼져 나갔고, 맨 마지막에 이른 곳에서는 이전에 어떤 일이 자행되었는지 소문을 듣고 훨씬 심하게 진행되었다. 방법은 세련되었고 …… 보복은 잔인했다. …… 코르키라는 정당한 대우를 한 번도 받아 보지 못했고 지배자들로부터 폭력 이외는 사실상 어떤 것도 받지 못한 피지배자가 자기들 세상이 왔을 때 자행한 복수, 자기에게 익숙한 가난을 떨쳐 버리고 이웃의 물건을 간절히 탐내는 이들이 품는 사악한 결심, 계급 투쟁이 아니라 파벌 싸움으로 시작해 그 열기에 휩싸인 자들이 행하는 야만적이고 무자비한 폭력 등 이런 범죄 행위의 최초 실례였다. …… 도시의 혼란스러운 삶 속에서 언제나 법에 저항하고 이제 그 주인이 된 인간성은 열정을 통제하지 않고 정의의 한계를 넘어 모든 우월성을 대적하며 기쁘게 자신을 드러냈다. …… 무모한 대담성이 이제 충성스러운 맹우(盟友)의 용기로 간주되고, 신중한 망설임은 겉만 번지르르한 비겁함으로 여겨졌다. 중용은 비겁한 구실처럼 생각되고, 문제의 모든 측면을 고려하는 능력은 어떤 것에 대해서도 행동할 수 없는 무능함으로 여겨졌다.

이 모든 악의 원인은 탐욕과 야망으로 말미암은 권력욕이었다. …… 도시 지도자들은 각각 한편으로는 평민들의 정치적 평등 요구에 대해 다른 한편으로는 온건한 귀족들의 주장에 대해 아주 그럴듯하게 말하며, 자신들이 중요시하는 체하는 공적 이해관계 속에서 자신들의 사욕을 채우려 했다. 또한 지배권 다툼에서 전혀 물러서지 않고 잔인한 행위를 서슴지 않았다. …… 종교는 어느 편도 들지 않았고, 그럴듯한 말솜씨가 결국은 범죄로 끝맺게 된 사실은 너무나 유명했다. …… 명예를 그렇게 중시한 고대 시대의 소박한 전통은 무시되고 사라졌다. 이제 사회는 동료도 믿지 않는 진영들로 사분오열되었다. …… 한편 온건한 시민들은 분쟁에 가담하지 않거나 도망침으로써 양자의 틈바구니에서 사라져 버렸다. …… 전 그리스 세계가 요동쳤다.[64]

모든 아테네인이 마음속으로 개인주의자이고 사유 재산에 대해 애착을 가지며, 아테네 정부 또한 사업과 부를 적절히 규제하는 가운데 사회주의와 개인주의 사이에서 실질적인 방편을 찾음으로써, 아테네는 이런 혼란에서 살아남는다. 아테네는 규제하기를 두려워하지 않는다. 지참금 규모와 장례 비용, 여성들의 의복에 제약을 가한다.[65] 교역에 대해 과세하고 감독하며, 악랄하고 교활한 인간성이 허용하는 한도 내에서 도량형과 품질을 준수한다.[66] 식량 수출을 제한하고, 상인들의 관행을 통제하고 바로잡기 위해 엄격한 법을 제정한다. 곡물 교역을 주의 깊게 감시했고, 한 번에 75부셸 이상의 밀 구입을 금지함으로써 매점 행위를 법으로 엄격히 통제한다. 심지어 사형에 처하기도 한다. 출항한 배가 피라이오스로 돌아올 때 곡물을 싣고 오지 않으면, 수출 화물에 대해 자금을 빌려 주지 않는다. 자국 선박에 실린 모든 곡물은 피라이오스 항구로 들어와야 한다. 피라이오스 항구에 도착하는 모든 곡물은 그 3분의 1 이상 수출을 금한다.[67] 또한 아테네는 국유 창고에 잉여 곡물을 보관하고 가격이 급상승할 때 시장에 출하함으로써, 빵 가격이 터무니없이 인상되고 이런 사태를 편승한 졸부가 생기거나 아테네인들이 굶는 일이 생기지 않도록 조치한다.[68] 국가는 과세와 전례를 통해 부를 규제하고, 부자들을 설득하거나 강제해 함대와 희곡, 제신 기금에 재정을 지원하도록 하고, 이로써 가난한 자들이 놀이와 경기에 참여할 수 있게 한다. 그 밖에도 아테네는 인간의 자유를 위해 필요한 수단이며 산업과 상업, 번영을 위한 가장 강력한 자극제로 여겨 교역의 자유와 사유 재산, 수익의 기회를 보호한다.

경제적 개인주의와 사회주의적 규제가 조화를 이룬 이 체제하에서, 아테네의 부는 축적되고 급진적인 정변을 방지할 수 있을 만큼 충분히 확대된다. 고대 아테네가 끝날 때까지 사유 재산은 안전하게 유지된다. 수입이 넉넉한 시민 수는 기원전 480년과 431년 사이에 두 배로 늘어난다.[69] 공공 세입이 증가하고 공공 경비가 늘지만, 국고는 그리스 역사상 전례 없이 풍족하다. 아테네의 자유와 진취성, 예술과 사상의 경제적 기반이 확고하게 굳어져, 그리스 전역을 황폐화시킬 전쟁을 제외하고는 황금 시대의 온갖 무절제함을 무리 없이 감수하게 된다.

THE LIFE OF GREECE

13장 아테네인의 도덕과 풍습

1. 유년기

모든 아테네 시민은 자식을 가져야 하고, 종교와 소유권과 국가의 모든 강제력이 연합하여 자식을 낳지 않는 것을 인정하지 않는다. 자식이 없으면 입양이 관례이고, 귀여운 고아를 입양하기 위해 많은 비용을 지불한다. 동시에 법과 여론은 과도한 인구와 토지 분할로 인한 빈곤화에 대한 합법적 보호 수단으로 유아 살해를 받아들인다. 어떤 아버지든 친자 여부가 의심스럽거나 허약하거나 기형일 경우 갓 태어난 자식을 유기해 죽일 수 있다. 노예의 자식은 거의 살아남기 어렵다. 여자아이들 또한 남자아이들보다 유기될 가능성이 큰데, 그 이유는 모든 딸은 지참금이 필요하며, 결혼하면 자기를 길러 준 부모 집을 떠나 다른 사람에게 가기 때문이었다. 유기는 유아를 신전 구내에 있는 큰 토기 그릇이나 입양을 원하는 사람이 곧바로 데려갈 수 있는 장소에 둠으로써 이루어진다. 부모의 유기 권한으로 허용된 잔인한 우생학과 고초와 경쟁을 통한 가혹한 자연

453

도태가 결합되어, 그리스인은 강하고 건강한 민족이 된다. 철학자들도 거의 만장일치로 가족계획을 인정한다. 플라톤은 모든 연약한 아이들과 천민 또는 나이 든 부모의 자식을 유기할 것을 주장한다.¹ 아리스토텔레스도 낙태를 유아 살해보다 더 좋게 보고 변호한다.² 히포크라테스의 의료 윤리 규범은 의사가 낙태 시술을 하는 것을 허용하지 않지만, 그리스 산파들은 이 분야에 경험이 많고, 어떤 법도 이를 저지하지 않는다.³*

생후 열흘 또는 그 이전에 아이는 화로 주변에서 거행되는 종교 의식에 의해 가족으로 공식 인정되고 선물과 이름이 주어진다. 대개 그리스인은 소크라테스나 아르키메데스처럼 이름이 하나뿐이다. 하지만 장자를 부계 혈통의 조부 이름을 따 부르는 관습이 있어서, 같은 이름이 반복되는 경우가 흔한데, 이 때문에 그리스 역사에서 크세노폰, 아이스키네스, 투키디데스, 디오게네스, 제논 등의 이름이 다수 등장한다. 모호함을 피하기 위해 키몬 밀티아두(Kimon Miltiadou), 즉 밀티아데스의 아들 키몬이나 디오도로스 시쿨로스(Diodorus Siculus), 즉 시칠리아의 디오도로스처럼 이름에 아버지의 이름 또는 출신지를 추가하거나, 칼리메돈(Callimedon), 즉 게(Crab)처럼 유쾌한 별명을 붙여 문제를 해결하기도 한다.⁵

일단 가족으로 받아들여지면 아이는 법적으로 절대 유기될 수 없으며, 어느 시대 부모가 그러하듯 아낌없는 애정을 받으며 양육된다. 테미스토클레스는 그의 아들을 아테네의 진정한 통치자로 묘사한다. 도시에서 가장 영향력 있는 인물인 테미스토클레스는 자기 아내의 지배를 받고, 그녀는 아이의 지배를 받기 때문이다.⁶ 『그리스 명시선』에 나오는 많은 풍자시에는 다정한 어버이의 사랑이 담겨 있다.

내가 사랑하는 테오노이의 죽음에 나는 울었다. 하지만 우리 아이에게 집중된 희망이 내 슬픔을 덜어 주었다. 이제 시기심 많은 운명의 여신이 내게서 내 아들마저

---

* 그리스인들 사이에 피임 기구가 있었다는 증거는 전혀 없다.⁴

빼앗아 갔다. 아! 내 아들아, 내게 남겨진 모든 것이었던 너를 나는 뺏겼다. 페르세포네여, 아버지의 슬픔에 찬 이 울부짖음을 들으라. 그리고 그 아이를 그의 죽은 어미의 가슴 위에 뉘어라.[7]

사춘기의 울적함을 여러 가지 놀이로 달래는데, 그 가운데 일부는 그리스인들의 전통이 되어 전해 온다. 어린아이 무덤에 매장할 목적으로 만들어진 하얀 향수병 위에 어린 소년이 장난감 수레를 가지고 하데스로 내려가는 장면이 그려져 있다.[8] 아기들은 자갈이 담긴 테라 코타 딸랑이를 가지고 논다. 여자아이들은 인형을 가지고 집에서 즐겨 놀고, 남자아이들은 진흙으로 만든 병정과 장군 인형으로 전쟁놀이를 한다. 보모들은 그네에 아이를 태우거나 시소에 태운다. 남자아이들과 여자아이들은 후프를 돌리고, 연을 날리며, 팽이를 돌리고, 술래잡기나 까막잡기 또는 줄다리기를 하며, 자갈돌과 견과류, 동전, 공으로 수많은 시합을 즐긴다. 황금 시대의 구슬치기 놀이는 손가락으로 마른 콩을 튀기거나 매끄러운 돌을 튀겨 원 안의 상대편 돌을 밀쳐 내고 가능한 한 원 중앙 가까이 가게 하는 놀이다. 아이들은 "사고력이 형성되는 시기"인 7~8세가 되면 주사위 놀이를 즐기기 시작하는데, 이 놀이는 짐승의 사각형 발가락뼈를 던져 제일 큰 숫자인 6이 나오면 이기는 것이다.[9] 어린아이들의 게임은 조상들의 죄만큼이나 역사가 깊다.

2. 교육

아테네에는 공립 체육관과 체육 학교가 있고, 교사들은 그리 엄하지 않은 감독을 받는다. 하지만 도시에는 어떤 공립 학교나 국립 대학도 없고, 교육은 사적으로 이루어진다. 플라톤은 국립 학교를 주장하지만,[10] 아테네는 교육에 있어서도 경쟁이 최상의 결과를 낳는다고 생각하는 것 같다. 직업 교사들이 학교를 설립하고, 자유민 소년들이 6세가 되면 이곳에 보내진다. 파이다고고스(paidagogos)라는 단어는 교사가 아니라 소년을 매일 학교로 데려가고 데려오는 노예를 가리키는 말이다. 기숙 학교가 있었다는 얘기는 들어 보지 못했다. 학교 교육은 14세나 16세까지 계속되고 부유층 자제는 더 오래 계속되기도 한다.[11] 학교에는 책상이 없고 벤치만 있다. 학생들은 무릎 위에 두루마리를 놓고 읽거나 필기도구를 놓고 글을 쓴다. 일부 학교는 훨씬 나중에 유행하게 될 그리스 영웅과 신들의 조각상으로 건물을 장식한다. 몇몇 학교는 훌륭한 설비를 갖추고 있다. 교사는 모든 과목을 가르치고, 가죽끈으로 체벌하며 지성과 인격을 다듬는다.[12]*

교과 과정은 쓰기와 음악, 체육의 세 개 과목으로 나뉜다. 아리스토텔레스 시대의 열광적인 근대주의자들은 스케치와 색칠하기를 추가한다.[14] 쓰기에는 읽기와 산수가 포함되고, 글자가 숫자를 대신한다. 모든 이들이 리라 연주법을 배우고, 상당수 교육 자료가 시나 음악 형태로 준비된다.[15] 사어(死語)는 말할 것도 없고 외국어는 따로 시간을 내 배우지 않는다. 그러나 모국어의 정확한 사용법을 배우는 데는 상당히 주의를 기울인다. 체육은 주로 체육관이나 체육 학교에서 가르치고, 레슬링과 수영, 활쏘기와 투석을 배우지 않고는 제대로 교육받았다고 여겨지지 않는다.

여자아이들의 교육은 가정에서 이루어지고, 대부분 "가사 과목"에 한정된다. 스파르타 이외 지역에서 여자아이들은 공립 체육관에 들어갈 수 없다. 이들은 어머니나 보모에 의해 읽고 쓰고 계산하는 법, 실을 잣고 직조하고 수놓는 법, 춤추고 노래하고 몇몇 악기를 연주하는 법 등을 배운다. 그리스 여성들 가운데 일부 소수만 제대로 교육받지만, 이들은 대부분 창부들이다. 훌륭한 여성을 위한 별도의 교육은 없고, 다만 아스파시아가 일부 여성에게 수사학과 철학을 가르친다. 남자를 위한 고등 교육은 전문 수사학자와 소피스트들의 몫으로, 이들은 웅변술과 과학, 철학, 역사를 가르쳤다. 이들 독립 교사들은 체육관이나 체육 학교 주변에 큰 교실을 마련하고, 플라톤 이전 시대 아테네의 대학 역할을 한다. 비싼 수업료 때문에 부유층 자제들만 그들 밑에서 공부할 수 있

---

* 그리스 회화를 복제한 듯한 폼페이의 그림들 가운데, 한 학생이 다른 학생의 어깨 위에 올라타고 세 번째 학생이 발뒤꿈치를 잡고 있는 상태에서 교사가 그를 매질하는 장면이 나온다.[13]

다. 하지만 야심 있는 젊은이들은 낮 시간에 이 방랑 교수들의 수업을 듣기 위해 야간에 제분소나 들판에서 일한다.

남자아이들은 16세가 되면 신체 운동에 특별한 관심을 기울이게 된다. 이는 어느 정도 전쟁 수행을 대비하기 위해서다. 그들이 즐기는 운동 경기도 간접 군사 훈련 역할을 한다. 그들은 달리고, 뛰어넘으며, 레슬링을 하고, 사냥하며, 수레를 몰고, 투창을 던진다. 18세가 되면 이들은 아테네인의 삶의 네 단계(아이, 청년, 성인, 노인) 가운데 두 번째 단계에 들어서고, 아테네 청년 병사인 에페보스(ephebos)의 명단에 오른다.* 부족 지도자들에 의해 선출된 감독관 아래에서 이들은 시민과 전쟁에 대한 의무로 2년간 훈련받는다. 이들은 함께 생활하고 식사하며, 강한 인상을 주는 제복을 입고, 밤낮으로 도덕적인 감독에 복종한다. 이들은 도시의 운영 방식을 따라 민주적으로 자체 조직을 구성하고, 회의를 소집하며, 결의안을 통과시키고, 자치를 위한 법을 세운다. 그들 가운데는 아르콘과 사령관, 재판관이 있다.[16] 첫해에 그들은 격렬한 훈련을 받고, 문학과 음악, 기하학, 수사학 강의를 듣는다.[17] 19세가 되면 이들에게 국경 수비 명령이 내려지고, 2년 동안 외부 공격과 내부 혼란에 맞서 도시를 보호하는 임무가 맡겨진다. 이들은 500인 평의회 앞에서 아그라울로스 신전 제단 위로 엄숙하게 두 손을 뻗고 아테네 청년 선서를 한다.

나는 신성한 무기의 명예를 더럽히지 않고, 그가 누구든 곁에 있는 동료를 버려두지 않겠습니다. 나는 단독으로든 단체 행동으로든 국가 의식과 신성한 의무에 조력하겠습니다. 나는 내 모국을 약화시키지 않고 내가 받은 것보다 더 크고 훌륭한 국가로 물려주겠습니다. 나는 모든 재판관에게 복종하겠습니다. 나는 기존 법령과 국민이 제정하는 기타 모든 규정을 준수하겠습니다. 누군가가 법령을 훼손하려 하면, 나는 이를 용납하지 않고 단독으로든 모두 함께 힘을 합해서든 그를 물리치겠습

---

* 그러나 이 제도는 기원전 336년 이후부터는 추적되지 않는다.

13장 아테네인의 도덕과 풍습

니다. 나는 선조의 신앙을 존중하겠습니다.[18]

에페보스는 극장 특별석을 배정받고, 도시 종교 행렬에서도 중요한 역할을 맡는다. 아마 파르테논 소벽(小壁)의 멋지게 말을 달리는 이들은 바로 이 젊은이들일 것이다. 정기적으로 이들은 공식 경연 대회에서 실력을 과시하는데, 그 대표적인 경우가 피라이오스에서 아테네까지 달리는 횃불 계주다. 도시 전체가 이 아름다운 행사를 위해 나서고, 약 7킬로미터의 도로를 사람들이 줄지어 늘어선다. 경주는 밤에 실시되며 길에는 조명이 없다. 주자의 길을 밝혀 주는 것은 자신들이 운반하고 전달하는 횃불의 흔들리는 불빛뿐이다. 21세가 되면 에페보스의 훈련은 끝이 난다. 이들은 부모의 권위에서 해방되며 도시의 완전한 시민으로 공식 인정된다.

아테네 시민이 되게 하는 교육은 이러하다. 또한 이는 가정과 거리에서 배우는 교훈으로 보완된다. 아테네의 교육은 신체적 · 정신적 · 도덕적 · 심미적 훈련이 완벽하게 어우러지고 통제된 청년기와 자유로운 성년기가 절묘하게 조화를 이루고 있다. 또한 그 전성기에는 역사상 어느 시대 못지않게 훌륭한 젊은이를 배출한다. 페리클레스 시대 이후에는 이론이 앞서고 실천은 약화된다. 철학자들은 교사가 중점을 두어야 할 목표는 지적 발전인가 아니면 도덕적 성숙인가, 또는 실용적 능력인가 아니면 이론과학의 함양인가 같은 교육의 목표와 방식에 대해 논쟁한다. 하지만 교육이 가장 중요하다는 데는 누구나 의견이 일치한다. 아리스티포스는 교육받은 사람이 교육받지 못한 사람에 비해 나은 점이 무엇인가라는 질문을 받고 "길들여진 말과 그렇지 않은 말의 차이다."라고 답하고, 아리스토텔레스는 같은 질문에 "산 사람과 죽은 사람의 차이다."라고 답한다. 아리스티포스는 "학생이 교육을 통해 아무 유익을 얻지 못하면, 연극에 출연할 때 다른 이들보다 뛰어나지 못하게 될 것이다."라고 덧붙인다.[19]

3. 외모

기원전 5세기의 아테네 시민은 중간 키에 활기차고 턱수염을 길렀지만, 모두가 페이디아스의 기수처럼 잘생긴 것은 아니다. 화병에 그려진 여인들은 우아하고 기념 석주에 묘사된 여인들은 기품 있고 사랑스러우며 조각가들이 창조한 여인들은 참으로 아름답지만, 아테네의 실제 여인들은 거의 동방적인 격리 상태로 인해 정신적 성숙이 제한되어 기껏해야 근동의 여인들만큼 예쁠 뿐이며 그 이상은 아니다. 그리스인들은 다른 어느 국가들보다 아름다움을 흠모하지만, 이를 언제나 구현하지는 못한다. 그리스 여인들은 다른 지역 여인들처럼 자신들의 외모가 완벽함에 있어서 약간 부족하다는 점을 인정한다. 그들은 코르크 밑창을 대 키를 높이고, 솜으로 메워 결점을 보완하고, 레이스로 비만을 감추고, 천 브래지어로 가슴을 지지한다.[20]*

그리스인들의 머리칼은 대개 어두운 빛깔을 띤다. 금발은 아주 드물어 많은 이들의 부러움의 대상이 된다. 많은 여성들과 일부 남성은 금발을 만들거나 흰머리를 감추기 위해 염색을 한다.[22] 남녀 모두 모발 성장을 돕고 태양 광선을 피하기 위해 기름을 사용한다. 여성들과 일부 남성은 이 기름에다 향수를 첨가하기도 한다.[23] 기원전 6세기에는 남녀 모두 머리를 기르고 머리 주위나 뒤쪽으로 땋아 묶는다. 기원전 5세기에 여인들은 목덜미 위 머리칼을 매듭으로 묶거나, 어깨 위나 목 주위 그리고 가슴 위로 떨어뜨려 다양한 머리 모양을 연출한다. 숙녀들은 예쁜 리본으로 머리칼을 즐겨 묶고, 이마 위쪽을 보석으로 장식하기도 한다.[24] 마라톤 전쟁 이후에 남자들은 머리칼을 자르기 시작한다. 알렉산드로스 시대 이후에는 낫 모양의 쇠 면도날로 코밑수염과 턱수염을 깎는다. 어떤 그리스인도 턱수염 없이 코밑수염을 기르지는 않는다. 턱수염은 말끔하게 다듬고 대개 끝을 뾰족하게 한다. 이발사는 머리칼을 자르고 턱수염을 면도

---

* 플루타르코스는 밀레토스 여인들 사이에 유행병처럼 번졌던 자살이 자살한 여인의 나체 시신을 시장을 지나 매장지까지 운반하도록 명령을 내림으로써 어떻게 갑작스럽게 완전히 사라졌는지에 대해 재미있는 이야기를 전한다.[21]

하거나 다듬을 뿐 아니라, 손님의 손톱에 매니큐어를 바르고 외모를 완벽하게 끝마무리해 준다. 이발을 마치고 나면 이발사는 가장 현대적인 스타일의 거울을 손님에게 건넨다.[25] 이발사는 자기 가게를 운영하고, 이곳은 지역의 한담이나 귀찮은 인물들에 대한 "술잔 없는 토론회"(테오프라스토스가 그렇게 부르듯)의 중심지 역할을 한다. 하지만 이발사는 종종 야외에서 일하기도 한다. 그는 직업상 말이 많은데, 그런 이발사가 마케돈의 아르켈라오스 왕에게 머리를 어떻게 자를지 물으면, 왕의 대답은 "조용하게"다.[26] 여인들 역시 면도날이나 비소 및 석회로 된 탈모제를 써서 신체 여기저기를 면도한다.

기름을 주성분으로 하고 꽃을 이용해 만든 향수는 수백 가지나 된다. 소크라테스는 남자들이 너무 향수를 많이 사용한다고 불평했다.[27] 모든 계층의 여인들이 거울과 핀, 머리핀, 안전핀, 족집게, 빗, 향수병, 루주 및 크림 통으로 구성된 무기고를 갖추고 있다. 뺨과 입술은 연단(鉛丹) 막대기나 지치 뿌리로 칠한다. 눈썹은 검은색 물감이나 가루로 된 안티몬으로 그린다. 눈꺼풀은 안티몬이나 화장 먹으로 어둡게 칠한다. 속눈썹은 검게 한 다음 계란 흰자와 암모니아 고무를 섞은 것으로 고정한다. 크림과 화장수가 주름과 주근깨, 점을 제거하는 데 사용된다. 그렇다고 아름다워질 수는 없겠지만, 아름답게 보이려는 끈질긴 욕망에 비위에 거슬리는 화장 재료를 몇 시간 동안 얼굴에 바른다. 유향수(乳香樹) 기름이 땀을 방지하기 위해 이용되고, 특수한 향기의 연고가 신체 여러 부분에 사용된다. 단정한 숙녀는 얼굴과 가슴에 야자유를, 눈썹과 머리칼에는 마저럼(marjoram)을, 목과 무릎에는 백리향(百里香) 에센스를, 팔에는 박하를, 다리와 발에는 몰약(沒藥)을 바른다.[28] 남자들은 다른 시대와 마찬가지로 효과적으로 이런 유혹 무기에 대항한다. 아테네 희극에 나오는 한 인물은 화장술을 상세하게 열거하면서 한 여인을 비난한다. "만약 당신이 여름에 외출하면 두 줄기 검정이 당신 눈에서 흘러내릴 것이고, 땀은 당신 뺨에서 목으로 빨간 고랑을 만들 거요. 당신 머리칼이 얼굴에 닿으면 흰 납으로 하얘질 거요."[29] 남자들이 그러하기 때문에 여자들도 변함이 없다.

물은 부족하고 청결을 위해 대용물이 필요하다. 부유층은 알칼리 연고와 올리브유로 만든 비누로 하루 한두 차례 목욕을 한다. 목욕 후에는 향기로운 에센스를 바른다. 안락한 집은 말끔하게 포장된 욕실이 갖추어져 있고, 여기에는 커다란 대리석 욕조가 있으며, 물은 대개 손으로 채워진다. 가끔 물은 파이프와 수로를 통해 집안으로 들어오고 욕실 벽을 통해 들어오기도 한다. 벽을 지난 물은 동물 머리 모양의 금속 노즐에서 뿜어져 나와 작은 샤워 실 바닥 위로 떨어지며, 이곳을 거친 물은 정원으로 배출된다.[30] 대부분의 사람들은 목욕을 위해 물을 저장할 수 없어 리시포스의 『아폭시오메노스』에서처럼 오일로 몸을 문지른 다음 초승달 모양의 때밀이 도구로 때를 벗겨 낸다. 그리스인들은 지나치게 깔끔하지는 않다. 그들의 위생법은 실내 화장실의 문제가 아니라 절제하는 식단과 활동적인 야외 생활의 문제다. 그들은 닫힌 집과 극장, 성소, 홀에 앉아 있는 경우가 거의 없고, 닫힌 공장이나 가게에서 일하는 경우가 드물다. 연극과 예배, 심지어 정치까지 야외에서 진행되고, 그들의 단순한 의복은 신체의 모든 부분을 공기에 노출시키고, 레슬링 한판이나 일광욕을 하고 싶으면 팔을 한 번 휘둘러 옷을 벗어던지기만 하면 된다.

그리스의 복장은 기본적으로 두 장의 사각 천으로 구성되고 몸 주위로 느슨하게 늘어지며, 각 개인의 몸에 딱 맞게 재단하는 일은 없다. 세세한 부분에서는 도시마다 차이가 나지만 기본 형태는 오랫동안 변함이 없다. 아테네의 주 의복은 무릎까지 내려오는 길고 헐거운 옷인데, 그리스어로 남성용은 키톤(chiton), 여성용은 페플로스(peplos)라 부른다. 재질은 둘 다 양모다. 날씨에 따라 망토를 두르기도 하는데, 그리스 조각상들에 멋지게 표현된 것처럼 이것들은 어깨에서 자연스럽게 주름이 잡히며 제멋대로 흘러내린다. 기원전 5세기에 의복은 보통 흰색이지만 여성들과 부유층 남성, 젊은이들은 유색을 선호하고, 자주색과 어두운 적색, 채색 줄무늬와 수놓은 단으로 장식하기도 하며, 여성들은 채색 벨트로 허리를 두른다. 모자는 머리칼로부터 수분 증발을 막아 빨리 흰머리가 생기게 한다는 이유로 별로 이용하지 않는다.[31] 여행이나 전투 때 그리고 뜨거운 햇볕 아래에서 일할 때만 모자를 쓴다. 여성들은 채색 머릿수건이나 가는 머리띠를 한다. 노동자들은 가끔 테 없는 모자를 쓰거나 아무것도 쓰지 않는다.[32] 신발은 샌들이나 굽 높은 신발, 부츠를 신는다. 보통 가죽으로 만들어지며 색상은 남자용은 검정색, 여자용은 유색이다. 디카이아르코스는 "테베 여인들은 맨발을 드러내는 레이스 달린 낮은 자주색 신발을 신는다."라고 말한다.[33] 대부분의 아이들과 노동자들은 신발을 신지 않고 양말도 신지 않는다.[34]

남녀 모두 보석으로 자신의 소득을 과시하거나 위장한다. 남자들은 적어도 반지를 하나는 낀다. 아리스토텔레스는 여러 개를 꼈다.[35] 남자들의 지팡이에는 은이나 금으로 된 손잡이가 달려 있다. 여인들은 팔찌, 목걸이, 머리 장식, 귀걸이, 브로치, 고리 줄, 보석 달린 버클을 하고, 때로는 발목이나 팔 위쪽에 보석이 장식된 띠를 하기도 한다. 대부분의 상업 문화에서처럼 아테네에서도 부가 낯설게 느껴지는 사람들 사이에서 사치가 넘쳐 난다. 스파르타는 여인들의 머리 장식물을 규제하고, 아테네는 여자들이 여행할 때 세 벌 이상의 옷을 휴대하지 못하게 한다.[36] 하지만 여인들은 이런 규제에 미소를 지으며 변호사 없이도 교묘하게 피한다. 그들은 대부분의 남자와 일부 여자들에게 있어 옷이 여인을 만든다는 사실을 잘 알고 있다. 또한 이 문제에 대한 그들의 행동은 수천 년에 걸쳐 결집된 지혜를 드러내는 것이다.

4. 도덕

기원전 5세기의 아테네인은 도덕에 있어 결코 모범생이 아니다. 지성이 발전하면서 그들 중 상당수가 윤리적 전통에서 이완되고 거의 도덕과 상관없는 인간으로 변모한다. 법 정의에 있어서는 뛰어난 명성을 유지하지만, 자기 자녀 외에는 누구에게도 거의 이타심을 보이지 않는다. 양심 또한 제 구실을 거의 하지 못해, 그들에게 있어 자기를 돌보듯 이웃을 사랑하는 일은 아주 먼 나라 이야기다. 예절은 계층마다 다양했다. 플라톤의 『대화편』에서는 매력적인 예절로 인해 삶이 품위 있지만, 아리스토파네스의 희극에서는 예절을 전혀 찾아볼 수 없으며, 대중 연설에서는 인격 모독이 웅변의 정수로 크게 중시된다. 이런 문제들에 있어서 그리스인들은 이집트나 페르시아, 바빌론의 세월로 다듬어진 "이방인들"에게서 배울 점이 많다. 인사는 진심에서 우러나지만 간단하다. 머리는 숙이지 않는데, 이는 자부심 강한 시민들에게 있어 군주정의 흔적으로 보이기 때문이다. 악수는 서약이나 엄숙한 작별을 위해 남겨 둔다. 대개 인사말은 그냥 카이레(Chaire), 즉 "기쁘다"이고, 다른 지역에서처럼 날씨에 대한 짤막한 언급이 따른다.[37]

호메로스 시대 이후로 일반 가정의 환대는 줄어들었다. 여행이 그때보다 좀 더 안전해지고, 여관에서 단기 체류자들에게 음식과 숙소를 제공하기 때문이다. 그렇지만 환대는 여전히 아테네인들의 훌륭한 덕목으로 유지된다. 이방인들은 소개가 없어도 환영받는다. 아는 친구가 쓴 편지를 지참하고 있으면 침대와 식사도 제공받고, 때로 작별 선물도 받는다. 초대받은 손님은 항상 초대받지 않은 손님을 동반할 수 있다. 이런 자유로운 동행으로 조만간 식객층, 즉 파라시토이(parasitoi)가 출현하게 되는데, 이 단어는 원래 신전 식량에서 "남겨진 음식"을 먹었던 성직자에 적용된 말이다. 부유층은 공적·사적 자선 행위에 있어 관대한 기부자다. 그 말뿐 아니라 관습도 그리스적이다. 자선 시설(카리타스(charitas), 즉 사랑)도 있으며, 이방인과 환자들, 가난한 자들, 노인들을 보살피는 많은 제도가 있다.[38] 정부는 부상당한 병사들에게 연금을 제공하고, 국가 경비로 전쟁고아를 양육한다. 기원전 4세기에 아테네는 불구가 된 노동자들에게 일정액을 지불하게 된다.[39] 국가는 민회와 법정, 연극 참석자들에게 통상적인 수당을 지급할 뿐 아니라 가뭄이나 전쟁, 기타 위기 상황에 처한 이들에게 하루 2오볼(34센트)을 지급한다. 이로 인한 잡음도 있다. 리시아스는 한 연설에서 공적 구제 대상인 한 남자가 부자들과 사귀면서 손재간으로 돈을 벌고 오락으로 승마를 즐긴 사실을 언급한다.[40]

그리스인들은 정직이 최상의 정책이라는 사실을 인정할지 모르지만, 다른 모든 것도 최초로 시도한다. 소포클레스의 『필록테테스』의 합창단은 부상당해 버려진 병사에게 그렇게 친절한 동정을 표하지만, 그다음 그가 잠든 틈을 이용해 그를 배신하도록 네오프톨레모스를 회유하고 그의 무기를 훔친 후 그를 운명의 여신에게 맡긴다. 모든 사람들이 아테네 소매상인들이 상품의 질을 떨어뜨리고, 정부 조사관 앞에서조차 중량과 거스름돈을 속이고, 무게를 달 때 저울의 지렛대를 조작하는 등 기회만 있으면 사기를 친다고 불평한다.[40a] 예를 들어, 소시지가 개고기로 바뀌는 사기 행위도 있었다.[41] 어떤 희극 작가는 생선 장수를 "자객"이라 부르고, 더 점잖은 한 시인은 "강도"라고 부른다.[42] 정치인들 역시 별로 나을 것이 없다. 아테네 공직 생활에서 부정행위로 고소되지 않는 사람은 거의 없다.[43] 아리스티데스 같은 정직한 인물은 흥미로운 얘깃거리이자 거의 괴물로 취급된다. 디오게네스가 대낮에 켠 등불도 정직한 사람을 달리 발견하지 못한다. 투키디데스는 남자들이 정직하다기보다는 영리하다고 불리기를 바라고 단순한 정직성을 미련하게 여긴다고 말한다.[44] 자기 조국을 배반할 그리스인을 찾기란 어려운 일이 아니다. 파우사니아스는 "어느 시대에도 그리스에는 이런 반역 행위를 저지르기 원하는 사람들이 부족하지 않았다."라고 말한다.[45] 뇌물은 정치적인 출세와 법적 무과실, 그리고 외교적인 성과를 내는 지름길이다. 페리클레스는 비밀 용도, 아마도 국제적인 협상을 원활하게 하기 위해 거액의 돈을 자신이 보유할 수 있도록 결의한다. 도덕성은 아주 부족적인 성격을 띤다. 크세노폰은 교육에 관한 글에서 조국의 적을 다룰 때는 거짓말과 강도질도 할 것을 솔직히 조언한다.[46] 기원전 432년, 스파르타에 간 아테네 사절은 명료한 말로 자신들의 제국을 변호한다. "약자들이 강자에게 복종하는 것은 언제나 법칙이었다. …… 무력으로 차지할 수 있는데, 정의의 호소 때문에 자기 야망을 꺾은 사람은 아무도 없었다."[47] 이 말과 멜로스에서 아테네 지도자들이 했다는 연설은[48] 어떤 소피스트들의 냉소적인 대화에 자극받은 투키디데스의 철학적 상상력이 낳은 산물일지 모른다. 고르기아스와 칼리클레스, 트라시마코스, 투키디데스의 인습에 매이지 않은 윤리학으로 그리스인들을 판단하는 것은 마키아벨리와 라로슈푸코(La Rochefoucauld), 니체(Nietzsche), 슈티르너(Stirner)가 재기 발랄한 엽기적 표현으로 현대 유럽인을 묘사한 것만큼이나 공정할 것이다. 그것이 얼마나 공정할지는 모르겠지만. 이러한 도덕에 대한 어떤 우월성이 그리스인들의 성격에 있어 적극적인 요소로 작용한다는 것은 스파르타인들이 이처럼 도덕상 논란의 여지가 있는 점들에 대해 아테네인들과 생각을 같이한다는 데서 드러난다. 라케다이몬인 포이비다스가 평화 조약이 체결되었음에도 이를 무시하고 테베 요새를 공격했을 때, 스파르타 왕 아게실라오스는 이 행동의 정당성에 대해 질문을 받자 이렇게 대답한다. "그 일이 유용한지에 대해서만 물으라. 우리나라에 유익한 행동이라면 그 일은 언제나 옳다." 세월이 지나 휴전은 깨지고 엄숙한 약속도 파기되고 사절도 살해된다.[49] 그러나 그리스인들은 행동이 아니라 솔직함에 있어 우리와 다른 것 같다. 우리는 감수성이 훨씬 예민해, 우리 행동에 대한 설교가 불쾌하게 여겨질 때가 많다.

그리스인들의 관습과 종교는 전쟁의 승리자에게 거의 영향력을 행사하지 못한다. 내전에서조차 정복당한 도시를 약탈하고 부상자를 살해하며, 몸값을 치르지 않은 포로와 사로잡힌 민간인들을 모두 죽이거나 노예로 만들고, 집과 과실수와 곡식을 불태우며, 가축을 죽이고 장래에 심을 종자를 파괴하는 것이 통상적인 일이다.[50] 펠로폰네소스 전쟁이 시작되자 스파르타인들은 해상에서 발견된 모든 그리스인을 적으로 간주하고 학살한다.[51] 전쟁을 마무리한 아이고스포타미 전투에서 스파르타군은 3000명의 아테네군 포로를 모두 죽이는데,[52] 이들 대부분은 아테네의 격감한 시민들 중에서도 선발된 이들이다. 도시 간의 전쟁이나 계층 간의 전쟁은 그리스에서 흔한 일이다. 이런 식으로 왕 중의 왕을 물리친 그리스인은 자기 자신에게 방향을 돌려 수많은 전투에서 자기들끼리 싸우고, 마라톤 전투 이후 한 세기 동안 역사상 가장 화려하게 꽃핀 문명은 오랫동안 계속된 국가적 자살로 스스로를 파멸시킨다.

5. 기질

이토록 무모한 논쟁자들에게 여전히 끌린다면, 이는 이들이 자신들의 죄상을 상쇄하고 활기찬 진취성과 지성으로 포장하기 때문이다. 바다와의 근접성과 교역의 기회, 자유로운 정치적·경제적 삶이 아테네인들의 기질과 사고를 전례 없이 민감하고 탄력적으로 만들고, 그 정신과 감성이 열정에 불타도록 한다. 동방에서 유럽으로, 나른한 남부 지역에서 겨울은 사람을 둔하지 않고 기운 나게 할 만큼 차며, 여름은 육체와 영혼을 나약하지 않고 자유롭게 할 만큼 따뜻한 이들 중개 국가로의 경이로운 이동이다! 이곳에는 삶과 인간에 대한 신념이 있고, 르네상스 시대까지 그 누구도 따를 수 없었던 삶의 열정이 있다.

이런 활기찬 환경에서 용기가 나오고, 철학자들이 헛되이 설교하는 소프로시네(sophrosyne), 즉 절제나 젊은 시절의 빙켈만(Winckelmann)과 나이 든 때의 괴테(Goethe)가 열정적이고 들뜬 그리스인을 잘못 이해하고 갖다 붙인 올림포스 산의 고요함에서 전 세계를 벗어나게 한 충동이 나온다. 한 국가의 이상은 대개 가면에 가려지고 역사에 드러나지 않는다. 델포이의 알포론 신전에는 안드레이아(andreia), 즉 "남자다움"과 메덴 아간(meden agan), 즉 "지나치지 않음"이라 새겨져 있지만, 이 용기와 중용은 그리스인들의 경쟁적인 좌우명이다. 그리스인들의 용기는 흔하고 충분한 반면, 중용은 농부나 철학자, 성인들에게서만 찾아볼 수 있음을 깨닫는다. 평범한 아테네인은 감각적이지만 뛰어난 양심의 소유자다. 그는 감각적인 쾌락에 대해 어떤 죄책감도 느끼지 못하고, 이 쾌락에서 자신의 사색 시간을 어둡게 하는 비관주의에 대한 즉답을 발견한다. 그는 포도주를 즐기고 이따금씩 술 취하는 것을 부끄러워하지 않는다. 그는 순진무구할 정도로 육체적인 방식으로 여인을 사랑하고, 자신의 난잡한 성생활을 쉽사리 용서하며, 덕에서 벗어난 실수를 회복할 수 없는 재난으로 여기지 않는다. 그럼에도 불구하고 그는 포도주와 물을 2 대 3으로 섞어 마시고, 반복해서 술 취하면 고상한 취미를 망칠 수 있다고 생각한다. 거의 실천하진 않지만 중용을 진심으로 숭상하고, 역사상 어느 민족보다 극기의 이상을 명확하게 설정한다.

아테네인들은 선하기에는 너무 총명하고, 어리석음을 경멸하기를 악을 혐오하기보다 더 한다. 그들 모두가 현자는 아니고, 아테네 여인 모두를 사랑스러운 나우시카아나 품위 있는 헬렌처럼 상상하거나, 아테네 남성들이 아이아스의 용기와 네스토르의 지혜를 겸비한 인물들이라고 상상해서는 안 된다. 역사는 그리스의 천재들은 기억하고, (니키아스는 제외하고) 바보들은 무시한다. 간극에서 느껴지는 비애감을 참작했을 때, 평범한 아테네인은 동양인만큼 성격이 복잡하고 미국인만큼 새로움에 매료되며, 호기심이 끝없고 활동력이 왕성하며, 항상 파르메니데스의 평정을 설교하면서도 헤라클레이토스의 바다 위에서 요동한다. 어떤 민족도 이들보다 상상력이 생동감 넘치고 언변이 뛰어나지 못하다. 명확한 사고와 분명한 표현은 아테네인들에게는 성스러운 일과 같다. 그들은 학문상의 애매모호함을 참지 못하고, 정보와 지성을 갖춘 대화를 문명 최고의 스포츠로 여긴다. 그리스인들의 풍요로운 삶과 생각의 비결은 바로 여기에 있는데, 그리스인들에게 있어 인간은 만물의 척도인 것이다. 교양 있는 아테네인은 이성을 사랑하고, 이성이 우주를 구상(構想)할 수 있음을 좀처럼 의심하지 않는다. 알고 이해하려는 욕구가 가장 고결한 열정이고, 이는 나머지 욕구들만큼이나 무절제하다. 나중에 아테네인은 이성과 인간 노력의 한계를 발견하고, 그에 대한 자연스러운 반응으로 그들의 정신적 특징인 쾌활함과 기이하게 부조화를 이루는 비관주의에 빠지게 된다. 심지어 풍요로운 세기에서도, 철학자들이 아니라 극작가들이 그러한데, 당대 가장 심오한 정신의 소유자들은 도피적이고 찰나적인 기쁨과 죽음에 대한 끈질긴 집착으로 그늘지게 된다.

탐구심이 그리스 과학을 낳았듯이, 욕심은 경제를 확립하고 지배한다. 플라톤은 도덕주의자들에게 흔히 있는 과장법을 써서 이렇게 말한다. "부에 대한 애착이 인간을 완전히 흡수하고, 한순간도 인간으로 하여금 자기 개인 소유 이외의 것에 대해 생각하지 못하도록 한다. 바로 여기에 모든 시민의 영혼이 매달려 있다."⁵³ 아테네인들은 경쟁적인 동물이고, 냉정한 경쟁심으로 서로를 자극한다. 그들은 교활하고, 간교함과 술책에 있어 셈족과 거의 맞먹는다. 그들은 성서에 등장하는 히브리인들처럼 모든 면에서 고집 세고 호전적이며 완고하고 오만하다. 거래할 때는 악의적으로 흥정하고, 대화를 할 때는 모든 것을 문제 삼으며, 다른 국가와 전쟁을 벌일 수 없을 때는 자기들끼리 다툰다. 감상에도 빠지지 않고 에우리피데스의 눈물에 불만을 표한다. 그들은 동물에 친절한 반면 인간에게는 잔인하다. 고소당할 염려 없는 노예들에게 정기적으로 고문을 가하고 도시의 전체 민간인을 살해한 후 아주 마음 편히 잠을 청한다. 그럼에도 불구하고 그들은 가난한 자나 불구자들에게 관대하다. 폭군 살해자 아리스토게이톤의 손녀가 렘노스에서 궁핍하게 살고 있다는 말을 들은 민회는 기금을 내 그녀를 아테네로 오게 하고 지참금과 남편을 마련해 준다. 다른 도시에서 핍박당하고 쫓기는 이들은 아테네에서 동정 어린 피난처를 발견한다.

진정 그리스인들은 우리식 표현으로 기질에 대해 생각하지 않는다. 그들은 선한 부르주아의 양심이나 귀족의 명예심을 동경하지도 않는다. 그리스인들에게 있어서 최선의 삶은 건강과 힘, 아름다움, 열정, 생활의 방편, 모험, 사고 등이 풍요로운 완전한 삶이다. 그들에게 있어 덕은 아레테(arete), 즉 남성적인 탁월함이고, 원래 말 뜻 그대로는 '호전적'이라는 의미다. 로마인이 비르투스(virtus), 즉 남자다움이라고 부른 것과 정확하게 일치한다. 아테네의 이상적인 인간은 칼로카가토스(kalokagathos), 즉 덕성과 인간성을 갖추었을 뿐 아니라 능력과 명성, 부, 친구를 솔직하게 중요시하는 품위 있는 삶의 예술 속에 아름다움과 정의를 결합하는 자다. 괴테와 마찬가지로 그들에게 있어서도 자기 발전이 모든 것이다. 이 개념에 어느 정도의 허영심이 개입되고, 그 솔직함은 우리의 취향과 너무 거리가 멀다. 그리스인들은 스스로를 찬미하는 데 싫증 내지 않고, 어딜 가나 다른 전사들과 저자들, 예술가들, 민족들에 비해 자신들이 우월하다고 자랑한다. 그리스인을 로마인과 비교하면서 이해하고 싶으면 프랑스인과 영국인을 비교해 생각하고, 아테네인과 상반되는 스파르타인의 정신을 이해하고 싶으면 프랑스인과 독일인을 비교해 생각하면 된다.

아테네인의 모든 자질이 결합되어 그들의 도시 국가가 형성된다. 여기서 그들의 활력과 용기, 재기와 언변, 자유분방함과 욕심, 허영심과 애국심, 아름다움과 자유에 대한 숭배가 창조되고 통합된다. 그들은 열정이 풍부한 반면 편견은 별로 없다. 이따금 그들은 사상의 점검으로서가 아니라 파당 정치의 무기로서 또한 도덕 실험의 한계로서 종교적인 불관용을 감내한다. 그렇지 않을 경우에는 동방 방문객들에게는 현란할 정도로 혼란스러워 보이는 자유를 주장한다. 하지만 그들은 자유롭고, 궁극적으로 모든 공직이 전 시민에 개방되어 있고 모든 사람이 차례로 다스림받고 다스리므로, 그들은 생의 절반을 국가에 바친다. 가정은 잠자는 곳에 불과했고, 그들은 시장과 민회, 평의회, 법정, 대(大)제전, 운동 경기, 자신들의 도시와 신을 명예롭게 하는 극적인 광경 속에서 생활한다. 그들은 국가가 국민과 그들의 부를 국가의 필요에 따라 징발할 수 있다고 인정한다. 그들은 국가의 강제 징수를 용납하는데, 그 이유는 국가가 인간 역사상 유례없이 인간 발전의 기회를 제공하기 때문이다. 마찬가지로 그들은 국가를 위해 격렬하게 싸운다. 국가가 그들 자유의 어머니이며 수호자이기 때문이다. 헤로도토스는 이렇게 말한다. "이렇듯 아테네인들은 힘이 증강되었다. 또한 단순히 한새 순간민이 아니라 많은 실례를 통해 자유가 훌륭한 것이라는 사실이 분명히 입증된다. 심지어 아테네인들도 참주의 통치하에 살면서 용맹스러움에 있어 여느 이웃 국가 국민들과 별반 다를 바 없었지만, 그 멍에를 벗어던지자 곧바로 단연 제일인자가 된 것이다."[54]

6. 혼전 교제

알파벳이나 측량, 중량, 화폐 주조, 의상, 음악, 천문학, 신비 종교에서만큼이나 도덕성에 있어서도, 고전 시대의 아테네는 유럽적이라기보다 동방적인 것 같다. 육체적인 사랑은 남녀 모두에게 솔직하게 받아들여진다. 사랑은 마법을 부려 갈망하는 여인들이 부주의한 남자들에게 단지 정신적인 목적이 아닌 모의를 꾸미게 한다. 혼전 순결은 단정한 여인들이 지켜야 할 일이지만, 청년기가 지난 미혼 남성들 사이에 욕망에 대한 도덕적 제약은 별로 없다. 대제전은 그 기원이 종교에 있지만, 인간성의 자연스러운 문란성에 대한 안전장치 역할을 한다. 이런 상황에 있어 성적 문란은 일부일처제가 연중 나머지 기간에 용이하게 지켜질 수 있다는 생각에 어느 정도 용인된다. 가끔 젊은이들이 창부와 관계를 가지는 일은 아테네에서 전혀 수치스러운 일이 아니다. 기혼 남자들까지도 집에서 잔소리를 듣거나 도시에서 명성이 약간 더럽혀진다는 것 외에는 어떤 대단한 도덕적 처벌도 없이 창부의 단골 고객이 될 수 있다.[55] 아테네는 공식적으로 매춘을 인정하고, 그 종사자들에게 세금을 부과한다.[56]

재능을 마음껏 펼칠 수 있는 직업인 매춘은 그리스 대부분의 도시에서처럼 아테네에서도 그 많은 특성으로 인해 수요가 큰 직업이다. 이들 중 가장 낮은 서열인 포르나이(pornai)는 대중의 편의를 위해 프리아포스의 남근 상징이 표시된 일반 사창가에서, 주로 피라이오스에서 생활한다. 1오볼이면 이 사창가에 들어갈 수 있고, 이곳 여인들은 어찌나 옷을 가볍게 입는지 김나이(gymnai), 즉 알몸이라 불리며, 이들의 잠재 고객들은 이들을 마치 개집의 개처럼 검사한다. 누구든 아무 때나 흥정할 수 있고, 사창가의 포주와 계약해 소녀를 한 주나 한 달, 일 년 동안 데리고 살 수도 있다. 때로 소녀는 이런 식으로 두 사람 이상의 남성에게 고용되기도 하고, 그 경우 대가에 따라 시간을 배분한다.[57] 이 소녀들보다 아테네인들의 사랑을 더 많이 받는 이들은 아울레트리데스(auletrides), 즉 플루트 연주자들로 마치 일본의 게이샤처럼 "남자들만의" 연회에 참석해 음악과 환락을 제공하고 예술적이거나 색정적인 춤을 추며, 그런 다음 적당히 권유받으면 손님들과 어울려 같이 밤을 보낸다.[58] 몇몇 나이 든 창부들은 이런 플루트 소녀들을 위한 훈련 학교를 설립해 이들에게 화장법과 외모 꾸미기, 음악적 여흥, 애정 유희 등을 가르치며 궁핍을 면한다. 적절한 행동 연출로 사랑을 불러일으키고, 수줍은 듯 거절하면서 그 사랑을 붙잡고 대가를 지불하게 하는 등의 수법이 한 세대에서 다음 세대로 전통이 되어 소중한 유산처럼 조심스럽게 유전된다.[59] 그럼에도 불구하고 이후 루키아노스의 말을 빌리자면, 아울레트리데스 가운데 일부는 다정한 마음을 품고 진정한 애정이 무엇인지 알아 연인을 위해 카미유(Camille)처럼 자신을 희생한다. 훌륭한 창부는 세월의 무게를 짊어진 고대의 한 주제다.

그리스 창부들 중 가장 높은 계층은 헤타이라이(hetairai)로, 글자 뜻 그대로는 동료라는 뜻이었다. 대부분이 동방 출신인 포르나이와 달리 헤타이라이는 대개 시민 계층 출신 여성들로 존경받는 위치에서 추락했거나, 아테네의 처녀와 기혼 여성들에게 요구되던 격리 상황을 뿌리친 이들이다. 그들은 독립생활을 하고 유혹한 연인과 자기 집에서 즐긴다. 그들 대부분이 원래 갈색 머리지만, 아테네인들이 금발을 선호한다는 생각에 머리칼을 노랗게 물들인다. 이들은 강제성을 띤 것이 분명한 법에 따라 꽃무늬 옷을 입어 자신들을 구별 짓는다.[60] 이들 가운데 일부는 때로 독서를 하거나 강연에 참석함으로써 일정 수준의 교육을 받고, 교양 있는 단골 고객을 지적인 대화로 즐겁게 해 준다. 아스파시아뿐 아니라 타이스와 디오티마, 타르겔리아, 레온티온도 철학 논객으로 때로는 세련된 문학 스타일로 기념된다.[61] 이들 가운데 상당수는 재치로 명성을 높였으며, 아테네 문학에는 헤타이라이들의 풍자시로 구성된 명시선이 있다.[62] 모든 창부가 시민권에서 배세되고 자신들의 여신인 천박한 아프로디테(Aphrodite Pandemos)의 신전 외에는 어떤 신전에도 들어갈 수 없지만, 헤타이라이의 선택된 소수는 아테네 남성 사회에서 높은 지위를 누린다. 어떤 남성도 이들과 함께한다는 것을 부끄러워하지 않는다. 철학자들은 앞다투어 이들의 환심을 사려 하고, 한 역사가는 플루타르코스만큼이나 경건하게 이들의 역사를 기록한다.[63]

이런 식으로 이들 가운데 상당수는 불멸의 학문적 성과를 이룬다. 클렙시드라(Clepsydra)라는 창부는 연인들을 모래시계로 재며 맞아들이고 떠나보내 그 이름이 붙여졌다. 타르겔리아는 당대의 마타하리로서 아테네 정치인들과 가능한 많이 동침함으로써 페르시아의 간첩 역할을 한다.[64] 테오리스는 노년의 소포클레스를 위로한다. 아르키페는 90대의 소포클레스에 영향을 주며 테오리스의 뒤를 잇는다.[65] 아르케아나사는 플라톤을 즐겁게 해 준다.[66] 다나이와 레온티온은 에피쿠로스에게 쾌락의 철학을 가르쳐 준다. 테미스토노이는 자신의 마지막 치아와 한 타래 머리칼을 잃을 때까지 자기 기예를 펼친다. 영리에 밝은 그나타이나는 많은 시간을 투자해 자기 딸을 가르치고 그녀의 하룻밤 화대로 1000드라크마(1000달러)를 요구한다.[67] 프리네의 아름다움은 기원전 4세기의 아테네에서 화젯거리인데, 그녀는 대중 앞에 나설 때는 완전히 베일로 가리지만, 엘레우시스 제전이나 포세이도니아 제전 때는 모든 사람이 보는 가운데 옷을 벗고 머리카락을 늘어뜨리면서 바다로 목욕하러 들어간다.[68] 한동안 그녀는 프락시텔레스와 사랑을 나누며 영감을 주고, 그의「아프로디테」를 위해 모델이 된다. 아펠레스도 프리네를 모델로 해「비너스의 탄생」을 창조한다.[69] 프리네는 사랑을 통해 엄청난 돈을 벌어 테베인들이 자신의 이름을 새겨 준다면 테베 성벽 재건에 자금을 지원하겠다고 제안한다. 하지만 테베인들은 이를 완강히 거부한다. 아마도 프리네는 에우티아스에게 너무 비싼 사례비를 요구한 것 같다. 에우티아스는 프리네를 불경 혐의로 기소함으로써 복수를 한다. 하지만 법정의 일원이 그녀의 고객이고, 연사인 히페레이데스는 그녀의 헌신적인 애인이다. 그는 웅변으로 뿐만 아니라 그녀의 겉옷을 벗기고, 법정에 그녀의 가슴을 드러내 보이면서까지 그녀를 변호한다. 재판관들은 그녀의 아름다움을 보고 그녀의 경건성을 확인한다.[70]

아테나이오스는 코린토스의 라이스가 "이 세상 어떤 여인보다 월등하게 아름다웠던 것 같다."라고 말한다.[71] 호메로스의 경우만큼이나 많은 도시들이 그녀의 탄생을 목격했다는 영예를 다툰다. 조각가와 화가들이 자기들을 위해 모델이 되어 달라고 애원하지만 그녀는 수줍어하기만 한다. 위대한 조각가 미론이 노년에 그녀를 설득하는 데 성공한다. 그녀가 옷을 벗자, 그는 자신의 백발과 흰 수염도 잊은 채 하룻밤 대가로 자기 재산 전부를 주겠다고 제안한다. 이 말에 그녀는 미소를 지으며 둥근 어깨를 으쓱이고는 완성되지 않은 작품을 뒤로한 채 그의 곁을 떠난다. 다음 날 아침, 미론은 회춘의 욕망에 불타오르면서 머리칼을 단정히 빗고 수염을 자르고 주홍색 옷에 금색 벨트를 하고 금 목걸이를 두르고 손가락에는 반지를 끼고 뺨에 루주를 붉게 바르고 옷과 몸에 향수를 뿌린다. 그리고 라이스에게 찾아가 사랑을 고백한다. 그녀는 그의 변한 모습을 유심히 바라보며 "가련한 친구여, 당신은 어제 내가 당신의 부친에게 거절한 일을 요구하고 있군요."라고 대답했다.[72] 그녀는 상당한 재산을 모았지만 가난하면서 근사한 애인을 거부하지 않는다. 추한 데모스테네스에게는 하룻밤을 보내는 대가로 1만 드라크마를 요구해 그의 덕을 회복시키고,[73] 부유한 아리스티포스로부터는 그의 하인을 분개하게 할 만큼의 화대를 받는다.[74] 하지만 한 푼도 없는 디오게네스에게는 철학자를 자기 발밑에 두는 것을 기뻐하며 소소한 돈으로 자신을 제공한다. 그녀는 자신의 재산을 신전과 공공건물, 친구들에게 흔쾌히 내놓고, 동료들의 관례를 따라 결국 젊은 시절의 곤궁함으로 되돌아간다. 그녀는 마지막까지 끈기 있게 자기 직업에 충실했고, 사망하자 그리스인들이 알아 온 가장 위대한 정복자로 화려한 무덤에 안치된다.[75]

7. 그리스인의 우정

매춘과 철학 간의 이런 기묘한 협상보다 더 이상한 것은 성적 도착에 대한 명백한 용인이다. 헤타이라이들의 주요 경쟁자는 아테네이 소년들이다. 창부들은 자기들의 수입이 줄어드는 것을 몹시 분개하며 끊임없이 동성애의 불멸성을 비난한다. 상인들은 잘생긴 소년들을 수입해 와 최고 입찰자에게 판다. 그리고 팔린 소년들은 처음에는 첩으로 나중에는 노예로 이용된다.[76] 극소수 남자들만이 도시의 여자 같은 젊은 귀족이 나이 든 남자의 열정을 자극하고 달래는 일은 부적절하다고 생각할 뿐이다. 이런 성 문제에 있어서는 스파르타도 아테네만큼 부주의하다. 어떤 소녀들을 칭찬하기 원할 때, 알크만은 그들을 자기의 "여성적인 남자 친구들"이라고 부른다.[77] 아테네 법에 의하면 동성애 구애를 받아들이는 자는 공민권을 박탈당한다.[78] 하지만 여론은 이 관습을 유쾌하게 받아들인다. 스파르타와 크레타에서는 이런 행위가 전혀 수치스럽게 여겨지지 않는다.[79] 테베에서 동성애는 군사 조직과 용맹의 소중한 자원으로 취급되기까지 한다. 아테네의 즐거운 추억 속에 남아 있는 가장 위대한 영웅은 하르모디오스와 아리스토게이톤으로 폭군 살해자이자 연인들이다. 당시 아테네에서 가장 인기 있는 인물인 알키비아데스는 자신을 사랑하는 남자들을 자랑으로 삼는다. 아리스토텔레스 시대에 "그리스 연인들"은 헤라클레스의 동료 이올라오스의 무덤에서 약혼을 맹세한다.[80] 또한 아리스티포스는 군 지휘관이자 세상에서 가장 고집 센 인물인 크세노폰이 젊은 클레이니아스에게 얼이 빠졌다고 묘사한다.[81] 남성의 소년에 대한 애착과 소년들 간의 애착은 그리스의 낭만적인 사랑의 모든 증상, 즉 열정과 경건심, 황홀감, 질투심, 서정적인 기분, 집착, 신음, 불면 등을 보여 준다.[82] 『파이드로스』에서 플라톤이 인간적인 사랑에 대해 말할 때, 이는 동성애를 의미한다. 그의 『향연』에 등장하는 논쟁자들은 한 가지, 즉 남자들 간의 사랑이 남녀 간의 사랑보다 더 고결하고 영적이라는 점에 의견이 일치한다.[83] 유사한 도착증이 여성들 사이에서도, 때로는 사포의 경우처럼 가장 세련된 여성들 사이에서, 창부들 사이에서 다반사로 나타난다. 아울레트리데스는 자신들의 단골손님을 대할 때보다 더 열렬히 서로 사랑하고, 포르나이는 여자 동성애 로맨스의 온상이다.[84]

그리스의 이런 성도착 현상의 유행을 어떻게 설명할 수 있을까? 아리스토텔레스는 이 현상의 원인을 인구 과잉에 대한 우려에서 찾고,[85] 이는 현상의 일부분에 대한 설명이 될 수 있다. 하지만 아테네에서 동성애 및 매춘의 유행과 여성들의 격리 상황 사이에는 분명 연관성이 있다. 여섯 살 이후에 페리클레스 시대의 아테네 소년들은 정숙한 여인이 일생을 보내는 규방에서 벗어나 다른 소년들 또는 남성들과 함께 어울리며 자란다. 인격 형성기이자 거의 중성적인 시기에 이들에게 부드러운 여성의 매력을 알게 해 줄 기회는 거의 주어지지 않는다. 스파르타의 공동 식당과 아테네의 아고라, 체육관, 체육 학교, 에페보스 경력(18~20세까지의 시기로 에페보스 명단에 등록되고 신전에서 국가에 충성할 것을 맹세한 후 2년간 시민의 임무 및 전쟁에 대한 훈련을 받음 – 옮긴이)은 젊은이들에게 남성의 모습만을 보여 준다. 심지어 예술조차 프락시텔레스 이전까지는 여성의 육체적 아름다움을 크게 드러내지 않는다. 결혼 생활에 있어 남성은 가정에서 정신적인 동료애를 거의 느끼지 못한다. 여성에게 교육의 기회가 거의 없다는 점이 양성 간의 간격을 만들고, 남성은 자기 아내에게서 얻을 수 없는 매력을 다른 곳에서 구하게 된다. 아테네 시민에게 그의 가정은 성채가 아니라 기숙사에 불과하다. 대부분의 경우 아침부터 저녁까지 그는 도시에서 생활하고, 자기 아내와 딸 이외 달리 사회적 접촉을 하는 정숙한 여인들이 거의 없다. 그리스 사회는 단성(單性)적이고, 여성의 영혼과 매력이 르네상스 이탈리아와 계몽 시대 프랑스에 제공하게 될 소란스러움과 우아함과 흥분이 결여되어 있다.

8. 사랑과 결혼

낭만적인 사랑이 그리스인들 사이에서 나타나지만, 결혼으로 귀착되는 경우는 거의 없다. 호메로스의 시에서 육체적인 욕망이라는 면에서 보자면 아가멤논과 아킬레우스가 크리세이스와 브리세이스에 대한 생각을 솔직히 드러내는 부분과 심지어 사람들을 낙담시키는 카산드라에게서도 낭만적인 사랑을 거의 찾아볼 수 없다. 그러나 나우시카아는 지나친 일반화에 대한 경고이며, 호메로스만큼 오래된 전설들은 헤라클레스와 이올라, 오르페우스와 에우리디케에 대해 얘기하고 있다. 다시 서정 시인들은 사랑에 대해 수없이 얘기하고, 대개는 호색적인 욕망에 대한 것이 주를 이룬다. 스테시코로스가 사랑 때문에 죽음을 선택하는 처녀에 대해 얘기하는 내용들은 매우 예외적이라고 할 수 있다.[86] 하지만 피타고라스의 아내 테아노가 사랑을 "갈망하는 영혼의 병"이라고 말할 때,[87] 낭만적인 사랑의 진정한 선율이 느껴진다. 세련미가 더해지고 사랑의 열기에 시가 덧입혀지면서, 감미로운 정서가 더욱 빈번하게 등장한다. 문명이 욕망과 성취 사이를 더욱 벌려 놓자 소망하는 대상을 아름답게 미화시킬 수 있는 시간적인 여유가 생긴다. 아이스킬로스는 성을 다루는 데 있어 여전히 호메로스적이다. 하지만 소포클레스는 "마음대로 신들을 다스리는 사랑"에 대해 이야기하고,[88]* 에우리피데스는 수많은 구절들에서 에로스의 권력을 선언한다. 후일의 극작가들은 종종 절망적으로 한 소녀에게 사로잡힌 젊은이를 묘사한다.[89] 아리스토텔레스는 "연인들이 사랑하는 이의 정숙한 눈을 들여다본다."라고 말하며 낭만적인 사랑의 진정한 특질을 귀띔해 준다.[90]

고전 시대 그리스에서 이런 일은 결혼보다는 혼전 관계로 이어지는 경우가 많다. 그리스인들은 낭만적인 사랑을 일종의 "사로잡힘"이나 광기로 여기고, 배우자 선택에 있어 낭만적인 사랑을 적합한 안내자로 제안하는 모든 사람에게 씽긋 미소를 보낸다.[91] 보통 결혼은 고전 시대 프랑스에서 항상 그런 것처럼 부모가 주선하거나, 전문 뚜쟁이가[92] 사랑 대신 지참금에 주목하면서 성사시킨다. 아버지는 자기 딸에게 결혼 비용과 의상, 보석, 아마도 노예까지 마련해 줘야 한다.[93] 남자 측에 의한 이혼을 억제하기 위한 장치로서, 지참금은 끝까지 아내 재산으로 남고 남편과 이혼할 경우 그녀 몫으로 돌아온다. 지참금이 없는 처녀는 결혼할 기회가 거의 주어지지 않는다. 그러므로 아버지가 딸의 지참금을 마련할 수 없는 경우에는 친척들이 힘을 모아 돈을 마련한다. 매매혼은 호메로스 시대에 너무나 흔한 현상이었지만, 페리클레스 시대의 그리스에서는 상황이 역전된다. 사실상 에우리피데스의 메데아가 불평하듯이,[94] 여성이 자기

---

* 「안티고네」, 781쪽 이하 참조.
    사랑이 논쟁을 벌일 때
    그는 전투를 치르는 중이다!
    사랑, 그는
    부자들에게서 재산을 탈취한다!
    처녀의 베개 위에 놓인
    섬세한 뺨 곁에서
    그는 기나긴 밤 동안 지켜본다.
    그는 바다 너머
    자기 희생물을 찾아다니고,
    초원을 누비고 다닌다.
    신들은 죽지 않고,
    변덕스러운 사랑을 피할 수 없다.
    오! 삶이 하루인 우리 가운데
    사랑을 그리는 마음은 미칠 것만 같다![88a]

주인을 사야 한다. 그렇다면 그리스인들은 사랑 때문에도, 결혼 생활을 즐기기 때문도 아니라(에우리피데스는 결혼의 고난에 대해 끊임없이 말한다.) 적당한 지참금을 가진 아내와 보살핌받지 못하는 영혼이 될 악운을 물리쳐 줄 아이들을 통해 자신과 국가를 존속시킬 목적으로 결혼한다. 이런 동기들이 있음에도 불구하고, 그들은 할 수 있는 한 결혼을 회피한다. 법의 자구(字句)는 독신으로 남는 것을 금지하지만, 페리클레스 시대에는 법이 항상 집행되지는 않았다. 미혼 남성의 수가 늘어나고, 이는 아테네의 근본적인 문제들 중 하나가 된다.[95] 그리스에는 인생을 즐길 방법이 너무나 많았던 것이다! 늦게 결혼하는 남성은 대개 30세가량이고, 신부로 15세 이하의 처녀를 고집한다.[96] 에우리피데스의 작품 인물 가운데 한 명은 이렇게 말한다. "젊은이가 젊은 아내와 결혼하는 것은 잘못이다. 남자의 체력은 계속되는 반면, 꽃다운 아름다움은 여성의 외모에서 재빨리 떠나 버리기 때문이다."[97]

배우자 선택이 이루어지고 지참금 액수가 합의되면, 엄숙한 약혼식이 처녀의 친정에서 거행된다. 여기에는 반드시 증인이 있어야 하지만, 신부가 꼭 참석할 필요는 없다. 이런 공식 약혼식이 없으면 아테네에서 어떤 결합도 적법하지 않다. 약혼식은 결혼의 복잡한 의식 가운데 가장 최초의 행위로 여겨진다. 두 번째는 수일 후에 이어지는 신부의 친정에서의 연회다. 이 연회에 앞서 신부와 신랑은 각자 자기 집에서 일종의 정화 의식으로 목욕을 한다. 연회에서는 양가 남성들이 연회장 한쪽에, 여성들이 다른 쪽에 자리한다. 연회에는 결혼식 과자와 풍성한 포도주가 차려진다. 그다음 신랑은 베일을 하고 아직 그 얼굴을 보지 못했을 수도 있는 흰옷 차림의 신부를 마차로 데려가고, 친구들과 플루트를 연주하는 소녀들의 행렬 가운데를 지나 자기 아버지의 거처로 신부를 데려간다. 이때 친구들과 소녀들은 횃불로 길을 밝히고 결혼 축가를 소리 높여 부른다. 아버지의 집에 도착하면 마치 약탈혼과 유사하게 신랑은 처녀를 안고 문지방을 넘는다. 신랑의 부모는 처녀를 반갑게 맞이하고, 종교 의식을 통해 그녀를 가족의 일원이자 자신들의 신을 숭배하는 존재로 받아들인다. 그러나 이 의식에는 어떤 제사장도 참석하지 않는다. 손님들은 결혼 축가나 신방(新房) 노래를 부르면서 부부를 신방으로 인도하고, 신랑이 결혼이 완성되었다고 발표할 때까지 문밖에서 떠들썩하게 서성인다.

남자는 아내 외에 첩을 둘 수도 있다. 데모스테네스는 "우리는 쾌락을 위해 창부와 관계한다. 첩은 낮 동안 우리 육체의 건강을 위하고, 아내는 우리에게 합법적인 자식을 낳아 주며 우리 가정의 성실한 보호자 역할을 한다."라고 말한다.[98] 이 놀라운 문장 안에 고전 시대 그리스인들의 여성관이 집약되어 있다. 드라콘의 법은 축첩 제도를 허용하고, 기원전 415년 시칠리아 원정 이후 시민 수가 전쟁으로 줄어 처녀들의 남편을 구하지 못하는 사태가 발생하자 법은 중혼(重婚)을 확실히 허용한다. 소크라테스와 에우리피데스는 이를 애국적인 의무라고 생각한 사람들 중에 속한다.[99] 매력이 사라지면 두 번째 부인은 사실상 집안 노예가 되고 첫 번째 아내의 자손만 적법하다는 사실을 알고 있기 때문에, 아내는 축첩 제도를 동방적인 인내심으로 받아들인다. 간통은 아내가 범할 경우에만 이혼 사유가 된다. 이 경우 남편은 "뿔을 가진 것(keroesses)"으로 표현되고, 관습에 따라 자신의 아내를 멀리 쫓아 보낸다.[100] 법에 의하면 여성에 의한 경우나 남성과 기혼 여성에 의해 범해진 간통죄를 사형으로 처벌할 수 있다. 하지만 그리스인들은 이 법을 집행하기에는 욕정에 대해 너무 관대하다. 명예가 손상된 남편은 대개 그의 뜻과 재량에 따라 간통 사건을 처리할 수 있고, 때로는 현행범으로 간부(姦夫)를 죽일 수도 있고, 때로는 자기 노예를 보내 그를 구타하거나 배상금으로 만족하기도 한다.[101]

남자에게 있어 이혼 절차는 아주 간단하다. 그는 언제든 사유도 말하지 않고 자기 아내를 내쫓을 수 있다. 불임은 충분한 이혼 사유가 된다. 결혼의 목적이 자녀를 갖는 것이기 때문이다. 남성 측에 불임의 원인이 있을 경우에는 법의 허용과 여론의 권장에 따라 친척이 남편 역할을 대신한다. 이렇게 태어난 아이는 남편의 아들로 간주되고, 아이는 아버지의 죽은 영혼을 보살필 의무를 진다. 아내는 마음대로 남편을 떠날 수 없지만, 배우자의 행위가 잔인하거나 지나칠 경우 아르콘에게 이혼을 요구할 수 있다.[102] 이혼은 상호 합의에 의해 인정되고, 대개 아르콘에게 공식 선언함으로써 표명된다. 이혼할 경우 남편이 간통죄를 지었더라도 자녀는 남자의 소유가 된다.[103] 대체로 성관계 문제에 있어 아테네의 관습과 법은 철저하게 남자의 전유물이고, 이집트와 크레타, 호메로스 시대 사회로부터 동방적인 퇴보 현상을 보여 준다.

9. 여성

이 문명의 다른 모든 경우처럼 놀라운 일은 이 문명이 여성들의 도움이나 자극 없이 빛을 발한다는 사실이다. 여성들의 도움으로 영웅 시대는 장려함을 이루고, 참주들의 시대는 서정적인 광채를 발했다. 그런데 거의 하룻밤 사이에 기혼 여성들은 문명 수준과 여성 지위 간의 상관관계를 무효화하기라도 하듯 그리스 역사에서 사라져 버린다. 헤로도토스 시대에 여성들은 어디에나 등장하지만, 투키디데스 시대에는 그 어디에도 보이지 않는다. 아모르고스의 세모니데스로부터 루키아노스에 이르기까지 그리스 문학은 여성들의 과실에 대해 불쾌할 정도로 반복하고 있다. 그리고 그런 현상이 끝닐 무렵에는 다정한 플루타르코스가 투키디데스의 말을 다시 반복한다.[104] "정숙한 여성은 그 신체가 그런 것처럼 그 이름도 집안에 머물러 있어야 한다."[105]

여성의 격리는 도리스인들 사이에는 존재하지 않는다. 추정컨대 이 풍습은 근동으로부터 이오니아로, 그리고 다시 아티카로 전해진 듯하다. 이는 아시아 전통의 일부다. 아마도 모계 상속의 소멸과 중산층의 부상, 상업적 인생관의 지배가 변화에 관여한 것 같다. 남성들은 여성을 유용성의 측면에서 평가하게 되고, 여성이 가정에서 특별히 쓸모 있다는 사실을 알게 된다. 그리스인의 결혼 풍습에 담겨 있는 동방적 성격은 이런 아티카의 여성 은닉 제도와 조화를 이룬다. 신부는 자기 친지들로부터 단절되고, 다른 집에 가 거의 하녀처럼 살며 다른 신을 섬겨야 한다. 그녀는 계약을 체결할 수 없고, 소액 이상 빚을 질 수도 없다. 법적으로 소송할 수도 없고, 솔론은 여성의 영향력하에 행해진 모든 일은 법적으로 유효하지 않다고 규정한다.[106] 남편이 죽으면 남편의 재산을 상속할 수도 없다. 생리적인 실수까지도 그녀의 법적 종속성에 영향을 미친다. 아주 오랜 옛날 생식 활동에 있어 남성의 역할에 대해 무지했을 때 여성의 지위가 높았던 것처럼, 고전 시대 그리스에서 인기 있었던 이론에 의해 남성의 지위가 높아진다. 그 이론은 생식 능력은 남성에게만 속한 것으로, 여성은 매개체에 지나지 않으며 아이들의 보모 역할을 할 뿐이라는 것이다.[107] 남편의 월등한 연령이 아내 종속의 한 요인이 된다. 결혼할 때 남편의 나이는 아내 나이의 두 배이며, 어느 정도 그의 철학에 따라 아내의 생각이 형성될 수 있다. 자신에게 허용된 권한이 자기 아내와 딸을 위험하게 할 수 있다는 사실을 그가 너무도 잘 알고 있었던 것이 분명하다. 그는 아내를 격리시킴으로써 자유를 누린다. 그녀는 적당하게 베일로 가리고 수행을 받는다면 친척이나 지인을 방문할 수 있고, 종교 행사에 참석할 수도 있으며, 연극도 관람할 수 있다. 하지만 그 외에는 집에 조용히 머물러 있어야 하고, 창문으로 모습을 드러내는 일도 허용되지 않는다. 그녀의 삶 대부분은 집 뒤편에 있는 여성 거주 구역에서 이루어진다. 어떤 남성 방문자도 그곳에 들어갈 수 없고, 남성이 그녀 남편을 방문하면 여성은 모습을 드러낼 수 없다.

가정에서 그녀는 남편의 가부장적 권위에 저촉되지 않는 한 모든 일에서 존경받으며 권위를 행사한다. 그녀는 집안을 돌보거나 가사를 총괄한다. 요리를 하고, 양모를 빗질하고 자으며, 가족을 위해 의복과 침구를 만든다. 그녀의 교육은 거의 가사 기술에 한정되었다. 아테네인들은 에우리피데스의 생각과 마찬가지로 여성은 지적으로 떨어진다고 생각한 것이다.[108] 그 결과 남성들에게 있어 아테네의 존경받는 여성은 스파르타 여성보다 정숙하고 "매력적"이지만, 재미가 덜하고 성숙하지 못하며, 자유롭고 다양한 생활을 통해 지적으로 채워지고 자극을 받는 남편의 동료가 되기에 역부족이다. 기원전 6세기의 그리스 여성들은 그리스 문학에 상당히 기여했지만, 페리클레스 시대의 아테네 여성들은 아무것도 기여하지 못한다.

이 시기가 끝날 무렵 여성 해방의 움직임이 일어난다. 에우리피데스는 용감한 연설과 소극적인 풍자로 여성을 옹호한다. 한편 아리스토파네스는 떠들썩하고 외설적인 표현으로 여성을 조롱감으로 삼는다. 여성들은 이 문제의 핵심으로 들어가 화학적인 진보가 허용하는 만큼 자신을 매력적으로 만들어 헤타이라이와 경쟁한다. 아리스토파네스의 『리시스트라타』에 나오는 클레오니카는 이렇게 질문한다. "우리 여성이 어떤 지각 있는 일을 할 수 있죠?", "우리는 분과 립스틱을 바르고 속이 비치는 옷을 입고 기타 여러 가지 일들로 빈둥거리는 외에는 아무것도 하지 않아요."[109] 기원전 411년부터 여성의 역할이 아테네 희곡에서 더 두드러지고, 자신들을 감금했던 고독으로부터 여성들이 점차 벗어나는 모습이 보인다.

그 모든 일들을 통해 남성에 대한 여성의 실제 영향력이 계속되고, 여성의 종속은 대체로 비현실적인 것이 된다. 남성들의 보다 큰 열의가 여타 지역처럼 그리스에서도 여성에게 유리하게 작용한다. 사무엘 존슨(Samuel Johnson)은 "자연이 여성에게 너무나 많은 능력을 주어 법이 여성에게 더 이상 줄 것이 없다."라고 말한다.[110] 때로 실질적인 지참금이니 끊임없는 말, 아내를 너무 위하는 애정 등이 여성의 자연적인 권위를 강화한다. 더 중요한 영향을 끼친 것은 여성의 아름다움, 사랑스러운 자식의 임신과 양육, 누구나 겪는 경험과 일의 시련 속에 영혼이 서서히 융해되어 생기는 강인함이다. 안티고네와 알케스티스, 이피게니아, 안드로마케 같은 상냥한 인물들과 헤쿠바와 카산드라, 메데아 같은 여걸들을 묘사할 수 있는 시대가 가장 고상하고 심오한 여성의 특성을 인식하지 못했을 리가 없다. 평범한 아테네인들은 자기 아내를 사랑하고, 그런 사실을 가끔씩 드러내기도 한다. 장례식의 비석에는 부부의 다정한 관계, 부모의 자식 사랑 등 가정의 친밀한 관계가 놀랍도록 표현되어 있다. 『그리스 명시선』에는 생생하게 표현된 연애시도 있지만, 사랑하는 동료인 배우자에게 바치는 감동적인 시도 많이 담겨 있다. 한 묘비에는 이렇게 적혀 있다. "마라토니스는 이 석묘 안에 니코폴리스를 눕혔고 눈물로 대리석 상자를 적셨다. 하지만 아무 소용도 없었다. 아내를 떠나보내고 지상에 외롭게 남겨진 남자에게 어떤 유익이 있으랴?"[111]

10. 가정

그리스의 가족은 일반적인 인도유럽어족의 가족처럼 아버지와 어머니, 때로는 "둘째 부인", 미혼의 딸, 아들, 그들의 노예, 아들의 아내와 자식과 노예로 이루어진다. 이 가족 형태는 그리스 문명에서 가장 강력한 제도로 끝까지 유지된다. 농업이나 산업에 있어 이런 가족 형태는 경제 생산의 단위이자 수단이기 때문이다. 아티카에서 아버지의 권력은 광범위하지만, 로마 시대보다는 그 범위가 다소 한정된다. 그는 갓 태어난 아이를 유기할 수 있고, 어린 아들들이나 미혼인 딸들의 노동력을 팔 수 있으며, 딸을 결혼시키고, 특정 상황에서는 자기 부인을 위해 다른 남자를 자기 대신 남편으로 지명할 수도 있다.[112] 하지만 아테네 법에 의하면 그는 자식의 신체를 팔 수 없다. 아들은 결혼하면 아버지의 권위에서 벗어나 자기 가정을 꾸리고 독립적인 구성원이 된다.

그리스의 주택은 소박하다. 주택 외관은 투박하고 아무 장식 없는 벽에 좁은 현관이 딸려있을 뿐이다. 이는 그리스인들의 삶이 불안정하다는 사실을 말없이 증언하는 것이다. 자재는 때로는 치장 벽토이고 대개는 햇볕에 말린 벽돌이다. 도시에서는 집들이 좁은 골목길에 밀집해 있는데, 2층일 경우도 종종 있고 이따금 몇 가족이 함께 사는 집도 있다. 하지만 거의 모든 시민이 개별적으로 주택을 소유한다. 알키비아데스가 웅장한 스타일의 가옥을 유행시키기 전까지 아테네의 집들은 작았다. 과시욕에 대해 민주파가 꺼리고, 귀족파도 이를 경계했다. 대부분의 경우 야외에서 생활하는 아테네인들에게는 더 추운 지역 사람들이 집에 대해 가지는 중요성과 애정이 없다. 부유한 집은 거리와 마주하는 주랑 현관이 있기도 하지만 이는 매우 예외적이다. 창문은 사치에 속하고 대부분 위층에 한정되어 있다. 창문에는 창유리가 없지만, 겉창으로 닫거나 햇빛을 가리는 격자창으로 가리개를 한다. 출입문은 보통 두 부분으로 만들어져 있고, 수직의 축 위에서 회전하면서 문지방과 상인방(上引枋) 쪽으로 움직인다. 부유층 집 문에는 두드리기 위한 쇠고리가 있는데, 흔히 사자 입에 고리가 달린 모양을 하고 있다.[113] 현관 복도는 가난한 집을 제외하고는 아울레(aule), 즉 개방된 안뜰로 이어진다. 안뜰은 보통 돌로 포장되어 있다. 안뜰 주위에 원기둥 모양의 주랑 현관이 있을 수도 있다. 안뜰 한가운데에는 제단이나 저수조, 또는 이들 둘 다 있기도 해서 역시 원기둥들로 장식되기도 하며, 모자이크식 바닥으로 포장되어 있다. 빛과 공기는 주로 이 안뜰을 통해 집 안으로 들어오고, 거의 모든 방이 안뜰을 향해 열려 있다. 이 방에서 저 방으로 가려면 주랑 현관이나 안뜰을 통과해야 한다. 안뜰과 주랑 현관의 그늘과 은밀함 속에서 가족생활 상당 부분이 이루어지고 노동도 행해진다.

도시에서는 정원이 드물고 집 뒤편이나 안뜰의 작은 장소에 한정되어 있다. 시골의 정원은 더 널찍하고 숫자도 많다. 하지만 여름철의 부족한 강수량과 물을 대는 비용 때문에 아티카에서 정원은 사치에 속한다. 평범한 그리스인들은 자연에 대해 루소와 같은 감수성을 가지고 있지 못하다. 시인들은 그 위험함에도 바다에 대해 수많은 찬가를 불렀지만, 그리스인들에게 산은 아름답다기보다는 여전히 너무 성가신 존재다. 그들은 자연에 대해 감상적이기보다는 오히려 물활론적으로 상상력을 발휘한다. 조국의 숲과 강을 신과 정령들로 가득 채우고, 자연을 하나의 풍경이 아니라 신의 전당이라고 생각한다. 산과 강을 그곳에 거주하는 신들의 이름을 따서 부르고, 자연을 직접 그림으로 그리는 대신 자신의 시적 신학이 생명을 부여하는 신들의 상징적인 이미지를 그리거나 조각한다. 알렉산드로스의 군대가 페르시아의 생활 방식과 금(金)을 가지고 왔을 때에 비로소 그리스인들은 쾌락의 정원 또는 "낙원"을 짓게 된다. 그럼에도 불구하고 꽃은 다른 곳과 마찬가지로 그리스에서도 사랑을 받고, 정원과 화초 재배자들은 연중 내내 꽃을 공급한다. 꽃 파는 소녀는 장미와 제비꽃, 히아신스, 수선화, 붓꽃, 은매화, 라

일락, 사프란, 아네모네를 이 집 저 집으로 가지고 다니며 판다. 여인들은 머리에 꽃을 꽂고 멋쟁이들은 귀 뒤에 꽃을 꽂으며, 축제 기간에는 남녀 모두 목에 화환을 걸고 등장한다.[114]

집 내부는 단순하다. 가난한 사람들에게 마루는 다져진 흙바닥이다. 소득이 늘어나면서 바닥은 석고로 덮거나, 아주 먼 옛날 근동에서처럼 평평한 돌로 포장하거나 또는 작고 둥근 돌을 깔고 시멘트로 고착시켜 포장한다. 그리고 여기에 갈대 매트나 깔개를 덮을 수도 있다. 벽돌 벽에는 석회를 바르거나 백색 도료를 칠한다. 일 년 동안 3개월밖에 필요로 하지 않는 난방은 화로를 이용하고, 여기서 나오는 연기는 문을 통해 안뜰로 내보낸다. 장식은 최소한도로 유지한다. 하지만 기원전 5세기 말경의 부유층 집은 기둥 있는 현관과 대리석을 붙이거나 칠로 대리석 모양을 흉내 낸 벽, 벽 장식 그림과 벽걸이 융단, 천장의 덩굴무늬 등으로 꾸미기도 한다. 평범한 가정은 가구도 빈약하다. 몇 개의 의자와 궤, 몇 개의 탁자와 침대 하나가 전부다. 쿠션은 의자 위에 장식물로 자리하고 있다. 부유층의 의자는 세심하게 조각되고, 은과 거북, 상아로 상감되어 있다. 궤는 옷장과 의자 역할을 병행한다. 탁자는 작고 보통은 다리가 세 개이므로 트라페자이(trapezai)라고 불린다. 탁자는 음식과 함께 들여오고 내보내며, 다른 용도로는 거의 사용하지 않는다. 기록은 필기도구를 무릎 위에 두고 한다. 소파와 침대는 장식용으로 인기 있는 가구들로 대개 상감되거나 화려하게 조각된다. 침대 틀을 가로질러 팽팽하게 매어진 가죽 끈이 스프링 역할을 한다. 침대 요와 베개, 수놓은 침대보, 약간 올라간 머리 받침도 있다. 램프는 천장에 매달거나 작은 탁자 위에 놓으며, 우아하게 세공된 횃불 모양을 하기도 한다.

주방에는 여러 종류의 쇠그릇과 청동그릇, 질그릇이 갖추어져 있다. 유리는 귀한 사치품이며 그리스에서는 생산되지 않는다. 요리는 덮개 없는 난롯불에 얹어 한다. 난로는 헬레니즘적인 고안품이다. 아테네인들의 식사는 스파르타인들처럼 간단하고, 보이오티아인과 코린토스인, 시칠리아인들과는 사뭇 다르다. 하지만 중요한 손님들이 올

것으로 예상되면, 전문 요리사를 부르는 것이 관례다. 이때 요리사는 언제나 남자다. 요리는 아주 고급 기술로 관련된 수많은 책자와 대가들이 있다. 일부 그리스 요리사는 올림피아 제전의 가장 최근 승리자들처럼 널리 알려져 있다. 혼자 식사하는 일은 야만적이라 여겨지고, 식탁 예절은 문명 발달의 지표로 취급된다. 여성과 소년들은 작은 탁자 앞에 앉아 식사하고, 남자들은 소파에 기대서 식사하는데, 한 소파에 두 명이 앉는다. 손님이 없을 때는 가족이 함께 식사한다. 남자 손님이 오면 가족 가운데 여자들은 규방으로 물러간다. 시중드는 사람들은 샌들을 치우거나 손님들이 소파에 앉기 전에 발을 씻기고, 손 씻을 물을 가져다준다. 때로 그들은 손님 머리에 향유(香油)를 발라 주기도 한다. 칼이나 포크는 없고 스푼이 있다. 단단한 음식물은 손으로 집어 먹는다. 식사하는 동안 손은 빵 조각이나 부스러기로 깨끗하게 하고, 식사가 끝난 후 물로 씻는다. 후식이 나오기 전에 시중드는 사람들은 혼합 용기인 크라테르(krater)에 포도주와 물을 희석시켜 각 손님의 잔에 따른다. 접시는 질그릇이고 은 접시는 기원전 5세기가 끝날 즈음에 등장한다. 기원전 4세기에는 미식가들의 수가 증가한다. 피틸로스라는 한 미식가는 자기 혀와 손가락을 위해 덮개를 만들어 음식을 자기가 원하는 만큼 뜨겁게 조절해 먹었다고 한다.[115] 채식주의자들도 소수 있고, 이들에게 초대받은 손님들은 통상적인 농담과 불평을 늘어놓는다. 한 손님은 후식으로 건초가 나올까 봐 두려워 채식주의자의 잔치에서 도망쳤다고 한다.[116]

음주는 식사만큼 중요했다. 데이프논(deipnon), 즉 저녁 식사 후에 심포지온(symposion), 즉 함께 술 마시는 시간을 갖는다. 아테네에서와 마찬가지로 스파르타에서도 음주 단체가 있고, 이 단체의 구성원들은 서로 아주 결속력이 강해져 유력한 정치 기구가 된다. 연회 절차는 복잡하다. 크세노크라테스와 아리스토텔레스 같은 철학자들은 연회 절차법을 정하는 것이 좋겠다고 생각한다.[117] 남겨진 음식물이 버려진 바닥은 식사 후에 깨끗이 청소된다. 향수가 돌려지고 포도주도 마음껏 마신다. 손님들은 춤을 추는데, 짝을 짓거나 남녀가 추는 것이 아니라(남자들만 초대되므로) 단체가 어울려 추고, 코타보스(kottabos) 같은 게임을 하거나,* 시와 재담, 수수께끼 시합을 하기도 하고, 크세노폰의 『심포지온』에 등장하는 여자 곡예사들 같은 직업 연기자들이 한 번에 열두 개의 고리를 던지고 그다음 둘레 전체에 칼을 뾰족하게 세운 고리를 통과해 공중제비를 도는 장면을 구경하기도 한다.[118] 플루트를 부는 소녀들이 등장해 준비한 대로 연주하고 노래하며 춤추고 사랑을 나눈다. 교양 있는 아테네인들은 이따금 대화로 이루어지는 심포지온을 갖기 원하는데, 이는 주사위를 던져 의장에 뽑힌 사회자에 의해 질서 정연하게 진행된다. 참여자들은 대화가 소그룹으로 나뉘지 않도록 해 잡담으로 흐르지 않도록 한다. 이들은 대화가 공유되고 활기를 유지하도록 하면서 가능한 한 예의 바르게 각 사람의 말을 차례대로 경청한다. 플라톤의 격조 높은 『대화편』은 의심의 여지없이 그의 뛰어난 상상력의 산물이지만, 아테네인들은 플라톤처럼 생생하거나 그보다 더 심오한 대화를 나누었을지 모른다. 어떤 경우에도 그 배경을 제시하고 제공하는 것은 아테네 사회다. 이처럼 자유로운 기지가 넘치고 흥분되는 환경 속에서 아테네의 정신이 형성된다.

11. 노년

생을 사랑하는 그리스인들에게 노년은 풍습을 떠나 두려움과 애도의 대상이다. 그러나 여기에도 위안이 있다. 닳은 화폐가 조폐창으로 가듯 소모된 육체가 이 세상을 떠날 때, 생명의 불씨가 꺼지기 전 새 생명을 목격함으로써 위안을 삼고 이를 통해 인간의 유한성을 자위한다. 그리스 역사는 노인에 대해 이기적인 무관심과 거친 무례함을 드러낸 것이 사실이다. 상업적이고 개인주의적이며 혁신적인 아테네 사회는 노인에게 불친절한 경향이 있다. 노인에 대한 존경은 스파르타처럼 종교적이고 보수적인 사회와 어울리는 반면, 자유로 모든 구속을 흐트러뜨린 민주주의는 젊음을 중시하고 옛것보다 새것을 선호하는 경향이 있다. 아테네 역사에는 부모가 유약하지도 않은데 그 부모의

---

* 컵 속의 액체를 던져 멀리 떨어진 작은 목표물을 맞히는 게임이었다.

재산을 차지한 자녀들에 관한 몇 가지 실례가 있다.[119] 하지만 소포클레스는 법정에서 그의 최신 희곡 가운데 몇 구절을 낭랑하게 읽음으로써 그런 사태에서 자신을 보호한다. 아테네 법은 아들들이 허약하거나 나이 든 부모를 부양하도록 명령하고,[120] 언제나 법보다 더 두려운 여론은 노인들에 대해 젊은이들이 예의 바르고 존경심을 갖고 행동하도록 명한다. 플라톤은 교육을 잘 받은 젊은이는 말하도록 허락받기 전까지는 연장자 앞에서 조용해야 한다는 것을 당연하게 여긴다.[121] 문학에는 플라톤의 『대화편』 앞부분이나 크세노폰의 『심포지온』에서처럼 겸손한 청년을 묘사하는 장면이 많이 나온다. 오레스테스의 아가멤논에 대한 헌신이나 안티고네의 오이디푸스에 대한 헌신처럼 자식의 헌신에 관련된 감동적인 이야기들이 있다.

죽음이 찾아오면 사망자의 영혼이 가능한 한 모든 고통을 벗어날 수 있도록 필요한 모든 조치를 취한다. 시체는 매장되거나 화장된다. 그러지 않으면 영혼이 이승을 쉼 없이 방황하고 무심한 후손들에게 복수를 하게 된다. 예를 들어 유령으로 나타나고 식물과 인간에게 질병이나 재난을 가져다준다. 화장은 영웅 시대에, 매장은 고전 시대에 성행했다. 매장은 미케네식이고 그리스도교 시대에도 존속된다. 화장은 아카이아인 및 도리스인과 함께 그리스에 유입되었는데, 이들은 유목민의 속성상 무덤을 적절히 돌볼 수 없었던 것이다. 화장이나 매장은 아테네인들 사이에서 너무나 의무적이어서, 아르기누사이 해전에서 승리를 거둔 장군들은 심한 폭풍우 때문에 사망자들의 시신을 회수해 매장하지 못한 이유로 사형에 처해진다.

그리스의 오랜 매장 관습은 계속 이어진다. 시체는 깨끗이 목욕시키고 향수를 바르며 꽃으로 관을 씌우고 가족이 마련할 수 있는 가장 멋진 옷을 입힌다. 1오볼을 치아 사이에 물려 스틱스 강을 건너 하데스로 죽은 사람을 배 태우고 가는 전설상의 사공 카론에게 지불할 뱃삯으로 삼도록 한다.* 시체는 도기 또는 나무로 된 관에 안치된다. "관 속

---

* 시신의 입속에 잔돈을 넣는 것은 그리스인들의 관습이었다.

에 한 발을 넣고 있다."는 말은 이미 그리스에서 속담으로 전해지고 있었다.[122] 장례에는 온갖 정성을 기울인다. 검은 옷을 입고 머리칼 전부 또는 일부분을 베어 고인에 대한 선물로 바친다. 3일째 되는 날 시신이 들것에 실려 행렬을 이루며 거리를 가로질러 운반되고, 여인들은 가슴을 치며 통곡한다. 전문적으로 곡하는 사람들이나 애가를 부르는 사람들이 행사에 고용되는 경우도 있다. 흙으로 덮인 무덤 위에 포도주가 뿌려져 고인의 갈증을 축여 주고, 고인의 음식으로 짐승이 제물로 바쳐진다. 애도자들은 꽃이나 사이프러스로 만든 화관을 무덤 위에 놓고,[123] 그 후 집으로 돌아와 장례 연회를 가진다. 죽은 영혼이 연회에 나타난다고 믿었으므로, 성스러운 관습에 따라 "고인에 대해 좋은 말만 하도록" 한다.[124] 이는 옛 속담의 원천이 되었으며, 어쩌면 우리 시대의 묘비에 끊임없이 쓰이는 칭송의 원천인지도 모른다. 정기적으로 자식들은 조상의 무덤을 찾아 음식과 술을 바친다. 그리스의 수많은 도시 시민이 목숨을 잃은 플라타이아 전투가 끝난 후, 플라타이아인들은 모든 사망자들에게 매년 한 차례씩 음식을 마련하겠다고 맹세한다. 그로부터 6세기가 지난 후 플루타르코스 시대에도 그 약속은 여전히 지켜진다.

죽은 후 육체에서 분리된 영혼은 하데스에서 형체 없는 그림자로 거주한다. 호메로스 시대에는 예외적이거나 신성 모독적인 죄를 범한 영혼만 거기서 벌을 받고, 나머지 사람들은 성인이든 죄인이든 다 같이 어두운 플루톤의 왕국에서 끝없이 배회하는 운명에 놓인다. 그리스 역사 과정에서 어떤 믿음이 가난한 계층 가운데 생기는데, 그것은 하데스가 죄에 대한 종결의 장소라는 것이다. 아이스킬로스는 제우스가 거기서 죽은 자를 심판하고 죄인을 처벌하는 것으로 묘사한다. 하지만 선한 이들을 보상한다는 대목은 한 군데도 없다.[125] 다만 드물게 소수의 영웅들을 위한 영원한 낙원으로 "복락의 섬", 즉 엘리시온 들판이 언급된다. 거의 모든 사망자를 기다리고 있는 이 음울한 운명에 대한 관념이 그리스 문학에 어둠을 드리우고, 그리스인의 삶을 그렇게 밝은 태양빛에 어울리지 않게 쾌활함과 명랑함이 떨어지게 만든다.

THE LIFE OF GREECE

14장 페리클레스 시대의 그리스 예술

1. 삶의 장식

크세노폰의 『가정론』에 나오는 한 등장인물은 이렇게 말한다.

신발이 종류에 따라 한 줄로 정돈된 모습은 아름답다. 의복과 침대보가 용도에 따라 분류된 모습도 아름답다. 유리 화병과 식탁용 식기류가 분류된 모습 또한 아름답다. 무분별하고 경박한 이들의 빈정거림에도 불구하고 요리 냄비가 운치 있고 균형감 있게 정돈된 모습 또한 아름답다. 그렇다. 만물은 그 무엇이든 질서 정연하게 놓여 균형미를 띨 때 더 아름답게 보인다. 이 모든 가정용품은 하나의 합창단을 구성한 듯이 보인다. 이들이 하나로 어우러진 그 중심에 아름다움이 살아나고, 무리 지어 있는 다른 대상들과 거리감을 둠으로써 아름다움이 더해진다.[1]

이 구절에는 그리스 미적 감각의 힘과 단순성 그리고 적용 범위가 잘 드러나 있다. 형태와 리듬, 정확성과 명료성, 비율과 질서에 대한 감각은 그리스 문화에 있어 중심 요소가 되며, 모든 그릇과 화병, 조각상과 그림, 신전과 무덤, 시와 희곡, 그리스의 모든 과학적·철학적 업적의 외양과 장식에 배어든다. 그리스의 예술은 명확하게 만들어진 이성이다. 그리스의 회화는 선의 논리이다. 그리스의 조각은 대칭에 대한 숭배이다. 그리스의 건축은 대리석의 기하학이다. 페리클레스 시대의 예술에는 어떤 감정의 과장이나 형식의 기괴함, 비정상적이거나 유별난 진기함의 갈구도 없다.* 그 목적은 실제 세계의 난잡한 무관계성을 표현하는 데 있는 것이 아니라, 사물의 밝은 정수를 포착하고 인간의 이상적인 가능성을 그리는 데 있다. 아테네인들은 부와 아름다움, 지식의 추구에 너무나 열중한 나머지 선(善)을 행할 시간이 없었다. 크세노폰의 연회 손님 중 한 명은 "모든 신들에게 맹세코 페르시아 왕의 권력보다 아름다움을 선택하겠다."라고 말한다.[3]

강건함이 덜했던 시대의 낭만주의자들이 어떻게 상상하든, 그리스인들은 결코 나약한 심미주의자나 예술을 위한 예술이라는 신비주의를 중얼거리는 황홀경의 도취자가 아니다. 그들은 예술을 삶의 종속물로, 그리고 삶을 가장 위대한 예술로 생각했다. 또한 사용될 수 없는 모든 아름다움에 대해 건전한 실용주의적 편견을 가지고 있었다. 유용성과 아름다움, 선은 소크라테스의 철학에서처럼 그리스인의 사고 안에 긴밀하게 결합되어 있었다.** 그들이 보기에 예술은 무엇보다 삶의 방식과 수단에 대한 장식이었다. 항아리와 냄비, 램프와 옷장, 탁자와 침대와 의자가 유용하면서도 아름답기를 바랐고, 우아함이 지나쳐 실용성이 상실되기를 절대 바라지 않았다. 힘찬 "국가 의식"을 갖춘 그리스인들은 자신을 모국의 권력 및 영광과 동일시해, 수많은 예술가를 고용해 공공장소를 미화하고 축제를 기품 있게 만들었으며 모국의 역사를 기렸다. 무엇보다 신들을 존숭하고 달래며 생명이나 승리에 대해 감사를 표하기를 원했다. 봉헌 조

---

* 투키디데스의 글에 나오는 페리클레스는 이렇게 말한다. "우리는 과장 없는 아름다움을 사랑한다."[2]
** 스탕달(Stendhal)은 "고대인에게 있어 아름다움은 유용성의 높은 돋을새김일 뿐이다."라고 말했다.[4]

각상을 바치고 신전에 자기 재산을 아낌없이 내놓았으며, 조각가를 시켜 신과 선조를 위해 길이 남을 석조상을 만들게 했다. 따라서 그리스 예술은 아주 드물게 미적 자각에 눈뜰 수 있는 미술관이 아니라, 실제 이해관계와 사업에 속한 것이다. 그리스의 아폴론은 미술관에 안치된 죽은 대리석이 아니라 사랑받는 신들의 초상이었다. 그리스 신전은 관광객들의 단순한 구경거리가 아니라 살아 있는 신들의 거주 공간이었다. 그리스 사회에 있어서 예술가는 작업실 안의 파산한 은둔자나, 평범한 시민들에게 낯선 언어를 사용하며 일하는 사람이 아니었다. 그는 공적이고 이해 가능한 작업을 모든 계층의 노동자들과 함께하는 장인이었다. 아테네는 철학자와 시인들뿐 아니라 르네상스 시대의 로마를 제외하고는 다른 어느 도시보다 엄청난 규모의 예술가 집단을 전 그리스 세계에서 불러 모았다. 이들은 계몽된 정치 지도력하에서 격렬하게 경쟁하고 협력하면서 페리클레스의 비전을 상당한 정도로 실현했다.

예술은 가정에서 시작되고 사람과 함께한다. 사람들은 그림을 그리기 전에 자신을 단장하고, 집을 건축하기 전에 몸을 장식한다. 화장술과 마찬가지로 보석은 역사만큼이나 오래다. 그리스인들은 보석을 전문적으로 절단하고 다듬었다. 그들은 이 일에 평범한 판 모양의 드릴과 마귀, 금강사(金剛沙)와 기름을 섞은 연마제 등 단순한 청동제 도구들을 사용했다.[5] 하지만 그 작업은 너무나 섬세하고 미세해서 세부적인 부분을 다루기 위해서는 현미경이 필요했을 것이다. 실제로 그들을 따라 하려면 확실히 현미경이 필요하다.[6] 무서운 올빼미가 조폐창을 지배한 아테네의 주화는 특별히 예쁘지 않았다. 엘리스가 이 분야에서 그리스 본토 전역을 이끌었고, 기원전 5세기가 끝날 무렵 시라쿠사는 10드라크마 화폐를 발행했는데 이는 화폐 예술에 있어 타의 추종을 불허하였다. 야금술은 칼키스의 장인들이 주도했으며, 모든 지중해 지역 도시가 칼키스의 쇠그릇과 구리그릇, 은그릇을 찾았다. 그리스 거울은 청동을 연마해 만들었기 때문에 앞에 선 모습을 아주 선명하게 비춰 주지는 못했지만, 모양이 다양하고 매력적이며 종종 화려하게 조각되고 영웅과 아름다운 여성, 신들의 모습으로 받침대를 만들어 다른 거울

들보다 더한층 사람들을 즐겁게 해 주었다.

　도공들은 기원전 6세기의 형식과 방법을 이어 갔고, 전래의 조롱과 경쟁심도 여전했다. 가끔 그들은 한 소년에 대한 사랑의 말을 화병 안에 녹여 넣었다. 페이디아스조차 이 관습을 따라 자신의 제우스의 손가락에 "판타르케스(Pantarkes)는 사랑스럽다."라는 말을 새겨 넣었다.[7] 기원전 5세기 전반에 적화(赤畵) 스타일은 「아킬레우스와 펜테실레아」 화병과 바티칸 박물관에 있는 「이솝과 여우」 컵, 베를린 박물관에 있는 「트라키아인들 가운데 있는 오르페우스」에서 그 절정에 달했다. 훨씬 더 아름다운 작품은 기원전 5세기 중반의 흰색 레키토이(lekythoi)(흰색 바탕에 채색 인물상을 그려 넣은 장례용 항아리 - 옮긴이)였다. 이 날씬한 병들은 죽은 자에게 바쳐졌고, 보통 함께 묻히거나 화장 연료에 던져져 향유가 불길과 함께 타오르게 했다. 화병 화가들은 개성을 발하는 모험심을 발휘했고, 때로는 고대 시대의 성실한 장인들을 놀라게 할 주제를 진흙에 새겨 굽기도 했다. 어떤 화병은 아테네 젊은이들이 아무 부끄러움 없이 창부와 포옹하는 장면을, 어떤 화병은 연회에서 돌아오는 이들이 구토하는 장면을 담고 있으며, 또 어떤 화병에는 성교육이라도 하는 듯한 장면이 담겨있다.[8] 페리클레스 시대의 화병 그림의 영웅들인 브리고스와 소타데스, 메이디아스는 낡은 신화를 버리고 당대의 생활상을 주제로 선택했으며, 무엇보다 여인들의 우아한 움직임과 아이들의 자연스러운 장난을 즐겨 묘사했다. 그들은 자신의 선배들보다 더 성실하게 주제를 표현했다. 그들은 측면도뿐 아니라 7등신의 관점으로 신체를 보여 주었고, 유약의 농담에 따라 빛과 그림자를 표현했으며, 인물들을 모델로 하여 윤곽미와 깊이를 보여 주었고, 여성의 옷에 나타나는 주름을 잘 표현했다. 코린토스와 시칠리아의 젤라 역시 이 시대에 멋진 화병 그림의 중심지였지만, 이 분야에 있어 아테네인들의 우월성을 의심하는 사람은 아무도 없었다. 케라미코스의 예술가들이 빛을 잃은 것은 다른 도공들과의 경쟁 때문이 아니라 경쟁적인 장식 예술의 출현 때문이었다. 화병 화가들은 벽화 화가들의 주제와 스타일을 모방함으로써 이런 공격에 대처하려 애썼다. 하지만 당대의 취향은 그들과는 상반되었고, 기원전 4세기가 진행되면서 도기는 서서히 예술성이 퇴화하고 산업화되어 갔다.

2. 회화의 부상

그리스 회화의 역사는 다소 불분명한 형태로 네 단계로 나뉜다. 기원전 6세기에는 주로 도자기를 소재로 하여 화병 장식에 치중했다. 기원전 5세기에는 주로 건축을 소재로 했고, 공공건물과 조각상에 색상을 입혔다. 기원전 4세기에는 회화 예술이 가정과 개인들 사이를 배회하며 주거지를 장식하고 초상화를 그렸다. 헬레니즘 시대에는 주로 개인들을 상대했고, 개인 고객을 위해 이젤화를 그렸다. 그리스 회화는 데생의 지류로 시작해서 기본적으로는 끝까지 데생과 디자인의 문제로 남았다. 그 발전 과정에서 그리스 회화는 젖은 벽토 위에 그리는 프레스코 화법(fresco), 달걀 흰자와 물감을 섞어 젖은 천이나 판 위에 그리는 템페라 화법(tempera), 녹은 밀랍과 물감을 섞어 그리는 납(蠟) 화법(encaustic) 등 세 가지 방식을 사용했다. 이를 통해 고대인들은 유화에 점차 다가간다. 헤로도토스 못지않게 잘 믿는 성격의 플리니우스는 회화 예술이 이미 기원전 8세기에 발달했고, 리디아 왕 칸다울레스는 불라르코스가 그린 그림의 무게만큼 금으로 대가를 지불했다고 자신 있게 말한다.[9] 하지만 모든 일의 시작은 신비에 쌓여 있다. 플리니우스가 조각보다 회화에 더 많은 지면을 할애한 사실에서 그리스 회화의 높은 명성을 짐작할 수 있다. 분명히 고전 시대와 헬레니즘 시대의 위대한 작품들은 가장 뛰어났던 건축물이나 조각상들저럼 비평가들의 관심을 집중시키고 대중들의 사랑을 크게 받았다.[10]

타소스의 폴리그노토스는 이크티노스나 페이디아스만큼이나 기원전 5세기 그리스에서 유명한 인물이었다. 기원전 472년경 그는 아테네에 모습을 나타낸다. 부유한 키몬이 몇몇 공공건물을 벽화로 장식하라는 임무를 그에게 맡긴 것 같다.* 이후 포이킬레(Poecile), 즉 채색한 주랑 현관이라 불리고, 3세기가 지난 후에는 제논의 철학에 이름을 빌려 주게 되는 주랑(Stoa) 위에 폴리그노토스는 「트로이의 함락」을 그린다. 이 그

---

* 그는 키몬의 누이 엘피니케에게 구애하고 그녀를 모델로 트로이의 여인들 가운데 라오디케아를 그려 키몬에게 보답했다.[11]

림은 승리의 밤에 있었던 유혈 낭자한 대학살이 아니라, 다음날 아침의 엄숙한 침묵으로 승리자들이 그들 주변의 폐허에 입을 다물고 패배한 이들은 침묵을 지키며 죽어 있는 장면이었다. 그는 디오스쿠리 신전 벽에「레우키피다이의 겁탈」을 그렸는데, 여기서 여인들을 속이 비치는 옷을 입은 모습으로 표현해 그의 예술에 있어 하나의 선례를 세웠다. 인보동맹 회의는 이 그림에 충격을 받지 않았다. 회의는 폴리그노토스를 델포이로 초청하고, 그는 신전의 라운지에다「하데스의 오디세우스」와 또 하나의「트로이의 함락」을 그렸다. 이 모든 작품은 거대한 프레스코화였고 풍경이나 배경이 거의 전무했지만, 다양한 인물들로 가득 차 있어서 이 대가가 주의 깊게 그린 디자인을 채색하는 데 수많은 조수가 필요했다. 라운지에 그려진 트로이의 벽화는 메넬라오스 일행이 그리스로 돌아가기 위해 돛을 펴는 모습이 그려져 있고 그 가운데에 헬렌이 앉아 있다. 다른 많은 여인들이 그림 속에 등장하지만 모두 그녀의 아름다움을 주시하는 듯 보인다. 구석에는 안드로마케가 서 있고 아스티아낙스가 그녀의 가슴에 안겨 있다. 다른 구석에는 어린 소년이 두려움에 떨며 제단에 달라붙어 있고, 저 멀리 말 한 마리가 모래 해변 주위를 돌아다닌다.[12] 에우리피데스가 등장하기 반세기 전에「트로이 여인들」의 모든 드라마가 여기에 등장한다. 폴리그노토스는 대가를 사양하고 확신에 찬 자신감에서 나오는 관대함으로 이 그림들을 아테네와 델포이에 바쳤다. 모든 그리스인들이 그를 칭찬했다. 아테네는 그에게 시민권을 부여했고, 인보동맹 회의는 그가 그리스 어느 곳을 가든 공공 경비로 대접을 받도록(소크라테스가 바랐듯이) 조처했다.[13] 하지만 이제 그에게 남은 것은 델포이 신전 벽에 묻어 있는 약간의 안료밖에 없어, 불멸의 예술도 지질학적인 시간에 비하면 한순간에 지나지 않음을 다시 한 번 상기시킨다.

기원전 470년경 델포이와 코린토스는 피티아와 이스트미아 제전의 일부로 4년마다 열리는 회화 경연 대회를 개최했다. 회화 예술은 이제 페이디아스의 형제(또는 조카) 파나이노스가「마라톤 전투」에서 선명한 윤곽을 한 아테네와 페르시아의 장군들 초상을 그릴 수 있을 만큼 충분히 발달했다. 하지만 그리스 회화는 여전히 모든 인물을 하나의 평면에 배치하고 모두 같은 키로 그렸다. 크기의 점진적인 축소와 빛과 그늘을 이용한 입체감 표현을 통해서가 아니라, 멀리 있는 인물의 하반신을 지면을 나타내는 곡선으로 덮음으로써 거리감을 표현했다. 기원전 440년경에 회화 예술은 중요한 전환점을 맞는다. 아이스킬로스와 소포클레스에 의해 연극 공연을 위한 배경을 그리도록 고용된 아가타르코스가 빛과 그늘 간의 상관관계를 깨닫고, 극장의 환상적 분위기를 연출하는 수단으로서의 원근법에 대해 책자를 썼다. 아낙사고라스와 데모크리토스는 이 생각을 과학적 측면에서 받아들이고, 기원전 5세기 말에 아테네의 아폴로도로스는 그림을 키아로스쿠로(chiaroscuro), 즉 명암법에 따라 그려 스키아그라포스(skiagraphos), 즉 그림자 화가라는 이름을 얻는다. 플리니우스는 아폴로도로스를 "실제 모습 그대로 사물을 그린 최초의 인물"이라고 말했다.[14]

그리스 화가들은 이러한 발견을 결코 충분히 활용하지는 못했다. 솔론이 연극 예술을 사기 행위라며 눈살을 찌푸렸듯이, 예술가들은 평면 위에 3차원을 표현하는 것을 자신들의 명예에 저해되고 품위를 떨어뜨리는 일로 생각한 것 같다. 그럼에도 불구하고 아폴로도로스의 제자 제욱시스는 기원전 5세기 회화에서 원근법과 명암법을 통해 당대 최고의 인물이 되었다. 그는 기원전 424년경 헤라클레이아(폰티카?)에서 아테네로 왔다. 전쟁의 혼란 속에서도 그의 아테네 진출은 하나의 사건으로 간주되었다. 그는 대담하고 재치 있는 인물로서 허세 가득한 필치로 그림을 그렸다. 올림피아 제전에서 그는 금으로 자기 이름을 수놓은 체크무늬 옷을 입고 활보하며 다녔다. 그도 그럴 만한 것이 그는 자신의 그림 솜씨로 이미 "거대한 부"를 모았던 것이다.[15] 하지만 그는 위대한 예술가답게 아주 성실하게 작업에 임했다. 아가타르코스가 자신의 작업 속도를 자랑하자, 그는 조용히 "나는 시간이 많이 걸린다네."라고 말했다.[16] 그는 어떤 가격도 자기 작품에 정당하게 매겨질 수 없다는 생각에 많은 걸작품을 무상으로 기증했고, 여러 도시와 왕들이 기꺼운 마음으로 그의 선물을 받았다.

당대에 그에게는 오직 한 명의 라이벌만 있었다. 그 사람은 에페소스의 파라시오스로 위대함에 있어서도 그렇지만 허영심 또한 막상막하였다. 파라시오스는 머리에 금관을 쓰고 자신을 "화가들의 왕"이라 자처했으며, 자신에게서 회화 예술이 완성되었다고 말했다.[17] 그는 그림을 그릴 때 노래를 부르는 등 언제나 활기차고 쾌활한 기분으로 작업에 임했다.[18] 소문에 의하면 그는 한 명의 노예를 사 고문을 가함으로써 프로메테우스 그림의 고통스러운 얼굴 표정을 얻어 냈다고 한다.[19] 하지만 사람들은 예술가들에 대해 온갖 얘기를 지어내는 법이다. 제욱시스처럼 그 또한 사실주의자였다. 그의 「달리는 사람」은 얼마나 실감나게 그려졌던지 이 작품을 본 사람들은 땀이 그림에서 떨어지고 그림 속의 선수가 피곤에 지쳐 쓰러지는 것처럼 느꼈다. 거대한 벽화 「아테네 사람들」에서 그는 아테네인들을 무자비하면서도 자비롭고, 오만하면서도 겸손하며, 격렬하면서도 소심하고, 까다로우면서도 관대하게 표현하고 아주 사실적으로 그렸으며, 아테네인들은 자신들의 복잡하고 모순적인 성격을 처음으로 깨달았다고 한다.[20]

엄청난 경쟁심이 그를 제욱시스와의 공식 경쟁으로 몰고 갔다. 제욱시스는 몇 송이의 포도를 얼마나 자연스럽게 그렸던지 새들이 날아와서 그림 속의 포도를 먹으려 했다. 심사원들은 그의 그림에 열광했고, 제욱시스는 승리를 확신하면서 이 에페소스인의 그림을 가리고 있는 커튼을 젖히게 했다. 하지만 커튼은 그림의 일부였고, 그의 그림에 속은 제욱시스는 선선히 패배를 인정했다. 제욱시스의 명예는 전혀 손상되지 않았다. 크로토나에서 그는 라키니아의 헤라 신전을 위해 「헬렌」을 그릴 것을 수락했다. 그들 각자로부터 가장 아름다운 모습을 취해 두 번째 미의 여신 안에 그 모든 장점을 조합시킬 수 있도록 크로토나에서 가장 아름다운 다섯 여인이 자신을 위해 누드모델이 되어 준다는 조건에서였다.[21] 페넬로페 역시 그의 붓을 통해 새 생명을 얻었다. 하지만 그는 운동선수 그림을 더 아꼈고, 그림 하단에 사람들이 자기에 필적하기보다는 비평하기가 더 쉬울 것이라고 적어 넣었다. 그리스 전체가 그의 자만심을 즐겼고, 극작가나 정치가, 장군만큼이나 그를 화제 삼아 얘기했다. 그의 명성을 능가한 이는 직업 격투기 선수들뿐이었다.

3. 조각의 대가들

1. 방식

그럼에도 불구하고 회화는 그리스의 기풍에 있어서 어느 정도 낯선 예술로 남았다. 그리스는 색상보다 형상을 더 사랑했고, 심지어 고전 시대의 회화를 (소문으로 판단한다면) 삶의 색상에 관한 감각적인 포착이라기보다는 선과 디자인에 대한 연구에 있어 조각상을 연상시키는 것으로 만들었다. 그리스인들은 조각을 더 사랑했다. 그들은 자신의 집과 신전, 무덤을 테라 코타 조각상들로 채우고, 석상으로 신을 섬겼으며, 무덤을 석비(石碑) 돋을새김으로 장식함으로써 그리스 예술에 있어 가장 일반적이면서도 감동적인 유물이 되게 했다. 석비를 제작한 장인들은 기계적으로 작업하는 노동자들로서 살아 있는 사람들과 죽은 사람들의 조용한 이별을 손을 쥔 모양으로 표현한 친숙한 주제를 수없이 되풀이해 표현했다. 하지만 주제 자체는 아주 고상해서 얼마든지 반복 작업을 감내할 수 있다. 이 주제는 그 전성기에 고전적인 구속을 보여 주며, 감정이 그 목소리를 낮출 때 가장 큰 힘을 발한다는 낭만적인 정신까지 가르쳐 준다. 아이가 후프를 가지고 놀고, 소녀가 항아리를 들고 가며, 전사가 자랑스레 갑옷을 입고 있고, 젊은 여인이 자기 보석을 애지중지하고, 소년이 책을 읽는 동안 그의 개가 의자 아래에서 만족스럽지만 경계하는 표정으로 누워 있는 등 이들 석판에 묘사된 장면은 죽은 이들이 어떤 특징적인 삶을 살았는지 가장 흔하게 보여 준다. 이들 석비로 인해 죽음은 자연스러워지고, 그러므로 용서받을 수 있다.

이들 부류에 있어 더 복잡하고 탁월한 분야는 이 시대의 조각 돋을새김이다. 그중 한 작품에서 오르페우스는 에우리디케에게 아쉬운 작별 인사를 하고, 헤르메스는 지하 세계로 그녀를 데려간다.[22] 다른 작품에서는 데메테르가 트립톨레모스에게 황금 곡식을 줌으로써 그리스에 농경을 확립하게 하는 장면이 표현되어 있다. 이 작품에서 일부 안료가 돌에 여전히 남아 있어, 황금 시대 그리스 돋을새김의 온기와 화려함이 묻어나

는 듯하다.23 더욱 아름다운 작품은 「아프로디테의 탄생」으로, 루도비시 대좌(臺座)*
한쪽에 이오니아에서 훈련을 받은 듯한 익명의 조각가에 의해 새겨졌다. 이 작품에서
는 두 명의 여신이 아프로디테를 바다에서 들어 올리고, 그녀의 물에 젖은 얇은 옷이 몸
에 달라붙어 화려하고 성숙한 자태를 완연히 드러낸다. 아프로디테의 머리 부분은 반
아시아계이지만, 시중을 드는 신들의 옷과 부드럽고 우아한 자세는 민감한 그리스인의
시각과 솜씨를 여지없이 보여 준다. 대좌의 다른 쪽 면에는 옷을 벗은 소녀가 더블 플루
트를 불고 있다. 세 번째 면에는 베일을 쓴 여인이 저녁을 위해 램프를 준비하는데, 여
기에 표현된 얼굴과 옷은 중간 면에서보다 더욱 완벽에 가까운 것 같다.

선배들과 비교할 때 기원전 5세기 조각가의 발전은 아주 인상적이다. 정면
주의가 폐기되고 원근법이 더 심화되며, 부동자세는 동작 표현에, 경직성은 생
명에 자리를 양보한다. 그리스 조각이 낡은 관례를 타파하고 인간의 행동을 표
현하게 되었을 때, 이는 진정한 예술의 혁명이었다. 이전에는 이집트나 근동,
마라톤 전투 이전 시대 그리스에서 어떤 각도에서도 조각이 동작을 취한 적이
거의 없었다. 이러한 발전은 살라미스 해전 이후 그리스인의 삶의 신선한 생명
력과 활력에 힘입은 바 크고, 여러 세대를 거치는 동안 대가와 도제들이 신체
의 운동성에 대해 끈질기게 연구한 것이 이 발전에 큰 기여를 했다. 조각가이
자 철학자였던 소크라테스는 "당신 작품이 살아 있는 것처럼 보이는 것은 살아
있는 것들을 모델로 하기 때문이 아닌가? …… 우리의 여러 가지 자세가 신체
의 특정 근육을 위아래로 움직이게 해, 어떤 부분은 수축되고 어떤 부분은 늘어
나며 어떤 부분은 긴장되고 어떤 부분은 이완되는데, 이런 움직임을 표현함으
로써 당신 작품에 더 큰 진실성과 사실성이 부여되는 것 아닌가?"라고 묻는
다.24 페리클레스 시대의 조각가는 신체의 모든 특징에 대해, 즉 얼굴뿐 아니라
복부에도, 움직이는 골격 위의 탄력 있는 피부에 대해서도, 근육과 힘줄, 정맥

---

* 1887년에 빌라 루도비시(Villa Ludovisi)가 헐렸을 때 로마에서 발견된 대리석 덩어리이다. 원형은 로마의 테르
메 미술관에 보관되어 있고, 뉴욕 메트로폴리탄 박물관에 훌륭한 복제품이 전시되어 있다.

의 불거짐에 대해, 손과 귀, 발의 구조와 동작의 경이로움에 대해 관심을 기울인다. 또한 팔다리를 만드는 어려움에도 매료된다. 조각가는 작업실에서 그를 위해 자세를 취하도록 모델을 이용하는 경우가 많지 않다. 대부분의 경우에 체육관이나 경기장에서 남자들이 옷을 벗고 활약하는 모습을 지켜보기를 즐기고, 여인들에 대해서는 종교 행렬 속에서 엄숙하게 행진하는 모습과 가사에 자연스레 집중하는 모습을 즐겨 관찰한다. 수줍음 때문이 아니라 이런 이유 때문에 조각가는 해부학적 연구를 남성에 국한했고, 여성들을 묘사하는 데 있어서는 해부학적 세부 묘사를 섬세한 의상 표현으로 대신한다. 하지만 여성들의 옷을 가능한 한 투명하게 표현한다. 이집트와 고대 그리스의 뻣뻣한 치마에 물려 여성들의 옷이 미풍에 날리는 모습을 즐겨 표현하는데, 여기에서 또다시 움직임과 생명력의 특질을 포착한다.

조각가는 나무와 상아, 뼈, 테라 코타, 석회석, 대리석, 금, 은 등 입수할 수 있는 거의 모든 재료를 이용한다. 때로는 페이디아스의 금과 상아로 만든 조각상들에서처럼 의복에는 금을 사용하고 피부에는 상아를 사용하기도 한다. 펠로폰네소스에서는 청동이 조각가가 선호하는 재료인데, 그 이유는 태양 볕 아래 몸을 드러내어 그을린 남성들의 신체를 표현하는 데는 청동의 어두운 색조가 딱 들어맞았기 때문이다. 인간의 탐욕을 알지 못하는 조각가는 돌보다 청동이 더 오래갈 것이라고도 생각한다. 이오니아와 아티카의 조각가는 대리석을 선호한다. 대리석의 작업상 어려움이 그를 자극하고, 견고함으로 인해 안심하고 재료를 깎아 낼 수 있으며, 그 투명한 매끄러움은 여자 피부의 장밋빛 색상과 섬세한 감촉을 전달하기에 안성맞춤인 듯하다. 아테네 주변 지역에서 조각가는 펜텔리코스 산의 대리석을 발견하고, 그 속에 있는 철 성분이 세월의 풍상을 거치며 금맥으로 형성되어 가는 것을 관찰한다. 천재성의 절반을 차지하는 완고한 인내심으로 그는 서서히 채석장을 살아 있는 조각상군(群)으로 만든다. 청동으로 작업할 때 기원전 5세기의 조각가는 밀랍 제거 과정에 의한 공동 주조법(空洞鑄造法)을 이용한다. 즉 석고나 진흙으로 모델을 만들고 그 위를 밀랍으로 얇게 덧입힌 다음, 구멍이 많이 나 있는 석고나 진흙의 거푸집으로 전체를 덮는다. 이 형상을 노(爐)에 넣으면 그 열기가 밀랍을 녹이고, 구멍을 통해 밀랍이 빠져나온다. 다음으로 녹은 청동을 거푸집 상단을 통해 부어 넣어 청동이 밀랍이 차지했던 공간을 채우게 한다. 그다음 형상을 식히고, 외부 거푸집을 제거한 다음 정성껏 다듬어서 래커를 칠하거나 채색하거나 도금한다. 이로써 청동은 최종 완성 형태를 갖추게 된다. 대리석을 조각 재료로 삼을 경우에는 아무 모양도 없는 돌덩어리로 작업을 시작하며, 어떤 윤곽 잡기*의 도움도 받지 않는다. 조각가는 손으로 작업하고 대부분 도구보다는 육안으로 가늠한다.[26] 그는 자신이 생각한 완성형이 돌에서 형태를 갖출 때까지 불필요한 부분을 세밀하게 제거하고, 아리스토텔레스의 말을 빌리면 비로소 질료가 형상이 된다.

주제는 신들로부터 동물에 이르기까지 다양하지만, 이들은 모두 외관상 보기에 훌륭해야 한다. 병약자나 지식인, 비정상적인 형태나 노인은 주제로 삼지 않는다. 말을 즐겨 대상으로 삼고 다른 동물에는 관심이 없다. 여성을 더 즐겨 표현하고, 아테네 미술관에 소장되어 있는 가슴 쪽 옷을 여미며 사색에 잠긴 처녀처럼 익명의 걸작들 중 일부는 말로 표현할 수 없는 사랑스러움을 잔잔히 전달한다. 가장 즐겨 표현하는 대상은 운동선수로서, 이들에 대해 감탄해 마지않으며 아무런 방해도 받지 않고 마음껏 관찰한다. 이따금씩 이들의 신체를 과장해서 믿을 수 없을 정도로 놀라운 근육들로 이들의 복부를 표현한다. 하지만 이런 약점에도 불구하고 조각가는 안티키테라 근해에서 발견되었으며, 한때 뱀 머리칼을 한 메두사 머리를 들었고, 에페보스 또는 페르세우스로 번갈아 불렸던 것 같은 청동상을 만들 수 있었다. 가끔은 어떤 단순하고 자연스러운 행동에 열중하는 소년이나 소녀의 모습을 포착한다. 발에서 가시를 뽑는 소년과 같은 작품이 그 예다.** 하지만 국가 신화는 여전히 조각 예술의 주도적인 영감이

---

* 예술가가 석재로 작업하기에 앞서 석공이 한 덩어리의 조각 재료를 자르기 위해 여러 지점을 설정하고, 이때 그 깊이를 표시하는 방법이다. 이 과정은 헬레니즘 시대의 그리스에서 이용되기 시작했다.[25]
** 로마의 카피톨리노 박물관에 소장되어 있다. 아마도 기원전 5세기 그리스 원형의 복제품인 듯하다.

다. 기원전 5세기의 사상을 관통하는 그 가공할 철학과 종교 간의 갈등은 아직은 기념물들에 등장하지 않는다. 여기서는 신들이 여전히 최고의 자리를 차지하고 있다. 설령 죽어 가고 있다 하더라도, 그들은 예술의 시신(詩神)으로 당당히 변형된다. 아르테미시온의 강력한 「제우스」*를 청동으로 주조하는 조각가가 자신이 세계의 법을 형상화하고 있다고 정말로 믿는 것일까? 델포이 박물관의 다정하면서도 비탄에 잠긴 「디오니소스」를 조각하는 예술가는 불분명한 이해의 깊이 가운데서도 디오니소스가 철학의 화살에 맞았고, 디오니소스의 계승자 그리스도의 전통적인 형상이 이 얼굴에 이미 예견되어있다는 사실을 알고 있는 걸까?

2. 학교

그리스 조각이 기원전 5세기에 그렇게 많은 것을 성취했다면, 그것은 부분적으로 모든 조각가들이 학교에 소속되어 예술상의 기술을 계속 이어 나가며, 독립적인 개성의 무절제함을 저지하고, 그들의 특별한 능력을 북돋우며, 과거의 기술과 업적 위에 굳게 서서 자신들을 훈련하고, 자신들을 고립되고 통제되지 않은 천재가 되게 하기보다 재능과 원칙의 상호 작용을 통해 더 위대한 예술도 형성시키는 내가와 세사들의 긴 계보 안에 자리했기 때문이다. 위대한 예술가들은 전통을 내던지는 게 아니라 그 절정을 구현하는 경우가 매우 빈번하다. 반역이 예술의 자연스러운 발전 과정에 있어 필수적인 변수이긴 하지만, 예술이 최고의 개성을 발휘하는 것은 새로운 계통이 계승에 의해 공고해지고 세월 속에서 단련될 때뿐이다.

페리클레스 시대의 그리스에서는 다섯 개의 학교, 즉 레기온, 시키온, 아르고스, 아이기나, 아티카의 학교가 이 기능을 수행했다. 기원전 496년경 사모스의 또 다른 피타고라스가 레기온에 정착해 그에게 지중해 지역의 명성을 가져

---

* 아테네 미술관에 소장되어 있다. 또한 메트로폴리탄 예술 박물관에 그 복제품이 있다.

다준「필록테테스」를 주조하여 전 그리스 조각가들을 충격에 빠뜨리고, 헬레니즘 시대에 가서야 조각가들이 본받으려 한 그런 열정과 고통, 노쇠의 표정들을 자신의 작품 속 얼굴에 형상화했다. 시키온에서는 카나코스와 그의 형제 아리스토클레스가 크레타의 디포이노스와 스킬리스가 한 세기 전에 시작한 작업을 이어받아 계속했다. 칼론과 오나타스는 청동을 다루는 그들의 기술로 아이기나에 명성을 안겨 주었다. 아마도 아이기나 박공벽을 제작한 것은 이들이었을 것이다. 아르고스의 아겔라다스는 학교에서 조각 기술을 조직적으로 전수했고, 이는 폴리클레이토스에 이르러 절정에 달한다.

시키온 출신 폴리클레이토스는 기원전 422년경에 아르고스에서 헤라 신전을 위해 이 최고 여신의 금과 상아로 된 조각상을 디자인함으로써 유명해졌다. 이 조각상은 당대에 페이디아스의 금과 상아로 만든 엄청난 작품들 다음으로 높이 평가되었다.* 에페소스에서 그는 아르테미스 신전을 위한 「아마존」이라는 작품을 제작하면서 페이디아스와 크레실라스, 프라드몬과 경쟁에 나섰다. 네 명의 예술가가 결과물을 두고 판정을 받았다. 전하는 이야기에 의하면 모두가 자신의 작품을 최고로 치고 폴리클레이토스의 작품을 다음으로 꼽았다고 한다. 결국 상은 시키온 출신의 폴리클레이토스에게 돌아갔다.[27]** 하지만 폴리클레이토스는 여인이나 신들보다 운동선수에 더 애정을 가졌다. 유명한 「디아두메노스」에서(이것의 현존 최고 복제품은 아테네 박물관에 있다.), 그는 승리자가 심판들이 월계관을 씌워 줄 자기 머리에 머리띠를 두르는 순간을 표현할 장면으로 선택했다. 흉부와 복부는 믿을 수 없을 정도로 근육질이지만 몸은 한 발로 균형을 이룬 채 생생하게 자세를 취하고 있어, 그야말로 고전적인 규칙성 그 자체를 보여 준다. 규칙성은 폴리클레이토스의 맹목적 숭배 대상이었다. 조각상의 모든 부분에서 정확한 비율을 위한 규칙 또는 기준을 발견하고 수립하

---

* 영국 박물관에 소장된 헤라의 고상한 얼굴에서 그 장엄함의 흔적을 느낄 수 있다. 이 작품은 폴리클레이토스 작품의 복제품으로 알려져 있다.

** 바티칸 박물관에 있는 「아마존」은 이 작품의 로마 시대 복제품인 듯하다.

는 것이 그의 생애의 목표였다. 그는 조각에 있어서의 피타고라스여서 대칭과 형식의 신성한 수학적 해석을 모색했다. 그는 완전한 신체의 모든 부분들의 치수는 어떤 한 부분, 가령 집게손가락의 치수에 대해 일정한 비율을 가져야 한다고 생각했다. 폴리클레이토스의 기준은 둥근 머리와 넓은 어깨, 단단한 몸통, 넓은 둔부, 짧은 다리를 요구했고, 대체로 우아하다기보다는 힘 있는 모습을 보여 주었다. 폴리클레이토스는 자신의 기준을 너무나 선호한 나머지 책으로 써서 이를 상술하려 했고, 이를 실례로 보여 주는 조각상을 제작했다. 아마도 이 작품은 「창을 맨 사람」으로 나폴리 박물관이 로마 시대의 복제품을 소장하고 있다. 여기에 다시금 짧은 머리와 강력한 어깨, 짧은 몸통, 사타구니 위의 주름 잡힌 근육 조직이 등장한다. 이보다 더 사랑스러운 작품은 영국 박물관에 소장된 「웨스트마코트 에페보스」로, 이 젊은이에게는 근육뿐 아니라 감정도 있어 자신의 힘 이외 다른 어떤 것에 대한 감미로운 사색에 잠긴 듯한 모습이다. 이런 인물들을 통해 폴리클레이토스의 기준은 한동안 펠로폰네소스 지역 조각가들에게 법칙이 되었다. 이 기준은 페이디아스에게도 영향을 주었고, 프락시텔레스가 경쟁적인 기준인 키 크고 날씬한 아름다움으로 폴리클레이토스의 기준을 폐기할 때까지 지배적인 영향력을 발휘했다. 프락시텔레스의 기준은 로마 시대를 거쳐 그리스도교 시대의 유럽에 영향을 미친다.

미론은 펠로폰네소스인과 아티카 학교 사이의 중재 역할을 했다. 엘레우테라이에서 태어나 아테네에 거주했고, (플리니우스에 의하면[28]) 한동안 아겔라다스와 함께 수학한 그는 펠로폰네소스의 남자다움을 이오니아의 세련미와 결합시키는 법을 배웠다. 그가 이 모든 학교에 부가한 것은 동작이었다. 그는 폴리클레이토스와 달리 운동선수를 경기 전후가 아니라 경기 도중에 관찰했다. 또한 눈에 보이는 대상을 청동으로 구현하는 솜씨가 얼마나 탁월했던지, 움직이는 남자의 신체를 표현하는 데 있어서는 역사상 그 어떤 조각가도 그와 견줄 수 없었다. 기원전 470년경, 그는 가장 유명한 운동선수 조각상인 「원반던지기 선수」를 제작했다.* 남성의 경이로운 골격이 여기서 완성된다. 동작에 포함된

근육과 힘줄, 뼈의 그 모든 움직임이 주의 깊게 관찰되었다. 다리와 팔, 몸통이 굽혀져 던지기 동작에 모든 힘이 집중된다. 얼굴은 전혀 피곤한 기색 없이 평온하여 자신감으로 충만하다. 머리는 둔중하거나 포악한 대신 혈기 차고 세련되어 보여 몸을 굽히면 책이라도 쓸 것 같은 분위기다. 이 걸작은 미론의 업적 중 하나에 불과하다. 당대인도 이 작품을 높이 평가했지만, 그의「아테나와 마르시아스」**와「라다스」를 더 높이 평가했다. 여기에 표현된 아테나는 목적에 걸맞지 않게 너무 사랑스럽다. 어느 누구도 이 다소곳한 처녀가 득의만면하여 패배한 플루트 연주자가 매질당하는 장면을 지켜보리라고는 상상하지 못할 것이다. 미론의 마르시아스는 조지 버나드 쇼(George Bernard Shaw)가 어울리지 않게 감동적인 자세를 취하고 있는 듯한 모습이다. 그는 마지막 경기에 임했으며 죽기 직전에 있다. 하지만 그는 한 마디 말도 없이 죽지는 않을 것 같다. 라다스는 승리의 피로감에 굴복한 운동선수였다. 미론은 그를 너무나 사실적으로 표현해 이 조각상을 본 한 그리스 노인은 이렇게 소리쳤다. "오, 라다스여. 마치 살아 있는 듯, 헐떡이는 영혼을 내뿜고 있구나. 미론은 승자의 관(冠)을 위해 그대 육체의 모든 열정을 내쏟게 하면서 그대를 이렇게 청동으로 만들었구나." 또한 미론의「암소」에 대해 그리스인들은 이 작품이 "음매" 하고 우는 일 외에는 무슨 일이라도 할 수 있을 것 같다고 말했다.29

아티카 또는 아테네 학교는 펠로폰네소스인들과 미론에게 여성이 남성에게 줄 수 있는 아름다움과 부드러움, 섬세함, 우아함을 더해 주었다. 또한 그러면서도 아테네 학교는 여전히 힘이라는 남성적 요소를 보유하여 조각이 다시 도달할 수 없는 수준에 이르렀다. 칼라미스는 여전히 약간 고풍스러웠고, 네시오테스와 크리티오스는 두 번째「폭군 살해자들」을 제작하면서 기원전 6세기의

---

* 테르메 미술관은 한 로마 예술가의 훌륭한 대리석 복제품 몸통을 소장하고 있다. 뮌헨 박물관은 청동으로 된 최근 복제품을 소장하고 있다. 메트로폴리탄 예술 박물관은 바티칸 박물관에 있는 몸통을 란첼로티(Palazzo Lancelotti)의 머리 부분과 결합한 복제품을 소장하고 있다.
** 메트로폴리탄 예술 박물관에 라테란 복제품의 또 다른 훌륭한 복제품이 소장되어 있다.

엄격한 단순성에서 벗어나지 못했다. 루키아노스는 웅변가들에게 그런 생명 없는 형상들처럼 행동하지 말라고 경고한다. 하지만 기원전 423년경 트라키아 멘데의 파이오니오스가 아테네에서 조각을 공부한 후 메세니아인들을 위해 「승리」라는 작품을 제작했을 때, 그는 우아함과 사랑스러움의 절정에 도달해 프락시텔레스 이전까지는 어떤 그리스인도 그와 같은 경지에 도달하지 못했다. 뿐만 아니라 프락시텔레스조차도 그 의상의 드리워진 모습이라든가 무아경에 빠진 듯한 동작 표현을 능가하지 못했다.*

3. 페이디아스

기원전 447년부터 438년까지 페이디아스와 그의 조수들은 파르테논 신전의 조각상과 돋을새김들을 조각하는 데 열중했다. 플라톤이 처음 극작가였다가 이후 극적인 철학자가 된 것처럼, 페이디아스 또한 처음에는 화가였다가 나중에 조각가가 되었다. 페이디아스는 화가의 아들이었고 한동안 폴리그노토스 아래에서 수학했다. 추정컨대 폴리그노토스로부터 그는 디자인과 구성, 전체 효과를 위한 집단 구성법을 배운 듯하다. 아마도 폴리그노토스로부터 그는 "장중한 스타일"을 전수받은 듯하고, 이 스타일은 페이디아스를 그리스의 가장 위대한 조각가로 만들었다. 회화는 그를 만족시키지 못했나. 그의 작품 세계는 다차원을 필요로 했다. 그는 조각에 손을 대기 시작하고, 아마도 아겔라다스의 청동 기법을 익힌 것 같다. 끈기 있게 그는 자기 예술 분야의 모든 부문에서 대가가 되었다.

기원전 438년경 「아테나 파르테노스」를 제작할 당시 그는 이미 노인이었다. 이 때문에 그는 조각상의 방패에 자신을 나이 들고 대머리인데다 슬픔이 낯설

---

* 「승리」는 1890년 올림피아에서 독일인들에 의해 발굴된 파편들을 모아 복원되었고, 현재 올림피아 박물관에 소장되어 있다. 이와 거의 맞먹을 정도로 아름다운 작품으로는 「바다의 처녀들」이 있다. 이 작품은 리키아 크산토스의 유적에서 머리가 유실된 채 발굴되었고, 현재 영국 박물관에 소장되어 있다. 그리스 정신은 그리스인이 거주하지 않은 아시아 지역까지 침투한 것이다.

지 않은 모습으로 묘사했다. 어느 누구도 파르테논 신전의 트리글리프 사이의 벽면과 소벽, 박공벽들을 가득 메운 수백 개의 형상을 그 혼자서 조각할 것으로 기대하지 않았다. 그는 페리클레스 시대의 모든 건물을 감독하고 조각 장식을 디자인하는 것만으로도 충분했다. 나머지 모든 일은 자기 제자들에게 맡겼고, 특히 알카메네스가 모든 계획을 실행하게 했다. 그러나 아크로폴리스를 위한 도시 여신상 세 점은 자신이 직접 제작했다. 그중 한 점은 렘노스의 아테네인 식민지 개척자가 의뢰한 것이다. 이 조각상은 청동으로 만들어졌고 실물보다 약간 컸으며, 그리스 비평가들이 이 「아테나 렘니아」를 페이디아스의 작품들 중에서 가장 아름답다고 여길 정도로 아주 섬세하게 주조되었다.[30]* 또 다른 조각상은 「아테나 프로마코스」로 아테네의 호전적 수호 여신을 표현한 청동 거상이다. 이 작품은 프로필라이아와 에렉테이온 사이에 세워졌고, 받침대를 포함해 높이가 21미터나 되어 선원들에게는 등대, 적들에게는 경고의 구실을 했다.** 세 조각상 가운데 가장 유명한 작품은 「아테나 파르테노스」로 파르테논 신전 내부에 11미터 높이로 서 있는 지혜와 순결의 여신이다. 페이디아스는 이 최고 인물상을 대리석으로 만들고 싶어 했지만, 사람들은 상아와 금으로 된 작품을 원했다. 페이디아스는 드러난 신체에는 상아를 사용하고, 옷을 표현하기 위해서는 금 44달란트(1154킬로그램)를 사용했다.[32] 더욱이 그는 귀금속으로 조각상을 장식했고, 투구와 샌들, 방패를 돋을새김으로 아름답게 장식했다. 배치는 아테나의 축제일에 태양이 신전의 거대한 문들을 통해 처녀 여신의 화려한 옷과 창백한 얼굴을 직접 비출 수 있도록 했다.***

하지만 작품의 완성이 페이디아스에게 행복을 가져다주지는 못했다. 조각상 제작을 위해 그에게 맡겨진 금과 상아의 일부가 작업실에서 사라지고 해명

---

* 진짜 복제품은 전혀 남아 있지 않다.
** 이 작품은 서기 330년경에 콘스탄티노플로 옮겨졌고, 1203년에 있었던 폭동으로 파괴된 것으로 보인다.[31]
*** 아테네 박물관에 소장되어 있는 이 조각상의 르노르망(Lenormant)과 바르바카(Varvaka) 모델을 두고 판단한다면, 「아테나 파르테노스」에 대해 그렇게 관심이 가지 않을 것이다. 전자는 튼튼한 골격에 부어오른 얼굴을 하고 있고, 후자는 가슴 위를 신성한 뱀들이 스멀스멀 기어가고 있기 때문이다.

할 수 없는 상황이 벌어진 것이다. 페리클레스의 적대자들은 이 기회를 그냥 지나치지 않았다. 그들은 페이디아스를 절도죄로 고소했다.* 하지만 올림피아 사람들이 그를 위해 중재에 나섰고, 그가 올림피아에 와서 제우스 신전을 위해 금과 상아로 된 조각상을 제작한다는 조건으로 보석금 40(?)달란트를 지불했다.[34] 그들은 기쁜 마음으로 그에게 더 많은 금과 상아를 맡겼다. 그와 조수들을 위해 신전 경내 부근에 특별한 작업실이 지어지고, 그의 형제 파나이노스는 조각상의 보좌와 신전 벽을 그림으로 장식하는 일을 맡았다.[35] 페이디아스는 작품의 규모에 매료되어 앉아 있는 제우스를 18미터 높이로 제작했고, 조각상이 신전에 안치되자 비평가들은 신이 일어서려 하면 지붕을 부수고 말 것이라고 불평했다. 번개를 내리는 신의 "검은 눈썹"과 "향기로운 머리칼"[36] 위에다 페이디아스는 올리브 가지와 잎사귀 모양의 금관을 씌웠다. 조각상의 오른손에 그는 작은 니케 상을 역시 금과 상아로 제작해 세웠다. 조각상 왼손에 들린 홀(笏)은 값진 보석들로 상감되었다. 몸체에는 꽃이 새겨진 황금 의상이 입혀졌고 발에는 순금 샌들이 신겨졌다. 보좌는 금과 흑단, 상아로 만들어졌고, 기부(基部)에는 더 작은 승리의 신과 아폴론 신, 아르테미스 여신, 니오베 그리고 스핑크스에 의해 납치된 테베 청년들이 세워졌다.[37] 마지막 결과물이 어찌나 인상적이었던지 이 작품을 두고 페이디아스가 작품을 완성했을 때 하늘의 허락을 바라는 징조를 구했고, 번개가 조각상 기부 근처의 포장된 바닥을 내리쳤다는 전설이 생겨날 정도였다. 이 징조는 대부분의 천상 메시지처럼 다양한 해석을 낳게 한다.** 이 작품은 세계 7대 불가사의의 반열에 올랐고, 여력이 있는 모든 사람들이 제우스의 화신을 보기 위해 순례에 나섰다. 그리스를 정복한 로마 장군 아이밀리우스 파울루스는 이 거상을 대하면서 두려움에 몸을 떨었다. 그는 실물이 예상을 훨씬 뛰어넘는다고 고백했다.[38] 디오 크리소스토무스는 이 작품을 지상에서 가장 아름다운 형상이라 말하며, 베토벤이 자신의 음악에

* 기원전 438년경. 연대가 상당히 불확실하고, 페이디아스의 말년 사건들의 순서도 마찬가지로 모호하다.[33]
** 이 제우스 신상은 대좌의 파편들 외에는 아무것도 남아 있지 않다.

대해 언급한 것처럼 "마음이 무겁거나 인생에서 불운과 슬픔의 잔을 마신 사람들, 더 이상 달콤한 잠을 잘 수 없는 사람들이 이 형상 앞에 서면 인간의 삶에서 일어나는 모든 슬픔과 괴로움을 잊을 것이다."라고 덧붙였다.[39] 퀸틸리아누스는 "이 조각상의 아름다움은 신앙을 북돋우며, 그 장엄함은 신에 비길 만하다."라고 말했다.[40]

페이디아스의 말년 이야기는 모두가 의문투성이다. 어떤 이야기에서는 그가 아테네로 돌아가 감옥에서 죽었다고 하고,[41] 또 어떤 이야기에서는 그가 엘리스에 머물다가 기원전 432년에 사형에 처해졌다고 한다.[42] 하지만 이들 이야기의 결말은 대동소이한 것 같다. 그의 제자들이 그의 작업을 이어받아 거의 비슷한 경지에 이름으로써 그가 스승으로서 훌륭했음을 입증해 주었다. 그가 총애한 제자 아고라크리토스는 유명한 「네메시스」를 조각했고, 알카메네스는 루키아노스가 최고 걸작 조각상의 반열에 올려놓은 「정원의 아프로디테」를 제작했다.[43]* 페이디아스의 학교는 기원전 5세기와 함께 종말을 고했지만, 학교 설립 당시보다 그리스 조각을 크게 발전시키는 공헌을 했다. 페이디아스와 그의 추종자들을 통해 조각 예술은 펠로폰네소스 전쟁으로 아테네가 영락하기 시작한 바로 그 순간 거의 완성 단계에 이른다. 기술은 완전히 습득되었고, 인체가 이해되었으며, 생명력과 동작과 세련미가 청동과 돌에 쏟아부어졌다. 그러나 페이디아스의 두드러진 업적은 힘과 아름다움, 감정과 절제, 동작과 정지, 육신 및 골격과 정신 및 영혼이 조화를 이루는 "고전" 스타일의 완성과 명확한 표현에 있었다. 이는 빙켈만의 "장중한 스타일"이기도 하다. 5세기 간의 분투 끝에, 그리스인들의 것이라 여겨진 그 상상력 풍부한 "평온함"이 최소한 외적으로는 표현되었으며, 격정적이고 열정적인 아테네인들은 페이디아스의 작품을 감상하며 인간의 손에 의해 창조된 조각상에서조차 인간이 한순간 얼마나 신에 버금갈 수 있는지 볼 수 있었을 것이다.

---

* 루브르 박물관의 「옷을 입은 비너스」는 이 조각상의 복제품일 수 있다.

4. 건축가들

1. 건축의 발전

기원전 5세기 동안 도리스 양식은 그리스를 확고하게 정복했다. 이 번영기에 건설된 모든 그리스 신전들 가운데 단지 몇 개의 이오니아식 신전만이 현재 남아 있다. 이들은 주로 아크로폴리스에 위치한 니케 아프테로스 신전과 에렉테이온이다. 아티카는 줄곧 도리스 양식을 고수했고, 프로필라이아의 내부 기둥들과 테세이온과 파르테논 신전 주위에 소벽을 배치하는 데에만 이오니아 양식을 이용했다. 어쩌면 도리스식 기둥을 더 길고 날씬하게 만드는 경향은 이오니아 양식의 영향력이 생각보다 컸음을 보여 주는 것인지 모른다. 소아시아에서 그리스인들은 동방의 섬세한 장식을 받아들였고, 이를 복잡하고 정교한 이오니아식 엔타블러처(entablature)에서, 또한 새롭고도 더욱 화려한 코린토스 양식의 창조를 통해 표현했다. 기원전 430년경, (비트루비우스가 그 이야기를 전하는데) 이오니아 조각가 칼리마코스는 봉헌물이 가득 담긴 바구니가 타일에 덮인 채 놓여 있는 것을 보고 영감을 받는다. 이 바구니는 한 보모가 자기 여주인의 무덤 위에 놓아둔 것으로, 야생 아칸서스가 바구니와 타일 주변에 자라나 있었다. 조각가는 그 자연스러워 보이는 형태에 즐거워하면서 코린토스에서 건축 중이던 신전의 이오니아식 기둥머리에 아칸서스 잎사귀와 소용돌이 모양을 섞어 변형시켰다.[44] 아마도 이 이야기는 전설인 듯하여, 보모의 바구니는 코린토스 양식을 만들어 내는 데 있어 이집트의 야자수와 파피루스 기둥머리보다는 그 영향력이 미미했다. 새로운 양식은 고전 시대 그리스에서 거의 진척이 없었다. 이크티노스는 피갈레아의 이오니아식 신전 뜰에 홀로 세워진 기둥에 이 양식을 이용했고, 기원전 4세기 말경에는 리시크라테스의 코라고스 기념비에 사용되었다. 로마 제국의 세련된 로마인들 치하에서만 이 섬세한 양식은 완전한 발전을 보게 된다.

그리스 전역이 이 시기에 신전을 건축하고 있었다. 도시들은 경쟁적으로 가장 아름다운 조각상과 가장 큰 신전을 세우려고 열중한 나머지 거의 파산하다시피 했다. 기원전 6세기의 사모스와 에페소스의 육중한 건물들에 더해 이오니아는 마그네시아와 테오스, 프리에네에 이오니아식 신전들을 새로 지었다. 트로아드의 아소스에서 그리스 식민지 개척자들은 거의 고풍적인 도리스식 신전을 아테나에게 지어 바쳤다. 그리스의 반대쪽에서 크로토나는 기원전 480년경 헤라에게 바치는 거대한 도리스식 신전을 지었다. 이 신전은 한 주교가 건물의 석재를 더 잘 활용할 수 있겠다고 생각하여 훼손한 서기 1600년까지 남아 있었다.⁴⁵ 포세이도니아(파이스툼)와 세게스타, 셀리노스, 아크라가스에 있는 대단한 신전들과 에피다우로스에 있는 아스클레피오스의 신전은 기원전 5세기에 지어졌다. 시라쿠사에서 겔론 1세가 아테나에 바치려고 지은 신전에는 여전히 기둥들이 남아 있고, 그리스도 교회로 변모하는 과정에서 부분적으로 보존되었다. 펠로폰네소스의 피갈레아 근처 바사이에서 이크티노스는 그의 다른 걸작인 파르테논 신전과 이상하리만치 다르게 아폴론 신전을 설계했다. 여기서 도리스풍 주변 지역은 작은 신전이 차지한 공간과 이오니아식 주랑으로 둘러싸여 커다랗게 열린 뜰로 구성된다. 이 뜰 내부 주변에 이오니아식 기둥 안쪽을 따라 소벽이 거의 파르테논 신전의 소벽만큼이나 우아하게 펼쳐져 가시적인 효과를 더해 준다.*

올림피아에서 엘리스 건축가 리본은 파르테논 신전이 지어지기 한 세대 전에 제우스에게 바치는 도리스식 신전으로 이에 경쟁한다. 양 끝 부분에 각각 여섯 개의 기둥이 세워지고, 양 측면에는 열세 개의 기둥이 세워졌다. 아름답다기에는 너무 우람한 듯 보이고, 치장 벽토가 입혀진 거친 석회석 재료는 어울리지 않았다. 그러나 지붕은 펜텔릭(Pentelic) 타일로 되어 있었다. 파우사니아스에 의하면⁴⁶ 파이오니오스와 알카메네스는 박공벽에 강한 인상을 주는 형상을** 조각했는데, 동쪽 박공에는 펠롭스와 오이노마오스의 전차 경주를, 서쪽 박공에는 라피테스인과 켄타우로스 간의 싸움을 묘사했다. 그리스 전설에 의하면 라피테스인들은 테살리아의 산악 부족이었다. 그들의 왕 피리토오스가 엘리스 피사의 왕 오이노마오스의 딸인 히포다메이아와 결혼했을 때, 그는 켄

---

* 이들 중 서른여덟 개의 기둥과 신전 벽, 내부 주랑 일부가 남아 있다. 일부 소벽은 영국 박물관에 소장되어 있다.
** 현재 올림피아 박물관에 소장되어 있다.

타우로스들을 피로연에 초청했다. 켄타우로스들은 펠리온 근처 산악 지대에 거주했다. 그리스 예술은 그들을 반인반마로 표현했는데, 아마도 그들의 길들여지지 않은 산악 기질을 상징하거나 켄타우로스들이 너무 우수한 기병들이어서 사람과 말이 하나로 보였기 때문인 듯하다. 잔치에서 이들 기병은 술에 취해 라피테스 여인들을 납치하려 했다. 라피테스인들은 자기 여인들을 위해 용감히 싸웠고 승리를 거두었다.(그리스 예술은 이 이야기에 결코 싫증을 내지 않았으며, 들짐승의 야성 제거와 인간과 인간 내면의 동물성 간의 싸움을 상징하는 데 이를 이용한 듯하다.) 동쪽 박공벽 위의 형상은 고풍스럽게 경직되어 보이고 정적이다. 서쪽 박공벽 위의 형상은 거의 같은 시대의 것으로 보이지 않을 만큼 달라서 일부 형상이 조악하고 그 머리칼이 고대풍이긴 하지만, 행동이 살아 있고 조각의 집단 구성력이 원숙한 경지에 이르렀음을 보여 준다. 놀라울 정도로 아름다운 신부는 연약하고 날씬한 모습이 아니라 통통하고 사랑스러운 여인으로 전쟁의 전모를 능히 짐작게 한다. 수염이 난 켄타우로스가 한 팔로 그녀의 허리를 두르고 다른 손은 그녀의 가슴에 두고 있다. 그녀는 혼례식에서 막 납치되려는 순간에 있지만, 예술가는 그녀의 모습을 얼마나 침착한 자세로 표현하는지 그가 레싱(Lessing)이나 빙켈만의 글을 읽은 게 아닌지 의심이 들 지경이다. 아니면 여느 여인들처럼 그녀도 욕망의 부추김에 둔감하지 않았는지도 모른다. 야심과 규모 면에서는 떨어지지만, 더욱 섬세하게 다듬어진 신진의 현존하는 트리글리프 사이의 벽면들은 헤라클레스의 노고를 표현하고 있다. 헤라클레스가 아틀라스를 대신해서 세계를 들어 올리는 장면이 들어 있는 한 벽면은 완벽한 걸작품의 면모를 뽐내고 있다. 여기서 헤라클레스는 근육으로 뭉쳐진 비정상적인 거인이 아니라 그 신체가 완벽하게 조화를 이룬 인간이다. 그의 앞에 아틀라스가 서 있는데, 이 아틀라스의 머리는 플라톤의 어깨를 장식하곤 했다. 왼편에는 아틀라스의 딸들 중 한 명이 있는데, 건강하고 자연스러운 여성미를 완벽하게 갖추고 있다. 아마도 예술가는 어떤 상징을 염두에 두고 강한 남자가 세계의 무게를 떠받치는 것을 여자가 다정스레 돕는 모습을 연출하려 한 것 같다. 전문가들은 이 거의 파괴된 벽면들의 세부 묘사에서 결점을 발견하겠지만, 비전문가 관찰자에게 신부와 헤라클레스, 아틀라스의 딸은 돋을새김 역사상 어떤 작품보다 완벽에 가까워 보인다.

2. 아테네의 재건

기원전 5세기 아티카는 많은 건물과 그 탁월함으로 그리스 전역에서 주역이 된다. 다른 지역에서는 두툼하고 비대한 경향을 보이는 도리스 양식이 여기서는 이오니아 양식의 우아하고 세련된 양상을 보인다. 색상이 선에, 장식이 대칭에 추가된다. 수니온의 위험한 곶 위에서 바다를 상대로 모험했던 사람들은 포세이돈에게 열 개의 기둥이 서 있는 신전을 바쳤다. 엘레우시스에서 이크티노스는 데메테르에게 바치는 널찍한 신전을 설계했고, 페리클레스의 설득에 의해 아테네는 이 건물이 엘레우시스 제전에 걸맞게 하기 위해 기금을 조성했다. 아테네에서는 펜텔리코스 산과 파로스의 훌륭한 대리석을 손쉽게 구할 수 있어, 이 최고 건축 자재는 예술가의 작업을 격려하는 촉매제 구실을 한다. 그로 인해 경제적으로 와해되다시피 한 우리 시대 이전까지, 민주주의가 공공 건축에 이토록 아낌없이 자금을 지출할 수 있거나 기꺼이 지출하려 한 적은 거의 없었다. 파르테논 신전에는 700달란트(420만 달러)가 소요되었고, (조각상이 아니라 금덩이였는데)「아테나 파르테노스」에는 600만 달러가 소요되었으며, 미완성작「프로필라이아」에는 240만 달러가 들었고, 아테네와 피라이오스의 페리클레스 시대 소규모 건축물들에는 1800만 달러가 들었다. 조각 및 다른 장식에는 1620만 달러가 소요되었고, 기원전 447년부터 431년까지 16년 동안 아테네는 공공건물과 조각상, 그림에 5760만 달러를 지출했다.47 장인과 예술가들, 관리와 노예들에게 지출된 이 돈은 페리클레스 시대 아테네의 번영과 크게 상관있다.

상상력을 동원해 흐릿하긴 하지만 이 용기 있는 예술적 모험의 배경을 그려 보자. 아테네인들은 살라미스 해전에서 귀환하면서 자신들의 도시가 페르시아의 점령으로 거의 완전히 황폐화된 사실을 목격한다. 모든 소중한 건물이 초토화되어 버렸다. 하지만 이런 재난이 도시뿐 아니라 시민도 꺾지 못할 때 이 재난은 그들을 더 강하게 만든다. "신(神)의 조치"가 눈에 거슬리는 것들과 시민에 걸맞지 않는 주택들을 일소하게 한다. 인간적인 완고함으로는 결코 허용되지 않을 것들이 우연에 의해 달성된다. 이런 위기의 때에 식량만 확보된다면 인간의 노동과 천재성은 이전보다 더 멋진 도시를 창조한다. 페르시아 전쟁 이후에도 아테네인들은 노동력과 천재성이 풍부했고, 승리에 찬 정신은 위대한 사업을 위한 의지를 배가했다. 한 세대 만에 아테네는 재건되었다. 회의장이 새로 세워지고, 새 프리타네이온(도시 국가의 시(市) 청사로 시정의 중심지 - 옮긴이)과 새 집, 새 주랑 현관, 새 방어 성벽이 세워지고, 새 항구에 새 부두와 창고가 세워졌다. 기원전 446년경 고대의 유명한 도시 계획가인 밀레토스의 히포다모스는 오래되어 혼란스럽고 굽은 골목길을 넓고 곧으며 직각으로 교차하는 거리로 대체해 새 피라이오스를 설계하는 동시에 새 스타일을 수립했다. 아크로폴리스에서 북서쪽으로 1.6킬로미터 정도 떨어진 고지대에 익명의 예술가들이 테세이온, 즉 테세우스의 신전으로 알려진 작은 규모의 파르테논 신전을 건립했다.* 조각가들은 박공벽을 조각상들로 채웠고, 돋을새김으로 트리글리프 사이의 벽면들을 채웠으며, 양 끝 부분의 내부 기둥들 위로는 소벽을 장식했다. 화가들은 쇠시리와 트리글리프, 트리글리프 사이의 벽면, 소벽들을 채색했고, 대리석 타일에 비치는 빛으로 내부를 흐릿하게 비추어 밝은 분위기의 벽화를 연출했다.**

　페리클레스 시대 건축가들의 가장 훌륭한 작품은 도시 정부와 신앙의 옛 장소인 아크로폴리스를 위해 보존되었다. 테미스토클레스에 의해 길이 30미터 정도 규모의 헤카톰페돈이라고 알려진 신전의 재건이 계획되었다. 하지만 그가 실각한 후 공사는 중단되었다. 과두파는 아테네에 불운을 가져오지 않으려면 페르시아인들이 파괴한 아테네 폴리아스(Athene Polias)(즉 도시의 아테나)의

---

* 이 명칭은 잘못된 것이다. 기원전 425년에 세워진 이 신전은 기원전 469년에 키몬이 테세우스의 것으로 여겨지는 유골을 모신 테세이온이 아니기 때문이다. 하지만 시간은 절도뿐 아니라 실수도 미화시켜, 특정 명칭이 없을 경우 전래의 명칭이 흔히 사용된다.

** 테세이온은 고대 그리스 건물들 가운데 가장 잘 보존되어 있다. 그럼에도 대리석 타일과 벽화, 내부의 조각상들, 박공벽의 조각들, 외부에 채색된 그림 대부분이 사라졌다. 트리글리프 사이의 벽면 또한 너무나 심하게 손상되어, 새겨진 대부분의 돋을새김이 식별하기 힘들다.

옛 신전 터에는 아테나의 거처가 세워져야 한다는 이유로 이 계획에 반대한 것이다. 미신에 전혀 개의치 않은 페리클레스는 헤카톰페돈 부지를 파르테논 신전용으로 채택하고 제사장들이 끝까지 반대하는데도 계획을 강행했다. 아크로폴리스 남서쪽 경사지 위에 그의 예술가들은 뿔 모양 둥근 지붕으로 인해 아테네에서는 다소 독특한 형태인 오데이온(Odeum), 즉 뮤직홀을 건축했다. 이는 보수적인 풍자가들에게 빌미를 제공해, 이들은 페리클레스의 길쭉한 얼굴을 그의 오데이온이라고 놀렸다. 오데이온은 대부분 목재로 지어져 세월과 함께 곧 사라졌다. 이 공연장에서 음악 공연이 열렸고, 디오니소스 희곡이 시연되었다. 이곳에서 매년 페리클레스가 제정한 성악과 기악 경연 대회가 개최되었다. 다재다능한 정치가인 페리클레스는 종종 이 경연 대회에서 심사를 맡았다.

고전 시대에 정상으로 가는 길은 구부러져 서서히 돌아가게 되어 있었으며, 조각상들과 헌물들이 그 옆에 줄지어 서 있었다. 정상 주변 웅장하고 넓은 대리석 계단 양편에는 보루가 버티고 서 있었다. 남쪽 보루 위에 칼리크라테스는 아테나 여신에게 바치는 니케 아프테로스, 즉 날개 없는 승리의 신전을 이오니아식으로 축소된 형태로 세웠다.* (아테네 박물관에 일부 보존된) 세련된 돋을새김의 외부 난간에는 먼 곳으로부터 전리품들을 아테네로 가져오는 날개 달린 승리의 상들이 장식되었다. 이 니케들은 페이디아스의 가장 고상한 스타일이었고, 파르테논 신전의 수많은 여신들보다 활기 면에서는 덜했지만 동작은 훨씬 우아하고 의상 묘사도 더 섬세하고 자연스러웠다. 샌들 끈을 매는 「승리의 여신」은 그 명성에 어울리게 그리스 예술의 승리들 중 하나이다.

아크로폴리스 계단 꼭대기에 므네시클레스는 미케네식 탑문의 노작(勞作)으로 다섯 개의 문이 있는 출입구를 만들었는데, 각 문 앞에는 도리스식 주랑 현관

---

* 니케, 즉 승리의 조각상은 종종 날개 없이 제작되었다. 여신이 도시를 버리지 못하도록 하기 위함이었다. 신전은 서기 1687년에 투르크인들에 의해 붕괴되어 성채를 만드는 데 사용되었다. 엘긴 경(Lord Elgin)이 소벽의 일부 석판을 손에 넣어 영국 박물관에 보냈다. 서기 1835년에 이 신전의 돌들은 다시 수습되었고, 복구된 건물이 원래 부지 위에 재건축되었다. 테라 코타가 심하게 손상된 소벽의 소실된 부분들을 대체했다.

이 서 있었다. 이 주랑들로 말미암아 세월이 흐르면서 전체 건물에 프로필라이아, 즉 문들의 앞이라는 이름이 붙게 된다. 각 주랑 현관에는 트리글리프와 그 사이의 벽면들로 이루어진 소벽이 장식되고, 그 위에 박공벽이 둘려 있었다. 통로 내부에는 이오니아식 주랑이 도리스 양식 내부에 대담하게 끼워져 있었다. 북쪽 건물 내부는 폴리그노토스를 비롯한 화가들의 그림들로 장식되었고, 테라 코타나 대리석으로 된 봉헌판(pinakes)도 자리하고 있었다. 이 때문에 그 명칭이 피나코테카(Pinakotheka), 즉 봉헌판의 방이라고 불렸다. 소규모 남쪽 건물은 미완성인 채로 남았다. 내전, 즉 페리클레스에 대한 반란으로 공사가 중단되고, 아름다운 건물들 가운데 볼품없는 부분들이 파르테논 신전의 관문이 되어 버렸다.

이 관문들 안쪽 왼편에 기이하게도 동방적인 에렉테이온이 있었다. 이 건물 역시 내전으로 피해를 입었다. 건물 절반가량이 채 완성되지도 못했을 때, 아이고스포타미의 재난이 아테네를 혼란과 궁핍으로 이끌었다. 더 오래된 신전의 아테나와 이 지역을 사로잡았던 성스러운 뱀들뿐 아니라 고대의 영웅 에렉테우스와 케크롭스가 파르테논 신전을 다른 부지에 짓는다면 아테네를 벌할 것을 두려워한 보수주의자들의 재촉으로 공사는 페리클레스 사망 이후 시작되었다. 건물의 다양한 목적에 따라 설계가 결정되고 이에 따라 통일성이 상실되었다. 한 선물은 아네네 폴리아스에게 바쳐졌고 그녀의 고대 이미지를 긴직했다. 다른 건물은 에렉테우스와 포세이돈에게 봉헌되었다. 신전과 신전 내부는 열(列)주랑으로 질서 정연하게 둘러싸이는 대신 세 개의 별도의 주랑 현관들로 에워싸였다. 북쪽과 동쪽 현관들은 같은 유의 다른 어떤 기둥보다 아름답고 날씬한 이오니아식 기둥들로 받쳐졌다.* 북쪽 현관은 완벽한 문으로 대리석 꽃들의 쇠시리로 장식되었다. 신전 내부에는 아테나 여신의 옛 목상(木像)이

---

* 파르테논 신전의 기둥들보다는 이 기둥들이 후세 건축을 위한 양식을 수립했다. 각 기둥의 하부는 띠나 밴드로 연결된 세 개의 아티카식 기부(基部)에 의해 대좌(臺座)로 바뀌었다. 기둥 상단은 한 무리의 꽃 장식으로 소용돌이 모양 기둥머리로 변모했다. 엔타블러처에는 화려하게 장식된 쇠시리가 있었고, 검정색 돌의 소벽이 있었으며, 처마 장식 아래에는 일련의 돋을새김이 있었다. 쇠시리의 달걀 모양과 창 모양, 인동덩굴 장식은 정교하게 조각되었다. 예술가들은 이러한 쇠시리의 하단부에 대해서도 돋을새김의 형상만큼이나 세심한 주의를 기울였다.[48]

있었는데, 제사장들은 이것이 하늘에서 떨어졌다고 믿었다. 거기에는 큰 등도 있었는데 불이 결코 꺼지지 않았고, 당대의 켈리니였던 칼리마코스는 그의 코린토스식 기둥머리처럼 금으로 만들고 아칸서스 잎으로 장식해 놓았다. 남쪽 주랑 현관은 그 유명한 처녀들, 즉 여인상의 현관이었다.* 추정컨대, 이 인내심 많은 여인들은 동방의 제물 광주리를 머리에 인 처녀들의 후손이었을 것이다. 또한 트랄레스와 소아시아의 초기 시대 여인상들은 동방의(아마도 아시리아) 원형(原型)에서 탈피한다. 의상은 훌륭하고 무릎의 자연스러운 굴곡은 편안한 인상을 준다. 하지만 심지어 이러한 여인상들조차 가장 훌륭한 건축물이 제공하는 견고한 느낌을 전달할 만큼 충분히 강해 보이지는 않다. 이는 페이디아스라면 금했을 종류의 변형된 취향이었다.

3. 파르테논 신전

기원전 447년에 이크티노스는 칼리크라테스의 도움을 받고 페이디아스와 페리클레스의 전반적인 감독하에서 아테나 파르테노스를 위한 새 신전을 건축하기 시작했다. 건물의 서쪽끝 부분에 그는 아테나의 처녀 제사장들을 위한 방을 배치하고, 이 방을 "처녀들의" 방이라고 불렀다. 또한 무심한 시간의 흐름 속에서 일종의 건축적 비유법을 통해 한 부분을 가리키는 이 명칭이 건물 전체에 적용되었다. 이크티노스는 건축 자재로 펜텔리코스 산에서 나는 철 알갱이들이 물결 지어 있는 흰 대리석을 선택했다. 회반죽은 사용되지 않았다. 대리석 덩어리는 너무나 정확하게 나뉘고 훌륭하게 마감되어 각 대리석이 옆 대리석과 마치 둘이 하나인 것처럼 맞물렸다. 기둥의 토막에 구멍을 뚫고 올리브 나무로 만든 작은 실린더를 이 구멍에 끼워 기둥 토막들을 서로 연결했고, 각 토막이 아래 토막 위에서 회전함으로써 접합 표면이 아주 매끄럽게 갈려 토막들 간의 분리 상태가 거의 보이지 않도록 했다.[49]

---

* 이 용어는 로마의 건축가 비트루비우스에 의해 인물상에 적용되었고, 라코니아 카리아이의 아르테미스 여제사장들에게 붙여진 이름에서 유래했다. 아테네인들은 이들을 단순히 코라이(korai), 즉 처녀들이라고 불렀다.

그 양식은 순수한 도리스 양식으로 고전적인 단순함을 담고 있다. 디자인은 직사각형이었는데, 그리스인들은 원형이나 원뿔형을 좋아하지 않았기 때문이다. 따라서 그리스 건축가들이 그런 양식에 대해 익히 알고 있었던 것은 분명하지만, 그리스 건축물에는 아치형 건물이 없었다. 건물의 규모는 69미터×30미터×20미터로 소박한 편이었다. 폴리클레이토스의 기준 같은 어떤 비율 체계가 건물 각 부분에 적용된 듯 모든 치수가 기둥 지름과 일정한 관계를 유지하고 있다.[50] 포세이도니아에서 기둥의 높이는 지름의 네 배였는데, 여기서는 그 비율이 다섯 배였다. 또한 이 새 형태에서는 스파르타의 강건함과 아티카의 우아함이 훌륭하게 조화를 이룬다. 각 원기둥은 하부에서 중앙으로 가면서 약간 (지름이 2센티미터만큼) 부풀어 올랐고, 꼭대기를 향해 가면서는 차츰 가늘어졌으며, 주랑의 중앙을 향해 기울었다. 구석에 있는 각 기둥은 나머지 기둥들보다 약간 굵었다. 대좌와 엔타블러처의 모든 수평선은 중앙을 향해 위쪽으로 구부러져, 모든 수평선의 끝 부분에서 바라보면 선의 먼 쪽 절반이 보이지 않았다. 트리글리프 사이의 벽면들은 완전한 정사각형은 아니었지만, 아래에서 보면 사각형으로 보이도록 설계되었다. 이 모든 곡선은 착시 현상을 일으키도록 교묘하게 조정되었는데, 그렇지 않을 경우 대좌의 선들은 중앙이 가라앉아 보이고, 기둥들은 하부에서 위로 갈수록 가늘어져 보이며, 구석의 기둥들은 너 가늘고 외관상으로 기울어져 보였을 것이다. 이러한 조정은 수학과 광학에 대한 상당한 지식을 필요로 했고, 신전을 과학과 예술의 완벽한 결합으로 만든 기계적 특징들 중 하나에 불과했다. 오늘날의 물리학에서처럼 파르테논 신전에서도 모든 직선은 곡선이었고, 일반 회화에서처럼 모든 부분이 교묘한 구성을 이루며 중앙 쪽으로 모였다. 그 결과 건물 전체에 유연성과 세련미가 살아나고 석재에 생명과 자유로움이 부여되는 듯했다.

단조로운 엔타블러처 위에는 트리글리프와 그 사이의 벽면이 번갈아 가며 반복되었다. 아흔두 개의 트리글리프 사이의 벽면 안에는 그리스인과 트로이인, 그리스인과 아마존인, 라피테스인과 켄타우로스, 거인들과 신들 간의 전쟁으로 "문명" 대 "야만"의 투쟁을 다시 한 번 자세히 묘사한 높은 돋을새김이 표현되었다. 이 석판들은 분명 수많은 사람들의 솜씨와 다양한 기술들로 빚어진 작품이다. 비록 켄타우로스의 머리 일부가 돌로 만든 렘브란트의 작품이긴 하지만, 이들은 그 탁월함에 있어 신전 내부 소벽의 돋을새김과 비교가 되지 않는다. 박공벽에는 둥근 형태에 실물보다 큰 치수로 조각된 단체 조각상들이 있었다. 출입구 위 동쪽 박공벽에서 관람객은 아테나가 제우스의 머리에서 태어나는 모습을 볼 수 있다. 여기에 드러누운 힘센 테세우스,* 철학적으로 명상하고 품위 있게 휴식을 취할 줄 아는 거인이 있었고, 또한 여자 헤르메스라고 할 수 있는 아름다운 이리스가 바람에 옷이 몸에 감기거나 휘날리는 모습을 하고 있었다. 하여튼 페이디아스는 바람은 옷을 날려야 한다고 생각한다. 또한 청춘의 여신으로 올림피아 신들의 잔을 신의 음료로 채웠던 장엄한 헤베가 있었고, 세 명의 당당한 운명의 여신들도 있었다. 왼쪽 구석에서는 네 마리 말의 머리가 눈은 불타오르고, 콧구멍은 거친 숨을 쉬며, 속도 때문에 입에는 거품이 이는 모습으로 일출을 알리는 한편, 오른쪽 구석에서는 달이 전차를 몰고 사라져 가고 있었다. 이 여덟 마리 말은 조각 역사상 가장 아름다운 말들이다. 서쪽 박공벽에서는 아테나가 아티카의 패권을 놓고 포세이돈과 경합을 벌였다. 여기에 마치 인간의 부조리함을 만회하려는 듯 다시 말들이 등장한다. 기대 있는 형상들은 현실과 동떨어진 장엄함으로 아테네의 신중한 풍조를 대변한다. 남자상은 너무 남성적이고 여자상은 너무 풍만한 것 같다. 하지만 조각상이 이토록 자연스럽게 무리 지어 묘사되고 박공벽의 좁은 공간에 교묘하게 조화된 적은 거의 없었다. 카노바는 약간 과장된 어투로 "다른 모든 조각상은 돌로 만들어졌지만 이것들은 살과 피로 만들어졌다."라고 말했다.

그러나 더욱 매력적인 것은 소벽에 묘사된 남녀들이다. 모든 돋을새김들 가운데 가장 유명한 것이 주랑 현관 안 신전 내부의 외벽 윗부분을 따라 158미터

---

* 파르테논 신전 형상들의 이름은 대부분 추정에 의한 것이다.

에 걸쳐 늘어서 있다. 추정컨대 여기서 아티카의 젊은 남녀들은 판아테나이아 제전일에 아테나 여신에게 헌물과 선물을 바쳤을 것이다. 행렬의 일부는 서쪽 및 북쪽 편을 따라, 다른 일부는 남쪽 편을 따라 이동하면서 여신 앞 동쪽 정면에서 만난다. 여신은 제우스와 다른 올림피아 신들에게 도시의 헌물과 전리품 중 일부를 자랑스레 나눠 준다. 잘생긴 기사들은 우아하고 위엄 있게 훨씬 더 아름다운 준마를 타고 이동하고 전차들이 위엄을 더하는 한편, 소박한 대중들은 즐거운 마음으로 걸어서 함께한다. 아름다운 소녀들과 조용한 노인들은 올리브 가지와 과자 쟁반을 들고 있다. 시종들은 어깨에 신성한 포도주가 든 병을 매고 있다. 기품 있는 여인들은 이 거룩한 축제일을 오랫동안 고대하면서 여신을 위해 짜고 수를 놓은 페플로스를 가지고 온다. 희생 제물들은 자신들의 운명에 대해 둔감하거나 화가 난 모습으로 따라간다. 지체 높은 처녀들은 의식과 희생 제사에 쓸 그릇들을 가져온다. 음악가들은 플루트로 음조가 없는 불멸의 곡조를 연주한다. 동물들이나 인간들이 이토록 정성이 가득한 예술로 영예를 누린 적은 거의 없었다. 6센티미터에 불과한 돋을새김에 조각가들은 음영과 입체감을 살려 그렇게 깊이 있는 몽환적 장면을 연출할 수 있어서, 가장 가까운 형체가 나머지보다 결코 배경에서 멀리 떨어지지 않았음에도 말이나 말 탄 사람이 다른 형체 뒤에 자리 잡은 것처럼 보인다.[51] 이렇게 훌륭한 돋을새김을 너무 높이 배치한 탓에 사람들이 편안하게 감상하지 못하고 그 탁월함을 충분히 알아보지 못하게 한 것은 분명 실수였다. 페이디아스는 분명코 눈을 찡긋하며 신들은 이를 볼 수 있지 않겠는가 하고 해명했을 것이다. 하지만 신들은 그가 조각하는 동안 죽어 가고 있었다.

소벽의 앉아 있는 신들 아래에는 신전 내부로 향하는 출입구가 있었다. 내부는 비교적 자그마했다. 대부분의 공간은 지붕을 지지하는 2층으로 된 도리스식 주랑들이 차지했고, 신전을 회중석(會中席)과 두 개의 통로로 나누었다. 한편 서쪽 끝 부분에서 아테나 파르테노스는 황금 의상으로 예배자들을 눈부시게 하거나 창과 방패, 뱀들로 그들을 놀라게 했다. 그녀 뒤편에는 처녀들의 방이 이오니아 양식의 기둥 네 개로 장식되었다. 지붕의 대리석 타일은 회중석 내부로 약간의 빛이 들어올 수 있을 만큼 투명하면서 동시에 열기를 차단하기도 했다. 더욱이 사랑과 경건함으로 태양이 물러간다. 처마 장식이 정교하게 장식되었고, 그 위에 테라 코타 조각상 받침이 올려졌으며, 빗물이 지나도록 홈통 주둥이가 설치되었다. 신전의 많은 부분이 차분한 색깔 대신 노랑, 파랑, 빨강 등 밝은 색으로 채색되었다. 대리석은 노란색과 미색으로 엷게 칠해졌고 트리글리프와 쇠시리 부분은 푸른색이었다. 소벽은 푸른색 배경이었고, 트리글리프 사이의 벽면은 빨간색이었으며, 그 내부의 모든 형상이 채색되었다.[52] 지중해 하늘에 익숙한 사람들은 북유럽의 침침한 분위기에 적응된 사람들보다 밝은 색조를 잘 받아들이고 즐길 줄 안다. 오늘날 빛깔이 바랜 파르테논 신전은 밤에 더욱 아름답다. 변화무쌍한 밤하늘 풍경, 경건한 달빛, 반짝이는 별들과 뒤섞여 잠들어 있는 도시의 불빛이 늘어선 주랑 사이로 새어 들어온다.*

그리스 예술은 그리스의 산물 가운데 가장 위대한 작품이었다. 비록 걸작들이 하나둘씩 탐욕스러운 세월에 굴복했지만, 그들의 형태와 정신은 수많은 예술과 세대와 땅에 지침과 자극이 될 만큼 충분히 살아남아 있다. 인간 만사가

---

* 파르테논 신전은 에렉테이온, 테세이온과 마찬가지로 그리스도 교회로 사용됨으로써 보존되었다. 파르테논 신전은 명칭 변경이 그다지 필요하지 않았는데, 두 경우 모두 성모 마리아에게 바쳐졌기 때문이다. 서기 1456년의 투르크 침공 이후, 신전은 이슬람 사원으로 바뀌었고 첨탑이 생겼다. 서기 1687년에 베네찌아인들이 아테네를 공격했을 때, 투르크인들은 신전을 대포에 쓸 화약 저장소로 이용했다. 베네찌아 사령관이 이 사실을 알고 포병들에게 파르테논 신전을 포격하라고 지시했다. 포탄이 지붕을 뚫었고 화약이 폭발했으며 건물 절반이 날아갔다. 도시를 점령한 후 모로시니는 박공벽의 조각상을 탈취하려 했지만, 인부들이 내리는 과정에서 조각상들을 떨어뜨려 부서져 버렸다. 서기 1800년에 터키 주재 영국 대사로 임명된 엘긴 경이 조각들 일부를 떼어 내 영국 박물관으로 가져가도 좋다는 허락을 얻어 냈다. 기후와 전쟁으로 인해 아테네에 있는 것보다 박물관에 있는 편이 더 안전하다는 명목에서였다. 그의 전리품들에는 12개의 조각상과 15개의 트리글리프 사이의 벽면, 56개의 소벽 석판이 포함되어 있었다. 박물관의 조각 전문가는 이 유물들을 구입하지 말라고 조언했다. 10년에 걸쳐 협상을 벌인 후에야 박물관은 이 유물들에 대해 17만 5000달러를 지불하는 데 합의했다. 하지만 이 금액은 엘긴 경이 유물들을 확보하고 운반하는 데 소요한 비용의 절반도 안 되었다.[53] 몇 년이 지난 후 그리스 독립 전쟁 기간 동안(1821~1830년), 아크로폴리스가 두 차례 폭격당하고 에렉테이온의 상당 부분이 파괴되었다.[54] 파르테논 신전의 일부 트리글리프 사이의 벽면은 여전히 제자리에 있다. 소벽 석판 몇 개는 아테네 박물관에 있고 다른 몇 개는 루브르 박물관에 있다. 미국 테네시 주 내슈빌 시민들은 파르테논 신전의 복제품을 원형과 동일한 치수, 동일한 자재, 동일한 장식과 색상으로 제작했다고 알려져 있다. 메트로폴리탄 예술 박물관은 신전 내부의 소규모 가상 복제품을 소장하고 있다.

그렇듯 여기에도 약점이 있었다. 조각은 지나치게 물질적이었고, 영혼에까지 이르는 일이 거의 드물었다. 조각은 생명력보다는 그 완벽함으로 대하는 이들을 더욱 감동시킨다. 건축은 형식과 양식에 있어서 협소하게 한정되었고, 천 년에 걸쳐 미케네 메가론의 단순한 직사각형에 집착했다. 건축은 세속적인 분야에서는 거의 아무것도 이룬 게 없었다. 구조상 좀 더 쉬운 문제들만을 시도했고, 아치와 둥근 천장같이 더 훌륭한 외관을 제공할 수 있었던 어려운 과제들은 피했다. 그리스 건축물은 지붕을 내부에 주랑을 덧대는 영 어색한 수법으로 지탱했다. 신전 내부에는 건물의 규모에 걸맞지 않은 조각상들이 가득했고, 건물 장식들은 고전 양식에서 기대되는 단순성과 절제미가 결여되어 있다.*

하지만 어떤 결함도 그리스 예술이 고전 스타일을 창조했다는 사실보다 더 중요하지는 않다. (만약 이 장의 주제가 말미에서 다시 언급될 수 있다면) 이 고전 스타일의 본질은 디자인과 표현과 장식에 있어서의 절제, 부분들 간의 균형과 전체적인 통일성, 감정을 무시하지 않은 이성 중시, 단순함에 만족하는 소박한 완벽성, 규모에 기대지 않은 장엄함 등 질서와 형식에 있다. 고딕 스타일을 제외하고는 다른 어떤 스타일도 역사상 이토록 위대한 영향력을 발휘하지 못했다. 사실 그리스의 조각상은 여전히 이상적이고, 최근까지 그리스의 원기둥은 더 적합한 형식을 좌절시키면서까지 건축 양식을 지배했다. 그리스인들에게서 우리 자신을 해방하는 일은 좋은 일이다. 심지어 완벽함도 변화하지 않는다면 중압감을 주게 되기 때문이다. 하지만 우리가 해방되고 오랜 시간이 지난 후, 형식에 담긴 이성의 생명력이었던 그 예술과 그리스가 인류에게 한 가장 두드러진 선물이었던 그 고전 스타일에서 우리는 교훈과 자극을 발견하게 될 것이다.

---

* 아크로폴리스의 건물 배열이나 올림피아의 성스러운 구역 내부에서도 질서 정연함이 결여되어 있음을 주목할 수 있다. 하지만 이런 무질서가 취향의 결함이었는지 아니면 역사적 우연이었는지 말하기는 어렵다.

주

1장

1. Plato, *Works*, Jowett tr.; *Phaedo*, 109.
2. Semple, Ellen, *Geography of the Mediterranean Region*, N. Y., 1931, 99, 507.
3. Evans, Sir Arthur, *Palace of Minos*, London, 1921f, I, 20.
4. Homer, *Odyssey*, tr. A. T. Murray, Loeb Classical Library, London, 1927, xix, 172-7.
5. Aristotle, *Politics*, 1271b.
6. Ludwig, Emil, *Schliemann*, Boston, 1931, 264-5; Glotz, G., *Aegean Civilization*, N. Y., 1925, 14; *Cambridge Ancient History*(CAH), N. Y., 1924f, I, 138.
7. Evans, I, 13; Hall, H. R., *Civilization of Greece in the Bronze Age*, N. Y., 1927, 24; Glotz, 30-1, 67, 348; CAH, I, 589-90.
8. 위의 책, I, 27; Glotz, 38, 40; CAH, I, 597-8.
9. Glotz, 60-4; Baikie, Jas., *Sea-Kings of Crete*, London, 1926, 212-3.
10. Hall, 27; Glotz, 68-73.
11. Köhler, Carl, *History of Costume*, N. Y., 1928; Evans, III, 49.
12. CAH, I, 596; Glotz, 65-6, 75-8, 311, fig. 6.
13. Evans, III, 227.
14. Glotz, 147-8; CAH, II, 437.
15. Thucydides, *History of the Peloponnesian War*, Everyman Library, I, 1.4; Herodoctus, *History*, tr. Rawlinson, London, 1862, vii, 170, and Diodorus Siculus, *Library of History*, v, 78.
16. Strabo, *Geography*, Loeb Library, x, 4.8; Glotz, 149; Evans, I, 2, IV, p. xxii; CAH, II, 442; Homer, *Odyssey*, xi, 568-70.
17. 위의 책, iii, 296.
18. Glotz, 139-42, 173-4; Baikie, 120, 129-31.
19. Evans, I, facing 305, III, 13f; CAH, I, 591, 605, II, 432; Glotz, 106 9, 163-4; Baikie, 97.
20. Evans, I, facing 472; Glotz, 169-70, 293.
21. Evans, III, 213; Hall, 15; Glotz, 294-6, 312-3.
22. Evasn, I, 15.
23. 위의 책, 151; Glotz, 229, 237-41, 248-9, 255; Farnell, L. R., *Greece and Babylon*, Edinburgh, 1911, 228; Nilsson, M. P., *History of Greek Religion*, Oxford, 1925, 13.
24. Glotz, 146, 244-7; Evans, IV, 468-9.

25. 위의 책; Glotz, 252-4.
26. 위의 책, 231-8, 265-70, 273-4; Farnell, 125; Reinach, S., *Orpheus*, N. Y., 1930, 83; Nilsson, 13, 16; CAH, II, 444-5.
27. Mason, W. A., *History of the Art of Writing*, N. Y., 1920, 315-23, 331; Evans, I, 15, 124f, IV, xx, 959; Glotz, 150, 196, 371-7, 381-7; *Encyclopaedia Britannica*, 14th ed., I, 213; CAH, II, 437; Whibley, L., *Companion to Greek Studies*, Cambridge U. P., 1916, 26.
28. Glotz, 165, 388; Baikie, 238.
29. Homer, *Iliad*, xviii, 590.
30. Glotz, 174, 321.
31. Evans, I, 342-4; Evans in Baikie, 71; Reinach, 82; Pliny, *Natural History*, London, 1855, xxxvi, 19; Glotz, 108.
32. Hall, 102.
33. Evans, I, 142, III, 252-3; Burrows, R. M., in Baikie, 99, and Semple, 570.
34. Evans, III, 116-22.
35. Baikie, 129.
35a. Evans, Sir Arthur, "The Minoan and Mycenaean Element in Hellenic Life," *Journal of Hellenic Studies*, XXXII(1912), 277f; Hall, 27.
36. Evans, *Palace of Minos*, I, 17.
37. 위의 책, 16-7; Smith, *Human History*, 378-90; Hall, 25; Glotz, 191-3, 209; Spengler, Oswald, *Decline of the West*, N. Y., 1926-8, II, 88.
38. Strabo, xiv, 2.27; Evans, "Minoan and Mycenaean Element," 283.
39. Herodotus, vii, 170; CAH, II, 475; Smith, G. E., 398.
40. Baedeker, K., *Greece*, Leipzig, 1909, 417.
41. CAH, I, 442-3.
42. Himes, Norman, *Medical History of Contraception*, Baltimore, 1936, 187.
43. Grote, G., *History of Greece*, Everyman Library, I, 190; Frazer, Sir Jas., *Dying God*, N. Y., 1935, 71.
44. Diodorus, iv, 76.
45. 위의 책, 79; Ovid, *Metamorphoses*, Loeb Library, viii, 181f.
46. Pausanias, *Description of Greece*, London, 1886, ix, 40.
47. Plutarch, *Lives*, "Theseus"; Homer, *Odyssey*, xi, 321-5.
48. Polybius, *Histories*, Loeb Library, vi, 45.
49. Strabo, x, 4. 16-22.

2장

1. Schliemann, H., *Ilios*, N. Y., 1881, 3.
2. 위의 책, 9.
3. 위의 책, 17.
4. Ludwig, p. ix.
5. Schliemann, 14-15.
6. Ludwig, 137.
7. 위의 책, 132-3, 153, 183, 234.

8. Schliemann, 26.
9. 위의 책, 41; Ludwig, 139, 165.
10. Schliemann, H., *Mycenae*, N. Y., 1878, 101-2.
11. Homer, *Iliad.*, ii, 559.
12. Ludwig, 284.
13. 위의 책, 256-7.
14. Pausanias, ii, 25.
15. Warren, H. L., *Foundations of Classic Architecture*, N. Y., 1919, 124-5; Pausanias, ii, 25.
16. 위의 책, ii, 15.
17. *Iliad*, ii, 59, vii, 180; *Odyssey*, iii, 305.
18. Pausanias, ii, 16.
19. Schliemann, *Mycenae*, 293f; CAH, II, 452-3; Glotz, 46; *Enc. Brit.*, XVI, 38.
20. Hall, 1; Nilsson, 11; Glotz, 31-2; Whibley, 27.
20a. Murray, A. S., *History of Greek Sculpture*, London, 1890, I, 61.
21. Herodotus, ii, 53, 57.
22. Pausanias, vii, 2-3; Hall, 11.
23. 위의 책; Glotz, 47; Evans, I, 23; CAH, I, 608.
24. Lippert, J., *Evolution of Culture*, N. Y., 1931, 171.
25. Glotz, 47-8.
26. National Museum, Athens; Rodenwaldt, G., *Kunst der Antike*, Berlin, 1927, 143f.
27. Schliemann, *Ilios*, 281-3.
28. Nat. Mus., Athens; Evans, III, 121; Rodenwaldt, 148-9.
29. Nat. Mus., Athens; Rodenwaldt, 152.
30. Evans, III, 183; Glotz, 338.
31. Gardiner, P., *New Chapters in Greek History*, N. Y., 1892, 178; Evans, "Minoan and Mycenaean Element," 283; Mason, 327-8; Farnell, 97-8.
32. Schliemann, *Ilios*, 587.
33. Ludwig, 280.
34. CAH, II, 480-90.
35. Schliemann, *Ilios*, 453-505; *Enc. Brit.*, XXII, 502-3.
36. CAH, II, 488; Schliemann, *Ilios*, 123.
37. Bury, J. B., *History of Greece*, London, 1931, 46; CAH, II, 487.
38. *Iliad*, xx, 230f.
39. Herodotus, ii, 118; Strabo, xiii, 1.48.
40. Murray, G., *Rise of the Greek Epic*, Oxford, 1924, 49.
41. Ramsay, Sir W., *Asianic Elements in Greek Civilization*, Yale U. P., 1928, 109.
42. Bérard, M., in Semple, 699; Murray, *Epic*, 38.
43. Schliemann, *Ilios*, 240, 253; Bury, 48; Glotz, 197, 217.

3장

1. CAH, II, 276-83; Glotz, 90.
2. Iliad, ii, 681.

3. Ridgeway, Sir Wm., *Early Age of Greece*, Cambridge U. P., 1901, 88-90, 337, 630, 682-4.
4. CAH, II, 473; Hall, 248, 289.
5. Bury, 6; Glotz, 386-7.
6. Nilsson, 61.
7. *Odyssey*, xi, 582f; Diodorus, iv, 77.
8. Thucydides, i, 1.3, ii, 6.15.
9. Diodorus, iv, 9.
10. Athenaeus, *Deipnosophists, or Banquet of the Learned*, London, 1854, xiii, 4; Pausanias, ix, 27.
11. Diodorus, iv, 35, 53.
12. 위의 책, iv, 57-8.
13. 위의 책, iv, 41-8.
14. CAH, II, 475, III, 662.
15. Iliad, ii, 683, iii, 75.
16. 위의 책, xxiii, 198.
17. xxiv, 228.
18. xxiv, 186.
19. xviii, 541, xxi, 257; Keller, A. G., *Homeric Society*, N. Y., 1902, 78.
20. *Iliad*, v, 87-9.
21. Glotz, G., *Ancient Greece at Work*, N. Y., 1926, 36.
22. *Odyssey*, xx, 72.
23. Seymour, T. D., *Life in the Homeric Age*, N. Y., 1907, 234, 209-10.
24. Glotz, *Ancient Greece*, 38; Ridgeway in Botsford, G. W., *Athenian Constitution*, N. Y., 1895, 82.
25. 위의 책, 35; Pöhlmann, R. von, *Geschichte der sozialen Frage und des Sozialismus in der antiken Welt*, München, 1925, I, 29; Browne, H., *Handbook of Homeric Study*, London, 1908, 209; Seymour, 235, 273; Bury, 54.
26. *Iliad*, xxiii, 826.
27. 위의 책, xiii, 341.
28. Glotz, *Ancient Greece*, 45.
29. 위의 책, 42; Calhoun, G. M., *Business Life of Ancient Athens*, Chicago, 1926, 13.
30. *Odyssey*, xv, 82f.
31. 위의 책, vi, 115.
32. xiv, 202.
33. Aeschylus, *Agamemnon*, 281f.
34. *Iliad*, xix, 247.
35. 위의 책, ii, 210f.
36. *Odyssey*, xxi, 224-5.
37. 위의 책, iv, 184.
38. *Iliad*, ix, 74.
39. *Odyssey*, vi, 207.
40. 위의 책, iv, 20; ix, 267-8.
41. xv, 82f.
42. viii, 370f.
43. Gardiner, E. N., *Athletics of the Ancient World*, Oxford, 1930, 27; Mahaffy, J. P., *Social Life in Greece*, N. Y., 1925, 51.
44. Gardiner, E. N., 21-3; *Iliad*, xxiii, 166f.
45. Thucydides, i, 1.5.
46. *Odyssey*, viii, 158f.
47. 위의 책, ix, 39f.
48. *Iliad*, x, 383.
49. *Odyssey*, xiii, 287-95.
50. 위의 책, ii, 234, iv, 690, xiv,

138-141.
51. 위의 책, i, 87, viii, 14; *Iliad*, ii, 169.
52. *Odyssey*, i, 57-9; *Iliad*, xx, 18.
53. *Odyssey*, xvii, 280.
54. Athenaeus, xiii, 2; Harrison, Jane, *Prolegomena to the Study of Greek Religion*, Cambridge U. P., 1922, 260-2.
55. Athenaeus, xiii, 4.
56. *Iliad*, xviii, 593.
57. 위의 책, xviii, 490.
58. vi, 169.
59. *Odyssey*, i, 153, 325, viii, 43-64, xxi, 406-8.
60. 위의 책, xxi, 46.
61. *Iliad*, vi, 313-7.
62. 위의 책, i, 249.
63. iii, 222.
64. Murray, *Epic*, 129.
65. Sumner, W. G., and Keller, A. G., *Science of Society*, New Haven, 1928, I, 658.
66. CAH, II, 478; Murray, *Epic*, 174.
67. Whibley, 30.
68. Pliny, xxxvi, 64.
69. Grote, I, 77.
70. plutarch, *De Stoicorum Repugnantiis*, 32, in Bakewell, C. M., *Source Book in Ancient Philosophy*, N. Y., 1909, 278.
71. *Iliad*, vi, 406.
72. 위의 책, viii, 542.
73. CAH, III, 670.
74. *Odyssey*, iv, 521.
75. Butcher and Lang, *Odyssey*, N. Y., 1927, introd., xxiv.
76. Seymour, 73.
77. *Odyssey*, v, 151-8.
78. 위의 책, vi, 239.
79. Nilsson, 4-5.
80. *Odyssey*, xix, 177.
81. Thucydides, i, 1. 2.
82. Herodotus, i, 68.
83. Evans, IV, 477, 959.
84. Pausanias, iii, 2.
85. Ridder, A. de, and Deonna, W., *Art in Greece*, N. Y., 1927, 167.

4장

1. Plato, *Phaedrus*, 244; Frazer, *Magic Art*, N. Y., 1935, II, 358; Reinach, *Orpheus*, 98; CAH, II, 629.
2. Grote, IV, 196.
3. Mahaffy, J. P., *What Have the Greeks Done for Civilization?*, N. Y., 1909, 11.
4. Plato, *Timaeus*, 22-3.
5. Herodotus, ii, 143.
6. 위의 책, ii, 53, 81, 123; Diodorus, i, 96; Harrison, *Prolegomena*, 574-5.
7. Herodotus, ii, 109; Strabo, xvii, 3; Diodorus, i, 69; Smith, G. E., 417-8; Ridder, 7, 341.
8. 위의 책, Smith, 418-22; Warren, *Foundations*, 193-4.
9. Glotz, *Ancient Greece*, 128; Day, C., *History of Commerce*, London, 1926, 14.
10. Olmstead, A. T., *History of Assyria*,

N. Y., 1923, 537.
11. Herodotus, ii, 109.
12. Grote, IV, 124.
13. Heath, Sir Thos., *History of Greek Mathematics*, Oxford, 1921, I, 44, II, 21; CAH, IV, 539.
14. Ridder, 340; Anderson, W. J., and Spiers, R. P., *Architecture of Greece and Rome*, London, 1902, 49; Gardner, E. A., *Handbook of Greek Sculpture*, London, 1920, 51-2.
15. Cook A. B., *Zeus*, Cambridge U. P., 1914, 777.
16. Strabo, viii, 6; CAH, III, 540-2; Grote, III, 96.
17. Herodotus, iii, 131.
18. Gardner, E. A., *Handbook*, 365.
19. Pausanias, iv, 6-14.
20. Strabo, viii, 5.4.
21. Müller, K. O., in Rawlinson's Herodotus, vii, 234n.
22. CAH, V, 7.
23. Plutarch, *Spartan Institutions*, in *Lyra Graeca*, London, 1928, III, 287; Mahaffy, *Social Life*, 451; Cicero, in Cotterill, H. B., *History of Art*, N. Y., n.d., I, 61.
24. Grote, IV, 264.
25. *Greek Anthology*, ix, 488, in *Lyra Graeca*, I, 29.
26. Grote, III, 195; Murray, Sir G., *History of Ancient Greek Literature*, N. Y., 1927, 80.
27. Ridder, 106.
28. Grote, III, 195.
29. Mahaffy, J. P., *History of Classical Greek Literature*, London, 1908, I, 189; Lacroix, Paul, *History of Prostitution*, N. Y., 1931, I, 149-50.
30. Alcman, Frag. 36 in Lyra Graeca, I, 77.
31. Goethe, J. W. von, *Poetical Works*, tr. Cobb, N. Y., 1902, 61.
32. Glover, T. R., *Democracy in the Ancient World*, Cambridge U. P., 1927, 84.
33. Herodotus, i, 65.
34. Aristotle, *Politics*, 1271b.
35. Plutarch, "Lycurgus."
36. 위의 책.
37. 위의 책; Polybius, vi, 48.
38. Thucydides, i, 6.
39. Polybius, vi, 10.
40. Plutarch, "Lycurgus."
41. Glotz, *Ancient Greece*, 88.
42. Coulanges, Fustel de, *Ancient City*, Boston, 1901, 460.
43. Plutarch.
44. 위의 책; Grote, III, 148.
45. Thucydides, iv, 14.
46. Coulanges, 294; Glotz, G., *Greek City*, London, 1929, 300; Carroll, M., *Greek Women*, Phila., 1908, 136.
47. Mahaffy, J. P., *Old Greek Education*, N. Y., n.d., 10.
48. Hesiod, Callimachus, and Theognis, *Works*, tr. Banks and Frere, London,

1856, 441n.
49. Plutarch; Grote, III, 157; Müller-Lyer, F., *Family*, N. Y., 1931, 45.
50. Thucydides, i, 3.
51. Nilsson, 94.
52. Mahaffy, *Greek Education*, 46.
53. Plutarch, "Demetrius."
54. Xenophon, *Anabasis*, Loeb Library, iv, 6.15.
55. Symonds, J. A., *Greek Poets*, London, 1920, 159.
56. Becker, W., *Charicles*, London, 1886, 246, 297.
57. Carroll, 138-40; Weigall, A., *Sappho of Lesbos*, N. Y., 1932, 103.
58. Plutarch, "Lycurgus"; Lippert, 301.
59. Athenaeus, xiii, 2.
60. Whibley, 613.
61. Grote, III, 155-6; Sumner, W. G., *Folkways*, Boston, 1906, 351.
62. Athenaeus, xiii, 2.
63. Plutarch, "Numa and Lycurgus Compared."
64. Aristotle, *Politics*, 1270a; Grote, III, 153-7; Briffault, R., *Mothers*, N. Y., I, 399.
65. Plutarch, "Lycurgus"; Glotz, *Ancient Greece*, 89.
66. Athenaeus, xii, 74.
67. Plutarch.
68. Grote, III, 131, IX, 298.
69. Herodotus, iii, 148.
70. Grote, III, 132, 158.
71. Plutarch, "Pelopidas."
72. Herodotus, i, 82.
73. 위의 책, vii, 104.
74. Xenophon, "Constitution of the Lacedaemonians," in *Minor Works*, London, 1914, i, 1.
75. Pausanias, v, 1.
76. 위의 책, vii, 21.
77. Frazer, Sir J., *Studies in Greek Scenery, Legend, and History*, London, 1931, 224-5.
78. Pausanias, ii, 1; Glotz, *Ancient Greece*, 116.
79. Strabo, viii, 6.21.
80. *Iliad*, ii, 570.
81. Aristotle(?), *Economics*, Loeb Library, ii, 2.
82. Aristotle, *Politics*, 1315b.
83. *Enc. Brit.*, XVI, 616.
84. Glotz, *Greek City*, 113, *Ancient Greece*, 86; Weigall, *Sappho*, 46.
85. Plutarch, *Moralia*, Loeb Library, 147D.
86. Herodotus, iii, 50-3; Diogenes Laertius, *Lives and Opinions of the Eminent Philosophers*, London, 1853, "Periander."
87. Aristophanes, *The Eleven Comedies*, N. Y., 1908, *Frogs*, 133; Lacroix, I, 110.
88. Pindar, *Odes*, Loeb Library, Frag. 122.
89. Strabo, viii, 6.20.
90. Athenaeus, xiii, 32.

91. 위의 책, 33.
92. St. Paul, I Cor. vi, 15-18.
93. Semple, 669.
94. Pausanias, vi, 17-19; Litchfield, F., *History of Furniture*, Boston, 1922, 13.
95. CAH, III, 554.
96. Glotz, *Greek City*, 113.
97. Grotz, III, 264-5.
98. Theognis, 237, in Dickinson, G. L., *Greek View of Life*, N. Y., 1928, 186.
99. Theognis in Hesiod, Callimachus, and Theognis, *Works*, 444-5.
100. 위의 책, 448, ll. 373f.
101. 위의 책, ll. 349f.
102. Symonds, 161.
103. Botsford, G. W., and Sihler, E. G., *Hellenic Civilization*, N. Y., 1920, 198-9; Coulanges, 369.
104. Symonds, 162.
105. Theognis in Hesiod, etc. 442.
106. 위의 책, 470-1, 447-8, 489-90.
107. 479-81.
108. 477, 491-2.
109. 454-5.
110. Ridgeway, 33.
111. Calhoun, 30 1; Semple, 669.
112. Pausanias, ii, 26.
113. Pindar, Pythian iii, 47-58.
114. Gardner, E. A., *Ancient Athens*, N. Y., 1902, 431.

5장

1. Strabo, viii, 6.21; ix, 2.25.
2. Pausanias, ix, 31.
3. Mahaffy, *Greek Literature*, I, 117.
4. *Enc. Brit.*, XI, 529.
5. Hesiod, *Works and Days*, 640.
6. 위의 책, 655.
7. Gardiner, E. N., *Athletics*, 30.
8. Pausanias, ix, 31; Mahaffy, *Greek Literature*, I, 125; CAH, IV, 474; Grote, I, 12.
9. Hesiod, *Theogony*, 1-6.
10. 위의 책, 120f.
11. Nilsson, 185-6.
12. *Theogony*, 166f.
13. 위의 책, 735f.
14. *Works and Days*, 285.
15. 위의 책, 286f.
16. 504f.
17. 54f.
18. *Theogony*, 585f.
19. *Works and Days*, 695f.
20. 위의 책, 109f.
21. Mahaffy, *Social Life*, 72.
22. Mahaffy, *Greek Literature*, 54.
23. Diodorus, xvi, 28; Frazer, *Studies*, 374-5.
24. Pope, A., *Essay on Man*.
25. Bury, 95; CAH, III, 619.
26. Cicero, *De Fato*, 7.
27. Baedeker, xxvii; Zimmern, A., *Greek Commonwealth*, Oxford, 1924, 38.
28. Hippocrates, *Works*, Loeb Library,

Introductory Essay I to Vol. II, by W. H. S. Jones; Jones, W. H. S., *Malaria and Greek History*, Manchester U. P., 1909.
29. Isocrates, *Works*, Loeb Library, *Panegyricus*, 24.
30. Ridder, 122.
31. Grote, III, 270-4; Vinogradoff, Paul, *Outlines of Historical Jurisprudence*, Oxford, 1922, II, 85-6.
32. Frazer, *Studies*, 58-9.
33. Aristophanes, I, 196, editor's note.
34. Baedeker, 104.
35. CAH, III, 579-80.
36. Aristotle, *Constitution of Athens*, London, 1891, sect. 57; Grote, III, 290; Coulanges, 231.
37. Meyer, Ed., in Zimmern, 396.
38. Aristotle, *Constitution*, 2; Bury, 174; Glotz, *Greek City*, 102.
39. Botsford, *Athenian Constitution*, 141.
40. Aristotle, *Constitution*, 2.
41. Glotz, *Ancient Greece*, 61, 80, *Greek City*, 102.
42. Glotz, *Ancient Greece*, 71.
43. CAH, IV, 33.
44. 위의 책.
45. Grote, III, 293-4; Coulanges, 418.
46. Plutarch, "Solon."
47. Botsford, *Constitution*, 143.
48. Pöhlmann, 158; Glotz, *Ancient Greece*, 71.
49. Glotz, *Greek City*, 119.
50. Plutarch, *Amatorius*, 751c, in Linforth, I. M., *Solon the Athenian*, Berkeley, Cal., 1919, 156-7.
51. Diog. L., "Solon," ii.
52. Plutarch, "Solon"
53. Diog. L., "Solon," ix.
54. Aristotle, *Constitution*, 5; Grote, III, 313; Botsford, 158.
55. Aristotle, 6, 12.
56. CAH, IV, 38.
57. Aristotle, 6.
58. Plutarch, "Solon."
59. Grote, III, 319.
60. Aristotle, 10.
61. Plutarch.
62. Grote, III, 316; Mahaffy, *What Have the Greeks Done for Civilization?*, 186.
63. CAH, IV, 134; Bury, 183.
64. Plutarch.
65. Aristotle, 12; Grote, III, 331-2.
66. Plutarch.
67. 위의 책; Aristotle, 9.
68. Coulanges, 420; CAH, IV, 43; Grote, II, 350.
69. Plutarch.
70. Diog. L., "Solon", vii.
71. Athenaeus, xiii, 25; Lacroix, I, 68-70; Bebel, A., *Woman under Socialism*, N. Y., 1923, 35.
72. Plutarch; Grote, III, 351; Tucker, T. G., *Life in Ancient Athens*, Chautauqua, N. Y., 1917, 159.
73. Plutarch.

74. 위의 책.
75. Diog. L., "Solon," xvi.
76. Grote, III, 344.
77. Diog. L.
78. *Enc. Brit.*, XX, 955.
79. Herodotus, i, 29.
80. Plato, *Amatores*, 133, in Linforth, 130.
81. Herodotus, i, 30.
82. Plutarch.
83. Diog. L., "Solon," iii.
84. Diodorus, ix, 20.
85. Herodotus, i, 60; Athenaeus, xiii, 89.
86. Aristotle, *Constitution*, 16.
87. Glotz, *Greek City*, 121.
88. Calhoun, 29.
89. Aristotle, *Politics*, 1310a.
90. Thucydides, vi, 19.
91. Athenaeus, xiii, 70; Lacroix, I, 153.
92. Aristotle, *Politics*, 1300b.

6장

1. Pater, W., *Plato and Platonism*, London, 1910, 246.
2. Thucydides, i, 1.
3. CAH, II, 558.
4. Strabo, x, 5.6; Plutarch, *Moralia*, Loeb Library, 249D.
5. *Lyra Graeca*, II, 639.
6. Aristophanes, *Peace*, 695.
7. Cicero, *De Oratione*, ii, 86, in *Lyra Graeca*, II, 306.
8. *Lyra Graeca*, II, 257.
9. 위의 책, III, 297, 339; tr. J. A. Symonds, *Greek Poets*, 155, 167.
10. Cicero, *De Natura Deorum*, Loeb Library, i, 22.
11. Thucydides, iii, 103.
12. Glotz, *Ancient Greece*, 113.
13. Botsford and Sihler, 188.
14. Carroll, 99.
15. CAH, IV, 483.
16. Symonds, 169.
17. Herodotus, iii, 57.
18. Ovid, *Metamorphoses*, Loeb Library, x, 243.
19. Herodotus, i, 142.
20. 위의 책, i, 146.
21. 위의 책, i, 170; Diog. L., "Thales."
22. Aristotle, *Poetics*, Loeb Library, 1259a.
23. Diog. L., "Thales," iii-viii; Plutarch, "Solon."
24. Heath, *Greek Mathematics*, I, 130; Ueberweg, F., *History of Philosophy*, N. Y., 1871, I, 34-5.
25. Heath, I, 137; Herodotus, i, 74.
26. Aristotle, *Metaphysics*, tr. M'Mahon, London, 1857, i, 3.
27. 위의 책.
28. Diog. L., "Thales," iii.
29. "Thales," viii.
30. 위의 책.
31. "Thales," xii.
32. Strabo, xiv, 4. 7.
33. Spencer, *First Principles of a New System*

of Philosophy, N. Y., 1910, 367.
34. Bakewell, 5.
35. Heath, II, 38; Grote, V, 94.
36. Bakewell, 6.
37. Aristotle, *Metaphysics*, i, 3; Bakewell, 7; CAH, IV, 554.
38. Athenaus, xii, 26, xiii, 29, xiv, 20.
39. 위의 책, xii, 26.
40. Diog. L., "Bias," i-iv.
41. CAH, IV, 92-3.
42. Herodotus, ii, 134.
43. Plutarch, *Moralia*, 16C.
44. Leslie, Shane, *Greek Anthology*, N. Y., 1929, x, 123.
45. Pfuhl, Ernst, *Masterpieces of Greek Drawing and Painting*, London, 1926, Fig. 79.
46. Sarton, Geo., *Introduction to the History of Science*, Baltimore, 1930, I, 75.
47. Pausanias, viii, 14; Glotz, *Ancient Greece*, 132; Jones, H. Stuart, *Ancient Writings on Greek Sculpture*, London, 1895, 24-5.
48. Ridder, 174.
49. Pliny, xxxv, 46.
50. xxxvi, 21.
51. Athenaeus, xii, 29.
52. Carroll, 102.
53. Frag. 78 in *Herodes, Cercidas, and the Greek Choliambic Poets*, Loeb Library, 55.
54. Diog. L. in Heraclitus, *On the Universe*, Loeb Library, 464.
55. Mahaffy, *What Have the Greeks?*, 219.
56. Bakewell, 33.
57. Nietzsche, F., *Early Greek Philosophy*, N. Y., 1911, 103-4.
58. Diog. L., "Heracleitus," v.
59. Strabo, xiv, 1. 28; Weigall, *Sappho*, 155.
60. Weigall, 186; Symonds, 150.
61. Tr. in Harrison, *Prolegomena*, 173.
62. *Lyra Graeca*, III, 636, II, 126, 131.
63. Athenaeus, x, 33.
64. *Lyra Graeca*, II, 125, 139.
65. 위의 책, 145, frag. 15.
66. *Greek (Palatine) Anthology*, vii, 24.
67. Diodorus, xx, 84.
68. Herodotus, viii, 105; Glotz, *Ancient Greece*, 85.
69. Athenaeus, vi, 88-90; Ward, C. O., *Ancient Lowly*, Chicago, 1907, I, 123f.
70. Eratosthenes in Grote, II, 159.
71. *Lyra Graeca*, I, 333; Athenaeus, xiv, 23.
72. Tr. by Symonds, 197.
73. Stobaeus, *Anthology*, xxix, 58, in *Lyra Graeca*, I, 141.
74. *Greek Anthology*, ix, 506.
75. Strabo, xiii, 2.3.
76. Ovid, *Heroides*, Loeb Library, xv, 31; scholiast on Lucian, *Imag.*, 18, in *Lyra Graeca*, I, 160.
77. Weigall, *Sappho*, 76.
78. 위의 책, 175.
79. Symonds, 196.
80. Weigall, 86.
81. *Lyra Graeca*, I, 437.

82. Athenaeus, xii, 69.
83. Weigall, 119.
84. Longinus, *On the Sublime*, Loeb Library, ix, 15.
85. *Berliner Klassikertexte*, p. 9722, in *Lyra Graeca*, I, 239.
86. Murray, *Greek Literature*, 92; Weigall, 173, 90; Robinson, D. M., *Sappho and Her Influence*, Boston, 1924, 58.
87. Mahaffy, *Greek Literature*, I, 202.
88. Weigall, 321.
89. Suidas, *Lexicon*, s.v., *Phaon*, in *Lyra Graeca*, I, 153; Strabo, x, 2.8.
90. Ovid, *Heroides*, xv.
91. Oxyrhynchus Papyrus 1231, in Weigall, 291.
92. *Lyra Graeca*, I, 435.
93. Athenaeus, xiii, 89.
94. Strabo, xii, 3.11.
95. Ramsay, Asianic Elements, 118.
96. Diodorus, iv, 49.
97. Polybius, iv, 38.
98. Semple, 72-3, 214.
99. Murray, Greek Literature, 86.

7장

1. Pausanias, iii, 23.
2. Ludwig, 266; Cook, *Zeus*, 776.
3. Schliemann, *Ilios*, 41.
4. Strabo, x, 2.9.
5. *Journal of Hellenic Studies*, LVI, 170-89, London, 1882f.
6. Grote, IV, 150-1.
7. Mahaffy, *Greek Literature*, I, 97-8; *J. H. Studies*, LV, 138.
8. Randall-MacIver, D., *Greek Cities in Italy and Sicily*, Oxford, 1931, 75; CAH, III, 676.
9. Diodorus, iii, 9.
10. Athenaeus, xii, 20.
11. 위의 책, xii, 15, 17.
12. 위의 책, 58.
13. Herodotus, vi, 127.
14. Grote, IV, 168.
15. Athenaeus, xii, 19.
16. Diog. L., "Pythagoras," ix.
17. *Enc. Brit.*, XVIII, 802.
18. Diog. L., "Pythagoras," i-iii, xvii; Heath, *Greek Math.*, I, 4.
19. Cicero, *De Finibus*, Loeb Library, v, 29, 87; Diodorus, i, 98.
20. Cicero, *Tusculan Disputations*, Loeb Library, i, 16; *De Re Publica*, Loeb Library, ii, 15.
21. Carroll, 299, 307, 310.
22. Diog. L., "Pythagoras," viii.
23. "Pythagoras," xix, vii, xviii; Grote, V, 103.
24. Diog. L., "Pythagoras,: xix.
25. "Pyth.," xviii.
26. Grote, V, 100-1.
27. Diog. L., "Pyth.," xxii; Cook, *Zeus*, 1.
28. Diog. L., "Pyth.," viii.
29. Heath, I, 10.
30. Proclus, in Heath, I, 141.
31. Diog. L., "Pyth.," xi.
32. Whibley, 229.

33. Heath, I, 70, 85. 145.
34. Whewell, W., *History of the Inductive Sciences*, N. Y., 1859, I, 106; *Oxford History of Music*, Oxford U. P., 1929, Introductory Volume, 3.
35. Aristotle, *Works*, ed. Smith and Ross, Oxford, 1931, *De Coelo*, ii, 9; *Metaphysics*, i, 5; *Oxford History of Music*, 27; Heath, I, 165, II, 107.
36. Heath, II, 65, 119; Berry, A., *Short History of Astronomy*, N. Y., 1909, 24.
37. Diog. L., "Pyth.," xxv.
38. 위의 책, 9, Introd., xviii.
39. Livingstone, R. W., *Legacy of Greece*, Oxford, 1924, 59.
40. Diog. L., "Pyth.," xix.
41. 위의 책.
42. Rohde, Erwin, *Psyche*, N. Y., 1925, 375; Pater, *Plato*, 54.
43. *Greek Anthology*, vii, 120.
44. Aristotle, *Nicomachean Ethics*, v, 8.
45. Diog. L., "Pyth.," xxi.
46. Grote, IV, 154-8; CAH, IV, 115-6.
47. Frag. 24 in Whibley, 89.
48. Heath, II, 52; Mahaffy, *Greek Lit.*, I, 138.
49. Frag. 7 in Bakewell, 9.
50. Frags. 14-5, 5-7, 1-3, in Bakewell, 8.
51. Diog. L., "Xenophanes," iii.
52. Frags. 9-10.
53. Bakewell, 10-11.
54. Warren, *Foundations*, 241.
55. Randall-MacIver, 9-10.
56. Childe, V. G., *Dawn of European Civilization*, N. Y., 1925, 93-100.
57. Thucydides, vi, 18; Diodorus, v, 2.
58. Grote, IV, 149.
59. Freeman, E. A., *Story of Sicily*, N. Y., 1892, 65.
60. 위의 책.
61. Polybius, xii, 25.
62. 위의 책, ix, 27.
63. 위의 책, v, 2.
64. Herodotus, vii, 156.
65. Lucian, *Works*, tr. H. W. and F. G. Fowler, Oxford, 1905, "Hermotimus," 34.
66. Glotz, *Ancient Greece*, 116; Draper, J. W., *History of the Intellectual Development of Europe*, N. Y., 1876, I, 52.

8장

1. CAH, II, 610.
2. Sophocles, *Oedipus at Colonus*, 1470; Cook, *Zeus*.
3. *Iliad*, iii, 277.
4. Frazer, *Magic Art*, I, 315.
5. Murray, G., *Five Stages of Greek Religion*, Oxford U. P., 1930, 50.
6. Nilsson, 91; Farnell, *Greece and Babylon*, 228.
7. Nilsson, 91-2; Heracleitus in Bakewell, 29.
8. Murray, G., *Aristophanes: A Study*, N. Y., 1933, 6.
9. Harrison, Jane, *Prolegomena*, 293; Glotz, *Aegean Civilization*, 391-2;

Briffault, *Mothers*, III, 145.

10. Murray, *Five Stages*, 35-6; Reinach, S., *Orpheus*, 86; Frazer, Sir J., *Spirits of the Corn and of the Wild*, N. Y., 1935, I, 4.
11. Whibley, 387.
12. Murray, *Five Stages*, 31.
13. 위의 책, 29, 33; Harrison, *Prolegomena*, pp. viii and 28.
14. Harrison, 18.
15. Rodenwaldt, 315.
16. Sophocles, *Philoctetes*, 1327-9; Harrison, 297f.
17. 위의 책, 325.
18. Rohde, 159.
19. Nilsson, 123.
20. Rohde, 297.
21. 위의 책, 172.
22. Seymour, 98; *Odyssey*, i, 65f; *Iliad*, iv, 14f.
23. 위의 책, viii, 17-27.
24. Semple, 529.
25. *Iliad*, xvi, 651f.
26. Hesiod, *Theogony*, 887f.
27. *Iliad*, xv, 17.
28. Frazer, *Magic Art*, I, 14-15.
29. *Iliad*, viii, 330f.
30. 위의 책, xx, 46, xxi, 406.
31. Smith, Wm., *Dictionary of Greek and Roman Antiquities*, Boston, 1859, 603.
32. CAH, II, 637; Glotz, *Ancient Greece*, 112; Blakeney, M. A., ed., *Smaller Classical Dictionary*, Everyman Library, 258.
33. CAH.
34. Diodorus, iv, 6.
35. Athenaeus, xii, 80.
36. Gardner, P., *New Chapters*, 157.
37. Frazer, Sir J., *Adonis, Attis, Osiris*, N. Y., 1935, 226; Gardner, *New Chapters*, 157.
38. Semple, 43-4.
39. Symonds, 204.
40. Diodorus, iii, 62.
41. Herodotus, ii, 49-57.
42. Nilsson, 86; CAH, IV, 527.
43. 위의 책, 535.
44. Rohde, 220; Gardner, *New Chapters*, 385.
45. Diodorus, iv, 25.
46. Harrison, *Prolegomena*, 465.
47. Reinach, 88; CAH, IV, 536-8; Harrison, 432; Murray, *Greek Literature*, 65; Carpenter, Edw., *Pagan and Christian Creeds*, N. Y., 1920, 64.
48. Harrison, p. xi.
49. 위의 책, 588; Nilsson, 221; Rohde, 344.
50. Plato, *Republic*, ii, 364-5.
51. Harrison, 572.
52. Whibley, 402.
53. Nilsson, 247.
54. Symonds, 495.
55. Dickinson, G. L., *Greek View of Life*, N. Y., 1928, 1.
56. Grote, II, 101-2.
57. Coulanges, 223.
58. Xenophon, *Anabasis*, v, 3.4.
59. *Iliad*, xxi, 27; xxiii, 22, 175.

60. Pausanias, iv, 9; CAH, II, 621.
61. Pausanias, iii, 16; Plutarch, "Lycurgus"; Nilsson, 94.
62. CAH, II, 618; Grote, I, 111.
63. Frazer, Sir J., *Scapegoat*, N. Y., 1935, 253; Harrison, 107.
64. Aristophanes, *Frogs*, 734; Rohde, 296; Harrison, 103; Nilsson, 87; Frazer, *Scapegoat*, 253.
65. Harrison, 108.
66. Murray, G., *Epic*, 12-13, 317; Harrison, 103.
67. Plutarch, "Pelopidas."
68. Hesiod, *Theogony*, 557f.
69. *Odyssey*, iii, 338-41; CAH, II, 626.
70. Farnell, 237.
71. Harrison, 501.
72. Diodorus, iii, 66.
73. Grote, I, 145-6.
74. Harrison, 167.
75. Nilsson, 82-3; Rohde, 163.
76. Coulanges, 213; Rohde, 295-6.
77. Nilsson, 83.
78. 위의 책, 85.
79. Theophrastus, *Characters*, Loeb Library, xvi.
80. Plutarch, "Solon."
81. Sophocles, *Trachinian Women*, 584; Lacroix, I, 117; Becker, 381.
82. Plato, *Laws*, 933; Harrison, 139.
83. Herodotus, ix, 95.
84. Coulanges, 291.
85. Carroll, 270; Rohde, 292.
86. Coulanges, 289.
87. Grote, III, 38-9; Benson, E. F., *Life of Alcibiades*, N. Y., 1929, 83.
88. Herodotus, v, 63, vi, 66; Grote, V, 431.
89. 위의 책, III, 127.
90. CAH, III, 627-8.
91. 위의 책, 604.
92. Coulanges, 288.
93. Harrison, 121; Frazer, *Spirits of the Corn*, II, 17.
94. Harrison, 32.
95. Frazer, *Spirits of the Corn*, I, 30.
96. Rohde, 239.

9장

1. Herodotus, viii, 144.
2. Mahaffy, *Greek Literature*, IV, 24.
3. *Enc. Brit.*, I, 681.
4. Mason, W. A., *History of the Art of Writing*, 344.
5. Mahaffy, *Old Greek Education*, 49; Thompson, Sir E. M., *Introduction to Greek and Latin Palaeography*, Oxford, 1912, 58.
6. Pliny, xiii, 11.
7. Shotwell, J. T., *Introduction to the History of History*, N. Y., 1936, 30; Becker, 162n.
8. Thompson, 39, 43; Mahaffy, 51.
9. Becker, 274.
10. Shotwell, 32.
11. Mahaffy, *Greek Literature*, I, 25-8.
12. Grote, II, 245; Murray, *Epic*, 238.
13. Diog. L., "Solon," ix.

14. Grote, II, 245; Murray, *Epic*, 147.
15. 위의 책, 258.
16. *Iliad*, xxii, 106-13, tr. G. Murray.
17. Ramsay, *Asianic Elements*, 289.
18. *Iliad*, i, 477.
19. 위의 책. ii, 469-73.
20. 위의 책, xx, 490, tr. Bryant.
21. Mahaffy, *Greek Literature*, I, 35, 81.
22. Browne, 92.
23. Glotz, *Aegean Civilization*, 393; Ward, I, 41; Grote, II, 306-7.
24. Briffault, *Mothers*, I, 411.
25. *Odyssey*, iv, 120-36.
26. Herodotus, ii, 53.
27. Curtius, Ernst, *Griechische Geschichte*, Berlin, 1887f, I, 126, in Robertson, J. M., *Short History of Free Thought*, London, 1914, I, 127; Mahaffy, *Social Life*, 352; Murray, *Epic*, 267.
27a. Symonds, 187.
28. *Odyssey*, viii, 146.
29. Rodenwaldt, 233.
30. Gardiner, *Athletics*, 230.
31. Mahaffy, *Greek Education*, 18.
32. Gardiner, *Athletics*, 234.
33. Tucker, 222.
34. Zimmern, 316.
35. Pausanias, v, 21.
36. 위의 책, i, 44.
37. Gardner, *New Chapters*, 291.
38. 위의 책, 294.
39. 위의 책.
40. Gardiner, *Athletics*, 212f.
41. Pausanias, vi, 4.
42. 위의 책, viii, 40.
43. 위의 책, vi, 14.
44. Herodotus, iii, 106.
45. Pausanias, vi, 13.
46. Herodotus, viii, 26.
47. Grote, III, 352-3.
48. Athenaeus, x, 1; Gardiner, *Athletics*, 54-5.
49. Ferguson, W. M., *Greek Imperialism*, Boston, 1913, 58-9; Haigh, A. E., *Attic Theatre*, Oxford, 1907, 3.
50. Winckelmann, J., *History of Ancient Art*, Boston, 1880, II, 288.
51. Athenaeus, xiii, 90.
52. 위의 책.
53. Symonds, 73.
53a. Richter G., *Handbook of the Classical Collection*, Metropolitan Museum of Art, N. Y., 1922, 76.
54. Rodenwaldt, 234.
55. Ridder, 171.
56. Pfuhl, 38.
57. Ridder, 181; Murray, A. S., *Greek Sculpture*, I, 11.
58. Rodenwaldt, 247.
59. Pijoan, J., *History of Art*, N. Y., 1927, I, figs. 351-2.
60. 위의 책. p. 229.
61. Pliny, xxxv, 151.
62. Cotterill, H. B., *History of Art*, N. Y., 1922, 99-100.
63. Anderson and Spiers, 42; CAH, IV, 603-8.
64. Livingstone, *Legacy of Greece*, 412;

Warren, 277-80; Smith, G. E., 422; CAH, IV, 99.
65. Polybius, iv, 20-1; Athenaeus, xiv, 22.
66. Lacroix, I, 122.
67. Pratt, W. S., *History of Music*, N. Y., 1927, 53.
68. Pausanias, x, 7.
69. Mahaffy, *Social Life*, 456.
70. Diodorus, iii, 67.
71. *Lyra Graeca*, III, 582.
72. Strabo, x, 3.17.
73. *Oxford History of Music*, 8.
74. 위의 책.; Pratt, 55; Mahaffy, *What Have the Greeks?*, 143; *Social Life*, 463-5.
75. Aristotle, *Politics*, 1342b.
76. Athenaeus, xiv, 18.
77. 위의 책, 10; *Lyra Graeca*, II, 498; Symonds, 180; Glotz, *Ancient Greece*, 279.
78. *Oxford History of Music*, 1, 30.
79. Haigh, 311.
80. Lucian, "Of Pantomime."
81. 위의 책.
82. Kirstein, L., *Dance*, N. Y., 1935, 26.
83. Athenaeus, i, 37.
84. Kirstein, 28-30.
85. 위의 책, 30.
86. Athenaeus, xiv, 12, 32.
87. *Lyra Graeca*, III, 630.
88. Lucian.
89. Mahaffy, *Social Life*, 464-5.
90. Athenaeus, xiv, 17.
91. Aristotle, *Poetics*, iv; Murray, *Aristophanes*, 3.
92. *Enc. Brit.*, VII, 582.
93. Aristotle, *Politics*, 1336b.
94. Murray, *Greek Literature*, 212; Haigh, 292; Sumner, W. G., *Folkways*, 447.
95. Aristophanes, *Eleven Comedies*, I, 327 and editor's note; Kirstein, 38.
96. *Enc. Brit.*, VII, 584.
97. Aristotle, *Poetics*, v, 3.
98. CAH, V, 117.
99. Aristotle, *Poetics*, iv, 17.
100. Ridgeway in Harrison, 76; Sumner and Keller, III, 2109.
101. *Enc. Brit.*, VII, 582.
102. 위의 책, 583.
103. Athenaeus, i, 39.
104. Diog. L., 28, "Solon," xi.

10장

1. Herodotus, vi, 98.
2. Grote, V, 16.
3. 위의 책, 22.
4. Herod., vi, 102.
5. Rawlinson, app. to Herod., vi; Grote, V, 58; Pausanias, x, 20.
6. Plutarch, "Aristides."
7. Herod., vi, 132-6.
8. Plutarch.
9. 위의 책.
10. 위의 책.
11. Thucydides, i, 5.138.
12. Plutarch, "Themistocles."
13. Plutarch, "Aristides."
14. Herod., vii, 133-7.

15. 위의 책, 184-6, 196.
16. 위의 책, 146.
17. 위의 책, 33-6.
18. 위의 책, 56.
19. Athenaeus, iv, 27; Herod., vii, 118-9.
20. 위의 책, viii, 4-6.
21. vii, 231-2.
22. viii, 24.
23. *Greek Anthology*, vii, 249; Strabo, ix, 4, 12-16.
24. Plutarch, "Themistocles."
25. Mahaffy, *Social Life*, 223.
26. Herod., ix, 4-5.
27. 위의 책, viii, 89.
28. Grote, V, 316f, and Freeman, 77; CAH, IV, 378.
29. Grote, V, 319-20.
30. Herod., ix, 70.
31. Rawlinson, note to Herod.

11장

1. Shelley, P. B., "On the Manners of the Ancients," quoted by Livingstone, *Legacy*, 251.
2. Herod., viii, 111-12.
3. *Oxford Book of Greek Verse in Translation*, Oxford, 1938, 534; Plutarch, "Themistocles."
4. Plutarch, "Aristides."
5. Thucydides, i, 5.
6. Grote, VI, 6-7.
7. Aristotle, *Constitution*, 25.
8. 위의 책, 41.
9. Plutarch, "Pericles"; Grote, VII, 16; CAH, V, 72.
10. Plutarch.
11. 위의 책.
12. 위의 책.
13. Glotz, *Greek City*, 241.
14. Plato, *Gorgias*, 515; Aristotle, *Constitution*, 27; Plutarch.
15. CAH, V, 100; Glotz, 210.
16. Glotz, 131.
17. Plutarch.
18. 위의 책.
19. Plato, *Phaedrus*, 270.
20. Plutarch.
21. Carroll, 197.
22. Aristophanes, *Acharnians*, 514f; Athenaeus, xiii, 25-6.
23. Lacroix, I, 154; Carroll, 200.
24. Plato, *Menexenus*, 236; Carroll, 311; Benson, 58.
25. Lacroix, I, 156.
26. Plutarch.
27. Plato; Benson, 57-8.
28. Plutarch.
29. Benson, 58.
30. Plutarch.
31. Plato, *Theaetetus*, 79, *Republic*, ii, 8, *Laws*, ix, 3; Thucydides, iii, 52; Mahaffy, *Social Life*, 178-9; Grote, VI, 305-6.
32. Botsford, 222.
33. Glotz, *Greek City*, 156; Carroll, 442.
34. Tucker, 251-2.
35. Isocrates, *Antidosis*, 320.
36. Coulanges, 248.

37. Tylor, E. B., *Anthropology*, N. Y., 1906, 217.
38. Vinogradoff, II, 61-2.
39. Aristotle, *Constitution*, 57.
40. Glotz, *Greek City*, 236.
41. Glotz, *Ancient Greece*, 153.
42. Botsford, 53-4.
43. Glotz, *Greek City*, 297.
44. Aristotle's will in Diog. L., 185, "Aristotle," ix.
45. Xenophn, *Memorabilia*, tr. Watson, Phila., 1899, x, 2.9.
46. Murray, *Greek Literature*, 328.
47. Glotz, *Ancient Greece*, 281.
48. Tucker, 263.
49. Isocrates, *Antidosis*, 79.
50. *Enc. Brit.*, X, 829.
51. Glotz, *Ancient Greece*, 316.
52. Glotz, *Greek City*, 263.
53. Herod., v, 77; Aristotle, *Ethics*, v, 7.
54. Glotz, *Greek City*, 220.
55. Zimmern, 290; Ferguson, 69.
56. CAH, V, 29; Grote, II, 55-7.
57. Thucydides, ii, 6.
58. *Lyra Graeca*, II, 337.

12장

1. Xenophon, *Economicus*, iv-vi, in *Minor Works*.
2. 위의 책, xviii, 2.
3. Semple, 407, 414, 421.
4. Pausanias, ii, 38.
5. Zimmern, 52-4.
6. Aristophanes, II, 245; Athenaeus, vii, 43, 50f.
7. 위의 책, xiv, 51.
8. Xenophon, *Memorabilia*, ii, 1.
9. Hippocrates, "Regimen in Acute Diseases," xxviiif.
10. Aeschylus, *Persian Women*, 238.
11. Aristotle, *Constitution*, 47; Baedeker, 123.
12. CAH, V, 16.
13. Rickard, T. A., *Man and Metals*, N. Y., 1932, I, 376; Calhoun, 142-3.
14. 위의 책, 154-6.
15. Glotz, *Ancient Greece*, 225.
16. Semple, 678-9.
17. 위의 책, 668.
18. Glotz, 205.
19. Vitruvius, *On Architecture*, Loeb Library, ii, 6.3.
20. Aeschylus, *Agamemnon*, 278f; Herod., ix, 3; Thucydides, viii, 26.
21. Aristophanes, *Frogs*, in *Eleven Comedies*, II, 194.
22. Plato, *Gorgias*, 511.
23. Glotz, 294.
24. 위의 책, 233.
25. Zimmern, 307.
26. Lucian, "Nigrinus," 1.
27. CAH, V, 22.
28. Zimmern, 218; CAH, V, 8.
29. Zimmern, 283.
30. Isocrates, *Panegyricus*, 42.
31. Thucydides, ii, 6.
32. Xenophon, *Economicus*, iv, 2.
33. Glotz, 218.

34. Gomme, A. W., *Population of Athens in the 5th and 4th Centuries B.C.*, Oxford, 1933, 21.
35. Athenaeus, vi, 103; Becker, 361.
36. Semple, 667; Glotz, 192-3.
37. 위의 책, 208.
38. Aeschines, Epistle 12, in Becker, 361; CAH, V, 8.
39. Botsford and Sihler, 225.
40. Glotz, 196.
41. Dickinson, 119; Ward, I, 93.
42. CAH, VI, 529-30.
43. Aristotle, *Ethics*, viii, 13.
44. Murray, *Epic*, 16; CAH, VI, 529.
45. CAH, V, 25.
46. Aristophanes, *Ecclesiazusae*, 307.
47. Ward, I, 98.
48. CAH, V, 12, 25.
49. Glotz, 237.
50. 위의 책, 286.
51. Toutain, J., *Economic Life of the Ancient World*, N. Y., 1930; Introduction by Henri Berr, p. xxiii.
52. CAH, V, 32.
53. Semple, 425.
54. Glotz, 163.
55. Tucker, 251.
56. Coulanges, 451.
57. Ward, I, 424.
58. Glotz, 148.
59. Ward, I, 88, II, 48, 76, 263, 342.
60. Hall, M. P., *Encyclopedic Outline of Masonic, Hermetic, Qabbalistic, and Rosicrucian Symbolical Philosophy*, San Francisco, 1928, 64.
61. Aristophanes, II, 371f.
62. 위의 책, 440f.
63. Thucydides, viii, 24.
64. 위의 책, iii, 10.
65. Aristotle (?), *Economics*, iii, 15.
66. Glotz, 296.
67. 위의 책, 298.
68. 위의 책, 298; Lysias, *Against the Grain-Dealers*, xxii, in Botsford and Sihler, 426; Semple, 365, 663; Zimmern, 362.
69. Glotz, 169.

13장

1. Plato, *Republic*, 459f.
2. Aristotle, *Politics*, 1335.
3. Haggard, H. W., *Devils, Drugs, and Doctors*, N. Y., 1929, 19.
4. Himes, 82, 96.
5. Athenaeus, xiv, 3.
6. Plutarch, "Themistocles," *Moralia*, 185D.
7. *Greek Anthology*, vii, 387.
8. McClees, H., *Daily Life of the Greeks and Romans*, N. Y., 1928, 41; Metropolitan Museum of Art.
9. 위의 책, 41; Becker, 223; Mahaffy, *Greek Education*, 16, 19; Weigall, *Sappho*, 200.
10. Plato, *Laws*, vii, 84.
11. Plato, *Protagoras*, 326.
12. Mahaffy, 39.
13. Becker, 224.

14. Winckelmann, II, 296.
15. Plato, *Protagoras*, 325.
16. Aristotle, *Constitution*, 42.
17. Gardner, *Ancient Athens*, 483; Mahaffy, 76.
18. Lycurgus, *Against Leocrates*, 75-89, in Botsford and Sihler, 478.
19. Diog. L., "Aristippus," iv, "Aristotle," xi.
20. Tucker, 173; Weigall, 184.
21. Plutarch, *Moralia*, 249B.
22. CAH, II, 22-3.
23. Becker, 456.
24. Carroll, 172.
25. Tucker, 125-7.
26. 위의 책.
27. Plutarch, *Moralia*, 228B; *Athenaeus*, xv, 34.
28. Weigall, 189, 206-7; Carroll, 173.
29. Eubulus, *Flower Girls*, in Tucker, 173-4, and Lacroix, I, 101-2.
30. Weigall, 187.
31. Athenaeus, xv, 45.
32. Glotz, 278.
33. Wright, F. A., *History of Later Greek Literature*, N. Y., 1932, 19.
34. Zimmern, 215.
35. Tucker, 120.
36. Coulanges, 294.
37. *Greek Anthology*, x, 125.
38. Voltaire, *Works*, N. Y., 1927, IV, 71.
39. Thucydides, ii, 6; Mahaffy, *Social Life*, 295; Hobhouse, L. Y., *Morals in Evolution*, N. Y., 1916, 347; Glotz, *Greek City*, 131.
40. Vinogradoff, II, 54-5.
40a. Aristotle, in Sedgwick and Tyler, *Short History of Sciene*, N. Y., 1927, 102.
41. Glotz, *Ancient Greece*, 290; Becker, 280; Tucker, 150.
42. 위의 책, 123.
43. Grote, V, 53.
44. Thucydides, ii, 10.82.
45. Pausanias, vii, 9-10; Plutarch, "Artaxerxes II."
46. Xenophon, *Cyropaedia*, Loeb Library, i, 6.27.
47. Thucydides, i, 3.76.
48. 위의 책, v, 17.
49. 위의 책, iii, 9.34.
50. 위의 책, v, 32. 116; vi, 20. 95; Polybius, iii, 86; Coulanges, 275.
51. Thucydides, ii, 7.67.
52. Plutarch, "Alcibiades."
53. Plato, *Laws*, viii, 831.
54. Herod., v, 78.
55. Aristophanes, *Eccl.*, 720; Becker, 241.
56. 위의 책, 243.
57. Demosthenes, *Against Neaera*; Becker, 244.
58. Lacroix, I, 124, 129.
59. 위의 책, 112.
60. 위의 책, 85.
61. Briffault, II, 340.
62. Mahaffy, *Greek Life and Thought*, London, 1887, 72.
63. Lacroix, I, 88.

64. CAH, V, 175.
65. Lacroix, I, 166.
66. 위의 책, 162.
67. Becker, 248.
68. Athenaeus, xiii, 59.
69. 위의 책.
70. 위의 책, 58.
71. 위의 책, 52.
72. Lacroix, I, 180.
73. 위의 책, 179.
74. Athenaeus, xiii, 54.
75. Lacroix, I, 182-3.
76. 위의 책, 145-6.
77. Ellis, H., *Studies in the Psychology of Sex*, Phila., 1911, VI, 134.
78. Murray, *Aristophanes*, 45.
79. Plutarch, "Lycurgus"; Strabo, x, 4.21.
80. Plutarch, "Pelopidas."
81. Diog. L., "Xenophon," vi.
82. Plato, *Lysis*, 204.
83. Plato, *Symposium*, 180f, 192.
84. Lacroix, I, 118, 126.
85. Bebel, 37; Hime, 52.
86. Whibley, 612.
87. Carroll, 307.
88. Sophocles, *Trachinian Women*, 443.
88a. Tr. by J. S. Phillimore in *Oxford Book of Greek Verse in Translation*, 367.
89. Becker, 473.
90. Athenaeus, xiii, 16.
91. Sumner, *Folkways*, 362; Becker, 473.
92. Tucker, 83.
93. Carroll, 164.
94. Euripides, *Medea*, 233.
95. Coulanges, 63, 293; Becker, 475; Briffault, II, 336.
96. Zimmern, 334, 343.
97. Euripides, *Aeolus*, 22.
98. Demosthenes, *Against Neaera*; Smith, Wm., *Dictionary*, 349, s.v., *Concubium*.
99. Glotz, *Greek City*, 296; Zimmern, 340. Zeller, Ed., *Socrates and the Socratic Schools*, London, 1877, 62.
100. Westermarck, E., *History of Human Marriage*, London, 1921, III, 319; Becker, 497; *Lyra Graeca*, II, 135.
101. Lacroix, I, 114; *Enc. Brit.*, X, 828; Becker, 496.
102. Tucker, 84; Westermarck, 319; Lacroix, I, 143.
103. Westermarck; Coulanges, 119.
104. Thuc., ii, 6.
105. Lacroix, I, 143.
106. Becker, 464; Tucker, 83-4.
107. Sumner, *Folkways*, 497; Briffault, I, 405.
108. Tucker, 156.
109. Aristophanes, *Lysistrata*, 42f.
110. Tucker, 84.
111. *Greek Anthology*, vii, 340.
112. Botsford and Sihler, 51.
113. Tucker, 90-6.
114. Semple, 490-1.
115. Athenaeus, i, 10.
116. *Greek Anthology*, xi, 413.
117. Athenaeus, v, 2.
118. Xenophon, *Banquet*, ii, 8.
119. Mahaffy, *Social Life*, 120-1.

120. Coulanges, 422.
121. Plato, *Republic*, iv, 425.
122. Tucker, 270.
123. Semple.
124. Rohde, 167.
125. Harrison, *Prolegomena*, 600; Westermarck, E., *Origin and Development of the Moral Ideas*, London, 1917-24, I, 715.

14장

1. Xenophon, *Economicus*, viii, 19f.
2. Thuc., ii, 6.40.
3. Xenophon, *Banquet*, iv, 11.
4. Ridder, 48.
5. Usher, A. P., *History of Mechanical Inventions*, N. Y., 1929, 106-7.
6. Metropolitan Museum of Art, New York.
7. Pfuhl, 5.
8. Ridder, 287.
9. Pliny, xxxv, 34.
10. Mahaffy, *Social Life*, 449-50; Ridder, 19.
11. Plutarch, "Cimon."
12. Pausanias, x, 25.
13. Pliny, xxxv, 35; Winckelmann, II, 296.
14. Pliny, xxxv, 36.
15. 위의 책.
16. Plutarch, "Pericles."
17. Pliny.
18. Athenaeus, xii, 62.
19. Murray, A. S., I, 13.
20. Pliny.
21. Cicero, *De Invent.*, ii, 1, in Murray, A. S., I, 12.
22. National Museum, Naples; *Guide to the Archeological Collections*, Naples, 1935, 11.
23. National Museum, Athens.
24. Xenophon, *Memorabilia*, iii, 10.7.
25. Ridder, 177.
26. Gardner, *Greek Sculpture*, 20-1.
27. Pliny, xxxiv, 19.
28. 위의 책.
29. Pijoan, I, 254.
30. Lucian, "A Portrait Study," in *Works*, III, 15-16.
31. Jones, H. S., *Ancient Writers on Greek Sculpture*, 78.
32. Glotz, *Ancient Greece*, 231.
33. Jones, 76; Gardner, *Greek Sculpture*, 284; Frazer, *Studies in Greek Scenery*, 411; CAH, V, 479.
34. Pijoan, I, 269.
35. Pausanias, v, 11; Strabo, viii, 3.30.
36. *Iliad*, i, 528.
37. Pausanias, v, 11.
38. Polybius, xxx, 10.
39. Frazer, 293.
40. Quintilian, *Institutes*, Loeb Library, xii, 10.7.
41. Plutarch, "Pericles."
42. Scholiast on Aristophanes, *Peace*, 605, in Jones, 76.
43. Lucian.
44. Vitruvius, iv, 1.8.

45. Cotterill, I, 75.
46. Pausanias, v, 10.
47. Zimmern, 411.
48. Warren, 156.
49. 위의 책, 331.
50. Vitruvius, iii, 5.
51. Ruskin, *Aratra Pentelici*, 174; in Gardner, *Ancient Athens*, 338; Gardner, *Greek Sculpture*, 324.
52. Warren, 327, 339-41; Mahaffy, *What Have the Greeks?*, 130.
53. Ludwig, 139f.
54. Warren, 310-11; Gardner, *Ancient Athens*, 258.

연대표 (본문 63~148쪽)

기원전			
9000	크레타의 신석기 시대	1600~1200	테살리아의 청동기 시대
3400~3000	초기 미노스 I기, 초기 헬라스 I기, 초기 키클라데스 I기	1582	? 케크롭스의 아테네 건설
3400~2100	테살리아의 신석기 시대	1500~1400	후기 미노스 II기, 후기 헬라스(미케네) II기, 후기 키클라데스 II기
3400~1200	크레타의 청동기 시대	1450~1400	누 번째 크레타 궁전들이 파괴됨
3000~2600	초기 미노스 II기, 초기 헬라스 II기, 초기 키클라데스 II기	1433	? 데우칼리온과 대홍수
3000	키프로스에서 구리를 채광	1400~1200	후기 미노스 III기, 후기 헬라스(미케네) III기, 후기 키클라데스 III기; 티린스와 미케네의 궁전들
2870	트로이에 최초의 정착이 이루어진 것으로 알려짐	1313	? 카드모스의 테베 건설
2600~2350	초기 미노스 III기, 초기 헬라스 III기, 초기 키클라데스 III기	1300~1100	아카이아인들의 그리스 통치 시대
		1283	? 펠롭스의 엘리스 진출
2350~2100	중기 미노스 I기, 중기 헬라스 I기, 중기 키클라데스 I기	1261~1209	? 헤라클레스
		1250	아테네의 테세우스; 테베의 오이디푸스; 크노소스의 다이달로스
2200~1200	키프로스의 청동기 시대		
2100~1950	중기 미노스 II기, 중기 헬라스 II기, 중기 키클라데스 II기; 일련의 크레타 궁전들이 최초로 건설됨	1250~1183	트로이의 "여섯 번째 도시"; 호메로스의 영웅 시대
		1225	? 아르고호(號)의 모험
		1213	? 테베와 7국 간의 전쟁
2100~1600	테살리아의 금석 병용 시대	1200	? 아가멤논 즉위
1950~1600	중기 미노스 III기, 중기 헬라스 III기, 중기 키클라데스 III기	1192~1183	? 트로이 공격
		1176	? 오레스테스 즉위
1900	최초의 크레타 궁전들이 파괴됨	1104	? 도리스인의 그리스 침공
1600~1500	후기 미노스 I기, 후기 헬라스(미케네) I기, 후기 키클라데스 I기; 두 번째 크레타 궁전들이 건설됨		

* 모든 연대는 대략적인 수치다. 개인에 관한 연대는 전성기를 나타내며, 대체로 40세 전후로 추정된다. 통치자의 연대는 재위 기간을 나타낸다. 특정 항목의 의문 부호는 그리스 전승에 의해서만 전해지는 연도다.

연대표 (본문 151~393쪽)

기원전	
1100~850	아이올로스인과 이오니아인의 이주
1000	올림피아에 헤라 신전 건립
840	호메로스 활동 시기
776	최초의(?) 올림피아 제전
770	시노페와 쿠마이
757~756	키지코스와 트라페주스
752	최초의 10년 임기 아르콘 제도
750~650	그리스인 트라키아 반도 정착
750~594	귀족정 시대
750	헤시오도스 활동 시기
735	낙소스(시칠리아)
734	코르키라와 시라쿠사
730~729	레기온, 레온티니, 카타나
725~705	제1차 메세니아 전쟁
725	리디아와 이오니아 경화 주조
721	시바리스; 기원전 710년 크로토나
705	타라스; 기원전 700년 포세이도니아; 그리스의 석조 건축물 시작
683	아테네에서 최초의 1년 임기 아르콘 제도
680	아르고스에서 페이돈 통치; 그리스의 초기 국가 경화 주조
676	시키온의 참주 오르타고라스
670	레스보스의 시인이자 음악가 테르판드로스; 파로스의 시인 아르킬로코스; 아폴론과 데메테르에게 바치는 호메로스풍 찬가
660	로크리의 잘레우코스 법
658	비잔티움; 기원전 654년 람프사코스
655~625	코린토스의 참주 킵셀로스
651	셀리노스; 기원전 650년 압데라와 올비아
648	히메라; 시키온의 참주 미론
640~631	제2차 메세니아 전쟁; 스파르타의 시인 티르타이오스
630	스파르타의 리쿠르고스 법(?)
630	키레네; 기원전 615년 아비도스
625~585	코린토스의 참주 페리안드로스
620	아테네의 드라콘 법
615	밀레토스의 참주 트라시불로스
610	카타나의 카론다스 법
600	나우크라티스; 마살리아(마르세유); 시키온의 참주 클레이스테네스, 미틸레네의 피타코스; 레스보스의 시인들 사포와 알카이오스; 밀레토스의 철학자 탈레스; 스파르타의 시인 알크만; 조각 예술 등장
595	제1차 신성 전쟁
594	아테네의 솔론 법
590	7현자 시대; 인보동맹과 오르페우스교 시작; 에페소스의 아르테미스 제2신전
582	최초의 피티아 및 이스트미아 제전; 아크로폴리스 조각상들과 아폴론
580	아크라가스; 사모스의 우화 작가 이솝
576	최초의 네메아 제전
570	아크라가스의 참주 팔라리스; 히메라의 시인 스테시코로스; 밀레토스의 철학자 아낙시만드로스
566	최초의 판아테나이아 제전
561~560	페이시스트라토스 제1차 참주정
560~546	리디아의 크로이소스 이오니아 정복
558	카르타고가 시칠리아와 코르시카 정복
550	엠포리온(스페인); 기원전 535년 엘레아(이탈리아)
546~527	페이시스트라토스 제2차 참주정
545	페르시아가 이오니아 정복

*기원전 776년을 제외하고, 기원전 480년 이전의 모든 연대는 확실하지 않다. 별 다른 설명이 없는 장소명이 있는 것은 그리스인이 최초로 정착했다고 전해지는 연대를 의미한다.

연대표(본문 151~393쪽)

544	밀레토스의 철학자 아낙시메네스	497	이오니아 그리스인이 사르디스 방화
540	에페소스의 시인 히포낙스	494	페르시아인이 라데에서 이오니아인 격퇴
535~515	사모스의 참주 폴리크라테스; 사모스의 예술가 테오도로스; 테오스의 시인 아나크레온	493	아테네의 아르콘 테미스토클레스
		490	마라톤; 아이기나의 아파이아 신전
534	아테네에서 테스피스가 희곡 수립	489	아르콘 아리스티데스; 밀티아데스의 재판
530	메가라의 시인 테오그니스		
529~500	크로토나의 철학자 피타고라스	488~472	아크라가스의 참주 테론
527~510	아테네의 참주 히피아스	487	추첨 방식으로 첫 아르콘 선출
517	케오스의 시인 시모니데스	485~478	시라쿠사의 참주 겔론
514	하르모디오스와 아리스토게이톤의 모반	485	시라쿠사에서 에피카르모스가 희곡 수립
511	아테네의 극작가 프리니코스	482	아리스티데스의 도편 추방제
510	크로토나의 시바리스 파괴	480	아르테미시온, 테르모필라이, 살라미스, 히메라 전투; 아르고스의 조각가 아겔라다스
507	아테네에서 클레이스테네스가 민주주의 신장		
500	밀레토스의 지리학자 헤카타이오스	479	플라타이아와 미칼레 전투
499	이오니아의 반란; 아이스킬로스의 첫 연극		

연대표 (본문 397~521쪽, 5 - 2권의 9~172쪽)

기원전

478	테베의 시인 핀다로스
478~467	시라쿠사의 참주 히에론 1세
478	레기온의 조각가 피타고라스
477	델로스 동맹 체결
472	화가 폴리그노토스; 아이스킬로스의 「페르시아인들」
469	소크라테스 탄생
468	에우리메돈에서 키몬이 페르시아인 격퇴; 아이스킬로스와 소포클레스 간의 최초 경합
467	케오스의 시인 바킬리데스; 아이스킬로스의 「테베를 공격한 일곱 장수」
464~454	헤일로타이 반란; 이토메 공격
463~431	페리클레스 공식 등장
462	에피알테스가 아레오파고스 제한; 배심원 보수 지불; 아테네의 아낙사고라스
461	키몬 추방; 에피알테스 살해됨
460	아크라가스의 철학자 엠페도클레스; 아이스킬로스의 「결박당한 프로메테우스」
459~454	아테네의 이집트 원정 실패
458	아이스킬로스의 「오레스테이아」; 긴 성벽
456	올림피아 제우스 신전; 멘데의 조각가 파이오니오스
454	델로스의 보고(寶庫) 아테네로 이전
450	엘레아의 철학자 제논; 키오스의 수학자 히포크라테스; 칼리마코스가 코린토스의 질서 수립; 테베의 천문학자 필로라오스
448	칼리아스와 페르시아의 평화 협정
447~431	파르테논
445	압데라의 철학자 레우키포스
443	할리카르나소스의 역사가 헤로도토스가 투리이(이탈리아) 건설에 식민지 개척자들과 합류; 레온티니의 소피스트 고르기아스
442	소포클레스의 「안티고네」; 엘레우테라이의 조각가 미론
440	압데라의 소피스트 프로타고라스
438	페이디아스의 「아테나 파르테노스」; 에우리피데스의 「알케스티스」
437	프로필라이아 건축
435~434	코린토스와 코르키라 간의 전쟁
433	아테네와 코르키라 동맹 체결
432	포티다이아의 반란; 아스파시아, 페이디아스, 아낙사고라스의 재판
431~404	펠로폰네소스 전쟁
431~424	에우리피데스의 「메데아」, 「안드로마케」, 「헤쿠바」; 소포클레스의 「엘렉트라」
430	아테네 전염병 창궐; 페리클레스의 재판
429	페리클레스 사망; 클레온 집권; 소포클레스의 「오이디푸스 왕」
428	미틸레네의 반란; 에우리피데스의 「히폴리토스」; 아낙사고라스 사망
427	고르기아스 아테네 대사 임명; 소피스트 프로디코스와 히피아스
425	스팍테리아 공격; 아리스토파네스의 「아카르나이 사람들」
424	브라시다스가 암피폴리스 함락; 역사가 투키디데스 추방; 아리스토파네스의 「기사」
423	아리스토파네스의 「구름」; 헤라클레이아의 화가 제욱시스와 에페소스의 화가 파라시우스
422	아리스토파네스의 「말벌」; 클레온과

*어떤 인물에 대해 아무 도시도 언급되지 않은 경우 아테네인으로 이해한다.

연대표(본문 397~521쪽, 5 - 2권의 9~172쪽)

	브라시다스 사망	410	민주정 회복; 키지코스에서 알키비아데스 승리
421	니키아스의 평화; 아리스토파네스의 「평화」	408	밀레토스의 시인이자 음악가 티모테오스; 에우리피데스의 「오레스테스」
420	코스의 의사 히포크라테스; 압데라의 철학자 데모크리토스; 시키온의 조각가 폴리클레이토스	406	아르기누사이에서 아테네 승리; 에우리피데스와 소포클레스 사망; 에우리피데스의 「바카이」, 「아울리스의 이피게니아」
419	웅변가 리시아스		
418	만티네아에서 스파르타 승리; 에우리피데스의 「이온」	405~367	시라쿠사의 참주 디오니시오스 1세
416	멜로스 대학살; 에우리피데스의 「엘렉트라」(?)	405	아이고스포타미에서 스파르타 승리; 아리스토파네스의 「개구리」
415~413	아테네의 시라쿠사 원정	404	펠로폰네소스 전쟁 종결; 아테네 30인 통치
415	알키비아데스의 수치; 에우리피데스의 「트로이 여인들」	403	민주정 회복
414	시라쿠사 공격; 아리스토파네스의 「새」	401	쿠낙사에서 키로스 2세의 패배; 크세노폰의 1만 군사 퇴각; 소포클레스의 「콜로누스의 오이디푸스」
413	시라쿠사에서 아테네의 패배; 에우리피데스의 「타우리스의 이피게니아」	399	소크라테스의 재판과 사망
412	에우리피데스의 「헬렌과 안드로메다」		
411	400인의 반란; 아리스토파네스의 「리시스트라타」와 「테스모포리아주사이」		

김운한 서울대학교 동양사학과를 졸업했다. 트랜스쿨을 이수하고 현재 인트랜스 전문 번역가로 활동하고 있다. 옮긴 책으로 『행복이란 무엇인가』, 『선형문자 B의 세계』, 『2009 세계대전망』, 『맥킨지 금융보고서』(공역) 등이 있다.

권영교 서울대학교 영문학과를 졸업했다. 트랜스쿨을 이수하고 현재 인트랜스 전문 번역가로 활동하고 있다. 옮긴 책으로 『습관을 이끄는 힘』, 『스마트 리더십』, 『*The Complete Beatles Chronicle*』(공역) 등이 있다. 『누가 우리의 밥상을 지배하는가』, 『조언 — 엘리 하트 이야기』 등의 번역에도 참여했다.

문명 이야기

그리스 문명 2-1

1판 1쇄 펴냄 2011년 5월 30일
1판 4쇄 펴냄 2020년 8월 3일

지은이 윌 듀런트
옮긴이 김운한, 권영교
발행인 박근섭, 박상준
펴낸곳 (주)민음사

출판등록 1966. 5. 19.(제16-490호)
(06027) 서울특별시 강남구 도산대로1길 62(신사동) 강남출판문화센터 5층
대표전화 02-515-2000, 팩시밀리 02-515-2007
홈페이지 www.minumsa.com

한국어판 ⓒ (주)민음사, 2011. Printed in Seoul, Korea.

ISBN 978-89-374-8357-8 04900
ISBN 978-89-374-8361-5 (세트)

* 잘못 만들어진 책은 구입처에서 교환해 드립니다.